知识产权经典判例

ZHISHICHANQUAN JINGDIAN PANLI

北京市高级人民法院知识产权庭 编

主编 王振清

知识产权出版社

内容提要

本书中的 61 个案例是从 2007 年北京法院审结的各类知识产权纠纷案件中精选出来的，涵盖了该年度北京法院审理的全部新类型、疑难复杂和具有广泛社会影响的案件，其中所涉及的各种知识产权问题会使读者深受启发，对权利人维权、企业依法经营、避免侵权具有很强的指导意义，对广大知识产权审判人员、行政执法人员、诉讼代理人、专家学者的工作和学习具有很强的参考价值。

责任编辑：彭小华　王金之　　　　　责任校对：董志英
封面设计：Sun 工作室　　　　　　　责任出版：卢运霞

图书在版编目（CIP）数据

知识产权经典判例.5/北京市高级人民法院知识产权庭编.—北京：知识产权出版社，2010.9
　ISBN 978-7-5130-0180-9
　Ⅰ.①知… Ⅱ.①北… Ⅲ.①知识产权-审判-案例-中国 Ⅳ.D923.405
中国版本图书馆 CIP 数据核字（2010）第 177449 号

知识产权经典判例（5）
北京市高级人民法院知识产权庭　编
主编　王振清

出版发行：	知识产权出版社			
社　　址：	北京市海淀区马甸南村1号	邮　编：	100088	
网　　址：	http://www.ipph.cn	邮　箱：	bjb@cnipr.com	
发行电话：	010-82000893　82000860转8101	传　真：	010-82000893	
责编电话：	010-82000889　82000860转8112	责编邮箱：	wangjinzhi@cnipr.com	
印　　刷：	北京市凯鑫彩色印刷有限公司	经　销：	新华书店及相关销售网点	
开　　本：	720mm×960mm　1/16	印　张：	29	
版　　次：	2010年10月第一版	印　次：	2010年10月第一次印刷	
字　　数：	547千字	定　价：	58.00元	

ISBN 978-7-5130-0180-9/D·1085（3127）

出版权专有　侵权必究
如有印装质量问题，本社负责调换。

知识产权经典判例（5）

主　　编：王振清
副主编：张鲁民
编　委：宿　迟　　淳于国平　陈锦川　靳学筠
　　　　刘双玉　　杨柏勇　　邵明艳　　宋鱼水
　　　　林子英
编　辑：张雪松　张冬梅　　焦　彦　　潘　伟
　　　　刘晓军　钟　鸣　　毕　怡

目 录

专　利

1. "轻质多孔材料填充体"实用新型专利侵权纠纷案
　　——张连勤诉天津市泰冠建材工贸有限公司…………………………（1）
2. "垫子"外观设计专利侵权纠纷案
　　——陈树强、桐乡市石桥布艺有限公司诉北京天意新商城市场
　　　　有限公司、魏雄军……………………………………………………（5）
3. "长城瓶贴"外观设计专利无效行政纠纷案
　　——中粮酒业有限公司诉国家知识产权局专利复审委员会、
　　　　河北昌黎县东方长城葡萄酒有限公司………………………………（9）
4. "氨氯地平对映体的拆分"的发明专利无效行政纠纷案
　　——张喜田诉国家知识产权局专利复审委员会、石家庄制药集团欧意
　　　　药业有限公司、石药集团中奇制药技术（石家庄）有限公司 …（15）
5. "复方铝酸铋颗粒及制备工艺"发明专利侵权纠纷案
　　——营口奥达制药有限公司诉中国人民解放军第三〇七医院、
　　　　辽宁天龙药业有限公司…………………………………………（25）
6. "暖风机（PGK150-M）"外观设计专利权无效纠纷案
　　——深圳市顺章电器有限公司诉国家知识产权局专利复审委员会、
　　　　慈溪市雄生电器有限公司………………………………………（33）
7. "水龙头"外观设计专利侵权纠纷案
　　——科勒公司诉北京美联天地建材市场有限公司、上海德力洁具
　　　　有限公司、温州市科耐洁具有限公司…………………………（40）
8. "加固地基的施工方法"发明专利侵权纠纷案
　　——王继忠诉中国京冶工程技术有限公司……………………………（44）
9. "逆流旋转清洁液体过滤器"发明专利侵权纠纷案
　　——阿-卡尔塑料制品公司诉北京滨特尔洁明环保设备有限公司……（48）
10. "饮料瓶"外观设计专利无效行政纠纷案
　　——杭州顶津食品有限公司诉国家知识产权局专利复审委员会、

日日（泉州）饮料有限公司 …………………………………………（55）

11. "致冷器压缩机的连接封装"发明专利侵权纠纷案
　　——森萨塔电子技术（韩国）有限公司诉万宝冷机集团广州
　　　电器有限公司、加西贝拉压缩机有限公司 ………………（63）

12. "机动车轮胎"外观设计专利侵权纠纷案
　　——株式会社普利司通诉浙江杭廷顿公牛橡胶有限公司、
　　　邦立信公司 ………………………………………………（73）

13. "胰岛素制剂的制备方法"发明专利侵权纠纷案
　　——伊莱利利公司诉甘李药业有限公司 ……………………（78）

14. "墨盒"发明专利侵权纠纷案
　　——精工爱普生株式会社诉广州麦普科技有限公司、北京市
　　　朝阳商业大楼有限责任公司 ………………………………（83）

15. "多用架"外观设计专利无效行政纠纷案
　　——光明乳业股份有限公司诉国家知识产权局专利复审委员会、
　　　陈实 …………………………………………………………（88）

商　　标

16. 侵犯"莱香根"商标专用权纠纷案
　　——广州饮食服务企业集团有限公司诉北京莱香根民族
　　　园路酒楼有限公司 …………………………………………（95）

17. 侵犯"JAGUAR及图"商标专用权及不正当竞争纠纷案
　　——（英国）美洲虎车辆有限公司诉中国美洲豹品牌管理有限公司、
　　　北京丰恒盛商贸有限公司、北京恒泰舜源商贸有限公司、
　　　浙江正大商标事务所 ………………………………………（101）

18. "金牌"商标驳回复审行政纠纷案
　　——梁介福药业私人有限公司诉国家工商行政管理总局
　　　商标评审委员会 ……………………………………………（107）

19. "奇异鸟kievit及图"商标争议行政纠纷案
　　——汕头市龙湖区金禾食品工业有限公司诉国家工商行政管理总局
　　　商标评审委员会、菲仕兰产品有限公司 …………………（114）

20. "榮寶齋及图形"商标争议行政纠纷案
　　——武汉市荣宝斋诉国家工商行政管理总局商标评审委员会、
　　　荣宝斋 ………………………………………………………（123）

21. 侵犯"三斜条"商标专用权纠纷案
　　——阿迪达斯国际有限公司诉爱乐服装鞋业（福建）有限公司、北京
　　健力佳爱乐体育用品商店、北京瑞冠体育用品有限公司 ……… (130)
22. 侵犯"薰衣草及图"商标专用权纠纷案
　　——李逢英诉湖南恒安纸业有限公司、山东恒安心相印纸制品
　　有限公司、北京顺天府投资管理有限公司 ………………………… (139)
23. 侵犯"红孩儿"商标专用权纠纷案
　　——顾世伟诉中国少年儿童新闻出版总社、红孩儿（福建）
　　儿童用品有限公司 …………………………………………………… (147)
24. "图形（三维标志）"商标驳回复审行政纠纷案
　　——费列罗有限公司诉国家工商行政管理总局商标评审委员会 …… (151)
25. 侵犯"GG图形"商标专用权纠纷案
　　——古乔古希公司诉上海百思图鞋业有限公司、北京华联综合
　　超市股份有限公司 …………………………………………………… (155)
26. 侵犯"帅克文字及图"商标专用权纠纷案
　　——河南帅克制药有限公司诉北京美轻松生物技术有限公司、
　　上海靖安保健食品有限公司 ………………………………………… (160)
27. 侵犯"全脑"系列商标专用权及不正当竞争纠纷案
　　——北京全脑教育研究院诉昆明精英特科技开发有限公司、
　　北京百度网讯科技有限公司 ………………………………………… (170)
28. "GoldenBud"商标异议复审行政纠纷案
　　——安海斯－布希公司诉国家工商行政管理总局商标评审委员会、
　　湖南省株洲啤酒总厂 ………………………………………………… (182)
29. 侵犯"Wolsey"商标专用权纠纷案
　　——北京业宏达经贸有限公司诉北京沃尔西羊绒时装有限公司、
　　广州富利泰贸易有限公司 …………………………………………… (190)
30. 侵犯"VOGUE"、"風尚"、"风尚"商标专用权纠纷案
　　——（法国）康泰纳仕出版有限公司诉北京视线娇点
　　科技有限公司 ………………………………………………………… (195)
31. "华表"注册商标专用权权属纠纷案
　　——北京红都集团公司诉北京市华表工贸有限公司 ………………… (204)
32. "LINTO"商标异议复审行政纠纷案
　　——三洋电机株式会社诉国家工商行政管理总局商标评审委员会、
　　成都凌拓实业有限公司 ……………………………………………… (209)

33. "东沅及图形"商标争议行政纠纷案
　　——迈考美有限公司诉国家工商行政管理总局商标评审委员会、
　　西安新兴号调味品有限公司……………………………………（215）
34. 侵犯"康可"商标专用权纠纷案
　　——绍兴康可胶囊有限公司诉德国默克公司、中国永裕新兴医药
　　有限公司、华东医药股份有限公司………………………………（220）
35. "CARTELO及图"商标异议复审行政纠纷案
　　——拉科斯特股份有限公司诉国家工商行政管理总局商标评审委员会、
　　鳄鱼国际机构私人有限公司………………………………………（225）

著　作　权

36. "WebClass"软件侵犯计算机软件著作权纠纷案
　　——北京神州网迅科技有限公司诉北京西地曼斯数字管理系统
　　有限责任公司………………………………………………………（233）
37. "手机彩铃"侵犯著作权纠纷案
　　——北京麒麟童文化传播有限责任公司诉北京龙腾阳光
　　科技发展有限公司…………………………………………………（243）
38. 《等咱有了钱》等7首歌曲侵犯著作权纠纷案
　　——北京龙乐文化艺术有限责任公司诉北京网络秀数字
　　传媒文化有限公司…………………………………………………（247）
39. "历史照片"侵犯著作权纠纷案
　　——吴筑清诉《炎黄春秋》杂志社…………………………………（254）
40. 小品《鸭蛋》侵犯著作权纠纷案
　　——刘汉雷诉中央电视台、上海市群众艺术馆、徐英……………（258）
41. 《地下、地上》侵犯著作权纠纷案
　　——李鹏诉石钟山、作家出版社……………………………………（267）
42. 《购房维权法律通》侵犯著作权纠纷案
　　——张永魁诉法律出版社、北京中关村图书大厦有限公司………（278）
43. 高考语文试题侵犯著作权纠纷案
　　——胡浩波诉教育部考试中心………………………………………（286）
44. 读秀网图书搜索服务侵犯著作权纠纷案
　　——吴锐诉北京世纪读秀技术有限公司……………………………（291）
45. 《蒙氏数学》系列教材侵犯著作权及不正当竞争纠纷案

　　　　——武汉现代亿童教育文化服务有限公司诉北京儿童之家
　　　　　教育咨询中心、中国档案出版社 …………………………………（296）
46.《中外藏书集锦》侵犯著作权纠纷案
　　　　——中华书局诉北京天方金码科技发展有限公司、北京银冠电子
　　　　　出版有限公司 …………………………………………………（308）
47. 歌曲《香水有毒》侵犯著作权纠纷案
　　　　——北京太格印象网络技术有限公司诉广州高金技术产业集团
　　　　　有限公司、深圳市维科通信科技有限公司、北京九大洲通
　　　　　讯设备有限责任公司、北京九大洲通讯设备有限责任公司
　　　　　王府井分公司 …………………………………………………（314）
48.《Beautiful Day》等九首歌曲侵犯著作权纠纷案
　　　　——环球国际唱片股份有限公司诉北京阿里巴巴信息
　　　　　技术有限公司 …………………………………………………（320）
49. 电视连续剧《贞观长歌》侵犯著作权纠纷案
　　　　——广东梦通文化发展有限公司诉北京百度网讯科技有限
　　　　　公司 ……………………………………………………………（331）

反不正当竞争

50."国际旅游小姐"大赛不正当竞争纠纷案
　　　　——浙江唐风汉格形象设计有限公司诉环球趋势国际文化传播
　　　　　（北京）有限公司 ………………………………………………（341）
51."摩圣"系列产品不正当竞争纠纷案
　　　　——北京金科立杰科技发展有限公司诉吴敏、广州市南易科技
　　　　　有限公司北京分公司 …………………………………………（355）
52. 客户名单不正当竞争纠纷案
　　　　——北京市新丽厨房设备有限公司、北京新能高科机电设备
　　　　　有限公司诉赵晓娟、北京市警盾京西厨房设备有限公司 ………（373）
53."恶意软件"不正当竞争纠纷案
　　　　——北京阿里巴巴信息技术有限公司诉北京三际
　　　　　无限网络科技有限公司 ………………………………………（378）
54. 话剧《满城全是金字塔》不正当竞争纠纷案
　　　　——戏逍堂（北京）娱乐文化发展有限公司诉陈威、北京世纪光年
　　　　　广告有限公司、北京红色江山文化传媒有限公司 ……………（388）

55. "益心阳口服液"不正当竞争纠纷案
　　——云南白药集团股份有限公司诉黄石飞云制药有限公司、
　　　北京金碧国全中医药研究所、广西南宁朝阳大药房
　　　连锁有限责任公司 …………………………………………（393）
56. "雅虎助手"不正当竞争纠纷案
　　——北京三际无限网络科技有限公司诉北京阿里巴巴信息
　　　技术有限公司、国风因特软件（北京）有限公司 ………（407）
57. 员工离职引发不正当竞争纠纷案
　　——北京海达百汇科技发展有限公司诉孙鹏 ………………（418）
58. "避风塘"茶楼不正当竞争纠纷案
　　——上海避风塘茶楼有限公司诉北京东新思晟餐饮管理
　　　有限责任公司 ………………………………………………（422）
59. "三九皮炎平"商品包装装潢不正当竞争纠纷案
　　——三九医药股份有限公司诉北京市云芝堂大药房有限公司、
　　　天津太平洋制药有限公司 …………………………………（435）

其他知识产权

60. "铁牛集团宣传片"委托创作合同纠纷案
　　——北京火之堂广告有限公司诉众泰控股集团有限公司 …（441）
61. "图文设计"域名注册技术服务合同纠纷案
　　——北京日光清美艺术有限责任公司诉北京东方
　　　瑞普文化交流中心有限公司 ………………………………（448）

专 利

1. "轻质多孔材料填充体"实用新型专利侵权纠纷案
——张连勤诉天津市泰冠建材工贸有限公司

原告： 张连勤
被告： 天津市泰冠建材工贸有限公司
案由： 侵犯实用新型专利权纠纷

一审案号： 北京市第一中级人民法院（2006）一中民初字第1830号
一审合议庭成员： 姜颖、侯占恒、刘元霞
一审结案日期： 2007年4月9日

判决要旨

权利要求书的作用在于确定专利权的保护范围，即通过向公众示明构成发明或者实用新型的技术方案所包括的全部技术特征，使公众能够清楚地知道实施何种行为会侵犯专利权，从而一方面为专利权人提供有效合理的保护，另一方面确保公众享有使用技术的自由。

起诉与答辩

原告张连勤诉称：原告于2002年12月24日向国家知识产权局专利局（以下简称专利局）提出名称为"具有多种截面形状用于混凝土中的轻质多孔材料填充体"的实用新型专利（以下简称本专利）申请，专利局于2004年2月25日授予实用新型专利权，专利号为ZL02293406.5。被告天津市泰冠建材工贸有限公司（以下简称泰冠公司）未经原告许可，以生产经营为目的，生产、销售本专利产品，并由案外人北京城建集团有限责任公司应用于北京地铁5号线-太平庄车辆段工程中。此外，泰冠公司在其散发的宣传材料中大量使用捏造的施工工程业绩。泰冠公司的行为侵犯了原告的专利权，请求法院依法

判令被告泰冠公司停止生产、销售本专利产品的侵权行为并赔偿原告经济损失6万元。

被告泰冠公司辩称：我公司生产、销售的多孔轻质材料（以下简称被控侵权产品）系行业通用产品，与本专利相比在技术特征方面存在很大区别，未落入本专利的保护范围。此外，我公司使用宣传材料的行为，并不属于侵犯原告专利权的行为，不应作为本案的审理范围。请求驳回原告的诉讼请求。

一审查明事实

一审法院查明：名称为"具有多种截面形状用于混凝土中的轻质多孔材料填充体"实用新型专利（即本专利）的申请日为2002年12月24日，授权公告日为2004年2月25日，专利号为ZL02293406.5，专利权人为原告张连勤。本专利授权公告的权利要求书如下：

"1. 具有多种截面形状用于混凝土中的轻质多孔材料填充体，其特征在于该填充体由多孔材料（1）、隔离层（2）、加强层（3）组成。

"2. 根据权利要求1所述的具有多种截面形状用于混凝土中的轻质多孔材料填充体，其特征在于在轻质多孔材料外是隔离层（2）；隔离层的做法是涂刷或缠绕一层或数层隔离材料。

"3. 如权利要求1所述的具有多种截面形状用于混凝土中的轻质多孔材料填充体，其特征在于在隔离层外周圈再安装加强层（3）。加强层由钢筋构成，形式有螺旋筋加强或钢筋笼加强。"

本专利说明书中载明："本实用新型的目的在于提供一种具有多种截面形状用于混凝土中的轻质多孔材料填充体。其主体成分为轻质多孔材料LPM，在主材外壁涂刷或缠绕一层或数层隔离材料，周圈再安装加强材料。这种填充体的特点是质量轻、造价低，具有一定强度、刚度和韧性、对钢筋混凝土无腐蚀作用。"说明书附图说明部分的图3和图4分别描述了螺旋筋加强图和钢筋笼加强图。在具体实施方式部分载明："当轻质多孔材料强度较高或者施工现场能对填充管采取良好的保护措施时，加强层可以取消。"

2004年3月1日，原告张连勤许可案外人北京东方京宁建材科技有限公司（以下简称京宁公司）实施本专利。

2005年10月31日，经北京市西城区公证处公证，原告张连勤的委托代理人徐焱在北京地铁5号线－太平庄车辆段工程工地取得被控侵权产品一块，并进行了拍照和封存。（2005）西证字第32781号公证书对上述过程进行了记录。庭审中，本院主持对公证封存的被控侵权产品进行现场勘验，双方当事人对公证处公证物品封存情况没有异议。勘验情况为：双方当事人确认被控侵权产品具有本专利的多孔材料和隔离层两个必要技术特征，但缺少本专利的"加强层"技术特征。原告张连勤认为，"加强层"这一技术特征在一定条件下为本专利的附加技术特征。

在本案中，原告张连勤提交了被告泰冠公司制作的名称为《空心楼板专用填充管》宣传材料一份，其中包括产品技术参数以及地铁5号线－太平庄车辆段和北京奥运会射击馆施工图片。原告张连勤认为，北京奥运会射击馆是京宁公司实施本专利的施工项目，并非由被告泰冠公司施工。从其中的图片看，被控侵权产品与本专利产品技术特征一致，落入了本专利的保护范围。被告泰冠公司承认北京奥运会射击馆是京宁公司的施工项目，但认为使用北京奥运会射击馆施工图片的目的在于证明该公司产品与京宁公司产品适用领域相同。经查，地铁5号线－太平庄车辆段的施工图片显示，被控侵权产品没有"加强层"，与庭审勘验情况一致。

在本案中，原告张连勤主张侵权赔偿金额为6万元，为此提交了京宁公司与其他单位签订的三份《工矿产品购销合同》作为证据。张连勤认为上述合同的单价系主张赔偿的主要依据。被告泰冠公司对上述合同的真实性无异议，但认为与本案无关联性。经查，三份合同的标的物名称均为轻质管，合同单价并不一致。原告张连勤未提交证明合同标的物轻质管即是本专利产品的相关证据。

一审审理结果

一审法院认为：《中华人民共和国专利法》（以下简称《专利法》）第十一条规定："发明和实用新型专利权被授予后，除本法另有规定的以外，任何单位或个人未经专利权人许可，都不得实施其专利，即不得为生产经营目的制造、使用、许诺销售、销售、进口其专利产品，或者使用其专利方法以及使用、许诺销售、销售、进口依照该专利方法直接获得的产品。"本案中，原告张连勤为"具有多种截面形状用于混凝土中的轻质多孔材料填充体"实用新型的专利权人，他人未经其许可，不得实施其专利。

针对当事人的诉辩主张，本案争议的焦点在于被告泰冠公司是否实施了本专利，即被控侵权产品是否落入本专利的保护范围。《专利法》第五十六条第一款规定，发明或者实用新型专利权的保护范围以其权利要求的内容为准，说明书及附图可以用于解释权利要求。根据上述法律规定，本院认为权利要求书的作用在于确定专利权的保护范围，即通过向公众示明构成发明或者实用新型的技术方案所包括的全部技术特征，使公众能够清楚地知道实施何种行为会侵犯专利权，从而一方面为专利权人提供有效合理的保护，另一方面确保公众享有使用技术的自由。只有对权利要求书所记载的全部技术特征给予全面、充分的尊重，社会公众才不会因权利要求内容不可预见的变动而无所适从，从而保障法律权利的确定性，从根本上保证专利制度的正常运作和价值实现。在本案中，本专利独立权利要求对多孔轻质材料填充体的结构给予了明确限定，即由"多孔材料"、"隔离层"和"加强层"组成。说明书和附图对"加强层"在实现本专利的发明目的和所达到的技术效果方面进行了充分的解释，并对采用的技术手段也进行了相应的说明。因此，"加强层"是本专利的必要技术特征，原告张连勤关于"加强层"为附加技术特征的主张，缺乏事实和法律依据，本院不予采信。虽然本专利说明书中提到了在一定条件下加强层可以取消，但这一技术方案并未记载在权利要求中，因此不应以说明书的这一记载确定本专利的保护范围。被控侵权产品的技术特征与本专利相比，缺少"加强层"，故被控侵权产品在缺少本专利必要技术特征的情况下，没有落入本专利的保护范围，不构成对原告张连勤专利权的侵犯。此外，被告泰冠公司在宣传材料中使用北京奥运射击馆项目施工图片的行为并非《专利法》第十一条规定的侵犯专利权的行为，该行为是否为虚假宣传与张连勤无关。因此，该行为不构成对张连勤专利权的侵犯。

综上，原告张连勤指控被告泰冠公司侵犯其专利权的主张，缺乏事实和法律依据，本院不予支持，其诉讼请求应予全部驳回。依照《中华人民共和国专利法》第十一条第一款、第五十六条第一款之规定，本院判决如下：驳回原告张连勤的全部诉讼请求。

一审案件受理费2 310元，由张连勤负担。

各方当事人均服从一审判决。

2. "垫子"外观设计专利侵权纠纷案
——陈树强、桐乡市石桥布艺有限公司诉
北京天意新商城市场有限公司、魏雄军

原告：陈树强
原告：桐乡市石桥布艺有限公司
被告：北京天意新商城市场有限公司
被告：魏雄军
案由：侵犯外观设计专利权纠纷

一审案号：北京市第一中级人民法院（2007）一中民初字第4957号
一审合议庭成员：任进、邢军、刘元霞
一审结案日期：2007年6月8日

判决要旨

《专利法》第六十三条规定的"合法来源"应该被理解为能够说明从哪一销售商（货主）处进的货，并说明进货时间与进货地点这一基本要求。垫子套属于小商品，是人们日常生活用品，其流通特性就是速度快、周期短，表现为买卖双方现金交易，即时交付，作为销售商的被告在不能说明原货主是谁，进货地点是何处，且所举证据也无法证明该事实的情况下，不能说明其已完成了对"合法来源"的证明。

起诉与答辩

原告陈树强及桐乡市石桥布艺有限公司（以下简称石桥布艺公司）诉称：陈树强是名称为"垫子"的外观设计专利权人，陈树强将该专利许可给石桥布艺公司使用。2006年12月14日，原告发现被告魏雄军未经其许可擅自销售使用上述专利制作的垫子产品，侵犯了原告的专利权，魏雄军所在的市场被告北京天意新商城市场有限公司（以下简称天意公司）作为市场经营与管理人，有义务保证、监督魏雄军等个体业户不经营侵权产品。故此请求法院判令二被告共同停止销售侵权产品；连带赔偿原告经济损失15万元以及诉讼合理支出7 500元。

被告魏雄军辩称：依照《专利法》第六十三条的规定，为生产经营目的使用或者销售不知道是未经专利权人许可而制造并出售的专利产品或者依照专利方法直接获得的产品，能证明其产品合法来源的，不承担赔偿责任。被告并不知晓其所销售的垫子侵犯了原告的专利权，其是从其他个体工商户进的货，因此被告认为其行为并不构成侵权，故不同意原告的诉讼请求。

被告天意公司经本院依法送达原告起诉书及其证据材料后没有应诉。

一审查明事实

一审法院查明：陈树强是名称为垫子（10）、垫子（12）、垫子（15）三项外观设计的专利权人，专利号分别对应为：ZL200530106796.0、ZL200530106787.1、ZL200530106794.1，专利申请日均为2005年5月9日，授权公告日分别为2006年7月12日、2006年11月15日、2006年5月17日，三项专利的主视图（原件）分别显示为带有各自色彩及图案的正方形平面。陈树强于2006年12月1日与石桥布艺公司签订《专利实施许可合同》，将三项专利以独占实施许可方式有偿许可给石桥布艺公司使用，原告同时表示该合同也作为其主张赔偿数额的事实依据。上述事实有原告提交的外观设计专利证书原件、外观设计专利授权公告文本及《专利实施许可合同》等证据佐证。魏雄军对此不持异议。

2006年12月14日陈树强以公证形式在天意公司的新商城主楼魏雄军销售摊位处，即三层8道4号及29号两个摊位购得垫子套共计16个，其中涉及本案的有三个，经将该实物证据与上述各自对应的三项专利比较，两者形状均为正方形，两者花型图案设计与布局均相同，即四角均为相同的花形图案，沿四边切线由相同的花边组成正圆周形，圆内中心设计为相同的花卉，三项专利图案变换不同，实物证据亦然，不同之处为三项专利正方形四边均有穗边设计，而被控侵权产品四边均无穗边，四角均有穗球挂饰，且色彩与各自对应的专利色彩搭配有所不同。上述垫子实物上无商标标识及生产者、货品名称、规格等标注或是载明这些事项的布签。对销售上述垫子的事实魏雄军予以认可。

魏雄军为证明其有合法的进货来源，向本院提交了《收据》一张、《送货单》一张、字条三张，并出示了原件，《收据》写有："07年1月，今收到垫子20个×7＝140，人民币壹佰肆拾元整。"收款人及交款人处空白。《送货单》写有："购货单位：北京动物园，李红，9月14日，名称及规格：紫花、绿花、小红花、云中桃花、水洗小花，共计5 150元。"三张字条分别写有小包、夏被等商品数量、单价、总货款等内容。魏雄军表示，《收据》用于证明垫子套的进货情况，且20个垫子套中除了与本案有关的花色品种外，还有无关的其他品种；其他证据用于说明在经营小商品过程中，其一般采取现金交易习惯，一手交钱一手交货，只做上述简单记录，有时任何记录也没有，就可完成交易。原告表示，从上述证据中看不出与本案的关联性，不清楚原货主是谁，也不能证明魏雄军主张的合法进货来源事实。魏雄军表示原货主也是个体工商户，只是记不得其名字与地址，且原货主已经不在了。

原告为证明其诉讼支出，提交了20 000元及5 000元的公证费发票各一张、5 000元的律师费发票和200元购买16个垫子套的发票。原告表示，公证费为10个类似案件的总额，每个案件支出公证费为2 500元。魏雄军提出该公证费过高，且不清楚与本案有关的金额是多少。

双方对于天意公司系魏雄军个体摊位的出租者身份没有异议。

一审审理结果

一审法院认为：经将本专利与魏雄军销售的垫子套外观设计一一对应比较，本专利虽由形状、图案及色彩三要素组成，但因总体属于平面设计，且形状为普通的正方形，故形状与色彩并非该设计的重点和显著部分，而图案才是该设计的核心所在，且易为人所关注与记忆，相比之下，两者花型图案设计与布局均相同，即四角均为相同的花形图案，沿四边切线由相同的花边组成正圆周形，圆内中心设计为相同的花卉，尽管两者四边虽有穗边上的差异，色彩虽有搭配上的些微差异，但总体产生的视觉效果已构成近似，本院对此予以确认。

根据魏雄军的抗辩，其主张其销售的垫子套有合法的来源，不应承担赔偿责任。而《专利法》在第六十三条所规定的"合法来源"应该被理解为能够说明从哪一销售商（货主）处进的货，并说明进货时间与进货地点这一基本要求。就本案而言，考虑到垫子套属于小商品范畴，是人们日常生活用品，其流通特性就是速度快、周期短，表现为买卖双方现金交易，即时交付，魏雄军即便不能提供正规的票据作为其进货来源的依据，也应能提供从谁处、从哪里、在何时进货的其他相应凭据，这一点对于魏雄军而言不属于过分要求，但魏雄军在不能说明原货主是谁，进货地点是何处，且所举证据也无法证明该事实的情况下，不能说明其已完成了对"合法来源"的证明，对此本院不予采信。魏雄军作为销售商未经原告许可销售了与原告外观设计专利相近似的产品，构成侵权，理应承担停止侵权、赔偿损失的民事责任，该损失包括原告因此所受到的直接经济损失以及为制止侵权而付出的合理费用。

根据魏雄军的《收据》记载，魏雄军销售了20个垫子套，尽管其称20

个垫子套并不全与本案有关，且所述符合小商品进货常理，本院也予理解，但此时其负有证明销售了多少与本案有关的垫子套的证明责任，在其不能证明该事实的情况下，本院推定其每个摊位销量至少为20个，作为其侵权获利，应赔偿给原告方。原告请求索赔15万元，理应负有必要的证明责任，其请求以许可合同约定金额作为赔偿额的参考依据，显然与实际不符，其未考虑被控主体的销售者身份及商品热销度不明显且是小商品价值等客观情况，也未举证证明魏雄军存在巨大销量等事实，故此对其索赔15万元的请求本院不予完全支持。

鉴于原告为诉讼支付了必要的公证费、取证费等费用，对其合理部分本院予以酌情考虑。

天意公司作为魏雄军个体摊位的出租者，与魏雄军所实施的销售行为没有主观上的共同过错，原告也没有证明天意公司主观上存在明知魏雄军销售侵权产品而不予管理的事实，对其由天意公司与魏雄军连带承担民事责任的请求，本院不予支持。

综上所述，依照《中华人民共和国民事诉讼法》第一百三十条、《中华人民共和国专利法》第六十三条之规定，判决如下：

一、自本判决生效之日起，被告魏雄军停止销售与原告陈树强专利号为：ZL200530106796.0、ZL200530106787.1、ZL200530106794.1的外观设计相近似的垫子套；

二、自本判决生效之日起30日内，被告魏雄军赔偿原告陈树强及桐乡市石桥布艺有限公司经济损失包括诉讼合理支出总计3 635元；

三、驳回原告陈树强及桐乡市石桥布艺有限公司的其他诉讼请求。

案件受理费3 450元，原告陈树强及桐乡市石桥布艺有限公司负担2 450元，被告魏雄军负担1 000元。

判决后各方当事人均服从一审判决。

3. "长城瓶贴"外观设计专利无效行政纠纷案
—— 中粮酒业有限公司诉国家知识产权局专利复审委员会、河北昌黎县东方长城葡萄酒有限公司

原告（被上诉人）：中粮酒业有限公司
被告（上诉人）：国家知识产权局专利复审委员会
第三人（被上诉人）：河北昌黎县东方长城葡萄酒有限公司
案由：外观设计专利权无效行政纠纷

原审案号：北京市第一中级人民法院（2006）一中行初字第1031号
原审合议庭成员：张晓霞、姜庶伟、芮松艳
原审结案日期：2007年1月20日
二审案号：北京市高级人民法院（2007）高行终字第204号
二审合议庭成员：陈锦川、李燕蓉、刘晓军
二审结案日期：2007年6月14日

判决要旨

判断外观设计的近似性不仅包括对外观设计本身形状、图案、色彩以及三要素之间组合的近似性的判断，还应当考虑外观设计产品本身是否相近似的问题。外观设计不仅具有一定的创作性，更重要的是外观设计本身作为一种产品，其所具有的标志性作用本身就体现一定的经济价值，特别是本案涉及的标贴、瓶贴产品，其在市场中所起到的识别功能更为明显。为此，在判断近似性时，应当以一般消费者的立场，并参照商标法和反不正当竞争法的相关规定综合考虑是否容易导致产品来源的混淆和误认，在此基础上进行近似性的判断。本专利的外观设计视图包括主视图和后视图，后视图是从外观设计产品的背面视角观测到的平面图，考虑到本专利产品的使用状态，后视图对外观设计产品的消费者来说并不产生视觉上的显著影响，所以，在判断本专利与在先设计的近似性时，应当以本专利的主视图为判断客体进行对比。

起诉与答辩

原告中粮酒业有限公司诉称：本专利与对比外观设计已经构成了近似，因

为两者图案的主体和突出部分均为长城图案,且均为山脉、城墙、烽火台等要素构成。本专利与对比外观设计图案均表达了相同的"长城"概念,不但使用了相类似的长城图案,且均在产品名称中使用了汉字"长城",致使一般消费者产生相同的联想。从消费者的角度说,葡萄酒的价格较为低廉,作为主要消费群体的城市居民在购买时只会施以一般的注意力。消费者头脑中的酒瓶图案是比较模糊的,只有图案中特别突出部分才能引起消费者的注意。一般消费者并非专业的图案设计师或鉴赏家,不会从专业的角度即图案的明暗、色彩、设计角度等方面进行对比,而只会关注于其注意力能够达到的层面。由于本专利与对比外观设计能够给一般消费者以同一个概念,留下相同的印象,而且用在同类产品上,使得消费者对产品的来源产生混淆,所以本专利应当被宣告无效。请求法院撤销第8286号决定,依法宣告本专利无效。

被告国家知识产权局专利复审委员会(以下简称专利复审委员会)辩称:第8286号决定是在依照《审查指南》第四部分第五章"外观设计相同和相近似判断"的判断标准基础上进行相近似判断的,完全符合《审查指南》的规定。原告中粮酒业有限公司所主张的题材、概念、产品来源等均非外观设计相近似性判断所应考虑的内容,其关于葡萄酒由于价格低廉因此一般消费者对其外观投入注意力较低的主张,既没有相应的证据支持,也不符合《审查指南》的有关规定。因此,第8286号决定认定事实清楚、适用法律法规正确,法院应当依法驳回原告中粮酒业有限公司的诉讼请求,维持第8286号决定。

第三人河北昌黎县东方长城葡萄酒有限公司(以下简称东方长城葡萄酒公司)述称:对一般消费者来说,本专利与对比文件相比,在视觉上有显著的区别,不会产生混淆、误认。鉴于长城的广泛公知性的特征导致了以其为包装装潢的弱显著性,而且"长城"作为中华民族的文化遗产,非原告中粮酒业有限公司独创,不能排斥他人合法使用,更不能因题材相同而认定相同或相近似。所以,第8286号决定认定事实清楚、适用法律法规正确,应当予以维持。

原审查明事实

原审法院查明:本专利是名称为"瓶贴(东方龙长城)"的外观设计专利,申请日是2001年11月7日,2002年5月15日经国家知识产权局授权公告,专利号为01350791.5,专利权人为东方长城葡萄酒公司。本专利是一种标贴产品的外观设计,未请求保护色彩。该外观设计的视图包括主视图和后视图,两者整体形状均为长方形。主视图分为三个部分,上部为"DONG FANG LONG"、"CHANG CHENG"、"DRY RED WINE"三行居中的拼音文字,中部是居中的浅色长方形框，框内有蜿蜒的长城图案，框下方为衬有一条深色龙图案的"东方龙"三个字，下部为"长城干红葡萄酒"及英文字母文字。后视图也可分为三部分，上部为"东方龙"、"长城干红葡萄酒"两行居中的文字，中部有居中的浅色长方形框，框内有蜿蜒的长城图案，下部为若干说明性文字和条形码（见本专利附图）。

中粮酒业有限公司于2005年8月23日向专利复审委员会针对本专利提出无效宣告请求，提交的对比文件是名称为"标贴（长城俱乐部干红）"的外观设计专利（专利号00337963.9），公开日是2001年5月23日。对比文件为一种标贴产品的外观设计，整体形状为长方形，可分为三部分，上部为"GREATWALL"居中的文字，中部为蜿蜒的长城图案，下部为"CABERNET SAUVIGNON"、"长城俱乐部"两行文字，文字下方有一近似菱形图案（见对比文件附图）。

专利复审委员会经审查于2006年5月31日作出第8286号决定，其中认定：本专利与对比文件均为标贴，两者种类相同，可以进行相近似性比较。将本专利与对比文件相比较，两者整体形状相同，上部图案相似。不同点在于：对比文件未公开后视图，本专利与对比文件的中部、下部图案不相同且不相近似。本专利与对比文件的差别尤其是中部的长城图案具有明显区别，对于一般消费者而言，上述区别已经对产品的整体视觉效果构成显著性影响，因此本专利与对比文件不相同且不相近似，对比文件不能证明本专利不符合《专利法》第二十三条的规定。因此，专利复审委员会决定维持本专利权有效。

原审审理结果

原审法院认为：根据我国《专利法》第四十五条和《专利法实施细则》第六十四条的规定，任何单位或个人在能够证明授予专利权的外观设计同申请日以前在国内外出版物上公开发表过或者国内公开使用过的外观设计相同或相近似的前提下，可以以公告授权的外观设计专利不符合《专利法》第二十三条规定为由，请求专利复审委员会宣告该专利权无效。

中粮酒业有限公司提供本专利申请日以前公开的名称为"标贴（长城俱乐部干红）"的外观设计专利作为在先设计针对本专利提出无效宣告请求，所以，判断本专利与对比文件中体现的在先设计是否相近似是本案的焦点问题。

判断外观设计的近似性不仅包括对外观设计本身形状、图案、色彩以及三要素之间组合的近似性的判断，还应当考虑外观设计产品本身是否具有相近似的问题。这是因为外观设计作为一种富有美感并适于工业应用的新设计不仅具有一定的创作性，更重要的是外观设计本身作为一种产品，其所具有的标志性作用本身就体现一定的经济价值，特别是本案涉及的标贴、瓶贴产品，其在市场中所起到的识别功能更为明显。为此，在判断近似性时，应当以一般消费者的立场，并参照商标法和反不正当竞争法的相关规定综合考虑是否容易导致产品来源的混淆和误认，在此基础上进行近似性的判断。

本专利的外观设计视图包括主视图和后视图，后视图是从外观设计产品的背面视角观测到的平面图，考虑到本专利产品的使用状态，后视图对外观设计产品的消费者来说并不产生视觉上的显著影响，所以，在判断本专利与在先设计的近似性时，应当以本专利的主视图为判断客体进行对比。

在先设计与本专利均是酒瓶瓶贴产品，设计产品相同，根据查明事实，本专利与在先设计整体形状均为长方形，并都分为三部分，上部都是英文大写字母，中部都是蜿蜒的长城图案，下部都带有"长城"文字。虽然，两者在英文大写字母具体内容以及长城图案是否有方框方面有区别，但是，鉴于酒瓶瓶贴产品在消费者群体中所具有的识别功能，并且均有"长城"显著标志，所以，在消费者看来足以混淆两者产品的来源，已经构成了本专利与在先设计的近似性。被告专利复审委员会从设计本身考虑强调了两者细节的不同，而忽略了瓶贴产品本身在市场上的识别特点而认为两者不相近似是错误的，本院应予以纠正。

综上所述，专利复审委员会作出的第8286号决定适用法律错误，应当予以撤销。依照《中华人民共和国行政诉讼法》第五十四条第（二）项第二目之规定，判决如下：

一、撤销被告中华人民共和国国家知识产权局专利复审委员会第8286号无效宣告请求审查决定；

二、宣告专利号为01350791.5瓶贴（东方龙长城）外观设计专利权无效。

专利复审委员会不服原审判决，提起上诉，请求撤销原审判决，维持第8286号审查决定。专利复审委员会的上诉理由为：1. 原审判决认定事实错误，本专利与在先设计虽然均涉及"长城"题材，但本专利除主视图外还有后视图，两者主视图的布局、图案均有明显区别，整体上不相同且不相近似；2. 原审判决适用法律错误，原审判决强调瓶贴产品的识别功能，依据商标法和反不正当竞争法进行判断，忽视了瓶贴外观设计本身所具有的装饰功能及由此带来的视觉美感，属于对外观设计专利保护客体和价值取向的认识错误；3. 原审判决宣告本专利权无效属于越权行为。中粮酒业有限公司、东方长城葡萄酒公司服从原审判决。

二审查明事实

二审法院查明事实同原审。

二审审理结果

二审法院认为：授予专利权的外观设计，应当同申请日以前在国内外出版物上公开发表过或者国内公开使用过的外观设计不相同和不相近似。对于瓶贴类的外观设计，鉴于其在客观上实际起到识别性功能，在判断外观设计的近似性时，不仅应包括对其自身形状、图案、色彩及三要素之间组合近似性的判断，还应适当考虑该瓶贴外观设计在市场使用状态下是否使一般消费者对其所标示的产品来源产生混淆或误认。

本专利的外观设计视图虽包括主视图和后视图，但其后视图是从外观设计产品的背面视角观察到的平面图，在市场使用状态下，本专利后视图对消费者来说并不产生视觉上的显著影响，故在判断本专利与在先设计的近似性时，应当以本专利的主视图为判断客体进行对比。

本专利与在先设计存在一定的区别，但二者均为酒瓶瓶贴外观设计，整体形状均为长方形，并都分为上、中、下三部分，都有"长城"文字及图案的显著标志，均主要使用于葡萄酒产品的酒瓶，且瓶贴外观设计客观上在消费者群体中具有识别功能，故本专利与在先设计的区别对产品的整体视觉效果不构成显著性影响，原审法院认定本专利与在先设计构成近似外观设计并无不当。专利复审委员会关于本专利与在先设计不构成近似外观设计的上诉理由不能成立，本院不予支持。

原审法院虽参照商标法及反不正当竞争法的相关规定认定本专利与在先设计构成近似设计，但并未将商标法及反不正当竞争法作为原审判决的法律依据；原审法院在认定本专利与在先设计构成近似设计的前提下，宣告本专利无效并无不当。专利复审委员会关于原审判决适用法律错误及无权宣告本专利权无效的上诉请求均不能成立，本院亦不予支持。

综上，专利复审委员会的上诉理由均不能成立，本院不予支持。原审判决认定事实清楚，适用法律正确，应予维持。依据《中华人民共和国行政诉讼法》第六十一条第一款第（一）项的规定，判决如下：

驳回上诉，维持原判。

原审案件受理费1 000元，由国家知识产权局专利复审委员会负担；二审案件受理费100元，由国家知识产权局专利复审委员会负担。

主视图　　　　　　后视图

本专利附图

对比文件附图

4. "氨氯地平对映体的拆分"的发明专利无效行政纠纷案
——张喜田诉国家知识产权局专利复审委员会、
石家庄制药集团欧意药业有限公司、
石药集团中奇制药技术（石家庄）有限公司

原告（被上诉人）： 张喜田
被告（上诉人）： 国家知识产权局专利复审委员会
第三人（被上诉人）： 石家庄制药集团欧意药业有限公司
第三人（被上诉人）： 石药集团中奇制药技术（石家庄）有限公司
案由： 发明专利权无效行政纠纷

原审案号： 北京市第一中级人民法院（2006）一中行初字第849号
原审合议庭成员： 刘海旗、周云川、刘元霞
原审结案日期： 2006年11月23日
二审案号： 北京市高级人民法院（2007）高行终字第70号
二审合议庭成员： 刘继祥、莎日娜、焦 彦
二审结案日期： 2007年6月15日

判决要旨

在涉及化学反应式的化学或药品发明领域中，本领域技术人员无须创造性劳动即可想到用结构、物理化学性质相同或相近的化合物替代现有技术中的相应化合物。在创造性判断中，对于用结构、物理化学性质相同或相近的化合物代替现有技术中的化学反应式的，在用途相同的前提下，具有创造性的必要条件是要有意料不到的效果。此意料不到的效果可以是对已知效果有实质性的改进或提高，或者是在公知常识中没有明确的或不能由常识推论得到的效果。

起诉与答辩

原告张喜田诉称：1. 对比文件是超过举证期限提交的新证据，与证据1属于两份不同的证据，被告采用该证据违反《专利法实施细则》和《审查指南》的规定。2. 本专利权利要求1中包含了两个以上技术方案，应该分别予

以审理。第7955号决定中仅对说明书"含DMSO-d6的有机溶剂中"的一个优选方案进行了评述,没有对其他方案进行审理,属于漏审;在无效程序中,石家庄制药集团欧意药业有限公司(以下简称欧意公司)、石药集团中奇制药技术(石家庄)有限公司(以下简称中奇公司)及原告都没有提及DMSO-d6/氨氯地平≥1(摩尔比)的条件。被告在没有证据的情况下错误地拆解权利要求1,违反了请求原则。3. 第7955号决定对权利要求的认定错误。权利要求1公开"……或结合一个DMSO-d6的(R)-(+)-氨氯地平的L-酒石酸盐而分别沉淀",这清楚说明反应需要生成"沉淀",沉淀反应中加入足量沉淀剂(对于本专利就是DMSO-d6)是公知常识。被告认定权利要求1中未对DMSO-d6含量进行限定是错误的。而且从说明书可知DMSO-d6/氨氯地平≥1(摩尔比)仅是优选方案之一而不是全部。权利要求1创造性的关键不在于DMSO-d6/氨氯地平的摩尔比,而在于现有技术是否给出了使用DMSO-d6的技术启示。现有技术对DMSO-d6的认知是用于核磁共振分析领域,没有公开使用DMSO-d6作为手性助剂对氨氯地平拆分,也没给出技术启示。故此本专利的权利要求1符合专利法关于创造性规定。被告以"权利要求1实际上包括了不能解决所述技术问题的技术方案"为由判定权利要求1不具创造性没有法律依据。权利要求2、3都具备创造性。综上,原告请求法院依法撤销第7955号决定。

被告国家知识产权局专利复审委员会(以下简称专利复审委员会)辩称:1. 对比文件虽然是在无效宣告请求之日起一个月后提交的,但欧意公司、中奇公司在举证期限内提交过该专利相应的授权文本,两个文本在内容上是相关联的,所采用部分的文字记载在两个文本中是相同的,原告在收到该证据的授权文本时已经获知了该公开文本中实质记载的内容,并未造成所谓对原告的"突然袭击",对比文件是完善证据的补充性证据,而不是新证据,被告采用该证据符合法律规定。2. 判断一项权利要求是否具备创造性,应当按照《审查指南》规定的方法来进行判断。对于一项概括而成的发明专利权利要求,如果该权利要求涉及的部分技术方案不具备突出的实质性特点和显著的进步,则该权利要求就不具备创造性。为了实现本专利所要解决的技术问题,DMSO-d6不论是单独还是含在有机溶剂中都必须以一定量使用,并非任意含量的DMSO-d6都能解决技术问题,而权利要求1并没有对其含量提出要求,因此权利要求1实际上包含了不能够解决所述技术问题的技术方案。在评价发明是否具有显著的进步时,主要应当考虑发明是否具有有益的技术效果。在权利要求1概括的技术方案中包含了不能解决所述技术问题、达到所述技术效果的技术方案,被告认为权利要求1不具备创造性符合法律规定,也没有违反请求原则。被告作出的第 7955 号决定认定事实清楚、适用法律正确、审查程序合法，请求法院予以维持。

第三人欧意公司、中奇公司未提交书面意见陈述，其在庭审中均表示：第 7955 号决定中关于权利要求 1 无效的结论是正确的，但用 DMSO – d6 替换 DMSO 是显而易见的，反证 2 不能用来评价本专利的发明效果，DMSO – d6/氨氯地平≥1 是公知常识，对比文件中也已公开，因此本专利权利要求 2、3 也不具有创造性，应当全部被宣告无效。

原审查明事实

原审法院查明：

本案涉及国家知识产权局于 2003 年 1 月 29 日授权公告的名称为"氨氯地平对映体的拆分"的发明专利，其申请日为 2000 年 2 月 21 日、专利号为 00102701.8、专利权人为张喜田。本专利授权公告的权利要求书为：

"1. 一种从混合物中分离出氨氯地平的（R）– (+) – 和（S）– (–) – 异构体的方法。其特征在于：包含下述反应，即在手性助剂六氘代二甲基亚砜（DMSO – d6）或含 DMSO – d6 的有机溶剂中，异构体的混合物同拆分手性试剂 D – 或 L – 酒石酸反应，结合一个 DMSO – d6 的（S）– (–) – 氨氯地平的 D – 酒石酸盐，或结合一个 DMSO – d6 的（R）– (+) – 氨氯地平的 L – 酒石酸盐而分别沉淀，其中氨氯地平与酒石酸的摩尔比约等于 0.25。

"2. 根据权利要求 1 所述的方法，其特征在于：在 DMSO – d6/氨氯地平≥1（摩尔比）条件下，所述用含 DMSO – d6 的有机溶剂是可以使含 DMSO – d6 配合物发生沉淀差异的溶剂，这些溶剂是水、亚砜类、酮类、酰胺类、酯类、氯代烃以及烃类化合物。

"3. 根据上述任一权利要求所述的方法，其特征在于：沉淀的配合物是 (S) – (–) – 氨氯地平 – 半 – D – 酒石酸 – 单 – DMSO – d6 配合物或 (R) – (+) – 氨氯地平 – 半 – L – 酒石酸 – 单 – DMSO – d6 配合物。"

本专利说明书中载明：辉瑞公司（Pfizer）发明了一个氨氯地平对映体的拆分可行方法（WO95/25722），其光学纯度和收率都非常高。该方法的关键是同时应用二甲基亚砜（DMSO）及手性试剂酒石酸。本发明指出六氘代二甲基亚砜（DMSO – d6）是一种比 DMSO 还好的手性助剂，其光学纯度可达 100% e.e.，并且收率也相当高。……其中使用的某一溶剂的最大数量是变化的，一个技术熟练的人能够确定这一适当的比例。但 DMSO – d6/氨氯地平≥1（摩尔比）。

本专利附有 5 个实施例。实施例 1 由消旋氨氯地平制备左旋氨氯地平配合物和右旋氨氯地平配合物。实验条件为用消旋氨氯地平溶于 DMSO – d6 中，然后加入 0.25 摩尔当量 L – 或 D – 酒石酸溶于 DMSO – d6 溶液。过滤后，再用丙酮洗涤，得到理论收率 68% 的左旋氨氯地平配合物或理论收率 55% 的左旋氨氯地平配合物，光学纯度均为 99.9%。实施例 4 同实施例 1 的方法，但 DMSO – d6 用混合试剂代替，并且 DMSO – d6 /氨氯地平 ≥ 1（摩尔比），在丙酮溶剂 50% 的条件下，左旋氨氯地平光学纯度为 99.2%，右旋氨氯地平光学纯度为 99%。

本专利审查阶段审查员向张喜田出具的第一次审查意见通知书指出，本专利权利要求 1 不具有创造性，理由为本专利与辉瑞公司第 95192238.6 号发明专利（以下简称对比文件）相比，区别仅在于用"氘代 DMSO"代替了"DMSO"。由于氘代化合物与非氘代化合物的化学性质是相同的，其区别仅在于一些物理性质如极性等有区别，因此，这种替换的效果实质上是相同的，因而不具备突出的实质性特点。另外，从说明书可以知道，这种替换后对其收率并没有显著的提高，光学纯度也基本相同。也就是说这种替换并没有产生显著的进步，因而不具备创造性。

针对上述审查意见通知书，张喜田答复：虽然 DMSO – d6 和 DEMO 同 DMSO 的化学性质相同，其他性质相近，但它们并不构成拆分分离的充要条件……用 DMSO – d6 代替的方案是显而易见的，但其结果是否显而易见则未必。关于本专利与对比文件之间效果，张喜田作了对比，所得到本专利与对比文件的光学纯度分别是 99.9% 和 99.5%，收率分别为 68% 和 67%。对于二者之间的效果，张喜田认为这种改进是很大的，本专利通过提高纯度，减少副作用，取得意料不到的效果。

针对本专利，欧意公司、中奇公司于 2005 年 3 月 21 日以本专利不符合《专利法》第二十二条第三款的规定为由，向专利复审委员会提出无效宣告请求，并提交了对比文件，即前述辉瑞公司第 95192238.6 号发明专利说明书，授权公告日为 2001 年 6 月 13 日。

2005 年 4 月 20 日，中奇公司增加本专利不符合《专利法》第二十六条第四款和《专利法》第三十三条作为无效理由。

2005 年 11 月 3 日，专利复审委员会主持进行了口头审理。欧意公司和中奇公司当庭提交了盖有"国家知识产权局专利检索中心副本认证专用章"的辉瑞公司第 95192238.6 号发明专利申请公开说明书。

对比文件公开日为 1997 年 3 月 5 日，其公开了由阿罗地平（即氨氯地平）混合物中分离其左旋和右旋异构体的方法，与本专利权利要求 1 的技术方案相比，二者的区别点在于手性助剂不同，本专利是 DMSO – d6，对比文件是 DM-

SO。对比文件还公开了所使用的助溶剂是水或酮、醇、醚、酰胺、酯、氯代烃、腈或烃。对比文件共有 11 个实施例，其中实施例 9 与本专利实施例 1 的试验条件相同，光学纯度 >99.5%，收率为 67%；实施例 10 与本专利实施例 4 的试验条件相同，光学纯度分别是 99.5% 和 98%，收率为 31%。

2006 年 4 月 1 日，专利复审委员会作出第 7955 号决定，认定：（1）关于权利要求 1 的创造性。本专利权利要求 1 涉及一种氨氯地平对映体拆分的方法，其使用了手性助剂 DMSO－d6 或含 DMSO－d6 的有机溶剂，对比文件也公开了一种氨氯地平对映体的拆分方法，其使用的手性助剂为 DMSO 或含有它的溶剂，两者比较，其区别仅在于所用的手性助剂不同。就所解决的技术问题而言，从本专利说明书以及反证 2 中可以看出，本专利的技术方案可以达到比对比文件更高的光学纯度和收率。显然，本专利所要解决的技术问题必须依赖于使用 DMSO－d6 或者含有 DMSO－d6 的有机溶剂替换对比文件中的 DMSO 或含有 DMSO 的溶剂，但是，对于本领域普通技术人员来说，要想达到上述的技术效果，DMSO－d6 不论是单独、还是含在有机溶剂中都必须以一定量使用，即其含量必须达到一定的范围，并非任意含量（例如痕量）的 DMSO－d6 都能够解决上述技术问题。由于本专利权利要求 1 所述的技术方案中并没有对 DMSO－d6 的含量提出要求，而本专利权利要求 1 相对于现有技术所解决的技术问题要求 DMSO－d6 的含量必须达到一定的范围，导致权利要求 1 实际上包括了不能够解决所述技术问题的技术方案，该部分技术方案相对于现有技术不具备突出的实质性特点和显著的进步，因此权利要求 1 不符合《专利法》第二十二条第三款规定的创造性。（2）关于权利要求 2 的创造性。权利要求 2 是权利要求 1 的从属权利要求，所附加的技术特征为将 DMSO－d6 与氨氯地平的摩尔比限定为 ≥1，并且限定了溶剂的种类，其解决的技术问题是提高了氨氯地平对映体的光学纯度和收率。对比文件没有记载使用 DMSO－d6 进行拆分的技术内容，也没有记载用于拆分氨氯地平的 DMSO－d6 的用量，更加没有给出采用 DMSO－d6 替换 DMSO 作为手性助剂可以提高拆分对映体的光学纯度的启示。本领域公知的是，现有技术中 DMSO－d6 的用途主要在于核磁共振分析领域。对比文件的各实施例中，光学纯度多数在 97% 到 98.5% 之间，仅实施例 9 的光学纯度为 >99.5%，而本专利的光学纯度多在 99.5% 以上，从总体上看，本专利的技术方案是有利于提高光学纯度的，因而也是有积极效果的。因此权利要求 2 具有创造性。（3）关于权利要求 3 的创造性。权利要求 3 从属于权利要求 1 或 2，其引用权利要求 1 所形成的技术方案也没有对所使用的 DMSO－d6 的含量进行限定，同样不具备创造性；其引用权利要求 2 所形成的技术方案由于是权利要求 2 的从属权利要求，在权利要求 2 具有创造性的前提下，这一部分技术方案具备创造性。基于上述理由，专利复审委员会宣告本专利权利要求 1 和权利要求 3 引用权利要求 1 的部分无效，维持权利要求 2 和权利要求 3 引用权利要求 2 的部分有效。

原审审理结果

原审法院认为：

一、关于被告能否采用对比文件

根据《专利法实施细则》和《审查指南》的规定，无效宣告请求人在提出请求之日起一个月后提交的用于证明在提出无效宣告请求之日起一个月内未主张的具体事实的新证据，专利复审委员会不予考虑。本案中，虽然第三人是在口头审理时才提交对比文件，但该份证据是用来证明其在请求时提出的本专利不具备创造性的理由，且对比文件与在举证期限内提交的证据 1 属于同一个专利，第 7955 号决定所采用部分内容二者也一致，因此对比文件与证据 1 属于相关联证据，不属于《专利法实施细则》和《审查指南》规定不予考虑的范围，被告采用对比文件符合规定，且原告已经知晓对比文件的相关内容，没有损害原告的利益，故原告关于被告不应采用对比文件的主张不能成立。

二、关于本专利权利要求 1 的创造性

创造性，是指同申请日以前已有的技术相比，该发明有突出的实质性特点和显著的进步。在判断是否具有突出的实质性特点时，一般要先确定最接近的现有技术，其后确定发明的区别特征和其实际解决的技术问题，最后判断要求保护的发明对本领域的技术人员来说是否显而易见。如果一项发明取得了预料不到的技术效果，即该发明同现有技术相比，其技术效果产生"质"的变化，具有新的性能，或者产生"量"的变化超出人们预期的想象，则该发明是非显而易见的，具有突出的实质性特点，同时具有显著的进步，具备发明专利所要求的创造性。

本案中，对比文件的公开日早于本专利的申请日，构成本专利的现有技术，可以用于评价本专利的创造性。本专利与对比文件均涉及氨氯地平对映体拆分的方法，将本专利权利要求 1 与对比文件相比，二者的区别特征仅在于所使用的手性助剂不同，本专利权利要求 1 使用 DMSO – d6 或者含有 DMSO – d6 的溶剂，而对比文件使用 DMSO 或者含有 DMSO 的溶剂。正如原告在起诉时所强调的，本专利权利要求 1 是否具有创造性的关键在于对比文件是否给出使用 DMSO – d6 的技术启示。由于 DMSO – d6 和 DMSO 的化学性质相同、其他性质相近，在对比文件所公开的使用 DMSO 作为手性助剂拆分氨氯地平对映体的情况下，本领域技术人员容易想到与之性质相近的 DMSO – d6 也能用于拆分氨氯地平对映体，并替代 DMSO 从而得到本专利权利要求 1 的技术方案。虽然 DMSO–d6 主要用于核磁共振领域且价格昂贵，在本专利申请日之前也未公开此种替换，但从现有证据来看，并不存在进行这种替换的启示的障碍，无法得到这种替换是非显而易见的结论。因此本专利权利要求 1 的技术方案相对于对比文件不具有实质性的特点。

从技术效果来看，对于氨氯地平对映体的拆分，其主要的效果体现在光学纯度和收率，而其中尤以光学纯度为最主要的效果指标。对于以试验数据体现出来的效果的比较，应当以相同技术特征最多、试验条件最为相近的情况下的数据进行比较，同时参考不同试验条件下的总体效果。从本专利和对比文件实施例来看，二者实施例所用样品的光学纯度均由手性 HPLC 测定，用于分离的 HPLC 条件基本相同，具有可比性。正如对比文件说明书所记载的，在当每摩尔氨氯地平使用约 0.25 摩尔酒石酸时其效果特别好，而本专利权利要求 1 所限定的技术方案正是每摩尔氨氯地平使用 0.25 摩尔酒石酸，因此本专利权利要求 1 的技术方案与对比文件实施例 9 所限定的技术方案之间相同技术特征最多、试验条件最为相近。对比文件实施例 9 的光学纯度约为 99.5%，本专利权利要求 1 对应的光学纯度约为 99.9%，二者的收率基本相同。该效果的比较也得到专利权人在本专利授权过程中答复审查员意见的证明。即使参考不同条件下的试验结果，从得到的数据可以看出，本专利权利要求 1 相对于对比文件来说，其光学纯度有一定的提高，但该种进步并没有产生新的性能，不是一种"质"的变化，且没有证据证明其所提高的量超出人们预期的想象，因此本专利相对于对比文件并未取得意料不到的技术效果。

综上所述，本专利权利要求 1 的技术方案相对于对比文件并不是非显而易见的，且也没有取得意料不到的技术效果，本领域技术人员不需要付出创造性劳动就可以在对比文件的基础上得到本专利权利要求 1 的技术方案，因此本专利权利要求 1 不具备《专利法》第二十二条第三款所规定的创造性，应当被宣告无效。原告关于本专利权利要求 1 具备创造性的主张不能成立。

第 7955 号决定以本专利权利要求 1 包括了不能够解决所述技术问题的技术方案为由认定权利要求 1 不具有创造性，其在创造性评价中并没有遗漏权利要求 1 所包括的技术方案，且创造性问题也是第三人提出的无效理由，被告的行为没有违反请求原则，故原告关于被告漏审、违反请求原则的主张不能成立。

综上，被告作出的第 7955 号决定认定本专利权利要求 1 不具备创造性的结论正确，原告请求撤销该决定的诉讼理由不能成立，对于其基于此请求撤销第 7955 号决定的诉讼请求法院不予支持。依照最高人民法院《关于执行〈中

华人民共和国行政诉讼法〉若干问题的解释》(法释〔2000〕8号)第五十六条第(四)项之规定,法院判决如下:

驳回原告张喜田的诉讼请求。

张喜田不服原审判决并提起上诉,请求撤销原审判决,撤销专利复审委员会第7955号决定中关于本专利权利要求1和权利要求3引用权利要求1的部分无效的内容,维持本专利权利要求1~3有效。其理由为:第一,本专利权利要求1的技术方案是非显而易见的并具有显著的进步,具有创造性。从本专利的说明书记载的内容可以得知,本发明专利的技术效果包括:1. 与对比文件相比,提交了拆分对映体的光学纯度;2. 与对比文件相比,本专利具有对水分不敏感的优点;3. 本专利与对比文件相比,可以使用更大量的有机溶剂,意味着拆分工艺的经济效益提高,工艺的可操作性提高。此外,现有技术中不存在用DMSO-d6代替DMSO以获得比对比文件中更好的效果的技术启示,因此,本专利权利要求1具有创造性。第二,本专利权利要求1的技术方案具有意料不到的技术效果,从而具有创造性。在本专利权利要求1的实施例1达到光学纯度99.9%,而对比文件实施例9为99.5%。这一差别虽然绝对值不大,但代表了较大的进步。这是因为该领域的数值提高的空间非常有限。而且本专利与对比文件相比,将有害杂质右旋氨氯地平的含量减小了5倍。第三,专利复审委员会认定本专利权利要求1无效的法律适用错误。如果权利要求1缺少DMSO-d6含量的技术特征,导致权利要求1包含了不能解决技术问题的技术方案,这不是否定发明的创造性的理由,而是认定权利要求缺乏必要技术特征的理由。专利复审委员会应当适用《专利法实施细则》第二十一条,而不是《专利法》第二十二条。第四,专利复审委员会对事实认定错误。实际上,本专利权利要求1限定了DMSO-d6含量。权利要求1公开"……或结合一个DMSO-d6的(R)-(+)-氨氯地平的L-酒石酸盐而分别沉淀",这清楚说明反应中存在至少与所要沉淀的氨氯地平等摩尔量的DMSO-d6。

专利复审委员会、欧意公司、中奇公司服从原审判决。

二审查明事实

二审法院查明事实与原审相同。

二审审理结果

二审法院认为:

本案的核心问题在于本专利权利要求1相对于对比文件是否具有创造性。

创造性，是指同申请日以前已有的技术相比，该发明有突出的实质性特点和显著的进步。在涉及化学反应式的化学或药品发明领域中，本领域技术人员无须创造性劳动即可想到用结构、物理化学性质相同或相近的化合物替代现有技术中的相应化合物。在创造性判断中，对于用结构、物理化学性质相同或相近的化合物代替现有技术中的化学反应式的，在用途相同的前提下，具有创造性的必要条件是要有意料不到的效果。此意料不到的效果可以是对已知效果有实质性的改进或提高，或者是在公知常识中没有明确的或不能由常识推论得到的效果。

本案中，将本专利权利要求1与对比文件相比，二者的区别特征仅在于所使用的手性助剂不同，本专利权利要求1使用DMSO–d6或者含有DMSO–d6的溶剂，而对比文件使用DMSO或者含有DMSO的溶剂。DMSO–d6是与DMSO具有相同化学性质的化合物，在对比文件所公开的使用DMSO作为手性助剂拆分氨氯地平对映体的情况下，本领域技术人员容易想到与之性质相近的DMSO–d6也能用于拆分氨氯地平对映体，并替代DMSO从而得到本专利权利要求1的技术方案。虽然DMSO–d6主要用于核磁共振领域且价格昂贵，在本专利申请日之前也未公开此种替换，但从现有证据来看，并不存在进行这种替换的障碍。本案的关键在于用DMSO–d6代替DMSO对于拆分氨氯地平对映体是否存在意料不到的技术效果。如果存在意料不到的技术效果，则本专利权利要求1具有创造性；反之，则本专利权利要求1不具有创造性。

意料不到的技术效果通常需要用试验数据来证明，如果专利权人针对无效请求人提出的本专利未取得意料不到技术效果的主张未能提出充分可信的试验数据，则不能认定本专利具有创造性。本案中，对于氨氯地平对映体的拆分，其主要的效果体现在光学纯度和收率，而其中尤以光学纯度为最主要的效果指标。本专利公开了5个实施例，而对比文件公开了11个实施例。对于以试验数据体现出来的效果的比较，应当以相同技术特征最多、试验条件最为相近的情况下的数据进行比较，同时参考不同试验条件下的总体效果。从本专利和对比文件实施例来看，本专利实施例1和4的试验条件分别与对比文件实施例9和10相同，在进行效果的比较时最具有可比性。对比文件实施例9和10的光学纯度均为99.5%，而本专利权利要求1和4对应的光学纯度分别为99.9%和99.2%，对比文件实施例9的收率为67%，而本专利实施例1的收率为68%。由此可见，将DMSO–d6代替DMSO后，这种替换对其收率并没有显著提高，光学纯度也基本相同，本专利部分实施例的光学纯度还低于对比文件，因此，本专利权利要求1相对于对比文件来说，部分实施例的光学纯度有一定的提高，但该种进步并没有产生新的性能，不是一种"质"的变化，且没有证据证明其所提高的量超出人们预期的想象，因此本专利相对于对比文件并未取得意料不到的技术效果。专利权人张喜田主张该领域的数值提高的空间非常有限，但其未提交有关证据证明，对其关于本专利权利要求1的技术方案具有意料不到的技术效果的上诉主张，法院不予支持。

　　专利的技术效果应当记载在申请日提交的说明书中，应当以记载在本专利说明书中的试验数据为依据。说明书中未披露的技术效果不应用于评价本专利的创造性，专利权人也不得在无效程序中就说明书中未披露的技术效果补充提交效果数据。本案中，张喜田主张本专利与对比文件相比，将有害杂质的含量减小了5倍，与对比文件相比，本专利具有对水分不敏感的优点，而且可以使用更大量的有机溶剂。由于张喜田的上述主张在本专利说明书中均没有记载，超出了说明书记载的内容，法院不予考虑。

　　综上所述，本专利权利要求1的技术方案相对于对比文件并不是非显而易见的，且也没有取得意料不到的技术效果，本领域技术人员不需要付出创造性劳动就可以在对比文件的基础上得到本专利权利要求1的技术方案，因此本专利权利要求1不具备《专利法》第二十二条第三款所规定的创造性，应当被宣告无效。

　　综上，原审判决认定事实清楚，适用法律正确，应当予以维持。上诉人张喜田的上诉主张缺乏事实及法律依据，法院不予支持。依照《中华人民共和国行政诉讼法》第六十一条第一款第（一）项之规定，判决如下：

　　驳回上诉，维持原判。

　　一、二审案件受理费各1 000元，均由张喜田负担（已交纳）。

5. "复方铝酸铋颗粒及制备工艺" 发明专利侵权纠纷案
——营口奥达制药有限公司诉中国人民解放军第三〇七医院、
辽宁天龙药业有限公司

原告：营口奥达制药有限公司
被告：中国人民解放军第三〇七医院
被告：辽宁天龙药业有限公司
案由：侵犯发明专利权纠纷

一审案号：北京市第二中级人民法院（2007）二中民初字第 100 号
一审合议庭成员：刘薇、梁立君、孙景康
一审结案日期：2007 年 6 月 20 日

判决要旨

在专利侵权案件中，被告可以主张现有技术抗辩，但作为现有技术抗辩的材料中应全部揭示出与专利技术方案相同的技术方案，否则现有技术抗辩不成立。

起诉与答辩

原告营口奥达制药有限公司（以下简称奥达公司）诉称：我公司是"复方铝酸铋颗粒及制备工艺"发明专利的专利权人（专利号：ZL95113913.4）。我公司生产和销售的"复方铝酸铋颗粒"为全国独家生产、销售的药品。2006 年，我公司发现辽宁天龙药业有限公司（以下简称天龙药业公司）生产的"乐诺维 TM 复方铝酸铋颗粒"药品在市场上销售，并多次参与药品的招投标活动。中国人民解放军第三〇七医院（以下简称三〇七医院）销售了上述药品。经查，两被告生产和销售的药品与我公司享有专利权的药品相同，落入了专利保护范围。两被告的侵权行为，给我公司造成严重的经济损失，故诉至法院，请求法院判令：（1）两被告停止生产和销售涉案药品；（2）天龙药业公司在《中国医药报》上公开赔礼道歉；（3）两被告赔偿原告经济损失 50 万元；（4）两被告支付原告为本案诉讼支出的合理费用 6.36 万元；（5）两被告承担本案的诉讼费用。

被告三〇七医院辩称：本医院销售的药品是由中国人民解放军总后勤部卫生部委托北京海虹电子商务有限公司通过招标采购的，药品的进货渠道是合法的，而且本医院根本不知道涉案的药品有侵权的情况，本医院没有任何过错，不应承担赔偿责任。而且本医院在应诉后立即停止了涉案药品的销售，所以，本医院不同意原告的诉讼请求，请求法院驳回原告的诉讼请求。

被告天龙药业公司辩称：原告的起诉无事实根据。首先，"复方铝酸铋"药品在原告申请涉案专利权之前早已有生产、销售，原告申请的专利只是将原来的"复方铝酸铋"片剂改变成颗粒剂，所以原告的专利不具有新颖性，我公司已向国家知识产权局专利复审委员会（以下简称专利复审委员会）申请宣告原告专利权无效，故请求法院中止本案审理。其次，我公司生产涉案药品使用的崩解剂，与原告专利技术使用的崩解剂不同，化学成分上有本质的区别，技术方案不同，所以我公司生产的药品不构成侵犯原告专利权。再次，我公司生产涉案药品的工艺与原告的专利技术不同，所以我公司没有侵犯原告的专利权。请求法院驳回原告的诉讼请求。

一审查明事实

一审法院查明：

原告原企业名称为营口市第二制药厂，1997年1月22日更名为营口奥达制药有限公司。1995年11月13日，营口市第二制药厂向国家知识产权局申请了一项名称为"复方铝酸铋颗粒及制备工艺"发明专利（专利号为：ZL95113913.4）。2000年11月6日，专利权人的名称变更为原告。2000年11月25日，该专利获得授权。现该专利权仍处于有效期中。该专利权利要求为：

1. 一种复方铝酸铋颗粒，其特征在于包括有如下成分：即每含铝酸铋200g，还含有碳酸氢钠100g～300g、重质碳酸镁300g～500g、甘草浸膏200g～400g、弗朗鼠李皮15g～35g、茴香粉1g～20g、乙醇或水100g～1 500g。

2. 根据权利要求1所述的复方铝酸铋颗粒，其特征在于每含200克铝酸铋及相应上述组分，还含有羟丙基纤维素0.5g～150g。

3. 一种制造权利要求1所述复合铝酸铋颗粒的工艺，其特征在于依次经过下述步骤：

（1）取铝酸铋过120目～160目筛网，备用，剩余主辅料铝酸铋、重质碳酸镁、碳酸氢钠、甘草浸膏、弗朗鼠李皮、茴香粉过100目～140目筛备用；

（2）按配方混合10～35分钟；

（3）用乙醇或水当湿润剂，用14目～20目筛制剂，干燥温度为50℃～80℃，时间为2～4小时，干燥后的原料10目～16目筛整粒；

(4)称量、化验、包装。

4. 一种制造权利要求 2 所述复方铝酸铋颗粒的工艺,其特征在于依次经过下述步骤:

(1)取铝酸铋过 120 目~160 目筛网,备用,剩余主辅料铝酸铋、重质碳酸镁、碳酸氢钠、甘草浸膏、弗朗鼠李皮、茴香粉、羟丙基纤维素过 100 目~140 目筛备用;

(2)按配方混合 10~35 分钟;

(3)用乙醇或水当湿润剂,用 14 目~20 目筛制剂,干燥温度为 50℃~80℃,时间为 2~4 小时,干燥后的原料用 10 目~16 目筛整粒;

(4)称量、化验、包装。

该专利说明书中记载:"本发明为颗粒剂,其中成分中羟丙基纤维素可使药物 5 分钟即可崩解,促进药物释放,提高药物在人体内的生物利用度,提高药物溶出度,加快药物崩解速度,而且对人体无害,大分子纤维素可增加药效,因此相对片剂具有进入胃部后崩解迅速的优点,且药效较快,经国内主要医院进行临床试验……治疗组与对照组的溃疡愈合率分别为 73.2% 与 62%,总有效率分别为 93.2% 与 86%,疼痛消失率为 91.5% 与 84.7%……"

原告于 1995 年 4 月 11 日就"复方铝酸铋颗粒"药获得中华人民共和国卫生部颁发的《新药证书》及《生产批件》,开始生产、销售该药品。2003 年 4 月 8 日,原告就"复方铝酸铋颗粒"药获得国家药品监督管理局颁发的《国家药品标准颁布件》,该药品形成的国家药品标准的编号为:WS1-(X-047)-2003Z。

天龙药业公司成立于 1992 年 7 月 25 日。2005 年 10 月 10 日,天龙药业公司就"复方铝酸铋颗粒"药获得了国家食品药品监督管理局颁发的《药品注册批件》,批件号:2005S07672。药品批准文号为:国药准字 H20058260。该药品使用的药品标准编号为:WS1-(X-047)-2003Z。2006 年 5 月 30 日,辽宁省药品检验所就天龙药业公司的"复方铝酸铋颗粒"药进行了检测,出具了《检验报告》,结论为:本品按国家食品药品监督管理局国家药品标准 WS1-(X-047)-2003Z 检验,结果均符合规定。

2006 年 10 月 12 日,原告的委托代理人在北京市公证处的监督下,以患者身份到三〇七医院内科门诊就诊后,从药房购得标称天龙药业公司生产的"乐诺维 TM 复方铝酸铋颗粒"共 10 盒(18 袋/盒),共花费药费 210 元。当场取得门诊发票明细及收费票据各两份。该药品说明书上写明:本品为复方制剂,其组分为:每袋含铝酸铋 200mg、重质碳酸镁 400mg、碳酸氢钠 200mg、甘草浸膏 300mg、弗朗鼠李皮 25mg、茴香粉 10mg。北京市公证处出具了

（2006）京丰证民字第 3142 号《公证书》。

　　天龙药业公司在本案诉讼中，向本院提交了其向国家食品药品监督管理局提交的"申报资料"中的第二部分：药学研究资料中的"制剂处方及工艺的研究资料及文献资料"，以此证明其生产、销售的"乐诺维 TM 复方铝酸铋颗粒"在组分和制备工艺上均与原告的专利技术不同。该部分材料中写明：

　　处方：铝酸铋 200g、重质碳酸镁 400g、碳酸氢钠 200g、甘草浸膏 300g、弗朗鼠李皮 25g、茴香粉 10g、羧甲基淀粉钠 50g、微晶纤维素 70g、预胶化淀粉 40g、80% 乙醇适量，制成 1000 袋。其中，羧甲基淀粉钠是崩解剂。

　　制备工艺：（1）铝酸铋、重质碳酸镁、碳酸氢钠、甘草浸膏、弗朗鼠李皮、茴香粉、羧甲基淀粉钠、微晶纤维素、预胶化淀粉分别粉碎，过 80 目筛，备用。

　　（2）按处方称取铝酸铋、重质碳酸镁、碳酸氢钠、甘草浸膏、弗朗鼠李皮、茴香粉、羧甲基淀粉钠、微晶纤维素、预胶化淀粉，混合均匀。

　　（3）以 80% 乙醇适量为黏合剂制软材，过 30 目筛制粒。

　　（4）颗粒摊成薄层于 60℃ 下烘干，取出后 20 目筛整粒，分级即得。

　　（5）取制得的颗粒进行检测，合格后分装。

　　本院将天龙药业公司生产、销售的"乐诺维 TM 复方铝酸铋颗粒"的组分和制备工艺与原告的专利权利要求进行了对比，结论是："乐诺维 TM 复方铝酸铋颗粒"药的组成与配比与原告专利权利要求 1 限定的药的组成与配比相同。所不同的是"乐诺维 TM 复方铝酸铋颗粒"药使用的崩解剂是羧甲基淀粉钠，而原告专利权利要求 2 中限定的崩解剂是羟丙基纤维素。除此之外，"乐诺维 TM 复方铝酸铋颗粒"药的制备工艺与原告专利权利要求 3 所限定的制备方法的工艺、程序、步骤相同，所不同的是在将原料粉碎后过筛时，以及在将原料过筛整粒时使用的筛网的目数不同，且该材料没有记载混合和干燥所需的时间。

　　原告主张羟丙基纤维素和羧甲基淀粉钠都是药物常用的崩解剂，普通领域的技术人员均能联想到，二者应构成等同。原告在庭后提交了 2005 年 1 月化学工业出版社出版的《药用辅料手册》予以证明。原告还主张天龙药业公司采用的制药工艺虽在筛网目数等方面与原告专利权利要求中所限定的工艺方法略有不同，但同样构成等同。

　　天龙药业公司不同意原告的上述主张，其提出的反驳理由为：第一，原告专利权利要求 1 所记载的"复方铝酸铋颗粒"药的组分早已成为公知技术，不具有新颖性和创造性，而原告使用羟丙基纤维素作为崩解剂，是原告的专利主要区别于公知技术的一项特征，故不应适用等同原则。天龙药业公司以其提交法庭的1995年版《中华人民共和国药典》（二部）为据，证明在原告申请涉案专利前，"复方铝酸铋"药的组分就已经记载在该部药典中公之于众了。本院经查，上述药典记载的"复方铝酸铋片"的处方是：铝酸铋200g、重质碳酸镁400g、碳酸氢钠200g、甘草浸膏300g、弗朗鼠李皮25g、茴香粉10g、辅料适量。天龙药业公司还提出其已以此为主要理由和证据向专利复审委员会申请宣告原告专利权无效并被专利复审委员会受理，请求本院中止本案诉讼。第二，原告专利权利要求3、4所记载的"复方铝酸铋颗粒"药的制备方法也是早为公众所知的、常规的颗粒剂的制备方法。在制备方法、工艺、步骤毫无新颖性和创造性的情况下，筛网的目数、混合、干燥的时间等就成为原告专利技术区别于公知技术的重要技术特征，故也不应适用等同原则。天龙药业公司向本院提交了人民卫生出版社出版的《药剂学》一书，以证明颗粒剂的制法是公知的、常规的技术。该书记载：颗粒剂制备操作过程如下：粉碎→过筛→混合→制软材→制粒→干燥→整粒→分级或包衣→分剂量→包装。以下又分别叙述了制软材、制粒、干燥、整粒与分级、包衣的操作方法。

　　针对天龙药业公司提出的上述两点反驳主张，原告认为：天龙药业公司提交的1995年版《中华人民共和国药典》记载的是"复方铝酸铋"片剂的处方，而其专利产品为颗粒剂，两种药的制剂不同。在专利说明书中原告已经指出了颗粒剂在疗效上比片剂要优越得多，并附有具体的实验数据，所以天龙药业公司所提交的上述药典不能证明涉案专利是公知技术，不具有新颖性和创造性。另外，原告还指出在专利权利要求1中限定的"乙醇或水"的成分是上述药典中没有公开的。除此之外，天龙药业公司提交的《药剂学》一书没有原件，也没有复印该书的版权页，不知道该书的出版日期，且该书中公开的颗粒剂的制备方法也没有全部覆盖专利技术特征。因此，天龙药业公司的反驳主张不能成立。

　　三〇七医院提交的招标文件、购药发票等多份证据显示，其购进的涉案"复方铝酸铋颗粒"药是经由中国人民解放军总后勤部卫生部药品器材局委托北京海虹药通电子商务有限公司为驻京军队和武警部队医疗机构办理的通过集中招标采购的药品。在上述集中招标采购中天龙药业公司制造的涉案"乐诺维TM复方铝酸铋颗粒"药中标，配送企业为：北京金阳利康医药有限公司。三〇七医院在2006年下半年共购进涉案药品110盒，每盒药品16.8元。

　　原告还提交了北京市海淀第二公证处出具的（2007）京海民证字第0310号《公证书》、多份医院处方及购药单、购药发票，以证明天龙药业公司在宁夏、郑州、江苏淮安、驻京军队及武警部队等多次参与竞标，并中标，中标的药品销售价格约每盒17.9元，从而非法获利。原告还举证证明"复方铝酸铋颗粒"药的政府定价为：18袋/盒，每盒25.5元。

原告还提交了公证费发票、购药发票、律师费发票及《委托代理协议》等，以证明其为本案诉讼支出的费用。

一审审理结果

一审法院认为：

原告是名称为"复方铝酸铋颗粒及制备工艺"发明专利（专利号为：ZL95113913.4）的专利权人，其享有的专利权受法律保护。任何单位和个人未经原告许可都不得实施其专利。

我国专利法规定，发明或者实用新型专利权的保护范围以其权利要求的内容为准，说明书及附图可以用于解释权利要求。

涉案专利是一项药品加制备方法的发明专利，故涉案专利有两项独立权利要求，即权利要求1和权利要求3。

首先，涉案专利权利要求1中所记载的必要技术特征为"复方铝酸铋颗粒"药品主、辅料的组成物质和配比。权利要求2所记载的从属技术特征是在权利要求1记载的药品主、辅料中加入羟丙基纤维素，作为崩解剂。

根据本院查明的事实，天龙药业公司生产的"乐诺维TM复方铝酸铋颗粒"药的组成和配比，与原告专利权利要求1限定的"复方铝酸铋颗粒"药的组成和配比完全相同，落入了原告专利权利要求1的保护范围内。除此之外，虽然天龙药业公司生产的"乐诺维TM复方铝酸铋颗粒"药使用了羧甲基淀粉钠作为崩解剂，与原告专利权利要求2中限定的羟丙基纤维素是不同的物质，但根据现有证据，该两种物质都是常用的作为崩解剂的物质，天龙药业公司也没有指出这两种物质有何特别的药物特征，故天龙药业公司使用羧甲基淀粉钠作为崩解剂与原告专利权利要求2所限定的技术特征构成等同，落入了原告权利要求2的保护范围内。

其次，涉案权利要求3记载的是"复方铝酸铋颗粒"药的制备方法的必要技术特征，它包括四个步骤：（1）将铝酸铋过120目~160目筛，将其余药品主、辅料过100目~140目筛备用；（2）混合10~35分钟；（3）用乙醇或水当湿润剂，用14目~20目筛制剂；干燥，温度为50℃~80℃、时间为2~4小时；干燥后的原料用10目~16目筛整粒；（4）称量、化验、包装。权利要求4记载的从属技术特征是在上述第（1）步将铝酸铋等主、辅料过筛的同时加入羟丙基纤维素，一同过筛。其余步骤相同。

根据本院查明的事实，天龙药业公司生产"乐诺维TM复方铝酸铋颗粒"药的制备方法采用了与原告权利要求3限定的"复方铝酸铋颗粒"药的制备方法的必要技术特征相同的程序、工艺和步骤，虽然在使用的筛的目数上略有不同，且没有对混合和干燥的时间予以一定的要求，但上述不同均是普通领域技术人员无须创造性劳动就能联想到的，故天龙药业公司使用的制备方法落入了原告专利权利要求3的保护范围内。因原告专利权利要求4与权利要求3相比只增加了在第（1）步中加入羟丙基纤维素与铝酸铋等主、辅料一同过筛这一技术特征，而天龙药业公司使用的制备方法也是要把作为崩解剂的羧甲基淀粉钠加入铝酸铋等主、辅料中一同过筛的，因羧甲基淀粉与羟丙基纤维素又构成等同，故天龙药业公司使用的"复方铝酸铋颗粒"药品的制备方法也落入了原告专利权利要求4的保护范围内。

综上，本院认定被告天龙药业公司生产的"乐诺维TM复方铝酸铋颗粒"药品及使用的制备方法，均落入了原告专利权利要求所保护的范围中，构成侵犯原告专利权。

天龙药业公司虽针对原告权利要求1，即"复方铝酸铋颗粒"药品的组成和配比，以1995年版的《中华人民共和国药典》为据提出了公知技术抗辩，但该药典公开的是"复方铝酸铋"片剂而非颗粒剂，且该药典公开的该药品组成也与涉案专利权利要求中所限定的药的组成有所不同，故天龙药业公司提出的公知技术抗辩不成立。另外，天龙药业公司提出其已向专利复审委员会申请宣告涉案专利权无效，请求本院中止审理本案，但因涉案专利为发明专利，其权利内容经过了国家知识产权局的实质审查，在涉案专利的说明书中又特别提到了颗粒剂与片剂的药效对比，故按照最高人民法院有关司法解释的规定，本院对天龙药业公司提出的中止本案审理的请求不予支持。

天龙药业公司虽然以公开出版物《药剂学》为依据，指出其使用的涉案药品制备方法是早已公开的技术、是颗粒剂药品制备的常用方法，也提出公知技术抗辩，但因涉案权利要求3、4在描述药品的制备方法时具体限定了药品的组成和配比，关于这一点天龙药业公司没有充分证据证明在原告专利申请日前已为公知技术，且天龙药业公司也没有提交该书原件，故天龙药业公司针对原告专利权利要求3、4提出的公知技术抗辩也不成立。

天龙药业公司作为涉案侵犯原告专利权的药品——"乐诺维TM复方铝酸铋颗粒"的制造者和销售者，应对其侵权行为承担停止侵权、赔偿损失和原告合理诉讼支出的法律责任。具体的赔偿数额，本院将依据天龙药业公司实施侵权行为的性质、程度，考虑侵权产品销售的时间、范围、价格、一般市场利润率等因素予以酌定。

三〇七医院虽然销售了侵犯原告专利权的"乐诺维TM复方铝酸铋颗粒"药品，但能够提供合法进货来源，故不应承担赔偿损失的责任，但应停止销售侵权药品的行为。

因本案只涉及财产权利的纠纷，原告没有证据证明天龙药业公司有损害原告商誉的行为，故原告提出的要求天龙药业公司公开赔礼道歉的诉讼请求，本院不予支持。

综上，本院依据《中华人民共和国专利法》第十一条第一款、第五十六条第一款、第六十条、第六十三条第二款、最高人民法院《关于审理专利纠纷案件适用法律问题的若干规定》第十一条之规定，判决如下：

一、被告辽宁省天龙药业有限公司于本判决生效之日起，立即停止生产、销售涉案侵犯原告营口奥达制药有限公司专利权（专利号为：ZL95113913.4）的"乐诺维TM复方铝酸铋颗粒"药品；

二、被告中国人民解放军第三〇七医院于本判决生效之日起，立即停止销售涉案侵犯原告营口奥达制药有限公司专利权（专利号为：ZL95113913.4）的"乐诺维TM复方铝酸铋颗粒"药品；

三、被告辽宁省天龙药业有限公司于本判决生效之日起10日内，赔偿原告营口奥达制药有限公司经济损失225 000元及合理诉讼支出25 000元；

四、驳回原告营口奥达制药有限公司其他诉讼请求。

一审案件受理费10 646元，由营口奥达制药有限公司负担2 646元，辽宁省天龙药业有限公司负担8 000元。

各方当事人均服从一审判决。

6. "暖风机（PGK150－M）"外观设计专利权无效纠纷案

——深圳市顺章电器有限公司诉国家知识产权局专利复审委员会、慈溪市雄生电器有限公司

原告（上诉人）：深圳市顺章电器有限公司
被告（被上诉人）：国家知识产权局专利复审委员会
原审第三人：慈溪市雄生电器有限公司
案由：外观设计专利无效行政纠纷

原审案号：北京市第一中级人民法院（2007）一中行初字第234号
原审合议庭成员：刘海旗、周云川、马晓亚
原审结案日期：2007年6月4日
二审案号：北京市高级人民法院（2007）高行终字第344号
二审合议庭成员：张冰、莎日娜、焦彦
二审结案日期：2007年9月3日

判决要旨

申请人提交的外观设计视图应当按照技术制图或机械制图国家标准绘制，正确反应投影关系，各视图之间能够相互对应。对于视图中存在属于制图错误的重大瑕疵，使得外观设计专利的各个视图之间存在矛盾，导致外观设计保护对象无法确定，并且无法将其应用于产业上并批量生产，则该外观设计专利不符合《专利法实施细则》第二条第三款的规定，应当被宣告无效。但是，对于视图中存在的细微瑕疵，本领域普通设计人员通过查看其他视图后明显可以确定该瑕疵属于制图失误，而且该瑕疵不会导致外观设计保护对象的不确定，不属于不符合《专利法实施细则》第二条第三款的情形。

起诉与答辩

原告深圳市顺章电器有限公司（以下简称顺章公司）诉称：1. 第9333号决定适用法律错误。《专利法实施细则》第二条第三款规定的是外观设计专利的保护对象。本专利视图的确存在缺陷，对使用这种外观设计的产品的生产产生某种影响。但视图存在缺陷与《专利法实施细则》第二条第三款规定的外

观设计的保护对象是两个问题，第9333号决定适用该条款是错误的。2. 具体形状不能唯一确定并不必然导致无法适于工业应用。首先，适于工业应用的外观设计的具体形状并不一定是能唯一确定的，例如某些省略视图的外观设计，其省略的视图所对应的不常见面的形状即可有多种变化，其具体形状则也不是唯一确定的。其次，专利文件中的个别视图存在一些不对应之处是由于制图上进行转换时的失误造成的，属于细微的差错，普通技术人员根据本专利授权公告的视图综合观察，仍可以克服视图中的错误，识别出产品的形状和结构并制造出本专利产品，因此本专利在工业上完全可以实施。再次，专利复审委员会和人民法院在以前的判例中也认为虽然视图存在一些细微的错误，但仍符合《专利法实施细则》第二条第三款的规定。综上所述，原告请求人民法院判决撤销第9333号决定。

被告国家知识产权局专利复审委员会（以下简称专利复审委员会）辩称：1. 由于本专利视图所示的暖风机存在具体形状不能唯一确定的缺陷，适用《专利法实施细则》第二条第三款是正确的。2. 本专利存在涉及除仰视图以外的所有视图的多处明显实质性缺陷，导致多处具体形状不能唯一确定，因而不能通过工业生产得以实施。因此，顺章公司的诉讼理由不能成立，第9333号决定认定事实清楚，适用法律正确，请求人民法院依法驳回原告的诉讼请求，维持该决定。

第三人慈溪市雄生电器有限公司（以下简称雄生公司）述称：对于外观设计视图存在不对应的情况，要看错误的程度具体分析。在人民法院以往的判例中，有些错误程度很小，专利权都被宣告无效，本专利视图多处不对应，矛盾严重到不能生产使用，应当被宣告无效。因此请求人民法院判决维持第9333号决定。

原审查明事实

原审法院查明：

"暖风机（PGK150-M）"外观设计专利（即本专利）由顺章公司于2001年11月20日向国家知识产权局提出申请，于2002年7月10日被授权公告，专利号为01353891.8。本专利授权公告包括6幅视图，即主视图、后视图、左视图、右视图、俯视图、仰视图。

2006年3月28日，雄生公司向专利复审委员会提出无效宣告请求，认为本专利各个视图之间存在矛盾，有多处视图关系不对应，不能实现，不适于工业应用，不符合《专利法实施细则》第二条第三款的规定，同时本专利与在先设计相近似，不符合《专利法》第二十三条的规定。

2006年7月11日，专利复审委员会对该案进行了口头审理。

2006年7月17日，顺章公司提交意见陈述书，认为：（1）主视图中暖风机上部两个按钮下面呈上拱形的最上面的上拱形线条是3D制图的辅助线，实际不存在，是图纸文件转换的错误，属可"通过修改的方式得到更正"的错误；（2）主视图右边旋钮与俯视图右边旋钮是一致的，从左右看的时候，右视图按钮是椭圆形，在左视图中也是椭圆形；（3）仰视图左右下角对称的十字交叉处朝下的实际上是椭圆，为左、右、后视图下面2个圆孔的仰视投影；（4）仰视图左下角十字交叉处以下两条边框线中间的细长线是制图上的失误，是图纸文件转换导致，属可"通过修改的方式得到更正"的错误；（5）俯视图最上面的空白处应为密集线条，但是将所有线条画出来，将会导致线条不清楚；俯视图最下面的空白处应为小圆圈填充，为制图上的失误，属可"通过修改的方式得到更正"的错误，并非不可实现；（6）左视图左下角小圆圈左边的短斜竖线和右视图右下角小圆圈右边的短斜竖线是两曲面的切线，应该不存在，后视图实际是看不到的。

2006年8月22日，顺章公司再次提交了意见陈述书，认为：（1）主视图中部的网状小孔的下面细长的空白处实际上是出风口金属网的边缘与壳体上的金属网安装孔间的间隙，金属网的边缘线属图形转换时未删除的线，属"可通过修改的方式得到更正"的错误，修改时，删除金属网的边缘线，并将金属网的小孔延伸至金属网安装孔轮廓线处即可；（2）仰视图左下角十字交叉处以下两条边框线中间的细长线对应于左视图和右视图中的线条。

2006年12月23日，专利复审委员会针对雄生公司的无效宣告请求作出第9333号决定。专利复审委员会在该决定中认定：（1）本专利主视图中暖风机顶部两个旋钮下面多条相交线中最上面有一条上拱形线条；然而在俯视图中并没有对应于该部分的设计，导致主视和俯视所显示的产品结构不同，因此主视图与俯视图所示的暖风机顶部的设计并不是唯一对应的，其他视图中对该部位也没有显示，本领域技术人员根据本专利视图所示不能唯一确定同时符合本专利主视图与俯视图的暖风机顶部的设计。（2）本专利俯视图的下部显示出风孔下部还有一细长形空白处，显示暖风机最前部并不全是出风孔；而主视图和左右视图中暖风机最前部为小出风孔填充。因此本专利所示的主视图和左右视图分别与俯视图显示本专利所示的暖风机前部的出风孔处的设计并不是唯一确定的，本领域技术人员根据本专利视图所示不能唯一确定同时符合本专利与俯视图的暖风机前部出风孔处的设计。（3）本专利左视图左下角小圆圈的左边有一条短斜竖线，右视图右下角小圆圈的右边有一条短斜竖线，即左右视图分别显示暖风机后面下部左右两边分别是两曲面相切的形状；而在后视图中该部分并没有任何线条，即后视图中显示该部分的曲面是光滑的，并不是两曲面相切的形状。因此本专利所示的左右视图与后视图显示本专利所示的暖风机后面下部的设计并不是唯一确定的，本领域技术人员根据本专利视图所示不能唯一确定同时符合本专利与俯视图的暖风机后面下部的设计。（4）本专利仰视图左下角十字交叉处以下两条边框线中间有一条细长线，而右下角处并没有，即此处仰视图中并非左右对称；而左右视图下部却是左右对称的。因此本专利所示的仰视图与左右视图显示本专利所示的暖风机左右侧面的设计并不是唯一确定的，本领域技术人员根据本专利视图所示不能唯一确定同时符合本专利与俯视图的暖风机左右侧面的设计。综上所述，本专利视图中所示的暖风机的顶部、暖风机的前部出风孔处、暖风机的后下部，以及暖风机的左右侧面的具体形状存在矛盾，不属于可"通过修改的方式得到更正"的错误，本领域技术人员根据本专利视图所示不能唯一确定暖风机顶部、最前部、后面下部以及左右侧面的具体形状，因此本专利所示的暖风机的具体形状不能唯一确定，不适于工业应用。因此本专利不符合《专利法实施细则》第二条第三款的有关规定。专利复审委员会据此作出第9333号无效决定，宣告本专利权无效。

原审审理结果

原审法院认为：

《专利法实施细则》第二条第三款规定，专利法所称外观设计，是指对产品的形状、图案或者其结合以及色彩与形状、图案的结合所作出的富有美感并适用于工业应用的新设计。适用于工业应用，是指该外观设计能应用于产业上并形成批量生产。应用于产业上批量生产，最基本的一个前提是其外观是唯一确定的。《专利法》第五十六条规定，外观设计专利权的保护范围以表示在图片或照片中的该外观设计专利产品为准。如果一项外观设计专利的各个视图之间存在矛盾，使得其外观设计不唯一，则本领域技术人员无法将其应用于产业上并批量生产，该外观设计专利不符合《专利法实施细则》第二条第三款的规定，应当被宣告无效。

本案中，本专利授权公告包括六幅视图，应以该六幅视图确定本专利的保护范围。然而分析这些视图可以看出：（1）主视图中暖风机顶部两个旋钮下面多条相交线中最上面有一条上拱形线条，但在俯视图中并没有对应于该部分的设计；（2）俯视图的下部显示暖风机最前部并不全是出风孔，但主视图和左右视图中暖风机最前部却为小出风孔填充；（3）左右视图分别显示暖风机后面下部左右两边分别是两曲面相切的形状，但在后视图中该部分并没有任何线条，即后视图中显示该部分的曲面是光滑的，并不是两曲面相切的形状；

(4) 仰视图左下角十字交叉处以下两条边框线中间有一条细长线，而右下角处并没有，而左右视图下部却是左右对称的。上述各个视图之间的矛盾，会使得本领域的技术人员无法唯一确定本专利的外观，无法将其应用于产业上并批量生产。虽然原告在庭审中不承认上述矛盾点（1）、（3）、（4），但从视图上看，这些矛盾点是客观存在的，从无效程序中原告的多次陈述也可看出本专利的视图存在多处问题，即使仅存在原告认可的出风孔的不一致之处，本领域技术人员也无法生产出最前部既全为出风孔又不全是出风孔的暖风机。因此本专利的各个视图存在较大的矛盾，造成本专利外观不唯一确定，故本专利不符合《专利法实施细则》第二条第三款的规定。

对于原告关于本专利视图存在的差错是细微的、技术人员可以克服并可工业应用的主张，本院认为，对于外观设计专利视图中存在的差错是否必然导致无法工业应用，确实需根据具体差错的性质和程度而定。如果仅是细微的瑕疵且不会使技术人员对该产品外观的认识产生错误理解，这种瑕疵可以被认为是在图形绘制过程中产生的偏差而予以接受，通常不会因为这种瑕疵而以该外观设计不能实施为由宣告无效；但是，当差错达到一定程度，视图之间存在较大矛盾，致使请求保护的对象不唯一时，该外观设计专利将会以无法应用于工业生产而被宣告无效。本案中，本专利视图上存在多处差错，且差错的程度比较严重，视图之间互相矛盾，因此原告关于本专利视图的差错是细微的主张没有事实依据，被告据此认定本专利不符合《专利法实施细则》第二条第三款的规定，事实清楚，适用法律正确，本院予以支持。

综上，被告专利复审委员会作出的第9333号决定认定事实清楚，适用法律正确，程序合法，应予维持。原告顺章公司请求撤销该决定的理由不能成立，本院不予支持。依照《中华人民共和国行政诉讼法》第五十四条第（一）项之规定，本院判决如下：

维持国家知识产权局专利复审委员会作出的第9333号无效宣告请求审查决定。

顺章公司不服原审判决并提起上诉，请求撤销原审判决和第9333号决定，维持本专利有效。其上诉理由主要为原审判决认定事实错误，具体为以下几点：1."上拱形线条"不但在俯视图中有对应设计，而且结合左、右视图后可以看出，俯视图中的对应设计是准确、严谨的。关于"上拱形线条"不能以上诉人在无效宣告程序中陈述的意见作为判决的依据，而应以涉案专利公告的视图作为判断的基准。2.关于暖风机"出风孔"的位置、范围和其他具体形状在授权公告的主视图和左、右视图已经有清楚的表达和显示，即使没有其他视图，本领域技术人员或普通消费者也能够明了本专利产品在该局部的具体设计内容，并不存在歧义或其他不确定的理解。3. 关于暖风机后面下部的切线确实属于制图缺陷，但该部分属于一般消费者不易注意的部位，应当属于可以接受的缺陷。4. 关于仰视图左下角多出的细长线，根据《审查指南》的规定，仰视图在本专利中是可以省略的，即使授权公告的仰视图存在缺陷，也不会导致本专利"无法应用于工业生产"。因此，本专利符合《专利法实施细则》第二条第三款的规定。

专利复审委员会、雄生公司服从原审判决。

二审查明事实

二审法院查明的事实与原审相同。

二审审理结果

二审法院认为：

《专利法实施细则》第二条第三款规定，专利法所称外观设计，是指对产品的形状、图案或者其结合以及色彩与形状、图案的结合所作出的富有美感并适用于工业应用的新设计。《专利法》第五十六条规定，外观设计专利权的保护范围以表示在图片或照片中的该外观设计专利产品为准。《专利法实施细则》第二十七条第三款规定，申请人应当就每件外观设计产品所需要保护的内容提交有关视图或者照片，清楚地显示请求保护的对象。根据上述规定，申请人提交的外观设计视图应当按照技术制图或机械制图国家标准绘制，正确反应投影关系，各视图之间能够相互对应。对于视图中存在属于制图错误的重大瑕疵，使得外观设计专利的各个视图之间存在矛盾，导致外观设计保护对象无法确定，并且无法将其应用于产业上并批量生产，则该外观设计专利不符合《专利法实施细则》第二条第三款的规定，应当被宣告无效。但是，对于视图中存在的细微瑕疵，本领域普通设计人员通过查看其他视图后明显可以确定该瑕疵属于制图失误，而且该瑕疵不会导致外观设计保护对象的不确定，不属于不符合《专利法实施细则》第二条第三款的情形。

本案中，本专利授权公告包括六幅视图，应以该六幅视图确定本专利的保护范围。分析这些视图可以看出：（1）主视图中暖风机顶部两个旋钮下面多条相交线中最上面有一条上拱形线条，但在俯视图中并没有对应于该部分的设计；（2）俯视图的下部显示暖风机最前部并不全是出风孔，但主视图和左右视图中暖风机最前部却为小出风孔填充；（3）左右视图分别显示暖风机后面下部左右两边分别是两曲面相切的形状，但在后视图中该部分并没有任何线条，即后视图中显示该部分并不是两曲面相切的形状；（4）仰视图左下角十字交叉处以下两条边框线中间有一条细长线，右下角处并没有，左、右视图下部显示左右是对称的。

综观上述各个视图之间的矛盾，本院认为，对于（1）、（3）、（4）所述视图之间的矛盾显然属于制图失误导致的细微瑕疵，本领域普通设计人员可以通过其他视图唯一确定本外观设计的保护范围，不属于无法将其应用于产业上并批量生产的重大瑕疵。而对于（2）所述视图之间的矛盾，即本专利俯视图显示暖风机最前部还有一细长形空白处，显示暖风机最前部并未分布出风孔；而主视图和左、右视图显示暖风机最前部均分布有出风孔。因此本专利所示的主视图和左、右视图分别与俯视图所示的暖风机最前部的出风孔分布的设计并不是唯一确定的，本领域普通设计人员根据本专利视图所示不能唯一确定暖风机前部出风孔处的设计，该瑕疵属于明显的制图错误。由于该制图错误导致的重大瑕疵使得本外观设计专利保护对象不能确定，已经导致无法按照本专利的视图制造出相应的产品，因此，本专利不符合《专利法实施细则》第二条第三款的规定，应当被宣告无效。上诉人顺章公司关于上述瑕疵不足以导致本专利不符合上述法律规定的上诉主张没有事实和法律依据，本院不予支持。

综上，原审判决认定事实基本清楚，适用法律正确，应当予以维持。上诉人顺章公司的上诉主张缺乏事实及法律依据，本院不予支持。依照《中华人民共和国行政诉讼法》第六十一条第（一）项之规定，判决如下：

驳回上诉，维持原判。

一审案件受理费1 000元，由深圳市顺章电器有限公司负担（已交纳）；二审案件受理费100元，由深圳市顺章电器有限公司负担（已交纳）。

7. "水龙头"外观设计专利侵权纠纷案

——科勒公司诉北京美联天地建材市场有限公司、
上海德力洁具有限公司、温州市科耐洁具有限公司

原告：科勒公司
被告：上海德力洁具有限公司
被告：温州市科耐洁具有限公司
被告：北京美联天地建材市场有限公司
案由：侵犯外观设计专利权纠纷

原审案号：北京市第二中级人民法院（2007）二中民初字第9657号
原审合议庭成员：刘薇、梁立君、周晓冰
原审结案日期：2007年9月20日

判决要旨

被控侵权产品与原告享有外观设计专利权的专利产品相比，仅在个别部位上有所不同，差异很小，对整体视觉效果不产生影响，构成与专利产品相近似。

起诉与答辩

原告诉称：原告是世界著名厨卫产品制造企业。多年来原告研制开发了一系列外观精美的厨卫产品。1997年，原告向原中华人民共和国专利局（以下简称中国专利局）申请的名称为"水龙头"的外观设计专利（专利号为ZL97328377.7）被授予专利权。后原告发现上海德力洁具有限公司（以下简称德力公司）和温州市科耐洁具有限公司（以下简称科耐公司）生产销售了、北京美联天地建材市场有限公司（以下简称美联天地公司）销售了与原告享有外观设计专利权的水龙头产品基本相同的产品。三被告的行为侵犯了原告的专利权，给原告造成了巨大损失，故原告诉至法院，请求法院判令：（1）三被告立即停止侵权行为；（2）三被告销毁侵权所使用的所有生产模具及侵权物品，包括成品和半成品，以及带有侵权产品外观图片的产品样本、宣传资料；（3）三被告赔偿原告的经济损失以及原告为本案诉讼支出的合理费用共计人民币30万元；（4）诉讼费用由三被告承担。

被告美联天地公司辩称：我公司销售涉案水龙头产品时并不知道此产品是侵权产品。我公司可以提供涉案产品的合法进货来源，即生产商的发货清单。现在我公司已经不再销售涉案产品了，因此，根据相关法律规定，我公司不应承担赔偿责任。请求法院驳回原告的诉讼请求。

被告德力公司未提交答辩状，也未作答辩。

被告科耐公司辩称：我公司系水暖洁具的生产企业，属小规模经营。涉案产品系我公司从温州海城工业区的一些经营户处购买配件，提供给德力公司组装的，并非我公司生产，我公司也没有该产品的生产模具等。我公司不知道涉案产品有侵犯原告专利权的情况，故我公司不应承担法律责任。原告的专利权即将到期，该产品原告已经营多年，已没有市场价值，原告还请求高额的赔偿数额没有事实依据。请求法院驳回原告的诉讼请求。

一审查明事实

一审法院查明：

1997年10月22日，原告向中国专利局申请了一项名称为"水龙头"的外观设计专利。1998年10月24日，该外观设计专利被授予专利权，专利号为ZL97328377.7。现该专利权仍处于有效期内。

2006年11月15日，原告的委托代理人在中华人民共和国长安公证处公证员的陪同下，以普通消费者的身份在北京市朝阳区十里河美联天地市场A1-24号，购买了"得士达"牌、型号为D1007-6的水龙头一个（以下简称涉案产品），单价为230元，并从销售人员处取得编号为0056240的《美联天地建材市场装饰材料销售单》、产品《合格证》和《得士达产品说明书·质保书》等材料。中华人民共和国长安公证处将购买的涉案产品拍照、封存，并出具了（2006）长证内经字第8979号《公证书》。

庭审时，本院对该涉案产品进行了审查，并与原告的外观设计专利产品进行了对比。涉案产品的包装盒上印有德力公司的名称、地址和电话。还有"得士达"或"DESHIDA"图文组合商标。包装盒内有一《得士达产品说明书·质保书》，封面印有"得士达卫浴"字样、封底印有德力公司的名称、地址和电话。产品《合格证》上有"得士达卫浴"字样和德力公司的名称。涉案产品的形状与原告的专利产品相比基本相同，所不同的是原告的专利产品在水龙头的后部有一个控制下水的小拨杆，而涉案产品水龙头的后部只有一个下水的小孔；原告的专利产品水龙头的主体呈圆柱形，而涉案产品水龙头在圆柱形主体的下部有稍许的收缩。

根据原告的举证，科耐公司于2000年10月23日向中华人民共和国国家工商行政管理总局商标局申请注册了一图文组合商标，注册号为1682105号。该注册商标的形式为："得士达 DESHIDA"文字加图形。核定使用的商品为热水器、卫生设备、龙头等。该注册商标的专用权期限为2001年12月14日至2011年12月13日。科耐公司认可上述事实。

美联天地公司在庭审中提交了一份其与钱冷双签订的《展位租赁协议》及一份科耐公司给钱锡银出具的《销货清单》，用以证明其市场内A1-24号展位的承租人是钱冷双，原告经公证购买的产品是钱冷双自科耐公司处进的货，进货数量2只，进货价格每只300元。原告对上述证据的真实性不予认可，认为《销货清单》上的进货日期、进货人与《展位租赁协议》上的日期及承租人均不能对应，且钱锡银进货的价格是300元，而原告是以230元的价格购买的，销售价格低于进货价格，不符合正常的经营规律。科耐公司对《销货清单》上科耐公司的印章予以认可，并承认该产品是其公司销售给美联天地公司的。

德力公司及科耐公司在本案中未提供证据材料。

原告还提交了其委托温州瓯越商标事务所有限公司进行事实调查所花费的2 800元代理费的发票、其支付的2 520元公证费发票、刻录光盘花费的75元的收据、购买物品花费56元的发票、出租车票据若干张、支付830元翻译费的发票、支付182 330.21元律师费的发票，用以证明其为本案诉讼支出的费用。

一审审理结果

一审法院认为：

原告经中国专利局核准授予的"水龙头"外观设计专利权（专利号为ZL97328377.7），现仍处于有效期内，受中国法律保护。任何单位或者个人未经专利权人许可，都不得实施其专利，即不得为生产经营目的制造、销售、进口其外观设计专利产品。

我国专利法规定，外观设计专利权的保护范围以表示在图片或者照片中的该外观设计专利产品为准。原告在美联天地公司经公证购买的涉案产品，与原告享有外观设计专利权的专利产品相比，虽然在个别部位上有所不同，但差异很小，对整体视觉效果不产生影响，故应认定构成与专利产品的相近似，涉案产品为侵犯原告专利权的产品。

经本院审查，在涉案产品的包装盒上、《得士达产品说明书·质保书》上及产品《合格证》上，既有德力公司的名称、也有科耐公司的注册商标和"得士达卫浴"等文字，从以上事实可以认定德力公司和科耐公司均是涉案产品的制造者和销售者，故二被告均应对其制造和销售侵权产品的行为承担民事责任。科耐公司称涉案产品是其从温州海城工业区的一些经营户处购买的配件，提供给德力公司组装的，并非其制造的，但科耐公司没有提交证据予以证明，故对其主张本院不予采信。

美联天地公司提供的《销货清单》上有科耐公司的印章，且科耐公司也认可美联天地公司销售的产品为其提供，故本院对于美联天地公司销售的涉案产品的来源予以确认。原告未能提供证据证明美联天地公司存在明知涉案产品是侵权产品却仍然进行销售的行为，故根据我国法律规定，美联天地公司对其销售侵权产品的行为不承担赔偿责任，但仍应承担停止销售的法律责任。

原告提出的要求德力公司和科耐公司停止侵权行为的诉讼请求，符合法律规定，本院予以支持。鉴于此已足以制止二被告的侵权行为，故本院对原告提出的三被告销毁侵权所使用的所有生产模具及侵权物品，包括成品和半成品的请求不予支持。由于原告并未提交证据证明三被告实施了印制载有涉案侵权产品图片的产品样本及宣传材料的行为，故本院对原告提出的三被告销毁载有涉案产品图片的产品样本及宣传材料的诉讼请求不予支持。原告提出的由二被告赔偿其经济损失及合理诉讼支出的请求，符合法律规定，本院予以支持，但原告所提具体赔偿数额过高，事实依据不足，本院不予全额支持。本院将根据二被告侵权行为的性质、情节、规模，参照该产品的销售价格，一般市场利润率等因素酌定具体的赔偿数额。关于原告为诉讼支出的费用本院将根据与本案诉讼有最直接关系的原则予以确定具体的数额。

综上，本院依据《中华人民共和国专利法》第十一条第二款、第五十六条第二款、第六十条、第六十三条第二款之规定，判决如下：

一、被告上海德力洁具有限公司、被告温州市科耐洁具有限公司于本判决生效之日起立即停止制造、销售侵犯原告科勒公司外观设计专利权（专利号为ZL97328377.7）的涉案水龙头产品；

二、被告上海德力洁具有限公司、被告温州市科耐洁具有限公司于本判决生效之日起10日内，共同赔偿原告科勒公司经济损失人民币20 000元及为诉讼支出的合理费用人民币14 000元；

三、被告北京美联天地建材市场有限公司于本判决生效之日起立即停止销售侵犯原告科勒公司外观设计专利权（专利号为ZL97328377.7）的涉案水龙头产品；

四、驳回原告科勒公司的其他诉讼请求。

一审案件受理费5 800元，由科勒公司负担2 000元，上海德力洁具有限公司和温州市科耐洁具有限公司负担3 800元。

各方当事人均服从一审判决。

8. "加固地基的施工方法"发明专利侵权纠纷案
——王继忠诉中国京冶工程技术有限公司

原告（被上诉人）： 王继忠
被告（上诉人）： 中国京冶工程技术有限公司
案由： 侵犯发明专利权纠纷

原审案号： 北京市第一中级人民法院（2007）一中民初字第1746号
原审合议庭成员： 姜颖、苏杭、芮松艳
原审结案日期： 2007年7月20日
二审案号： 北京市高级人民法院（2007）高民终字第1503号
二审合议庭成员： 张冰、程霞、钟鸣
二审结案日期： 2007年10月9日

判决要旨

本专利权利要求1中未对"填充加固料"作出具体的限定，而是概括性的限定，因此，只要符合填充加固作用的材料都应当确定为该必要技术特征的范围。被告的碎石桩施工方法使用碎石作为加固料属于本专利的填充加固料的一种，该碎石桩施工方法的必要技术特征完全落入了本专利的保护范围。

对比文件中公开了"内沉管施工步骤"及其改进工艺，该步骤及其改进工艺未涉及本专利的分段拔管、分层填料夯实的技术特征。被告的碎石桩施工方法与本专利相同，与对比文件揭示的公知技术在分段拔管、分层填料夯实工艺上不同，被告以公知技术作为不侵权的抗辩理由不能成立。

起诉与答辩

原告王继忠诉称：我是名称为"加固地基的施工方法"发明专利（专利号ZL98124827.6）的专利权人。被告未经授权许可，擅自在位于北京市朝阳区红军营路2号的泽润庄园北区地基基础工程中，使用与原告的上述专利独立权利要求1的技术方法完全相同的碎石桩施工方法，严重侵犯了原告享有的专利权，并造成了一定的经济损失。故请求法院判令被告：（1）立即停止专利侵权行为，公开赔礼道歉；（2）赔偿原告经济损失30万元。

被告中国京冶工程技术有限公司（以下简称京冶工程公司）辩称：1. 我公司是涉案工程的总承包商，原告指控的侵权施工者是另外两家分包单位，原告起诉我公司错误。2. 被控侵权方法与原告的专利具有本质的区别，我公司原有工程曾经使用过被控侵权施工方法，原告的专利只是在原有的施工方法中做了一些创新，创新点仅在于填充加固料不同，原告使用的是建筑垃圾，我方使用的是碎石，两者完全不同。3. 我公司采用的施工方法是已公开技术，原告的专利技术原理在其专利申请日2002年12月4日前已被公开发表在相关专业著作中，已成为公开的通用技术原理。原告的专利根据相关对比文件已不具有专利性，依法不应当受到专利权的保护。我公司采用的是已公开的技术，属于国家标准规范的标准技术，是合理使用。请求法院驳回原告的诉讼请求。

原审查明事实

原审法院查明：2002年12月4日，国家知识产权局颁发ZL98124827.6号，名称为"加固地基的施工方法"的发明专利（以下简称本专利）证书。本专利申请日为1998年11月17日，授权公告日为2002年12月4日，专利权人是王继忠。本专利有10项权利要求，其中独立权利要求1的内容为："一种加固地基的施工方法，其步骤包括：a）将外套管打入地基中，直至规定深度；b）向该外套管内填充加固料，采用夯锤对所填充的加固料进行夯击，直至所夯实的加固料的密实度满足这样的收锤标准，从而地基表面土体达到最大的密实度，而同时地表又不产生隆起；c）按照规定的高度提升外套管，进行上述步骤b）；d）以上述规定的高度提升外套管，反复进行上述步骤b），进行分层填料与夯击动作，直至地基表面处，从而使挤密桩身材料的密实度和该桩周围的土体的密实度保持均匀。"

2006年11月，京冶工程公司向北京润泽庄苑房地产开发有限公司承包了位于北京市朝阳区红军营路2号润泽庄园一期工程（B03地块）的复合地基工程（碎石桩），承包工程总价款是358万元。2006年12月，京冶工程公司以发包方的名义先后将该工程项目分包给了湖北省地矿建设工程承包集团有限公司和派立工程有限公司，同时向两分包企业提供了碎石桩施工方法，即复合地基处理施工组织设计技术要求，其中包括柱锤冲扩碎石桩技术要求。在开庭审理中，被告承认其发包给分包企业实施的碎石桩施工方法与本专利独立权利要求1的方法步骤相比，除了填充加固料不同，即本专利是用卵石被告是用碎石以外，其他方法步骤相同。

原告委托公证机关的公证员对北京市朝阳区红军营路2号润泽庄园施工工地现场情况进行录像和拍照，现场录像及照片中显示的施工现场简易工房设施上标有被告京冶工程公司的简称"京冶地基"字样，对此被告予以承认。

1998年5月1日由中国建筑工业出版社出版的《地基处理与实例分析》第386页图7-77"内沉管施工步骤"公开了福兰基施工工艺"移机就位、填石制塞、击沉导管、击穿石塞、分段填充"的步骤图；第392页有改进该工艺为："不再击穿石塞，在沉管到预定深度后即拔管、分段填料夯实"的文字内容。

原审审理结果

原审法院认为：原告王继忠是"加固地基的施工方法"发明专利的专利权人，其享有的发明专利权依法受到保护，他人未经许可不得实施其专利，不得损害其享有的合法权益。

根据查明的事实，被告虽将涉案施工工程分包给其他公司，但被控侵权施工方法的技术步骤等技术方法和技术标准是被告向分包公司提供，并由被告监督实施，施工工地亦有被告公司简称标识，故原告向被告提起诉讼符合诉讼程序主体要件，被告有关原告起诉错误的辩解缺乏法律依据不能成立。

被告承认其碎石桩施工方法与本专利独立权利要求1相比除填充加固料不同以外，其他方法步骤相同。原告亦主张被告的侵权行为技术特征落入其专利权利要求1的保护范围。根据法律规定，发明专利权的保护范围应当以发明专利的权利要求所反映的技术方案为限。本专利权利要求1中没有对"填充加固料"再作出具体的限定，而是概括性的限定，因此，只要符合填充加固作用的材料都应当确定为该必要技术特征的范围。因被告的碎石桩施工方法使用碎石作为加固料属于本专利的填充加固料的一种，其主张的填充加固料存在不同差别并无事实根据，因此，被告使用的碎石桩施工方法完全落入了本专利的保护范围，被告的行为构成专利侵权，应当承担停止侵权行为、赔偿原告经济损失的民事责任。因赔礼道歉属于人身权利损害的民事责任承担方式，被告的行为并未损害原告的人身权，不应当适用赔礼道歉，本院对原告的该项诉讼请求不予支持。《地基处理与实例分析》一书中公开了"内沉管施工步骤"及其改进工艺，该步骤及其改进工艺未涉及本专利的分段拔管、分层填料夯实的特征。因被告的侵权施工方法与本专利相同，与该公知技术方法在分段拔管、分层填料夯实工艺上不同，故被告以公知技术作为不侵权的抗辩理由不能成立，本院不予支持。

鉴于被告实施侵权行为的工程规模、工程价款以及侵权时间、主观情节等因素，本院酌情确定被告应当承担的赔偿数额。依照《中华人民共和国专利法》第十一条第一款、第五十六条第一款、第六十条，最高人民法院《关于审理专利纠纷案件适用法律问题的若干规定》第二十一条的规定，判决如下：

一、被告中国京冶工程技术有限公司立即停止实施侵犯原告王继忠"加固地基的施工方法"发明专利的碎石桩施工方法；

二、被告中国京冶工程技术有限公司赔偿原告王继忠经济损失20万元；

三、驳回原告王继忠的其他诉讼请求。

中国京冶工程技术有限公司不服，提起上诉，请求二审法院依法撤销原审判决，驳回被上诉人王继忠的诉讼请求。

二审审理结果

在二审审理过程中，各方当事人自愿达成如下协议：

一、上诉人中国京冶工程技术有限公司充分尊重被上诉人王继忠在市场上的商业权益；

二、上诉人中国京冶工程技术有限公司与被上诉人王继忠共同承诺在今后共同规范市场方面作出努力；

三、上诉人中国京冶工程技术有限公司与被上诉人王继忠双方同意无条件和解；

四、被上诉人王继忠自本调解书生效之日起放弃在本案中对上诉人中国京冶工程技术有限公司主张的全部诉讼请求；

五、双方再无其他争议。

原审案件受理费5 800元，由王继忠负担；二审案件受理费2 150元，由中国京冶工程技术有限公司负担。

9. "逆流旋转清洁液体过滤器"发明专利侵权纠纷案
——阿－卡尔塑料制品公司诉北京滨特尔洁明环保设备有限公司

原告（上诉人）： 阿－卡尔塑料制品公司
被告（被上诉人）： 北京滨特尔洁明环保设备有限公司
案由： 侵犯发明专利权纠纷

原审案号： 北京市第一中级人民法院（2007）一中民初字第3444号
原审合议庭成员： 刘海旗、周云川、佟姝
原审结案日期： 2007年9月10日
二审案号： 北京市高级人民法院（2007）高民终字第1810号
二审合议庭成员： 刘继祥、莎日娜、焦彦
二审结案日期： 2007年11月30日

判决要旨
被控侵权产品是否落入专利保护范围适用全面覆盖原则。被控侵权产品不具有专利权利要求中的某个技术特征，没有全部落入该权利要求的保护范围，不构成对专利权的侵犯。

起诉与答辩
原告阿－卡尔塑料制品公司诉称：原告1998年12月15日向中华人民共和国国家知识产权局申请"逆流旋转清洁液体过滤器"发明专利（以下简称本专利），2004年3月10日被授予发明专利权（专利号98812290.1）。该专利权利要求为：一种液体过滤器装置，尤其是用于水灌溉设备中的那类液体过滤器装置，该液体过滤器装置包括：一个带有入口和出口的圆柱体壳体；一个安装在壳体中的圆柱形过滤器部件，以便在正常的过滤作业中，从入口流到出口的水沿着径向方向进入过滤器部件并从出口排出，而在一个逆向的过滤器清洗流动循环过程中，反过来也是一样的；一个居中地安装在由过滤器部件的限定的圆柱形空间中的结构，该结构形成过滤器部件的支承，以便在逆流清洗循环过程中使过滤器部件能自由转动；一个在过滤器部件一轴向侧支撑过滤器部件的固定部件；一个安装到所述结构上的缸－活塞组件，该组件包括一个通常在

过滤器部件另一轴向侧支撑过滤器部件的可移动部件；起作用的单向阀装置，单向阀装置在其第一工作位置使得水从由过滤器部件限定的圆柱形空间流到出口，而在其第二工作位置使得水从出口流入所述空间；用于使加压流体进入组件的装置，该装置使加压流体进入组件，从而使可移动部件移离固定部件以进行所述的自由转动；以及用于在所述逆向清洗流动循环过程中产生射向过滤器部件的射流的装置，射流用于清洗过滤器部件；其特征在于，设置有一个一体地形成的芯部件，芯部件包括：(a) 所述固定部件；(b) 偏离中心地沿着过滤器部件的一条内母线延伸的至少一个管状导管，管状导管设置有多个喷嘴，喷嘴用于在所述逆向过滤器清洗流动循环过程中沿着过滤器部件的方向喷射所述射流；(c) 一个形成组件的活塞的缸的腔。可移动部件结合到活塞上；(d) 一个在其一端与腔连通并在其另一端与加压流体进入装置连通的细长管。

近来，原告发现，被告生产、销售的盘式过滤器产品覆盖了原告的专利权利要求的全部技术特征，被告的上述行为属未经原告许可，实施原告专利技术的侵权行为。该行为严重损害了原告的经济利益，为保护原告的合法权益，依据《中华人民共和国专利法》第十一条、第五十七条的规定，原告特提起诉讼，请求法院：(1) 判令被告停止侵犯原告"逆流旋转清洁液体过滤器"（专利号98812290.1）发明专利权。(2) 判令被告赔偿原告经济损失人民币50万元。(3) 判令被告承担原告为制止被告的侵权行为而支出的公证费和律师费等合理费用人民币5万元。

被告北京滨特尔洁明环保设备有限公司（以下简称滨特尔公司）辩称：我公司并未侵犯原告的专利权，产品是否构成侵权要经过对比才能确定。本专利的权利要求1限定的是一种过滤器，而在我公司的产品中根本没有使用本专利权利要求1的特征d，其为完成本专利技术方案的必要技术特征，本专利权利要求1对特征d的描述为："一个在其一端与腔连通并在其另一端与加压流体进入装置连通的细长管。"根据说明书可知，特征d述及的管的一端与活塞腔相通、另一端与设置在容器外部的流体加压控制系统相通，作用是将加压控制系统的液体导入活塞缸，从而致使活塞能克服弹簧压力移动，进而导致滤盘组松开，便于后续的冲洗。说明书第5页第7段对此表述得更为详细，即管26要和管80c相接进而与管100a接通进而与外部加压流体控制系统接通。这说明特征d所述的管26是将活塞缸和外部加压流体进行连通的导管，作用就是使外部的加压流体能进入活塞缸，从而使滤盘组松开，为后续的滤盘组清洗作准备。实际上，特征d是设置了一个专门控制活塞缸压力的密闭流体加压系统，包括活塞缸、管26、管80c、管100a组成一个密闭通路。说明书第6页第3段给出的结论为，使用这种单独控制活塞缸压力的加压流体控制系统，可免去传统清洗方式对清洗逆流水的压力要求。因此特征 d 是本专利权利要求 1 的一个必要技术特征。我公司的产品中不存在与特征 d 技术方案相同的结构，即产品中放松滤盘的方法与本专利截然不同，不设置特征 d 那样专门的控制活塞缸压力的密闭流体控制系统，而是让逆流清洗水同时起两个作用：（1）迫使活塞克服弹簧压力；（2）同时也对滤盘组进行清洗。两种技术中为克服弹簧压力采用的方式截然不同。本专利特征 d 的导管在我公司的产品中根本不存在。我公司的产品中由于没有采用本专利中的必要技术特征 d，显然没有落入权利要求 1 限定的保护范围，故我公司的产品不构成对本专利的侵犯。原告认为我公司产品中有一个与本专利管位置相同的管。对此答辩人认为，我公司产品中的管是与清洗水直接接触，而不是与外部的压力流体控制系统连通，这与本专利特征的限定已经构成区别，而且二者在作用上更无相同可言。尽管看上去形状相同，但本专利管是与外部流体压力系统连接的管，代表了整体加压系统的回路；而我公司产品管为与正向或反向冲洗水自由连通的管，在流体导通中只相当于一个孔。整体回路的技术作用和一个孔的技术作用完全不同，自然该二者不能被视为起相应技术作用的相应特征，不具可比性。综上所述，我公司的产品没有使用本专利中的特征 d，因此不构成对本专利的侵犯。原告的诉讼请求没有事实和法律依据，故请求法院驳回原告的诉讼请求。

原审查明事实

原审法院查明：原告阿－卡尔公司于 1998 年 12 月 15 日向中华人民共和国国家知识产权局申请"逆流旋转清洁液体过滤器"发明专利，2004 年 3 月 10 日被授予发明专利权（专利号 98812290.1）。该专利权利要求为：1. 一种液体过滤器装置，尤其是用于水灌溉设备中的那类液体过滤器装置。该液体过滤器装置包括：一个带有入口和出口的圆柱形体壳体；一个安装在壳体中的圆柱形过滤器部件，以便在正常的过滤作业中，从入口流到出口的水沿着径向方向进入过滤器部件并从出口排出，而在一个逆向的过滤器清洗流动循环过程中，反过来也是一样的；一个居中地安装在由过滤器部件限定在圆柱形空间中的结构，该结构形成过滤器部件的支承，以便在逆流清洗循环过程中使过滤器部件能自由转动；一个在过滤器部件一轴向侧支撑过滤器部件的固定部件；一个安装到所述结构上的缸－活塞组件，该组件包括一个通常在过滤器部件另一轴向侧支撑过滤器部件的可移动部件；起作用的单向阀装置，单向阀装置在其第一工作位置使得水从由过滤器部件限定的圆柱形空间流到出口，而在其第二工作位置使得水从出口流入所述空间；用于使加压流体进入组件的装置，该装置使加压流体进入组件，从而使可移动部件移离固定部件以进行所述的自由转动；以及用于在所述逆向清洗流动循环过程中产生射向过滤器部件的射流的装置，射流用于清洗过滤器部件；其特征在于，设置有一个一体地形成的芯部件，芯部件包括：（a）所述固定部件；（b）偏离中心地沿着过滤器部件的一条内母线延伸的至少一个管状导管，管状导管设置有多个喷嘴，喷嘴用于在所述逆向过滤器清洗流动循环过程中沿着过滤器部件的方向喷射所述射流；（c）一个形成组件的活塞的缸的腔；可移动部件结合到活塞上；（d）一个在其一端与腔连通并在其另一端与加压流体进入装置连通的细长管。2. 如权利要求1所述的装置，其特征在于，芯部件形成有一个设置有多个通道的圆锥形腔，腔形成单向阀装置的座，单向阀装置是由弹性材料制成的，并呈漏斗形形状以装配在腔中，单向阀装置具有成形为可以弹性地关闭通道的壁部分和切口部分，切口部分使导管的开口露出以便与出口连通。3. 如权利要求2所述的装置，其特征在于，单向阀装置设置有至少一个轴向延伸的支脚，芯部件还形成有至少一个凹入部分，凹入部分成形为可以安放所述支脚，以便将单向阀装置安装到芯部件上。4. 如权利要求3所述的装置，其特征在于，芯部件包括结构，结构成形为一旦过滤器部件被可移动部件松开后自由地支承过滤器部件。

在本专利说明书中对发明目的有如下描述：本发明涉及1987年4月7日授权的NO.4，655，910美国专利所公开的那类过滤器装置（以下简称该专利）……采用滤盘组的过滤器装置——它具有逆向清洗水流动循环，其中，滤盘在射在其上的水射流的冲击作用下被导致旋转。公开在该专利中的不同结构的示例共同具有一个居中延伸的导管，该导管起双重作用，既将清洗水引导至设置在其上的一列喷嘴，又支承滤盘的旋转运动。但是，已提出的结构特征存在如下缺点：负责将滤盘组从紧凑的过滤状态松开的液压缸系统的运行主要取决于逆向水流产生的反向压力的大小，尤其是在一个相对大直径的活塞的情况下；而且必须使用麻烦的阀装置来引导逆向水流进入带有喷嘴的导管；并且通常需要使用过多数目的部件和元件，导致产品的制造、组装和维修费用的相应增加。因此，本发明的主要目的是要克服现有旋转清洁过滤器的上述缺点。

说明书对涉案技术特征的描述为：通过外部压力控制装置提供便利的使用液压活塞组件；为一个简单的弹性套筒形阀部件提供一个阀座，该阀部件分别在过滤和清洗运行模式中用于反向地引导水流；以及提供一个居中延伸的管，压力控制指令通过该管进入以便运行液压活塞，控制滤盘的脱开。……过滤芯部件包括在过滤器部件中靠近并沿着过滤器部件母线延伸的至少一个管状导管，导管在其一端是封闭的，并通过其另一端与出口自由连通；……最后，压力控制引导管延伸成一个L形的管状部件，管状部件优选地与中间安装接头成一体地模制。通过带有接口的延伸管实现与加压流体（液压或气动）源（未示出）的连通，接口从壳体入口-出口部件的壁突出出来。……就该部件的移动而言——与包括我们的专利的过滤器装置在内的现有装置的状态的区别是，清洗阶段的运行是与冲洗逆流压力大小无关地进行的。……尽管以上描述包括许多特性，但这些特性不能作为本发明范围的限制，而是作为对优选实施例的范例。本领域的熟练技术人员可以在本发明的范围内进行多种修改。因此，本专利的范围不是由所说明的实施例决定的，而是由权利要求和其他法律等同物决定的。因此，例如即使一个单一的产生喷射流的喷嘴导管是足够的，但是，三个产生喷射流的喷嘴导管当然提供了更对称和均衡的结构。

在本专利附图1中100a、附图10中100a的进口处有压力二字。

2006年6月28日，原告委托的代理人前往上海市公证处，在该处公证人员的监督下，使用该处计算机登录被告网站，下载了被告产品的相关资料。上海市公证处对上述登录及下载行为进行了公证。

2006年8月18日，北京市公证处的公证员会同原告委托代理人前往北京市昌平区超前路9号，购买了被告生产的名称为"盘式过滤器"的产品两台，单价为27 000元。北京市公证处对上述购买行为进行了公证。

庭审中，双方当事人在法庭主持下，对原告经公证购买的被告产品进行了勘验，被告确认原告向法庭提交的物证为已生产的产品。经法庭询问，双方当事人确认其争议焦点仅限于本专利权利要求1的特征d，并进行了本专利权利要求1的特征d与被告产品的比对，结果为：本专利权利要求1的特征d为一个在其一端与腔连通并在其另一端与加压流体进入装置连通的细长管。该描述中有加压流体进入装置的表述，同时通过本专利的附图1中的100a及附图10中的100a所示，在本专利技术方案外壳底部出水口上方边侧，有一从壳体内向外伸出的接口，在该接口处标有压力的字样。在本专利说明书中亦有通过外部压力控制装置提供便利的使用液压活塞组件的字样。双方当事人对上述勘验结果不持异议。

原审审理结果

原审法院认为：根据《中华人民共和国专利法》的规定，专利权的保护范围以权利要求书为准，说明书及附图可以用于解释权利要求。本专利为发明专利，权利要求共4项，其中权利要求1为独立权利要求，权利要求2~4为从属权利要求，是对权利要求1的进一步限定。在本专利权利要求1中限定了4个必要技术特征，同时根据本专利的说明书及附图对权利要求的解释，并通过庭审勘验及结合本专利与被告产品对比可以证实，本专利权利要求1中的特征 d 限定的技术方案为通过设置的加压流体进入装置的液体或气体的压力,将液压活塞顶开,致弹簧松弛和过滤盘松开,以达到反向清洗过滤盘的目的。被告产品中反向清洗过滤盘的水流系直接通过出水口进入到滤芯内的三根喷嘴导管,以从出水口流入的水流压力将液压活塞顶开,致弹簧松弛和过滤盘松开,实现对过滤盘的反向清洗,而设置的加压流体进入装置。一项产品是否落入专利权的保护范围即是否构成侵犯专利权应适用全面覆盖原则,即被控侵权产品的技术方案必须全部落入该专利的全部必要技术特征。本案中,由于被告的产品无原告专利权利要求 1 中的特征 d,因此没有全部落入原告权利要求 1 的保护范围,故不构成对原告专利权的侵犯。

综上所述,原告指控被告侵犯其专利权的诉讼请求缺乏事实和法律依据,法院不予支持。依照《中华人民共和国专利法》第五十六条第一款之规定,判决如下:

驳回原告阿-卡尔塑料制品公司的全部诉讼请求。

阿-卡尔塑料制品公司不服一审判决,提起上诉,请求撤销原审判决,支持其原审诉讼请求。其理由主要为:1. 原审法院错误地界定了"加压流体进入装置"的含义。事实上,"加压流体进入装置"并没有限定只能根据上诉人的实施例方案来具体应用,被上诉人产品的技术特征中也包含设置"加压流体进入装置"。2. 原审法院错误地界定了"细长管"的含义。"细长管"仅仅界定的是"一个在其一端与腔(40)连通并在其另一端与加压流体进入装置连通的细长管(26)"。也就是说,既然原审法院认为被上诉人产品也设置有"加压流体进入装置","细长管(26)"的含义就不能仅仅包括实施例中所述的含义。被上诉人产品是有细长管(26)的,因此,侵权成立。3. 实施例不能作为权利要求保护范围的限制,并且说明书和附图只能用于解释权利要求,但是并不能代替权利要求。上诉人的专利权利要求 1 的特征 d 并没有将"加压流体进入装置"和"细长管"用实施例的唯一表现形式加以限定,而是将"一个在其一端与腔(40)连通并在其另一端与加压流体进入装置连通的细长管(26)"所表现出的整体技术特征加以限定。也就是说,只要一个产品含有"加压流体进入装置"和"细长管(26)",且其结构符合特征 d 的本意,那么这个产品就满足了覆盖该技术特征的要件。

北京滨特尔洁明环保设备有限公司服从原审判决。

二审查明事实

二审法院查明的事实与原审相同。

二审审理结果

二审法院认为：根据《中华人民共和国专利法》的规定，专利权的保护范围以权利要求书为准，说明书及附图可以用于解释权利要求。本案中，本专利权利要求1中的特征d限定的技术方案为通过设置的加压流体进入装置的压力将液压活塞顶开，致弹簧松弛和过滤盘松开，以达到反向清洗过滤盘的目的。关于区别技术特征d，涉案专利说明书明确记载现有技术存在以下缺点："负责将滤盘组从紧凑的过滤状态松开的液压缸系统的运行主要取决于逆向水流产生的反向压力的大小，尤其是在一个相对大直径的活塞的情况下；而且必须使用麻烦的阀装置来引导逆向水流进入带有喷嘴的导管"，涉案专利是就此提出的改进方案，使得"通过外部压力控制装置提供便利的使用液压活塞组件"。由此可见，涉案专利是使用外部压力控制装置解决将滤盘组从紧凑的过滤状态松开这一技术问题。滨特尔公司的产品中反向清洗过滤盘的水流系直接通过出水口进入到滤芯内的三根喷嘴导管，是以从出水口流入的水流压力将液压活塞顶开，致弹簧松弛和过滤盘松开，实现对过滤盘的反向清洗而设置的加压流体进入装置。一项产品是否落入专利权的保护范围即是否构成侵犯专利权应适用全面覆盖原则，即被控侵权产品的技术方案必须全部落入该专利的全部必要技术特征。本案中，由于滨特尔公司的产品不存在阿-卡尔公司专利权利要求1中的特征d，因此，没有全部落入阿-卡尔公司专利权利要求1的保护范围，故不构成对其专利权的侵犯。上诉人阿-卡尔公司关于被控侵权产品落入涉案专利保护范围的上诉主张没有事实和法律依据，应予驳回。原审判决对此认定正确，予以支持。

综上所述，原审判决认定事实清楚，适用法律正确，应予维持。阿-卡尔公司的上诉请求缺乏事实和法律依据，法院不予支持。据此，依照《中华人民共和国民事诉讼法》第一百五十三条第一款第（一）项之规定，判决如下：

驳回上诉，维持原判。

一审案件受理费9 300元，由阿-卡尔塑料制品公司负担；二审案件受理费9 300元，由阿-卡尔塑料制品公司负担。

10. "饮料瓶"外观设计专利无效行政纠纷案

——杭州顶津食品有限公司诉国家知识产权局专利复审委员会、日日（泉州）饮料有限公司

原告（被上诉人）：杭州顶津食品有限公司
被告（上诉人）：国家知识产权局专利复审委员会
第三人（被上诉人）：日日（泉州）饮料有限公司
案由：外观设计专利权无效行政纠纷

原审案号：北京市第一中级人民法院（2007）一中行初字第73号
原审合议庭成员：赵静、姜庶伟、张晰昕
原审结案日期：2007年8月20日
二审案号：北京市高级人民法院（2007）高行终字第501号
二审合议庭成员：张雪松、刘晓军、李燕蓉
二审结案日期：2007年12月4日

判决要旨

专利法意义上的出版物是指记载有设计内容的独立存在的传播载体。电视广告本身不是出版物，以电视广告公开设计内容的方式不属于出版物公开，电视广告中公开设计内容应属于使用方式的公开。

《专利法》第二十三条"授予专利权的外观设计应当同申请日以前在国内公开使用过的外观设计不相同和不相近似"中的"国内"应仅限于我国大陆地区。

起诉与答辩

原告杭州顶津食品有限公司（以下简称顶津公司）诉称：

1. 第8613号决定认定事实不清，适用法律错误。

（1）原告提交的附件3、4、5中的图片证据已对本专利充分公开，而被告未全面认定。附件5包括1998年12月出版的《动脑》杂志封面、第63、64、65页，其中第64页之第三幅图，明确载明有味全产品的饮料瓶。该图形中包括两个饮料瓶，图片不仅从正面公开了本专利的主视图，也通过侧面公开了其立体图。该味全饮料瓶的形状与本专利高度近似，且公开时间早于本专利

申请日。该杂志广告中的画面所公开内容足已保证一般公众识别瓶子的形状，分辨瓶子的来源。附件4封面从瓶形正面公开了味全饮料瓶图案，附件3进一步佐证附件5、附件4，这已构成对本专利的充分公开。

（2）原告提交的附件2及附件5中的光盘证据，证明原告在本专利申请日前即以广告方式公开近似设计，而被告未全面认定。光盘证据中的广告内容为味全每日 C100% 果汁产品，其饮料瓶与附件4、5中公开的饮料瓶完全相同。

若认定电视广告公开属于出版物公开，则原告证据足以证明本专利申请日之前已有相同设计在先公开。若认定电视广告公开属于使用公开，通过附件2、5中描述的广告内容亦使相同设计在国内公开。对附件2、5中的广告内容，大陆观众可以获知其内容。

（3）被告在第8613号决定中称"附件5中的《动脑》杂志的证据内容不能由其他证据来佐证"，属认定事实不清，并导致其适用法律错误。

2. 被告对本案的认定违背了客观事实，混淆了客观事实与法律事实的关系。

通过出版物公开与电视广告公开，使第三人外观设计丧失新颖性，既是客观事实又是法律事实，被告错误处理二者的关系，导致认定事实与适用法律的错误。

综上，原告认为第8613号决定违背案件的客观事实，适用法律错误，请求法院予以撤销。

被告国家知识产权局专利复审委员会（以下简称专利复审委员会）辩称：其坚持在第8613号决定中的审查意见，认为其所作出的第8613号决定认定事实清楚，适用法律正确，审理程序合法，审查结论正确，原告顶津公司的诉讼理由不能成立，请求法院驳回原告诉讼请求，维持第8613号决定。

第三人日日（泉州）饮料有限公司［以下简称日日（泉州）公司］陈述意见认为：1. 附件2存在明显法律瑕疵。其光盘文件的制作时间是2002年，而不是在该证明中所称谓的1998年10月8日以前。其图片不能证明是合法截取自其主张的广告内容中。2. 附件3、4、5不能证明本专利在申请日前已经在国内外被公开发表或在国内被公开使用过。3. 附件2的光盘并非证据原件，原告也未能提供充分的证据证明该光盘为原件的完整复制件。综上，第8613号决定符合本案的客观事实和法律规定，原告的诉讼请求没有事实和法律依据，请求法院驳回原告诉讼请求。

原审查明事实

原审法院查明：

名称为"饮料瓶"的外观设计专利（即本专利）申请日为1999年4月14

日，授权公告日为 2000 年 1 月 19 日，专利权人是日日（泉州）公司，专利号为 99329504.5。本专利授权公告的视图包括主视图、右视图、立体图。

2005 年 8 月 4 日，顶津公司以本专利在申请日前已被在先公开故不符合《专利法》第二十三条的规定为由，请求专利复审委员会宣告本专利无效。顶津公司随后提交了 8 份附件作为证据：

附件 1 为 1999 年 3 月 25 日出版的《零售市场》封面、目录页、第 10 页，共 3 页复印件；

附件 2 为由北京市公证员协会盖章并转送的关于海基会寄来的台湾电视事业股份有限公司的认证书的说明原件，共 1 页；广告播出证明书及所附的附件一和附件二，共 10 页复印件；光盘 1 张；

附件 3 为 1999 年 3 月号《突破》封面，第 6、7、59、65 页，共 5 页复印件；

附件 4 为 1999 年 2 月 28 日出版的《流通快讯》封面，共 1 页复印件；

附件 5 包括 1998 年 12 月出版的《动脑》封面，第 63、64、65 页，共 4 页复印件；包括六幅彩图的 1 页彩页；光盘 1 张；

附件 6 包括 1998 年 7 月出版的《味全通讯》封面，目录页，第 34、35 页、封底，共 4 页复印件；

附件 7 包括 1999 年 9 月 13 日初版印刷的《广告阳谋》封面，封底、第 180、181、182、183、184、185、258 页，出版信息页，共 5 页复印件；

附件 8 为顶津公司声称摘自互联网的资料，共 17 页复印件。

在专利复审委员会于 2006 年 3 月 29 日进行的口头审理程序中：1. 顶津公司明确其证据及范围为：附件 3、4 只用于佐证附件 2 广告的播出时间；附件 5 作为出版物公开了本专利的内容，其所附的光盘作为所公开内容的佐证；附件 5 所附的光盘镜头清晰地显示了与本专利相近似的外观产品，同时附件 5 中的文字也证明味全广告在 1998 年已经播出。日日（泉州）公司检查并认可附件 2、5 中所附盖有公证人签章的光盘袋的完好性，但不认可顶津公司提供的光盘的真实性。2. 顶津公司提交了附件 2、3、4、5 的公证认证书的原件。附件 2 包括广告播出证明书的原件及盖有公证人签章的光盘袋，该广告播出证明书由地址为台北市松山区八德路三段 10 号的台湾电视事业股份有限公司出具，其中记载"广告播出时间：1998 年 10 月 8 日至 1998 年 10 月 31 日，广告播出之节目名称明细如附件一所示"、"广告播出之内容：味全每日 C100% 果汁'范文芳篇'，其剧情内容之分镜图片，如附件二所示"。3. 顶津公司提交了附件 5 关于《动脑》的公证认证书的原件以及《动脑》杂志的合订本原件，其中包括 1998 年 12 月出版的一期《动脑》杂志，其与顶津公司所提交的附件5中的《动脑》杂志相符。顶津公司明确附件5中的彩页是从台湾中视播出广告中截取的镜头，并提交由北京市公证员协会盖章并转送的关于海基会寄来台湾中国电视事业股份有限公司的认证书的说明原件、广告播出证明书的原件、一张彩页及盖有公证人签章的光盘袋，其中的广告播出证明书由地址为台北市南港区重阳路120号的中国电视事业股份有限公司出具，并记载"兹证明味全食品工业股份有限公司，确实于1998年10月、11月份委托香港商澄丰国际媒体有限公司台湾分公司代理，在本公司播出'味全企业形象WE CAN'篇广告无误，该广告之分镜图及广告片VCD如后所附"。4. 由于顶津公司不能提供附件1、6、7、8的原件，专利复审委员决定对上述证据不予考虑。

2006年8月23日，专利复审委员会作出第8613号决定，决定维持本专利权有效。其主要理由为：1. 证据方面，由于顶津公司不能提供附件1、6、7、8的原件，对上述附件不予考虑。由于我国目前的法律没有延及台湾地区，所以专利法意义上的"国内"仅限于中华人民共和国大陆范围内，附件2所证明的在台湾地区以电视广告方式的公开使用不属于专利法意义上的在国内公开使用。附件3、4只用于佐证附件2广告的播出时间，故附件2、3、4不能用于评述本专利是否符合《专利法》第二十三条的规定。附件5中的《动脑》杂志可以用于评述本专利是否符合《专利法》第二十三条的规定，但附件5中由北京市公证员协会盖章的说明、广告播出证明书、彩页及光盘所证明的在台湾地区以广告方式的公开使用不属于专利法意义上的在国内公开使用，不能用于评述本专利是否符合《专利法》第二十三条的规定。《动脑》杂志作为出版物证据，其公开的内容以其杂志图片所实际记载的内容为准，不能由其他证据来佐证其所公开的内容。2. 附件5中的图片并没有清楚地反映出这两个饮料瓶侧面的具体形状，并且该未清楚反映的侧面也不属于该类产品不被一般消费者关注的部位或该类产品的惯常设计，所以附件5不足以证明本专利外观设计不符合《专利法》第二十三条的规定。

原审审理结果

原审法院认为：

1. 关于本案审理的依据及其范围。

在无效宣告程序中，原告以附件2、附件3、附件4的结合作为第一组证据，用以证明附件2与本专利相近似，明确表示附件3、4只是用来佐证附件2中光盘所载内容的播放时间在本专利申请日之前；原告以附件5作为另一组证据，用以证明本专利外观产品在其申请日之前已经公开。但在本案审理过程中，原告将其证据链变更为：第一组为附件5、附件3、附件4的结合，并以附件3、4佐证附件5，以证明其中的图片证据已将本专利充分公开；第二组为附件2及附件5的结合，以证明在本专利申请日前就有高度近似的瓶型设计通过广告方式公开。由于本案是行政诉讼案件，以原告在无效程序中的请求理由、证据及其范围为审理基础，对第8613号决定的合法性进行审理，原告的上述证据链变更及其主张已经超出本案的审理范围，故法院在本案中对此不予考虑。

2. 关于在台湾地区播出的电视广告证据能否作为国内公开的有效证据。

专利法意义上的出版物是指记载有技术或设计内容的独立存在的传播载体，故通过电视广告公开现有技术的方式不属于专利法规定的出版物公开方式，电视广告公开属于"为公众所知的其他方式"公开。

依据专利法及其实施细则的相关规定，作为外观设计的现有技术是指申请日前在国内外出版物上公开发表、在国内公开使用或者以其他方式为公众所知的技术。由此规定，属于使用公开或其他方式公开的现有技术仅限于国内地域标准。因我国现行的法律效力并没有延及台湾地区，所以专利法意义上的"国内"公开标准应理解为仅限于大陆范围内。虽然，附件2、3、4及附件5中的电视广告播出的时间早于本专利申请日，但因系在我国台湾地区播出，不符合我国专利法规定的使用公开或其他方式公开现有技术的国内地域标准，故该电视广告证据不能作为评述本专利是否构成"国内公开"的有效证据。专利复审委员会按公开的"国内"原则，认定上述证据"不能用于评述本专利是否符合《专利法》第二十三条的规定"，并无不妥。顶津公司的相关主张，不能成立，法院不予支持。

3. 关于附件5中的《动脑》杂志图片是否充分公开本专利的问题。

根据《审查指南》第四部分第五章5.5.1"确定在先设计公开的信息"规定，在先设计的图片或者照片为反映产品各面视图的，应当依据一般消费者的认知能力来确定在先设计所公开的信息。

附件5中的《动脑》杂志图片所公开的图像为女演员双手各举一只味全每日C果汁饮料瓶的形象。其中，一只饮料瓶为正面形象，另一只饮料瓶为侧面形象。由于该图片所展示的饮料瓶瓶体设计的具体形状模糊不清，而该模糊不清的部位属于饮料瓶瓶体设计的核心技术部位，并非惯常设计或不被一般消费者关注的部分，因此，一般消费者无法从该图片所公开的信息中清楚完整地得出该瓶体与本专利相同的结论，该证据不能证明本专利在其申请日前已被出版物公开。顶津公司诉称该图片已充分公开本专利的主张，因缺乏事实和法律依据，法院不予采信。

综上所述，顶津公司要求撤销专利复审委员会作出的第8613号决定，缺乏事实和法律依据，法院不予支持。专利复审委员会作出的第8613号决定认定事实清楚，适用法律正确，程序合法，应予维持。依照《中华人民共和国行政诉讼法》第五十四条第（一）项之规定，法院判决如下：

维持被告国家知识产权局专利复审委员会作出的第8613号无效宣告请求审查决定。

顶津公司不服原审判决，提起上诉，请求撤销原审判决和第8613号决定。其上诉理由为：1. 原审判决将上诉人提交的电视广告证据的效力认定为"为公众所知的其他方式"公开，属于适用法律错误：（1）导致外观设计专利无效的公开方式只有出版物公开和使用公开两种方式，不包括"其他方式"公开；（2）电视广告公开方式应当属于出版物公开；（3）电视广告公开无法归入使用公开之列。2. 即使将广告公开方式定义为使用公开，附件2、附件5中所涉及的两广告均已在大陆地区充分公开本专利，本专利不具备授权的基本条件：（1）大陆地区公众客观上能够收看到台湾地区电视节目；（2）应以电视信号覆盖范围而不是广告播出媒体的地域范围确定使用公开的地域。3. 原审判决对附件5公开范围的认定不清，适用法律错误：（1）原审判决错误认定了本专利的核心设计部位；（2）《动脑》杂志上刊登的图片已经完整反映了饮料瓶的主视图和立体瓶形；（3）图片中未清晰反映的瓶体侧面不影响公开的充分性；（4）对于普通瓶体设计在决定是否维持其专利时应采用更加严格的标准。4. 原审判决认定案件审理范围时适用法律错误，附件3、4、5均为无效审查程序中提交的证据，上诉人在一审程序中提交的证据没有超出行政程序的举证范围，也没有变更无效宣告的理由，仅对证据之间的相互印证和佐证关系进行进一步的说明，不存在超出审理范围的问题。5. 一审判决没有全面评判上诉人的主张。（1）上诉人在一审过程中主张第8613号决定认定"附件5中的《动脑》杂志的证据内容不能由其他证据来佐证"是错误的，但原审判决未予评述；（2）上诉人在一审过程中主张第8613号决定混淆了客观事实和法律事实的关系，但原审判决未予评述。6. 1998/1999台湾食品暨制药机械总览是上诉人在无效宣告程序后新发现的证据，原审判决未采纳该证据，属认定事实不清。

专利复审委员会及日日（泉州）公司服从原审判决。

二审查明事实

二审法院除查明原审法院认定的事实外，另查明：1. 顶津公司在原审起诉状中称，无论是附件5、附件4、附件3中的图片证据的结合，还是附件2与附件5中的光盘证据的结合，均可表明本专利在其申请日前已经公开，专利复审委员会未作全面客观的认定。2. 在原审诉讼中，顶津公司提交了 1998/1999 台湾食品暨制药机械总览，但该证据未在无效宣告程序中提交。原审法院以该证据不是专利复审委员会评述本专利的依据，与第 8613 号决定的合法性审查无关联性为由，不予采信。

二审审理结果

1. 原审法院是否应采纳上诉人在诉讼中提交的新证据。

1998/1999 台湾食品暨制药机械总览系上诉人在本专利无效审查行政程序结束后新发现的证据，上诉人并未在本专利无效审查行政程序中向专利复审委员会提交该证据，因此，1998/1999 台湾食品暨制药机械总览不是专利复审委员会作出第 8613 号决定的依据。上诉人如认为该证据足以导致本专利被宣告无效，可以向专利复审委员会另行提出无效宣告请求。原审法院未采信该证据并无不当，上诉人相应诉讼主张无法律依据，法院不予支持。

2. 原审法院确定的本案审理范围是否恰当。

由于上诉人在一审诉讼中变更了其在本专利无效审查行政程序中主张的证据组合，而专利复审委员会仅根据上诉人在本专利无效审查行政程序中主张的证据组合进行审查，并在此基础上作出第 8613 号决定，并未对上诉人在本案诉讼中变更的证据组合进行审查，故上诉人在本案诉讼中变更后的证据组合不是专利复审委员会作出第 8613 号决定的依据。原审法院认定上诉人在一审诉讼中变更证据组合及相应主张已经超出本案的审理范围并无不当，上诉人相应诉讼主张无法律依据，法院不予支持。

3. 与本专利相同或相似的外观设计是否被以电视广告的方式在先公开。

我国《专利法》第二十三条规定："授予专利权的外观设计，应当同申请日以前在国内外出版物上公开发表过或者国内公开使用过的外观设计不相同和不相近似，并不得与他人在先取得的合法权利相冲突。"可见，我国专利法只规定了两种在申请日前公开外观设计专利的方式，即出版物公开和使用公开。专利法意义上的出版物是指记载有设计内容的独立存在的传播载体。电视广告本身不是出版物，故以电视广告公开设计内容的方式不属于出版物公开，电视广告中公开设计内容应属于使用方式的公开。第 8613 号决定认定电视广告公开方式属于使用公开并无不当。原审判决认定电视广告公开属于"为公众所知的其他方式"公开，缺乏法律依据，法院予以纠正。

根据我国《专利法》第二十三条的规定，授予专利权的外观设计应当同申请日以前在国内公开使用过的外观设计不相同和不相近似。目前，上述规定中的"国内"应仅限于我国大陆地区。本案上诉人以附件 2、附件 5 中的光盘证明在本专利申请日前已有相同或近似外观设计在我国台湾地区通过电视广告的方式公开，但并不能证明该相同或近似外观设计已在我国大陆地区公开。上诉人有关应以电视信号覆盖范围而不是广告播出媒体的地域范围确定使用公开的地域及我国大陆部分地区可以收看到台湾地区的电视节目的主张缺乏法律依据，不能成立。上诉人有关原审判决将电视广告认定为"为公众所知的其他方式"公开属于适用法律错误的上诉理由成立，但原审判决相关处理结果正确，故上诉人相应上诉主张法院不予支持。

4. 原审法院是否全面评判了上诉人的诉讼主张。

附件5包括《动脑》杂志、相关彩页及光盘，其中《动脑》杂志的图片为电视广告中的截图，而附件5中的光盘即为该电视广告的内容。如前所述，由于附件5中光盘记录的电视广告未在我国大陆地区公开播放，故不能作为本专利在申请日前已经通过使用方式公开的证据。此外，由于附件5中的《动脑》杂志与其光盘的内容并不具有唯一对应关系，故第8613号决定及原审判决仅以《动脑》杂志公开的内容作为本专利的对比文件，而未以附件5中的光盘公开的内容作为对比文件并无不当。上诉人相关上诉理由不能成立，其相应上诉主张法院不予支持。

5. 附件5是否充分公开了本专利。

在附件5中的图片中，一只饮料瓶为正面形象，另一只饮料瓶为侧面形象。由于该图片所展示的饮料瓶瓶体设计的具体形状模糊不清，而该模糊不清的部位并非惯常设计或不被一般消费者关注的部分，一般消费者无法从该图片所公开的内容中清楚完整地得出该瓶体与本专利相同的结论，故该证据不能证明本专利在申请日前已被出版物公开。顶津公司的相关上诉理由缺乏事实依据，其相应上诉主张不能成立，法院不予支持。

综上，虽然顶津公司的上诉理由部分成立，但其上诉请求并无事实及法律依据，法院不予支持。一审判决认定事实清楚，适用法律正确，应予维持。依据《中华人民共和国行政诉讼法》第六十一条第一款第（一）项的规定，判决如下：

驳回上诉，维持原判。

一审案件受理费1 000元，由杭州顶津食品有限公司负担（已交纳）；二审案件受理费100元，由杭州顶津食品有限公司负担（已交纳）。

11. "致冷器压缩机的连接封装"发明专利侵权纠纷案
——森萨塔电子技术（韩国）有限公司诉万宝冷机集团广州电器有限公司、加西贝拉压缩机有限公司

原告（被上诉人）：森萨塔电子技术（韩国）有限公司
被告（上诉人）：万宝冷机集团广州电器有限公司
被告（原审被告）：加西贝拉压缩机有限公司
案由：侵犯发明专利权纠纷

原审案号：北京市第二中级人民法院（2007）二中民初字第5431号
原审合议庭成员：刘薇、梁立君、周晓冰
原审结案日期：2007年6月20日
二审案号：北京市高级人民法院（2007）高民终字第1597号
二审合议庭成员：张冰、程霞、钟鸣
二审结案日期：2007年12月14日

判决要旨

现有技术抗辩是指被控侵权物如果与一项已有技术相同或等同，则被告的行为不侵犯原告的专利权。现有技术抗辩以被告主张为前提，且被告主张的现有技术能全面覆盖专利技术的全部技术特征。不能将两项或两项以上的现有技术组合起来进行抗辩。

起诉与答辩

原告森萨塔电子技术（韩国）有限公司（以下简称森萨塔公司）诉称：原告是一项名称为"致冷器压缩机的连接封装"的中国发明专利权（专利号为ZL02146236.4）合法拥有者。原告发现加西贝拉压缩机有限公司（以下简称加西贝拉公司）生产的一款标识为Jiaxipela的压缩机中，使用了一种万宝冷机集团广州电器有限公司（以下简称万宝冷机公司）制造的组合式PTC启动器，该款启动器落入了原告专利权保护范围，万宝冷机公司制造、销售，加西贝拉公司使用该种产品的行为，侵犯了原告专利权，应承担相应的法律责任。原告请求法院判令：（1）确认二被告制造、销售、许诺销售、使用致冷器压

缩机的组合 PTC 启动器产品侵犯了原告专利权；（2）万宝冷机公司停止制造、销售、许诺销售侵权产品；加西贝拉公司停止使用、销售侵权产品；（3）万宝冷机公司支付原告取证费、购买冰箱等其他合理支出人民币 254 970.26 元；（4）万宝冷机公司赔偿原告经济损失人民币 1 500 万元；（5）万宝冷机公司承担本案诉讼费。

被告万宝冷机公司辩称：我公司在本案专利优先权日前已经完成了涉案产品的研发，并向国家知识产权局申请了外观设计专利，同时已经制造销售了该产品，因此，我公司对涉案产品拥有先用权，我公司制造、销售涉案产品的行为不构成侵权。我公司制造的涉案产品使用的是专利号为 ZL97236898.8 的专利公开的技术，该专利公开在本案专利优先权日之前，相对于本案专利属于公知技术。我公司使用公知技术，不侵犯原告专利权。将我公司制造的涉案产品的技术特征与原告专利权利要求书记载的技术特征相比，可以很容易地得出未覆盖权利要求的所有技术特征的结论，所以我公司制造的涉案产品不构成侵犯原告专利权。综上，请求法院驳回原告对我公司的全部诉讼请求。另外，鉴于原告涉案专利与公知技术相比不具有新颖性和创造性，我公司已向国家知识产权局专利复审委员会（以下简称专利复审委员会）申请宣告原告专利权无效，故请求法院中止本案审理。

被告加西贝拉公司辩称：我公司是生产压缩机的公司，并不生产被控侵权的组合式 PTC 启动器。我公司使用在压缩机中的启动器是从万宝冷机公司购进的，有合法的进货手续。我公司并不知道该产品有侵犯原告专利权的情况，故我公司不应承担法律责任，请求法院驳回原告的诉讼请求。

原审查明事实

原审法院查明：

2002 年 10 月 15 日，德州仪器韩国有限公司向中华人民共和国国家知识产权局申请了一项名称为"致冷器压缩机的连接封装"的发明专利，该发明专利于 2004 年 12 月 8 日获得授权，专利号为 ZL02146236.4。2006 年 12 月 22 日，该发明专利的专利权人变更为原告。该专利的优先权日为 2001 年 10 月 15 日。该专利权现处于有效期内。

该专利权利要求 1 的记载为：一种致冷器压缩机的连接封装，由如下部分组成：

1. 基体，它包括：在其一侧的电动机过载保护器装载元件和在其另一侧的具有终端穿透槽的装载部分；

2. 盖，它包括：电动机过载保护器装载元件，该装载元件定位成与基体的电动机过载保护器装载元件相适应；及第一销连接孔和第二销连接孔，它们连接到电动机的电源中，盖与基体的顶部结合在一起；

3. 电动机启动继电器元件，它包括第一和第二销连接器，在电动机启动继电器元件被安装在基体的装载部分上的情况下，这些销连接器被定位成与第一和第二销连接孔的位置相适应，并且安装在基体和盖之间；

4. 一个或者多个外部连接终端和螺丝接线端，它们布置在基体的装载部分上并与启动继电器元件相邻，且通过基体的穿透槽穿过基体，外部连接终端和螺丝接线端用来电连接到外部；

5. 过载保护器包括第三销连接器，该连接器连接到电动机的电源中，通过形成在过载保护器装载元件内的一个或多个支撑和固定突出部，该过载保护器可拆下地安装在过载保护器装载元件内。

该专利说明书中记载：本发明尤其涉及一种这样的致冷器压缩机的连接封装：在该连接封装中，可以同时装载用于启动电动机的启动继电器元件、电动机过载保护器和用于连接到工作电容器（RC）、灯、温度控制器或者地线的连接终端。

2007年1月29日，原告的委托代理人在中华人民共和国长安公证处公证员的监督下，到国美电器有限公司北京方庄商城以普通消费者身份购买了西门子冰箱（型号为：KK20V20TI）两台，单价为2 490元，现场取得该商城出具的《国美电器有限公司专用发票》两张。为此，中华人民共和国长安公证处出具了（2007）长证内经字第1255号《公证书》。

2007年2月2日，原告的委托代理人在中华人民共和国长安公证处公证员的监督下，对上述购买的西门子冰箱（型号为：KK20V20TI）中的一台进行了拆解。公证处对拆解过程进行了全程摄像，对拆解下来的冰箱部件——组合式PTC启动器进行了封存。为此，中华人民共和国长安公证处出具了（2007）长证内经字第1267号《公证书》。

在庭审过程中，法院对上述封存的组合式PTC启动器进行了质证。该组合式PTC启动器外壳上标明的型号是QP3-12A。万宝冷机公司认可该组合式PTC启动器是其制造、销售的产品。加西贝拉公司认可在其生产的压缩机中使用的是该组合式PTC启动器。

法院将上述组合式PTC启动器的技术特征与原告专利权利要求1记载的技术特征进行了对比，结论为：该组合式PTC启动器有三个技术特征与专利权利要求1所记载的技术特征不同。第一，组合式PTC启动器的过载保护器装载元件与基体连为一体，而不与盖相连接，过载保护器安装于过载保护器装载元件中；专利技术方案为基体和盖上均有过载保护器装载元件，它们的位置是相对应的，刚好可以扣合，过载保护器从盖的顶部插进去，过载保护器上的外接端子可以从基体的顶部露出。第二，组合式PTC启动器的盖上有三个销连接孔，其位置排列呈等边三角形；专利技术方案为盖上只有呈并排排列的两个销连接孔；第三，组合式PTC启动器的过载保护器上没有销连接器；专利技术方案的过载保护器上有一个销连接器，该销连接器的孔形端口露出盖的顶部，与盖上的另外的两个销连接孔呈等边三角形排列。

原告认为，过载保护器是安装在与基体相连的过载保护器装载元件中，还是安装在盖和基体上位置相对应的过载保护器装载元件中间，只是安装位置的改变而已，从技术手段和实现的功能、效果的角度考察，没有任何改变。同样，无论第三个销连接器是安装在基体上还是安装在过载保护器上，其孔形端口都露出盖的顶部，在盖上呈三角形位置排列，在技术手段和实现的功能、效果上，没有任何改变，上述两点均是本领域普通技术人员无须创造性劳动就能联想到的，故组合式PTC启动器的技术特征与专利技术特征构成等同。

万宝冷机公司不同意原告的主张，认为这完全是两种不同的技术方案，并不构成等同。同时，万宝冷机公司针对原告的侵权指控，提出了先用权抗辩和已有技术抗辩。首先，万宝冷机公司向法院提交了其2001年7月6日申请的、并于2002年2月13日被中华人民共和国国家知识产权局公告授权的一项名称为"组合式启动器"（专利号为：01331941.8）的外观设计专利的文件，还提交了一件产品，万宝冷机公司主张涉案的组合式PTC启动器产品与上述外观设计专利产品是同一种技术方案，万宝冷机公司在原告的专利优先权日之前就已经制造、销售了上述享有外观设计专利权的产品，万宝冷机公司按照其在先开发并使用的专利技术制造、销售涉案组合式PTC启动器产品，不构成侵犯原告专利权。原告认为从万宝冷机公司提交的外观设计专利图片上，看不到该产品的内部结构，所以根本无法对比，从万宝冷机公司提供的产品上看不出生产日期，万宝冷机公司也没有提供有关生产、销售的证据，且结构也与原告的专利技术不同。所以万宝冷机公司的先用权抗辩主张缺乏证据支持。

其次，万宝冷机公司向法院提交了专利号为97236869.8的实用新型专利的文件，该专利于1997年8月19日申请，1999年2月17日获得授权，专利权人是常熟市碧溪无线电厂。万宝冷机公司据此主张原告享有的涉案专利技术早已被公开并早已被案外人申请了专利，其使用已有技术制造涉案组合式PTC启动器产品，不构成侵犯原告专利权。万宝冷机公司还提交了专利号为96223952.6实用新型专利文件、机械工业出版社于1998年1月出版的《家用控制器应用技术手册》一书、浙江科学技术出版社于1998年4月出版的《电冰箱维修入门》一书，用于佐证其上述观点。对此，原告认为第97236869.8

号专利的技术方案与原告专利是完全不同的技术方案。该专利技术说明书中对该专利技术方案的发明目的作出了明确的解释："原有制冷压缩机电机用启动器与保护器为分列式安装，即保护器、启动器之间需要用接线、接线盒连接，且需另外用固定卡子将保护器固定在压缩机外壳上，故安装比较烦琐，本实用新型的目的是要提供一种功耗小、安装方便、启动器与保护器能一体安装的制冷压缩机电动机启动器。"而原告的涉案专利的发明目的是在该连接封装中，既可以将启动器、保护器一体安装，还可以同时安装用于连接到工作电容器（RC）、灯、温度控制器或者地线的连接终端。因此，上述已有专利技术比原告的专利技术缺少了一部分必要技术特征——用于连接到工作电容器（RC）、灯、温度控制器或者地线的连接终端。上述已有专利的权利要求书中虽然也设有插簧（16）、（13）；插窝（17）、（14），但说明书明确指出插簧（16）、（13）是接电源的，而插窝（17）、（14）是与压缩机电机的主绕组、副绕组相连的。从说明书附图2也可以看出插簧（16）、（13）根本没有露出壳体。所以上述已有专利没有"连接到工作电容器（RC）、灯、温度控制器或者地线的连接终端"这一技术特征，与原告专利技术不同。至于万宝冷机公司提出的其他专利文件和公开出版物与原告的专利技术特征相比相差更远，没有比较基础，也不能支持万宝冷机公司的主张。

2007年2月13日，原告的委托代理人在中华人民共和国长安公证处公证员的监督下，登录了万宝冷机公司的网站（网址为：www.wanbaodp.com），下载了万宝冷机公司对其产品的宣传图片，以证明万宝冷机公司涉案组合式PTC启动器产品还有一个型号为QP3-A01。为此，中华人民共和国长安公证处于2007年2月26日出具了（2007）长证内经字第1149号《公证书》。从公证书中下载的网页上登载的产品图片和结构图可以看出，该型号产品与涉案型号是QP3-12A的产品一致。

加西贝拉公司向法院提交了万宝冷机公司给其出具的《业务函》、其与万宝冷机公司签订的《购销合同》、进货通知、进仓单及万宝冷机公司给其出具的购货发票，以证明其进货来源。法院经查加西贝拉公司提交的购货发票共为9张，日期自2005年9月至2007年3月，发票中显示涉案产品的购货数量约为381 200套，单价有8.27元、7.84元、6.80元等。购货金额共约3 392 300元。万宝冷机公司对此无异议。原告认为这些不是加西贝拉公司全部的进货单据。

原告向法院提交了其在国美电器有限公司购买西门子冰箱的发票、公证费发票、调档费发票等以证明其为本案诉讼支出的费用。合计14 980元。原告还提交了其与委托代理人的律师费结算单，证明其为本案诉讼已支出了

139 990.26元律师费。

原审审理结果

原审法院认为：

原告是名称为"致冷器压缩机的连接封装"发明专利（专利号为ZL02146236.4）的专利权人，其享有的专利权受中华人民共和国法律保护。任何单位和个人未经原告许可都不得实施其专利。

我国《专利法》规定，发明或者实用新型专利权的保护范围以其权利要求的内容为准，说明书及附图可以用于解释权利要求。

原告专利的权利要求1记载了该专利的必要技术特征：

1. 基体，它包括：在其一侧的电动机过载保护器装载元件和在其另一侧的具有终端穿透槽的装载部分；

2. 盖，它包括：电动机过载保护器装载元件，该装载元件定位成与基体的电动机过载保护器装载元件相适应；及第一销连接孔和第二销连接孔，它们连接到电动机的电源中，盖与基体的顶部结合在一起；

3. 电动机启动继电器元件，它包括第一和第二销连接器，在电动机启动继电器元件被安装在基体的装载部分上的情况下，这些销连接器被定位成与第一和第二销连接孔的位置相适应，并且安装在基体和盖之间；

4. 一个或者多个外部连接终端和螺丝接线端，它们布置在基体的装载部分上并与启动继电器元件相邻，且通过基体的穿透槽穿过基体，外部连接终端和螺丝接线端用来电连接到外部；

5. 过载保护器包括第三销连接器，该连接器连接到电动机的电源中，通过形成在过载保护器装载元件内的一个或多个支撑和固定突出部，该过载保护器可拆下地安装在过载保护器装载元件内。

根据法院将涉案被控侵权的组合式PTC启动器产品的技术特征与原告专利的技术特征进行对比，可以认定：1. 被控侵权产品的基体上有安装过载保护器的过载保护器安装元件，虽然被控侵权产品的盖没有与基体上的过载保护器安装元件相连接，但该种安装方式的简单改变应当被认为是采用了与专利技术基本相同的技术手段，实现了与专利技术相同的功能和相同的技术效果，且为本领域普通技术人员无须创造性劳动就能联想到的，故应认为被控侵权产品的此项技术特征与原告的专利技术特征构成等同；2. 被控侵权产品有一个第三销连接器，只是该第三销连接器是固定地安装在基体上的，而不是安装在过载保护器上，但该种安装方式和安装位置的改变应当被认为是采用了与专利技术基本相同的技术手段，实现了与专利技术基本相同的功能、达到了与专利技术基本相同的技术效果，且本领域普通技术人员无须创造性劳动就能联想到的，故应认为被控侵权产品的此项技术特征与原告的专利技术特征构成等同；3. 被控侵权产品的盖上设有三个销连接孔，而专利技术虽然在盖上只有两个销连接孔，但安装在过载保护器上的第三销连接器的端孔是露出盖的顶部的，与其余两个销连接孔在盖的顶部同样形成了三个销连接孔，故被控侵权产品在盖上设三个销连接孔的技术特征，应被认为是与原告专利技术特征相同的技术特征。综上，万宝冷机公司制造、销售的涉案被控侵权的组合式PTC启动器产品的技术特征虽在个别技术特征上与原告专利的必要技术特征不相同，但构成等同，故该产品构成了对原告专利权的侵犯。

万宝冷机公司虽提出了先用权抗辩，但从万宝冷机公司提交的专利号为01331941.8的外观设计专利图片上看不到该产品的内部结构，而万宝冷机公司又没有提供证据证明其提交的产品实物的生产、销售日期。所以万宝冷机公司以该外观设计专利文件和产品实物提出先用权抗辩，证据不足，其主张法院不予支持。而且法院经实物对比也认为万宝冷机公司制造、销售的涉案被控侵权产品与原告的专利技术更为接近。

万宝冷机公司虽提出了已有技术抗辩，但原告提出万宝冷机公司提交的专利号为97236869.8的实用新型专利技术中缺乏原告专利技术必要技术特征4，对此万宝冷机公司没有给出合理的、有证明力的反驳，故法院认为万宝冷机公司以该项实用新型专利为据提出的已有技术抗辩，事实依据不足。而万宝冷机公司提出的其他材料，与原告的专利技术存在较大差异，不能支持其已有技术抗辩的主张。故法院认为万宝冷机公司的已有技术抗辩不成立。

因原告涉案专利为发明专利，故根据最高人民法院有关司法解释的规定，法院对万宝冷机公司提出的中止本案审理的请求，不予支持。

由于万宝冷机公司制造、销售的型号为QP3－12A、QP3－A01组合式PTC启动器产品侵犯了原告的专利权，故应当承担停止侵权、赔偿原告损失及合理诉讼支出的法律责任。但原告根据其估算的万宝冷机公司的生产数量提出的赔偿数额过高，法院不予全额支持，具体的赔偿数额法院将根据万宝冷机公司侵权的性质、情节、范围、时间，参考加西贝拉公司提供的购买侵权产品的数量、价格、考虑该种产品一般市场利润率等因素予以酌定。

被告加西贝拉公司在其制造的压缩机中使用了被控侵权产品，但其能够提供合法的进货来源，故根据我国《专利法》的规定，其不承担赔偿责任，但应承担停止使用的法律责任。

综上，法院根据《中华人民共和国专利法》第十一条第一款、第五十六条第一款、第六十一条第一款、第六十三条第二款、中华人民共和国最高人民法院《关于审理专利纠纷案件适用法律问题的若干规定》第十七条之规定，判决如下：

一、被告万宝冷机集团广州电器有限公司于本判决生效之日起，立即停止制造、销售侵犯原告森萨塔电子技术（韩国）有限公司专利权（专利号为：ZL02146236.4）的型号为"QP3－12A"和"QP3－A01"的"组合式PTC启动器"产品；

二、被告万宝冷机集团广州电器有限公司于本判决生效之日起10日内，赔偿原告森萨塔电子技术（韩国）有限公司经济损失80万元及合理诉讼支出53 480元；

三、被告加西贝拉压缩机有限公司于本判决生效之日起，立即停止使用侵犯原告森萨塔电子技术（韩国）有限公司专利权（专利号为：ZL02146236.4）的型号为"QP3－12A"和"QP3－A01"的"组合式PTC启动器"产品；

四、驳回原告森萨塔电子技术（韩国）有限公司的其他诉讼请求。

万宝冷机公司不服原审判决，提起上诉，请求撤销原审判决，驳回森萨塔公司在原审提出的诉讼请求。其主要理由是：1. 原审判决关于先用权抗辩是否成立的认定，事实不清、适用法律不当。上诉人已经提交了01331941.8号外观设计专利公报，从中可以看出被控侵权产品与森萨塔公司专利对应的技术特征均可在该外观设计专利公报图片中找到，被控侵权产品与该外观设计外形不同，但实质是一样的，由于上诉人是以产品实物照片申请的外观设计，因此可以证明上诉人在森萨塔公司专利申请日前已经完成有关设计、制造相同产品，依法享有先用权，不构成对森萨塔公司专利权的侵犯。2. 原审判决关于已有技术抗辩的认定，事实不清、适用法律不当。已有技术97236869.8号实用新型专利已经公开了森萨塔公司专利技术的必要技术特征4，由于被控侵权产品与97236869.8号实用新型专利完全相同或者极为接近，因此不构成侵犯森萨塔公司的专利权。3. 原审判决对森萨塔公司专利技术特征与被控侵权产品技术特征的对比上，认定事实不清、适用法律不当。森萨塔公司是组合发明、创造性较低，应谨慎适用等同原则，并注重考虑利益平衡；三个区别技术特征也是本领域技术人员在没有经过创造性劳动的情况下所无法想到的，是完全不同的结构，三个技术特征不构成等同。4. 原审判决确定的赔偿数额和合理诉讼支出没有事实和法律依据。

森萨塔公司和加西贝拉公司服从原审判决。

二审查明事实

二审法院查明的事实与原审相同。

二审审理结果

二审法院认为：

我国《专利法》第六十三条第一款第（二）项规定，在专利申请日前已经制造相同产品、使用相同方法或者已经作好制造、使用的必要准备，并且仅在原有范围内继续制造、使用的，不视为侵犯专利权。

本案中，万宝冷机公司依据其提供的 01331941.8 号外观设计专利主张上述先用权，但万宝冷机公司并未提供证据证明 01331941.8 号外观设计专利产品与森萨塔公司 02146236.4 号发明专利权的专利产品相同，也未提供证据证明 01331941.8 号外观设计专利产品在森萨塔公司申请 02146236.4 号发明专利之前已经制造、使用或者作好制造、使用的准备，因此万宝冷机公司关于其在先使用不应视为侵犯专利权的上诉主张缺乏依据，法院不予支持。

所谓已有技术抗辩是指在侵犯专利权的诉讼中，被控侵权人提供相应证据并提出被控侵权产品与一项已有技术相同或者等同的抗辩主张。在被控侵权人提出已有技术抗辩的情况下，只有在将被控侵权产品与已有技术进行对比得出否定性结论以后，才能将被控侵权产品与权利人专利技术特征进行比较。

万宝冷机公司在本案中提出已有技术抗辩所依据的是申请日为 1997 年 8 月 19 日的 97236869.8 号实用新型专利。将被控侵权产品与该已有技术进行对比可以看出：已有技术的外壳上只有三个通孔 3、5、11，三个通孔中分别插入弹性接触片 19 的插簧 16、弹性接触片 15 的插簧 13 和弹性接触片 8 的插簧 7，插簧 16、13 与电源相连，插簧 7 则与过载保护器的一只插脚相连。被控侵权产品除穿过基体与电源相连的连接终端外，还有多个穿过基体的连接终端和螺丝接线端，这是已有技术所不具备的技术特征。因此，被控侵权产品与已有技术既不相同也不等同，万宝冷机公司所提已有技术抗辩缺乏依据，法院不予支持。

我国《专利法》第五十六条第一款规定，发明专利权的保护范围以其权利要求的内容为准，说明书及附图可以用于解释权利要求。

将被控侵权产品与上述专利必要技术特征进行对比，各方当事人承认两者存在三个区别技术特征。

对于区别技术特征一，被控侵权产品的盖上没有安装过载保护器的过载保护器装载元件，但实际上被控侵权产品是将该装载元件与基体上的过载保护器装载元件已经制作成一个统一的整体，这一区别只是安装方式的简单改变，属于本领域普通技术人员无须创造性劳动就能联想到的，因此被控侵权产品的此项技术特征与森萨塔公司专利相应的技术特征构成等同。

对于区别技术特征二，被控侵权产品的第三销连接器是固定地安装在基体上的，而不是安装在过载保护器上，但该种安装方式和安装位置的改变应当被认为是采用了与专利技术基本相同的技术手段，实现了与专利技术基本相同的功能、达到了与专利技术基本相同的技术效果，且本领域普通技术人员无须创造性劳动就能联想到的，故被控侵权产品的此项技术特征与森萨塔公司专利相应的技术特征构成等同。

对于区别技术特征三，森萨塔公司专利的技术特征是盖上有两个销连接孔，而被控侵权产品的盖上有三个销连接孔，而这种变化仅仅是因为被控侵权产品将第三销连接器从过载保护器上转移到基体上所导致的，而且专利技术中安装在过载保护器上的第三销连接器的端孔是露出盖的顶部的，与其余两个销连接孔在盖的顶部同样形成了三个销连接孔，故被控侵权产品在盖上设三个销连接孔的技术特征实际与森萨塔公司专利的相应技术特征相同。

综上，万宝冷机公司制造、销售的被控侵权产品的技术特征落入了森萨塔公司专利权保护范围内，故万宝冷机公司制造、销售被控侵权产品的行为侵犯了森萨塔公司的专利权。万宝冷机公司关于上述三个区别技术特征不构成等同因而不侵权的上诉主张缺乏事实和法律依据，法院不予支持。

原审判决在参考加西贝拉公司提供的购买被控侵权产品的数量、价格的基础上，根据万宝冷机公司侵权的性质、情节、范围、时间以及被控侵权产品的一般市场利润率等因素酌情确定侵权损害赔偿数额的做法，有事实和法律依据，万宝冷机公司关于侵权损害赔偿数额缺乏依据的上诉主张，法院不予支持。

综上，原审判决认定事实清楚、适用法律正确，应予维持。万宝冷机公司所提上诉请求及其理由缺乏事实和法律依据，法院不予支持。依照《中华人民共和国民事诉讼法》第一百五十三条第一款第（一）项之规定，判决如下：

驳回上诉，维持原判。

一审案件受理费 133 330 元，由森萨塔电子技术（韩国）有限公司负担 43 330 元，万宝冷机集团广州电器有限公司负担 70 000 元；二审案件受理费 12 334 元，由万宝冷机集团广州电器有限公司负担。

12. "机动车轮胎"外观设计专利侵权纠纷案
——株式会社普利司通诉浙江杭廷顿公牛橡胶有限公司、邦立信公司

原告（上诉人）：株式会社普利司通
被告（被上诉人）：浙江杭廷顿公牛橡胶有限公司
被告（被上诉人）：邦立信公司
案由：侵犯外观设计专利权纠纷

原审案号：北京市第二中级人民法院（2007）二中民初字第391号
原审合议庭成员：张晓津、何喧、冯刚
原审结案日期：2007年6月20日
二审案号：北京市高级人民法院（2007）二中民终字第1552号
二审合议庭成员：张冰、钟鸣、程霞
二审结案日期：2007年12月18日

判决要旨

在运用现有设计抗辩时，可以只对被控侵权产品与公知外观设计是否构成相同或者相近似作出判断。

起诉与答辩

原告株式会社普利司通起诉称：2000年12月27日，原告依法向中华人民共和国知识产权局申请了名称为"机动车轮胎"的外观设计专利，并获得了中华人民共和国国家知识产权局授予的专利权。现原告发现被告浙江杭廷顿公牛橡胶有限公司（以下简称杭廷顿公牛公司）未经原告株式会社普利司通许可，制造、销售与原告上述专利外观相近似的BT 98型轮胎，其行为侵犯了原告的专利权。被告邦立信公司作为销售商，未经原告许可销售了被告杭廷顿公牛公司制造的BT 98型轮胎，亦构成对原告专利权的侵犯。现原告提起诉讼，请求判令被告杭廷顿公牛公司停止制造、销售BT 98型轮胎的行为，在原告监督下销毁侵权模具和现存侵权产品，从销售商处收回未售出的侵权产品予以销毁，并判令被告杭廷顿公牛公司赔偿原告经济损失以及因诉讼支出的合理

开支共计 30 万元，判令被告邦立信公司停止销售 BT 98 型轮胎。

被告杭廷顿公牛公司答辩称：首先，原告的涉案专利是抄袭了他人在 1990 年《轮胎胎面设计指南》一书中发表的名称为 Delta Z38（P）的外观设计，不应当被授予专利权。被告已向中华人民共和国国家知识产权局专利复审委员会提出了无效宣告申请，本案应当中止审理。其次，杭廷顿公牛公司制造的 BT 98 型轮胎与原告株式会社普利司通的涉案专利相比，在外观上不构成相同或者相近似。杭廷顿公牛公司制造的涉案产品参考了在涉案专利申请日之前已有的 Delta Z38（P）外观设计，因此不构成侵权。综上，请求驳回原告的诉讼请求。

被告邦立信公司答辩称：邦立信公司销售的涉案被控侵权产品是从被告杭廷顿公牛公司购进的，有合法来源，而且目前已经停止了销售。因此，不同意原告的诉讼请求。

原审查明事实

原审法院查明：2000 年 12 月 27 日，原告株式会社普利司通依法向中华人民共和国国家知识产权局申请了名称为"机动车轮胎"的外观设计专利，并于 2001 年 8 月 11 日获得了中华人民共和国国家知识产权局授予的专利权，专利号为 ZL00348649.4，分类号为 12－15。现该项专利权处于有效状态。

涉案被控侵权的 BT 98 型轮胎由杭廷顿公牛公司制造，并销售给邦立信公司。2006 年 7 月 4 日，株式会社普利司通以公证形式从邦立信公司处购买了一只 BT 98 型轮胎，价格为 1 726 元。

株式会社普利司通的 00348649.4 号专利的外观设计与杭廷顿公牛公司制造的 BT 98 型轮胎的外观设计从主胎面相对比，二者具有以下相近似之处：

1. 主胎面均由 3 个沿圆周方向的环状沟槽分割成 4 个环状接触面，并且每个环状接触面的宽度大致相同；

2. 每个环状沟槽均由折线构成，并且两者的每个折线的尖锐角度是大致相同的；

3. 在中间 2 个环状接触面上，有多条大致沿横向分布的细沟槽；

4. 每条横向细沟槽均呈向左上方倾斜的折线状，具有一定的宽度；

5. 胎面上分布的每个菱形花纹块的 4 条边均由折线构成；

6. 最外侧圆周上有长短矩形沿圆周方向均匀间隔排列的小凹槽。

诉讼中，杭廷顿公牛公司向法庭提交的用于支持其公知技术抗辩理由的证据是一份在 1990 年出版的《轮胎胎面设计指南》一书中发表的名称为 Delta Z38（P）的外观设计。涉案 BT 98 型轮胎与 Delta Z38（P）外观设计相比，二者具有以下相近似之处：

1. 主胎面均由 3 个沿圆周方向的环状沟槽分割成 4 个环状接触面，并且每个环状接触面的宽度大致相同；

2. 每个环状沟槽均由折线构成，并且两者的每个折线的尖锐角度大致相同；

3. 在中间 2 个环状接触面上，有多条大致沿横向分布的细沟槽；

4. 每条横向细沟槽均呈向左上方倾斜的折线状，具有一定的宽度；

5. 胎面上分布的每个菱形花纹块的 4 条边均由折线构成；

6. 最外侧圆周上有长短矩形沿圆周方向均匀间隔排列的小凹槽。

涉案 BT 98 型轮胎与 Delta Z38（P）外观设计对比，不同之处仅在于 Delta Z38（P）的小菱形花纹块在形状上较为扁长。

诉讼中，杭廷顿公牛公司未向法庭陈述其制造涉案被控侵权产品的数量、获利及库存情况。

株式会社普利司通为本案诉讼支出公证费 2 600 元、翻译费 2 580 元、购买涉案侵权产品 3 764 元。

原审审理结果

原审法院认为：原告株式会社普利司通的"机动车轮胎"外观设计专利权合法有效，依法受我国专利法的保护。根据我国专利法的规定，外观设计专利权被授予后，任何单位或者个人未经专利权人许可，都不得实施其专利，即不得为生产经营目的制造、销售、进口其外观设计专利产品。

原告株式会社普利司通享有专利权的涉案专利产品与其在本案中指控的被告杭廷顿公牛公司制造的 BT 98 型轮胎属于同类产品。

本案中，被告杭廷顿公牛公司提出了公知技术抗辩主张。根据专利侵权诉讼中的相关规则，该抗辩原则体现为，在被控侵权产品与专利权利要求所记载的专利技术方案等同的情况下，如果被告答辩并提供相应证据，证明被控侵权产品与一项公知技术等同，则被告的行为不构成侵权。在具体运用上述抗辩原则时，只需要对被控侵权产品与被告举证的公知技术是否构成相同或者等同作出判断。

在进行外观设计相似性判断时，应当以普通消费者的审美观察能力为标准，进行整体观察与综合判定，既要从二者的主要设计部分进行比较，又要进行整体比较。涉案专利产品与被控侵权产品的主胎面是比较的重点。涉案专利产品的环状沟槽分割成 4 个环状接触面、菱形的花纹块及其特有的形状、最外侧圆周上有长短矩形沿圆周方向均匀间隔排列的小凹槽、在两侧的 2 个环状接触面的外侧的环状花纹线等要素构成了其主要设计部分,被控侵权产品的对应部分与上述主要设计部分相近似。因此,涉案专利产品与BT 98型轮胎属于相近似的外观设计。

将BT 98型轮胎与Delta Z38（P）外观设计进行比较,在上述主要设计部分上亦构成相近似,差别仅在于Delta Z38（P）外观设计的小菱形花纹块在形状上较为扁长。结合整体比较后,二者仍构成相近似的外观设计。因此,被告杭廷顿公牛公司提出的公知设计抗辩主张成立,其不构成对原告株式会社普利司通的"机动车轮胎"外观设计专利权的侵犯。由于被告邦立信公司销售涉案BT 98型轮胎的行为亦不构成侵权,故对原告株式会社普利司通在本案中提出的诉讼请求,本院不予支持。

综上,依照《中华人民共和国专利法》第十一条第二款、第五十六条第二款之规定,判决如下:驳回株式会社普利司通的诉讼请求。

株式会社普利司通不服原审判决,提起上诉,请求撤销原审判决,并改判支持株式会社普利司通的原审诉讼请求。其主要理由是：1.原审判决采纳证据有误。杭廷顿公牛公司在原审中提交的公知设计证据均为复印件,开庭出示的所谓原件是加盖有原审法院骑缝章的复印件,因此不能证明该证据的真实性,原审判决采纳该证据违反相关司法解释的规定。2.原审判决认定被控侵权产品与公知设计近似是错误的。被控侵权产品与公知设计之间的差别在于：第一,构成环状沟槽的折线尖锐程度不同,造成视觉效果也不同；第二,被控侵权产品主胎面的不规则小菱形的左侧折线有一个凸出折点和一个凹进折点,公知设计则只有一个凸出折点,由此导致花纹完全不同；第三,被控侵权产品轮胎中间沟槽有长方形小粒凸起,而公知设计中没有,而该特征对整体视觉有显著影响；第四,被控侵权产品主胎面两侧没有短沟槽,公知设计则在主胎面两侧有沿水平方向向主胎面内延伸的短沟槽；第五,被控侵权产品主胎面的不规则小菱形左上角和右下角向外凸出的程度明显小于公知设计,由此导致前者视觉效果是小菱形并排排列,后者则首尾连接成锁链状；第六,被控侵权产品中分割不规则小菱形的横线向左上方倾斜的角度明显小于公知设计,由此导致花纹总体走向不同。

杭廷顿公牛公司和邦立信公司服从原审判决。

二审查明事实

二审法院查明的事实与原审相同。

二审审理结果

二审法院认为：杭廷顿公牛公司针对株式会社普利司通的侵权指控提出公知设计抗辩并提供了相应的证据，虽然株式会社普利司通认为作为公知设计抗辩的证据——1990年出版的《轮胎胎面设计指南》一书不应予以采纳，但是由于该证据是杭廷顿公牛公司从原审法院其他案件卷宗中直接复印而来并加盖有原审法院的骑缝章且系公开出版物，在株式会社普利司通并未提供证据否定上述公开出版物的真实性的情况下，原审法院采纳该证据作为公知设计抗辩的依据并无不当，株式会社普利司通关于该证据不应予以采纳的上诉主张缺乏事实和法律依据，本院不予支持。

在判断外观设计是否相同或者相近似时，应当基于一般消费者的知识水平和认知能力进行评价。

被控侵权产品与公知设计在整体上有以下近似之处：

1. 主胎面均由3个沿圆周方向的环状沟槽分割成4个环状接触面，并且每个环状接触面的宽度大致相同；
2. 每个环状沟槽均由折线构成，并且两者的每条折线的尖锐角度大致相同；
3. 在中间2个环状接触面上，有多条大致沿横向分布的细沟槽；
4. 每条横向细沟槽均呈向左上方倾斜的折线状，具有一定的宽度；
5. 胎面上有环状沟槽和横向细沟槽形成的每个小菱形花纹块的4条边均由折线构成；
6. 最外侧圆周上有长短矩形沿圆周方向均匀间隔排列的小凹槽。

株式会社普利司通上诉所提到的被控侵权产品与公知设计之间的六点区别，系对两者主胎面局部放大图的细节进行对比而得出的，但是由于一般消费者在整体观察、综合判断的方式下不会注意到产品的形状、图案以及色彩上的微小变化，因此上述六点细微区别不足以对汽车轮胎尤其是其主胎面的整体视觉效果产生显著影响，被控侵权产品与公知设计构成相近似的外观设计。株式会社普利司通关于原审判决错误的认定两者近似的上诉主张，缺乏事实和法律依据，本院不予支持。

综上，原审判决认定事实清楚，适用法律正确，应予维持。株式会社普利司通所提上诉请求及其理由均缺乏依据，本院不予支持。依照《中华人民共和国民事诉讼法》第一百五十三条第一款第（一）项之规定，判决如下：

驳回上诉，维持原判。

原审案件受理费人民币7 010元，由株式会社普利司通负担；二审案件受理费5 800元，由株式会社普利司通负担。

13. "胰岛素制剂的制备方法"发明专利侵权纠纷案
——伊莱利利公司诉甘李药业有限公司

原告（上诉人）：伊莱利利公司
被告（被上诉人）：甘李药业有限公司
案由：侵犯发明专利权纠纷

原审案号：北京市第二中级人民法院（2005）二中民初字第 6026 号
原审合议庭成员：张晓津、何暄、冯刚
原审结案日期：2007 年 6 月 20 日
二审案号：北京市高级人民法院（2007）二中民终字第 1598 号
二审合议庭成员：张冰、钟鸣、刘晓军
二审结案日期：2007 年 12 月 20 日

判决要旨

专利法规定发明或者实用新型专利权人有权禁止他人未经其许可为生产经营目的许诺销售其专利产品或者许诺销售依照其专利方法直接获得的产品的目的在于，尽可能早地制止被控侵权产品的交易，使专利权人在被控侵权产品扩散之前就有可能制止对其发明创造的侵权利用。许诺销售以销售产品为直接目的，以"即将实施"为前提条件，"实施"的状态应是可能的和即将发生的，仅以获得和提供药品申请行政审批所需信息为目的使用药品制备方法专利不侵犯专利权。

起诉与答辩

原告伊莱利利公司诉称：原告于 1990 年 2 月 8 日向原中华人民共和国专利局申请了名称为"含有胰岛素类似物的药物制剂的制备方法"发明专利。中华人民共和国知识产权局经审查后，于 2003 年 3 月 26 日授予原告伊莱利利公司专利权。被告甘李药业有限公司（以下简称甘李公司）向中华人民共和国食品药品监督管理局申报了"双时相重组赖脯胰岛素注射液 75/25"药品注册申请。根据原告掌握的证据，可以推定被告申报的上述药物中的活性成分是原告专利技术方案中指定的赖脯胰岛素，而且有载体。据此可以判断被告的上

述药物落入了原告专利权的保护范围。被告已经取得了临床批件，而且在此之前被告已经通过网络宣传其申请的上述药物，其行为性质属于即发侵权和许诺销售，构成对原告专利权的侵犯。现原告提起诉讼，要求法院判令被告甘李公司停止侵权行为。

被告甘李公司辩称：首先，被告的行为不属于中华人民共和国专利法规定的实施他人专利的行为。其次，被告的涉案行为目的是为药品的行政审批，根据惯例，为药品的行政审批目的而使用他人专利的，不视为侵权，也不属于即发侵权。因此，不同意原告提出的诉讼请求。

原审查明事实

原审法院经审理查明：1990年2月8日，伊莱利利公司向原中华人民共和国专利局申请了名称为"含有胰岛素类似物的药物制剂的制备方法"的发明专利。中华人民共和国知识产权局经审查后，于2003年3月26日授予伊莱利利公司专利权，专利号为96106635.0。目前该专利权处于有效状态。

该专利的独立权利要求为：

一种制备药物制剂的方法，该方法包括使具有治疗活性的式（I）胰岛素类似物或其可药用盐与一种或更多种可药用的赋形剂或载体混合：（略，详见分子式）。其中 A21 是天冬酰胺、丙氨酸或甘氨酸；B1 是苯丙氨酸、天冬氨酸或没有；B2 是缬氨酸，或 B1 没有时 B2 也没有；B3 是天冬酰胺或天冬氨酸；B10 是组氨酸或天冬氨酸；B28 是任何氨基酸；B29 是 L-脯氨酸或 D-赖氨酸；Z 是 -OH；X 是 Arg-Arg 或是没有；Y 只有当有 X 时才有，若有 Y 的话，Y 是 Glu 或是一种氨基酸顺序，该顺序含有所有或部分如下顺序：Glu-Ala-Asp-Leu-Gln-Val-Gly-Gln-Val-Glu-Leu-Gly-Gly-Pro-Gly-Ser-Leu-Gln-Pro-Leu-Ala-Leu-Glu-Gly-Ser-Leu-Gln-Lys-Arg，该顺序从氨基末端 Glu 开始。

2002年，甘李公司向中华人民共和国食品药品监督管理局提交了"双时相重组赖脯胰岛素注射液75/25"药品注册申请。2003年1月23日，甘李公司就该申请取得了临床研究批件。目前尚未取得药物注册批件。诉讼中，经伊莱利利公司申请，本院前往中华人民共和国食品药品监督管理局查阅了"双时相重组赖脯胰岛素注射液75/25"药品的临床申报资料。根据上述临床申报资料中的制剂处方部分的记载，该药物的活性成分为赖脯胰岛素，所添加的赋形剂或载体包括：蒸馏水、盐酸、氧化锌、甘油、间甲酚、苯酚、无水磷酸氢二钠、硫酸鱼精蛋白。

2005年7月28日，经中华人民共和国北京市海淀第二公证处公证，对甘李公司的网站（网址为：http://www.ganli.com.cn）相关内容进行了证据保全。根据该网站中相关内容的介绍，甘李公司对其研制的药物"速秀霖"（系商品名称，通用名称为"赖脯胰岛素"）进行了宣传，称"该药物的活性成分为赖脯胰岛素……是新一代胰岛素制剂……"。

原审审理结果

原审法院认为：原告伊莱利利公司所享有的涉案"含有胰岛素类似物的药物制剂的制备方法"发明专利权应当受到中华人民共和国专利法的保护。任何单位或者个人未经专利权人原告伊莱利利公司许可，都不得实施其专利，即不得为生产经营目的使用其专利方法以及使用、许诺销售、销售、进口依照该专利方法直接获得的产品。

依据本案现有证据，原告伊莱利利公司指控被告甘李公司侵权的涉案申报药物"双时相重组赖脯胰岛素注射液75/25"尚处于药品注册审批阶段，虽然被告甘李公司实施了临床试验和申请生产许可的行为，但其目的是为了满足国家相关部门对于药品注册行政审批的需要，以检验其生产的涉案药品的安全性和有效性。鉴于被告甘李公司制造涉案药品的行为并非直接以销售为目的，不属于中华人民共和国专利法所规定的为生产经营目的实施他人专利的行为。另外，鉴于涉案药品尚处于注册审批阶段，并不具备上市条件，因此，被告网站上的相关宣传内容不属于许诺销售行为，也不构成即发侵权。原告伊莱利利公司认为被告甘李公司的涉案行为构成即发侵权和许诺销售，该主张依据不足，本院不予支持。综上，被告甘李公司的涉案行为不构成对涉案专利权的侵犯，对其提出的要求判令被告甘李公司停止侵权的诉讼主张，本院不予支持。

依据《中华人民共和国专利法》第十一条第一款之规定，判决如下：驳回伊莱利利公司的诉讼请求。

伊莱利利公司不服原审判决，提起上诉，请求撤销原审判决，并改判支持伊莱利利公司的原审诉讼请求。其主要理由是：1. 甘李公司申报的被控侵权产品是使用伊莱利利公司享有专利权的方法生产的，其申报的最终目的是为了投放市场，因此构成以生产经营为目的使用伊莱利利公司专利方法的侵权行为；2. 甘李公司在其网站上对依伊莱利利公司专利方法获得的产品进行了宣传，属于作出销售商品的意思表示的行为，构成许诺销售；3. 即使甘李公司的行为不构成已经实施的侵权行为，也足以构成即将实施的侵权行为。

甘李公司服从原审判决。

二审查明事实

二审法院查明的事实与原审相同。

二审审理结果

二审法院认为：伊莱利利公司享有的96106635.0号"含有胰岛素类似物的药物制剂的制备方法"发明专利权依法应受我国专利法保护，任何单位或者个人未经伊莱利利公司许可，不得实施其专利，即不得在该专利有效期内为生产经营目的使用其专利方法以及使用、许诺销售、销售、进口依照该专利方法直接获得的产品。

本案中，甘李公司向药监局提出被控侵权产品"双时相重组赖脯胰岛素注射液75/25"的药品注册申请，经批准进行了临床试验以检验该产品的安全性和有效性，甘李公司上述行为的直接目的是为了满足有关法律法规和药监局关于药品注册的要求，而不是在本专利有效期内以生产经营为目的使用伊莱利利公司96106635.0号专利方法。甘李公司所提被控侵权产品的药品注册申请目前尚未获得批准，而且伊莱利利公司也没有证据证明甘李公司在伊莱利利公司享有96106635.0号专利权的期限内从事生产、销售被控侵权产品的行为，因此伊莱利利公司关于甘李公司提出被控侵权产品的药品注册申请的行为侵犯其96106635.0号专利权的上诉主张，缺乏事实和法律依据，本院对此不予支持。

我国专利法规定发明或者实用新型专利权人有权禁止他人未经其许可为生产经营目的许诺销售其专利产品或者许诺销售依照其专利方法直接获得的产品的目的在于，尽可能早地制止被控侵权产品的交易，使专利权人在被控侵权产品扩散之前就有可能制止对其发明创造的侵权利用。许诺销售以销售产品为直接目的，由于甘李公司的被控侵权产品尚未取得药品注册，而且伊莱利利公司也没有证据证明甘李公司在96106635.0号专利权保护期限内从事或可能从事生产、销售被控侵权产品的行为，因此现有证据不能证明甘李公司在其网站上宣传速秀霖产品其目的是为销售被控侵权产品。伊莱利利公司关于甘李公司的宣传行为构成许诺销售的上诉主张，缺乏事实和法律依据，本院不予支持。

即将实施的侵权行为以"即将实施"为前提条件，"实施"的状态应是可能的、即将发生的，但现有证据不能证明甘李公司在96106635.0号专利权保护期内从事生产、销售、许诺销售被控侵权产品的可能性，故伊莱利利公司关于甘李公司的行为构成即将实施的侵权行为的上诉主张，缺乏相应的依据，本院亦不予支持。

综上，原审判决认定事实清楚，适用法律正确，应予维持。伊莱利利公司所提上诉请求及其理由均缺乏依据，本院不予支持。依照《中华人民共和国民事诉讼法》第一百五十三条第一款第（一）项之规定，判决如下：

驳回上诉，维持原判。

原审案件受理费人民币1 000元，由伊莱利利公司负担；二审案件受理费人民币1 000元，由伊莱利利公司负担。

14. "墨盒"发明专利侵权纠纷案

——精工爱普生株式会社诉广州麦普科技有限公司、
北京市朝阳商业大楼有限责任公司

原告： 精工爱普生株式会社
被告： 广州麦普科技有限公司
被告： 北京市朝阳商业大楼有限责任公司
案由： 侵犯发明专利权纠纷

一审案号： 北京市第二中级人民法院（2007）二中民初字第 527 号
一审合议庭成员： 刘薇、梁立君、周晓冰
一审结案日期： 2007 年 12 月 20 日

判决要旨

权利要求书中所表述的每一项技术特征都是该专利的保护范围，都不应该被忽视。原告的专利权利要求 1 中所描述的是"一种装于喷墨打印设备的托架上的墨盒"，并进一步限定了"该托架具有其上形成有凸起的杠杆"的特征，这个特征不应被忽视。被告产品不具有这个特征，不构成侵权。

起诉与答辩

原告精工爱普生株式会社诉称：原告系一项名称为"墨盒"的发明专利（专利号为：ZL200410001693.2）的专利权人。2006 年 10 月，原告发现被告广州麦普科技有限公司（以下简称麦普公司）生产、销售，被告北京市朝阳商业大楼有限责任公司（以下简称朝阳商业大楼）销售的"MP007、MP008、MP009、MP017、MP018、MP026、MP027、MP028、MP029、MP040、MP041" 11 种型号的 MIPO 牌墨盒产品侵犯了原告的专利权，给原告造成了巨大的经济损失。故原告起诉至法院，请求法院判令：（1）被告麦普公司停止生产、销售侵犯原告第 200410001693.2 发明专利权的上述 11 种型号的 MIPO 牌墨盒产品，销毁尚未售出的侵权产品以及制造侵权产品的专用模具和设备；（2）被告朝阳商业大楼停止销售上述 11 种型号的侵权墨盒产品；（3）被告麦普公司赔偿原告经济损失（含合理的律师费）50 万元人民币；（4）被告麦普公司承

担原告付出的调查取证费1 710元人民币和本案的诉讼费用。

被告麦普公司辩称：原告涉案专利不具有创造性，应为无效专利，我公司已经针对涉案专利向中华人民共和国国家知识产权局专利复审委员会提出宣告专利权无效请求书，故请求法院中止审理本案。涉案专利于2006年8月16日才获得授权，而我公司于2006年7月已经停止了生产销售，故我公司的生产、销售行为未侵犯原告专利权。原告的第一个诉讼请求没有实际意义。原告要求赔偿损失的诉讼请求无法律依据，其调查取证费及诉讼费应自行承担。请求法院查明事实，驳回原告的诉讼请求。

被告朝阳商业大楼辩称：我公司不知道销售的墨盒产品侵犯了原告的专利权，我公司有合法的进货渠道。请求法院驳回原告的诉讼请求。

一审查明事实

一审法院经审理查明：1999年5月18日，原告向中华人民共和国国家知识产权局申请了一项名称为"墨盒"的发明专利，2006年8月16日获得授权，专利号为ZL200410001693.2。现该专利为有效专利。

该专利权利要求1的内容为：

一种装于喷墨打印设备的托架上的墨盒，用于通过一供墨针向打印头供应墨水，该托架具有其上形成有凸起的杠杆，该墨盒包括：

墨水容器，用于包含待被供至打印头的墨水，该墨水容器具有一个底壁和侧壁；

供墨口，当墨盒安装在托架上时，用于接纳所述供墨针，且其在底壁上形成的位置更靠近一个侧壁而不是相对的另一个侧壁；

电路板，其被安装在所述一个侧壁上；

设置在所述电路板上的多个电触点，当墨盒安装在托架上时，用于与打印设备的触点建立电连接；

悬垂件，其可与喷墨打印设备的杠杆的凸起相配合，所述悬垂件在离底壁比离电路板更远的位置上以离开所述另一个侧壁的方向从所述一个侧壁突出，以便悬垂于所述电路板之上。

麦普公司成立于2000年7月19日，经营范围为：生产电子元件及电脑配件，电脑软、硬件研究及开发，电脑网络工程设计及技术服务。批发和零售贸易（国家专营专控商品除外）。2006年10月10日，在中华人民共和国北京市公证处监督下，原告的委托代理人孙喜在朝阳商业大楼购买了MP007、MP008、MP009、MP017、MP018、MP026、MP027、MP028、MP029 9个型号的墨盒各两个。墨盒包装上正反面均印有"MIPO"英文商标和"麦普"中文商标，背面左下角显示"广州麦普科技有限公司"及其地址。朝阳商业大楼开具了 NO.22184911 的《北京市朝阳商业大楼有限责任公司销售商品专用发票》一张，金额为 586 元。2006 年 10 月 25 日，在中华人民共和国北京市公证处监督下，原告的委托代理人孙喜在朝阳商业大楼又购买了型号为 MP040、MP041 的墨盒各两个。墨盒包装上正反面均印有"MIPO"英文商标和"麦普"中文商标，背面左下角显示"广州麦普科技有限公司"及其地址。就上述 11 个型号的墨盒产品，公证处每个型号封存了一个墨盒产品，原告每个型号取走了一个墨盒产品。就以上事实中华人民共和国北京市公证处出具了（2006）京证经字第 25287 号公证书。原告、被告双方均认可上述 11 种墨盒技术上是一致的。

本院开庭审理本案时，对中华人民共和国北京市公证处封存的 11 种型号的 11 个墨盒产品与原告的专利技术进行了对比，原告认为二者完全相同，落入了原告的专利保护范围内。麦普公司辩称涉案专利权利要求 1 限定的技术特征包括—"具有其上形成有凸起的杠杆的托架"，且在权利要求 1 中多次反复强调墨盒安装在托架上的状态，可见托架是其专利必要技术特征中的重要组成部分，而麦普公司根本不生产托架，托架是打印机上的一个部件，故而麦普公司不构成侵权。原告对被告的上述主张不予认可，原告主张涉案专利的权利要求 1 中对于托架的描述仅仅是对墨盒本身及其各组成部件的用途描述，是从用途角度对权利要求 1 所述墨盒的技术方案进行的解释和说明，并非是涉案专利的必要技术特征，所以，被告生产、销售的墨盒落入了原告专利保护范围。

朝阳商业大楼提交了"麦普公司出库单"，说明其销售的产品是从麦普公司进的货。麦普公司认可朝阳商业大楼销售的产品是其制造、销售的。

原告为本案支出公证费 1 000 元，购买被控侵权产品费用 710 元。

麦普公司在本案审理期间对本案专利提出了专利权无效宣告请求书，并向法院申请中止审理本案。

一审审理结果

一审法院认为：原告享有的"墨盒"发明专利权（专利号为：ZL 200410001693.2）仍在有效期中，受我国专利法保护。任何单位和个人未经专利权人许可，都不得实施其专利，即不得为生产经营目的制造、使用、许诺销售、销售、进口其专利产品。

我国专利法规定，发明或者实用新型专利权的保护范围以其权利要求为准，说明书和附图可以用来解释权利要求。

原告主张以权利要求 1 确定本专利的保护范围，涉案专利权利要求 1 的必要技术特征为：

1. 一种装于喷墨打印设备的托架上的墨盒，用于通过一供墨针向打印头供应墨水，该托架具有其上形成有凸起的杠杆；

2. 该墨盒包括：墨水容器，用于包含待被供至打印头的墨水，该墨水容器具有一个底壁和侧壁；

3. 供墨口，当墨盒安装在托架上时，用于接纳所述供墨针，且其在底壁上形成的位置更靠近一个侧壁而不是相对的另一个侧壁；

4. 电路板，其被安装在所述一个侧壁上；

5. 设置在所述电路板上的多个电触点，当墨盒安装在托架上时，用于与打印设备的触点建立电连接；

6. 悬垂件，其可与喷墨打印设备的杠杆的凸起相配合，所述悬垂件在离底壁比离电路板更远的位置上以离开所述另一个侧壁的方向从所述一个侧壁凸出，以便悬垂于所述电路板之上。

根据权利要求1限定的上述必要技术特征可知，虽然该权利要求请求保护的是一种墨盒，但该墨盒系一种装于特定喷墨打印设备的托架上的墨盒，该权利要求不仅对墨盒的结构进行了限定，并且对与之相配合的托架的结构亦给予了明确记载，即"该托架具有其上形成有凸起的杠杆"。

麦普公司制造、销售，商业大楼销售的MP007、MP008、MP009、MP017、MP018、MP026、MP027、MP028、MP029、MP040、MP041 11种型号的MIPO牌墨盒产品与原告专利权利要求1的必要技术特征2、3、4、5、6相同，但麦普公司并不生产和销售托架这一部件，故不具备原告专利权利要求1中必要技术特征1。

原告认为其权利要求中对托架的描述不是一项必要技术特征，而是对墨盒用途的限定。麦普公司则认为托架是涉案专利技术方案中不可缺少的部分。对此，本院认为关于对"该托架具有其上形成有凸起的杠杆"的理解，从文义解释角度考虑，并没有任何其他词语使得该措辞与"墨盒"形成修饰关系以表示墨盒的用途，因此综合判断该措辞与"该墨盒包括"为并列关系；从说明书背景技术所提供的最接近的现有技术文件分析，专利权人在此并没有披露任何与托架有关的技术特征；从说明书的26幅附图中统计出共有19处直接或者间接描述了托架；从说明书的具体实施方式中多次对如何在本发明专利中实现托架的技术功能进行了描述。综合以上因素，本领域普通技术人员很容易看出托架这一技术特征是涉案专利技术方案中的重要组成部分。如果按照原告的主张完全忽略托架这一必要技术特征，则会导致原告专利权保护范围不适当扩大，侵犯到社会公共利益，故本院对原告的上述主张不予采信。由于麦普公司制造、销售、朝阳商业大楼销售墨盒产品时,并未包含托架,所以其产品未覆盖原告专利权利要求 1 的全部技术特征,不构成侵权。

麦普公司提出中止本案审理的请求,本院不予支持。

综上,本院依据《中华人民共和国专利法》第十一条第一款、第五十六条第一款之规定,判决如下:

驳回原告精工爱普生株式会社的诉讼请求。

一审案件受理费 10 027 元,由精工爱普生株式会社负担。

各方当事人均服从一审判决。

15. "多用架"外观设计专利无效行政纠纷案
——光明乳业股份有限公司诉国家知识产权局
专利复审委员会、陈实

原告：光明乳业股份有限公司
被告：国家知识产权局专利复审委员会
第三人：陈实
案由：外观设计专利无效行政纠纷

一审案号：北京市第一中级人民法院（2007）一中行初字第1293号
一审合议庭成员：姜颖、苏杭、唐晓君
一审结案日期：2007年12月20日

判决要旨

在先设计与本案外观设计专利的不同虽然在单独观察时属于细部的不同，但因不同的形状因素分布于对比形状的整体，在整体观察时必然产生整体视觉效果上的形状差异，并可以使消费者产生在形状和设计风格上存在较大差异的认识，两者不是相近似的外观设计。

起诉与答辩

原告光明乳业股份有限公司诉称：第9900号决定认定事实有误，适用法律不当。1. 该决定违反了外观设计相似性比较原则。(1) 本专利与附件6中SKL 516A和SKL 516B的区别点仅在于凸起与凹陷的数量不同，但从凸起与凹陷的数量上确定两者不相近似不合理。首先，这种凸起与凹陷数量的不同只是这种产品的一个合理变换，我们递交的所有证据表明，这种数量上的变换具有随意性，属于惯常设计。其次，这种凸起与凹陷的部位属于功能部位，是供接插用的，应在使用状态下进行对比和观察。在使用状态下，是由一组产品通过凸起与凹陷部位相互依次插接一体，在这种情况下，一般消费者不会注意凸起与凹陷部位的数量，极易造成误认和混同，对产品外观设计的整体视觉效果没有产生显著影响。所以本专利与在先设计 SKL 516A 或 SKL 516B 相比，是相近似的。(2) 关于对证据附件6中在先设计 SPA-3 的认定。《审查指南》中

规定，对于产品外观设计整体形状而言，圆形和三角形、四边形相比，其形状有较大差异，不能认定为相近似。第9900号决定认定本专利与附件6的在先设计SPA-3相比较存在外部轮廓不同，即本专利的外部轮廓整体为正方形，SPA-3的四边为流线型曲线。但本专利正方形只是一个惯常设计，而在先设计也为四边，只是对正方形有个微小的变换，所以这一不同不足以影响两者的相似性。第9900号决定还认定两者四角形状不同，本专利的四角为弧形，SPA-3的四角为尖锐的锐角或钝角。但这两者的区别更是细微，均是局部边角的微小变换，并不影响整体的形状。第9900号决定还认定两者凸起与凹陷在各边上的位置不同，本专利的凸起与凹陷均处于各边中间的位置上，而SPA-3的凸起与凹陷不在各边的中间位置。但位置不同，一个在中间，一个略偏移中间，不能认为形状有较大的差异，整体上是相近似的。第9900号决定认定两者正方形内框的位置不同，本专利中正方形内框距离各边的位置大致相等，而在先设计中内框更偏向于右上角。但内框位置的不同，不能认为形状有较大的差异，整体上是相近似的。2. 第9900号决定在认定附件6中的在先设计SKL 516A、SKL 516B和SPA-3与本专利的关系时违反了整体观察，综合判断的原则。本专利的三大设计部分，有两个相同，仅有一个在凸起与凹陷数量上的不同，而不相同部位仅是细小的局部变化，并且这些局部变化从整体视觉上观察尚不能对其整体形状上产生显著的差别，两者是属于相近似的外观设计。对于SPA-3的认定，在外部轮廓不同、四角形状不同、凸起与凹陷在各边上的位置不同、正方形内框的位置不同的情况下，只是局部的细微变化，不足以对整体造成影响。综上所述，本专利涉及一种多用架的外观设计，该多用架外部轮廓为一个四角均为弧形的正方形框架，框架正面中央部位是凹陷的正方形内框，这部分是镜框的一种惯常设计，该多用架与普通镜框相比，只是在各边上有凸起或凹陷，而在先设计中均是在四边形的四边上具有凸起与凹陷的结构，由于本外观设计专利与所提供的证据在形状上相同和相近似，且是一种司空见惯的几何形状。所以不符合《专利法》第二十三条和《专利法实施细则》的相关规定。请求法院依法撤销第9900号决定。

被告国家知识产权局专利复审委员会（以下简称专利复审委员会）辩称：关于本专利与SKL 516A、SKL 516B的比较。原告同意第9900号决定中关于本专利外观设计与SKL 516A、SKL 516B区别的认定，即，本专利与SKL 516A、SKL 516B相比，最主要的区别在于凸起与凹陷的数量不同。但原告认为凸起与凹陷数量的不同属于惯常设计，凸起与凹陷属于功能部位，供接插用，因此，应当将一组产品通过凸起与凹陷相互依次插接在一起后的状态进行对比。首先，原告在无效过程中并未提出凸起与凹陷数量的不同属于惯常设计这一主张。其次，原告也没有提供证据表明凸起与凹陷的数量为惯常设计。第三，凸起与凹陷的数量是消费者容易看到的部位，消费者在看到本专利与对比文件的外观时，会对二者容易看到的部位留下主要印象，而凸起与凹陷数量上的不同使得消费者不会将二者误认混同，因此对产品外观设计的整体视觉效果产生了显著影响，在此基础上得出本专利与 SKL 516A、SKL 516B 不相近似的结论并无不当。在本专利乃至无效宣告过程中原告从未主张过本专利必须是几个产品插接在一起使用，从原告提供的所有证据可见，本专利产品既可以单独使用，也可以几个组合使用。在此情况下，只能对单个产品的外观进行对比，不能将几个产品组合在一起的状态作为对比对象。因此，第 9900 号决定中关于本专利与 SKL 516A、SKL 516B 的比较并未违反外观设计相近似的判断原则，也未违反整体观察、综合判断的原则。关于本专利与 SPA-3 的比较。原告认同第 9900 号决定中关于本专利与 SPA-3 相比的区别所在，但认为这些区别都是细微或微小的变换，本专利与 SPA-3 整体上看是相似的。但本专利外观设计中外部轮廓、四角形状、凸起与凹陷的数量和位置，以及内框在整个框架中的位置为消费者容易看到的部位，在整个外观设计中占显著位置。在这些设计要素都存在差别的情况下，一般消费者不会将本专利与 SPA-3 误认混同，这些区别会对外观设计的整体视觉效果产生显著的影响。因此，第 9900 号决定中关于本专利与 SPA-3 的比较既未违反外观设计相近似的判断原则，也未违反整体观察、综合判断的原则。

综上所述，第 9900 号决定认定事实清楚、适用法律正确、审理程序合法，原告的诉讼理由不能成立，提求法院驳回原告的诉讼请求，维持第 9900 号决定。

第三人陈实的意见为：第 9900 号决定正确。将本专利与在先设计 SKL 516A 和 SKL 516B 相比，除第 9900 号决定提到的凸起和凹陷的数量不同外，还可以观察到在先设计的凸起和凹陷的形状也和本专利的凸起、凹陷形状有很大不同。尤其在先设计的一个凸起已经明显呈现圆形的手柄形状，给人以突兀的感觉，SKL 516A 侧边的凹陷范围较大、较深，和凹陷所在的侧边相比，所占比例较大；而本专利的两个凸起为柔和的半圆形，和在先设计的凸起有明显差别，本专利的凹陷较小，在侧边所占的比例较小。在先设计的凸起和凹陷由于数量的不同，也呈不对称的形状，对于 SKL 516A，其侧面的两个凹陷和底部的凹陷从宽度上有明显区别；对于 SKL 516B，其顶部的凸起与侧面的凸起形状上也存在明显的差别，顶部为手柄形较大凸起，侧面为矩形凸起，而本专利的凸起和凹陷均呈相同的对称形状。将本专利和在先设计遵循"整体观察、综合判断"的原则，从整体上观察来看，由于在先设计与本专利的凸起、凹陷的数量不同、形状不同、占整体的比例不同、对称性不同，致使消费者可以明显感觉到在先设计和本专利的显著区别。同时，本专利由于凸起和凹陷占整体比例较小，相互对称，形状接近规则的正方形，而在先设计由于凸起和凹陷所占整体比例较大且不对称，形状远远偏离四方形，因而本专利产品和在先设计相比具有强烈的美感，而在先设计明显缺乏美感，二者在整体观察上，具有很大的区别，而不只是局部细微的差别。对于原告提出的在使用状态下观察，由于本专利不仅可以插接后使用，而且可以单独使用，因此使用状态应该为单个使用的状态，而不是插接后的使用状态，原告的理由是没有根据的。对于附件6中的SPA-3，第9900号决定中提到的四点不同足以证明本专利与SPA-3具有较大差异，不会给一般消费者造成混淆，本专利与SPA-3的四点不同导致了它们在整体形态上的显著差异，因此是不相同也不相近似的。第9900号决定得出本专利与在先设计不相同也不相近似是对"整体观察、综合判断"原则的正确应用。综上，恳请法院依法驳回原告的诉讼请求，维持第9900号决定。

一审查明事实

一审法院查明：陈实是名称为"多用架"、申请号为200430080278.1外观设计专利（即本专利）的专利权人，本专利于2004年9月29日申请，于2005年4月20日授权公告。光明乳业公司于2006年5月31日针对本专利向专利复审委员会提出无效宣告请求，认为本专利与在先设计相近似，不符合《专利法》第二十三条的规定，并提交附件6等证据。

本专利涉及一种"多用架"外观设计，其公告视图包括主视图、仰视图、俯视图、左、右视图和后视图（见附图1）。由主视图可见，该多用架外部轮廓为一个四角均为弧形的正方形框架，正方形框架上边、左边中部各有一弧形凸起，正方形框架下边、右边中部各有一凹陷形，框架正面中部是凹陷的正方形内框；由后视图可见，框架背面为平面；由左视图与俯视图可见，上边、左边均为中间有一弧形凸起的长方形；由右视图与仰视图可见，下边、右边均为中间有一凹陷形的长方形。附件6中公开了编号为SPA-3、SKL 516A、SKL 516B三种镜框（见附图2、3、4），与本专利属于相同类别的产品。其中：SPA-3从整体上看呈波浪形，四边均为流线型曲线，四角呈尖锐的锐角或钝角，上边靠近右侧、右边靠近下侧的位置各有一个近椭圆形凸起，下边靠近右侧、左边靠近下侧位置各有一个近椭圆形凹陷，镜框中央略靠近右上角处有一近似正方形的内框。将其与本专利的外观设计进行对比可以发现，二者至少存在以下区别：（1）外部轮廓不同，本专利的外部轮廓整体上为正方形，SPA-

3 的四边为流线型曲线；（2）四角形状不同，本专利的四角均为弧形，SPA-3 的四角为尖锐的锐角或钝角；（3）凸起与凹陷在各边上的位置不同，本专利的凸起与凹陷均处于各边中间的位置上，而 SPA-3 的凸起与凹陷不在各边的中间位置上；（4）正方形内框的位置不同，本专利中正方形内框距离各边的位置大致相等，而 SPA-3 中内框更偏向于右上角。

SKL 516A 从整体上看，外部轮廓为四角均为弧形的正方形框架，正方形框架上边中间有一弧形凸起，正方形框架下边、左边和右边各有一凹陷形，框架正面中央部位是凹陷的正方形内框；SKL 516B 与 SKL 516A 外部轮廓及内框相似，但其有三个弧形凸起，一个凹陷形，三个弧形凸起分别位于上边、左边和右边，一个凹陷形位于下边。将 SKL 516A、SKL 516B 分别与本专利进行对比，其区别均在于侧面中部的凸起或凹陷的合计数量不同：本专利有两个凸起，两个凹陷；SKL 516A 有一个凸起，三个凹陷，而 SKL 516B 则有三个凸起，一个凹陷。

专利复审委员会经审查，于 2007 年 6 月 10 日作出第 9900 号决定，其中认定：

光明乳业公司的无效理由是本专利相对于附件 6 和附件 7 不符合《专利法》第二十三条的规定。本专利涉及一种"多用架"外观设计。光明乳业公司提供的附件 6 和附件 7 中均公开了一种镜框，从图示效果看，该镜框不仅可以镶嵌图片，还可以多个相互拼图组合达到装饰目的，在本专利未明确其"多用架"用途的情况下，一般消费者知道本专利可以镶嵌图片并可以多个相互组合，因此，附件 6、附件 7 中公开的镜框与本专利属于相同类别的产品，二者可以进行相同、相近似性对比。即附件 6 中的图片 SPA-3、SKL 516A 和 SKL 516B、附件 7 中的图片 TMP-010 可与本专利进行比较。

本专利与 SPA-3 相比，由于外部轮廓、四角的形状、凸起与凹陷在各边上的位置以及内框在整个框架中的位置均为一般消费者容易看到的部位，并且在整个外观设计中占显著位置，在这些设计要素存在区别的情况下，一般消费者通常不会将二者误认、混同，所述区别对产品外观设计的整体视觉效果产生了显著的影响，因此，本专利与 SPA-3 既不相同、也不相近似。

将 SKL 516A、SKL 516B 与本专利进行对比可以发现，它们最主要的区别在于凸起与凹陷的数量不同。由于一般消费者在看到二者的外观时，通常会对二者容易看到的部位留下主要印象，凸起与凹陷数量上的不同使得一般消费者不会将二者误认、混同，对产品外观设计的整体视觉效果产生了显著影响，故而，本专利与 SKL 516A 或 SKL 516B 相比，既不相同、也不相近似。

由于一般消费者在看到本专利与 TMP-010 二者的外观时，通常会对二者容易看到的、在整个外设设计中占显著位置的部位留下主要印象,当一般消费者看到本专利与TMP-010的外观时,四边上存在的是凸起还是凹陷,以及内框形状是正方形还是圆形,这种区别使得一般消费者不会将二者误认、混同,其大小比例、数量的区别对产品外观设计的整体视觉效果产生了显著影响,因此,本专利与TMP-010的外观设计相比,既不相同,也不相近似。

综上,光明乳业公司提供的所有证据与本专利相比均为不相同或不相近似,本专利符合《专利法》第二十三条的规定。据此,决定维持本专利权有效。

原告在诉讼中明确表示其仅是对第9900号决定涉及的附件6与本专利的对比结论的理由持有异议。

一审审理结果

一审法院认为:鉴于原告的起诉理由仅涉及附件6与本专利对比的事实和结论,故本案仅在该事实范围对第9900号决定进行审理。

根据当事人的陈述,第9900号决定对附件6中公开的编号为SPA-3、SKL 516A、SKL 516B的三种镜框在先设计与本专利的形状描述和对比区别特征描述各方当事人并无异议,对此,本院予以确认。本案的争议在于原告对上述对比结论持有异议。

第一,根据在先设计SPA-3与本专利的对比结果可见,两者在四角角度形状、四边线型形状、四边上的凸起与凹陷位置上存在不同,这些不同虽然在单独观察时属于细部的不同,但因不同的形状因素分布于对比形状的整体,在整体观察时必然产生整体视觉效果上的形状差异,并可以使消费者产生在形状和设计风格上存在较大差异的认识,因此,两者不是相近似的外观设计。

第二,根据在先设计SKL 516A、SKL 516B分别与本专利的对比结果可见,SKL 516A、SKL 516B分别与本专利对比均存在形状的侧面中部的凸起或凹陷的合计数量不同。由于凸起与凹陷数量的不同是否属于惯常设计原告并未提交证据予以证明,同时,凸起与凹陷形状的对比应当在接插后进行的理由也已经超出了本案的审理范围,因此,专利复审委员会认定凸起与凹陷的数量是消费者容易看到的部位,消费者在看到本专利与SKL 516A、SKL 516B的外观时,会对二者容易看到的部位差异留下深刻印象,使得消费者不会将二者误认、混同,本专利与SKL 516A、SKL 516B不相近似,该结论并无不当。

综上,原告的诉讼主张缺乏法律依据,不能成立,本院不予支持。第9900号决定认定事实清楚,决定的理由符合法律规定,维持本专利有效的结论适当,该决定应予维持。依照《中华人民共和国行政诉讼法》第五十四条第（一）项，本院判决如下：

维持国家知识产权局专利复审委员会作出的第 9900 号无效宣告请求审查决定。

一审案件受理费 100 元，由光明乳业股份有限公司负担。

各方当事人均服从原审判决。

商　　标

16. 侵犯"菜香根"商标专用权纠纷案
——广州饮食服务企业集团有限公司诉北京菜香根民族园路酒楼有限公司

原告（被上诉人）： 广州饮食服务企业集团有限公司
被告（上诉人）： 北京菜香根民族园路酒楼有限公司
案由： 侵犯商标专用权纠纷

原审案号： 北京市朝阳区人民法院（2006）朝民初字第24340号
原审合议庭成员： 谢甄珂、普翔、杨从亮
原审结案日期： 2006年12月18日
二审案号： 北京市第二中级人民法院（2007）二中民终字第05326号
二审合议庭成员： 张晓津、何暄、冯刚
二审结案日期： 2007年3月20日

判决要旨

企业名称应当依法规范使用，虽然从事商业、公共饮食、服务等行业的企业名称牌匾可以适当简化，但不得与其他企业的注册商标相混淆。

起诉与答辩

原告广州饮食服务企业集团有限公司（以下简称广州饮食公司）起诉称：广州饮食公司第42类"餐馆"服务上享有"菜根香"文字注册商标专用权，该公司发现北京菜香根民族园路酒楼有限公司（以下简称菜香根酒楼公司）在其经营的餐馆的户外广告、宣传横幅、店面牌匾、菜单以及订餐卡上使用了和涉案注册商标相近似的"菜香根"文字标识。广州饮食公司认为菜香根酒楼公司的涉案行为侵犯了其对涉案商标享有的商标专用权。故诉至原审法院，

请求法院判令菜香根酒楼公司立即停止侵权行为；赔偿广州饮食公司经济损失448 500元及为诉讼支出的合理费用51 500元；并在《北京晚报》上刊登声明、消除影响。

被告答辩称：菜香根酒楼公司使用"菜香根"文字是依法简化其合法注册的企业名称；该公司使用的企业字号"菜香根"与涉案商标在文字的排列、含义及字体上均不相同，所使用的菜系也不同，不会造成消费者的混淆；该公司已成为京城湘菜中的知名品牌，而广州饮食公司在北京没有店面，该公司不存在借助涉案商标的故意。综上，菜香根酒楼公司并未侵犯涉案注册商标专用权，不同意广州饮食公司的诉讼请求。

原审查明事实

原审法院查明：1995年10月7日，广州市菜根香素食馆在第42类服务项目"餐馆、快餐馆"上注册了第781981号"菜根香"文字商标，有效期至2005年10月6日。2002年11月28日，经国家工商行政管理总局商标局核准，该商标转让给广州饮食公司。2005年9月14日，广州饮食公司对"菜根香"商标进行了续展，该商标有效期延续至2015年10月6日。

菜香根酒楼公司成立于1998年4月13日，经营范围包括中餐、销售饮料等。自2004年7月起，该餐馆开始在其经营场所所在的建筑物顶部制作安装"菜香根"三个字的霓虹灯广告标识。2006年7月，北京市海淀第二公证处对下述事实进行了公证：菜香根酒楼公司在位于北京市朝阳区民族园路8号北京菜香根酒楼民族园店门头使用"菜香根酒楼"的牌匾、在外墙上悬挂"菜香根酒楼"五个字的横幅、在订餐卡上使用"菜香根酒楼"文字、在点菜单上使用篆体的"湘楚菜香根"文字加饕餮图形。

原审诉讼中，菜香根酒楼公司称位于北京市朝阳区民族园路8号的北京菜香根酒楼民族园店内可容纳一二百人同时就餐，一个月的营业额为20余万元。广州饮食公司对此陈述予以认可。

另查，1990年广东人民出版社出版的《食在广州史话》第200页有一篇介绍菜根香素食馆的文章记载有如下内容：现在的菜根香素食馆开设在中山六路，它原是由佛教名刹六榕寺中的"榕荫园"素食馆部分师傅开设；开业初期，由于创办人是知名居士的关系，不少上层人物和知名人士经常光顾；1956年，广东省举行名菜展览，该馆10款菜被列入中国名菜谱；1985年，市饮食服务公司拨款加建一层，可容300人同时就餐，使之成为广州市较有规模的素食馆。1996年12月广州出版社出版的《广州市志》（卷六）的饮食志篇第708页有菜根香素食馆介绍文字，其上记载：菜根香素食馆位于中山六路167

号，菜根香的名字是来自佛门梵语"心安茅屋稳，性定菜根香"之句；菜根香素食馆创于20世纪30年代；1984年，菜根香素食馆投资百万元重新改造装修，增加空调设备，并增开早茶市。

另，广州饮食公司为诉讼支出公证费1 500元，律师费50 000元。

原审审理结果

原审法院认为：广州饮食公司是涉案"菜根香"注册商标专用权人，他人未经许可不得在同类服务上使用与该商标相同或近似的商标。涉案注册商标核定使用的服务是"餐馆、快餐馆"，而菜香根酒楼公司也是在餐馆服务中使用"菜香根"文字，属于相同服务。菜香根酒楼公司使用"菜香根"文字的方式系单独或突出的使用，与其注册的企业名称相差较大。此种使用行为已违背了对企业名称简化所遵循的诚实信用原则，构成了商标性使用。将"菜香根"与涉案注册商标相比较，两个词语文字组成相同，只是排列顺序不同，而且两个词语的含义、呼叫也相近，给人的视觉感受也非常近似，容易使相关公众对这两个词语产生混淆，故二者构成近似。综上，菜香根酒楼公司在其经营场所所在建筑物顶部、门头牌匾、外墙横幅及订餐卡上单独突出使用"菜香根"文字的涉案行为，侵犯了广州饮食公司涉案注册商标专用权，其应当承担停止侵权、消除影响、赔偿损失的民事责任。关于赔偿数额，原审法院考虑涉案注册商标使用于素菜馆的历史和知名度、涉案商标使用情况、菜香根酒楼公司经营的涉案餐馆的规模、获利状况等因素酌情确定。同时，对于诉讼支出中的合理部分予以支持。此外，对于菜香根酒楼公司在点菜单上使用的篆体"湘楚菜香根"加饕餮图形，原审法院认为二者差异较大，并不构成近似商标，也不会引起相关公众的混淆和误认，未侵犯涉案注册商标专用权。

综上，原审法院依据《中华人民共和国民法通则》第一百一十八条，《中华人民共和国商标法》第五十二条第（一）项、第五十六条第二款之规定，判决如下：

一、北京菜香根民族园路酒楼有限公司立即停止涉案的侵犯广州饮食公司"菜根香"注册商标专用权的行为；

二、北京菜香根民族园路酒楼有限公司于本判决生效之日起一个月内在《北京晚报》上公开刊登声明消除因涉案侵权行为给广州饮食服务企业集团有限公司造成的影响；

三、北京菜香根民族园路酒楼有限公司于本判决生效之日起10日内赔偿广州饮食服务企业集团有限公司经济损失52 500元；

四、驳回广州饮食服务企业集团有限公司的其他诉讼请求。

菜香根酒楼公司不服原审判决，提起上诉，请求撤销原判，驳回广州饮食公司的诉讼请求，并由广州饮食公司承担全部诉讼费用。理由为：1. 上诉人的涉案行为是对其企业名称的简化使用，不会引起消费者的误认和混淆，不构成侵权。涉案注册商标"菜根香"并非知名商标，而且已经多年不经营使用，双方当事人所经营的菜系亦存在明显区别。上诉人自己创立和经营的"菜香根酒楼"，并无借助或损害涉案商标权益的主观故意，因此不会产生误认。2. 被上诉人的涉案注册商标已多年不使用于经营行为，充分说明二者不会使消费者产生混淆，但原审未认定该重要事实。3. 被上诉人的涉案注册商标并不具有显著性和知名度，上诉人使用"菜香根"不构成近似，国家工商行政管理总局商标局批准注册的商标中，包括"都市菜根香"、"新山城菜根香"等多个商标，均与涉案商标不近似；4. 由于被上诉人多年未经营，根本不存在经济损失，原审判定上诉人赔偿其经济损失没有依据。

广州饮食公司服从原审判决。

二审查明事实

二审法院另查明：2006年9月27日，经北京市西城第二公证处公证，对登录"中国商标网"，在"商标近似查询"栏目查询第42类"菜根香"的相关网页内容进行了保全。查询结果包括"锦绣菜根香"、"菜根香山"、"新山城菜根香"、"都市菜根香"、"府河菜根香"、"美峰菜根香"等。

根据2006年12月11日自广州市工商行政管理局取得的《企业注册基本资料》，广州饮食公司菜根香分店于1979年3月23日成立，经营范围包括饮食服务等，其经营地址为广州市越秀区中山六路167号，于2003年度经过年检，于2004年10月27日注销。菜根香酒楼公司拍摄的照片显示该经营地址为"大参林103分店"药品平价大卖场。

2007年1月1日，广州饮食服务公司与广州市回民饭店有限公司签订《商标使用许可合同》，许可广州市回民饭店有限公司使用涉案注册商标。

在二审审理期间，上诉人菜香根酒楼公司主张其使用的"菜香根"原系湖南省长沙市的地名，但其未就此举证证明。双方当事人对原审法院查明的事实不持异议，本院对原审法院查明的事实予以确认。

二审审理结果

二审法院认为：本案双方当事人在二审审理期间争议的焦点问题是被上诉人广州饮食公司的涉案注册商标是否具有显著性，其是否存在多年不使用该商标的事实；上诉人使用的"菜香根"标识是否造成相关消费者的混淆和误认，是否侵犯了涉案注册商标专用权及是否应承担相应法律责任。

首先，关于被上诉人广州饮食公司的涉案注册商标是否具有显著性，其是否存在多年不使用的事实问题。

虽然上诉人菜香根酒楼公司已举证证明存在多个包含"菜根香"文字的商标，但该材料不能证明涉案注册商标不具有显著性，作为已经核准注册的商标，被上诉人广州饮食公司对此所享有的商标专用权应当受到我国法律的保护。根据相关企业查询资料记载的信息，广州饮食公司菜根香分店于2004年10月停业；而被上诉人二审审理期间提交的证据表明，其自2007年1月起许可他人使用涉案注册商标，上述证据均表明被上诉人实际使用了涉案注册商标，但存在暂停使用的情况。上诉人虽主张被上诉人多年不经营，未使用涉案注册商标，但其未就此充分举证证明，本院对此不予支持。

其次，关于上诉人菜香根酒楼公司使用的"菜香根"标识是否造成相关消费者的混淆和误认，是否侵犯了涉案注册商标专用权及是否应承担相应法律责任问题。

上诉人菜香根酒楼公司使用的"菜香根"标识与涉案注册商标"菜根香"相比，二者均使用了"菜"、"根"、"香"三个汉字，仅在排列顺序上存在差别，容易造成相关公众的混淆和误认，二者属于近似商标。虽然上诉人主张其使用的"菜香根"原系湖南省长沙市的地名，并无借助涉案注册商标的故意，但其未就此举证证明，本院对其上述主张不予采纳。上诉人还提出由于被上诉人多年不使用涉案注册商标，相关消费者不存在混淆的可能性的主张，鉴于该主张缺乏事实依据，本院对此不予采纳。因此，上诉人菜香根酒楼公司的涉案行为侵犯了被上诉人广州饮食公司对涉案注册商标所享有的注册商标专用权，其应当承担停止侵权、消除影响、赔偿损失的法律责任。

企业名称应当依法规范使用，虽然从事商业、公共饮食、服务等行业的企业名称牌匾可以适当简化，但不得与其他企业的注册商标相混淆，因此上诉人主张所使用的标识是对其企业名称的简化，不构成侵权，依据不足，本院不予采纳。原审法院依据相关因素确定的赔偿数额并无不妥，本院予以维持。上诉人关于被上诉人多年未经营，不存在经济损失的主张依据不足，本院不予采纳。

综上，上诉人菜香根酒楼公司所提上诉理由不能成立，原审判决认定事实清楚，适用法律基本准确，应予维持。本院依照《中华人民共和国民事诉讼法》第一百五十三条第一款第（一）项、《中华人民共和国民法通则》第一百三十四条第（一）项、第（七）项、第（九）项，《中华人民共和国商标法》

第五十二条第（一）项、第五十六条第二款的规定，判决如下：

驳回上诉，维持原判。

一审案件受理费 10 010 元，由广州饮食服务企业集团有限公司负担 2 000 元，由北京菜香根民族园路酒楼有限公司负担 8 010 元；二审案件受理费 10 010 元，由北京菜香根民族园路酒楼有限公司负担。

17. 侵犯"JAGUAR 及图"商标专用权及不正当竞争纠纷案

——（英国）美洲虎车辆有限公司诉中国美洲豹
品牌管理有限公司、北京丰恒盛商贸有限公司、
北京恒泰舜源商贸有限公司、浙江正大商标事务所

原告：（英国）美洲虎车辆有限公司
被告：中国美洲豹品牌管理有限公司
被告：北京丰恒盛商贸有限公司
被告：北京恒泰舜源商贸有限公司
被告：浙江正大商标事务所有限公司
案由：侵犯商标专用权及不正当竞争纠纷

一审案号：北京市第二中级人民法院（2006）二中民初字第 3368 号
一审合议庭成员：刘薇、梁立君、宋光
一审结案日期：2007 年 3 月 20 日

判决要旨

商标事务所接受委托进行商标许可合同备案时，没有严格审查《商标使用许可合同》及《商标代理委托书》的真实性，没有尽到作为商标代理机构应尽的合理注意义务，客观上造成了第三人侵权行为的扩大和延展，但其与原告并不构成市场竞争关系，不构成不正当竞争。

起诉与答辩

原告美洲虎车辆有限公司诉称：原告是依大不列颠及北爱尔兰联合王国（以下简称英国）法律成立的公司，是国际著名的汽车制造商。原告产品上使用的"JAGUAR"系列商标在美洲、欧洲及亚洲许多国家和地区均已注册。1992 年 7 月 20 日，原告就"JAGUAR 及图"向中华人民共和国国家工商行政管理总局商标局（以下简称中国商标局）申请了多项商标注册，其中包括第 603149 号商标，核定使用的商品为第 9 类眼镜、太阳眼镜、眼镜框等。还有 2000 年 5 月 7 日注册的第 1393238 号商标、2002 年 1 月 21 日注册的第

1700618号商标等。另外，原告还在第9类商品上注册了"捷豹JIEBAO"商标，注册号为第1318995号。

原告经查，中国美洲豹品牌管理有限公司（以下简称美洲豹公司）是一家于2004年5月7日依据中华人民共和国香港特别行政区（以下简称香港）法律设立的公司，该公司未经原告的授权，擅自以原告名义授权自己使用原告的商标，并通过浙江正大商标事务所有限公司（以下简称正大事务所）向中国商标局提交伪造原告签名的《商标使用许可合同》、《商标使用许可合同备案申请书》以及其他伪造原告签名的材料，欺骗中国商标局对其提交的虚假的《商标使用许可合同》进行备案。之后，美洲豹公司便以合法的形式作为掩盖，与北京丰恒盛商贸有限公司（以下简称丰恒盛公司）、北京恒泰舜源商贸有限公司（简称恒泰舜源公司）签署非法的《授权经营书》，将原告注册商标"JAGUAR及图"非法授予丰恒盛公司、恒泰舜源公司使用，骗取大额的许可使用费，一年就收取使用费30万元人民币。不仅如此，美洲豹公司还对经原告合法授权的"JAGUAR"品牌的眼镜销售商广东揭阳市鸣乐光学眼镜有限公司（以下简称鸣乐公司）进行诬陷、发出警告等，严重干扰了原告产品在中国眼镜市场的销售，美洲豹公司侵犯原告商标权的规模巨大，造成的侵权后果极其严重。

丰恒盛公司、恒泰舜源公司未经许可使用原告商标经销眼镜、太阳眼镜等商品，亦侵犯了原告的商标权，且两公司的销售范围涉及北京、上海、大连、青岛等地，销售数量巨大，销售利润颇丰。丰恒盛公司、恒泰舜源公司还在2005年2月的上海眼镜产品交易会上，谎称自己是原告的代理商，诋毁经原告合法授权的销售商鸣乐公司，并向其发出警告，要求鸣乐公司停止生产和销售，否则向当地政府部门请求对鸣乐公司进行查处。丰恒盛公司、恒泰舜源公司的上述行为造成了大量的退货，严重影响了原告产品在中国市场上的销售，构成了不正当竞争。

正大事务所作为中国商标局指定并认可的代理机构，理应依法进行商标代理，然而正大事务所未取得原告的合法授权的情况下，代表原告向中国商标局提出商标许可合同备案申请，给原告造成了巨额的经济损失，构成了不正当竞争，应当承担法律责任。

综上，原告请求人民法院判令：（1）确认美洲豹公司在中国商标局关于第603149号、第1700618号、第1393238号商标进行的《商标使用许可合同》备案登记无效；（2）美洲豹公司、丰恒盛公司、恒泰舜源公司停止制造、销售、许可和使用原告注册商标，停止利用原告注册商标进行虚假宣传；（3）美洲豹公司、丰恒盛公司、恒泰舜源公司销毁所有使用原告注册商标的现存产品；（4）美洲豹公司、丰恒盛公司、恒泰舜源公司和正大事务所共同在一家全国性的媒体中公开向原告赔礼道歉；（5）美洲豹公司、丰恒盛公司、恒泰舜源公司和正大事务所赔偿原告经济损失 2 492 000 元人民币，以及合理诉讼支出 8 000 元人民币；（6）美洲豹公司、丰恒盛公司、恒泰舜源公司和正大事务承担本案诉讼费。

被告美洲豹公司没有向本院提交答辩状。

被告丰恒盛公司和恒泰舜源公司共同答辩称：原告为其委托代理人马俐霞、马伯宏出具的委托代理手续有缺陷，原告不能证明由马俐霞、马伯宏代为提起的本案诉讼是原告的真实意思表示，在马俐霞、马伯宏的代理权限缺乏法律依据的情况下，应驳回由其二人代为提起的诉讼。

丰恒盛公司是在查阅了美洲豹公司的企业登记证书、原告给美洲豹公司的《商标使用许可合同》，并核实了该合同已经在中国商标局登记备案的情况后，才与美洲豹公司签订了《授权经营书》，开始销售使用涉案第 603149 号商标的商品的。为此丰恒盛公司已经向美洲豹公司支付了 30 万元使用费。因此，丰恒盛公司没有任何过错。即使美洲豹公司取得原告商标授权的权利存在瑕疵，丰恒盛公司也不构成侵犯原告商标权。应由美洲豹公司和正大事务所承担责任。恒泰舜源公司与丰恒盛公司是合作的关系，其销售的涉案产品是从丰恒盛公司取得的，恒泰舜源公司在销售时同样审查了《商标使用许可合同》和备案的情况，因此，恒泰舜源公司也不构成侵权。关于原告起诉丰恒盛公司和恒泰舜源公司不正当竞争的问题，也缺乏事实依据。原告没有证据证明丰恒盛公司和恒泰舜源公司参加了上海的眼镜交易会，而且根据原告的陈述受到损害的是鸣乐公司，也非原告，原告无权代为主张权利。故请求人民法院驳回原告的全部诉讼请求。

被告正大事务所辩称：正大事务所与原告不是竞争主体，所以原告诉正大事务所构成不正当竞争毫无法律依据。原告的所有诉讼请求都与正大事务所无关，正大事务所在为美洲豹公司办理《商标使用许可合同》备案时，已经尽到了审慎的审查义务，至于《商标使用许可合同》及《商标使用许可合同备案申请书》等文件上原告方的签名是否为真实签名，正大事务所没有能力进行审查，而应由中国商标局进行审查。正大事务所没有任何过错，请求法院驳回原告的诉讼请求。

一审查明事实

一审法院查明：原告是依英国法律成立的公司。2002 年 7 月 20 日，原告经中国商标局核准注册了"JAGUAR 及图"文字及图形组合商标，商标注册证号为第603149号，核定使用的商品为第9类：眼镜、太阳眼镜、眼镜框等。该商标有效期至2012年7月19日。

2005年3月21日，原告在丰恒盛公司购买了10副太阳眼镜，购货款共计5390元。丰恒盛公司为其出具了收款收据。2005年6月21日，原告在恒泰舜源公司也购买了1副眼镜，购货款为1700元。恒泰舜源公司为其出具了收款发票。原告购买的上述太阳镜、眼镜的包装盒、产品说明书上均印有与原告注册的第603149号商标相同的文字及图形。在产品合格证上印有：品名JAGUAR美洲豹，产地香港，入口商美洲豹公司，申请经销商丰恒盛公司。

丰恒盛公司向本院提交了第603149号《商标使用许可合同备案通知书》、美洲豹公司给丰恒盛公司出具的《授权经营书》、丰恒盛公司与美洲豹公司签订的《协议书》、美洲豹公司给丰恒盛公司出具的收取30万元商标使用许可费的收据，用以证明其是在审查了美洲豹公司获得了原告的商标使用许可后，才于2004年3月与美洲豹公司签订了作为"JAGUAR"系列产品中国总代理的《协议书》，并于2004年6月向美洲豹公司支付了30万元的"权利金"。原告购买的涉案太阳眼镜产品就是从美洲豹公司进的货，在产品合格证上已经标明了。丰恒盛公司认可其与恒泰舜源公司是合作的关系，恒泰舜源公司销售给原告的眼镜产品是丰恒盛公司提供给恒泰舜源公司的。

正大事务所向本院提交了美洲豹公司的《公司注册证书》、美洲豹公司与原告签订的包括第603149号商标在内的三份注册商标的《商标使用许可合同》（有原告的签字）、第603149号商标等三份《商标使用许可合同备案申请书》（有原告的签字）、美洲豹公司的胡大红在办理《商标使用许可合同》备案业务时提供的个人名片、原告商标档案、《商标代理委托书》（有原告签字）和胡大红给正大事务所开具的支付2100元代理费的发票，用以证明正大事务所在为美洲豹公司办理《商标使用许可合同》备案时，审查了美洲豹公司的申报材料，并认为美洲豹公司的申报材料齐全、手续完备。

正大事务所提交的上述证据显示：美洲豹公司是一家于2004年5月7日依据香港法律设立的公司。所谓原告与美洲豹公司签订的《商标使用许可合同》的时间是2004年3月1日，即美洲豹公司成立之前。该合同为中文文本。该合同以及《商标使用许可合同备案申请书》、《商标代理委托书》上许可人处的签名为一花写式英文单词，不能辨别此单词的英文字母组成，也没有其他可以证明原告身份的文件。

原告提出其根本没有与美洲豹公司签订《商标使用许可合同》，也没有签署过《商标使用许可合同备案申请书》及《商标代理委托书》。正大事务所提供的材料中凡是有原告签字的，都是美洲豹公司伪造的。为此，原告提交了其关于商标使用许可的声明，上面有原告的法定代表人马克·S.斯帕斯丘（Mark. S. Spaschu）的真实签字，原告并对此份文件进行了公证、认证。

原告在本案中提供了一份广东揭阳市新榕眼镜公司（以下简称新榕公司）的《情况说明书》，用以证明在中国只有新榕公司和鸣乐公司被原告授权使用原告在中国注册的"JAGUAR及图"等商标，而新榕公司及其代理商却遭受到丰恒盛公司和恒泰舜源公司的公开威胁、恐吓、诱诈，迫使新榕公司的代理商及零售店纷纷退货、退单、拒付货款，并要求新榕公司赔偿。丰恒盛公司和恒泰舜源公司的行为已经构成了不正当竞争。丰恒盛公司和恒泰舜源公司对此不予认可。

原告还提交了多份全国各地的眼镜经营部向新榕公司和鸣乐公司发出的《退货单》，货款价值180余万元，用以证明原告的产品在中国市场上遭受的损失。

一审审理结果

一审法院认为：我国商标法规定，原告对其在中国商标局注册的第603149号商标享有专有使用权，受我国法律保护。

根据现有证据，可以认定原告与美洲豹公司签订的关于第603149号商标《商标使用许可合同》不具有真实性。该份合同尾部"商标使用许可人"处虽有一英文签名，但没有任何可以证明该签名人身份的证明文件。所谓原告给美洲豹公司出具的《商标代理委托书》也没有经过公证和认证。现原告否认其曾将第603149号商标许可给美洲豹公司使用，美洲豹公司也没有提交任何证据证明其有使用和授权他人使用原告注册商标的依据，故本院认定美洲豹公司使用及授权他人使用原告注册商标的行为，侵犯了原告的商标权，应承担相应的法律责任。正大事务所在接受美洲豹公司委托时，并没有按照我国民事诉讼法、商标法及其他相关法律、法规的规定，严格审查《商标使用许可合同》及《商标代理委托书》的真实性，没有尽到其作为商标代理机构应尽的合理注意义务，客观上造成了美洲豹公司侵权行为的扩大和延展，本应承担相应的法律责任。但因正大事务所与原告并不构成市场竞争关系，故本院对原告提出的正大事务所的行为与之构成了不正当竞争的主张，不予支持。

丰恒盛公司虽销售了侵犯原告第603149号注册商标专用权的眼镜产品，但丰恒盛公司在销售前审查了美洲豹公司的注册登记、《商标使用许可合同》备案登记的手续，并与美洲豹公司签订了产品代理销售的《协议书》，还支付了30万元的"权利金"，所以本院认为丰恒盛公司是在不知道是侵犯原告注册商标专用权的商品的情况下，实施的销售行为，并能证明该商品是自己合法取得的，且说明了商品的提供者，所以丰恒盛公司不应承担赔偿责任。丰恒盛公司认可其与恒泰舜源公司是合作关系，恒泰舜源公司销售的眼镜商品是由其提供的，故恒泰舜源公司亦不应承担赔偿责任。

关于原告诉美洲豹公司、丰恒盛公司和恒泰舜源公司有利用原告商标，进行虚假宣传，诋毁原告及原告的代理公司声誉的行为，构成了不正当竞争一节，本院认为原告的证据不足，不足以采信，对其主张不予支持。

关于原告请求本院确认美洲豹公司在中国商标局关于第1700618号、第1393238号商标进行的商标《使用许可合同》备案登记无效的问题，因原告在本案中没有提交该两项商标的商标注册证，且原告在本案纠纷中也仅涉及眼镜、太阳眼镜商品，不涉及第1700618号、第1393238号商标核定使用的服装、箱包类产品。故本院认为，就该两项商标的使用许可问题，原告应另案解决，本案不作处理。

对于丰恒盛公司和恒泰舜源公司对原告代理人委托手续提出的异议，本院已经进行了审查，认为原告的委托代理人手续完备，可以代表原告提出本案诉讼。

对于美洲豹公司侵犯原告商标专用权，所应承担的经济损害赔偿的具体数额问题，本院将参照原告提出的经济损失数额、考虑美洲豹公司侵权行为的情节、性质、影响范围和程度予以酌定。对于原告提出的为诉讼支出的费用，本院也予以适当支持。原告提出的关于赔礼道歉的诉讼请求，因本案不涉及精神权利损害的问题，故本院不予支持。综上，依照《中华人民共和国商标法》第四十条第一款、第三款、第五十二条第一款第（一）项、第五十六条第三款、《中华人民共和国反不正当竞争法》第十四条之规定，本院判决如下：

一、被告中国美洲豹品牌管理有限公司于本判决生效之日起立即停止对原告注册商标专用权（商标注册证号为第603149号）的侵害，即不得使用或授权他人使用原告涉案注册商标制造、销售侵权产品；

二、被告中国美洲豹品牌管理有限公司于本判决生效之日起10日内赔偿原告（英国）美洲虎车辆有限公司经济损失人民币50万元及为诉讼支出的合理费用人民币8 000元；

三、被告北京丰恒盛商贸有限公司及被告北京恒泰舜源商贸有限公司于本判决生效之日起立即停止销售侵犯原告注册商标专用权的涉案侵权产品；

四、驳回原告（英国）美洲虎车辆有限公司的其他诉讼请求。

一审案件受理费22 510元，由美洲虎车辆有限公司负担7 510元，中国美洲豹品牌管理有限公司负担10 000元，北京丰恒盛商贸有限公司及北京恒泰舜源商贸有限公司负担5 000元。

各方当事人均服从一审判决。

18. "金牌"商标驳回复审行政纠纷案
——梁介福药业私人有限公司诉国家工商行政管理总局商标评审委员会

原告（上诉人）： 梁介福药业私人有限公司
被告（被上诉人）： 国家工商行政管理总局商标评审委员会
案由： 商标驳回复审行政纠纷

原审案号： 北京市第一中级人民法院（2006）一中行初字第258号
原审合议庭成员： 仪军、赵明、邢军
原审结案日期： 2006年10月10日
二审案号： 北京市高级人民法院（2007）高行终字第24号
二审合议庭成员： 张冰、钟鸣、焦彦
二审结案日期： 2007年6月18日

判决要旨

申请商标与引证商标在其指定使用的部分商品或服务上构成相同或近似商标时，应仅驳回在该部分商品或服务上的注册，对于申请商标在其他商品或服务上的注册申请，不能一并驳回。

起诉与答辩

原告梁介福药业私人有限公司（以下简称梁介福公司）诉称：1. 原告是一家有着70多年历史，拥有良好声誉的公司，通过长久及广泛的使用，已使"金牌风油精"风靡全球，为相关公众所知。而由其独创的"金牌"商标也已随着产品的知名度的不断提升，以及与之相应的"GOLD MEDAL"商标和牌状图案的"图形"商标一并成为原告产品的重要标志之一，也成为消费者区分产品产源的重要识别标志之一。申请商标"金牌"的设计思路并非取自"金色"或"金"之意，而是源于奖牌之意，亦隐喻着"冠军"、"第一"之含义。原告的"黑人图形及金牌图形"商标在世界范围广泛注册，申请商标与之相对应，是原有权利的一种延伸。2. 申请商标通过长期的使用，已具备固有的显著性，能与引证商标相区别，不会造成消费者的混淆。首先，如前所

述申请商标与第1044554号"golden及图"商标（以下简称引证商标一）无论在读音上、形式上、词性上均明显不同，且其指定使用的商品"人用药"和"净化制剂"具有一定的差别，不会造成消费者的混淆。其次，申请商标与第1724476号"金"商标（以下简称引证商标二）在含义上相差很大，且该引证商标的显著性较弱，所受保护的范围极小，相对而言申请商标更应予核准注册。综上所述，申请商标经长期使用具备了固有的显著性，应予核准注册。被告作出的商评字〔2005〕第3381号《关于第3208438号"金牌"商标驳回复审决定书》（以下简称第3381号决定）认定事实不清，适用法律错误，请求人民法院依法撤销该决定。

被告国家工商行政管理总局商标评审委员会（以下简称商标评审委员会）辩称：首先，申请商标与二引证商标分别构成使用在同一种或类似商品上的近似商标。首先，申请商标由文字"金牌"组成的纯中文商标，其中"牌"字使用在商标上显著性较弱。引证商标一"golden"及引证商标二"金"在含义上相差不大，普通消费者在购物中也会对两商标呼叫为"金"牌的产品。"金"分别是申请商标和引证商标的重要组成部分和显著识读部分。其次，申请商标指定使用的商品为医药制剂、兽医用制剂、医用卫生制剂等，与引证商标一、二核定使用的商品兽药、人用药等为同一种或类似商品。在实际使用中，易使普通消费者对商品来源产生混淆误认。再次，原告在行政程序中提供的其产品宣传等证据材料，不能说明申请商标"金牌"经过在中国长期使用已使消费者将其认识为区分商品来源的商业性标识，与引证商标一、二明确区分。基于上述事实和理由，被告认为，商评字〔2005〕第3381号决定认定事实清楚，适用法律正确，请求人民法院予以维持。

原审查明事实

原审法院查明：1996年1月15日，杭州市粮油食品土畜产进出口公司在第5类净化制剂、兽药、杀虫剂、杀真菌剂、除莠剂、农药、卫生裤、填塞牙孔和牙模用料等商品上申请注册第1044554号"golden及图"商标（即引证商标一）。1997年7月7日该商标被核准注册，其专用期限至2007年7月6日。

2000年5月15日，广西金嗓子有限责任公司在第5类人用药、中药成药、医用制剂、化学药物制剂、药茶、生化药品、药酒、医用糖浆、医用口香糖等商品申请注册第1724476号"金"商标（即引证商标二）。2002年3月7日，该商标被初步审定并公告。

2002年6月12日，梁介福公司在第5类医药制剂、兽医用制剂、医用卫生制剂等商品上向商标局提出"金牌"商标（即本案申请商标）的注册申请，申请号为3208438。

2003年4月9日，商标局发出ZC3208438BH1号商标驳回通知书，以申请商标与在类似商品兽药上已注册的引证商标一及在类似商品人用药上已初步审定的引证商标二近似为由，根据中国《商标法》第二十八条的规定，对申请商标驳回申请，不予公告。

梁介福公司不服上述驳回决定，于2003年4月22日向商标评审委员会提出复审申请，并提供了四份证据：

证据1：梁介福公司英文的历史简介和产品介绍复印件；

证据2：梁介福公司"金牌（GOLD MEDAL）风油精"产品宣传资料复印件；

证据3：梁介福公司的"黑人图形+金牌图形"商标在世界各地的注册清单及部分注册证复印件及上述商标与申请商标在中国结合使用的产品标签复印件；

证据4：外文报纸广告。

2005年10月24日，商标评审委员会作出商评字〔2005〕第3381号决定，该决定认为：申请商标"金牌"既可以理解为奖牌的一种，又因"牌"字在商品上显著性较弱，该商标易被识别为"金"牌，从而与引证商标二"金"相近，与引证商标一"golden"（意为"金色的、金黄的、黄金的"）在含义上相差不大，它们同时使用在人用药、净化制剂等相同或类似商品上易造成消费者混淆、误认。梁介福公司未提供证据证明"金牌"作为商标单独使用会被消费者识别为"奖牌的一种"，从而不会与引证商标混淆。因此，申请商标与引证商标一已构成在兽药等相同类似商品上的近似商标，与引证商标二已构成在人用药等相同类似商品上的近似商标，申请商标的注册申请依法应予驳回。

据此，商标评审委员会作出梁介福公司在第5类医用制剂等商品上的申请商标予以驳回、不予初步审定公告的决定。

在一审诉讼中，梁介福公司向补充提交了如下证据：

证据5：金牌风油精产品的相关报道，用以证明"金牌"商标在中国大量使用，并为广大消费者认可；

证据6：第3208439号"GOLD MEDAL"商标注册证复印件，用以证明其与引证商标一"golden及图"并不构成近似商标，本案申请商标更不应被认定为与该引证商标近似；

证据7：在相同类别上并存的"金"和"金牌"，"银"和"银牌"的商标资料复印件，用以证明"金"和"金牌"通常不被认定为近似商标；

证据8：在第5类商品上已注册的带有文字"金"的商标资料；

证据9：证据1的中文译文。

原审审理结果

原审法院认为：1. 关于新证据的采信。根据《行政诉讼法》第五条的规定，人民法院审理行政案件，对具体行政行为的合法性进行审查。就本案而言，即审查被告作出商评字〔2005〕第3381号决定是否具有事实及法律依据。在本案诉讼过程中，原告提交了证据5～9这五份新证据。首先，由于上述证据并非复审程序结束后才形成的，原告作为商标申请人，在长达两年半的行政程序中，没有及时提交上述证据证明其主张，应承担由此造成的法律后果。因此，原告提交的新证据不是被告作出商评字〔2005〕第3381号决定的依据，本院对此不予采纳。其次，商标局对于商标的注册采取个案审查的原则，要视具体情形作出判断。原告提交的证据6～8中所述申请商标以外其他商标的注册情况与本案不具有关联性，本院对上述证据亦无法予以采信。

2. 关于申请商标是否符合我国《商标法》第二十八条的规定。

我国《商标法》第二十八条规定：申请注册的商标，凡不符合本法有关规定或者同他人在同一种商品或者类似商品上已经注册的或者初步审定的商标相同或者近似的，由商标局驳回申请，不予公告。

针对原告在评审程序中提交的四份证据，本院认为：证据1就其形式而言是外文证据，原告没有按照有关法律规定提交相应中文译文，且其内容仅为原告公司的历史简介和产品介绍，与申请商标无直接关联。证据4是外文报纸广告，亦未提交中文译文，且其与证据2均是"金牌（GOLD MEDAL）风油精"产品宣传资料，其仅能证明"金牌"商标的使用情况，并不能证明其与引证商标使用在相同或类似商品上不会造成消费者的混淆、误认，故其与申请商标的可注册性亦无关联。证据3是"黑人图形+金牌图形"商标的注册及在中国结合使用的情况，与本案申请商标无关。综上，证据1～4与本案申请商标能否注册的事实没有关联性，不能作为本案的定案依据。

本案中，申请商标中"金牌"二字可以被理解为两种含义，一是奖牌的一种，二是"金"牌。原告主张根据其设计思路，申请商标应按第一种含义进行理解。对此本院认为，商标的识别应以在商业使用中消费者对该商标的一般认知为准，与商标的最初设计构思没有直接联系。由于原告没有提交证据证明"金牌"作为商标单独使用只能被消费者识别为"奖牌的一种"，因此在判断申请商标与在先商标的近似性时还应考虑其第二种含义，即"金"牌。

基于申请商标的第二种含义，由于"牌"字作为商标的一部分使用在商品上显著性较弱,故"金"成为申请商标的主要识别部分。将申请商标与两个引证商标相比,首先,申请商标与引证商标一"golden 及图",从读音上看,前者为中文发音,后者为英文发音,呼叫差异明显;从外形上看,前者为印刷体的中文文字商标,后者为具有一定设计的英文文字及飘带图形构成的组合商标,二者具有显著的视觉差异;从含义上看,前者为名词,意为一种贵重金属,而后者为形容词,译为中文是"黄金的,金黄色的,极好的",二者在词性及含义上具有一定差别。因此,申请商标与引证商标一在相同或类似商品上使用,不会造成相关公众的混淆、误认,二者不构成近似商标。其次,将申请商标与引证商标二无特殊设计的"金"文字商标相比,二者无论是在读音、字形、含义等方面均十分近似,同时使用在医药制剂、人用药等相同或类似商品上,相关公众在施以一般注意力的情况下,容易将二者混淆,认为二者为同一来源,因此构成近似商标。

综上,在不能排除申请商标可以被识别为"金"牌的情况下,其与引证商标二"金"构成在医用制剂、人用药等相同类似商品上的近似商标,申请商标的注册依法应予驳回。虽然被告在商评字〔2005〕第3381号决定中对申请商标与引证商标一的近似性判断上存在不当之处,但其结论正确,本院将在纠正上述错误的基础上,对其结论予以维持。

因此,原审法院依照《中华人民共和国行政诉讼法》第五十四条第(一)项之规定,判决:维持商标评审委员会第3381号决定书。

梁介福公司不服原审判决,提起上诉,请求:撤销原审判决并判决准予申请商标核准注册。其主要理由是:第一,原审判决关于申请商标和引证商标二构成近似的认定错误,根据相关公众的一般注意力申请商标"金牌"只能理解成"奖牌的一种",而不会理解成"金"牌,因此申请商标"金牌"和引证商标二"金"在文字读音、字形含义上存在明显差别,不会造成混淆、误认,不应被认定为近似商标;第二,原审判决在证据采信上存在错误,上诉人在行政程序和一审诉讼中提交的证据均证明申请商标已经通过长期使用,具有较高知名度,不会和引证商标二产生混淆、误认,故应当对上述证据予以采信;第三,即使原审判决认定申请商标和引证商标二构成近似,由于申请商标和引证商标一不构成近似,因此对申请商标只应部分驳回,但原审判决维持商标评审委员会的第3381号决定全部驳回申请商标的注册明显与原审判决的理由相悖。

商标评审委员会服从原审判决。

二审查明事实

二审法院经审理查明事实与原审相同。

二审审理结果

二审法院认为：梁介福公司在一审诉讼期间提交的证据材料并非属于第3381号决定作出后新发现的证据，亦非商标评审委员会作出第3381号决定的依据，故原审判决对上述证据不予采信的做法并无不当，梁介福公司关于上述证据应予采信的主张于法无据，本院不予支持。

我国《商标法》第二十八条规定，申请注册的商标，凡不符合本法有关规定或者同他人在同一种商品或者类似商品上已经注册的或者初步审定的商标相同或者近似的，由商标局驳回申请，不予公告。商标近似是指商标文字的字形、读音、含义近似，商标图形的构图、着色、外观近似，或者文字和图形组合的整体排列组合方式和外观近似，使用在同一种或者类似商品上易使相关公众对商品的来源产生混淆、误认。

梁介福公司的申请商标"金牌"，从含义上可以理解为是"奖牌的一种"。同时"金牌"作为商标使用在商品上时，其中"牌"字的含义又可以作"商标、品牌"解，相关公众可以将之理解为以"金"为商标的商品，即"金"牌商品。梁介福公司并未提供证据证明在将"金牌"使用在其申请注册的商品上时相关公众只将"金牌"理解为"奖牌的一种"，又由于将"金牌"作为"奖牌的一种"其本身具有"第一、最好"的含义，其描述性较强，因此在判断申请商标与引证商标是否构成近似时，应考虑"金牌"的第二种含义。

基于"金牌"的第二种含义，即将"牌"作"商标、品牌"解时，申请商标的主要识别部分即为"金"。将申请商标与引证商标一"golden及图"比较，二者在读音和字形上区别明显，其中"金"与"golden"的含义虽有一定关联，但相关公众施以一般注意力能够将申请商标和引证商标一加以区分，因此二者不构成近似商标，商标评审委员会第3381号决定关于申请商标与引证商标一构成近似的认定错误，应予纠正。将申请商标与引证商标二"金"比较，二者在读音、含义、字形上无显著差异，使用在同一种或者类似商品上容易造成相关公众的混淆、误认，应认定二者构成近似商标。原审判决关于申请商标与引证商标二构成近似商标的判断是正确的，梁介福公司关于相关公众将"金牌"只理解为"奖牌的一种"不会理解成"金"牌，因此申请商标与引证商标二不应被认定为近似商标的主张缺乏依据，本院不予支持。

《商标法实施条例》第二十一条第一款规定，商标局对受理的商标注册申请，依照商标法及本条例的有关规定进行审查，对符合规定的或者在部分指定商品上使用商标的注册申请符合规定的，予以初步审定，并予以公告；对不符合规定或者在部分指定商品上使用商标的注册申请不符合规定的，予以驳回或者驳回在部分指定商品上使用商标的注册申请，书面通知申请人并说明理由。由于梁介福公司的申请商标与引证商标二构成近似，其在与引证商标二指定使用的商品相同或者类似商品上的注册申请应予驳回。根据商品的功能、用途、生产部门、销售渠道、消费对象并参考《类似商品和服务区分表》，申请商标指定使用的医药制剂、医用卫生制剂商品与引证商标二指定使用的人用药、中药成药、医用制剂、化学药物制剂等商品构成相同或者类似商品，申请商标在上述商品上的注册申请应予驳回；申请商标指定使用的兽医用制剂与引证商标二指定使用的商品不构成类似。第3381号决定及原审判决驳回申请商标在全部指定商品上的注册申请的做法有误，梁介福公司关于申请商标只应部分驳回的主张成立，本院予以支持。

综上，商标评审委员会第3381号决定认定事实有错误，原审判决认定事实正确，但适用法律部分错误，应予纠正。梁介福公司关于申请商标只应部分驳回的上诉理由成立，其上诉请求本院予以支持。依照《中华人民共和国行政诉讼法》第六十一条第（二）项之规定，判决如下：

一、撤销北京市第一中级人民法院（2006）一中行初字第258号行政判决；

二、撤销中华人民共和国国家工商行政管理总局商标评审委员会商评字〔2005〕第3381号《关于第3208438号"金牌"商标驳回复审决定书》；

三、中华人民共和国国家工商行政管理总局商标评审委员会对（新加坡）梁介福药业私人有限公司在指定商品上申请的第3208438号"金牌"商标重新作出评审决定。

一审案件受理费1 000元，由（新加坡）梁介福药业私人有限公司负担500元；由商标评审委员会负担500元；二审案件受理费1 000元，由（新加坡）梁介福药业私人有限公司负担500元；由商标评审委员会负担500元。

19. "奇异鸟 kievit 及图"商标争议行政纠纷案
——汕头市龙湖区金禾食品工业有限公司诉国家工商行政管理总局商标评审委员会、菲仕兰产品有限公司

原告（上诉人）：汕头市龙湖区金禾食品工业有限公司
被告（被上诉人）：国家工商行政管理总局商标评审委员会
原审第三人：菲仕兰产品有限公司
案由：商标争议行政纠纷

原审案号：北京市第一中级人民法院（2006）一中行初字第 735 号
原审合议庭成员：刘海旗、任进、周云川
原审结案日期：2006 年 12 月 20 日
二审案号：北京市高级人民法院（2007）高行终字第 179 号
二审合议庭成员：刘继祥、莎日娜、焦彦
二审结案日期：2007 年 6 月 20 日

判决要旨

《商标法》第三十一条规定中的在先权利包括著作权、外观设计专利权等。在先权利必须是合法有效的权利，即在商标申请注册之前，该在先权利即已存在并合法有效。

起诉与答辩

原告汕头市龙湖区金禾食品工业有限公司（以下简称金禾公司）诉称：1. 国家工商行政管理总局商标评审委员会（以下简称商标评审委员会）仅以奇异有限公司宣传材料、荷兰地方商会声明、奇异有限公司与设计公司的传真件、图书出版物即认定"奇异鸟图形"在第 1102480 号"奇异鸟 kievit 及图"商标（以下简称争议商标）申请注册之前已经由奇异有限公司创作完成是不对的，宣传材料是奇异有限公司的单方陈述；荷兰地方商会声明属于证人证言缺乏他证佐证，传真件不符合证据形式所要求的真实性及其来源的合法性，而图书出版物与本案争议商标没有关联性，均不能作为确定"奇异有限公司的作品先于争议商标而存在"的证据。2. 奇异有限公司称其于 1991 年就已拥有

上述图案作品，十年里却未见其申请注册该商标，其声称世界各地和中国许多公司愿意购买其有此图案的系列产品，却未见其有证据证明在中国口岸出现此类图案的系列产品，反而是我公司将此作为商标使用在我公司生产的奶粉、植脂末等产品上，经向各地推广使该商标拥有了一定的知名度。3. 奇异鸟并非如奇异有限公司所称是荷兰所特有的鸟，它是一种世界各地普遍常见的鸟，也是新西兰国家的国鸟，在互联网上就可以查到该鸟的大量图片和资料，包括与争议商标图案相同的奇异鸟图片。我公司的争议商标仅仅是对这一自然鸟的简单勾画，奇异鸟英语俗称"kievit"，将两者组合，该创意本身与奇异有限公司的图案作品毫不相干，不存在对其作品的抄袭、摹仿，即便是雷同也应认定各自享有各自权利。争议商标的显著性区别特征是"奇异鸟"三字和图形，不是奇异有限公司的"kievit及图形"。综上，商标评审委员会裁定错误，请求撤销商标评审委员会作出的商评字〔2006〕第993号《关于第1102480号"奇异鸟kievit及图"商标争议裁定书》（以下简称第993号裁定）。

被告商标评审委员会的答辩重申了第993号裁定中的理由，并认为：1. 奇异有限公司主张保护的作品为一只昂首挺胸，精神抖擞而远望的奇异鸟，鸟头顶羽毛随全神贯注的姿态向上竖立，色调上，奇异鸟头部和胸前羽毛为白色，身体其他部位为黑色，正好与身后一轮红日成鲜明对比，虽表现手法不复杂，但整体设计具有较强的独创性和审美价值。因此，属于受我国《著作权法》保护的美术作品。根据奇异有限公司提交的传真件，第1页正上方和第3页分别显示了奇异有限公司的新旧两款企业标志的对比图形，说明最迟于1991年奇异有限公司的"奇异鸟图形"已经创作完成。里查德设计公司在接受奇异有限公司委托后，将该图形和"kievit"文字一并作为企业的新款标志使用于广告宣传和展台设计；名为"The Present lies in the past（1894—1994）"一书的原版出版物，于1994年在荷兰默拜尔市出版，其第14页上方对奇异有限公司新旧两标志也进行了对比性说明。2. 小林光阳公司申请注册的争议商标图形部分与奇异有限公司创作的"奇异鸟图形"在视觉效果、设计思路及其表达上完全相同，从一般消费者的辨别情况看，两图没有明显区别，构成实质性近似，金禾公司也已认可。3. 虽奇异有限公司的证据不足以证明争议商标注册人小林光阳公司注册前接触过奇异有限公司的作品，但仍可以证明小林光阳公司有知悉作品的可能。原因是奇异有限公司是喷雾干燥技术和微胶囊化技术领域的专家，为许多食品公司功能性食品配料，其生产的制造食品用粉末状牛奶、奶油、咖啡用脂肪粉等产品以及其使用的"奇异鸟图形"已在相关公众具有一定的知名度。1996年奇异有限公司在香港参加的亚洲食品配料展览会中就有其"奇异鸟图形"的宣传和推广。小林光阳公司地处汕头市，且作为一家生产类似产品的企业完全有可能接触到奇异有限公司"奇异鸟图形"，其未经许可抢先注册与奇异有限公司作品相似的争议商标，侵犯奇异有限公司的在先著作权。依照《商标法》第三十一条的规定争议商标应予撤销。基于上述事实和理由商标评审委员会认为，第993号裁定事实清楚，适用法律正确，请求维持本裁定。

第三人菲仕兰产品公司同意第993号裁定，并表示，1. 奇异有限公司是"奇异鸟图形"作品的合法所有人，对"奇异鸟图形"作品依法享有在先权利。2002年6月28日，奇异有限公司被菲仕兰食品有限公司收购，而我公司与菲仕兰食品有限公司均隶属于皇家菲仕兰食品公司，皇家菲仕兰食品公司隶属于菲仕兰食品集团公司，我公司拥有并管理国际菲仕兰食品集团的商标品牌。现我公司替代了奇异有限公司的诉讼地位。2. 争议商标系对我公司所主张的在先作品的恶意复制，侵犯了我公司所主张的在先著作权、商标权和企业名称权。3. 金禾公司在诉讼阶段提交的证据不属于新证据，也非有效证据。在长达4年的时间里，其始终未对其如何创作的"奇异鸟图形"及创作出处作出合理解释并予举证证明。4. 金禾公司诉讼阶段提交的证据存在重大瑕疵，"kievit"是荷兰语，也即奇异乳制品厂创始人Marinus Kievit先生的姓氏，不是其所称"英文的俗名"。新西兰国鸟英文名是"kiwi"，翻译成中文为"几维鸟"，是新西兰一种无翼鸟。在互联网上查询"kievit"图片资料，其链接结果大都指向后缀为".nl"的网站，即荷兰（Nederlandse）国家顶级域名。金禾公司在其商品上使用争议商标时没有"奇异鸟"三字，只有与我公司主张的"奇异鸟图形 + kievit"作品完全相同的标识，显然意在故意制造产品来源的混淆。请求法院维持商标评审委员会第993号裁定。

原审查明事实

原审法院查明：菲仕兰产品公司在商标评审委员会评审期间提交的公司档案（包括《合并契约》、《关于变更商业登记簿中名称记录的声明》）显示：菲仕兰科贝柯乳制品有限公司（Friesland Coberco Dairy Foods B.V.）于2002年6月28日以收购方式将奇异有限公司（Zuivelfabriek De Kievit B.V.）兼并，菲仕兰科贝柯乳制品有限公司于2004年12月23日更名为菲仕兰食品有限公司（Friesland Foods B.V.），菲仕兰食品有限公司与菲仕兰产品公司共同隶属于皇家菲仕兰食品有限公司（Koninklijke Friesland Foods N.V.），皇家菲仕兰食品有限公司隶属于菲仕兰食品公司（Zuivelcoöperatie Friesland Foods U.A.）。菲仕兰产品公司提交的皇家菲仕兰食品有限公司、菲仕兰食品有限公司与菲仕兰产品公司常务董事长卢卡斯·弗朗西斯库斯·马里·达尔豪斯

（L. F. M. Dahlhaus）与安德烈·阿里·博德威金斯（A. A. Boudewijins）签署的文件声明："菲仕兰产品公司拥有并管理国际菲仕兰食品集团的商标品牌。"

金禾公司的《商标档案》显示：商标注册证号：1102480，商标注册人：汕头市龙湖区金禾食品工业有限公司，商标标识：奇异鸟图形+"kievit"美术字+带有局部奇异鸟图形的"奇异鸟"美术字，核定使用商品：咖啡、茶、糖、糖果、冰糖燕窝、燕麦食品、糕点、谷类制品、麦片、玉米花、豆制品、食用淀粉产品、果汁饮料（冰）、各种调味酱、食品香料（不包括含醚香料香精），专用期限：1997年9月14日至2007年9月13日。

金禾公司与菲仕兰产品公司对商标评审委员会于裁定中作出的如下认定没有异议：奇异有限公司国籍为荷兰，该国与我国均属于《伯尔尼保护文学和艺术作品公约》的成员国，奇异有限公司所主张的作品依据成员国关系取得我国著作权法保护资格。争议商标未违反《商标法》第十三条、第十五条、第四十一条第一款之规定。另外，金禾公司对商标评审委员会确认的如下事实没有异议：争议商标原注册人是小林光阳公司，金禾公司是该争议商标的受让取得人；奇异有限公司据以主张的"奇异鸟图形"属于我国著作权法予以保护的美术作品。

但金禾公司对下列事实坚持其异议：1. 其不认可奇异有限公司主张的"奇异鸟图形"作品先于争议商标注册申请日之前而存在的事实；2. 争议商标是其独立设计的，法律允许创作巧合下各自享有各自作品的权利，不能仅因巧合而断定其侵犯了奇异有限公司的著作权；3. 没有证据证明其与奇异有限公司或者作品有过关系或接触。商标评审委员会表示，1996年奇异有限公司在香港参加的亚洲食品配料展览会中就有其"奇异鸟图形"的宣传和推广。该事实有奇异有限公司提交的香港展览会材料（英文件）为据，小林光阳公司地处汕头市，作为生产类似产品的企业完全存在接触奇异有限公司"奇异鸟图形"的可能性。但商标评审委员会同时也承认该证据未被裁定引用。奇异有限公司表示，小林光阳公司的法定代表人也即现金禾公司的法定代表人林腾光在1996年、1997年前后就与奇异有限公司有过交往，双方有合影照片为证，只是我公司没有留下在争议商标申请注册之前存在交往的实证。

商标评审委员会依据荷兰地方商会关于奇异有限公司企业名称带有"kievit"字号的声明、奇异有限公司发给设计人里查德（Richard）关于洽谈"奇异鸟图形"和"kievit"美术字商用标记设计事宜的传真件、名为"The Present lies in the past（1894—1994）"的图书原物三证认定"奇异鸟图形"属于奇异有限公司的作品，"奇异鸟图形"和"kievit"先于争议商标申请注册之前而存在。其中传真件上的内容显示："奇异有限公司（Zuivelfabriek De

Kievit B. V.）默拜尔（Meppel）地址：P. O. Box189 – 7940 AD MEPPEL（默拜尔），HOLLAND（荷兰）/电话：05220/传真：05220 – 55213/电话：42787，传真电文（共 3 页），1991 年 5 月 16 日，我方发文编号 JB/as，里查德（Richard）设计，谨致阿·赫尔曼斯先生（Mr. A. Hermans），标的：'VANA'商标介绍/重新设计文字说明，继我们于 1991 年 4 月 25 日发来信函和你们打给我们的布伊宁（Mr. Buining）先生电话之后，在此我们随函寄来奇异有限公司商品的未来名称的介绍，包括'VANA'商标和重新设计的'kievit'文字说明译文的副本，以便你们有个大体印象。正如已经表明的那样，我们希望看到用于广告和展览会展台（摊位）的设计中重新设计的文字说明和商标。我们想要探讨你们促成此事的可能性。因此，我们建议今年 5 月 23 日星期四 14 时于默拜尔（Meppel）会面。等候回音，此致敬礼！签字：阿·斯特尔（A. Stel）奇异有限公司"。该传真件后附设计图稿为一站姿直立、头部和胸部为白色，羽毛及其他部位为黑色、身后相衬一轮红日的"奇异鸟"图形 + "kievit"美术字。该传真件原文上方有奇异有限公司使用的旧设计："行走状'奇异鸟'"图形 + "Zuivelfabriek de KIEVIT"文字。荷兰默拜尔市公证员雅各布·伍伯·奥斯汀（Jacob Wubbe Oosten LL. M.）就翻译者 C. H. Wiedemeijer – Bruin 翻译该传真件，对"此文（英文本）为真实译文"的保证进行了公证，有关该公证员签名属实情况业经荷兰外交部官员 N. vanHaperen 和我国驻荷兰大使馆领事部认证。名为"The Present lies in the past（1894—1994）"的图书原物，封面显示有与上述传真件图稿相同的"奇异鸟图形 + kievit 美术字"（详见判决书附图二），沿红日轮廓注有荷兰文"100jaar 1894—1994"，该书扉页下方系荷兰文"（c）Meppel 1994 Niets uit deze uitgave mag worden verveelvoudigd en/of openbaar gemaakt door middle ven druk，…"和"Nederlandse Uitgeverij van Jubileumboeken"，该证据第 14 页分别有两幅插图，左为"行走状'奇异鸟'背景为一圆日"图形 + "Zuivelfabriek de KIEVIT"文字，右为前述"奇异鸟图形 + kievit 美术字"。该证据没有中文翻译，属于发生于荷兰的域外证据，但未经公证、认证。庭审中，诉讼各方均表示不懂荷兰文。金禾公司表示，该证据不具备证据所应具有的真实性、合法性，也不知该证据如何证明菲仕兰产品公司所要证明的问题。商标评审委员会解释称，该书是 1994 年在荷兰默拜尔市出版，两插图证明奇异有限公司有新旧两种企业标志设计，左为旧，右为新。菲仕兰产品公司称，该书属于为纪念奇异有限公司成立 100 周年，宣传介绍包括奇异乳制品厂创始人 Marinus Kievit 先生（照片）、奇异有限公司发展历程与现状在内的公开出版物。菲仕兰产品公司承认该书未向中国销售，但表示书中车身印有"奇异鸟图形 + kievit 美术字"的产品运输车、厂方车间上立有"奇异鸟图形+kievit美术字"牌子的厂景等图片，以及奇异有限公司印有"奇异鸟图形+kievit美术字"内容的产品宣传彩页，都证明了奇异有限公司宣传使用"奇异鸟图形+kievit美术字"的情况。

  2006年4月3日，商标评审委员会作出第993号裁定，裁定认定：双方当事人争议的焦点是：争议商标的注册是否违反了《商标法》第十三条、第十五条、第三十一条以及第四十一条第一款的相关规定。荷兰与我国均是《伯尔尼保护文学和艺术作品公约》的成员国，奇异有限公司有权就其作品在中国主张著作权。本案中，以色彩、线条为构成元素的"奇异鸟图形"由奇异有限公司所设计并在先使用，该图形具有较强的独创性，且整体具有审美价值，属于受《中华人民共和国著作权法》保护的美术作品。本案争议商标的图形部分与奇异有限公司"奇异鸟图形"完全相同，金禾公司称争议商标由其独创设计完成，但未提供证据予以佐证。该商标已构成对奇异有限公司享有著作权的美术作品的抄袭和摹仿。金禾公司的争议商标的出让人汕头市龙湖区小林光阳食品工业有限公司（以下简称小林光阳公司）注册争议商标的行为侵犯了奇异有限公司在先著作权，依照《商标法》第三十一条规定，损害他人在先权利的已注册商标应予撤销。奇异有限公司的"kievit及奇异鸟图形"商标（以下简称引证标识）在先使用在咖啡伴侣、可可、巧克力饮品等商品上，争议商标核定使用的商品：咖啡。与奇异有限公司生产的上述商品类似。尽管争议商标与引证标识在商标外观上十分近似，已构成对奇异有限公司商标的复制和摹仿，但是鉴于奇异有限公司提交的证据尚不足以证明在争议商标申请注册之前，奇异有限公司的引证标识已经成为尚未在中国注册的驰名商标或者在相关商品上已具有一定的影响力，因此争议商标的注册不能适用《商标法》第十三条第一款或者第三十一条中"申请注册商标不得以不正当手段抢先注册他人已经使用并有一定影响的商标"的规定予以撤销。鉴于奇异有限公司提交的证据不能证明在争议商标注册之前，小林光阳公司与奇异有限公司之间存在代理或者经销关系，小林光阳公司申请注册争议商标行为不是《商标法》第十五条所指的"未经授权，代理人以自己的名义抢先注册被代理人商标"的情形，因此，奇异有限公司以《商标法》第十五条为据撤销争议商标的请求缺乏事实依据。且奇异有限公司提交的证据不能证明小林光阳公司在申请注册争议商标时已明知引证标识是奇异有限公司独创的商标，违背诚信原则，复制、摹仿、抢注该商标，因此不能适用《商标法》第四十一条第一款关于"不得以其他不正当手段进行商标注册"的规定。据此依据《商标法》第三十一条、第四十一条第二款和第四十三条的规定裁定：金禾公司在第30类商品上注册的争议商标予以撤销。

原审诉讼中，金禾公司主动提交了其网上采集的奇异鸟图片和资料，以及河南科学技术出版社2004年出版发行的《新视野百科图鉴——鸟》、黑龙江科学技术出版社2005年出版发行的《世界鸟类》两书，用以证明争议商标的设计构思源于上述资料，并提交了2006年5月29日经广东省汕头市公证处公证的争议商标设计人王健潮的证人证言，用以证明争议商标是其独立设计完成的。经当庭将争议商标与上述证据材料中的奇异鸟图片和菲仕兰产品公司主张的作品比对结果，争议商标与上述证据材料中的奇异鸟有很大差异，却与菲仕兰产品公司主张的作品完全相同，对此金禾公司表示认可。

另，菲仕兰产品公司在开庭后主动补充了中国对外翻译出版公司对图书原物相关页的中文译文，译文表明：该图书署名"出版：《现状与历史》是荷兰奇异有限公司的出版物，用于庆祝公司百年华诞，发行：周年纪念书系荷兰出版公司，荷兰阿普多尔姆，历史研究：M. Postma先生代表奇异有限公司通过与企业前任员工交谈的方式将1979年前的乳制品厂的历史予以重述，H. Geertsen负责本书1979—1994年部分，主编和编辑：J. van Geenhuizen、H. Geenrtsen、E. Masselink、M. Postma，英文翻译：T. Mitchell，Nijmegen，设计：塔奇设计公司，荷兰日武德，版权声明1994年荷兰默拜尔：未经奇异有限公司（电话05220-57233）和周年纪念书系荷兰出版公司（电话055-332395）事先书面同意，禁止任何以印刷、影印、微缩拍摄及其他方式对于本书的复制和/或非法公开。"

原审审理结果

原审法院认为：奇异有限公司虽是请求撤销注册争议商标的提起人，但已在争议商标评审期间为菲仕兰产品公司所兼并，其主体已经消亡，不能继续作为本争议的申请人，其申请人地位由菲仕兰产品公司承继，商标评审委员会不应仍以奇异有限公司为申请人作出第0993号裁定，本院予以更正。

鉴于金禾公司与菲仕兰产品公司关于菲仕兰产品公司所主张的作品依据成员国关系取得我国著作权法保护资格；争议商标未违反《商标法》第十三条、第十五条、第四十一条第一款之规定；争议商标原注册人是小林光阳公司，金禾公司是小林光阳公司该争议商标的受让取得人；菲仕兰产品公司据以主张的"奇异鸟图形"属于我国著作权法予以保护的美术作品等事实没有异议，本院均予确认。

就本诉讼而言，争议的核心事实在于金禾公司注册的争议商标是否构成对菲仕兰产品公司所主张的作品的抄袭，侵犯了菲仕兰产品公司所主张的著作权。由此确立商标评审委员会依照我国著作权法相关规定所需查明的事实范围包括：1. 菲仕兰产品公司所主张的作品范围；2. 菲仕兰产品公司对其所主张的作品是否享有著作权；3. 该作品是否存在早于争议商标申请注册之前即已发表或公开使用，使得金禾公司有接触或获得该作品的可能性；4. 金禾公司对争议商标合理的创作来历等事实。

根据上述证据审查，以及当事人陈述，"奇异鸟图形 + kievit 美术字"构成菲仕兰产品公司所主张的作品范围，尽管商标评审委员会着重审查了"奇异鸟图形"部分，但不排除"kievit 美术字"也是菲仕兰产品公司所主张的作品组成部分这一客观实在性。而能够证明该作品属于谁，作品产生的时间是否早于争议商标注册申请时间等待证事实的直接证据就是"The Present lies in the past（1894—1994）"的图书原物，该证据相关部分翻译结果表明，该书如菲仕兰产品公司所称为纪念奇异有限公司成立 100 周年，宣传介绍包括奇异乳制品厂创始人 Marinus Kievit 先生（照片）、奇异有限公司发展历程与现状在内的公开出版物，出版时间为 1994 年，出版商为"Nederlandse Uitgeverij van Jubileumboeken"，本院据此确认该书包括"奇异鸟图形 + kievit 美术字"著作权属于奇异有限公司。时间发生于 1991 年 5 月的奇异有限公司发给里查德设计人的传真件也旁证了奇异有限公司获得"奇异鸟图形 + kievit 美术字"设计方案的经过。依照《最高人民法院关于行政诉讼证据若干问题的规定》第十七条，当事人向法院提供外文书证，应当附有翻译的中文译文，目的在于便于法院辅助查明该证据是否能够印证其主张，在上述图书作为原始证据已经到案，且补充了中文译文的情况下，事实已得以查明，原告在此的诉讼权利也已得到行使，故本院对原告以对方延迟提交翻译件，且不符合举证要求为由，拒绝据以为证的主张不予采纳。因奇异有限公司已为菲仕兰食品有限公司所并购，皇家菲仕兰食品有限公司、菲仕兰食品有限公司与菲仕兰产品公司共同声明："菲仕兰产品公司拥有并管理国际菲仕兰食品集团的商标品牌"。菲仕兰产品公司可以以知识产权管理人身份主张其"菲仕兰"旗下的作品，且作品产生的时间早于金禾公司争议商标注册申请时间。尽管图书原物未经域外证据的公证、认证，但在该证据的真实性问题上，肯定事实的盖然性明显高于否定事实的盖然性，商标评审委员会由此判定上述事实成立并无不当。

鉴于金禾公司在承认其争议商标中的"奇异鸟图形 + kievit 美术字"部分与菲仕兰产品公司作品雷同的情况下，提出属于各自独立创作完成，应各自享有各自权利的抗辩，因此，金禾公司负有证明其主张成立的证明责任。金禾公司为此在本诉讼中所举证据明显不能自圆其说，均不能证明其主张成立，综上可以判定金禾公司的争议商标在设计中使用了菲仕兰产品公司的"奇异鸟图形 + kievit 美术字"，其未经许可出于商业目的使用他人作品，已构成抄袭，侵犯了菲仕兰产品公司所主张的著作权，金禾公司注册的争议商标属于我国《商标法》第三十一条予以禁止的情形，商标评审委员会所作裁定并无不当。原审法院判决：维持商标评审委员会第993号裁定。

金禾公司不服，提起上诉，请求撤销原审判决及商标评审委员会第993号裁定。金禾公司上诉称：第一，现有证据不能证明菲仕兰产品公司在先享有"奇异鸟 Kievit"的著作权，原审判决认定有误。第二，奇异鸟是对自然界鸟类的描述，Kievit是奇异鸟的通俗名称，不应由菲仕兰产品公司独享，金禾公司并未侵害菲仕兰产品公司的著作权。

商标评审委员会和菲仕兰产品公司服从原审判决。

二审查明事实

二审法院经审理查明事实与原审相同。

二审审理结果

二审法院认为：本案现有证据足以证明菲仕兰产品公司在先享有"奇异鸟图形 + Kievit 美术字"作品的著作权，金禾公司关于菲仕兰产品公司享有在先著作权证据不足的主张不能成立。商标评审委员会第993号裁定及一审判决认定事实正确，应予支持。本案中，奇异鸟图形确是对自然界鸟类的描述，Kievit 也是奇异鸟的通俗名称。奇异鸟图形的表现手法虽然简单，但已具备了作品的独创性；Kievit 是一种鸟的俗称，但同时也是奇异有限公司创始人的姓氏及奇异有限公司的商号。"奇异鸟图形 + Kievit 美术字"组合起来构成了一完整作品，理应受到法律保护。菲仕兰产品公司对该作品享有在先的著作权。金禾公司将他人享有著作权的作品申请注册为商标，侵害了他人在先合法权利，违背了《商标法》第三十一条之规定。金禾公司申请的第1102480号商标应予撤销。综上，商标评审委员会第993号裁定及一审判决认定事实清楚、适用法律正确、审理程序合法，本院应予维持。上诉人金禾公司的上诉理由不能成立，其上诉请求不予支持。据此，依照《中华人民共和国行政诉讼法》第六十一条第（一）项之规定，判决如下：

驳回上诉，维持原判。

一、二审案件受理费共计2 000元，由金禾公司负担。

20. "榮寶齋及图形"商标争议行政纠纷案
——武汉市荣宝斋诉国家工商行政管理总局商标评审委员会、荣宝斋

原告（上诉人）：武汉市荣宝斋
被告（被上诉人）：国家工商行政管理总局商标评审委员会
原审第三人：荣宝斋
案由：商标争议行政纠纷

原审案号：北京市第一中级人民法院（2007）一中行初字第 11 号
原审合议庭成员：彭文毅、侯占恒、刘元霞
原审结案日期：2007 年 3 月 20 日
二审案号：北京市高级人民法院（2007）高行终字第 295 号
二审合议庭成员：张冰、钟鸣、李燕蓉
二审结案日期：2007 年 8 月 2 日

判决要旨

企业名称在实际使用中能够发挥区别商品或者服务来源的功能，由此导致企业名称与商标的作用在实际商业活动中相互混同，相关公众在选购商品或者接受服务时也不会对两者的作用分别加以考虑，因此，所获得的商业信誉无法完全区分为是属于企业名称的信誉还是属于商标的信誉，也就不能因为某一文字在注册商标之前已经成为企业名称并经使用具有了较高的商业信誉就否定其企业名称实际上所起到的商标作用，并将企业名称的商誉和注册商标的商誉完全割裂开来。

起诉与答辩

原告武汉市荣宝斋诉称：首先，国家工商行政管理总局商标评审委员会（以下简称商标评审委员会）〔2006〕第 3467 号裁定书未就争议商标是否构成复制、模仿引证商标进行评述。其次，引证商标注册时间晚于争议商标，荣宝斋也未提供充分证据证明引证商标符合驰名商标的认定条件，而商标评审委员会在认定引证商标为驰名商标后，据此撤销争议商标的行为缺乏事实和法律依

据。再次，我单位注册争议商标的行为是基于善意，且争议商标与引证商标分属不同类别，不会造成相关公众的混淆和误认。最后，即使引证商标目前具备认定驰名商标的标准，但不能证明其在争议商标注册时已具备认定驰名商标的法定要件。综上，请求判令撤销〔2006〕第3467号裁定书，由商标评审委员会重新作出裁定。

被告商标评审委员会辩称：争议商标构成对引证商标的复制、模仿。荣宝斋在第16类商品上"榮寶齋"注册商标专用权的法律状态一直延续，引证商标符合认定驰名商标的法定要件。而武汉市荣宝斋注册争议商标的行为易使相关公众将其与荣宝斋提供的商品或服务来源相混淆。综上，商标评审委员会认为〔2006〕第3467号裁定书认定事实清楚，适用法律正确，请求法院予以维持。

第三人荣宝斋述称：荣宝斋作为老字号有百年历史，在公众中具有极高的声誉。在1991年注册第一个"榮寶齋"商标之前，"榮寶齋"就作为企业字号和商标广泛使用，在公众中具有很高的知名度。在注册引证商标后，在第16类商品上"榮寶齋"注册商标的法律状态一直延续至今。武汉市荣宝斋在新中国成立前即与我单位脱离了关系，其注册争议商标的行为有主观恶意，商标评审委员会作出的〔2006〕第3467号裁定书认定事实清楚，适用法律正确，请求法院予以维持。

原审查明事实

原审法院查明：荣宝斋前身松竹斋始创于清康熙十一年（1672年），1894年松竹斋开设了荣宝斋作为连号。1900年松竹斋歇业，荣宝斋继承了其全部业务。随着业务的开拓发展，荣宝斋成为享誉海内外的，集书画装裱、出版、文物收售业务于一体的中华老字号。新中国成立前，荣宝斋先后在南京、上海、武汉等地设立分店。其中1934年在汉口设立了荣宝斋汉口分店。在抗日战争期间，荣宝斋汉口分店留守人员赵化民于1939年春买下了分店的全部货物，并以"荣宝斋寿记"重新开张。新中国成立后，荣宝斋和武汉"荣宝斋寿记"均经历了公私合营的历史进程。1952年，荣宝斋成为国营单位，隶属于人民美术出版社，1998年又隶属于中国美术出版总社，为全资国有企业。而"荣宝斋寿记"于1956年并入新进文化用品商店，1957年11月成立国营荣宝斋，1966年交由武汉市工艺美术工业公司领导，1979年恢复荣宝斋牌号。其业务范围包括收售古今名人字画、临摹复制历代书画及轴册装裱等。20世纪80年代后，其业务范围新增画笔、水彩笔等两百多个品种。武汉市荣宝斋目前为股份制企业。荣宝斋表示，在1990年以前，其对"榮寶齋"的使用，并未作企业名称或非注册商标使用的明确划分。

荣宝斋于1990年9月10日在第16类商品上申请注册第565836号"榮寶齋"文字商标，于1991年9月20日被核准注册，核定使用商品为第16类的明信片、印刷出版物、墨锭、砚、印泥、毛笔等商品。该注册商标专用权有效期为1991年9月20日至2001年9月19日。该商标有效期届满后，未进行续展。2001年4月26日，荣宝斋在第16类商品上又提出三个"榮寶齋"商标注册申请，于2002年9月7日获得核准注册，注册号分别为第1925398号、第1925396号、第1925382号注册商标（即引证商标），核定使用商品为第16类便笺（办公室用）、毛笔、宣纸、印泥等商品。上述三个注册商标专用权有效期为2002年9月7日至2012年9月6日。

2000年11月20日，武汉市荣宝斋向商标局提出了"榮寶齋及图"商标（即争议商标）的注册申请，于2002年4月7日核准注册，核定使用服务为第40类的艺术品装帧、图样印刷等，注册号为第1744594号，该注册商标专用权有效期为2002年4月7日至2012年4月6日。此外，武汉市荣宝斋于2002年1月14日和2002年5月7日分别获得第16类铜版纸等商品和第35类拍卖等服务上的"榮寶齋及图形"注册商标。

2005年3月30日，荣宝斋以争议商标不符合《商标法》第十三条、第三十一条之规定为由，对争议商标提出撤销注册申请。2006年11月6日，商标评审委员会作出商评字〔2006〕第3467号《关于第1744594号"榮寶齋及图形"商标争议裁定书》（以下简称第3467号裁定），该裁定认定：荣宝斋曾于1991年在第16类宣纸、明信片、印刷出版物等商品上获准注册了"榮寶齋"商标，该商标虽然期满未续展，但在该商标有效期间内，荣宝斋于2001年4月26日在第16类毛笔、宣纸等商品上申请注册引证商标，并于2002年9月7日获准注册。所以，荣宝斋在第16类商品上的"榮寶齋"商标专用权可视为是延续的。荣宝斋的"榮寶齋"商标作为有百年历史的老字号，创始于清康熙十一年，经过长期的使用，其木版水印字画、装裱字画等具有较高的知名度，为延续和弘扬中国传统文化作出了贡献。"榮寶齋"作为老字号和商标被相关公众广为知晓并享有很高声誉，依据《中华人民共和国商标法》第十四条规定，认定荣宝斋的上述三个引证商标为驰名商标。荣宝斋自创始至今几百年间，虽然几经变迁，但在企业字号、使用的商标及对外宣传等方面，一直沿用"榮寶齋"。1949年新中国成立前，荣宝斋先后在南京、武汉等地设立了分店，后因各种原因，分店相继关闭，其中汉口分店于1939年结束全部业务。之后成立的"荣宝斋寿记"及后来的国营荣宝斋均与当初荣宝斋在汉口设立的分店无任何联系了。虽然争议商标注册、使用的服务为第40类艺术品装帧等，与引证商标分属不同类别，但考虑到荣宝斋和武汉市荣宝斋均从事同一行业及荣宝斋的历史及其"榮寶齋"商标的知名度，武汉市荣宝斋注册争议商标易使相关公众误认为武汉市荣宝斋与荣宝斋有某种内在的联系，容易误导公众，从而致使荣宝斋的利益可能受到损害。虽然武汉市荣宝斋称其与荣宝斋并存时间较长，且之前有业务往来，但该情形与获得商标专用权的法律性质和后果不同，因此不能成为维持争议商标注册的正当理由。商标评审委员会依照《商标法》第十三条、第四十一条第二款、第四十三条之规定，裁定：武汉市荣宝斋在第40类艺术品装帧等服务上注册的争议商标予以撤销。

另查，1959年荣宝斋"木板水印艺术展览"获特殊展览金质奖。1990年，荣宝斋出版的《卢坤峰水墨花鸟册》获首都精装书籍装帧全优奖评奖一等奖。1991年荣宝斋出版的月历《明清绘画精品选》获首届中国优秀美术图书奖铜奖。此后，荣宝斋出版的书法、绘画类图书多次获奖。中央电视台、北京电视台等多家新闻媒体对荣宝斋均进行过报道和介绍。1996年，荣宝斋百年华诞之际，江泽民、李鹏等国家领导人和社会各界均题词致贺。

在本案诉讼过程中，武汉市荣宝斋和荣宝斋均向本院提交了多份证据。武汉市荣宝斋提交的证据用以证明荣宝斋字号不具有广泛的知名度，引证商标也不具备驰名商标的认定条件。荣宝斋提交的证据用以证明荣宝斋为中华人民共和国商务部认定的中华老字号，武汉市荣宝斋注册争议商标的行为具有主观恶意。上述证据在行政程序中均未提交。

原审审理结果

原审法院认为：1. 关于武汉市荣宝斋和荣宝斋在本案诉讼过程中提供的证据应否采信。依照我国《行政诉讼法》第五条的规定，人民法院审理行政案件，对具体行政行为的合法性进行审查。本案为武汉市荣宝斋不服商标评审委员会作出的〔2006〕第3467号裁定书提起的行政诉讼，故本院应当就该裁定书是否具备事实和法律依据进行审查。武汉市荣宝斋和荣宝斋在行政程序中未提交而在本案诉讼过程中提供的证据，因不是商标评审委员会作出〔2006〕第3467号裁定书的依据，不应作为本院审查其作出该裁定是否具备合法性的事实根据，本院对于武汉市荣宝斋和荣宝斋在本案诉讼过程中新提交的证据均不予采信。

2. 争议商标的申请注册是否构成《商标法》第十三条的情形。基于查明的事实，荣宝斋自创办至今已百余年历史，系集书画装裱、出版、文物收藏、拍卖业务于一体的中华老字号，在社会各界均享有很高的声誉。在1990年以前，荣宝斋对"榮寶齋"的使用，并未作企业名称或非注册商标使用的明确划分。因此，荣宝斋在使用"榮寶齋"名称上积累产生的商誉及于其企业名称和非注册商标两个方面。虽然荣宝斋注册的第565836号注册商标在其专用权期限届满后未经续展，但在该商标的有效期内，荣宝斋又在相同类别注册了引证商标。因此，"榮寶齋"在第16类商品上的注册商标专用权的法律状态一直延续。由于第565836号注册商标和引证商标使用商品的范围与荣宝斋企业名称和非注册商标使用的范围一致，所以在第565836号注册商标和引证商标注册的同时，基于荣宝斋企业名称和非注册商标上产生的商誉自然及于上述注册商标。因此，商标评审委员会依照《商标法》第十四条之规定认定引证商标为驰名商标的行为有事实和法律依据。通过荣宝斋和武汉市荣宝斋历史沿革的事实以及"榮寶齋"字形和呼叫两个方面判断，争议商标构成对引证商标的复制、模仿。武汉市荣宝斋注册争议商标的行为，容易误导公众，从而致使荣宝斋的利益受到损害。武汉市荣宝斋的抗辩理由缺乏事实和法律依据，本院均不予以采信。

综上，被告商标评审委员会作出的〔2006〕第3467号裁定书证据充分，适用法律正确，程序合法，应予维持。依照《中华人民共和国行政诉讼法》第五十四条第（一）项之规定，判决如下：

维持商标评审委员会商评字〔2006〕第3467号《关于第1744594号"榮寶齋及图形"商标争议裁定书》。

武汉市荣宝斋不服，提起上诉，请求撤销原审判决及商标评审委员会〔2006〕第3467号裁定书。理由是：1. 原审判决认定引证商标为驰名商标的依据不足。首先，没有证据证明"榮寶齋"在争议商标申请注册前已经在本行业及相关消费者中广为知晓；其次，字号的商誉不能等同于商标的商誉，"榮寶齋"虽然是有一定知名度的老字号，但并不等于其商标为驰名商标；再次，在争议商标申请注册之前，引证商标尚未申请注册，因此不可能构成在先驰名商标，荣宝斋在1991年经核准注册的第565836号"榮寶齋"商标因未续展而丧失注册商标专用权，其权利及法律状态均不可能延续至新的引证商标。2. 争议商标在第40类服务上的注册是在先并善意的注册，有正当理由，而且与在第16类商品上的引证商标在商品类别上有较大区别，不存在误导公众的情形，因此争议商标的注册不属于《商标法》第十三条第二款规定的情形。

商标评审委员会和荣宝斋均服从原审判决。

二审查明事实

二审法院经审理查明事实与原审相同。

二审审理结果

二审法院认为：我国商标法规定，就不相同或者不相类似商品申请注册的商标是复制、摹仿或者翻译他人已经在中国注册的驰名商标，误导公众，致使该驰名商标注册人的利益可能受到损害的，不予注册并禁止使用。

企业名称与商标确属不同范畴，分别起到区分不同民事主体与不同商品或者服务提供者的作用，但不可否认企业名称在实际使用中也能够发挥区别商品或者服务来源的功能，由此导致企业名称与商标的作用在实际商业活动中相互混同，相关公众在选购商品或者接受服务时也不会对两者的作用分别加以考虑，因此所获得的商业信誉无法完全区分为是属于企业名称的信誉还是属于商标的信誉，也就不能因为某一文字在注册商标之前已经成为企业名称并经使用具有了较高的商业信誉就否定其企业名称实际上所起到的商标的标识作用，并将企业名称的商誉和注册商标的商誉完全割裂开来。本案中，荣宝斋自其创立至今百余年来，经过对"榮寶齋"文字的长期使用，已经使其在书画装裱、出版、文物收藏等领域拥有较高的知名度，也使得"榮寶齋"在相关公众中广为知晓。自1991年9月20日在第16类商品上注册第565836号"榮寶齋"商标以来，荣宝斋百余年来所建立的商誉已经体现在该注册商标上，虽然该注册商标到期未续展已丧失注册商标专用权，但由于荣宝斋在该商标到期前又在相同的商品上重新申请了与此相同或者近似的三个引证商标，可以认为三个引证商标继续承载"榮寶齋"文字背后的巨大商誉。因此对商标评审委员会第3467号裁定和原审判决关于引证商标为驰名商标的认定，本院不持异议。武汉市荣宝斋关于认定引证商标为驰名商标依据不足的上诉主张，本院不予支持。

争议商标"榮寶齋及图"中，"榮寶齋"文字从上到下依次排列，文字外有正方形的边框，边框两侧相互对称的位置上分别有一个抽象的鹤图形，虽然"榮寶齋"文字与鹤图形相比较小，但因该文字是争议商标中的发音呼叫部分，能够起到主要识别作用，因此属于争议商标的主要部分。争议商标中作为主要部分的"榮寶齋"文字与荣宝斋长期使用的字号、在先注册的第565836号注册商标以及引证商标所使用的"榮寶齋"文字均为繁体，在读音、含义和外观上均无明显差异，因此应当认定争议商标的主要部分沿袭或使用了引证商标的文字、特征及其表现形式。考虑到武汉市荣宝斋与荣宝斋从事基本相同的行业，两者在1939年后虽不再有关联，但基于历史和现实，武汉市荣宝斋在申请争议商标时不可能不知道荣宝斋的"榮寶齋"商标以及荣宝斋在艺术品装帧服务上具有较高知名度等事实，因此足以认定武汉市荣宝斋申请注册争议商标的行为缺乏正当理由，争议商标在第 40 类艺术品装帧等服务上的注册属于在非类似商品上摹仿荣宝斋驰名商标文字，容易使相关公众误认为两者之间存在特定联系，从而可能损害荣宝斋利益的行为。因此商标评审委员会第 3467 号裁定和原审判决关于争议商标应予撤销的认定是正确的，武汉市荣宝斋关于其申请注册争议商标是善意且有正当理由、争议商标与引证商标区别较大的上诉主张缺乏事实和法律依据，本院不予支持。

综上，原审判决认定事实清楚，适用法律正确，应予维持。武汉市荣宝斋的上诉请求及其理由缺乏依据，本院不予支持。依照《中华人民共和国行政诉讼法》第六十一条第（一）项之规定，判决如下：

驳回上诉，维持原判。

一审、二审案件受理费共计 1 100 元，均由武汉市荣宝斋负担。

21. 侵犯"三斜条"商标专用权纠纷案
——阿迪达斯国际有限公司诉爱乐服装鞋业（福建）有限公司、
北京健力佳爱乐体育用品商店、北京瑞冠体育用品有限公司

原告（被上诉人）：阿迪达斯国际有限公司
被告（上诉人）：爱乐服装鞋业（福建）有限公司
被告：北京健力佳爱乐体育用品商店
被告：北京瑞冠体育用品有限公司
案由：侵犯商标专用权纠纷

原审案号：北京市第一中级人民法院（2004）一中民初字第7239号
原审合议庭成员：赵静、苏杭、张晓霞
原审结案日期：2005年12月20日
二审案号：北京市高级人民法院（2006）高民终字第781号
二审合议庭成员：张鲁民、李燕蓉、钟鸣
二审结案日期：2007年8月7日

判决要旨

注册商标的转让意味着权利主体的变更，受让人取代转让人成为商标权人。对于注册商标在转让给他人后发生的侵权行为，新的商标权人即受让人有权提起诉讼，原商标权人无权提起诉讼。被控侵权行为从商标转让前持续至商标转让后的，原商标权人有权追究商标转让前的侵权行为，但对其停止侵权的诉讼请求不应支持；在确定侵权损害赔偿数额时也应考虑侵权行为开始及持续的时间以及原商标权人转让其商标的时间等因素。

起诉与答辩

原告阿迪达斯国际有限公司（以下简称阿迪达斯公司）诉称：我公司是"三斜条"图形注册商标的所有人，是世界第二大体育用品制造商，商品涵盖了鞋、服装、箱包、体育用品等。"三斜条"图形注册商标作为我公司的商品标志，被频繁地运用于所生产的各类商品上。在中国，我公司获得了第1489454号，有效期自2000年12月14日至2010年12月13日，在核定使用

商品第25类的服装、鞋、足球鞋、帽、袜等商品上使用的"三斜条"图形注册商标;第1536558号,有效期自2001年3月14日至2011年3月13日,在核定使用商品第18类的书包、衣箱、旅行包、皮带等商品上使用的"三斜条"图形注册商标。由此可见,我公司对"三斜条"图形注册商标拥有合法的专用权。随着业务的不断发展,"三斜条"图形注册商标已成为世界驰名商标。原告的母公司(德国)阿迪达斯-萨洛蒙有限公司是"adidas"文字商标的所有人。在很多场合下,"三斜条"和"adidas"总是作为一个整体标志出现在各种运动商品或赛场上。1999年4月,中国工商行政管理局将"三斜条"与"adidas"组合商标列入了《全国重点商标保护名录》。2002年,福建省泉州市中级人民法院刑事判决书也认定了"三斜条"与"adidas"组合商标为驰名商标。2002年12月,我公司在北京市场发现标有与"三斜条"图形注册商标相近似的"三斜条"与"斜勾"组合标识的运动鞋和运动服正在大肆销售。这些商品的标牌和包装盒(袋)上都清楚地标示着被告"爱乐鞋业服装(福建)有限公司"的字样。同时,我公司在被告爱乐服装鞋业(福建)有限公司(以下简称爱乐公司)散发的各类商品宣传册和公司介绍等文字资料上也发现了上述侵权标志。该侵权标志明显是由我公司的"三斜条"图形注册商标与美国耐克公司的"斜勾"商标的组合图案,该标志的主要部分已经与我公司的第1489454号"三斜条"图形注册商标构成近似,且已为中国商标局和中国商标评审委员会的相关裁定书所确认。2003年,我公司发现,位于北京市石景山区石景山体育场北门西侧体育用品一条街上的被告北京健力佳爱乐体育用品商店(以下简称健力佳商店),销售带有"三斜条"与"斜勾"组合标志的运动鞋,同时还发现,被告北京瑞冠体育用品有限公司(以下简称瑞冠公司)在该店门外宣传招牌上使用了上述侵权标志。被告健力佳商店销售侵权商品的行为和被告瑞冠公司使用侵权标志的行为均侵犯了我公司的注册商标专用权。综上所述,三被告在中国境内对我公司实施了共同商标侵权行为。同时,三被告未经许可,擅自使用、生产和销售带有侵权标志的服装、运动鞋,利用我公司驰名商标的良好声誉,误导消费者认为其侵权标志是我公司推出的新商标、被告与我公司有某种业务上的联系、侵权商品是由我公司生产制造或是经我公司许可制造的,从而谋取高额利润。综上,请求人民法院判令三被告:(1)立即停止对我公司注册商标的侵权行为;(2)对侵犯我公司注册商标专用权的行为在全国发行的报纸上进行公开消除影响;(3)共同赔偿因侵权行为而给我公司造成的经济损失人民币300万元;(4)共同承担原告为本案支出的合理费用,包括前期调查费、文件翻译费、公证费等共计人民币5 210元。

被告爱乐公司辩称：我公司是一家上档次、上规模的企业，曾经获得多项荣誉。所使用的"爱乐及图"商标自1984年使用至今，始终不断地丰富发展着。该商标与原告的注册商标存在显著的区别。从商标的创意上看，"爱乐及图"商标源于"爱乐"两汉字的拼音字头，具有特定的含义和设计形象，与原告的注册商标的名称相差甚远，从整体感受上两者不同，在内涵和外观上也存在不同，原告以细微代替显著，以局部代替整体是错误的。原告的注册商标属于高档的驰名商标，我公司走的是物美价廉之路，而且根据权威调查机构的调查，认为我公司的商标与原告的注册商标不构成混淆的受访公众占90％以上。原告的300万元的赔偿请求没有相关的证据依据。请求法院驳回原告的诉讼请求。

被告健力佳商店提交书面答辩意见称：我公司是一家专为销售爱乐商品及其他体育用品而成立的股份合作制企业。在销售的爱乐公司生产的商品中，以标有"爱乐"商标的商品为主，标有"爱乐及图"商标的运动鞋仅占极少部分。原告对我店的诉讼请求不能成立。首先，我店从不知晓"爱乐及图"商标与原告的商标近似而构成商标侵权。被告爱乐公司有良好的企业信誉，其"爱乐"系列商标已成为高品质商品的象征，为广大消费者认同和喜爱。因此，爱乐公司无需使用与原告相近似商标的方法扩大自己的影响牟取不正当利益。因此，我店对爱乐公司的实力和声誉深信不疑，始终认为其是"爱乐及图"商标的真正拥有者。其次，"爱乐及图"商标与原告的商标不是相类似商标，不构成商标侵权。"爱乐及图"商标与原告的商标无论在整体外观还是内涵上都有显著的区别，不可能造成消费者误认。第三，原告的索赔证据不能支持其300万赔偿的主张。请求法院驳回原告的诉讼请求。

被告瑞冠公司提交书面答辩意见称：我公司自2001年10月成立以来，经变更企业名称和注册地点，现在北京市石景山区八角北里社区304房间办公，后因经营需要与健力佳商店同租北京市石景山区石景山路32号北侧平房。在经营中，我公司没有销售被控侵权商品，更没有在宣传招牌上使用涉案侵权标识。门店外使用的涉案标识是健力佳商店所为，原告的证据不能证明我公司与此行为相关。请求法院驳回原告对我公司的诉讼请求。

原审查明事实

原审法院查明：原告阿迪达斯公司于1996年1月10日在荷兰王国登记设立。2000年至2001年，原告取得了中国工商行政管理局商标局（以下简称商标局）先后授予的两个注册商标证书，即第1489454号"三斜条"图形注册商标证书，核定使用商品为第25类的服装、足球鞋、鞋、帽、袜等商品，有效期自 2000 年 12 月 14 日至 2010 年 12 月 13 日；第 1536558 号"三斜条"图形注册商标证书，核定使用商品是第 18 类的书包、衣箱、旅行包、皮带等商品，有效期自 2001 年 3 月 14 日至 2011 年 3 月 13 日。两项注册商标的图形相同，其图形主体是等距斜向排列的三条长方形，三条长方形自左至右依次渐长，水平底边与三条长方形底边相切形成整体不规则的三角形。1999 年 4 月，商标局将在中国市场上有较高知名度的注册商标编制成《全国重点商标保护名录》，"三斜条"图形注册商标与"adidas"英文文字商标的组合商标被列为该名录第 212 号。

自 2003 年以来，原告的"三斜条"图形注册商标与"adidas"英文组合使用的商标标识，在中国众多体育赛事等场所，反复多次出现在运动员服装、广告牌、运动鞋、运动器械等载体上，并经常在网络、报纸、杂志等媒体登载的文章、广告上出现，亦有齐达内、贝克汉姆、孙雯等众多国际、国内著名体育明星进行广告宣传。

2003 年 7 月 26 日，原告以公证的方式在位于北京市石景山区石景山路 32 号北侧平房一家体育用品商店，购得一双标有"AILE 图形"标志的男式 42 码蓝白色运动鞋，鞋帮内侧印有"三斜条一勾"图形。购买该商品所开具的北京市商业企业专用发票收款单位是"北京健力佳爱乐体育用品商店财务专用章"。在公证中所拍摄的照片内容显示，该商店门外墙面印有"三斜条一勾"图形与"AILE"文字的组合图案，其上方标注的"北京健力佳体育用品有限公司"（即被告瑞冠公司前称）大字右侧亦印有该组合图案与"爱乐运动系列"文字的组合图标。2004 年 6 月 4 日，原告再次以公证的方式对同一地点进行了现场拍摄，拍摄的场景显示，该商店门外墙面原有的两处"三斜条一勾"图形已被删除。上述"三斜条一勾"图形主体是等距斜向排列的三条长方形，三条长方形由左至右依次渐长，水平底边与左面两条长方形底边相切，右侧第三条长方形下端至水平底边向右斜向延伸为勾状。原告为本案支付公证费、购物费合计人民币 5 210 元。被告瑞冠公司企业法人营业执照中所登记的住所为：北京市石景山区石景山路 32 号北侧平房。

被告健力佳商店和瑞冠公司对其抗辩意见未提出任何证据。

原审审理结果

原审法院认为：原告是第 1489454 号、第 1536558 号"三斜条"图形注册商标的注册人，原告据此在服装、足球鞋、鞋、帽、领带、书包、衣箱、旅行包、皮带等核定商品上享有的注册商标专用权受法律保护。

被告爱乐公司所生产、销售的运动鞋上使用的"三斜条一勾"商标标识与原告的"三斜条"图形注册商标相比,在斜条的数目、宽窄比例、倾斜角度、间距比例上相同,两者主体均是不规则的等边三角形,整体构成近似。被告爱乐公司标识中的"一勾"形状不能改变两者整体不规则等边三角形的近似性,其标识足以造成消费者的混淆误认。因此,被告爱乐公司在其生产、销售的相同商品上使用与原告注册商标相近似的商标标识的行为,构成对原告注册商标专用权的侵犯,其应当承担停止侵权行为、赔偿经济损失的民事责任。被告爱乐公司辩称其在先使用的涉案商标标识具有特定含义且具有一定的设计形象水平,但中国商标法规定的注册商标专用权,是给予注册商标权利人在特定的地域、时间范围内,排除他人在相同或相近似商品上使用相同或相近似商标标识的权利,被告爱乐公司的辩解理由不能支持其使用行为合法。此外,被告爱乐公司所称其商品标识与原告注册商标使用于不同消费群体购买的商品上的辩解因无事实依据,其抗辩主张缺乏事实和法律依据,不能成立,本院不予支持。

　　中国商标法规定,销售不知道是侵犯注册商标专用权的商品,能证明该商品是自己合法取得的并说明提供者的,不承担赔偿责任。在本案诉讼中,经本院合法传唤,被告健力佳商店和瑞冠公司拒不到庭应诉,未提交任何证据证明所销售的商品是合法取得,未说明该商品的提供者,懈怠行使诉讼权利,两被告应当承担举证不利的后果。被告健力佳商店辩称其所销售的商品具有一定的知名度和商誉,是合法商品,但因其未对所售商品的合法性提出证据,其抗辩理由缺乏事实和法律依据,不能成立,本院不予支持。被告瑞冠公司辩称其只是与他人共同租用销售侵权商品的经营场所,没有参与销售侵权商品,但因其所称租用的经营场所是其企业法定住所地,其企业名称与侵权标识一并标注于该经营场所门外,该行为属于专营销售侵权商品性质,故被告瑞冠公司是共同销售侵权商品的直接行为人,其辩解的事实不能成立,本院不予采信。据此,本院认定被告健力佳商店和瑞冠公司在其经营场所共同销售上述侵权商品,在经营场所外部门脸墙面共同使用侵权商标标识进行侵权商品专卖宣传的行为主观上具有过错,两被告均侵犯了原告的注册商标专用权,应当共同连带承担停止侵权行为、赔偿损失的民事责任。

　　综上,被告爱乐公司在相同商品上使用与原告注册商标相近似的商标标识的行为构成对原告第 1489454 号"三斜条"图形注册商标专用权的侵犯,其应当停止生产、销售侵权商品,赔偿原告经济损失;被告健力佳商店和瑞冠公司专营销售侵权商品的行为均侵犯了原告的注册商标专用权,应当停止侵权行为并共同连带承担原告在北京地区所受侵权损失的民事责任。关于赔偿数额的计算,因原告要求三被告赔偿经济损失的数额并无直接的有效证据佐证,故本院综合考虑原告的注册商标具有较高的公众知晓程度,被告爱乐公司使用侵权商标的时间及对公众产生的不良影响,被告健力佳商店和瑞冠公司实施销售侵权商品的主观过错以及原告为本案诉讼支出的合理费用等情节,酌情予以确定。

原告主张被告向其公开赔礼道歉,因注册商标专用权属于财产性质的权利,公开赔礼道歉是对侵犯企业商誉等人身权利遭受侵害后的救济,故原告的该项请求因缺乏法律依据,本院不予支持。原审法院判决:一、被告爱乐公司立即停止生产、销售使用侵犯原告阿迪达斯公司第1489454号"三斜条"图形注册商标专用权的"三斜条一勾"商标的商品;二、被告健力佳商店立即停止销售使用侵犯原告阿迪达斯公司第1489454号"三斜条"图形注册商标专用权的"三斜条一勾"商标的商品;三、被告瑞冠公司立即停止销售使用侵犯原告阿迪达斯公司第1489454号"三斜条"图形注册商标专用权的"三斜条一勾"商标的商品;四、被告爱乐公司赔偿原告阿迪达斯公司经济损失人民币45万元;五、被告爱乐公司、健力商店、瑞冠公司连带赔偿原告阿迪达斯公司经济损失人民币5万元;六、驳回原告阿迪达斯公司其他诉讼请求。

爱乐公司不服原审判决,提起上诉,请求撤销原审判决第一、二、三、四、五项。其主要理由是:1. 第1489454号和第1536558号注册商标已经于2003年6月21日经核准转让给阿迪达斯国际经营管理有限公司,阿迪达斯公司在起诉时已不享有两注册商标专用权,其对转让商标前的涉嫌侵权行为提起诉讼的权利也理应一同转让给受让人,故应驳回其起诉;2. 第1489454号和第1536558号注册商标图形与爱乐公司使用的图形商标在外观和内涵上均有显著区别,消费者在购买商品时不会将两者混淆,原审判决认定两商标近似并认定构成侵权是错误的;3. 即使爱乐公司构成侵权,侵权的性质和造成的后果也并不严重,对阿迪达斯公司的声誉也没有造成较大影响,不应适用法定赔偿的最高限额,而且由于阿迪达斯公司现已不是注册商标专用权人,因此对其停止侵权的主张也不应支持。

阿迪达斯公司、健力佳商店和瑞冠公司服从原审判决。

二审查明事实

二审法院查明:2000年12月14日,阿迪达斯公司经核准取得第1489454号图形商标注册,核定使用商品为第25类的服装、足球鞋、鞋、帽、袜等商品,有效期至2010年12月13日;2001年3月14日,相同的图形商标经核准注册在第18类的书包、衣箱、旅行包、皮带等商品上,注册证号为

1536558号，有效期至2011年3月13日。

2003年6月21日，上述两注册商标经核准转让给阿迪达斯国际经营管理有限公司。2004年9月14日，第1489454号注册商标经核准转让给阿迪达斯-萨洛蒙有限公司。

2003年以来，▲图形商标与"adidas"英文组合使用的商标标识，在中国众多体育赛事等场所，反复多次出现在运动员服装、广告牌、运动鞋、运动器械等载体上，并经常在网络、报纸、杂志等媒体登载的文章、广告上出现，亦有齐达内、贝克汉姆、孙雯等众多国际、国内著名体育明星进行广告宣传。

2003年7月26日，阿迪达斯公司的代理人经公证在健力佳商店购买了爱乐公司生产的运动鞋一双，该运动鞋的生产日期为2002年9月8日，该运动鞋及其包装盒上均突出使用了 ✓ 图形。

二审庭审中，阿迪达斯公司表示其提起本案诉讼是追究2002年6月30日至2003年6月20日期间爱乐公司、健力佳商店和瑞冠公司的侵权行为。

阿迪达斯公司为本案诉讼支出公证费、购物费合计人民币5 210元。

二审审理结果

二审法院认为：根据我国商标法的规定，阿迪达斯公司系第1489454号商标的注册人，其自2000年12月14日起享有的该注册商标专用权应当受到法律保护。虽然阿迪达斯公司对第1489454号注册商标所享有的注册商标专用权已于2003年6月21日转让给他人，但阿迪达斯公司对在此之前的侵权行为仍可主张权利，这种权利并不因为注册商标专用权的转让而一同转让。阿迪达斯公司在二审中表示其在本案诉讼中对2002年6月30日至2003年6月20日期间爱乐公司、健力佳商店和瑞冠公司的侵权行为主张权利，经审查，阿迪达斯公司在上述期间内享有第1489454号注册商标专用权，且该期间未超出阿迪达斯公司应向法院主张权利的诉讼时效期间，因此对阿迪达斯公司的上述主张，应予以受理。爱乐公司关于阿迪达斯公司在本案起诉时已不再享有注册商标专用权、其对转让商标前的涉嫌侵权行为提起诉讼的权利也理应一同转让的上诉理由于法无据，本院不予支持。

第1489454号注册商标的▲图形，属于独创性标识，作为商标使用有较高的显著性。该图形在被核准注册后，在国内、国际体育赛事和宣传中广泛使用，已经具有了相当的知名度。将▲图形与被控侵权标识 ✓ 相比较可以看出，两图形从整体上看均包括三条依次延长的倾斜线段，其倾斜角度、各线段长度和线段间距均极其近似，虽然被控侵权标识在第三条倾斜线段后还有一勾，但仅此并不足以改变两图形在整体上的近似性，相关公众对相同商品上的上述两标识施以普通注意的情况下容易误认为使用 ⌒ 图形的商品与使用 ⚑ 图形注册商标的商品之间存在特定联系，因此两图形构成在相同商品上使用的近似商标。综上，原审判决关于爱乐公司在相同商品上使用 ⌒ 图形构成侵犯第1489454号注册商标专用权的认定是正确的，本院对此予以维持。爱乐公司关于两图形不构成近似因此不构成侵权的上诉理由缺乏依据，本院不予支持。

阿迪达斯公司在本案中对2002年6月30日至2003年6月20日期间爱乐公司、健力佳商店和瑞冠公司的侵权行为主张权利，其提交的公证证据表明在此期间内爱乐公司生产、销售了被控侵权商品，因此爱乐公司应对其生产、销售被控侵权商品的行为承担赔偿损失的民事责任。由于阿迪达斯公司在提起本案诉讼时已经不是第1489454号注册商标专用权人，因此阿迪达斯公司关于爱乐公司、健力佳商店和瑞冠公司停止侵权行为的诉讼请求，本院不予支持，原审法院关于爱乐公司、健力佳商店和瑞冠公司停止侵权行为的判决缺乏事实和法律依据，本院对此予以纠正。

阿迪达斯公司并未提出其请求赔偿300万元经济损失的有效证据，因此本院根据阿迪达斯公司享有第1489454号注册商标专用权的期限、其主张保护其注册商标专用权的期限、该注册商标的知名度以及爱乐公司实施被控侵权行为的时间及其主观过错程度等因素酌情确定侵权损害赔偿数额。原审法院确定的45万元的损害赔偿数额过高，本院予以纠正。

由于健立佳商店和瑞冠公司并未提供证据证明其实施销售行为时不知道所销售的是侵权商品，因此两者应与爱乐公司连带承担在北京地区的侵权损害赔偿责任。

综上，原审判决在未查明注册商标专用权人的前提下径行判决的做法有误，本院对此予以纠正。爱乐公司所提部分上诉理由成立，本院对其相应上诉请求予以支持。依照《中华人民共和国民事诉讼法》第一百五十三条第一款第（三）项之规定，判决如下：

一、撤销中华人民共和国北京市第一中级人民法院（2004）一中民初字第7239号民事判决；

二、自本判决生效之日起10日内，爱乐服装鞋业（福建）有限公司赔偿阿迪达斯国际有限公司经济损失人民币25万元；

三、自本判决生效之日起10日内，爱乐服装鞋业（福建）有限公司、北京健力佳爱乐体育用品商店、北京瑞冠体育用品有限公司连带赔偿阿迪达斯国际有限公司经济损失人民币5万元；

四、驳回阿迪达斯国际有限公司的其他诉讼请求；

五、驳回爱乐服装鞋业（福建）有限公司的其他上诉请求。

一审案件受理费人民币 25 060 元，由爱乐服装鞋业（福建）有限公司负担人民币 12 000 元，由北京健力佳爱乐体育用品商店和北京瑞冠体育用品有限公司共同负担人民币 3 060 元，阿迪达斯国际有限公司负担人民币 10 000 元；二审案件受理费人民币 25 060 元，由爱乐服装鞋业（福建）有限公司负担人民币 12 000 元，由北京健力佳爱乐体育用品商店和北京瑞冠体育用品有限公司共同负担人民币 3 060 元，由阿迪达斯国际有限公司负担人民币 10 000 元。

22. 侵犯"薰衣草及图"商标专用权纠纷案
——李逢英诉湖南恒安纸业有限公司、山东恒安心相印纸制品有限公司、北京顺天府投资管理有限公司

原告（上诉人）：李逢英

被告（被上诉人）：湖南恒安纸业有限公司

被告（被上诉人）：山东恒安心相印纸制品有限公司

被告（被上诉人）：北京顺天府投资管理有限公司

案由：侵犯商标专用权纠纷

原审案号：北京市第一中级人民法院（2006）一中民初字第15269号

原审合议庭成员：任进、姜庶伟、于立彪

原审结案日期：2007年4月9日

二审案号：北京市高级人民法院（2007）高民终字第968号

二审合议庭成员：张冰、焦彦、钟鸣

二审结案日期：2007年8月28日

判决要旨

在纸手帕、纸制餐桌用纸等商品上注册的"薰衣草及图"商标中含有直接表示该类商品香型特点的"薰衣草"字样，商标专用权人无权禁止他人正当使用"薰衣草"。被告在其生产销售的手帕纸、面巾纸等商品上标注"薰衣草"是直接说明、描述商品本身特征的正当使用行为，不构成对"薰衣草及图"商标专用权的侵犯。

起诉与答辩

原告李逢英诉称：2004年9月28日，我取得"薰衣草"商标在第16类商品上的注册商标专用权，注册号为3334152，核定使用商品为纸手帕、纸制餐桌用纸、木浆纸、印刷纸（包括胶版纸、新闻纸、书刊用纸、证券纸、凹版纸、凸版纸）、纸桌布、包装纸、牛皮纸。其后，我先后许可两家造纸企业在其生产的商品上使用"薰衣草"商标，并在消费者中有一定知名度。2006年4月，我发现由湖南恒安纸业有限公司（以下简称湖南恒安公司）委托制

造、山东恒安心相印纸制品有限公司（以下简称山东恒安公司）生产的"心相印"生活用纸系列"薰衣草钱夹形手帕纸、薰衣草长方形手帕纸、薰衣草200抽盒装面巾纸"产品内外包装的显著位置，大量使用同我的"薰衣草"注册商标完全相同的文字标识"薰衣草"。我曾于2006年4月5日向吉林市工商行政管理局进行反映，希望被告立即停止侵权。湖南恒安公司的法务代表两次到工商局接受调查并表示愿意和解。2006年8月22日，我发现北京顺天府投资管理有限公司（以下简称顺天府公司）府右街综合超市等市场仍然大量销售湖南恒安公司和山东恒安公司带有"薰衣草"字样的侵权产品，并在销售标签和发票上均标注有"薰衣草"字样。湖南恒安公司和山东恒安公司作为国内生活用纸第一大生产商和销售商，未经我许可在相同和类似商品上使用同我的注册商标内容完全相同的文字，在一般消费者中造成混淆，侵犯了我的商标专用权，在我提出警告后仍继续使用侵权标识，其侵权产品的销售范围遍布全国城乡各地。顺天府公司作为销售商有义务立即停止销售侵权产品，封存销毁带有"薰衣草"字样侵权产品的内外包装。综上，请求法院判令：（1）湖南恒安公司、山东恒安公司和顺天府公司立即停止生产、销售侵犯李逢英"薰衣草"商标专用权的"薰衣草钱夹形手帕纸、薰衣草长方形手帕纸、薰衣草200抽盒装面巾纸"，封存、销毁带有"薰衣草"标识的以上侵权产品内外包装；（2）湖南恒安公司和山东恒安公司在《经济日报》显著位置公布侵权事实，消除不良影响；（3）湖南恒安公司和山东恒安公司赔偿李逢英经济损失200万元并承担李逢英制止侵权行为支出的合理费用125 180元（其中公证费3 000元、购买侵权产品费用180元、交通住宿费2 000元、律师费12万元）；（4）由湖南恒安公司、山东恒安公司和顺天府公司承担本案案件受理费。

被告湖南恒安公司辩称：原告商标中的文字部分"薰衣草"是一种植物固有名称，薰衣草植物是常用的香料。被诉侵权产品包装标注"薰衣草"是善意说明该产品含有薰衣草，我公司并未将"薰衣草"作为产品商标使用，并未侵犯李逢英的商标专用权。1. 被诉侵权产品的原料之一是"薰衣草"，我公司使用"薰衣草"是对被诉侵权产品原料的描述。薰衣草是一种植物的固有名称，常被作为香料使用，他人可以正当使用原告商标中的"薰衣草"文字，李逢英无权禁止他人正当使用。2. 我公司没有将"薰衣草"作为商标使用。我公司明确标示了被诉侵权产品的注册商标——"心相印"，消费者不会对被诉侵权产品的来源产生混淆误认。3. 我公司使用"薰衣草"出于善意。我公司使用的"心相印"商标为驰名商标，无须借助他人的商标推广产品，标示"薰衣草"仅是为了说明产品的原料及芳香类型。并且我公司在先使用

"薰衣草"。4. 我公司使用的"薰衣草"字样明显不同于原告由图形、中文、字母组成的注册商标。5. 原告"薰衣草及图"商标显著性弱，缺乏知名度，不存在混淆的可能。

被告山东恒安公司未提交书面答辩意见，其在开庭审理中表示完全同意湖南恒安公司的上述答辩意见。

被告顺天府公司未提交书面答辩意见，其在开庭审理中承认销售过被控侵权产品。

原审查明事实

原审法院查明：李逢英于2002年10月14日向国家工商行政管理总局商标局（以下简称商标局）申请注册"薰衣草及图"商标。该商标于2004年6月28日被初审公告，2004年9月28日被核准注册，有效期至2014年9月27日止。其商标注册证号为3334152，核定使用商品范围为第16类：纸手帕；纸制餐桌用纸；木浆纸；印刷纸（包括胶版纸、新闻纸、书刊用纸、证券纸、凹版纸、凸版纸）；纸桌布；包装纸；牛皮纸。

2004年10月15日，李逢英许可案外人吉林市宏阳纸制品厂自2004年11月1日起至2005年10月31日止独占使用"薰衣草及图"注册商标，约定许可使用费12万元。

2006年4月5日，李逢英曾向吉林省吉林市工商行政管理局举报湖南恒安公司侵犯其注册商标专用权并被受理。

2006年5月20日，李逢英许可案外人吉林市江城宏阳纸业有限责任公司自2006年5月20日起至2007年5月19日止使用"薰衣草及图"注册商标，约定许可使用费24万元。

2006年8月29日和11月7日，李逢英的委托代理人在位于北京市西城区西什库大街的北京顺天府综合超市府右街店分别购买了手帕纸48包、包装上标注有"几米作品系列"字样的手帕纸10包、茶语系列手帕纸18包、柔湿巾一包、面巾纸6盒及6包、卫生卷纸10卷。李逢英为购买上述商品共支付126.28元。其中，李逢英指控侵权的三种商品包装如下：1. 钱夹形手帕纸每6小包组成一大包，大包外包装大部分为透明塑料纸，上端用于悬挂货架的卡头部位正面左侧标有湖南恒安公司的"心相印"注册商标，其下为带有"薰衣草"字样的深蓝色椭圆标识，右侧印有"宁静的香氛天堂"字样，背面印有"恒安纸业"、"湖南恒安纸业有限公司委托制造"和"制造商：山东恒安心相印纸制品有限公司"字样；大包装中6小包钱夹形手帕纸外包装的正反面图案完全一致，右上角标有"心相印"注册商标，其下为带有"薰衣草"

字样的深蓝色椭圆标识。2. 长方形手帕纸外包装正反两面居中偏左印有湖南恒安公司的"心相印"注册商标及"宁静的香氛天堂"字样，左下角为带有"薰衣草"字样的深蓝色椭圆标识及"10 包装"字样，外包装底面左侧标有"心相印"注册商标及"湖南恒安纸业有限公司委托制造"和"制造商：山东恒安心相印纸制品有限公司"字样；外包装中装有10小包手帕纸，小包装正反两面居中印有"心相印"注册商标，其下为带有"薰衣草"字样的深蓝色椭圆标识，小包装侧面标有"心相印"注册商标及"恒安纸业"、"湖南恒安纸业有限公司委托制造"和"制造商：山东恒安心相印纸制品有限公司"字样。3. 200抽盒装面巾纸，长方体纸盒包装，顶部正中取纸处标有湖南恒安公司的"心相印"注册商标，底部左侧标有"心相印"注册商标及"恒安纸业"、"湖南恒安纸业有限公司委托制造"和"制造商：山东恒安心相印纸制品有限公司"字样，右侧标有"宁静的香氛天堂"字样及介绍"薰衣草香系列产品"的广告词，两个长侧面的左侧上方"心相印"注册商标、下方为带有"薰衣草"字样的深蓝色椭圆形标识及"200抽"字样，两个短侧面左上角为"心相印"注册商标及"宁静的香氛天堂"字样。上述三种商品内外包装出现"薰衣草"标识的包装平面上，均同时标注有标明注册商标标记的"心相印"注册商标标识，后者图案面积均大于或明显大于前者图案面积，且后者所处位置相对于前者均处于上方或中央。上述三种商品的内外包装上均绘有草丛的图案。李逢英在庭审中表示其无法确定上述三种商品中手帕纸上带有的香味是否为薰衣草香，并且认为上述商品在其举报前并不带有香味。

李逢英同时公证购买的茶语系列手帕纸包装上针对香型的标识则为"茶语系列"，标注有"几米作品系列"字样的手帕纸包装上针对香型的标识则为"芙蓉花香"。

2006年8月14日，国家工商行政管理总局商标评审委员会受理湖南恒安公司就第3334152号"薰衣草"商标提出的评审申请。

此外，李逢英还向本院提交了经过〔2006〕长证内民字第5204号、5205号、5206号《公证书》公证的和未经公证的登录互联网下载打印出的页面，用以证明被告的纸巾业务连续五年全国销量第一并且是其母公司"恒安国际"的主要收入来源，自2004年以来的三年中均达数亿港元。李逢英还向本院提交了两张长安公证处出具的发票，若干火车票、汽车票、其本人与北京市威创律师事务所签订的委托代理协议及其支付律师费的发票，用以证明其制止侵权行为的合理支出为公证费3 000元、住宿交通费2 000元、律师费12万元。

湖南恒安公司为证明其被控侵权产品中含有薰衣草香料、其产品包装上的"薰衣草"标识仅表示产品的香型，向本院提交了如下证据：1. 德之馨（上海）有限公司购进夏日凉风香精的发票以及德之馨（上海）有限公司出具的夏日凉风香精内含天然薰衣草精油及合成薰衣草原料的证明；2. 具有计量认证资质的浙江省化工产品质量检验站有限公司出具的证明湖南恒安公司送检的"心相印手帕纸（薰衣草）"样品中含有薰衣草提取液成分的检测报告；3. 部分标注有"薰衣草"和"茶语系列"的产品包装复印件。湖南恒安公司为证明其在产品包装上标注"薰衣草"早于李逢英取得"薰衣草及图"商标注册的时间，向本院提交了常德恒安纸业有限公司与小唐视觉包装设计有限公司于2003年6月签订的合同书，其中涉及薰衣草系列（薰衣香草型）三层手帕纸、二层书型面纸、120抽盒装面巾纸等三种产品的包装整合规划设计。

湖南恒安公司为证明其"心相印及图"注册商标为驰名商标，向本院提交了商评字〔2005〕第4648号《关于第1351029号"心相印XINXIANGYIN及图"商标争议裁定书》，在该裁定中常德恒安纸业股份有限公司的第1056830号"心相印及图"商标被国家工商行政管理总局商标评审委员会认定为驰名商标，原告李逢英亦不否认上述事实。

在本案庭审过程中，李逢英当庭向本院提交胡江源2006年5月10日致李逢英的私人信件复印件及桃源县工商行政管理局2006年5月25日作出的桃工商案监字〔2006〕第003号《关于撤销桃工商案字〔2006〕第92号听证告知书的决定》复印件作为证据；湖南恒安公司当庭向本院提交其他品牌的标有"薰衣草"字样的纸巾产品、美体考究薰衣草精油及购买该精油的发票作为证据。双方提交的上述证据均超过了本院规定的举证期限。

原审审理结果

原审法院认为：我国《商标法实施条例》第四十九条规定，注册商标中含有的本商品的通用名称、图形、型号，或者直接表示商品的质量、主要原料、功能、用途、重量、数量及其他特点，或者含有地名，注册商标专用权人无权禁止他人正当使用。因为，一种商品的包装上通常标示有各种用于区分商品不同特征的标识，用以向消费者传递不同的信息，供消费者在选购商品时判断取舍。商标作为上述标识中的一种，起到的作用是区别商品来源，而其他诸如表示原料、功能、用途、重量、数量及其他说明描述商品本身特点的标识传递给消费者的区别信息并不会造成消费者对于商品来源的混淆，即使这些标识与注册商标近似，注册商标专用权人也无权禁止他人正当使用。本案争议的核心问题即在于湖南恒安公司和山东恒安公司在涉案商品上标注"薰衣草"标识的行为是否属于正当使用。

结合本案事实而言，被指控侵权的是纸巾类商品。纸巾作为清洁用品在生产制造过程中可以加入各种不同香料，使其具有不同的香味，而"薰衣草"作为一种带有特殊香味的植物，其提取物即可以作为上述各种香料中的一种被用于纸巾的生产制造，这是众所周知的常识。是否带有香味以及带有何种香味是纸巾类商品本身的特点，与"薄荷"、"茉莉"等用香味植物名称代表一类香型的情形相同，"薰衣草"也代表了该植物所特有的香型，而且在作为一种香型的表述方式时"薰衣草"和"薰衣草香"并无本质区别。湖南恒安公司和山东恒安公司在其生产的被控侵权商品上标注"薰衣草"标识，是为了说明描述该商品香型这一特点，供喜欢或者不喜欢该香型的消费者在购物时加以区别取舍，纸巾类商品包装上的"薰衣草"标识传递给消费者的信息显然是香型类别。湖南恒安公司和山东恒安公司对于"薰衣草"的这种标注使用是直接表示该商品本身特点的行为，并不会带给消费者任何该商品来源的区别信息。

此外，在被控侵权的三种商品包装上，凡是出现"薰衣草"标识的位置近旁，必定标示有更醒目的标明注册商标标记的"心相印"注册商标。因此，以相关公众的一般注意能力为标准，消费者因"薰衣草"标识而混淆该商品来源的可能性并不存在，亦不会对该商品的生产者、销售者与"薰衣草及图"商标注册人李逢英之间是否存在某种联系产生错误认识。

至于本案被控侵权的三种商品上带有的香味是否真正属于"薰衣草"香型以及湖南恒安公司和山东恒安公司在生产制造上述商品时是否真正添加了薰衣草香料，仅涉及是否构成虚假宣传的问题，并不能以此判断其在纸巾类商品上标注"薰衣草"标识的行为是否侵犯他人注册商标专用权。

综上，由于李逢英在纸手帕、纸制餐桌用纸等商品上注册的第3334152号"薰衣草及图"商标中含有直接表示该类商品香型特点的"薰衣草"字样，其在行使注册商标专用权时无权禁止他人正当使用"薰衣草"标识。湖南恒安公司和山东恒安公司在其生产的薰衣草钱夹形手帕纸、薰衣草长方形手帕纸、薰衣草200抽盒装面巾纸等三种商品上标注"薰衣草"标识是直接说明描述商品本身特征的正当使用行为，并不构成对于李逢英享有的第3334152号"薰衣草及图"注册商标专用权的侵犯。同理，顺天府公司销售上述三种商品的行为亦不构成对于李逢英享有的第3334152号"薰衣草及图"注册商标专用权的侵犯。故李逢英指控湖南恒安公司、山东恒安公司和顺天府公司侵犯其注册商标专用权的主张缺乏事实和法律依据，不能成立。依照《中华人民共和国商标法》第五十二条、《中华人民共和国商标法实施条例》第四十九条和《中华人民共和国民事诉讼法》第七条的规定，判决驳回原告李逢英的诉讼请求。

李逢英不服原审判决，提起上诉，请求撤销原审判决，判令湖南恒安公司和山东恒安公司赔偿其经济损失及商标商誉损失 200 万元。主要理由是：1. 湖南恒安公司和山东恒安公司在其产品上使用"薰衣草"注册商标构成对该注册商标专用权的侵犯。原审判决湖南恒安公司和山东恒安公司在其产品上使用"薰衣草"注册商标系作为其产品的原料香型属认定事实错误；2. 李逢英的"薰衣草"注册商标在其生产的纸类产品上质优价廉，该商标有较高的知名度。

湖南恒安公司、山东恒安公司和顺天府公司服从原审判决。

二审查明事实

二审法院查明的事实与原审相同。

二审审理结果

二审法院认为：《商标法实施条例》第四十九条规定，注册商标中含有的本商品的通用名称、图形、型号，或者直接表示商品的质量、主要原料、功能、用途、重量、数量及其他特点，或者含有地名，注册商标专用权人无权禁止他人正当使用。商标作为一种商品标识其主要作用是区别商品来源，此外，商品上通常还有其他诸如表示原料、功能、用途、重量、数量等描述商品特点的标识，即使这些标识与注册商标近似，注册商标专用权人也无权禁止他人正当使用。本案中，首先，在被控侵权的三种商品包装上的显著位置均标示有醒目的"心相印"注册商标，其下方带有"薰衣草"字样的深蓝色椭圆型标识明显小于"心相印"注册商标，且"薰衣草"字样的近旁均绘有彩色薰衣草的图案。其次，纸巾作为清洁用品在生产制造过程中通常可以加入不同的香料，使其具有不同的香味，而"薰衣草"作为一种带有特殊香味的植物其提取物可以作为一种香料用于纸巾的生产制造。因此，以普通消费者的一般注意力为标准，不会对该商品的生产者、销售者与"薰衣草及图"商标注册人李逢英之间是否存在某种联系产生错误认识，应认定湖南恒安公司和山东恒安公司在其生产的被控侵权商品上标注"薰衣草"标识，是为了描述该商品具有薰衣草香型这一特点。由于李逢英在纸手帕、纸制餐桌用纸等商品上注册的涉案"薰衣草及图"商标中含有直接表示该类商品香型特点的"薰衣草"字样，其在行使注册商标专用权时无权禁止他人正当使用"薰衣草"标识。湖南恒安公司和山东恒安公司在其生产的薰衣草钱夹形手帕纸等三种商品上标注"薰衣草"标识是直接说明描述商品本身特征的正当使用行为，并不构成对李逢英享有的"薰衣草及图"注册商标专用权的侵犯。故李逢英关于湖南恒安公司、山东恒安公司的侵犯其注册商标专用权的主张缺乏依据，本院不予支持。

综上，原审判决认定事实清楚，适用法律正确，应予维持。李逢英的上诉理由不能成立，其上诉请求本院不予支持。依照《中华人民共和国民事诉讼法》第一百五十三条第（一）项之规定，判决驳回上诉，维持原判。

一审案件受理费 20 636 元、二审案件受理费 22 800 元，均由李逢英负担。

23. 侵犯"红孩儿"商标专用权纠纷案
——顾世伟诉中国少年儿童新闻出版总社、
红孩儿（福建）儿童用品有限公司

原告：顾世伟
被告：中国少年儿童新闻出版总社
被告：红孩儿（福建）儿童用品有限公司
案由：侵犯商标专用权纠纷

一审案号：北京市东城区人民法院（2007）东民初字第 3782 号
一审合议庭成员：才雪冬、樊静馨、裴桂华
一审结案日期：2007 年 9 月 19 日

判决要旨

是否足以造成公众混淆或误认，是判断是否构成侵犯商标专用权的主要标准。

起诉与答辩

原告顾世伟诉称：原告于 2006 年 8 月 2 日受让"红孩儿"注册商标。该商标注册范围为商标国际分类第 41 类，包括：组织教育或者娱乐竞赛；组织文化或教育展览；文娱活动等。该商标由文字和图形组成，文字为中文"红孩儿"和英文"red baby"，图形为一个圆圈和一个婴孩卡通形象。2006 年 3 月，少儿出版社下属的《中国少年报》与红孩儿公司联合举办"红孩儿，我要长大"系列亲子活动，包括"红孩儿——知心家书"和"红孩儿——记录成长"等一系列关于少年儿童的教育和娱乐竞赛等全国范围活动。原告认为上述活动侵犯了原告拥有的注册商标专用权，故起诉要求法院判令：1. 停止侵权，取消上述活动。2. 在《中国少年报》及其网站，以及红孩儿公司网站上刊登致歉声明。3. 赔偿原告为维护权益支出的律师费 30 000 元，公证费 800 元，交通费 300 元。

被告中国少年儿童新闻出版总社（以下简称少儿出版社）辩称：我社主办的《中国少年报》确实与红孩儿公司联合举办过"红孩儿，我要长大"系

列家庭教育活动，但活动名称并非原告所述，而是"关注成长——知心家书征答"、"记录成长——征文、征画、摄影大赛"。该活动自2006年3月开始，到同年6月因红孩儿公司赞助经费未到位而终止。我方不同意原告诉讼请求，理由是：1. 被告的活动没有侵犯原告的商标专用权。原告的注册商标是文字和图形组成，文字为"红孩儿"和"red baby"，图形是一个圆圈和一个婴孩卡通形象。而被告活动的名称为"红孩儿，我要长大"，与原告的注册商标有明显的差异。2. 该活动是用红孩儿公司商号冠名，且涉案活动中凡出现标识的，均为"RED"、"红孩儿"，都是福建红孩儿公司拥有的注册商标，与原告的注册商标根本不同。所有宣传材料中，或者表明活动由《中国少年报》与红孩儿公司共同主办，或者以明显的汉字注明"红孩儿（福建）儿童用品有限公司特约刊登"，介绍"红孩儿"时也是介绍福建红孩儿公司的新款童装，以及产品背后的小故事，没有超出商标注册类别规定，完全不会使公众产生混淆，误认活动与原告有关。3. 原告受让商标时间为2006年8月2日，涉案活动于2006年6月已经结束。按照相关规定，原告对于受让商标权前的侵权行为无权主张。4. 商标权是具有财产价值的权利，即使侵权也不应承担赔礼道歉的责任。5. 原告仅提供了公证费发票，律师费、交通费都没有证据。综上，我方请求法院驳回原告的诉讼请求。

被告红孩儿（福建）儿童用品有限公司（以下简称红孩儿公司）答辩意见与少儿出版社相同。

一审查明事实

一审法院查明：2006年7月14日，原告从北京红孩儿婴幼儿用品租赁行受让"红孩儿；RED BABY"商标。该商标注册专用权期限为2003年6月至2013年6月，注册类别为41类，包括：婴儿玩具出租；体育器材出租；体育场设施出租；幼儿园；组织教育或娱乐竞赛；组织文化或教育展览；文娱活动；音响设备出租；为艺术家提供模特。商标由书写在一个圆圈上的汉字"红孩儿"、英文字母red baby及一个婴儿卡通形象组成。原告受让后未使用该商标。

被告红孩儿公司成立于1995年5月，经营范围为生产服装、针织布、鞋、袜子、箱包、文具。自1997年开始，红孩儿公司陆续注册了以汉字"红孩儿"，及英文大小写字母"RED KIDS"为主要内容的商标，注册类别包括婴幼儿服装、童装、文具儿童用品等十余类，上述商标曾获福建省著名商标和中国出口名牌称号。

2006年3月，红孩儿公司与少儿出版社下属的《中国少年报》（以下简称少年报）签订协议，约定联合举办"'红孩儿：我要长大'系列家庭教育活动"，主要活动有："关注成长——知心家书征答"（包括"百万队报送下乡"大型公益活动），"记录成长——征文、征画、摄影比赛"，"倾听孩子、倾听妈妈"演讲暨"红孩儿"《知心家书》图书首发式。双方约定由红孩儿公司出资，活动中要对红孩儿公司及其生产的童装进行宣传，活动时间为2006年3月至2007年5月。2006年4月12日，少年报刊登了活动启事，少年报网站及红孩儿公司网站上亦发布了相关启事或消息。之后，少年报以每周出版专版的方式，版刊登来稿、来信，同时以"闪亮红孩儿"等作为栏目名称，介绍红孩儿公司、红孩儿童装及与童装有关的知识，每版左上方报眉处均有活动标识，该标识由圆体大字英文字母RED、红白两色体汉字"红孩儿"、红色灰底小写英文字母red kids，以及"红孩儿（福建）儿童用品有限公司特约刊登"等组成。

2006年10月，原告以上述活动侵犯其注册商标专用权为由向被告交涉未果。2007年4月12日，原告委托北京市西城第二公证处进行公证，公证内容主要为从少年报网站上下载"欢迎参加'红孩儿：我要长大'快乐亲子活动"的启事，启事标明活动时间为2006年3月7日至12月31日。

一审审理结果

一审法院认为：商标是区别不同商品、服务的标志。对注册商标专用权加以保护，主要目的是以此鼓励市场主体投入更多的人力、物力和财力提高相关商品、服务的质量，推进社会经济健康发展，最终回报和服务于社会公众。因此，侵犯注册商标专用权可以界定为：在同一种或类似商品或服务上，使用与商标权人注册商标相同、近似的商标或其他标识，足以造成公众混淆或误认的行为。其中能否足以造成公众混淆或误认，是构成侵犯注册商标专用权的主要标准。

按照二被告签订的协议，涉案活动主旨是"为了更好地服务青少年、服务于家庭，解决孩子成长中遇到的问题，培养他们积极进取、乐观向上的价值观、人生观"，其题目为"系列家庭教育活动"，活动内容包括绘画比赛等，属于"教育类竞赛"。此外，原告提供证据证明，该活动至诉讼时仍有相关启事。二被告虽认为活动已经终止，但所提证据仅为间接证据，证明力明显低于原告举证，故本院对被告"活动在原告受让商标前已停止"之抗辩主张不予采信。

涉案活动中，被告既使用了红孩儿公司的商号，也将红孩儿公司拥有的"红孩儿"商标设计为活动标识，二者之间存在竞合，本院认为该活动系以商标和商号共同冠名。被告红孩儿公司拥有除 41 类外多类商品的红孩儿商标，同时企业商号也为"红孩儿"，其在涉案活动中使用"红孩儿"三字的行为具有合法性。通过涉案活动所用标识与原告商标相比较，两者之间除中、英文字意相近外，英文单词、中英文字体和主要图形均有较大差异，整体上不相类似。

  关于被告行为是否足以造成公众混淆、误认问题，本院认为应当从原、被告所有商标知名度比较，被告在活动中使用商标的内容与原告注册类别是否相同，被告在活动中使用商标的方式，原告对本问题的举证四方面予以判断。第一，原告未提供其使用受让商标，以及受让前该商标有较高知名度的证据。被告提供了红孩儿公司拥有的商标系"福建省著名商标"和"中国出口名牌"的证据。两相比较，可以认定被告拥有的"红孩儿"商标比原告拥有的商标更具知名度。第二，从该活动与青少年教育有关、举办活动的一方为少年报两方面看，被告出资冠名活动的目的，主要是宣传红孩儿公司及红孩儿童装，其所登专栏内容亦为介绍红孩儿童装及与童装有关的其他知识，与被告注册类别明显不同。第三，涉案活动所用图标与原告拥有商标明显不同，活动中以显著方式标明"红孩儿（福建）儿童用品有限公司特约刊登"，不足以导致相关公众产生该活动与原告有关的联想。第四，被告提供证据中，没有导致公众混淆、误认的证据。综合以上四点，依据现有证据，本院认为被告行为不足以导致公众混淆或误认。

  综上所述，本院认为被告组织的"红孩儿：我要长大"活动虽系教育类竞赛，但活动使用的商标、标识与原告的注册商标并不相同、亦不类似，不足以造成相关公众的混淆或误认。故原告之诉讼请求理由不足，本院不予支持。依据《最高人民法院关于审理商标民事纠纷案件适用法律若干问题的解释》第八、九、十、十一、十二条之规定，判决如下：

  驳回原告顾世伟的诉讼请求。

  案件受理费 1 050 元，由原告顾世伟负担。

  各方当事人均服从一审判决。

24. "图形（三维标志）"商标驳回复审行政纠纷案

——费列罗有限公司诉国家工商行政管理总局商标评审委员会

原告：费列罗有限公司
被告：国家工商行政管理总局商标评审委员会
案由：商标驳回复审行政纠纷

一审案号：北京市第一中级人民法院（2007）一中行初字第815号
一审合议庭成员：姜颖、佟姝、芮松艳
一审结案日期：2007年11月12日

判决要旨

以三维标志申请注册的商标对于其色彩和商品包装形式的选择均不在本行业和指定使用商品包装形式的常规选择的范围之内，其独特创意已经使之成为了原告产品的一种标志性设计，使得消费者在看到该标志后就能够清楚地判断出该标志所附着商品的来源，该三维标志已经具有商标所应具备的显著性。

起诉与答辩

原告费列罗有限公司（以下简称费列罗公司）诉称：1. 申请商标系原告特有的包装装潢，能够区分商品来源，被告认定申请商标"仅有指定使用商品较为常见的包装形式"缺乏事实依据。首先，申请商标系能够为消费者所识别的原告特有的包装形式。其次，申请商标已经在他国取得注册，其可注册性已经得到了认可。最后，申请商标指定使用的商品有十余种，这十余种商品均具有不同的包装形式，但被告仅是笼统地认定申请商标"仅有指定使用商品较为常用的包装形式"，而没有明确认定申请商标究竟构成哪一种商品的常用包装形式，其认定亦没有任何的事实依据。2. 申请商标经过原告长期、大量的使用，在消费者中已经具有很高的知名度和认知度，能够起到区分商品来源的作用，具有显著特征，可以作为商标注册。综上，请求人民法院判决撤销商标评审委员会作出的第3190号决定，并对申请商标在中国的领土延伸保护请求予以支持并核准申请商标的注册。

被告国家工商行政管理总局商标评审委员会（以下简称商标评审委员会）

辩称：申请商标表现为指定使用商品较为常用的包装形式，缺乏商标应有的显著特征，不能起到区别商品来源的作用。此外，在行政程序中原告所提证据不能证明申请商标经原告长期和大量的使用在消费者中具有很高知名度和认知度，从而能够起到区分商品来源作用的事实。根据商标注册与保护的地域性原则，申请商标在其他国家和地区的注册与本案无关，对本案中申请商标应否被核准注册亦无约束力。综上所述，第3190号决定认定事实清楚，适用法律正确，审查程序合法，请求人民法院依法予以维持。

一审查明事实

一审法院查明：申请商标于2001年12月3日在意大利首次提出注册申请并于2002年5月23日在该国被核准注册，商标权人为费列罗公司，国际注册号为G783985，指定使用商品为第30类的面包、饼干、蛋糕、糕点和糖果、冰制食品、可可制品、覆盖层尤指巧克力覆盖层、巧克力、糖衣杏仁、用做圣诞树装饰品的巧克力制品、酒心巧克力包皮的食品、甜食、糕点、包括精细糕点和可保存较长时间的糕点、口香糖、无糖口香糖、无糖糖果。2002年9月28日，费列罗公司通过世界知识产权组织国际局向中国提出了对于申请商标的领土延伸保护申请，申请商标指定使用的商品为第30类的面包、饼干、蛋糕、糕点及糖果、冰制食品、可可产品、食品上的覆盖物、主要是食品上的巧克力覆盖层、巧克力、糖衣杏仁、圣诞树装饰用巧克力产品、酒心巧克力食品、糖果和糕点、包括可长期保存的精制糕点、口香糖、不含糖的口香糖和不含糖的夹心糖果。申请商标为一个三维标志，由一块包在金黄色纸里的球形三维形状组成，在该图形的上半部分里，有一个白底椭圆形小标记，带有一条金边和一条白色细边，该三维图形放置在一个栗色和金黄色的底座上。申请商标指定使用色彩为金黄色、红色、白色、栗色（申请商标图样如下）。

申请商标

中华人民共和国国家工商行政管理总局商标局（以下简称商标局）于2003年3月19日以该商标缺乏显著性为由对其在我国的领土延伸保护申请予以驳回。2003年5月6日，费列罗公司向商标评审委员会提出复审申请。

2006年10月9日，商标评审委员会作出第3190号决定，该决定认为：申请商标作为立体商标，仅有指定使用商品较为常用的包装形式，难以起到区分商品来源的作用，缺乏商标应有的显著特征，已构成《商标法》第十一条第一款第（三）项所规定的情形。据此，商标评审委员会依据《商标法》第十一条第一款第（三）项和第二十八条之规定将费列罗公司就指定使用在第30类巧克力等商品上的申请商标在中国的领土延伸保护申请予以驳回。

另查明，费列罗公司在本案诉讼过程中向本院补充提交了16组共计79份证据用以证明费列罗公司通过大量的使用行为使申请商标获得了显著特征：第一类、第二类证据系费列罗公司的广告代理商、相关电视媒体对费列罗公司产品宣传情况所作出的声明；第三类、第七类、第八类、第九类、第十类证据系国外媒体对费列罗公司产品的报道及费列罗公司在亚洲地区的广告宣传情况；第四类、第五类、第六类、第十二类、第十四类和第十五类证据系费列罗公司自行统计的销售数据、与案外人签订的销售合同及合同履行情况的一些说明；第十一类证据系费列罗公司在中国大陆以外的地区获得注册的商标列表；第十三类证据系费列罗公司产品获奖的情况；第十六类证据系天津市高级人民法院的终审判决书。但是，原告未在商标评审程序中提交上述证据。

一审审理结果

一审法院认为：我国《商标法》第十一条规定，缺乏显著特征的标志不得作为商标注册，但经过使用取得显著特征并便于识别的除外。对于由三维标志或者含有其他标志的三维标志构成的立体商标而言，仅有指定使用商品通用或者常用的形状或者是其包装物的形状，不能起到区分商品来源作用的，应当被认为是缺乏显著特征的商标。本案中，双方当事人争议的焦点即是申请商标是否系缺乏显著特征故而不应被核准注册的商标。对此本院认为，申请商标作为一个三维标志，由一个栗色和金黄色相间并带有波纹形状的底座和在底座之上放置的具有皱褶状包装效果的金黄色球形三维形状组成。被告认定申请商标系常用的包装形式，但并未就该认定提供相关的证据予以支持。相反，作为三维标志申请注册立体商标，本案申请商标对于色彩和商品包装形式的选择均不在本行业和指定使用商品包装形式的常规选择的范围之内，申请商标的独特创意已经使之成为原告产品的一种标志性设计，使得消费者在看到申请商标后就能够清楚地判断出该商标所附着商品的来源，申请商标已经具有商标所应具备的显著性，应当在我国被作为注册商标予以保护，被告对申请商标的领土延伸保护申请亦应予以核准。

关于原告在本案诉讼过程中提交的用以证明申请商标通过使用获得了显著

性的证据,本院认为,首先,原告并未在商标评审程序中提交上述证据,其亦未就没有提交的原因向本院作出合理的解释。其次,原告所提供的上述证据仅有部分内容涉及申请商标在其申请日之前在中国大陆地区的使用情况,而在这部分证据中又有相当多的内容或是原告自行统计的数据,或是只有案外人的声明而无能够支持该声明内容真实性的证据。因此,从上述证据提交的时间和证据的实质内容两方面进行分析,本院对于上述证据在本案中均不予采信。

综上所述,鉴于申请商标已经具备显著特征,被告对其在中国的领土延伸保护申请应当予以核准。据此,原告的诉讼请求具备事实与法律依据,本院予以支持。被告作出的第 3190 号决定主要证据不足,本院依法予以撤销。依照《中华人民共和国行政诉讼法》第五十四条第(二)项第一目之规定,判决如下:

撤销被告中华人民共和国国家工商行政管理总局商标评审委员会商评字〔2006〕第 3190 号《关于国际注册第 783985 号"图形(三维标志)"商标驳回复审决定书》。

案件受理费 100 元,由国家工商行政管理总局商标评审委员会负担。

各方当事人均服从一审判决。

25. 侵犯"GG 图形"商标专用权纠纷案

——古乔古希公司诉上海百思图鞋业有限公司、
北京华联综合超市股份有限公司

原告：古乔古希股份公司
被告：上海百思图鞋业有限公司
被告：北京华联综合超市股份有限公司
案由：侵犯商标专用权纠纷

一审案号：北京市第一中级人民法院（2007）一中民初字第 10149 号
一审合议庭成员：刘海旗、佟姝、唐晓君
一审结案日期：2007 年 11 月 30 日

判决要旨

采用大面积连接方式对与原告注册商标相近似的标志进行使用，构成商标法意义上的使用，足以导致相关消费者的混淆和误认，构成对原告依法享有的商标权利的侵害。被告所提其系以商品装潢而非商标的形式使用的抗辩主张，系片面而错误地理解了我国商标法的立法宗旨和相关法律规定。

起诉与答辩

原告古乔古希股份公司（简称古乔古希公司）诉称：原告系全球最大和顶尖的服装及高档豪华产品的生产商之一，并系第 1940324 号和第 1296001 号"GG 图形"注册商标的专用权人，自上述商标被核准注册以来，原告对其进行了大量的使用和广泛的宣传，"GG 图形"已经成为原告的经典标志，享有极高的知名度。原告于 2007 年 1 月 31 日通过公证的方式在第二被告处购买了由第一被告生产的女鞋一双，该鞋鞋面上大面积使用了与原告的"GG 图形"商标极其近似的标志，第一被告的该种行为极易误导公众，使其对商品的来源产生误认或者误认为该商品与原告存在特定的联系，构成对原告注册商标专用权的侵犯。同时，第二被告销售第一被告生产的侵权产品的行为亦违反了中国商标法的规定，亦应当承担相应的法律责任。综上，请求人民法院判令：1. 第一被告立即停止生产侵犯原告第 1940324 号和第 1296001 号"GG 图形"注册商标专用权的

商品；第二被告立即停止销售上述商品；2. 第一被告赔偿原告经济损失人民币50万元（包含合理费用）；3. 由第一被告承担本案的诉讼费用。

被告上海百思图鞋业有限公司（以下简称上海百思图公司）辩称：首先，第一被告所生产的被控侵权商品上的"ee"布料花纹与原告第1940324号和第1296001号"GG图形"注册商标在读音和字形上均存在显著差别，二者既不相同也不相近似。带有"ee"图案的布料是第一被告在市场上购买的公开销售的商品，第一被告对该布料的使用是正当的。即使构成侵权，真正的侵权责任人也是布料的生产商而不是本案的第一被告。而且，第一被告对于"ee"图案是作为商品的装潢使用的，该种使用行为不可能构成商标侵权。其次，原告对于自己的"GG图形"注册商标的使用也存在不当之处，即也是作为原材料的花纹图案使用而没有突出商标的显著性，这既不是商标使用的常规方式，也导致了对其商标的淡化，使得其他人有了对此图案进行合理使用的权利。再次，第一被告在生产的被控侵权产品的显著位置标注了第一被告的商标标识和企业名称，且该产品是在第一被告的专柜进行销售，上述行为明确了商品的来源，不会导致公众的误认。综上所述，请求人民法院驳回原告的全部诉讼请求。

被告北京华联综合超市股份有限公司（以下简称北京华联公司）未提交书面答辩意见，其当庭口头答辩称：我方已经充分审查了第一被告的经营资质，被控侵权产品来源于第一被告，我方不可能知晓该产品是否构成侵权。而且，在收到本案的诉讼材料后，我方即立即停止了被控侵权产品的销售行为。综上，我方不应当承当共同侵权的法律责任，请求人民法院驳回原告对于我方的全部诉讼请求。

一审查明事实

一审法院查明：古乔古希公司在中国注册的第1940324号图形商标指定使用商品为第25类的皮鞋、皮带、裤子、短裤等，专用期限自2002年9月28日起至2012年9月27日止，该注册商标图样如下：

第1940324号注册商标

古乔古希公司在中国注册的第 1296001 号图形商标指定使用商品为第 25 类的衣物、鞋、袜、帽，专用期限自 1999 年 7 月 21 日起至 2009 年 7 月 20 日止，该注册商标图样如下：

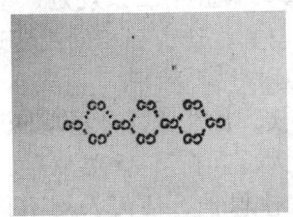

第1296001号注册商标

2007 年 1 月 31 日，北京市金杜律师事务所工作人员李洁赟以古乔古希公司的名义，在北京市公证处公证人员的见证下，在北京华联公司一层的上海百思图公司的专柜购买了其生产的女鞋一双（即被控侵权商品），该鞋型为 OL01#6003，颜色为米/浅啡，在被控侵权商品的包装盒上盖有"BASTO 百思图"的字样，在包装盒侧方有如下字样：品牌 BASTO 百思图，上海百思图鞋业有限公司，总部上海松江区泗泾镇东部经济开发区（望东中路 99 号），电话 021－57619127，传真 021－57619026，邮编 201601，E－mail：basto@on-line. sh. cn。该购买行为当场取得了北京华联公司开具的销售小票一张及加盖北京华联公司发票专用章的编号为 18360557 的发票一张，被控侵权商品图样如下：

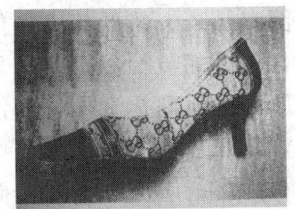

被控侵权商品

北京华联公司作为甲方与作为乙方的上海百思图公司于 2006 年 12 月签订了《百货合作经营合同》，合同对于合作经营期限、经营商品或服务、经营责任等问题进行了约定，双方的合作经营期限自 2007 年 1 月 1 日起至 2007 年 6 月 30 日止。

在本案庭审过程中，上海百思图公司认可被控侵权商品为其生产，北京华联公司认可被控侵权商品由其销售。

另查明，古乔古希公司为本案支付了购买被控侵权商品的费用人民币 198 元，公证费用 2 510 元及律师费 70 000 元整。

一审审理结果

一审法院认为：《商标法》第五十二条规定，未经商标注册人的许可，在同一种或者类似商品上使用与其注册商标相同或者近似商标的，构成对注册商标专用权的侵犯。

根据本院已经查明的事实，原告系第1940324号及第1296001号"GG图形"商标在中国的合法注册人，其在第25类皮鞋、衣物等商品上享有的该商标的专有使用权应当得到法律保护，任何人均不得生产和销售侵犯"GG图形"商标的商品。由于第一被告认可被控侵权商品系由其生产，故该商品是否侵犯了原告的注册商标专用权即成为本案的焦点问题。

首先，与原告所注册的第1940324号商标相比，虽然原告的注册商标系由两个大写英文字母"G"构成商标的主体部分，而被控侵权商品上使用的是两个小写的英文字母"e"，但被控侵权商品也选用了将两个英文字母正反方向结合使用的方式，特别是由于大写的英文字母"G"与小写的英文字母"e"书写方式本身存在的易混淆性，使得普通消费者在观察被控侵权商品时，很难注意到二者之间存在的细微差别，故被控侵权商品所使用的两个小写的英文字母"e"的组合方式容易使普通消费者对其与第1940324号注册商标的关系产生混淆，构成商标侵权行为。

其次，与原告所注册的第1296001号商标相比，由于被控侵权商品上的图案排列方式与原告注册商标图案排列方式的惊人相似及如前所述的图形中所含英文字母的相似性，第一被告生产的被控侵权商品显然极易使相关消费者产生混淆和误认，从而构成了对原告注册商标专用权的侵犯。

再次，对于第一被告所称其在被控侵权商品上使用的图案系作为商品装潢而非商标使用的问题，本院认为，我国商标法允许商标以多样化的形式进行使用，单个标识的使用或者多个标识连接使用都是法律所允许的使用方式，只要这种使用方式未违反法律的禁止性规定。原告在本案当中主张权利的两个注册商标特别是第1296001号注册商标本身即是以类似图案的方式出现的，这也决定了其在使用当中不可避免地会产生类似图案的使用效果。但是，这并不影响其作为商标所具有的昭示商品来源的作用的发挥，其已经被国家工商行政管理部门核准注册这一行为本身即已经证明了其所具有的内在显著性。第一被告虽然采用了大面积连接的方式对与原告注册商标相近似的标识进行使用，但这种使用方式仍然构成商标法意义上的使用，亦足以导致相关消费者的混淆和误认，构成对原告依法享有的商标权利的侵害。对于第一被告所提其系以商品装潢而非商标的形式使用的抗辩主张，系片面而错误地理解了我国商标法的立法宗旨和相关法律规定，本院对此予以纠正。

最后，关于第一被告所称被控侵权商品所使用的带有"ee"图案的布料的生产商另有其人故其不应当承担侵权责任的主张，本院认为，被控侵权商品本身仅仅将第一被告标注为生产商，在这种情况下，即使鞋材或者被控侵权商品的加工过程与案外人有关，作为唯一对外具名的生产商，第一被告亦不能因此而排除其应当承担的侵权责任。综上，第一被告所生产的被控侵权商品上使用了与原告享有权利的注册商标相类似的标识，且该商品在原告的注册商标所指定使用的商品的范围内，第一被告的生产行为构成对原告注册商标权利的侵害，应当承担因此所带来的法律责任。

对于第二被告销售被控侵权商品的行为是否构成侵权的问题，本院认为，我国商标法同样禁止销售侵犯注册商标专用权商品的行为。但是，由于第二被告已经向本院提供证据证明其适当地履行了审查义务，并提供了被控侵权商品的合法进货渠道，在这种情况下，本院不能认定第二被告与第一被告具有共同侵权的故意，故第二被告在本案当中只需承担停止销售被控侵权商品的责任即可，而无需再行对原告进行经济赔偿。

关于赔偿数额一节，本院认为，原告向本院提供了其为制止侵权行为所支出的相关费用的票据，本院将按照相关法律的规定对其中的合理部分予以考虑。对于原告所提要求第一被告向其支付经济赔偿50万元的诉讼请求，由于第一被告在侵权期间因侵权所获得的利益及原告在侵权期间所受到的其他损失均难以查清，故本院将综合考虑第一被告的主观恶意程度及侵权行为的情节对赔偿数额予以酌定。

综上所述，依据《中华人民共和国商标法》第五十二条第（一）项、第（二）项及第五十六条之规定，判决如下：

一、被告上海百思图鞋业有限公司立即停止生产侵犯第1940324号及第1296001号注册商标专用权的商品的行为，被告北京华联综合超市股份有限公司立即停止销售侵犯第1940324号及第1296001号注册商标专用权的商品的行为；

二、自本判决生效之日起7日内，被告上海百思图鞋业有限公司赔偿原告古乔古希股份公司经济损失（含合理诉讼支出）人民币20万元；

三、驳回原告古乔古希股份公司的其他诉讼请求。

一审案件受理费8 800元，由古乔古希股份公司负担3 000元，上海百思图鞋业有限公司负担5 800元。

各方当事人均服从一审判决。

26. 侵犯"帅克文字及图"商标专用权纠纷案

——河南帅克制药有限公司诉北京美轻松生物技术有限公司、
上海靖安保健食品有限公司

原告（上诉人）： 河南帅克制药有限公司
被告（被上诉人）： 北京美轻松生物技术有限公司
被告（被上诉人）： 上海靖安保健食品有限公司
案由： 侵犯商标专用权纠纷

原审案号： 北京市第一中级人民法院（2005）一中民初字第6148号
原审合议庭成员： 刘海旗、任进、侯占恒
原审结案日期： 2007年3月20日
二审案号： 北京市高级人民法院（2007）高民终字第1688号
二审合议庭成员： 张冰、钟鸣、刘晓军
二审结案日期： 2007年12月7日

判决要旨

被告提供的证据能够证明其销售的"帅克胶囊"具有合法来源并说明了该商品的提供者。

起诉与答辩

原告河南帅克制药有限公司（以下简称帅克公司）诉称：我公司是"帅克"文字及图组合商标的所有人。被告北京美轻松生物技术有限公司（以下简称美轻松公司）在其销售的标有"美国华纳制药公司"生产的"帅克胶囊"产品上突出使用我公司商标中的"帅克"二字，被告作为美国华纳制药公司在亚太地区中国大陆区域独家代理商，对销售涉案侵权产品存在明知和应知的情况，主观过错明显，侵犯了我公司的注册商标专用权。上海靖安保健食品有限公司（以下简称靖安公司）未经许可进口"帅克牌"鲨鱼胶囊，并销给美轻松公司，实施了共同侵权。鉴于北京市第一中级人民法院依法送达美国华纳制药公司诉讼文书后查无结果，美国华纳制药公司能否作为诉讼主体无法确定，我公司放弃对美国华纳制药公司的起诉，并请求法院判令：1. 两被告美

轻松公司与靖安公司停止销售"帅克胶囊";2. 被告美轻松公司赔偿我公司经济损失1 000万元。

被告美轻松公司辩称:1. 原告起诉程序不合法,原告原以我公司与美国华纳制药公司共同侵权,要求我公司与该公司一起向原告承担连带责任。后原告又撤回对该公司的起诉,我公司认为该公司是本案的关键当事人,既然原告不再诉美国华纳制药公司,关键事实不得而知,法院应当驳回原告的起诉。2. 我公司销售的"帅克胶囊"源自靖安公司,手续合法,有报关单、卫生检疫证书、卫生部的批准文书、产品说明书、产品生产证明、产品销售证明等全部文件,我公司销售合法商品没有过错,依法不应承担侵权赔偿责任。3. 原告诉称我公司是"帅克胶囊"在中国大陆地区的总代理完全不是事实,"帅克胶囊"的产品制造商美国华纳制药公司在中国有其自身的销售体系。我公司只是靖安公司的下游购货人之一,不是总代理。4. 我公司不具有侵权的主观过错,产品使用的商标与包装均由生产厂家决定,是否侵犯了他人的注册商标专用权我公司主观上无从知晓。综上,我公司请求驳回原告的全部诉讼请求。

被告靖安公司经本院公告送达起诉书副本、证据、开庭传票及其相应诉讼文书后,在公告答辩期间没有应诉。

原审查明事实

原审法院查明:上海市工商行政管理局档案馆出具的"档案机读材料"显示:被告靖安公司的企业注册号为3102262014120,住所地为上海市奉贤区金汇镇金钱公路2013号,法定代表人为刘惠琪,注册资金为人民币50万元,经营期限为2001年3月30日至2016年3月29日,年检情况为2005年通过。

"帅克"文字及图组合商标的原始权利人为河南省健达制药厂,注册有限期限为1996年6月28日至2006年6月27日,核定使用商品为第5类:人用药,商标注册证号为第850168号,注册有效期限为1996年6月28日至2006年6月27日。2002年1月10日,原告从河南省健达制药厂处受让取得该注册商标。原告提交的河南省工商行政管理局《关于认定河南省著名商标的通报》及所附《河南省著名商标名单》显示:2001年7月31日,河南省工商行政管理局认定的157件河南省著名商标名单中"帅克"商标列在其中。美轻松公司对此不持异议。

为证明被告实施了侵权销售行为,原告提交了两件0.45g×6粒、一件0.45g×1粒的盒装"帅克胶囊"产品实物、美国华纳制药公司授权美轻松公司为"帅克胶囊"中国大陆地区独家代理的《授权委托书》、被告美轻松公司授权赵美芸为"帅克胶囊"独家代理的《帅克胶囊授权委托书》、国家工商行政管理总局《关于"帅克"有关问题的批复》。其中，产品实物的包装盒正面标有："Shark 帅克胶囊"字样，"Shark 帅克"文字做了突出标注，在"帅克"二字右上角注有"R"商标注册标记，另注有"美国华纳制药公司 WARNER HEALTH PRODUCTS. INC."、"美国原装进口"等文字，左上角标有"保健食品，卫食健字（1999）第 0049 号"，左下角标有钢印"河北专卖 41220030101"等字样，背面显示：生产企业为美国华纳制药公司，中国总代理为美轻松公司，盒盖一侧注有："此包装只限于中国地区使用"的字样。另两盒只是没有钢印"河北专卖 41220030101"等字样，"帅克"二字右上角注有"TM"标记。三件包装盒的全部封签均标有美国华纳制药公司"M 及图"的标识。国家工商行政管理总局《关于"帅克"有关问题的批复》内容为"河南省工商行政管理局：……根据你局来函及所附材料，美国华纳制药公司在其生产销售的具有疗效功能的胶囊商品外包装上突出使用'帅克'字样，与第 850168 号注册商标近似，且其商品与第 850168 号注册商标核定使用的商品类似，其行为属于《商标法》第五十二条第（一）项所述的商标侵权行为。二〇〇四年十二月二十七日"。

原告称，后三份证据源自河南省工商行政管理局，但三份证据并无文档出处。被告美轻松公司对包装盒予以认可，并表示是从靖安公司进的货，该产品只在河南省与河北省销售过。同时，认可国家工商行政管理总局《关于"帅克"有关问题的批复》事实，并称自 2004 年 12 月后其已停止销售，对《授权委托书》和《帅克胶囊授权委托书》的真实性不予认可，并表示其并非"中国独家代理商"，为此美轻松公司出示了盖有靖安公司红色印章出处的美国华纳制药公司授权靖安公司为其驻中国的办事机构和授权北京奥德曼特科技有限公司为"帅克鲨鱼软股份胶囊"中国大陆地区独家代理商的《授权书》、《关于美国华纳公司授权代理问题的郑重声明》、2002 年 2 月 10 日美国宝宁顿企业有限公司杭州办事处与美国华纳制药公司签订的《产品销售权转让协议》原件及 2005 年 11 月 20 日美国华纳制药公司亚太区总裁信函，用以证明美轻松公司并非美国华纳制药公司唯一一家"帅克胶囊"代理公司。其中《关于美国华纳公司授权代理问题的郑重声明》内容为："美国华纳制药公司近期发现在中国大陆地区市场出现所谓的'授权北京美轻松生物技术公司为美国华纳制药公司为帅克胶囊（卫食健字（1999）第 0049 号）亚太区域独家代理'之事件。本公司郑重声明：1. 北京美轻松生物技术公司不是美国华纳药公司'帅克胶囊'（卫食健字（1999）第 0049 号）亚太区独家代理，本公司的'帅克胶囊'在中国大陆地区并非以独家代理的方式，本公司不认可北京美轻松生物技术公司的独家代理资格。2. 上述独家代理资格的相关文书上的印鉴不是本公司所加盖和签署，本公司对此概不负认可责任。上述混淆视听的行为损害了本公司的权益，本公司保留追加行为人相关责任之权利。特此证明。声明人：美国华纳制药公司（WARNER HEALTH PRODUCTS. INC U. S. A. 红色印章），二〇〇五年九月六日。"原告称上述证据源自域外主体美国华纳制药公司，未经域外证据公证认证，不符合证据要求。美轻松公司称上述证据是从靖安公司处取得的。

美轻松公司为证明其销售"帅克胶囊"时已经尽到了销售者所应尽到的合理注意义务，美轻松公司向本院提交了出处显示盖有靖安公司红色印章的 1. 浙江省粮油进出口股份有限公司《企业法人营业执照》、2004 年 7 月 7 日美国华纳制药公司亚太区总裁信函、靖安公司与浙江省粮油进出口股份有限公司《进口代理协议》；2. 两期次的《中华人民共和国海关进口货物报关单》（以下简称《报关单》）、《中华人民共和国出入境检验检疫卫生证》（以下简称《检疫证》）、靖安公司给美轻松公司出具的发票；3. 国家卫生部的《进口保健食品批准证书》。上述证据中 1. 信函内容为：致有关部门及各经销单位：浙江省粮油进出口股份有限公司是美国华纳制药公司产品进口中国的代理机构，主要负责产品进关、报关、送检等相关事宜。特此说明。美国华纳制药公司亚太区总裁 GENE SU 2004 年 7 月 7 日（WARNER HEALTH PRODUCTS. INC U. S. A. 印章）。美轻松公司认为该证据同时证明美国华纳制药公司的"帅克胶囊"在中国的经销商不只美轻松公司一家；2. 2004 年 4 月 20 日的《报关单》载明：收货单位为浙江省粮油进出口股份有限公司，运输方式为航空，合同协议号为 I/2076U，商品名称为"帅克胶囊"，数量及单位为 28 千克，包装种类为纸箱，原产国（地区）为美国，单价为 15 美元，总价为 420 美元，申报单位为浙江中大（集团）国际货运公司，海关审单批注及放行日期为 2004 年 4 月 20 日。2004 年 4 月 6 日的《检疫证》载明：数量/重量为 28 千克，包装种类及数量为 5 纸箱，产地为美国，合同协议号为 I/2076U，运输工具为空运，检验日期为 2004 年 4 月 6 日，检验检疫结果："该批美国进口的帅克胶囊经卫生学检查，符合我国有关保健食品卫生要求，包装规格为'散装'，生产日期 2004 年 3 月 1 日，保质期 2 年"，签证日期为 2004 年 4 月 6 日。2004 年 4 月 15 日的靖安公司发票显示：购货单位为美轻松公司，品名规格为"帅克胶囊"，价值为 3 200 元（人民币），无数量单价显示；2004 年 9 月 16 日的《报关单》载明：收货单位为浙江省粮油进出口股份有限公司，合同协议号为 I/2081U，商品名称为"帅克胶囊（鲨鱼软骨）"，数量及单位为 85 千克，包装种类为纸箱，原产国（地区）为美国，单价为 15 美元，总价为 1 275 美元，申报单位为浙江报关行，海关审单批注及放行日期为 2004 年 9 月

16日。2004年9月13日的《检疫证》载明：数量/重量为85千克，包装种类及数量为10纸箱，产地为美国，合同协议号为I/2021U，运输工具为海运集装箱，检验日期为2004年9月7日，检验检疫结果："该批进口帅克胶囊，规格：0.45×6/盒，生产日期：2004年7月1日，保质期2年，经卫生学检疫，所检项目符合中华人民共和国食品卫生要求"，签证日期为2004年9月13日。2004年4月15日的靖安公司发票显示：购货单位为美轻松公司，品名规格为"帅克胶囊"，价值为10 000元（人民币），无数量单价显示。原告指出后一批次《报关单》与后附的《检疫证》上的"合同号"和"运输方式"不一致，说明靖安公司先后不只进口两批次；3.《进口保健食品批准证书》显示：产品名称为帅克鲨鱼骨粉胶囊（NU-Trend Shark Cartilage），生产企业为美国华纳制药公司（WARNER HEALTH PRODUCTS. INC），批准文号为卫食健进［999］第0049号，批准日期为1999年6月30日，保健功能为免疫调节，功效成分（或主要原料）及含量为每粒含：鲨鱼软骨粉250mg、总皂甙（以人参皂甙计）2.5mg，主送单位为美国宝宁顿企业有限公司杭州办事处。该证书下方盖有"中华人民共和国卫生部"印章，后附有产品说明书。美轻松公司认为该证据说明原告的商标核定使用的商品是"人用药"，不是保健品，原告的商品与美轻松公司的商品不属于相同或类似种类。原告反驳称《类似食品和服务区分表》表明人用药与保健食品类似。《类似食品和服务区分表》显示，第五类0501药品等与0502医用营养品，其中人用药050328被认为与0502医用营养品类似。另外，原告表示上诉证据显示进口货品为散装，没有包装盒，证明销售时的包装应该源于被告。美轻松公司反对称，其从靖安公司进的都是带包装盒的货品，是靖安公司印制的包装盒，我公司与靖安公司只是购销关系，我公司从不负责包装或分装。

美轻松公司为证明美国华纳制药公司申请了"华纳帅克"文字商标，提交了工商行政管理总局商标局的《注册商标受理通知书》、《商标档案》，上显示"华纳帅克"文字商标的申请人为美国华纳制药公司，申请日为2003年8月5日。

原告为证明其主张索赔额1 000万元事实成立，提交了如下证据：1. 美轻松公司委托北京市价格认证中心于2004年5月12日对"帅克胶囊"的批发价格、零售价格作出的《价格认证结论书》，结论是"帅克胶囊"450mg×1粒×10盒，批发价格为230元、零售价格为280元；450mg×6粒，批发价格为118元、零售价格为138元。并注明："以上价格认证，仅对本次委托有效。" 2. "帅克胶囊"在《燕赵晚报》（河北）、《齐鲁晚报》（山东）、《现代快报》（江苏）、《大河报》（河南）等媒体上的产品广告，且广告均显示该产品在药店出售，在《大河报》上的广告显示有价格138元/盒，优惠99元/盒的宣传，上述广告均未注明广告主。美轻松公司均不予认可。原告为通过广告投入推算"帅克胶囊"销售额，还提交了网上查询的上述各报刊广告报价的公证书证。3. 有关诉讼支出部分，原告当庭表示索赔额1 000万元的请求包括了为诉讼支出的合理费用。其提交的2005年购买"帅克胶囊"的购货发票均非美轻松公司印章。

原审审理结果

原审法院认为：原告作为"帅克"文字及图组合商标的注册商标专用权人，对该商标享有禁止他人未经许可，在同一种或者类似商品上使用与其注册商标相同或近似的商标的权利。参照国家工商行政管理总局商标局的《类似食品和服务区分表》，将第五类0501药品等与0502医用营养品对比，其中人用药050328被认为与医用营养品0502类似。原告该注册商标的核定使用范围为人用药，被告的"帅克胶囊"属于健康保健食品，该产品的广告表明产品销售场所为药店，据此本院认定"帅克胶囊"产品与原告注册商标核定使用的商品构成类似。原告提供的"帅克胶囊"包装盒显示"帅克"二字被作为商标标识使用，经将原告商标标识与被告的"帅克"比较，原告的"帅克"是其商标显著性区别特征所在，该包装盒上的"帅克"已构成与原告商标的近似，尽管"Shark"本意是"鲨鱼"，译音与帅克近似，但其译音汉字选择并不仅限于"帅克"二字，该包装有意突出以商标形式在近似商品上使用"帅克"二字，足以导致与原告商品来源的混淆，对此本院予以认定。

鉴于靖安公司无正当理由拒不到庭应诉，懈怠行使其诉讼权利与义务，本院得依据现有到案证据对与其相关的事实作出判定，由此带来的可能的不利后果由其自负。

本案原告指控的是被告知晓"帅克"商标是其注册商标而故意销售"帅克胶囊"的行为，被告美轻松公司辩称其不知晓原告商标，且尽到了销售者合理的注意义务，不同意承担民事赔偿责任。依照我国《商标法》第五十六条第三款的规定，销售不知道是侵犯注册商标专用权的商品，能证明该商品是自己合法取得并说明提供者的，不承担赔偿责任。该规定确定了销售者可以免除赔偿责任所应具备的三项法律要件。

因美轻松公司对其销售"帅克胶囊"的事实予以认可，本院予以确认。根据美轻松公司提供的源自靖安公司的浙江省粮油进出口股份有限公司《企业法人营业执照》、《进口代理协议》、《报关单》、《检疫证》、发票、《进口保健食品批准证书》等证据，可以证明：1. 浙江省粮油进出口股份有限公司作为靖安公司"帅克胶囊"货品的进口代理商,其实施的进口行为是靖安公司的进口行为。2. 美轻松公司的货品来源于靖安公司。3. 美轻松公司作为"帅克胶囊"保健品销售者尽到了应有的合理注意义务。本院认定美轻松公司完成了"该商品是自己合法取得"的证明责任并说明了提供者。在有关美轻松公司是否知晓"帅克"商标是原告的注册商标这一待证事实方面,原告提供的证据仅限于《关于认定河南省著名商标的通报》、《河南省著名商标名单》、《关于"帅克"有关问题的批复》,2005年购货票据等证据,上述证据能够证明原告的"帅克"商标于2001年在河南省地区已经具有一定的知名度,2004年12月曾有受法律保护记录,然而,商标知名度事实属于动态事实,2001年有一定的知名度,至2004年是否持续知名仍需证据予以佐证,在持续知名和不再知名的可能性并存的情况下,该事实处于不确定的待证状态,原告没有证明2004年其商标仍具有一定的知名度,本院也未看到这方面的证据,无法推定美轻松公司销售涉案产品期间知晓原告的"帅克"商标,原告本诉讼提起的是2004年发生的侵权争议,2004年12月受保护记录不能作为推定美轻松公司应当知晓原告"帅克"商标的事实依据。原告提交的2005年购买"帅克胶囊"的票据显示并非美轻松公司所售,也不能认定美轻松公司于2004年12月以后明知"帅克"是其注册商标仍予销售的事实。

综上原告主张美轻松公司明知和应当知晓"帅克"是其注册商标的事实不能成立,其请求由美轻松公司承担民事赔偿责任,本院不予支持。

根据盖有靖安公司红色印章的关于美国华纳制药公司授权其为驻中国办事机构的《授权书》可以证明靖安公司的这一特定身份,因盖有靖安公司印章属于其自认证据,本院予以认定,靖安公司作为"帅克胶囊"的进口商是将产品带入市场的最初进货人,对进口货品标识的使用理当有着严于美轻松公司的审查注意义务。原告的包装盒实物显示"帅克"二字被以商标方式使用,靖安公司应当具有该方面注意能力,并应向美国华纳制药公司索取相应的商标注册资料,本案没有证据显示靖安公司尽到该审查注意义务,对此本院予以确认。

《检疫证》载明28千克的货品为散装,85千克的货品为0.45g×6粒的盒装,且与涉案0.45g×6粒的盒装产品实物标量相吻合,由此本院认定85千克的货品进口时有包装盒,且应为涉案包装盒,根据涉案包装盒所示,盒体注明"美国原装进口"、"此包装只限于中国地区使用"、制造商为美国华纳制药公司、封签为该公司"M及图"的标识,在无确凿证据证明该包装为美轻松公司设计制作,且为其所有的情况下,应认定该包装属于美国华纳制药公司,尽管盒中均注明中国总代理为美轻松公司,但仅凭此不能判定美轻松公司是该包装设计制作人或所有人。28千克货品为散装，现本案尚无直接证据证明谁是该货品的包装或分装人，美轻松公司不承认其购进过散货，由此不能排除靖安公司实施了包装或分装行为。靖安公司实施进口销售"帅克胶囊"的行为；美轻松公司实施从靖安公司处经销"帅克胶囊"行为，构成《商标法》第五十二条第（一）、（二）项规定予以禁止的行为，侵犯了原告依法享有的注册商标专用权，靖安公司理应承担停止侵权、赔偿损失的民事责任，美轻松公司理应承担停止侵权的民事责任。原告要求美轻松公司、靖安公司停止侵权，本院准予，鉴于其未要求靖安公司承担赔偿责任，本院不予考虑。

原告主张确认美轻松公司为"帅克胶囊"独家代理商事实意在为求偿索赔数额考虑，因不予支持，本院不再赘评。

原告依据商标法起诉被告实施侵权销售，放弃对美国华纳制药公司的起诉，并无不可，被告美轻松公司请求据此驳回原告起诉，理由不成立。

综上所述，依照《中华人民共和国民事诉讼法》第一百三十条；《中华人民共和国商标法》第五十二条第（一）、（二）项、第五十六条第三款之规定，本院判决如下：

一、本判决生效之日起，被告北京美轻松生物技术有限公司停止销售含有"帅克"字样的"帅克胶囊"产品、上海靖安保健食品有限公司停止进口和销售含有"帅克"字样的"帅克胶囊"产品；

二、驳回原告河南帅克制药有限公司的其他诉讼请求。

帅克公司不服原审判决，提起上诉，请求变更原审判决第二项，判令美轻松公司赔偿帅克公司经济损失人民币1 000万元。其主要理由是：1. 在2004年12月27日国家工商行政管理总局商标局《关于"帅克"商标有关问题的批复》（商标案字〔2004〕第221号）确认其侵权后，美轻松公司依然大规模做广告并销售"帅克胶囊"，直到2006年卫生部查处时仍然在销售，因此美轻松公司是在明知其侵犯帅克公司商标权的情况下仍然从事继续销售行为。2. 2003年11月18日美国华纳制药公司授权美轻松公司为其"帅克胶囊"中国大陆地区独家代理，国内销售的"帅克胶囊"外包装和说明上均载明此事项，帅克公司也没有在市场上发现印有其他主体为中国总代理的"帅克胶囊"，而且美轻松公司出具的美国华纳制药公司授权靖安公司和北京奥德曼特科技有限公司的授权书不能证明这两家公司也是中国区总代理。因此美轻松公司作为美国华纳制药公司的中国区总代理应当向其索取相应的商标注册资料并审查，美轻松公司没有尽到此种义务，应推定其明知是侵犯商标权的商标而从事销售。3. 美轻松公司系"帅克胶囊"中国区总代理，但其并未提供直接从美国华纳制药公司进口该商品的证据，而且该商品进口时系散装，也不能证明其从靖安公司购买的是带有包装盒的商品；同时，帅克公司购买的"帅克胶囊"的生产日期与进口商品的生产日期并不一致，另外，进口的商品为六粒装，美轻松公司销售的商品除六粒装外还有一粒装。因此，美轻松公司销售"帅克胶囊"并不能说明合法来源，应当承担相应的赔偿责任。

美轻松公司和靖安公司服从原审判决。

二审查明事实

二审法院查明的事实与原审相同。

二审审理结果

二审法院认为：帅克公司作为"帅克"文字图形组合商标的注册商标专用权人，对该商标享有禁止他人未经许可，在同一种或者类似商品上使用与其注册商标相同或近似的商标的权利。

被控侵权商品"帅克胶囊"系保健食品，与帅克公司的"帅克"注册商标核定使用的人用药品商品在功能、用途、生产部门、消费对象、销售渠道方面相同或者类似，因此构成类似商品；被控侵权商品"帅克胶囊"将"帅克"作为商标使用并标有商标标记，而"帅克"系帅克公司注册商标的核心部分，因此被控侵权商品"帅克胶囊"属于我国商标法规定的侵犯帅克公司注册商标专用权的商品。

我国《商标法》第五十六条第三款规定，销售不知道是侵犯注册商标专用权的商品，能证明该商品是自己合法取得并说明提供者的，不承担赔偿责任。

帅克公司并未直接从美轻松公司处购买过被控侵权商品"帅克胶囊"，帅克公司也并无美轻松公司在国家工商行政管理总局商标局确认"帅克胶囊"为侵权商品后仍从事销售行为的证据，帅克公司所提供的"帅克胶囊"广告也不能证明是美轻松公司发布的，因此帅克公司关于美轻松公司明知"帅克胶囊"为侵权商品后仍从事广告和销售行为的上诉主张缺乏依据，本院对此不予支持。

美轻松公司提供了其从靖安公司处购买"帅克胶囊"的发票，同时还提交了由靖安公司盖章并证明上述商品系从美国进口的有关手续，这些证据能够证明美轻松公司销售的"帅克胶囊"具有合法来源并说明了该商品的提供者。至于包装盒和相关授权书上说明美轻松公司系"帅克胶囊"商品中国区总代理一节，美轻松公司提供的证据能够证明所谓中国区总代理存在多家，而且美轻松公司并非直接从美国华纳制药公司购买"帅克胶囊",因此其既无能力也无义务对"帅克胶囊"是否侵犯他人注册商标专用权进行审查,因此帅克公司关于美轻松公司作为"帅克胶囊"商品中国区总代理没有对该商品是否侵权尽到审查注意义务的上诉主张缺乏事实和法律依据,本院不予支持。

由于"帅克胶囊"从美国进口到国内后经过多次转手,美轻松公司仅仅为其中一个环节的销售商,在靖安公司未出庭应诉,帅克公司无充分证据证明美轻松公司实际设计、印制该包装盒的情况下,仅凭"帅克胶囊"包装盒上的生产日期与进口商品的生产日期不一致、进口商品部分为散装而帅克公司实际购买到的商品均有包装盒、商品规格不一致等情况尚不足以认定美轻松公司存在明知该商品为侵权商品而销售的事实,因此帅克公司关于美轻松公司明知是侵权商品仍销售"帅克胶囊"且无法说明合法来源故应当承担赔偿责任的上诉主张依据不足,本院对此不予支持。

综上,原审判决认定事实清楚,适用法律正确,应予维持。上诉人帅克公司所提上诉理由缺乏事实和法律依据,对其上诉请求本院不予支持。依照《中华人民共和国民事诉讼法》第一百五十三条第一款第(一)项之规定,判决如下:

驳回上诉,维持原判。

一审案件受理费人民币60 010元,由北京美轻松生物技术有限公司负担人民币1 010元,由上海靖安保健食品有限公司负担人民币9 000元,由河南帅克制药有限公司负担人民币50 000元;二审案件受理费人民币60 010元,由河南帅克制药有限公司负担。

27. 侵犯"全脑"系列商标专用权及不正当竞争纠纷案

——北京全脑教育研究院诉昆明精英特科技开发有限公司、
北京百度网讯科技有限公司

原告： 北京全脑教育科学研究院
被告： 昆明精英特科技开发有限公司
被告： 北京百度网讯科技有限公司
案由： 侵犯商标专用权及不正当竞争纠纷

一审案号：北京市海淀区人民法院（2007）海民初字第7134号
一审合议庭成员：靳学军、杨德嘉、王海霞
一审结案日期：2007年12月7日

判决要旨

尽管原告取得了某一文字的商标专用权，但商标专用权的产生并不意味着该文字原有含义的消灭，原告不应借此排除他人在说明或描述自己有关产品、服务的内容、性质时，对相关文字原有的文字含义进行正当使用。被告选择该文字参加竞价排名，亦属于为了说明、描述其网站、产品和服务而对该文字特定文字含义所进行的正当使用。

起诉与答辩

原告北京全脑教育科学研究院（以下简称全脑研究院）诉称：全脑研究院成立于2001年12月26日，主要经营业务为速读软件开发及速读培训。2002年5月20日，全脑研究院有偿受让了北京青年能力训练中心在第41类上注册的"全脑速读QNSD"注册商标。2003年，全脑研究院经国家工商行政管理总局商标局核准注册取得包括第41类在内的"全脑"系列商标。全脑研究院取得商标专用权后投入了大量的推广宣传，在业内取得了较高的知名度。昆明精英特科技开发有限公司（以下简称精英特公司）成立于2004年9月2日，该公司在未经全脑研究院许可的情况下，擅自使用"全脑"文字标识作为服务标志，将其网站（www.jint.cn，以下简称精英特网）首页名称栏冠以"精英特全脑速读记忆网"，通过该网站提供速读服务。精英特公司还设立、操控"中国全脑学习网"、"启点全脑学习网"、"阳光速读记忆网"、"可优可速读记忆网"等网络平台，大量使用"全脑"、"全脑速读"等文字作为其网站名称、栏目名称、标题名称并进行软件、书籍销售等行为。同时，该公司还将"全脑速读"等文字作为关键词在北京百度网讯科技有限公司（以下简称百度公司）进行搜索竞价排名，从事广告推广。百度公司利用全脑研究院的商标向全脑研究院的同行业经营者开展的竞价收费行为，造成了公众对商品来源的混同与误认，直接扩大了精英特公司侵权行为的不良影响及所造成的经济损失。精英特公司与百度公司的行为侵犯了全脑研究院的注册商标专用权，同时构成擅自使用全脑研究院知名商品特有名称、包装、装潢和企业名称的不正当竞争，二者应当承担连带赔偿责任。故请求判令：1. 精英特公司立即停止在其网站及各类宣传上对"全脑"、"全脑速读"注册商标专用权的侵害和不正当竞争行为；2. 百度公司立即停止发布"全脑速读"等关键字百度搜索竞价排名的网络广告；3. 精英特公司与百度公司在其网站首页位置，《人民法院报》或《知识产权报》上向全脑研究院公开道歉，消除影响；4. 精英特公司与百度公司共同赔偿全脑研究院为调查和制止侵权已经支付的公证费、律师费等共计4 140元。

被告精英特公司辩称：第一，国家商标局批准"全脑速读 QNSD"商标时，已在商标证上载明了"速读"放弃专用的备注，对该商标限制了专用权，全脑研究院真正享有专用权的仅是"全脑 QNSD"。全脑研究院应对其商标作整体使用，不能以其中部分字词来限制他人的使用。第二，精英特公司未大量使用"全脑"和"全脑速读"文字。精英特公司商品的服务标志是"蓝色小海豚"图像和"精英特"三个汉字，未使用过"全脑"商标标识。精英特公司的经营活动不包括软件销售、书籍销售；只是2006年7月初与全脑速读资深教师李春树老师有过面授合作，但未成功，一个月后就结束了。精英特网首页真正名称是"精英特速读记忆专业训练网"，网页中基本没有"全脑"、"全脑速读"的文字，有少量叙述性的文字，但未突出使用。精英特公司从未参与"全脑"关键词的竞价。第三，"全脑"系商品通用名称。精英特公司使用"全脑"和"全脑速读"只是叙述性、功能性的使用，不是商标意义上的使用。全脑研究院无权禁止精英特公司正当善意使用该词。第四，精英特公司与全脑研究院的商品除了在原理上都是全脑开发外，其他均有显著不同：商标标识不同，全脑研究院没有真正使用其注册商标"全脑"、"全脑速读 QNSD"，其在宣传广告、网站上使用的都是"JS"商标；商品外壳包装及图形设计存在明显区别；服务商品来源及推广网络平台不同。第五，精英特公司使用"全脑速读"关键词参与百度公司竞价排名是基于市场经济规则，不构成不正当竞争。

被告百度公司辩称：百度公司的竞价排名服务对关键词的使用是技术层面上的，不属于商标使用，不会导致用户对全脑研究院及精英特公司之间的误认。百度公司的竞价排名不是广告服务，不存在广告审核义务。全脑研究院的商标是该行业的通用科学名词，精英特公司对于"全脑"的使用是叙述性的使用，不构成商标侵权。百度公司已向国家工商行政管理总局商标评审委员会（以下简称商标评审委员会）申请撤销全脑研究院的商标，并获得了受理。百度公司已经停止向精英特公司提供搜索竞价排名服务，没有主观过错，不应当承担任何侵权责任。

一审查明事实

一审法院查明：

1. 关于"全脑速读 QNSD"与"全脑"商标。

"全脑速读 QNSD"（左侧为"全脑"，右侧上方为"QNSD"、下方为"速读"）商标原注册人为北京市青年能力训练中心，注册号为1299817，核定服务项目为第41类函授课程、教育、培训，有效期限为1999年7月28日至2009年7月27日，其中"速读"放弃专用。该商标于2002年5月20日由全脑研究院受让。

全脑研究院与北京核心力教育科学研究院（以下简称核心力研究院）为"全脑"商标的共同商标权人。该商标注册号为3266228，核定服务项目为第41类组织竞赛（教育或娱乐）、组织教育或娱乐竞赛、安排组织培训班、安排组织大会、图书出版、课本出版、书籍出版、录像带发行、俱乐部服务（娱乐或教育）、在线电子书籍和杂志的出版、提供在线电子出版物（非下载），有效期限为2004年8月28日至2014年8月27日。

2007年3月5日，商标评审委员会受理了百度公司对第1299817号"全脑速读 QNSD"和第3266228号"全脑"商标的评审申请。

本案诉讼过程中，核心力研究院作出书面声明，表示放弃其在本案中对"全脑"共有商标的诉权，由全脑研究院行使全部权利。

2. 关于涉及"全脑"的科研课题和书籍、文章。

与"全脑"有关的科研课题有：

教育部全国教育科学规划领导小组办公室批准的"全脑教育研究与实验"课题，批准函号为教科规办函〔2002〕16号。

中国教育学会的"十五"科研课题"全脑功能开发与创新思维训练"，批准函号为中教学会函〔2002〕3号。

2002年8月18日，全国教育科学"十五"规划研究课题"全脑教育研究与实验"总课题组批准北京思利华教育研究中心申报的"全脑速读记忆训练"子课题，该课题被列为"全脑教育研究与实验"的重点子课题。

2005年6月16日，教育部全国教育科学"十五"规划课题"全脑教育研究与实验"总课题组、中国教育学会"十五"科研课题"全脑功能开发与创新思维训练"总课题组共同认定台湾御瑄意识开发有限公司引进的艾登泰勒博士研发的教材《全脑开发大师》，可以作为全脑功能开发的若干途径之一，与教育系统全脑功能开发的各种手段结合起来使用。

2005年7月26日，全国教育科学"十五"规划研究课题"全脑教育研究与实验"总课题组核准北京清大教科文化传播有限公司（以下简称清大公司）申报的"全脑多元智能训练"课题，作为"全脑教育与实验"的子课题。清大公司的授权书显示，美国哈佛教育集团公司于2004年9月1日授权清大公司行使"美国哈佛教育集团公司中国执行总部"的权力，在中国大陆成立"清大学堂全脑开发与学习加盟事业（中国）总部"。

2005年10月26日，辽宁省教育学会对"全脑功能开发与创新思维训练"课题出具了"课题鉴定意见"，认为该课题"以现代脑科学、思维科学、心理学、教育学等为理论依据，给全脑教育下了一个比较科学的定义，从四个方面概括了全脑教育的内容，构建了全脑教育的理论体系和操作系统……有利于进一步认识和揭示人脑思维的规律和思维发展的规律，依据规律在教育教学过程中采用相应的内容、形式、方法、手段，训练学生的思维……"该学会在致中国教育学会的函中表示，该课题经研究与实验，已完成任务，通过专家组鉴定，同意结题。

2006年4月24日，中国教育学会还将中国管理科学研究院教育科学研究所申报的"全脑教育与魏书生教育革新"课题列为该学会"十一五"科研课题。

中国管理科学研究院教育科学研究所网站（www.cnjks.com）显示，国家教育学会"全脑研究与实验"权威机构有：专家顾问委员会；学术委员会及其下设的全脑教育专业委员会、全脑教育与魏书生教育革新专业委员会、全脑学前教育专业委员会等五个专业委员会；"IBI"全国全脑教育理事会。

此外，国内外对于"全脑"速读与学习已有长期的研究和相应的成果，并相继有诸多书籍和文章予以出版和发表。书籍方面，包括：1998年2月经济管理出版社出版的［美］赫曼著、宋伟航译的《全脑革命》；1998年12月中国标准出版社出版的由顾建华、程汉杰主编的《超级全脑速读》；1999年1月中国民航出版社出版的吕武平主编的《全脑速读记忆》；人民教育出版社出版的《李岚清教育访谈录》；中国人民大学出版社出版的［美］奈德·赫曼著、宋伟航译的《全脑优势》；中国民航出版社出版的王华斌教授著的《全脑超能学习风暴》；东方出版社出版的李波著的《全脑通全速学习法》等。文章方面，有《中国科技信息》于 1999 年 10 月 1 日刊载的《面临产业化的全脑速读技术》、《宁夏教育》于 1997 年 7~8 月第 75 页刊载的刘建盛撰写的《让孩子用"全脑"来学习》、中国期刊全文数据库收录的 1995 年 12 月刊登于《中国电化教育》由王家媛撰写的《谈运用全脑学习》等。

上述科研课题、书籍和文章均涉及开发左右脑，进行全脑教育，发挥大脑潜能，训练全脑阅读，以及提高阅读速度和记忆水平等内容。

3. 关于精英特公司的商品及网站宣传

精英特公司开发制作有"精英特超级速读记忆训练软件"（以下简称精英特软件），由电子工业出版社出版发行。该软件的包装盒、使用手册、宣传画报以及软件光盘中均载明精英特公司的名称，并使用蓝色卡通海豚图标（以下简称海豚图标），未出现"全脑"或"全脑速读"字样。"精英特"三字配以海豚图标的商标已于 2006 年 8 月 10 日获得注册申请受理。

2006 年 8 月 15 日，精英特公司与李春树订立《合作协议书》，约定精英特公司组织制作、发行、推广李春树主讲的全脑速读记忆等相关视频教学产品，并推出《精英特全脑速读记忆视频培训课程》初、中、高级版本。但该协议于 2006 年 9 月 6 日终止，精英特公司的法定代表人与李春树均签名确认。

2006 年 10 月 24 日，全脑研究院的委托代理人向长安公证处申请证据保全，长安公证处根据保全过程制作了（2006）长证内经字第 8317 号公证书。该公证书显示：登录精英特网，浏览器栏顶端显示"精英特全脑速读记忆训练网——快速阅读训练让您掌握高效读书法、思维导图记忆法！"；首页页面上方标有"精英特速读记忆专业训练网"，其中"精英特"三字与其他文字相比进行了加大加粗，左侧则显示有海豚图标；首页右下方"面授加盟合作"栏目中载有欢迎各企事业单位、个人与精英特共同合作开发全脑速读面授培训，探讨和交流全脑速读相关议程的内容，左下方载有"昆明精英特全脑速读记忆培训专家面授班即将开课！"、"中国全脑速读面授创始人李春树教授亲临授课"字样；点击其下的"查看详情"进入"面授开课"页面，标题为"精英特全脑速读专家授课班即将开课！——全脑速读面授专家李春树教授亲临授课"，内容为有关"全脑速读记忆"训练体系、李春树、"李春树全脑速读"和该授课班的介绍。以上页面中的"全脑"或"全脑速读"在字体、字号等方面均与其所在标题或语句中的其他文字相同。此外，该网站首页下端"友情链接"栏中显示的链接有"启点全脑学习网"、"阳光速读记忆网"等。网页底端注明精英特公司版权所有，网站备案号为滇 ICP 备 05003416 号（备案人为精英特公司）。全脑研究院为此次公证支付公证费 1 120 元。

2007 年 1 月 26 日，全脑研究院的委托代理人向长安公证处再次申请证据保全，长安公证处根据保全过程制作了（2007）长证内经字第 606 号公证书。该公证书显示：登录精英特网，首页页面内容与（2006）长证内经字第 8317 号公证书中的相应内容基本相同，有关论坛显示有"精英特全脑速读记忆论坛于 2006 年 10 月 15 日隆重开张啦"及"欢迎光临精英特全脑速读记忆论坛"等文字。全脑研究院为此次公证支付公证费 1 020 元。

4. 关于百度公司网站的"全脑"、"全脑速读"竞价排名情况。

（2006）长证内经字第 8317 号公证书显示：登录百度公司网站 www. baidu. com（以下简称百度网），在"百度搜索"栏目中键入"全脑"进行搜索，搜索结果页面分为左右两栏，左栏中搜索结果依次为"全脑速读记忆法"（www. qnsd. com）、"全脑速读记忆训练网"（www. ck. jint. cn）、"100 分策略课题组的目标是"（baohulu. com）……右栏中列出三个网站，依次为"清大学堂全脑产品专卖店网"（www. 6334edu. com）、"想提高阅读速度使用 SOSO"（www. soso. net. cn）、"精英特全脑速读记忆训练网"（www. jint. cn）。在"百度搜索"栏目中键入"全脑速读"进行搜索，搜索结果页面分为左右两栏，左栏中搜索结果依次为"想提高阅读速度使用 SOSO 全脑速读的训练教材"（www. soso. net. cn）、"精英特全脑速读记忆训练网"（www. jint. cn）、"全脑速读记忆法"（www. qnsd. com）、"全脑速读记忆训练网"（www. ck. jint. cn）……右栏中列出一个网站，"清大学堂全脑产品专卖店网"（www. 6334edu. com）。

（2007）长证内经字第 606 号公证书显示：登录百度网，点击首页的"企业推广"，在所打开页面的关键词输入框中输入"全脑速读"，点击"查询竞价情况"，在出现的页面中输入图形验证码后，出现的页面结果显示：当前排名第一的网站为"全脑速读使您学习工作生活先人一步胜人一等"，URL 地址 http：//www. tangtech. com. cn/index. html；排名第二的网站为"什么是全脑速读"，URL 地址 http：//www. soso. net. cn/sd_ wd08. asp；排名第三的网站为"精英特全脑速读记忆训练网"，URL 地址 http：//www. jint. cn。以"全脑速读记忆"为关键词进行查询，显示当前排名第一的网站为"当当网正版书《全脑速读记忆》热销中"；排名第二的网站为"精英特全脑速读记忆训练网"，URL 地址 http：//www. jint. cn；排名第三的网站为"全脑学习、家庭教育、企业创新培训权威合作"URL 地址 http：//www. quannaoxuexi. com/index. htm。以"JS 全脑速读记忆"为关键词进行查询，显示当前排名第一名网站为"精英特超级速读训练，js 全脑速读记忆训练"，URL 地址 http：//www. jint. cn。此外，点击"企业推广"页面中的"常见问题"，在出现的页面中点击"关键词的审核标准是什么?",出现的页面显示关键词审核标准有关内容。其中,对于关键字的相关性,百度公司要求"您所提交编辑的关键字必须与自己的网站、产品或服务直接相关。即所指向的页面上有具体描述该关键字的信息",并提醒用户要正确使用商标类关键字,如果提交同行业其他企业已注册的公司名或产品名,除非是这些企业的经销商,否则关键词将会被拒绝。

全脑研究院认可:在百度网中输入关键词"全脑速读",搜索结果中会正常显示全脑研究院的网站,百度公司未对该网站进行屏蔽;百度公司未将"全脑"作为关键词提供竞价服务;百度公司在收到本案起诉状后已停止为精英特公司提供竞价排名服务。

5. 关于其他网站涉及"全脑"、"全脑速读"的情况。

(2006)长证内经字第8317号公证书显示:

通过精英特网的友情链接可进入"启点全脑学习网"(www.ca00.com),该网站首页左上角"启点"标识旁显示有"全脑学习"字样,下端载明"版权所有 Copyright ©2006-2008 启点全脑学习网"、"网站所有:启点全脑学习网","滇ICP备06004756号"(备案人为曹坤);首页"软件下载"栏中列有"精英特全脑速读记忆网络训练"软件;点击首页中的"启点全脑速读记忆培训讲座",进入"启点全脑速读记忆培训讲座之—全脑速读记忆的发展\现且状\优势\(图片介绍)"页面,相关内容以图文形式介绍了全脑速读记忆的有关情况,其中包括精英特速读记忆训练的有关内容;点击首页"今日更新"栏目下的"精英特全脑速读记忆网络训练",所进入的页面显示出"精英特全脑速读记忆网络训练教程软件1.4.100版本"的相关信息和简介。此外,该网站还发布有精英特全脑速读培训专家授课班的新闻,并登载了诸多关于全脑速读、全脑学习、启点全脑学习的文章,如"启点全脑学习之电脑与人脑"、"全脑学习之——学习英语必备条件"等。

通过精英特网的友情链接可进入"阳光速读记忆网"(www.kunk.cn),网页中显示有"精英特淘宝网店"、"精英特全脑速读记忆网"、"启点全脑学习网"、"中国全脑学习网"等链接。该网站登载有多篇介绍全脑速读的文章,网站底端显示版权所有为阳光速读记忆网 www.kunk.cn, ICP备案号为滇ICP备06004912(备案人为曹坤)。

通过"阳光速读记忆网"可进入淘宝网(www.taobao.com)——"淘宝店铺",该店铺销售有全脑速读记忆培训软件、全脑速读记忆丛书、全脑开发丛书等商品,其中包括"全脑速读记忆训练软件——精英特α脑电波版";"店铺最新留言"中有精英特全脑速读记忆训练软件新版本上市通告、内容介绍及免费下载和注册试用账号、密码和相应网站链接等。

通过"启点全脑学习网"中的"拍拍网"链接，可进入"精英特paipai官方店""http：//www.shop.paipai.com/137205345"，相关页面显示有"'精英特全脑速读记忆软件'是你学习工作的有力助手"等字样，且推荐"全脑培训——全脑速读记忆软件教程"及相关软件。

(2007) 长证内经字第606号公证书显示：

通过精英特网的"阳光速读记忆网"链接，可进入"可优可速读记忆"网站（www.kunk.cn）。网站内容涉及全脑速读记忆培训注册、全脑培训诚征合作商、推荐全脑速读记忆软件及丛书、全脑学习淘宝店、全脑学习拍拍店、精英特全脑速读记忆训练项目简介、全脑速读记忆—加盟合作专区、全脑速读记忆训练软件最新版本发布下载、精英特全脑速读记忆培训软件使用指南、如何参加精英特全脑速读记忆网络训练等。网站首页底端载明"CopyRight 2005，可优可速读记忆网"，ICP备案号为滇ICP备06004912号（备案人为曹坤）。

通过精英特网的链接，可进入"中国全脑学习网"（www.qnxx.cn）。该网站设置有"全脑学习文章"、"全脑丛书展示taobao"、"全脑学习论坛"、"全脑丛书展示paipai"等栏目；推荐热门书籍中有《精英特全脑速读记忆》；课程培训类中有"全脑速读"系列文章；图书园地类中有"全脑开发"系列文章，如"全脑丛书之记忆的奥秘大脑的保养（第三章）"等；友情链接中显示有全脑速读记忆网、启点全脑学习网、中国联合网盟、全脑学习论坛等。网站首页底端注明版权所有为中国全脑学习网，ICP备案号为滇ICP备06004756号（备案人为曹坤）。

通过"中国全脑学习网"的"中国联合网盟"链接，可进入地址为http：//135954.eworkway.com/ework/index.aspx的网页。该网页左上角注有"全脑学习"、"阳光全脑学习产品分销平台"字样；页面上设有全脑学习等栏目，并登载多篇有关全脑记忆和全脑速读的文章以及对精英特公司"精英特超级速读记忆训练软件"的介绍；同时设有中国全脑学习网、可优可速读记忆论坛、精英特全脑速读记忆网、启点全脑学习网等网站的链接。该页面底端注明版权所有为"阳光全脑学习"，ICP备案号为京ICP备05021111号。

根据全脑研究院统计，在（2006）长证内经字第8317号公证书中，精英特网、启点全脑学习网、阳光速读记忆网、淘宝网店和精英特paipai官方店的网站名称、栏目名称、论坛名称、软件名称、图文标题以及其他网站的链接等内容，共出现"全脑"、"全脑速读"字样158次；（2007）长证内经字第606号公证书中，精英特网、启点全脑学习网、可优可速读记忆网、中国全脑学习网和中国联合网盟的网站名称、论坛名称、软件名称、图文标题以及其他网站的链接等内容，共出现"全脑"、"全脑速读"字样268次。精英特公司和百度公司对此统计表示认可。

6. 关于全脑研究院的网站及宣传。

全脑研究院曾在2005年第5期的《青年文摘》封底、2005年第7期、第11期《演讲与口才》封面刊登广告进行自身宣传，但除广告词外，仅标注了"JS"商标，并未出现"全脑"或"全脑速读QNSD"商标。

2007年3月1日，百度公司委托代理人向北京市海淀第二公证处申请证据保全，公证处根据保全过程制作了（2007）京海民证字第0666号公证书。该公证书显示：通过百度网搜索关键词"全脑速读"，点击搜索结果中的"素质能力拓展网"，可进入全脑研究院网站中的网页（http://www.js519.com/Student/jsweb/jsIndex.aspx），页面显示有"2007年3月全脑面授课程热报中"、"新全脑学习法"、"全脑UC视频语音课堂隆重登场"、"《全脑速读记忆》网络学习卡温馨提示"、"全脑面授培训精品班火热报名中！"等内容，但未出现"全脑速读QNSD"或"全脑"商标。

全脑研究院因本案支付律师费2 000元。

一审审理结果

一审法院认为：

1. 关于侵犯商标权。全脑研究院通过受让和与核心力研究院共同申请注册的方式，依法成为第1299817号"全脑速读QNSD"和第3266228号"全脑"注册商标的商标权人并享有专用权。虽然百度公司已向商标评审委员会提出撤销上述注册商标的申请，但在未被依法撤销前，全脑研究院就上述商标所享有的权利仍受法律保护。现核心力研究院明确表示不参加本案诉讼，并同意由全脑研究院在本案中行使全部权利，故全脑研究院有权单独就"全脑"和"全脑速读QNSD"商标主张权利。

全脑研究院和精英特公司均从事速读软件开发和速读培训，故双方的商品和服务属于同类。

依据法律规定，未经权利人许可，他人不得在同种商品或者类似商品上使用与注册商标相同或者近似的商标。但是，如果注册商标中含有的本商品的通用名称、图形、型号，或者直接表示商品的质量、主要原料、功能、用途、重量、数量及其他特点，或者含有地名，则注册商标专用权人无权禁止他人进行正当使用。本案中，全脑研究院主张精英特公司在其网站的网站名称、所售软件、图文标题、栏目名称、论坛名称及相关内容等中使用"全脑"或"全脑速读"的行为，以及在百度网使用"全脑速读"参加竞价排名的行为侵犯了其商标权。对此主张，需要从"全脑"和"全脑速读"的含义，精英特公司的使用性质，以及全脑研究院对其商标的使用情况三个方面加以分析：

（1）"全脑"和"全脑速读"的含义。本案证据所涉及的科研课题、书籍和文章等内容表明，在教育、学习领域，我国关于"全脑"的表述至少可以追溯到1995年，有关"全脑速读"的专著也早在1998年已有出版发行，远早于全脑研究院获得"全脑"和"全脑速读 QNSD"商标权的时间。上述课题、书籍和文章中所涉及的"全脑"，通常指左脑和右脑的有机结合，而与"全脑"有关的各种教育或学习方法，其核心均是通过开发、训练和使用左右脑，来提高思维、记忆能力和阅读速度等，故相关教学、记忆和速读等方法被相应地称为全脑教学、全脑记忆和全脑速读等。现已有大量书籍、文章对全脑学习、全脑速读的原理、应用以及训练方法进行详尽的论述，诸多科研课题也对与"全脑"有关的教学方法有着深入的研究。可见，"全脑"和"全脑速读"的表述和概念本身并非全脑研究院所独创，在全脑研究院获得相关商标权之前，其便已具有特定的、被普遍认可和使用的文字含义，即使在全脑研究院获得相关商标权之后，其也仍然在相关领域被广泛使用。因此，尽管全脑研究院取得了"全脑"和"全脑速读 QNSD"在商标意义上的专用权，但注册商标专用权的产生并不意味着相关文字原有含义的消灭，全脑研究院不应借此排除他人在说明或描述自己有关产品、服务的内容、性质时，对"全脑"或"全脑速读"原有的文字含义进行正当使用。

（2）精英特公司的使用性质。就网站而言，精英特公司作为提供速读记忆训练软件和进行全脑速读培训的经营者，在介绍和推广全脑速读方法、速读记忆训练软件和速读培训服务时，对与之相关的"全脑"和"全脑速读"文字加以一定使用当属情理之中。况且，在实际使用当中，精英特公司始终将"全脑"和"全脑速读"作为标题或语句的一般组成部分，以与其他文字相同的字体、字号等形式出现，而未作单独或突出使用，所要表达的也仅是二者原有的、已被广泛知悉和使用的文字含义。同时，精英特公司还在其网站首页显著位置突出标注了"精英特"字样和海豚图标，载明精英特公司版权所有，在其所销售的软件上亦标明"精英特"和海豚图标而未使用"全脑"或"全脑速读"字样，上述标识的加载已使相关公众能够正确判断该网站的归属和相关产品、服务的来源，足以与其他同类网站和经营者相区别，不会造成与全脑研究院及其产品、服务相混淆的后果。可见，精英特公司的此种使用是基于"全脑"和"全脑速读"所具有的文字含义，本质上是对其网站、产品、服务的内容和特点所进行的说明和描述，并不具有区分商品、服务提供者的功能，也不会造成相关公众的混淆或误认，故属于在原有文字含义范围内的正当使用。

而精英特公司参加的所谓竞价排名，是相对于自然排名而言的。在自然排名情况下，网站网页在关键词搜索结果中的排名顺序依搜索引擎服务商设定的排名算法规则形成。在竞价排名的情况下，排名顺序则根据客户就某一关键词的付费情况决定，通常付费越多，其网站网页在该关键词的搜索结果中排名越靠前。本案中，精英特公司以"全脑速读"、"全脑速读记忆"和"JS全脑速读记忆"为关键词参加百度公司的竞价排名，所取得的效果是：相对于其他未购买该关键词的网站，以及精英特网的自然排名，参与竞价排名后，精英特网的网页在上述关键词搜索结果中的排名会更加靠前。全脑研究院就此认为精英特公司侵犯了其商标权。然而，首先需要明确的是，精英特公司所使用的关键词虽然包含有"全脑速读"字样，但并非全脑研究院所主张的"全脑"或"全脑速读QNSD"；其次，精英特公司通过竞价排名改变了其网站网页在搜索结果中的排名，获得更多被关注和点击的机会，其行为本质上属于对其网站及相关产品、服务的一种介绍和推广，而其在进行这种介绍和推广时，不可避免地需要对自己网站、产品和服务的内容、性质加以说明，鉴于精英特网中合法地包含有与"全脑速读"相关的文字，且该公司所提供的产品和服务均与教育培训意义上的"全脑速读"有着紧密联系，故其在竞价排名关键词中对"全脑速读"的使用仍然是对其网站内容、产品和服务所作的描述性使用；再次，在使用"全脑速读"原有文字含义参与竞价排名的同时，精英特公司还在其网站首页 http://www.jint.cn 的网页描述中标明了"精英特"字样，明确了该网站的归属和来源，避免了与全脑研究院的网站、产品和服务造成混淆或误认的可能。可见，精英特公司选择上述关键词参加竞价排名，亦属于为了说明、描述其网站、产品和服务而对"全脑速读"特定文字含义所进行的正当使用。

（3）全脑研究院对其商标的使用情况。本案证据显示，全脑研究院并未使用"全脑"或"全脑速读QNSD"商标进行过任何宣传、推广活动，即使在其网站上，也未出现一处"全脑"或"全脑速读QNSD"商标。由此可见，全脑研究院虽然享有上述商标的专用权利，但在"全脑"和"全脑速读"本身具有特定的文字含义并被广泛应用的情况下，其并未通过自身的经营和使用加强其商标的显著性，使"全脑"和"全脑速读QNSD"与其自身及其产品、服务紧密地联系起来，更未达到使相关公众在看到"全脑"和"全脑速读"字样时，会抛开原有的文字含义而视其为全脑研究院的产品、服务标识的程度。在此情况下，精英特公司对"全脑"和"全脑速读"的上述使用行为就更加不会造成混淆或误认的后果，故不应为法律所禁止。

因此，精英特公司对"全脑"和"全脑速读"的使用，属于为说明、描述自己的商品、服务而进行的文字意义上的正当使用，未侵犯全脑研究院对"全脑"和"全脑速读QNSD"享有的注册商标专用权。

2. 关于不正当竞争。由于全脑研究院和精英特公司均向相关公众提供同类的商品和服务，故属于具有竞争关系经营者。

鉴于全脑研究院在本案中已请求依据商标法对"全脑"和"全脑速读QNSD"予以保护，在此情况下，其同时又提出对上述商标适用反不正当竞争法中有关知名商品特有名称、包装、装潢的规定予以保护，该请求缺乏法律依据，本院对此部分不再予以审理。

对于全脑研究院有关精英特公司擅自使用其企业名称的主张，如前所述，精英特公司的对"全脑"和"全脑速读"的使用均限于对其商品、服务的描述性使用，从未以企业名称或类似企业名称的形式进行过使用，且精英特公司在其网站和销售软件的明显位置均标明了自己的公司名称，足以使相关公众正确判断商品或服务来源，并不存在导致误认的可能，未构成不正当竞争。

综合上述分析，本院认定精英特公司对"全脑"和"全脑速读"的使用具有正当性和合法性，未侵犯全脑研究院的商标权，亦不构成不正当竞争。

对于全脑研究院要求精英特公司对其他网站、网店的行为承担民事责任，因这些网站、网店对"全脑"和"全脑速读"的使用与精英特网的情况大致相同，未超出正当使用的范围，且全脑研究院主张上述网站、网店由精英特公司开设、控制缺乏证据支持和法律依据，故本院对此请求不予支持。

至于百度公司，首先，就其自身而言，其竞价排名所提供的并不是商标意义上的搜索服务，且其已对关键词的相关性等作出了明确要求并制定了相应的审查标准；其次，就其服务对象精英特公司而言，如上所述，该公司在网站中使用"全脑"和"全脑速读"以及选择相关关键词进行竞价排名的行为也未违反法律规定。因此，百度公司作为向精英特公司提供竞价排名服务的经营者，其行为并无不当之处，不应承担侵权或不正当竞争的法律责任。

综上，依据《中华人民共和国商标法》第五十二条第（一）项、《中华人民共和国商标法实施条例》第四十九条、《中华人民共和国反不正当竞争法》第五条第（三）项之规定，判决如下：

驳回原告北京全脑教育科学研究院的全部诉讼请求。

案件受理费175元，由原告北京全脑教育研究院负担。

各方当事人均服从一审判决。

28. "GoldenBud" 商标异议复审行政纠纷案

——安海斯－布希公司诉国家工商行政管理总局
商标评审委员会、湖南省株洲啤酒总厂

原告（被上诉人）： 安海斯－布希公司
被告（上诉人）： 国家工商行政管理总局商标评审委员会
原审第三人： 湖南省株洲啤酒总厂

原审案号： 北京市第一中级人民法院（2007）一中行初字第51号
原审合议庭成员： 姜颖、周云川、芮松艳
原审结案日期： 2007年6月22日
二审案号： 北京市高级人民法院（2007）高行终字第417号
二审合议庭成员： 张冰、钟鸣、程霞
二审结案日期： 2007年12月7日

判决要旨

《类似商品和服务区分表》是商标行政管理机关判断商品或服务是否类似的重要依据，它对统一执法标准和提高行政效率具有重要意义。但《类似商品和服务区分表》并不是判断商品是否类似的唯一依据，其自身也处于不断修订过程中。人民法院在认定商品或者服务是否类似时，《商标注册用商品和服务国际分类表》、《类似商品和服务区分表》可以作为判断商品或者服务是否类似的初步证据，但如果当事人有相反证据或者理由的，应当结合当事人提供的证据、商品或服务的自身特性以及相关公众对商品或者服务的一般认识综合判断。

起诉与答辩

原告安海斯—布希公司诉称：1. 被告审理程序违法。（1）异议复审程序应属于商标局异议程序的继续，应当实施全面审查，即原告在异议程序中提交的全部证据均应当在复审中予以考察，而被告在异议复审程序中没有评述原告在异议程序中提交的证据，属程序违法。（2）原告系根据1993年《商标法》第二十七条及其实施细则第二十五条的规定提起异议复审，即认为被异议商标

注册系"违反诚实信用原则,以复制、模仿、翻译等方式将他人已为公众熟知的商标进行注册的"。被告仅针对该条款对应的现行商标法即2001年《商标法》第十三条的部分理由进行了审理,但没有针对"违反诚实信用原则"对应的现行《商标法》第四十一条的部分理由进行审理,漏审了原告的异议复审理由。2. 被告实体认定错误。(1)被告对第1035023号"GoldenBud"商标(以下简称被异议商标)与第144008号"BUD"商标(以下简称引证商标一)未构成类似商品上的近似商标的认定错误。虽然被异议商标指定使用商品属于国际分类第33类,而引证商标一是注册和使用在第32类,分别属于不同的国际分类,但是,商品的国际分类不能作为判断商品是否构成类似的唯一标准。被异议商标指定的含酒精饮料与引证商标一指定的啤酒,无论在制造方法、商业经营还是消费对象、销售渠道等方面均存在高度的近似,属于类似商品。(2)被告对原告的"BUDWEISER"和"BUD"商标在中国享有极高知名度的认定事实不清。原告安海斯-布希公司位列福布斯世界500强,成立于1852年。冠以原告商标的啤酒在中国的销售量达到100万桶,在内地最畅销的外国品牌啤酒中排名第一。原告的商标于1999年和2000年两度被列入《全国重点商标保护名录》。原告在中国发展了超过100家独立批发商代理其产品,并且投入巨资在中国构建完善的营销体系,包括在电视等各种媒体的广告,并赞助各种体育公益事业。被告未对原告商标给予驰名商标的保护是错误的。(3)被告对第三人申请被异议商标具有主观恶意的认定与事实不符。由于原告的商标已构成驰名,第三人存在恶意搭驰名商标便车的记录,因此,其申请注册被异议商标的行为违反了《商标法》第四十一条第一款的规定。(4)被告适用法律错误。原告提出异议复审的理由涉及了《商标法》第二十八条和第四十一条第一款的规定,而被告在裁定中并未适用,属法律适用错误。综上,原告认为被告认定事实不清,程序违法,适用法律错误,请求本院撤销被告作出的商评字〔2006〕第1867号《关于第1035023号"GoldenBud"商标异议复审裁定书》(以下简称第1867号裁定)。

被告国家工商行政管理总局商标评审委员会(以下简称商标评审委员会)辩称:1. 被告作出第1867号裁定的程序合法。《商标评审规则》第二十八条规定,对异议复审案件应"针对当事人复审申请和答辩的事实、理由及请求进行评审",被告据此不审查原告在异议阶段提交的证据于法有据。即便考虑这些证据,也不能有效证明引证商标的知名度。2. 被告针对原告主张的被异议商标与引证商标一构成类似商品上的近似商标,被异议商标构成对已驰名的引证商标一的摹仿及第三人申请注册被异议商标具有主观恶意逐一进行了评述,不存在漏审或法律适用的错误。3. 被异议商标与引证商标一的指定使用商品在生产制造工艺、营销方式等方面有区别，在《类似商品和服务区分表》中也列为不同的类别，未构成类似商品上的近似商标。4. 原告在复审程序中提交的证据不能证明引证商标一构成驰名。其在本案诉讼过程中提交的证据3-24不是被诉裁定作出的依据，不应予以考虑。综上，商标评审委员会作出第1867号裁定认定事实清楚，适用法律正确，审理程序合法，请求人民法院维持第1867号裁定。

第三人株洲啤酒总厂未提交书面意见。

原审查明事实

原审法院查明：安海斯-布希公司于1979年4月25日向商标局提出引证商标一"BUD"商标注册申请，并于1981年1月30日被核准，注册号为第144008号，核定使用商品为第32类的啤酒，经续展，商标专用权期限至2011年1月29日。安海斯-布希公司于1974年4月25日提出引证商标二"BUDWEISER"商标注册申请，并于1981年1月30日被核准，注册号为第144010号，核定使用商品为第32类的啤酒，经续展，商标专用权期限至2011年1月29日。

1996年1月30日，湖南省株洲啤酒总厂向商标局申请在第33类"含酒精的饮料（啤酒除外）"商品上注册被异议商标"GoldenBud"。1997年3月21日，商标局对该商标予以初步审定并公告。1997年6月20日，安海斯-布希公司就被异议商标向商标局提出异议申请，其理由是：引证商标一"BUD"和引证商标二"BUDWEISER"是安海斯-布希公司的驰名商标，被异议商标中包含"BUD"，其中的"GOLDEN"一词系对"BUD"的修饰和说明，被异议商标与引证商标一所使用的商品存在消费特点的共性，被异议商标的注册和使用必然对消费者造成欺骗。同时，安海斯-布希公司提交以下证据材料用以证明两引证商标是驰名商标：

证据1：安海斯-布希公司企业介绍中文版，其中提及两引证商标。

证据2：1994年安海斯-布希公司购入武汉中德啤酒厂股权合资成立百威（武汉）国际啤酒有限公司事宜的文件（英文）。

证据3：安海斯-布希公司购入青岛啤酒股份的国际报道（外文）。

证据4：安海斯-布希公司啤酒促销宣传品礼品资料册。

1999年5月6日，商标局作出〔1999〕商标异字第1730号《关于第1035023号"GOLDENBUD"商标异议的裁定》，该裁定认为：虽然被异议商标与引证商标一的含义有一定程度上的近似，但由于被异议商标指定使用商品为含酒精的饮料（啤酒除外），而引证商标一则使用在啤酒上，两种商品分别属于不同的国际分类，不属于类似商品。因此，被异议商标与引证商标一并不属于使用在相同或类似商品上的相同或近似商标，安海斯－布希公司所提异议理由不能成立。据此裁定，对被异议商标予以注册。

安海斯－布希公司不服该裁定，向商标评审委员会申请复审，其主要理由是：1. 被异议商标与引证商标一构成类似商品上的近似商标；2. 两引证商标为安海斯－布希公司的驰名商标，应当予以跨类保护；3. 湖南省株洲啤酒总厂申请注册被异议商标存在主观恶意。安海斯－布希公司向商标评审委员会补充提交了以下证据材料用以证明两引证商标为驰名商标：

证据5：安海斯－布希公司2001年年报（外文）复印件、《财富》杂志摘页（外文）复印件。

证据6：安海斯－布希公司引证商标一在世界各国注册清单。

证据7：安海斯－布希公司"BUD"系列商标在中国的商标注册证复印件。

2006年6月14日，商标评审委员会作出第1867号裁定，该裁定认为，首先，虽然被异议商标易被识记为由"Golden"（含义是"金色的"）、"bud"（含义是"蓓蕾"）组成，其中文含义是"金色的蓓蕾"，与引证商标一"BUD"（含义是"蓓蕾"）含义近似，但被异议商标指定使用的含酒精的饮料（啤酒除外）与引证商标一核定使用的啤酒在生产制造工艺、营销渠道及方式等方面有明显区别，未构成类似商品。在非类似商品上使用含义近似的商标，一般不致造成相关公众的混淆误认，故对安海斯－布希公司关于被异议商标与引证商标一构成使用在类似商品上的近似商标的主张不予支持。其次，在被异议商标申请注册时，安海斯－布希公司在本案中的证据不能证明其两引证商标在中国内地的宣传、使用情况，不足以证明在被异议商标申请注册时两引证商标已成为驰名商标，故对安海斯－布希公司关于被异议商标注册违反《商标法》第十三条规定的主张不予支持。最后，安海斯－布希公司有关湖南省株洲啤酒总厂注册被异议商标具有主观恶意的主张，因无相应证据佐证，不予支持。综上，商标评审委员会根据《商标法》第十三条第二款、第三十三条、第三十四条的规定，裁定对被异议商标予以核准注册。

原审审理结果

原审法院认为：1. 关于被告未考虑原告于异议程序中提交的证据是否属于程序违法。商标评审委员会审理不服商标局异议裁定的复审案件，应当就当事人复审申请和答辩的事实、理由及请求进行评审。该复审程序是对商标局异议裁定的进一步审查，商标评审委员会应当结合当事人在异议程序中提交的证据进行评审。如果其认为当事人需要重新提交证据，应当明确告知。被告在本案中以原告未在复审程序中提交其在异议程序中的证据为由而对这些证据不予考虑，没有法律根据，属程序不当，本院予以纠正。

2. 关于被异议商标注册是否违反《商标法》第二十八条的规定。按照《商标法》第二十八条的规定，申请注册的商标，同他人在同一种商品或者类似商品上已经注册的商标相同或者近似的，不应予以核准注册。因此被异议商标是否应予核准注册的关键在于其与引证商标一是否相同或者近似以及两商标指定使用商品是否类似。

被异议商标包含引证商标一的文字"bud"，其区别在于在"bud"前增加了修饰语"Golden"。由于"Golden"具有"金色的"、"金牌"等含义，使用在商标上作为修饰语容易使消费者理解为对商品等级、品质的限定，被异议商标和引证商标一无论在文字组成还是含义上均存在近似之处，故两商标构成近似，原告和被告对此亦无异议。

在这种情况下，本案争议的主要焦点在于两商标指定商品是否类似。

按照最高人民法院《关于审理商标民事纠纷案件适用法律若干问题的解释》第十一条的规定，类似商品是指在功能、用途、生产部门、销售渠道、消费对象等方面相同，或者相关公众一般会认为其存在特定联系、容易造成混淆的商品。该司法解释第十二条还规定，认定商品是否类似，应当以相关公众对商品或者服务的一般认识综合判断；《类似商品和服务区分表》可以作为判断类似商品的参考。

由审理查明的事实可知，引证商标一核定使用商品为第32类啤酒，被异议商标的指定商品为第33类的"含酒精的饮料（啤酒除外）"。《类似商品和服务区分表》可以作为判断商品或者服务是否类似的参考，但不是判断类似的唯一标准。虽然引证商标与被异议商标并非属于同一国际分类，但不能必然由此得出"非类似商品"的结论。在判断商品是否类似时，还应考虑商品的功能、用途、生产部门、销售渠道、消费对象等因素。引证商标一核定使用的"啤酒"属于一种含酒精的饮料，与被异议商标的指定商品"含酒精的饮料"的功能和用途存在类似之处，消费对象相近，在销售过程中，通常被摆放在同一销售区内，销售渠道亦相同。虽然在被异议商标指定商品上明确排除了"啤酒"，但对于一般消费者而言，将相近似的商标分别使用在啤酒和含酒精的饮料上，会导致相关公众误认为这些商品来自于同一市场主体或者有某种联系的市场主体，因此，引证商标一与被异议商标的指定商品属于类似商品，被告认定两商标指定商品为非类似商品没有事实和法律依据，是错误的，本院予以纠正。

由于被异议商标与引证商标一近似,并且指定使用在与引证商标核定使用商品类似的商品上,依照《商标法》第二十八条的规定,不应予以核准注册。被告在第1867号裁定中对被异议商标予以核准注册,其认定事实和适用法律均存在错误,对该裁定本院予以撤销。

3. 被异议商标注册是否违反《商标法》第十三条第二款的规定。《商标法》第十三条第二款规定,就不相同或者不相类似商品申请注册的商标是复制、摹仿或者翻译他人已经在中国注册的驰名商标,误导公众,致使该驰名商标注册人的利益可能受到损害的,不予注册并禁止使用。

原告主张引证商标"BUDWEISER"和"BUD"构成驰名,并以被异议商标注册违反《商标法》第十三条第二款的规定为由申请异议复审,有义务举证证明上述引证商标在被异议商标申请注册以前即1996年1月30日前在中国已经构成驰名。对于引证商标是否构成驰名商标的认定应当根据《商标法》第十四条的规定,综合考虑相关公众的知晓程度、该商标的使用时间、宣传情况、作为驰名商标受保护的记录等因素。

原告在行政程序中提供的证据1和证据4分别为其企业介绍和促销资料册,上述印刷材料是否向相关公众散发以及何时散发均无其他证据佐证;证据2系原告公司文件,证据3和证据5的《财富》报道均为域外报道,未提交中文译文,不具备证据的形式要件,亦不能证明通过上述报道使中国相关公众熟知引证商标;证据5为原告2001年的年报,不能证明被异议商标申请注册以前即1996年1月30日前引证商标的情况;证据6和证据7用于证明引证商标一在国内外的注册情况,并不能由此认定相关公众对引证商标一的知晓程度。综上,原告的证据不能证明引证商标在被异议商标申请注册以前为中国相关公众熟知,因此,不能证明引证商标为驰名商标,被告据此认定原告关于被异议商标注册违反《商标法》第十三条第二款规定的理由不能成立,具备事实和法律依据,本院予以支持。

虽然被告在第1867号裁定中没有考虑原告在异议程序中提交的证据,但是该程序上的瑕疵并没有影响其裁定认定的事实,亦不影响其裁定的结论,原告以此为由撤销该裁定的请求不能成立,本院不予支持。

4. 关于被异议商标注册是否违反《商标法》第四十一条第一款的规定以及被告是否漏审该复审理由。

原告在异议复审程序中提出了株洲啤酒总厂申请注册被异议商标存在主观恶意的理由,该理由对应于"违反诚实信用原则"的规定,亦即现行商标法第四十一条第一款的规定,被告在第1867号裁定中对此进行了评述,并未漏审。

原告在本案中主张其引证商标构成驰名，且第三人存在搭驰名商标便车的记录，因此其申请注册被异议商标存在主观恶意。由于原告证据不足以证明引证商标构成驰名，第三人是否存在搭驰名商标便车的记录与本案判断其申请注册被异议商标是否合法并无直接关系，故其主张不能成立，本院不予支持。

5. 关于被告是否存在法律适用错误。虽然被告在第1867号裁定中并未援引《商标法》第二十八条和第四十一条第一款的规定，但是其在对被异议商标与引证商标一是否构成类似商品上的近似商标以及第三人申请注册被异议商标是否具有恶意的评审中，实际适用了《商标法》第二十八条和第四十一条第一款的规定，故不存在法律适用错误。综上，原审法院判决：

一、撤销商标评审委员会第1867号裁定书；

二、对被异议商标不予核准注册。

商标评审委员会不服原审判决，提起上诉，请求撤销原审判决，维持其第1867号裁定。其主要理由是：1.《商标评审规则》第二十八条规定："商标评审委员会审理不服商标局异议裁定的复审案件，应当针对当事人复审申请和答辩的事实、理由及请求进行评审。"据此第1867号裁定未考虑安海斯－布希公司在异议程序中提交的证据材料有法律依据，不存在违反法定程序的情形。而且，安海斯－布希公司在异议程序中提交的证据材料为未经翻译的外文资料或自行印制的企业简介和在其他国家的商标注册情况，缺乏证明力，不影响裁定的结果。2. 引证商标一核定使用的啤酒商品和被异议商标指定使用的含酒精饮料（啤酒除外）商品并非类似商品。首先，判断商品是否类似，商标局和商标评审委员会一贯依据的重要参考书是《类似商品和服务区分表》，但在该表中啤酒属第32类，其他含酒精饮料属于第33类。该表是以世界知识产权组织《商标注册用商品和服务国际分类》为基础制定的，自1988年以来虽经多次修改，但啤酒和其他含酒精饮料的分类一直没有变动，商标审查和评审实践中一直将两者认定为非类似商品，如果在个案中突破该表的认定，很可能引发混乱。其次，啤酒和其他含酒精饮料相比在功能、用途、消费对象、生产部门等方面均有区别。由于啤酒的酒精含量较低，其功能、用途更接近饮料而区别于其他酒类，不善饮酒的消费者也可以饮用，生产其他酒类的企业一般不会同时生产啤酒。因此原审判决关于啤酒和其他含酒精饮料构成类似商品的认定是错误的。

安海斯－布希公司和湖南省株洲啤酒总厂服从原审判决。

二审查明事实

二审法院经审理查明事实与原审相同。

二审审理结果

二审法院认为：《商标评审规则》第二十八条规定："商标评审委员会审理不服商标局异议裁定的复审案件，应当针对当事人复审申请和答辩的事实、理由及请求进行评审。"该条规定是对商标评审委员会的评审程序作出的规定，该规定中"当事人复审申请和答辩的事实、理由和请求"是指当事人对商标局的异议裁定不服的，应当向商标复审委员会提起复审申请，复审申请应写明不服的理由、事实和请求。因此，当事人在商标异议程序中提交的证据当然在异议复审审查范围内，商标评审委员会仅以安海斯－布希公司在异议复审程序中没有提交其在异议程序已经提交的证据为由，对其证据未予考虑，属于程序错误，商标评审委员会以其上述规定证明其未违反法定程序则显属对上述规定的错误理解，于法无据，本院对其上诉主张不予支持。

安海斯－布希公司的引证商标一核定使用的商品"啤酒"与被异议商标指定使用的商品"含酒精饮料（啤酒除外）"，虽在《类似商品和服务区分表》中分处不同类别，但是两者均属含酒精饮料商品，在功能和用途上都是为了满足饮酒的需要，因此消费对象是基本相同的；销售渠道方面的差别也不大。综合以上因素可以认定，上述两种商品属于类似商品。同时，由于被异议商标和引证商标一在文字上近似、被异议商标的注册申请人系啤酒生产企业，因此虽然在被异议商标指定商品上明确排除了"啤酒"，但对于相关公众而言，将相近似的商标分别使用在啤酒和与其类似含酒精饮料上，容易使相关公众误认为这些商品来自于同一市场主体或者有某种联系的市场主体，因此原审判决撤销第1867号裁定并判决被异议商标不予核准注册的做法是正确的，本院予以维持。上诉人商标评审委员会关于被异议商标指定使用的商品与引证商标一核定使用的商品不类似而应核准被异议商标注册的上诉主张缺乏事实和法律依据，本院对此不予支持。

综上，原审判决认定事实清楚、适用法律正确，应予维持。商标评审委员会所提上诉理由均不成立，对其上诉请求本院均不予支持。依照《中华人民共和国行政诉讼法》第六十一条第（一）项之规定，判决如下：

驳回上诉，维持原判。

一审案件受理费人民币1 000元，由商标评审委员会负担；二审案件受理费人民币100元，由商标评审委员会负担。

29. 侵犯"Wolsey"商标专用权纠纷案

——北京业宏达经贸有限公司诉北京沃尔西羊绒时装
有限公司、广州富利泰贸易有限公司

原告： 北京业宏达经贸有限公司
被告： 北京沃尔西羊绒时装有限公司
第三人： 广州富利泰贸易有限公司
案由： 侵犯商标专用权纠纷

一审案号： 北京市朝阳区人民法院（2005）朝民初字第 10775 号
一审合议庭成员： 谢甄珂、高素英、冯立森
一审结案日期： 2007 年 12 月 12 日

判决要旨

被告依据第三人与原始商标专用权人在商标局备案的商标许可使用合同，取得了涉案商标的使用权，虽然之后第三人与原始商标专用权人备案的合同因系伪造而被商标局撤销备案，被告从第三人处取得的权利失去了合法依据，其使用行为构成侵权，但因在其获得第三人授权时，相关商标合同仍然处于备案状态，其在主观上不具有过错，无须就其使用涉案商标的行为承担赔偿责任。

起诉与答辩

原告北京业宏达经贸有限公司（以下简称业宏达经贸公司）诉称：我公司是"Wolsey"文字商标和"狐狸"图形商标在中国的独占许可使用权人。被告北京沃尔西羊绒时装有限公司（以下简称沃尔西时装公司）在其生产、销售的产品以及店面装潢上使用上述两个商标，并未获得合法授权，其授权方广州富利泰贸易有限公司（以下简称富利泰贸易公司）自身的权利，也是通过伪造相关手续骗取的。因此，我公司认为沃尔西时装公司的行为侵犯了我公司对上述两个商标享有的独占使用权，故起诉要求沃尔西时装公司停止侵权行为，赔偿我公司经济损失 30 万元。对于富利泰贸易公司，待我公司查清其全部侵权行为后，另案提起诉讼。

沃尔西时装公司辩称：我公司通过与富利泰贸易公司签订商标使用许可合

同，合法取得了涉案两个商标的使用权。业宏达经贸公司并未取得涉案两个商标的独占使用权，无权禁止我公司使用。因此，我公司并未侵犯业宏达经贸公司的商标权，请求法院依法驳回业宏达经贸公司的诉讼请求。

第三人富利泰贸易公司述称：我公司经商标权人授权，合法取得了涉案两个商标的使用权，并经有关部门备案，并不存在伪造签章骗取备案的事实。另外，业宏达经贸公司并未取得涉案两个商标的独占使用权，其主张的损失也没有合理依据。因此，业宏达经贸公司的主张，不应得到支持。

一审查明事实

一审法院查明：1997年5月21日和6月21日，英国考达丝纺织品控股有限公司（以下简称考达丝公司）先后经国家工商行政管理局商标局（以下简称商标局）核准在第25类商品上获得"WOLSEY"文字商标和"狐狸"图形商标注册，注册号分别为第1009666号和第1034095号，有效期分别至2007年5月20日和6月20日。之后，该两商标经核准转让给英国沃尔西有限公司（以下简称英国沃尔西公司）。2007年6月26日，该两商标经核准有效期分别续展至2017年5月20日和2017年6月20日。

2004年1月1日，英国沃尔西公司（作为许可方）与C&Y集团（辰原集团有限公司，以下简称辰原公司）、业宏达经贸公司（通称为被许可方）签订《商标许可协议》。双方约定：许可方授予被许可方在中国境内（包括香港和澳门）将"WOLSEY"文字商标、"狐狸"图形商标等商标用于制造、使用和销售产品的专有权；许可方承诺没有且在协议期也不会将根据本协议提供给被许可方的专有权授予任何第三方；许可期限自2004年1月1日至2008年12月31日。该合同于2004年7月21日取得《商标使用许可合同备案通知书》，其中"WOLSEY"文字商标的备案通知书中记载的许可期限为2004年1月1日至2007年5月20日，"狐狸"图形商标的备案通知书中记载的许可期限为2004年1月1日至2007年6月20日。

2004年3月26日，英国沃尔西公司还授权辰原公司和业宏达经贸公司代表其行事，对任何伪造和假冒"WOLSEY"文字商标和"狐狸"图形商标的行为采取必要行动。

2004年9月17日，英国沃尔西公司出具一份声明。该声明原件分别由英文和中文书写，其中中文文本写明2004年1月1日与辰原公司和业宏达经贸公司签订了排他性商标许可协议，但翻译公司在对英文文本进行翻译时将该相关语句翻译为"独家商标许可协议"。英国沃尔西公司在该声明中还确认，除辰原公司和业宏达经贸公司外，未准许任何其他公司在"经销区域"使用

Wolsey 名称、相关商标或"狐狸"图形商标，任何相反的权利要求是虚假的、不能成立的。

2005年6月3日，辰原公司法定代表人赵宏琦声明，就《商标许可协议》中的权利，业宏达经贸公司享有在中国大陆地区的独占使用权，辰原公司享有在中国香港、澳门地区的独占使用权。

2005年3月22日，沃尔西时装公司的网站上使用了"WOLSEY"文字商标和"狐狸"图形商标。2005年3月27日至3月29日，沃尔西时装公司参加时装展时在参展服装上使用了涉案商标。同时，沃尔西还在店面装潢中使用了涉案商标。

沃尔西时装公司使用涉案商标依据的是富利泰贸易公司于2005年1月1日出具的两份《商标许可使用授权书》。在这两份授权书中，富利泰贸易分别授权沃尔西时装公司自2005年1月1日至2006年12月30日在第25类商品中的羊绒衫产品上使用涉案商标。沃尔西时装公司取得该授权时，审查了英国沃尔西公司2002年8月5日出具给富利泰贸易公司的两份《商标许可使用授权书》和商标局于2002年11月5日发出的两份《商标使用许可合同备案通知书》。在两份授权书中，英国沃尔西公司分别授权并指定富利泰贸易公司为涉案商标在中国境内唯一生产、销售商，并授予富利泰贸易公司委托其他相关工厂、商业机构进行生产、销售的权利，授权期限为2002年8月5日至2006年12月31日。两份合同备案通知书记载的英国沃尔西公司授权富利泰贸易公司的许可期限也是2002年8月5日至2006年12月31日。该两份合同备案通知书于2006年2月21日，被商标局撤销。

诉讼中，沃尔西时装公司和富利泰贸易公司均表示各自的公司已经停止经营，但在工商部门处于正常登记状态。沃尔西时装公司还提出公司网站已经关闭。业宏达经贸公司认可沃尔西时装公司的公司网站已经无法浏览。

另查一，英国沃尔西公司曾先后将涉案商标许可给北京丛顺利商贸有限公司（以下简称丛顺利公司）和BM全球有限公司（以下简称BM公司）使用，但与丛顺利公司的合同已于2003年12月31日到期，与BM公司的合同已于2003年12月31日提前终止。

另查二，2003年7月10日，广州市工商行政管理局白云分局对富利泰贸易公司作出行政处罚决定，查明富利泰贸易公司于2002年8月通过中间人彭××在不知情的情况下，取得了伪造英国沃尔西公司董事长签名的《商标许可使用合同》和《商标使用许可授权书》，并办理商标许可合同备案手续。

一审审理结果

一审法院认为：英国沃尔西公司经商标局核准依法受让了涉案商标，作为商标权人有权许可他人使用涉案商标。业宏达经贸公司与辰原公司作为共同的被许可方，通过与英国沃尔西公司签约，并在商标局进行商标使用许可合同的备案，依法取得了在中国（包括香港、澳门地区）使用涉案商标的专有权利。

就该专有权利的性质，由于英国沃尔西公司事后出具的声明中文文本表述为"排他"性权利，而翻译公司翻译的文本表述为"独占"性权利，本院认为在该权利性质不确定的情况下，应当按照权利范围较小的"排他"性权利认定该专有权利。即使辰原公司和业宏达经贸公司取得的是涉案商标的排他性使用权，但由于英国沃尔西公司已经授权辰原公司和业宏达经贸公司代表其行使对侵权行为采取必要行动的权利，且英国沃尔西公司现并未就本案提起诉讼，因此辰原公司和业宏达经贸公司有权就侵权行为提起诉讼。同时，根据辰原公司的声明，可以认定涉案商标在中国内地地区的排他使用权人为业宏达经贸公司。业宏达经贸公司作为涉案商标在中国内地地区的排他使用权人，有权以自己的名义就侵犯涉案商标专用权的行为提起诉讼。

虽然英国沃尔西公司曾经许可他人使用涉案商标，但这些许可均在授权业宏达经贸公司和辰原公司之前终止，因此不能以此否认业宏达经贸公司享有在第25类商品上获得的"WOLSEY"文字商标和"狐狸"图形商标使用权。沃尔西时装公司和富利泰贸易公司关于业宏达经贸公司不享有独占权利、无权起诉的抗辩主张，本院不予支持。

现沃尔西时装公司提出使用涉案商标依据的是富利泰贸易公司的授权，但由于富利泰贸易公司与英国沃尔西公司签订的商标使用许可合同已经相关部门查明系伪造，且相关合同已经被商标局撤销备案，即富利泰贸易公司自身的权利已经丧失合法性，沃尔西时装公司从富利泰贸易公司处取得的权利也失去了合法依据。因此，沃尔西时装公司无权再使用涉案商标。但是，由于沃尔西时装公司在获得富利泰贸易公司出具的授权书时，富利泰贸易公司与英国沃尔西公司之间的合同仍然处于商标局备案状态，且没有证据证明沃尔西时装公司当时即知晓富利泰贸易公司与英国沃尔西公司之间的合同系伪造的事实，因此不能认定沃尔西时装公司在取得授权并使用涉案商标时存在主观过错。为此，沃尔西时装公司无需就其使用涉案商标的行为承担赔偿责任。

就富利泰贸易公司，因业宏达经贸公司明确表示本案不针对富利泰贸易公司提出主张，故本院对于富利泰贸易公司的行为，不予处理。

综上，依据《中华人民共和国民法通则》第一百零六条第三款，最高人民法院法释［2002］32号《关于审理商标民事纠纷案件适用法律若干问题的解释》第四条第二款的规定，判决如下：

一、北京沃尔西羊绒时装有限公司停止使用第1009666号"WOLSEY"文字商标和第1034095号"狐狸"图形商标；

二、驳回北京业宏达经贸有限公司的其他诉讼请求。

一审案件受理费7 010元，由北京沃尔西羊绒时装有限公司负担。

各方当事人均服从一审判决。

30. 侵犯"VOGUE"、"風尚"、"风尚"商标专用权纠纷案
——（法国）康泰纳仕出版有限公司诉北京视线娇点科技有限公司

原告（被上诉人）：（法国）康泰纳仕出版有限公司
被告（上诉人）： 北京视线娇点科技有限公司
案由： 侵犯商标专用权纠纷

原审案号： 北京市第二中级人民法院（2007）二中民初字第 115 号
原审合议庭成员： 刘薇、梁立君、宋光
原审结案日期： 2007 年 3 月 20 日
二审案号： 北京市高级人民法院（2007）高民终字第 1042 号
二审合议庭成员： 张冰、程霞、钟鸣
二审结案日期： 2007 年 12 月 18 日

判决要旨

注册商标"VOGUE"一词有"时尚、风尚"的含义，在没有被撤销的情况下，其专有使用权仍应受到保护。被告使用"E－VOGUE"和"风尚"均系作为区别他人的商品、服务或者来源的商标使用，并非使用"VOGUE"或"风尚"本身的含义，其系正当使用的理由不能成立。

起诉与答辩

原告诉称： 原告是一家国际知名媒体，专业从事高品质、高水准时尚商品的宣传推广。原告自 1977 年起就在中华人民共和国国家工商行政管理总局商标局（以下简称中国商标局）注册了多项"VOGUE"、"风尚"商标，根据中国商标法的规定，原告对其注册的上述商标享有专用权。

现原告发现，被告将与原告注册的"VOGUE"、"风尚"商标相近似的"e－vogue. com. cn"、"风尚 e－VOGUE"、"E－风尚"作为其网站域名、标志、网址使用。原告认为，被告的行为侵犯了原告的商标专用权，给原告造成了严重的经济损失。故请求人民法院判令：（1）停止侵犯原告商标权的行为；（2）赔偿原告经济损失 20 万元，并负担本案全部诉讼费用；（3）在被告的网站上显而易见的地方，以足够大的版面张贴布告 30 日，以消除因其侵权给原

告造成的不良影响。

被告辩称："vogue"是一个通用英文词汇。原告不能因为其拥有"VOGUE"商标，就享有对通用词汇"vogue"的独占使用权。被告经查询，在中国商标局初步审定的商标公告中，包含通用词汇"vogue"的注册商标就有一百多个。在世界范围内也已有大量公司注册使用包含通用词汇"vogue"的域名，均没有导致与原告的混淆、误认。原告既然选择将一个通用词汇作为自己的注册商标，就有义务容忍他人正当使用该通用词汇，而不因此而取得独占使用权。而且"vogue"、"风尚"直接表示商品或服务的特点，本身不具有独创性，作为商标也缺乏显著性，因此原告也无权禁止他人正当使用。

被告是中国服装设计师协会2004年1月牵头成立的，并注册了"e-vogue.com.cn"域名，同时开通了该网站，被告负责该网站的经营管理。该网站是中国服装设计师协会的官方网站，也是"中国国际时装周"的官方网站。中国服装设计师协会作为中国服装、时尚产业的行业协会，作为中国风尚、时尚流行趋势的主导者，在建立自己的网络平台时，完全有理由选取包含与"风尚"、"时尚"相对应的英文词汇作为其域名的一部分，故被告使用"e-vogue.com.cn"域名有正当理由。

依托中国服装设计师协会庞大的专业数据库和权威的专业管理信息，"e-vogue.com.cn"网站经过三年的发展，已成为中国时尚产业的知名网站。原告是自2005年9月期间才真正进入中国市场。原告没有证据证明被告的网站和域名与之构成了混淆和误认。原告对被告提起的诉讼实际上是一种"反向域名侵夺"的行为，是一种不正当竞争行为。故请求人民法院驳回原告的诉讼请求。

原审查明事实

原审法院查明：原告是依据法兰西共和国法律成立的公司。原告自1977年起在中国商标局注册了多项商标，包括：1977年7月15日注册的第76000号"VOGUE"文字商标，核定使用的商品为第63类：图画、照片、书报杂志等（该商标经过续展现仍有效）；1979年9月29日注册的第97264号"VOGUE"文字商标，核定使用的商品为第63类：图画、照片、书报杂志等（该商标经过续展现仍有效）；1999年7月28日注册的第1299845号"VOGUE"文字商标，核定使用的服务项目为第41类：提供与卫生、美容、护发、护肤、化妆、时装、女装、服装、服饰及时装附件有关的教育、培训、娱乐、表演、研讨会等；1999年6月21日注册的第1287356号"VOGUE"文字商标，核定使用的服务项目为第42类：提供与卫生、美容、护发、护肤、化妆、时装、女装、服装、服饰及时装附件有关的咨询服务；2002年5月28日注册的第1779806号"VOGUE"文字商标，核定使用的服务项目为第41类：从计算机数据库或网络提供的在线游戏服务、书和在线期刊的电子出版物、提供在线电子出版物、通过全球计算机网络提供的娱乐信息等；2003年1月21日注册的第1960603号"VOGUE"文字商标，核定使用的服务项目为第38类：电子邮件服务、电子邮件信箱出租、提供全球计算机网络或电子信息系统电讯接入服务、提供新闻、现场节目的广播等；2000年1月7日注册的第1352223号"風尚"文字商标，核定使用的服务项目为第42类：健康咨询服务、美容咨询服务、头发护理、皮肤护理、化妆、服装设计、服装服饰设计、包装设计、工业品外观设计等；2000年1月14日注册的第1354876号"風尚"文字商标，核定使用的服务项目为第41类：教育、培训、娱乐、表演（与健康及美容、护发、护肤、化妆、服装、服饰及相关饰物有关）等；2003年7月28日注册的第3135729号"风尚"文字商标，核定使用的服务项目为第42类：提供与时装有关的信息、服装饰物的设计、计算机分时服务、计算机软件设计、服装设计、包装设计、工业品外观设计等。

2005年9月，原告与人民画报社合作，在中国共同创办了《VOGUE服饰与美容》杂志。原告还从案外人处受让了"vogue.com.cn"域名。

被告于2004年1月18日成立。2004年1月30日，被告注册了"e-vogue.com.cn"域名并开通了该网站。中国服装设计师协会出具书面证明，证明被告及"e-vogue.com.cn"网站是中国服装设计师协会牵头成立的，被告是"e-vogue.com.cn"网站的经营管理者，该网站是中国服装设计师协会的官方网站，也是"中国国际时装周"的官方网站。

2006年5月11日，原告申请上海市公证处对"e-vogue.com.cn"网站的部分网页内容进行了证据保全公证。在公证处下载的"e-vogue.com.cn"网站首页及其他页面的最上方显示有以下内容："e-vogue.com.cn"网站域名、"风尚e-VOGUE"、"E-风尚"文字。页面中部还有"E-风尚中国 模特网络大赛"的宣传字样。上海市公证处于2006年5月12日出具了（2006）沪证经字第4702号《公证书》。

原告于2005年11月曾向中国国际经济贸易仲裁委员会域名争议解决中心（以下简称域名争议解决中心）就被告注册的"e-vogue.com.cn"域名提出投诉，要求撤销被告的域名注册，并将该域名转移给原告。域名争议解决中心经审理，于2005年12月27日作出了驳回原告上述请求的CND-2005000078号《裁决书》。同时，《裁决书》中写明："被投诉人（即被告）至于是否构成侵犯投诉人（即原告）商标权和著作权，或者不正当竞争，不是本案要解决的问题，当事人应当另行通过法律途径解决。"

原审审理结果

原审法院认为：原告对其自1977年起在中国商标局注册的涉案多项"VOGUE"、"風尚"、"风尚"商标享有专有使用权，受法律保护。根据我国商标法的规定，未经商标注册人的许可，在同一种商品（或服务）或者类似商品（或服务）上使用与其注册商标相同或者近似的商标的，构成侵犯注册商标专用权。另外，最高人民法院《关于审理商标民事纠纷案件适用法律若干问题的解释》中还规定，将与他人注册商标相同或者相近似的文字注册为域名，并且通过该域名进行相关商品交易的电子商务，容易使相关公众产生误认的，也构成侵犯商标权。

被告2004年1月30日注册了域名"e-vogue.com.cn"，并开通了网站，从事服装、服饰等时尚产业的服务和商品交易等电子商务活动。被告注册的域名中的识别部分为"e-vogue"，比原告注册的商标"VOGUE"仅多出了"e-"，而"e-"并无实质含义，不足以形成与原告注册商标文字的明显区别，通常还会使公众认为是"VOGUE"的电子化，故本院认为被告注册的域名与原告注册商标构成近似，并容易使相关公众产生误认，构成了对原告商标专用权的侵犯。另外，被告在其网站上还将"风尚e-VOGUE"、"E-风尚"文字作为网站的标识加以使用或进行宣传。同样道理，被告的这种使用也与原告注册的"VOGUE"、"風尚"、"风尚"商标构成了近似，并容易使相关公众产生误认，亦构成了对原告商标专用权的侵犯。虽然被告主张"vogue"是一通用词汇，其使用有正当理由，不具有恶意，但原告在被告注册域名之前就已注册了多项"VOGUE"、"風尚"、"风尚"商标，拥有了在先的合法权利，在原告还享有商标专用权的情况下，被告使用与原告的注册商标相近似的域名、网站标识，客观上足以使相关公众产生误认的，就构成对原告商标专用权的侵犯。

鉴于被告实施了侵权行为，本院对原告提出的停止侵权、赔偿原告经济损失的请求予以支持。但原告主张的损害赔偿数额过高，且没有充分的事实依据，故本院不予全额支持。具体的赔偿数额本院将依据被告侵权行为的性质、情节、程度予以酌定。

因本案所涉的权利争议并未造成对原告声誉的损害，故原告提出的要求被告张贴布告、消除影响的诉讼请求，本院不予支持。

综上，根据《中华人民共和国商标法》第五十二条第一款第（一）项、第（五）项、最高人民法院《关于审理商标民事纠纷案件适用法律若干问题的解释》第一条第（三）项之规定，本院判决如下：

一、被告北京视线娇点科技有限公司于本判决生效之日起立即停止涉案侵权行为，即立即停止使用有侵犯原告（法国）康泰纳仕出版有限公司商标专用权内容的计算机网络域名、网站标识；

二、被告北京视线娇点科技有限公司于本判决生效之日起10日内向原告（法国）康泰纳仕出版有限公司赔偿经济损失人民币3万元；

三、驳回原告（法国）康泰纳仕出版有限公司的其他诉讼请求。

视线娇点公司不服原审判决，提起上诉，请求撤销原审判决，驳回康泰纳仕公司的原审诉讼请求。其主要理由是：1. 原审判决既没有确定康泰纳仕公司主张商标权的权利范围，也没有确定视线娇点公司侵犯康泰纳仕公司商标权的具体行为，由于原审判决认定的事实缺乏相应基础由此导致适用法律错误；2. vogue系英文常用词汇，翻译成中文为"风尚、时尚"，因此视线娇点公司在其网站域名和首页上使用"E－VOGUE"和"E－风尚"的行为是正当使用行为，不应认定为侵权；3. 人民画报社主办的杂志名称是《服饰与美容》而不是《VOGUE服饰与美容》，该杂志是由人民画报社独立主办并非与康泰纳仕公司合办；"e－vogue.com.cn"网页上的公证不是康泰纳仕公司申请的，而是由案外人申请的，因此该公证书中的公证事项不能作为本案证据，原审判决对该公证事项予以认定是错误的；4. 原审法院接收、并采信康泰纳仕公司超过举证期限提交的证据，属于程序错误。

康泰纳仕公司服从原审判决。

二审查明事实

二审法院查明：康泰纳仕公司在我国注册了多个商标，其在本案中请求保护的注册商标专用权如下：

1. 1977年7月15日被核准注册的第76000号"VOGUE"商标，核定使用商品为第63类（国际分类第16类）：图画、照片、书报杂志、服装纸样等；

2. 1979年9月29日被核准注册的第97264号"VOGUE"商标，核定使用商品为第63类（国际分类第16类）：图画、照片、书报杂志等；

3. 1999年7月28日被核准注册的第1299845号"VOGUE"商标，核定使用的服务为第41类提供与卫生、美容、护发、护肤、化妆、时装、女装、服装、服饰及时装附件有关的教育、培训、娱乐、文化教育、表演、体育竞赛活动、专题研讨会、学术研讨会、专家研讨会以及教育或文娱竞赛等；

4. 1999年6月21日被核准注册的第1287356号"VOGUE"商标，核定使用服务为第42类提供与卫生、美容、护发、护肤、化妆、时装、女装、服装、服饰及时装附件有关的咨询服务；

5. 2002年5月28日被核准注册的第1779806号"VOGUE"商标，核定使用服务为第41类从计算机数据库或网络提供的在线游戏服务、书和在线期刊的电子出版物、提供在线电子出版物、通过全球计算机网络安排和组织会议以及提供教育、教育信息、培训和娱乐信息等；

6. 2003年1月21日被核准注册的第1960603号"VOGUE"商标，核定使用服务为第38类电子邮件服务、电子邮件信箱出租、提供全球计算机网络或电子信息系统电讯接入服务、通过计算机提供实时互动的在线聊天室服务、无线电广播、电视广播、计算机终端通讯、提供新闻、现场节目的广播等；

7. 2000年1月7日被核准注册的第1352223号"风尚"商标，核定使用服务为第42类健康咨询服务、美容咨询服务、头发护理、皮肤护理、化妆、服装设计、服装饰物的设计、包装设计、工业品外观设计、服装服饰设计（形象设计）；

8. 2000年1月14日被核准注册的第1354876号"风尚"商标，核定使用服务为第41类（与健康及美容、护发、护肤、化妆、服装、服饰及相关饰物有关）的教育、培训、组织和安排展览、现场表演、文娱活动、组织体育比赛、娱乐等；

9. 2003年7月28日被核准注册的第3135729号"风尚"商标，核定使用服务为第42类：提供与时装有关的信息、服装饰物的设计、计算机分时服务、提供计算机数据库的用户软件接入服务、为转发和传送信息而提供全球信息网络多用户软件接入服务、服装设计、法律服务、工业品外观设计、计算机编程、计算机软件设计、艺术品鉴定、包装设计等。

2004年5月10日，新闻出版总署印发的新出外［2004］505号《关于同意〈服饰与美容〉杂志与美国〈VOGUE〉杂志进行出版合作的批复》载明：同意由人民画报社主办的《服饰与美容》杂志与美国《VOGUE》杂志简体中文版进行出版合作，《服饰与美容》可有偿使用《VOGUE》杂志的部分文字和图片内容。《服饰与美容》使用《VOGUE》杂志的某些商标，应严格遵守新闻出版总署的有关规定。

2005年9月号的《VOGUE服饰与美容》杂志在其封面和内页突出使用了"VOGUE"文字，该文字下方标明："康泰纳仕有限公司与人民画报社版权合作"字样，杂志内页有"连卡佛恭贺《VOGUE服饰与美容》隆重面世"、"《VOGUE》百年世界顶尖时装杂志……《Vogue服饰与美容》面市发行……"等字样。

2004年1月30日，视线娇点公司注册了"e-vogue.com.cn"域名并开通了该网站。中国服装设计师协会和中国国际时装周组织委员会于2005年11月24日出具书面证明称：中国服装设计师协会于2004年1月牵头组建视线娇点公司，并开通E-风尚网，由视线娇点公司负责网站的经营管理。该网站是中国服装设计师协会的官方网站，也是中国国际时装周的官方网站。

2006年5月12日，由上海市公证处出具的（2006）沪证经字第4702号《公证书》载明：2006年5月11日，上海康泰纳仕广告有限公司申请对"e-vogue.com.cn"网站的部分网页内容进行证据保全公证，在"e-vogue.com.cn"网站首页及其他页面的最上方显示有"www.e-vogue.com.cn"域名、"风尚e-VOGUE"、"E-风尚"文字。页面左上部和中部还有"欢迎加入中国服装设计师协会网络企业会员，入会即享受超值VIP网络服务"和"E-风尚中国 模特网络大赛"等字样，其网页内容主要是关于服装、服饰、美容、健身等信息以及论坛、电子杂志订阅等项目。本院2007年9月4日生效的（2007）高民终字第1043号终审判决书认定对上述公证书记载的事实。

视线娇点公司在原审诉讼中提交的www.e-vogue.com.cn网站网页打印件显示：该网站上专门开设了"中国国际时装周"频道和"中国服装设计师协会"频道；另外，在该网站"风格管家"频道下有"国际购买"、"国际买手"和"折扣信息"等栏目，介绍世界各地的购物信息；其他频道也有"品牌"、"编辑精选"、"热门新品"、"护理产品"、"香氛品牌"和"产品指南"等栏目介绍产品信息；在其网页上还放置有若干品牌商品的广告。

另外，在上述网站新会员注册协议说明书中有："用户在享用视线娇点公司各项服务的同时，同意接受视线娇点公司提供的各类信息服务"；"用户明确同意邮件服务的使用由用户个人承担风险"；"用户承诺不经视线娇点公司同意，不能利用视线娇点公司各项服务进行销售或其他商业用途"；"视线娇点公司保留对申请了www.e-vogue.com.cn免费邮箱的用户投放商业性广告的权利"；"在视线娇点公司许可下用户可在他们发表的信息中加入宣传资料或参与广告策划，在视线娇点公司各项免费服务上展示他们的产品。任何这类促销方法，包括运输货物、付款、服务、商业条件、担保都只是在相应的用户和广告销售商之间发生"等说明。

康泰纳仕公司曾于2005年11月向中国国际经济贸易仲裁委员会域名争议解决中心就视线娇点公司注册的"e-vogue.com.cn"域名提出投诉，要求撤销该域名注册，并将该域名转移给康泰纳仕公司。域名争议解决中心经审理，于2005年12月27日作出了驳回康泰纳仕公司上述请求的CND-2005000078号《裁决书》。同时，《裁决书》中写明："被投诉人（即视线娇点公司）至于是否构成侵犯投诉人（即康泰纳仕公司）商标权和著作权，或者不正当竞争，不是本案要解决的问题，当事人应当另行通过法律途径解决。"

二审审理结果

　　二审法院认为：我国商标法及相关司法解释规定，未经商标注册人许可，在同一种商品或类似商品上使用与其注册商标相同或近似的商标的；或者将与他人注册商标相同或近似的文字注册为域名并通过该域名进行相关商品交易的电子商务，容易使相关公众产生误认的行为，属于侵犯商标权的行为。

　　视线娇点公司注册并经营的"e-vogue.com.cn"网站上登载有关服装、服饰、美容、健身等信息，并提供电子杂志订阅、会员免费邮箱及论坛等服务，这些服务项目分别与康泰纳仕公司在第41类服务上注册的1299845号"VOGUE"商标、在第42类服务上注册的第1287356号"VOGUE"商标、在第41类服务上注册的第1779806号"VOGUE"、在第38类服务上注册的第1960603号"VOGUE"商标、在第41类服务上注册的第1354876号"风尚"商标、在第42类服务上注册的第1352223号"风尚"商标以及在第42类服务上注册的3135729号"风尚"商标的核定服务项目相同或者类似。

　　视线娇点公司在e-vogue.com.cn网站网页显著位置上使用了"www.e-vogue.com.cn"、"风尚e-VOGUE"和"E-风尚"等文字，这些文字的核心部分"e-vogue"或"风尚"均与康泰纳仕公司的上述注册商标的文字相同或者近似，使用在上述相同或者类似的服务上容易造成相关公众误认为该网站与康泰纳仕公司有特定联系，因此其行为构成侵犯康泰纳仕公司上述注册商标专用权。

　　视线娇点公司在其e-vogue.com.cn网站上提供了有关服装、服饰、美容、健身等商品或者服务的信息和相关的商品广告，相关公众能够通过该网站上的上述信息从事相关商品或者服务的电子商务活动，相关公众也会误认为该网站与康泰纳仕公司存在特定联系，因此视线娇点公司注册并使用e-vogue.com.cn域名的行为也构成对康泰纳仕公司上述注册商标专用权的侵犯。

　　综上，康泰纳仕公司在本案诉讼中已经明确提出了请求保护的商标权利，并指明了视线娇点公司具体的侵权行为，原审判决根据商标法及相关司法解释作出认定并无不当，视线娇点公司关于原审判决认定事实缺乏基础并由此导致适用法律错误的上诉主张，缺乏事实和法律依据，本院不予支持。

　　"VOGUE"一词有"时尚、风尚"的含义，视线娇点公司e-vogue.com.cn网站上登载的信息也基本属于时尚类信息，但是视线娇点公司在网站域名以及网页上的"E-VOGUE"和"风尚"均系作为区别他人的商品、服务或者来源的商标使用，并非使用"VOGUE"或"风尚"本身的含义，因此视线娇点公司关于其行为系正当使用的上诉理由不能成立，本院对其上诉请求不予支持。

人民画报社主办的《服饰与美容》杂志在经新闻出版总署批准后可以使用康泰纳仕公司的商标，因此该杂志在 2005 年 9 月号之后在其封面上突出使用"VOGUE"，以及他人将该杂志称为《VOGUE 服饰与美容》并无不当，而且该杂志确属人民画报社与康泰纳仕公司通过版权合作形式出版的杂志。上海市公证处（2006）沪证经字第 4702 号《公证书》所公证事项已经被本院已生效裁判文书所认可，在视线娇点公司未提出充分的相反证据的情况下，视线娇点公司仅根据公证申请人并非本案当事人尚不足以否定已经法院生效裁判文书认定的事实。因此，视线娇点公司关于原审判决认定事实错误的上诉主张，缺乏依据，本院不予支持。

至于视线娇点公司关于原审法院超过举证期限采纳证据属程序错误一节，由于缺乏相应证据支持，本院对上诉主张亦不予支持。

综上，原审判决认定事实清楚，适用法律正确，应予维持。视线娇点公司所提上诉请求及其理由均缺乏依据，本院对此不予支持。依照《中华人民共和国民事诉讼法》第一百五十三条第一款第（一）项之规定，判决如下：

驳回上诉，维持原判。

一审案件受理费 5 510 元，由康泰纳仕出版有限公司负担 2 510 元，北京视线娇点科技有限公司负担 3 000 元；二审案件受理费 5 510 元，由北京视线娇点科技有限公司负担。

31. "华表"注册商标专用权权属纠纷案
——北京红都集团公司诉北京市华表工贸有限公司

原告（被上诉人）：北京红都集团公司
被告（上诉人）：北京市华表工贸有限公司
案由：商标专用权权属纠纷

原审案号：北京市朝阳区人民法院（2007）朝民初字第 13055 号
原审合议庭成员：谢甄珂、普翔、陈闯
原审结案日期：2007 年 9 月 20 日
二审案号：北京市第二中级人民法院（2007）二中民终字第 17948 号
二审合议庭成员：张晓津、张剑、宋光
二审结案日期：2007 年 12 月 20 日

判决要旨

在因"国企改制"导致的商标权权属争议案件中，应当根据被改制企业进行改制前的上级单位、资产管理者在改制时出具的改制文件或资产处置方案确定商标权的归属，不能简单以注册商标形式上的变更或转让手续作为判断的依据。

起诉与答辩

北京红都集团公司（以下简称红都集团公司）诉称：1979 年北京市服装七厂申请注册了"华表"商标，并于 1985 年经核准将该商标注册人变更为北京市华表时装公司（以下简称华表时装公司）。后经申请，该商标有效期续展至 2003 年 2 月 28 日。2002 年 12 月，北京一商集团有限责任公司（以下简称一商集团）同意将华表时装公司全部法人财产权收归我公司所有，再由我公司向改制后的企业投资。据此，我公司应享有包括"华表"商标在内华表时装公司的全部财产权。2003 年 2 月，我公司将部分原华表时装公司的财产评估后作价入股，投入改制后的华表时装公司，其中不包括"华表"商标。但根据改制方案，华表时装公司有权无偿使用该商标 2 年。2005 年 1 月，北京市华表工贸有限公司（以下简称华表工贸公司）在我公司不知情的情况下将

"华表"商标注册人名义变更至自己名下,并长期隐瞒。2006年我公司知悉后,多次要求华表工贸公司将"华表"注册商标变更为我公司,但其拒绝办理变更手续。为此,我公司诉至法院要求华表工贸公司立即将"华表"商标注册人变更为我公司。

华表工贸公司辩称:从"华表"注册商标的变更过程看,我公司一直是该商标的合法注册人。根据现有证据,不能证明"华表"商标应归红都集团公司所有。而且,2004年"华表"商标的注册人名义已经由华表时装公司变更为北京华表时装有限公司(以下简称华表时装有限公司),并进行了变更公告。红都集团公司现在起诉已经超过2年的诉讼时效。因此,我公司不同意红都集团公司的诉讼请求,请法院驳回其诉讼请求。

原审查明事实

原审法院查明:1979年1月1日,北京市服装七厂经核准在第53类(后转为第25类)商品上获得"华表"商标注册。1984年8月18日,北京市服装七厂申请变更名称为华表时装公司。1985年1月5日,"华表"商标注册人名义由北京市服装七厂变更为华表时装公司。1993年5月,经华表时装公司申请,"华表"注册商标得以续展至2003年2月28日。

2002年12月27日,红都集团公司和华表时装公司的共同上级单位—商集团印发《关于变更华表时装公司法人财产权的批复》,表示已经收悉红都集团公司《关于申请变更华表时装公司法人财产权的请示》,并同意将华表时装公司全部法人财产权收归红都集团公司所有,再由红都集团公司向改制后的有限公司进行投资。

2002年12月31日,北京科正资产评估有限责任公司对红都集团公司预投入改制后有限公司的资产进行评估后出具《资产评估报告书》和《资产评估明细表》。其中《资产评估结果汇总表》"无形资产-土地使用权"一项为空白,《整体资产评估报告书》中记载的具体评估对象也不包括注册商标等无形资产。

2003年2月23日,红都集团公司向一商集团上报《关于北京红都集团华表时装公司整体改制方案的请示》,包括附件1《北京红都集团公司华表时装公司整体改制工作方案》。附件1中说明"华表"、"双顺"品牌及商标属于国有无形资产,红都集团公司同意新公司无偿使用2年,2年后另议。

2003年9月12日,华表时装公司在工商行政管理部门进行企业改制登记注册。同年9月19日,北京市工商行政管理局核准华表时装公司名称变更为华表时装有限公司。经改制,红都集团公司的全资子公司华表时装公司改制为华表时装有限公司，红都集团公司投资 204.94 万元，其中原华表时装公司的净资产 186.94 万元（不包括商标等无形资产），另外 18 万元是红都集团公司投入的货币，北京启明星强生商贸有限公司投资货币 595.06 万元。

改制期间，华表时装公司再次申请对"华表"商标进行续展，于 2003 年 5 月 21 日获得核准，续展注册有效期至 2013 年 2 月 28 日。

2004 年 4 月 19 日，"华表"商标注册人名义变更为华表时装有限公司。

2004 年 7 月 12 日，华表时装有限公司名称经核准变更为华表工贸公司。

2005 年 1 月 10 日，"华表"商标注册人名义变更为现在的商标注册人华表工贸公司。

2007 年 6 月 18 日，一商集团出具《关于原北京市华表时装公司改制资产范围的说明》，证明在改制过程中，原华表时装公司的土地使用权及"华表"、"双顺"商标没有评估作价，未投入改制后企业，应归红都集团公司所有。

原审审理结果

原审法院认为：根据《关于变更华表时装公司法人财产权的批复》以及《北京红都集团公司华表时装公司整体改制工作方案》，华表时装公司的全部法人财产权，包括有形资产和无形资产，均收归红都集团公司所有。据此，应当认定红都集团公司拥有原属于华表时装公司所有的包括注册商标"华表"在内的所有权。而且，在《资产评估报告书》中，并没有对包括"华表"商标在内的无形资产作出评估，故应认定红都集团公司并未将"华表"注册商标作为投资投入华表时装有限公司，红都集团公司仍为"华表"注册商标的所有人。对此，一商集团在诉讼中出具的证明，也足以佐证。

虽然红都集团公司没有办理"华表"注册商标的变更或转让手续，但这并不能改变红都集团公司作为"华表"注册商标的所有人身份。华表时装有限公司不能因红都集团公司没有办理形式上的变更或转让手续，而随意行使商标权人的权利。华表工贸公司基于华表时装有限公司的变更而取得"华表"商标的注册人名义，缺乏合法依据。因此，红都集团公司应依法享有"华表"注册商标专用权。

对于华表工贸公司提出红都集团公司起诉超过诉讼时效的抗辩，本院认为，因"华表"注册商标一直注册在非所有人名下，该状态处于持续状态。因此，红都集团公司有权提起确权诉讼，并未超过诉讼时效期间。

综上，依据《中华人民共和国民法通则》第九十六条的规定，判决如下：红都集团公司享有涉案"华表"注册商标的专用权。

上诉人华表工贸公司不服原审判决，提起上诉，请求撤销原审判决。理由为：1. 原审法院依据一商集团公司和红都集团公司出具的书面材料来认定红都集团公司拥有涉案商标是错误的；2. 涉案商标开始注册在华表时装公司名下，改制时只是注册人名义发生变更，并没有发生商标权属的变动，故华表工贸公司享有的商标权应受法律保护；3. 诉讼时效的起算应从2004年涉案商标公告时开始，本案已超过诉讼时效；4. 华表工贸公司作为注册商标专用权人应受法律保护，红都集团公司若有异议应通过商标争议程序进行解决，本案不应由人民法院直接审理。

红都集团公司服从原审判决。

二审查明事实

二审法院查明的事实与原审相同。

二审审理结果

二审法院认为：被上诉人红都集团公司出具的《北京红都集团公司华表时装公司整体改制工作方案》以及一商集团公司作出的《关于变更华表时装公司法人财产权的批复》之内容表明，在对华表时装公司进行企业改制时将其全部法人财产权收归红都集团公司所有。根据企业改制惯例，该"全部法人财产权"应包括全部有形资产和商标、土地使用权等无形资产。据此，可以认定红都集团公司在改制时已将原属于华表时装公司涉案注册商标"华表"连同其他财产一并收归该公司所有。在决定投入改制后企业资产的《资产评估报告书》中，并没有对包括"华表"商标在内的无形资产作出评估，且在红都集团公司向一商集团公司上报《关于北京红都集团华表时装公司整体改制方案的请示》附件1中说明了"华表"、"双顺"品牌及商标属于国有无形资产，红都集团公司同意改制后公司无偿使用2年，据此本院认定涉案"华表"注册商标的无形资产并未作为红都集团公司对改制后企业的投资投入华表时装有限公司，该商标的所有权人仍为红都集团公司。虽然红都集团公司没有履行法律上的商标变更手续，但并不能据此否定其作为商标所有人的身份。

鉴于一商集团公司系被上诉人红都集团公司和华表时装公司的上级单位和资产管理者，其主持并参与下属企业华表时装公司的改制并对改制方案以批复形式进行确认符合相关规定，故其批复对于下属企业相关资产的处置具有法律效力。故上诉人华表工贸公司关于红都集团公司出具的《北京红都集团公司华表时装公司整体改制工作方案》以及一商集团公司作出的《关于变更华表时装公司法人财产权的批复》不能作为确定涉案"华表"商标归属依据的主张依据不足，本院不予支持。

根据相关法律规定，侵犯注册商标专用权的诉讼时效为2年，自商标注册人或者利害权利人知道或者应当知道侵权行为之日起计算。商标注册人或者利害关系人超过2年起诉的，如果侵权行为在起诉时仍在持续，在该注册商标专用权有效期限内，人民法院应当判决被告停止侵权行为。本案中涉案"华表"商标一直注册在华表服装公司和华表工贸公司名下，而没有注册在商标所有人红都集团公司名下。依据上述规定精神，本案情形属由于持续性侵权导致的商标权权属纠纷，在涉案注册商标专用权有效期限内，本案应不受诉讼时效的限制。因此，上诉人华表工贸公司关于本案起诉已超过诉讼时效的主张，依据不足，本院不予支持。

此外，上诉人华表工贸公司提出本案不应直接提起民事诉讼，应该通过商标争议程序进行解决的主张，于法无据，本院不予支持。综上，上诉人华表工贸公司的上诉理由不能成立，其上诉请求，本院不予支持。原审判决认定事实清楚，适用法律正确，应予维持。

依照《中华人民共和国民事诉讼法》第一百五十三条第一款第（一）项之规定，判决如下：

驳回上诉，维持原判。

一、二审案件受理费各500元，均由北京市华表工贸有限公司负担。

32．"LINTO"商标异议复审行政纠纷案

——三洋电机株式会社诉国家工商行政管理总局商标评审委员会、成都凌拓实业有限公司

原　告：三洋电机株式会社
被　告：国家工商行政管理总局商标评审委员会
第三人：成都凌拓实业有限公司
案　由：商标异议复审行政纠纷

一审案号：北京市第一中级人民法院（2007）一中行初字第1115号
一审合议庭成员：仪军、王晫、郝建欣
一审结案日期：2007年12月20日

判决要旨

未经许可将他人享有著作权的图形使用在被异议商标中，属于对他人在先权利的侵犯，被异议商标不应获得注册。

起诉与答辩

三洋电机株式会社（以下简称三洋会社）诉称：1. 被告作出的"第4101号裁定书"中对于被异议商标与原告三个引证商标的近似判断有误，其中，被异议商标与引证商标二和引证商标三构成类似商品上的近似商标，其注册应被认定违反《商标法》第二十八条的规定；2. 被告作出的"第4101号裁定书"中对于引证商标的知名度以及消费者误认可能性的判断有误，被异议商标应被认定为违反《商标法》第十三条第二款的规定；3. 被告作出的"第4101号裁定"中对于原告主张著作权缺乏事实依据的认定有误，被异议商标应被认定为违反《商标法》第三十一条的规定；4. 被告对商标局作出的"SENVY"、"SANKE 三科及图"、"ANIS"商标异议裁定不能作为本案的审理依据的判断有失公平。综上，三洋会社请求法院依法判决撤销第4101号裁定。

被告国家工商行政管理总局商标评审委员会（以下简称商标评审委员会）辩称：1. 被异议商标与引证商标二的开头两个字母不同，在发音和整体外观

上均有一定区别，未构成近似商标。引证商标三仅由一个经过设计的大写字母"N"构成，其与被异议商标在读音、外观上差异较大，亦未构成近似商标。综上，被异议商标与引证商标二和引证商标三均未构成近似商标，即使使用在同一种或类似商品上也不易导致消费者的混淆误认，因此，被异议商标的注册不违反《商标法》第二十八条的规定。2. 三洋会社在商标异议复审程序中并未提交证明引证商标被使用、宣传等构成驰名商标的证据，且其在商标局异议程序中提交证据中的大部分为外文证据，并未进行翻译，应视为未提交，仅有的几份中文证据亦不足以证明引证商标在被异议商标申请注册前在中国已经构成了驰名商标。鉴于被异议商标与引证商标二各自指定使用的商品属于类似商品，其焦点应为被异议商标与引证商标二是否构成《商标法》第二十八条项下的近似商标，而非判断引证商标二是否构成已在中国注册的驰名商标从而适用《商标法》第十三条第二款予以跨类保护。3. 三洋会社在评审中并未提交其《著作权登记证书》，且著作权登记机关对其只是形式审查，其与商标确权行政机关与司法机关认定是否构成著作权法意义上的作品没有必然的关系。依据个案审查原则，其提交的"SENVY"及"SANKE 三科及图"、"ANIS"商标异议裁定，并不能证明"N"图形构成了原告所有的在先著作权。商标评审委员会从整体外观、读音上判断被异议商标与引证商标二、引证商标三差异较大，不构成近似商标并无不当。综上，第4101号裁定认定事实清楚，适用法律准确，程序合法，请求法院予以维持。

第三人成都凌拓实业有限公司（以下简称凌拓公司）未向本院提交书面意见陈述。

一审查明事实

一审法院查明：被异议商标"LINTO"由凌拓公司于1997年5月30日向国家工商行政管理总局商标局（以下简称商标局）提出申请注册，指定使用的商品为第12类汽车零部件（不包括轮胎）、汽车冷风机、汽车暖风机等商品上，该商标于1998年4月7日获初步审定并公告，初步审定号为1189067。

在法定期限内，三洋会社向商标局提出异议申请，其提出了以下三个引证商标：

引证商标一：注册号为303910号"SANYO"商标，该引证商标核定使用商品为第11类热毛巾器、冷冻冷藏箱、电冰箱（家庭用，业务用）、冷冻箱等商品，注册人为三洋电机株式会社。经续展，该商标注册有效期延至

2007年11月29日。

引证商标二：注册号为302625号"SANYO"商标，该引证商标核定使用商品为第12类高尔夫球场用电瓶车、自行车笛、自行车用方向指示器、自行车用速度计等商品，注册人为三洋电机株式会社。经续展，该商标注册有效期延至2007年11月9日。

引证商标三：注册号为1012496号"N"图形商标，该引证商标核定使用商品为第11类电灯、灯具、纸灯笼、手提式纸灯笼（中国式的）、煤气灯等商品，注册人为三洋电机株式会社。经续展，该商标注册有效期延至2007年5月20日。

三洋会社提出的主要异议理由为：被异议商标故意抄袭和摹仿引证商标中的"N"图形，并且与引证商标构成类似商品上的近似商标。

针对该异议，商标局作出（1999）商标异字第5231号裁定，该裁定中认为：被异议商标"LINTO"由五个字母组成，其中字母"N"采用艺术化表现手法。在整体上，该商标仍是一个文字商标，非是图文组合商标。较之于三洋会社的商标"SANYO"，"LINTO"的字母构成不同，发音及含义有所差别，未与"SANYO"构成近似。对于消费者来说，三洋会社的"SANYO"商标在家电产品上具有一定知名度，然而被异议商标所使用的商品为"汽车零部件（不包括轮胎）、汽车冷风机"等，消费者不会因字母"N"的表现手法近似，而将"LINTO"同"SANYO"相混淆，或误认二者之间存在某种联系。三洋会社的第1012496号商标"N"图形注册在第11类"电灯、电锯、空气加热设备"等商品上，被异议商标"LINTO"与之使用商品有区别，不会引起消费者的混淆。因此，三洋会社的异议理由不能成立。

1999年12月17日，三洋会社向商标评审委员会提出商标异议复审申请，其主要理由为：

1. 被异议商标属于凌拓公司对三洋会社引证商标的复制或模仿，并且被异议商标侵犯了三洋会社对"N"图形享有的在先著作权；2. 被异议商标与引证商标在实际使用中容易造成相关公众的混淆。

2007年8月6日，商标评审委员会作出第4101号裁定，认定：1. 被异议商标与引证商标一、引证商标二、引证商标三是否构成类似商品上的近似商标，从而违反《商标法》第二十八条的规定。本案中，被异议商标由五个大写字母"LINTO"（无含义）构成，引证商标一、引证商标二均为"SANYO"（无含义），被异议商标与引证商标一、引证商标二的开头两个字母不同，在发音和整体外观上均有一定区别，未构成近似商标。引证商标三仅由一个经过设计的大写字母"N"构成，其与被异议商标亦未构成近似商标。综上，被异议商标与三个引证商标均未构成近似商标，即使使用在同一种或类似商品上也不易导致消费者的混淆误认，因此，被异议商标的注册不违反《商标法》第二十八条的规定。2. 被异议商标是否构成对三洋会社在先注册的驰名商标的复制和摹仿，从而构成《商标法》第十三条第二款规定之情形。被异议商标与三个引证商标均未构成近似商标，而且在中国，引证商标的知名度主要集中于电视机、洗衣机等家用电器，而被异议商标指定使用的汽车零部件（不包括轮胎）、汽车冷风机、汽车暖风机商品不属于引证商标具有较高知名度的家用电器行业，被异议商标使用在这些商品上不致使消费者将其与三洋会社相联系。因此，被异议商标的注册与使用，未构成《商标法》第十三条第二款规定的误导公众，致使驰名商标注册人的利益可能受到损害的情形。另外，三洋会社主张其拥有"N"图形的著作权，但鉴于被异议商标与引证商标三未构成近似商标，且被异议商标作为一个整体，与三洋会社设计的"N"字母已具有明显区别，因此该主张缺乏事实依据，不成立。三洋会社提交的"SENVY"及"SANKE 三科及图"、"ANIS"商标异议裁定，因与本案情况不同，故不能作为本案的审理依据。综上所述，三洋会社所提异议复审理由不成立。商标评审委员会依据《商标法》第三十三条、第三十四条的规定，裁定第1189067号"LINTO"商标予以核准注册。异议理由不成立，对被异议商标予以核准注册。

2006年12月29日，中华人民共和国国家版权局（以下简称国家版权局）向三洋会社颁发著作权登记证书，其中载明三洋会社以委托作品著作权人身份对由AGP（美国）于1986年6月创作完成，于1986年11月26日在日本首次发表的作品《"N"图形，"N"Logo》依法享有著作权，登记号为：2006-F-06571。

庭审过程中，三洋会社明确本案中主张303910号"SANYO"商标和1012496号"N"图形商标为驰名商标。商标评审委员会认可三洋会社将"N"图形委托创作协议和国家版权局2006年12月29日颁发的有关三洋会社"N"图形著作权登记证书结合起来证明三洋会社是否享有"N"图形的著作权，但否认"N"图形是我国著作权法意义上的美术作品。

一审审理结果

一审法院认为：1. 引证商标与被异议商标是否构成类似商品上的近似

商标。

最高人民法院《关于审理商标民事纠纷案件适用法律若干问题的解释》第九条第一款规定，商标法第五十二条第（一）项规定的商标相同，是指被控侵权的商标与原告的注册商标相比较，二者在视觉上基本无差别。

该条第二款规定，商标法第五十二条第（一）项规定的商标近似，是指被控侵权的商标与原告的注册商标相比较，其文字的字形、读音、含义或者图形的构图及颜色，或者其各要素组合后的整体结构相似，或者其立体形状、颜色组合近似，易使相关公众对商品的来源产生误认或者认为其来源与原告注册商标的商品有特定的联系。

本案中，被异议商标"LINTO"与引证商标"SANYO"和"N"图形均为无含义商标，发音相差较远，并且整体字形也有较大差异，相关公众施以一般注意力不会对被异议商标和引证商标所标识的商品来源产生混淆或误认。因此，三洋会社有关被异议商标与引证商标构成类似商品上的近似商标的起诉理由缺乏事实和法律依据，本院不予支持。

2. 303910 号"SANYO"商标和 1012496 号"N"图形商标是否成为驰名商标。

由于上述两引证商标与被异议商标并不构成近似商标，因此引证商标是否成为驰名商标并不影响本院对是否撤销被异议商标的评判。因此，三洋会社有关上述两引证商标成为驰名商标的起诉理由，本院不予支持。

3. 被异议商标是否侵犯了三洋会社的在先权利。

《商标法》第三十一条规定，申请商标注册不得损害他人现有的在先权利，也不得以不正当手段抢先注册他人已经使用并有一定影响的商标。

首先，关于三洋会社主张著作权的"N"图形是否可以成为我国著作权法所保护的美术作品。本院认为，该"N"图形中间为斜方向的黑色矩形，左右两侧为几道黑色实线构成，整体给人很强的立体感，其不同于一般的印刷体文字，凝聚了创作者的智力劳动。因此，该"N"图形可以作为美术作品获得我国著作权法的保护。其次，三洋会社是否为"N"图形的著作权人。本案中，三洋会社为证明其对"N"图形享有在先著作权，在异议阶段提交了"N"图形委托创作协议，并且在诉讼阶段补充提交了著作权登记证书，该著作权登记证书虽然在异议阶段以及异议复审阶段未提交，但其作为委托创作协议的补强证据，而且商标评审委员会对该证据亦表示认可，因此本院对该著作权登记证书予以采信，其可以作为三洋会社对"N"图形享有著作权的佐证。并且，三洋会社在本案中主张其享有著作权的"N"图形即是第1012496号"N"图形商标中的"N"图形，该引证商标申请日为1995年12月26日，商标专用权自1997年5月21日起始，都在被异议商标申请日1997年5月30日之前。另外，第4101号裁定亦未否认三洋会社对"N"图形享有著作权。综上，本院确认三洋会社对第1012496号"N"图形商标中的"N"图形享有著作权。

比较该"N"图形与被异议商标"LINTO"中的"N"可知，两者在视觉上基本无差异，属于相同的图形，凌拓公司未经许可将三洋会社享有著作权的"N"图形使用在被异议商标中，属于对三洋会社在先权利的侵犯，被异议商标不应获得注册。三洋会社的该起诉理由于法有据，本院予以支持。

综上，被告商标评审委员会作出的第4101号裁定认定事实错误，适用法律错误，本院不予维持。依据《中华人民共和国行政诉讼法》第五十四条第（二）项第（1）、（2）目之规定，本院判决如下：

一、撤销被告中华人民共和国国家工商行政管理总局商标评审委员会作出的商评字〔2007〕第4101号关于第1063328号"三洋SUN YANG及图"商标异议复审裁定；

二、被告中华人民共和国国家工商行政管理总局商标评审委员会于本判决生效之日起三个月内重新作出关于第1063328号"三洋SUN YANG及图"商标异议复审裁定。

案件受理费100元，由中华人民共和国国家工商行政管理总局商标评审委员会负担。

各方当事人均服从一审判决。

33. "東沅及图形"商标争议行政纠纷案
——迈考美有限公司诉国家工商行政管理总局商标评审委员会、
西安新兴号调味品有限公司

原告： 迈考美有限公司
被告： 国家工商行政管理总局商标评审委员会
第三人： 西安新兴号调味品有限公司
案由： 商标争议行政纠纷

一审案号： 北京市第一中级人民法院（2007）一中行初字第1172号
一审合议庭成员： 姜颖、苏杭、唐晓君
一审结案日期： 2007年12月20日

判决要旨

《商标法》第三十一条规定中的"申请商标注册不得以不正当手段抢先注册他人已经使用并有一定影响的商标"系指在争议商标申请前已经使用并有一定影响的未注册商标。

起诉与答辩

原告迈考美有限公司诉称：1. 争议商标的申请及注册，构成对我公司在先外观设计专利权的侵犯。早在争议商标申请前，我公司以带有背景的"McCORMICK及桥图形"为核心的产品外观设计已经被授予专利权，该外观设计中，除了引证商标与绿色拱桥背景图案的组合外，其他部分为以白色背景衬托的调味品原料或相关产品的图案，引证商标与绿色拱桥背景图案的组合是该外观设计中最为显著的部分，且具有区别商品来源的作用，是该专利保护的核心。争议商标的设计思路和表现手法与上述外观设计如出一辙，构成对在先外观设计专利权的侵犯。2. 争议商标的申请及注册构成对我公司在先知名商品特有的包装装潢的侵犯，对此，已提供大量证据证明。3. 第三人注册争议商标是对我公司在先使用并具有一定知名度商标的恶意抢注，违反了《商标法》第三十一条的规定。我公司的引证商标以及"带有背景的MCCOMICK及桥图形"具有较强的独创性，不仅是我公司包装装潢的重要组成部分，亦是我公

司的关联公司在先使用在第 30 类商品上在中国具有一定知名度的商标。综上，被告认定事实不清，适用法律错误，请求法院撤销第 2940 号裁定。

被告国家工商行政管理总局商标评审委员会（以下简称商标评审委员会）辩称：1. 外观设计专利权保护的对象是富有美感并适于工业应用的新设计的产品的形状、图案或形状、图案、色彩组合的整体，而不是组成外观设计的单个图案。因此，原告对其外包装袋上的"McCORMICK Mc"及图形并不享有在先的外观设计专利权，争议商标没有损害他人现有的在先权利。2. 原告在争议商标评审过程中提交的证据不足以证明在争议商标申请注册之前其商品知名。3. 坚持第 2940 号裁定对争议商标未构成《商标法》第三十一条所规定的情形的认定理由。综上，请求法院维持第 2940 号裁定。

第三人西安新兴号调味品有限公司（以下简称新兴号公司）述称：1. 原告早在 2006 年 8 月 30 日即收到第 2940 号裁定，法院受理的日期为 2007 年 8 月 27 日，距原告提出的起诉时间长达一年之久，原告的起诉早已超过法定起诉期限，依法无权起诉。2. 原告提起的商标争议的请求早已超过法定提出争议的期限，其商标争议请求和行政诉讼请求应当依法驳回。3. 原告主张的在先外观设计专利权属于原告在上海设立的关联公司，并且是无效专利。4. 原告提出争议商标的注册侵犯其在先知名商品的包装装潢却未证明在先使用，也无法证明为知名商品，包装装潢还是其他关联公司所使用的与原告无关。5. 争议商标与引证商标显著不同，两者不属于相同或近似商标。综上，请求法院驳回原告的诉讼请求，维持第 2940 号裁定。

一审查明事实

一审法院查明：原告迈考美有限公司于 1992 年 9 月 19 日向国家工商行政管理总局商标局（以下简称商标局）提出申请，于 1993 年 11 月 13 日经核准注册，取得第 665112 号"McCORMICK Mc 及图形"商标（即引证商标），核定使用的商品是第 30 类调味品、芥末等商品，已续展注册至 2013 年 11 月 12 日。

第三人新兴号公司于 1998 年 11 月 2 日向商标局提出申请，于 2000 年 3 月 28 日经核准注册，取得第 1378888 号"東沅及图形"商标（即争议商标），核定使用的商品是第 30 类胡椒（调味品）、花椒粉等商品，有效期至 2010 年 3 月 27 日。

迈考美有限公司于 1988 年与上海市食品杂货总公司合资成立了上海迈考美调味食品有限公司（现更名为上海味好美食品有限公司）。该公司于 1995 年先后申请了多项食品包装袋外观设计专利并用于其调味品商品包装上，该包装袋上印有"McCORMICK Mc 及图形"商标等图形。

2004年11月3日，迈考美有限公司对争议商标向被告提出争议申请，请求撤销争议商标。其理由是：争议商标与引证商标构成使用在类似商品上的近似商标，引证商标及该公司的"味好美"品牌的调味品产品在中国的具有相当的知名度，争议商标的注册会使消费者产生混淆。1988年，其在中国全资成立的上海迈考美调味食品有限公司生产的"MCCORMICK 味好美"系列调味品及汤料食品已经深入人心多次获奖，已经和我公司的引证商标成为在30类调味品商品上的驰名商标。争议商标的注册损害了我公司的在先外观设计。争议商标不具有商标识别作用。

2006年8月30日，被告作出第2940号裁定，认定：1. 争议商标获得注册的时间是2000年3月28日，依据《商标评审规则》第五十九条第二款的规定，迈考美有限公司以争议商标与其在先注册的引证商标构成使用在同一种或类似商品上的近似商标应予撤销为由提出的争议裁定申请，应适用2001年10月27日修改前《商标法》第二十七条第二款规定的一年期限限制，而迈考美有限公司是于2004年11月3日才提出争议裁定申请，超过了法定期限。因此，迈考美有限公司主张争议商标与引证商标构成类似商品上的近似商标应予撤销的理由不能成立。2. 迈考美有限公司提交的证据多发生于争议商标申请注册之后，不足以证明引证商标在争议商标申请注册之前已成为消费者所熟知的驰名商标。3. 外观设计专利权保护的外观设计是指对产品的形状、图案或者其组合以及色彩与形状、图案的结合所作出的富有美感并适于工业应用的新设计，即其保护范围是整体。迈考美有限公司的在先外观设计是食品包装袋，保护的对象是图案、色彩组合成的整体，而不是组成外观设计的单个图案，在该食品外包装袋上，引证商标的图形部分与其上部的阴影装饰性图案组合只占整个包装袋的一小部分，因此，迈考美有限公司对该装饰性图案与引证商标中的图形组合并不享有在先的外观设计专利权。迈考美有限公司提交的证据不足以证明其商品在争议商标申请注册之前已成为知名商品，其所提出的争议商标侵犯了其知名商品特有的包装装潢的主张不能成立。迈考美有限公司在食品包装袋上对引证商标与其上的装饰性图案的使用并不是作为一个未注册商标进行使用。比较争议商标与引证商标及其上部的阴影图案，后者是由英文"Mc-CORMICK"、"Mc"及图形构成，"McCORMICK"和"Mc"是主要认读部分，而争议商标是由中文"東沅"与图形组成，"東沅"为主要认读部分。争议商标与引证商标及其上阴影图案组合的图形通常作为装饰性图案进行使用，在识别上图形区别的作用相对不大，而两者的主要识别部分在文字组成方面不同，读音也有区别，使用在同一种或类似商品上不易引起消费者混淆，不能构成使用在同一种或类似商品上的近似商标。因此，迈考美有限公司称新兴号公司以不正当手段抢先注册其在先使用并有一定影响的商标的主张不成立。争议商标由中文"東沅"与图形组合而成，"東沅"是消费者识别争议商标的主要认读部分，与图形组合的整体可以为相关消费者所识别，具有商标应有的显著性。据此，根据《商标法》第十三条、第三十一条、第四十一条第二款、第三款和第四十三条的规定，裁定维持争议商标。迈考美有限公司的撤销理由不成立，维持了争议商标。迈考美有限公司不服该裁定，于2006年9月29日向本院提交行政起诉状提起本案诉讼，本院收齐原告提交的相关涉外公证认证证据材料后于2007年8月27日予以受理。

一审审理结果

一审法院认为：1. 原告向人民法院提交起诉书等诉讼材料可以证明其具有提起本案诉讼的真实意思表示，其提交起诉状之日应当认定是其提起诉讼起始日。根据本案立案审查审判流程管理信息表记载的事实，原告于2006年9月29日向法院提交起诉书，由于第2940号裁定于2006年8月30日作出，原告向法院提交起诉书的时间并未超过法律规定的30日期限，其提起本案诉讼符合法律规定。

2. 争议商标注册是否损害了原告现有的在先权利。《商标法》第三十一条规定，申请商标注册不得损害他人现有的在先权利。原告主张争议商标注册侵犯其外观设计专利权和知名商品特有包装、装潢的权益，应当举证证明所述权利或者权益的权利人或者利害关系人是原告。由查明的事实可知，原告所主张的外观设计专利权及知名商品特有包装装潢的权利人为上海迈考美调味食品有限公司，并非本案原告。虽然原告主张其与上海迈考美调味食品有限公司为控股关系，但因原告与该公司为相互独立的法人，在原告没有提供其他证据的情况下，原告并不能因其与该公司的控股关系而可以当然地对该公司的外观设计及包装、装潢主张权利。因原告不是其所主张的在先权利的权利人或者利害关系人，其关于争议商标的注册侵犯其现有的在先权利的主张不能成立，本院不予支持。

3. 争议商标注册是否属于以不正当手段对他人已经使用并有一定影响商标的抢注。《商标法》第三十一条规定，申请商标注册不得以不正当手段抢先注册他人已经使用并有一定影响的商标。该规定的适用条件为：（1）他人商标系在争议商标申请前已经使用并有一定影响的未注册商标；（2）争议商标与他人商标相同或者近似；（3）两商标所使用商品或服务相同或者类似；（4）争议商标申请人具有恶意。

根据查明的事实，原告主张的在先使用的商标即引证商标为已注册商标，因此不应适用《商标法》第三十一条。此外，引证商标为"McCORMICK Mc 及图形"商标，争议商标为"東沉及图形商标"，两商标虽然在图形部分存在一定的近似，但在文字呼叫、含义和字形上均存在较大差异，在整体上不会引起消费者的混淆、误认，两商标既不相同也不近似。因此，争议商标注册并不具备上述《商标法》第三十一条的适用要件，原告关于争议商标的注册系以不正当手段抢注原告已经使用并有一定影响的商标的主张不能成立，本院不予支持。

综上所述，原告不能证明第三人注册的争议商标违反了《商标法》第三十一条的规定，第三人注册争议商标不具有所谓恶意，争议商标的注册符合法律规定，第2940号裁定维持争议商标的裁决认定事实清楚，适用法律适当，应当予以维持。本院依照《中华人民共和国行政诉讼法》第五十四条第（一）项之规定，判决如下：

维持国家工商行政管理总局商标评审委员会作出的商评字〔2006〕第2940号《关于第1378888号"東沉及图形"商标争议裁定书》。

一审案件受理费1 000元，由迈考美有限公司负担。

各方当事人均服从一审判决。

34. 侵犯"康可"商标专用权纠纷案

——绍兴康可胶囊有限公司诉德国默克公司、
中国永裕新兴医药有限公司、华东医药股份有限公司

原告： 绍兴康可胶囊有限公司
被告： 德国默克公司（MERCK Kommanditgesellschaft auf Aktien）
被告： 中国永裕新兴医药有限公司
被告： 华东医药股份有限公司
案由： 侵犯商标专用权纠纷

一审案号： 北京市第二中级人民法院（2007）二中民初字第 14440 号
一审合议庭成员： 何暄、葛红、周晓冰
一审结案日期： 2007 年 12 月 20 日

判决要旨

被告在与原告注册商标核定使用商品相类似的商品上使用了与原告注册商标相近似的商标标志，构成对原告商标专用权的侵犯。被告关于其生产的商品与原告注册商标实际使用商品为不相类似商品、不构成侵权的主张，不属于侵犯商标专用权行为审查的范围。

起诉与答辩

原告绍兴康可胶囊有限公司（以下简称康可公司）诉称：原告系第 345737 号"康可"图文组合商标的权利人。原告发现，被告德国默克公司未经许可，在与其注册商标核定使用商品相类似的富马酸比索洛尔片剂药品上使用"康可"文字标识，并通过被告中国永裕新兴医药有限公司（以下简称永裕新兴公司）批发给被告华东医药股份有限公司（以下简称华东医药公司）中西药械分公司等经销商，在北京、上海、广州等地广泛销售，足以使消费者造成混淆，构成对原告涉案注册商标专用权的侵犯，影响了原告的生产和销售。故诉至法院，请求判令：1. 被告永裕新兴公司和华东医药公司停止侵权；2. 被告永裕新兴公司和华东医药公司立即销毁侵权商品、宣传资料及外包装；3. 被告德国默克公司赔偿原告经济损失及为诉讼支出的律师费等合理支出共

计人民币49万元并承担本案诉讼费用。

被告德国默克公司辩称：原告实际生产的是空心胶囊，与被告生产的富马酸比索洛尔片相比，产品成分、销售渠道、销售对象等完全不同，不属于相近似商品，"康可"标识与原告注册商标亦不构成相似。原告没有充分证据证明被告实施了侵权行为，故请求法院驳回原告的诉讼请求。

被告永裕新兴公司答辩称：原告没有充分证据证明其销售过德国默克公司生产的被控侵权药品，故请求法院驳回原告的诉讼请求。

被告华东医药公司答辩称：原告没有充分证据证明其实施销售被控侵权药品的行为，故请求法院驳回原告的诉讼请求。

一审查明事实

一审法院查明：经国家工商行政管理总局商标局（以下简称国家商标局）核准，新昌县报国乡联营振兴胶丸厂于1989年4月20日注册了"康可牌及图"图文组合商标，该商标由"康可牌"文字与小鸟图形组合而成，商标注册证号为第345737号，核定使用商品为第5类：胶丸，有效期至1999年4月19日止。经核准，该商标有效期限续展至2009年4月19日止。1994年1月5日，注册人名义经核准变更为：新昌县天山胶丸厂。经核准，该商标于2000年12月28日转让给新昌县康可胶囊有限公司，又于2004年4月21日转让给康可公司。2006年1月1日，浙江省食品药品监督管理局向康可公司核发《中华人民共和国药品生产许可证》，许可康可公司生产范围为"空心胶囊"。

康可公司主张，其自2004年6月6日至2006年10月8日间，陆续在浙江省杭州市、北京市、上海市、山东省青岛市、河北省石家庄市各药店购买到德国默克公司生产的"康可"牌富马酸比索洛尔片剂，每盒售价在人民币40元左右。康可公司所购买的"康可"牌富马酸比索洛尔片剂外包装盒的侧面标注"Concor®"，正面最上方印有"康可"字样，右上方标注"处方药"，最下方标注"德国默克公司生产"，中部标注"适应症：高血压、冠心病（心绞痛）、慢性稳定性心力衰竭"。《使用说明书》中注明：商品名为康可（Concor®），生产企业为"MERCK KGaA"。德国默克公司主张其在中国注册了"Concor"文字商标。

康可公司自2005年3月1日起，先后向浙江省杭州市工商行政管理局（以下简称杭州市工商局）、上海市工商行政管理局、青岛市工商行政管理局、北京市工商行政管理局投诉，要求对德国默克公司侵犯其商标权的行为立案查处，并以杭州市工商局为被告，提起一系列行政诉讼。浙江省杭州市江干区人民法院（以下简称江干区法院）分别于2005年11月28日和2006年10月11日作出（2005）江行初字第23号行政判决书和（2006）江行初字第38号行政判决书。上述判决书中均表明，杭州市工商局经调查，从杭州华东医药股份有限公司中西药械分公司处调取了"杭州华东医药股份有限公司中西药械分公司富马酸比索洛尔片进货记录"。在本案审理过程中，康可公司向本院提交了盖有"华东医药股份有限公司中西药械分公司业务专用章"的康可片进货记录单的复印件，康可公司主张该进货记录单的原件现在江干区法院。由于该进货记录单与上述行政判决书的相关内容相互印证，本院确认该进货记录单的真实性。该进货记录单显示，2003年1月至2005年3月间，华东医药股份有限公司中西药械分公司从永裕新兴公司处采购过德国默克公司生产的"康可片"。（2005）江行初字第23号行政判决书中表明，杭州市工商局认定"杭州华东医药股份有限公司中西药分公司经销的标有'康可'字样的富马酸比索洛尔片药品，确系德国默克公司生产，来源于北京中国新兴医药科技发展总公司"。永裕新兴公司认可，其前身为北京中国新兴医药科技发展总公司。

德国默克公司公司主张其2006年以前在富马酸比索洛尔片商品上作为其注册商标"Concor"的音译使用过"康可"标识，但是现在其使用的标识为"康忻"，康可公司对此予以认可。永裕新兴公司认可其曾经销售过德国默克公司生产并向其销售的"康可牌"富马酸比索洛尔片，2006年10月德国默克公司指令其将未销售的"康可"牌富马酸比索洛尔片退回，之后没有再销售过"康可"牌富马酸比索洛尔片。华东医药公司认可其与永裕新兴公司之间存在供销合同关系，目前销售的是德国默克公司生产的"康忻"牌富马酸比索洛尔片。

2007年9月28日，俞三愈在浙江省新昌县城关得恩德祥瑞堂大药房购买"博苏"牌富马酸比索洛尔片一袋，售价为人民币25元。

德国康可公司曾以"涉案注册商标三年不使用"为由，向国家商标局提出撤销涉案注册商标的申请，被国家商标局驳回，现正在复审程序中。

另查，康可公司为诉讼支出律师代理费2万元。

一审审理结果

一审法院认为：原告康可公司作为涉案"康可"文字及图形组合商标的专用权人，其对涉案注册商标所享有的专用权，应当受到我国法律的保护。

综合本案查明的事实可以认定，德国默克公司在其生产并销售的富马酸比索洛尔片商品上使用了"康可"文字标识。被控侵权商品种类为"片剂"，与原告涉案注册商标核定使用商品"胶丸"同属第五类商品，属于相类似的商品。原告涉案注册商标由"康可牌"文字与小鸟图形组合而成，虽然小鸟图形所占比例较大，但是"康可牌"文字更便于呼叫。被告使用的"康可"文字标识与原告涉案注册商标中的文字的主要部分完全相同，构成相近似。德国默克公司在与原告核定使用商品相类似的商品上使用了与原告涉案注册商标相近似的商标标识，侵犯了原告对涉案注册商标所享有的专用权，应当承担相应的法律责任。被告提出"康可"标识与原告涉案注册商标不相近似，且被告生产商品与原告实际使用商品为不相类似商品，被告不构成侵权的主张，缺乏依据，本院不予采纳。

根据我国商标法的相关规定，销售不知道是侵犯注册商标专用权的商品，能证明该商品是自己合法取得的并说明提供者的，不承担赔偿责任。被告永裕新兴公司销售了德国默克公司生产的涉案侵权产品，侵犯了原告涉案注册商标专用权。但是由于永裕新兴公司系从涉案侵权产品的生产商处合法进货，因此，被告永裕新兴公司应当承担停止侵权的法律责任。被告华东医药公司销售了德国默克公司生产的涉案侵权产品，侵犯了原告涉案注册商标专用权。但是由于华东医药公司系从永裕新兴公司处合法进货，因此，被告华东医药公司应当承担停止侵权的法律责任。

综上，被告德国默克公司生产、销售涉案产品的行为，被告永裕新兴公司和华东医药公司销售涉案产品的行为，侵犯了原告涉案注册商标专用权，原告康可公司要求被告德国默克公司承担赔偿经济损失及因诉讼支出的合理费用的责任，要求被告永裕新兴公司和华东医药公司承担停止侵权的责任，理由正当，本院予以支持。鉴于原告康可公司认可被告德国默克公司已于2006年停止生产、销售涉案侵权产品的行为，并不再要求德国默克公司承担停止侵权的责任，故本院对此不作处理。在具体的赔偿数额方面，鉴于原告索赔数额过高，且未提交相关证据予以证明，本院将综合考虑被告主观过错程度、侵权行为持续时间、影响等因素酌情判定。对原告所主张的因本案诉讼支出费用的合理部分，本院亦予以支持。鉴于被告永裕新兴公司和华东医药公司承担停止侵权的责任，能够制止侵权行为，故本院对原告要求上述二被告承担销毁侵权商品、宣传资料及外包装的责任的请求，不予支持。

综上所述，本院依据《中华人民共和国民法通则》第一百三十四条第（一）项、第（七）项、《中华人民共和国商标法》第五十二条第（一）项、第（二）项、第五十六条之规定，判决如下：

一、中国永裕新兴医药有限公司、华东医药股份有限公司于本判决生效后，停止销售侵犯绍兴康可胶囊有限公司涉案注册商标专用权的商品行为；

二、德国默克公司于本判决生效之日起10日内，赔偿绍兴康可胶囊有限公司经济损失人民币 15 万元及因本案诉讼支出的合理费用人民币 5 000 元；

三、驳回绍兴康可胶囊有限公司的其他诉讼请求。

一审案件受理费 8 650 元，由绍兴康可胶囊有限公司负担 2 650 元，德国默克公司负担 5 000 元，中国永裕新兴医药有限公司负担 500 元，华东医药股份有限公司负担 500 元。

各方当事人均服从一审判决。

35. "CARTELO 及图"商标异议复审行政纠纷案
——拉科斯特股份有限公司诉国家工商行政管理总局
商标评审委员会、鳄鱼国际机构私人有限公司

原告（上诉人）：拉科斯特股份有限公司
被告（被上诉人）：国家工商行政管理总局商标评审委员会
原审第三人：鳄鱼国际机构私人有限公司
案由：商标异议复审行政纠纷

原审案号：北京市第一中级人民法院（2005）一中行初字第 827 号
原审合议庭成员：张广良、姜颖、周云川
原审结案日期：2006 年 12 月 27 日
二审案号：北京市高级人民法院（2007）高行终字第 178 号
二审合议庭成员：刘继祥、莎日娜、焦彦
二审结案日期：2007 年 12 月 20 日

判决要旨

在商标异议复审程序中，被异议商标可能已实际使用，经过多年的使用可能积累了相当的知名度，甚至达到了驰名商标的标准。对于使用时间较长、已建立较高市场声誉和形成相关公众群体的被异议商标，应当准确把握商标法有关保护在先商业标志权益与维护市场秩序相协调的立法精神，充分尊重相关公众已在客观上将相关商业标志区别开来的市场实际，注重维护已经形成和稳定的市场秩序。

起诉与答辩

原告拉科斯特股份有限公司（以下简称拉科斯特公司）诉称：1. 原告注册和使用的鳄鱼商标在世界具有较高的知名度和显著性。被告在已经认定原告引证的鳄鱼商标具有较高知名度和显著性的情况下，却没有在判断商标近似时予以充分体现，应属不当。2. 根据《商标法》及相关司法解释的有关规定，结合原告商标在服装等商品上的知名度与显著性考虑，第 1331001 号"CARTELO 及图"商标（以下简称被异议商标）与原告的在先注册商标应被判为类

似商品上的近似商标。(1) 被告在图文组合商标上随意划分图文部分的主次地位是造成本案误判的关键。对于普通消费者,尤其是没有英语基础的消费者而言,图形与外文组合商标中的图形部分一般更便于记忆和识别。本案中,被异议商标是由"CARTELO"文字夹杂三色为背景并组合鳄鱼图形所构成,"CARTELO"文字本身并无具体含义,而"CARTELO"夹杂三色的背景与鳄鱼图形组合起来并没有形成整体上的画面含义和文字含义。以一般公众的注意力,结合显著性和知名度以及该图形在商标中所占据的位置及表现方式的形象性,鳄鱼图形才是该组合商标中的主要部分。而且,由于原告商标已在服装及其相关产品上具有独特的显著性,消费者会立即将鳄鱼与该行业内的商品相联系,而不论鳄鱼图形的位置如何以及背景是否有英文字体。(2) 本案第三人的企业名称明显与鳄鱼具有直接的联系,"CARTELO"在商标中所起的作用更加被淡化。消费者必然会将关注的焦点集中到被异议商标的核心部分"鳄鱼"上来,仍然会呼叫其为"鳄鱼",从而与我公司注册的"鳄鱼"文字商标也构成近似。(3) 在被异议商标与第141103号鳄鱼图形商标(以下简称引证商标一)、第213412号鳄鱼图形商标(以下简称引证商标二)、第G552436号"鳄鱼"商标(以下简称引证商标三)和第G581924号"lacoste及图"商标(以下简称引证商标四)近似的问题上,早有本案第三人的自认。本案第三人在对原告第3269795号"鳄鱼图形"商标提出异议申请时,已在异议理由中明确表示被异议商标与原告商标在读音、含义和外观上无法区分,构成了相同或类似商品上的近似商标,对两者商标的相同近似早已认同。3. 商评字〔2005〕第1916号《关于第1331001号"CARTELO及图"商标异议复审裁定书》(以下简称第1916号裁定)认定被异议商标和引证商标已并存多年,被异议商标也具有较高的知名度并将此作为判断两商标是否近似的根据,明显有误。被异议商标的申请时间为1993年12月24日,而第1916号裁定认定该商标在中国最早的使用为1993年。如此短暂的时间内,被异议商标不可能与原告商标"并存多年",不可能"具有较高知名度和显著特征"。本案中,被异议商标的图形部分极易使消费者将其与原告的鳄鱼图形相联系,文字部分由于无实际含义而极易被忽略。当在市场上实际使用商标时,公众很难有机会在购买时将原告商标与被异议商标放在一起进行直接比较。而且,考虑到原告"鳄鱼"商标的悠久历史和极高的市场知名度,当一般消费者在相同商品中看到带有被异议商标的商品时,很容易将该商品与原告建立起特定联系,在原告商标和被异议商标的识别上产生混淆和误认。综上,原告请求法院依法撤销被告作出的第1916号裁定,判令被告重新作出裁定。

被告国家工商行政管理总局商标评审委员会(以下简称商标评审委员会)

辩称：1. 判断两商标是否近似的最基本的标准在于相关公众有无混淆的可能性。本案中，被异议商标与原告引证商标虽然指定使用的商品类似，原告引证商标具有较高的知名度，但二者整体有区别，被异议商标同样具有较高的知名度，二者在市场上已并存多年，均为相关公众所熟悉，以其一般注意力多能加以区别，不具有混淆误认的可能性，原告提供的证据也不足以证明实际混淆的发生，由此认定二者未构成类似商品上的近似商标并无不当。2. 被异议商标中"CARTELO"在整个商标标识中居主导地位，其为无含义的臆造词，具有极强的独创性，其显著性较强，其与被异议商标另一显著部分鳄鱼图形组成起来已形成整体含义，相关公众已将之认知为"卡帝乐鳄鱼"或"新加坡鳄鱼"，二者不会混淆。3. 被告在异议复审程序中对被异议商标与引证商标是否构成类似商品上的近似商标及有无混淆的可能性的判定，是以评审审理时的实际情况为准，而非以被异议商标申请时的情况为准。被异议商标从1993年开始到2005年，通过大量长期生产销售及广泛的广告宣传，已获得较高的知名度和极强的显著性，被告由此认定二者在市场上并存多年并无不当。综上所述，被告请求人民法院驳回原告的诉讼请求，维持第1916号裁定。

第三人鳄鱼国际机构私人有限公司（以下简称鳄鱼国际公司）述称：原告和第三人就鳄鱼商标纠纷在东南亚国家曾存在相互的合作关系，被异议商标通过第三人多年的使用已经具有较高的知名度，不会与原告的商标产生混淆误认。因此，请求人民法院驳回原告的诉讼请求，维持第1916号裁定，准予被异议商标"CARTELO及图"核准注册。

原审查明事实

原审法院查明：1979年5月12日，拉科斯特衬衫公司向商标局提出第141103号鳄鱼图形商标（即引证商标一）的注册申请并获核准注册，核定使用商品为原第53类现第25类中的"衣服"。经续展，引证商标一的有效期至2010年10月29日止。1983年12月28日，拉科斯特衬衫公司向商标局提出第213412号鳄鱼图形商标（即引证商标二）的注册申请并获核准注册，核定使用商品为原第54类现第25类中的"鞋、运动鞋、有边帽、无边帽、女帽、童帽、袜、长筒袜、围巾、手套"。经续展，引证商标二的有效期至2014年9月29日止。1990年3月26日，拉科斯特衬衫公司在第25类"服装、鞋、帽"等商品上获准注册"鳄鱼"商标（即引证商标三），其国际注册号为552436，专用权期限为1990年3月26日至2010年3月25日。1992年1月27日，拉科斯特衬衫公司在第25类"服装、鞋、帽"等商品上获准注册"lacoste及图"商标（即引证商标四），其国际注册号为581924，专用权期限为

1992年1月27日至2012年1月26日。

此外，1979年5月12日、1983年12月28日和1986年10月25日，拉科斯特衬衫公司申请并获准注册了第141102号、第213408号"LACOSTE"文字商标和第383297号"来格仕"商标。1994年11月7日、1998年6月15日和1999年1月29日，拉科斯特衬衫公司申请并获准注册了第879258号、第1318589号鳄鱼图形商标和第1399220号"拉科斯特"文字商标。

1993年12月24日，鳄鱼国际公司在第25类"服装、西装、夹克、大衣、皮衣（服装）、皮制长外衣、裘皮衣服、内衣、内裤、汗衫、裙子、裤子、运动衫、针织品（服装）、毛条外衣、童装、鞋、帽、软帽、袜、手套、领带、围巾、皮带（服饰用）"等商品上向商标局提出了"CARTELO及图"商标（即被异议商标）的注册申请，被商标局以被异议商标与在类似商品上已注册的引证商标一相近似为由驳回。鳄鱼国际公司不服商标局的驳回决定，向商标评审委员会申请复审。商标评审委员会经过审理，认为被异议商标与引证商标一在外观、整体读音等方面均形成明显区别，消费者可以区分，故作出商评字〔1997〕第2103号《"CARTELO及图"商标驳回复审终局决定书》，准予被异议商标初步审定公告。1999年11月5日及10月29日，拉科斯特衬衫公司及香港鳄鱼恤有限公司对被异议商标提出异议。2003年10月22日，商标局作出〔2003〕商标异字第01643号《"CARTELO及图"商标异议裁定书》，准予被异议商标核准注册。

拉科斯特衬衫公司不服该裁定，于2003年11月5日向商标评审委员会提出异议复审请求，认为拉科斯特衬衫公司注册及使用的鳄鱼图形及"鳄鱼"系列商标在世界及中国都享有极高的知名度和很强的显著性，被异议商标与拉科斯特衬衫公司在先注册商标为类似商品上的近似商标，被异议商标不应予以核准注册。

2005年6月30日，商标评审委员会作出第1916号裁定，认为拉科斯特衬衫公司异议复审理由不能成立，被异议商标予以核准注册。

在本案诉讼中，拉科斯特公司提交了32份证据支持其主张，其中证据3至证据16用于证明其鳄鱼系列商标具有较高的知名度。经查，证据3、4、6、10、11为广告宣传页，其出处不明；证据5是原告自行统计数据，且相关数据均晚于被异议商标申请日；证据6、13、16均为拉科斯特公司在中国境外宣传、注册鳄鱼系列商标的证据；证据7、8、9所涉时间均晚于被异议商标申请日；证据12、14、15涉及商标的许可备案、注册，并不能直接证明其知名度。鳄鱼国际公司提交了三组共24份证据。经查，这些证据中均没有涉及其在被异议商标申请日之前使用该商标的事实。

另查：2005年6月7日，拉科斯特衬衫公司变更企业名称为拉科斯特公司。

原审审理结果

原审法院认为：由于本案中各方当事人对于被异议商标与引证商标指定使用商品为类似商品的认定没有异议，故本案的焦点问题在于被异议商标与引证商标是否近似。

商标近似是指商标文字的字形、读音、含义近似，商标图形的构图、着色、外观近似，或者文字和图形组合的整体排列组合方式和外观近似，颜色商标的颜色或者颜色组合近似，使用在同一种或者类似商品或者服务上易使相关公众对商品或者服务的来源发生误认。商标近似的判定，应当从商标本身的形、音、义和整体表现形式等方面，以相关公众的一般注意力为标准，并采取整体观察与对比主要部分的方法。由于商标的功能在于标示产源，如果在先注册的商标具有较高的知名度和显著性，其应当得到较高程度的保护，由此，在后注册的商标应当尽量与在先注册商标区分，以防止消费者混淆、误认。因此，在判断两商标是否近似时，应当考虑在先注册商标的显著性和知名度。如果在先注册商标具有较高的显著性和知名度，则二者更容易构成近似。

本案中，由于被异议商标仍处于申请阶段，其商标专用权仍未获得，与获准注册后予以撤销的情形不尽相同，因此在判断应不应该给予商标专用权时，除非有影响公众利益的情形发生，否则应当以申请时的状况为考虑因素。因此对于引证商标知名度的大小仅能以被异议商标申请时的状态为准。一方面，被异议商标的申请日为1993年12月24日，原告所提交的用于证明其知名度的证据中，大部分是在1994年以后，尤其是近几年发生的，不足以证明引证商标在被异议商标申请时在中国已经具有较高的知名度。另一方面，从第三人提交的证据来看，也不能证明被异议商标在申请注册之前已经通过使用获得一定的知名度。被告在第1916号裁定中引入被异议商标申请日之后的事实状况，以评审时间作为考虑时间点没有法律依据，被告在裁定中认定二者均具有较高的知名度，在市场并存多年并以此来作为消费者不会混淆误认的原因的观点没有事实和法律依据，本院予以纠正。

商标近似判断的主体应当是相关公众。对于中国的相关公众来说，对于英文字母的识记能力较弱，对于汉字及图形的识记能力较强。被异议商标由英文"CARTELO"和作为背景的绿、蓝、红三色长方形及一夹杂在文字之中的鳄鱼图形组成。虽然其中的"CARTELO"文字较大，但该文字为无含义的臆造词，不易于中国相关公众识别和记忆，鳄鱼图形虽在整体比例上不占主要部分，但对于中国的相关公众而言，该鳄鱼图形具有很强的识别作用，消费者会更多注意鳄鱼图形，而较少注意"CARTELO"文字及其他标识元素，并将被异议商标识记为鳄鱼商标。将被异议商标中的鳄鱼图形与引证商标一、引证商标二中的鳄鱼图形相比，两者形态相近，仅头尾朝向不同，被异议商标和引证商标一、引证商标二使用在类似商品上，容易使相关公众对商品的来源发生误认或者认为二者之间存在某种联系。因此，被异议商标与引证商标一、引证商标二构成类似商品上的近似商标。

引证商标三为"鳄鱼"文字商标，引证商标四为文字"lacoste"和鳄鱼图形相结合的组合商标，对于相关公众而言，一般将其呼叫、识记为鳄鱼商标，如果引证商标三、引证商标四和被异议商标使用在类似商品上，易使相关公众对商品的来源发生误认，因此被异议商标与引证商标三、引证商标四也构成类似商品上的近似商标。

被异议商标与原告在先申请并获准注册的"LACOSTE"、"来格仕"商标在商标构成、呼叫、整体外观上区别明显，未构成类似商品上的近似商标。第879258号、第1318589号图形商标及第1399220号"拉科斯特"商标申请日期晚于被异议商标申请日期，不能用于评价被异议商标是否符合《商标法》第二十八条的规定，因此本院对于是否构成近似不再予以评述。

综上，原审法院判决：

一、撤销商标评审委员会第1916号裁定；

二、商标评审委员会于本判决生效之日起三个月内重新作出异议复审裁定。

商标评审委员会和鳄鱼国际公司均不服，提起上诉，请求撤销原审判决，维持商标评审委员会第1916号裁定。

商标评审委员会上诉称：第一，商标的显著性会随着时间及市场交易和消费者认知等情况的变化而变化，由此影响混淆可能性及商标保护范围的界定，商标评审委员会以审理时的实际情况为准，而非以申请时的情况为准。鳄鱼国际公司自1993年即开始实际使用被异议商标，持续使用已达12年，通过长期大量生产销售及广告宣传，被异议商标已获得较高知名度和更强的可识别性。第二，被异议商标为文字图形组合商标，其中"CARTELO"具有较强的显著性，在商标整体中居主导地位。图形部分为一写实鳄鱼图形，在商标整体中居次要地位。被异议商标与引证商标整体在商标构成、呼叫、外观上有明显区别，二者未构成类似商品上的近似商标。

鳄鱼国际公司上诉称：第一，一审法院将判断被异议商标是否构成近似的时间点固定为商标申请日于法无据。第二，被异议商标具有显著性和独创性，并为相关公众所熟知，与引证商标不构成近似，也不会造成消费者的混淆和误认。二者不应判定为近似商标。

拉科斯特公司服从原审判决。

二审查明事实

二审法院经审理查明事实与原审相同。

二审审理结果

二审法院认为：本案中各方当事人争议的焦点在于各引证商标与被异议商标是否构成近似商标。商标近似是指不同的商标在文字的字形、读音、含义或者图形的构图及颜色，或者其各要素组合后的整体结构相似，或者其立体形状、颜色组合近似，易使相关公众对商品来源产生误认或存在某种特定联系的认识。判断不同商标是否构成近似应当以相关公众的一般注意力为标准；既要对商标的整体进行比对，又要对商标的主要部分进行比对，比对应当在隔离的状态下分别进行；还应当考虑商标的显著性和知名度。在商标异议复审程序中，判断被异议商标与引证商标是否构成近似，一般应以被异议商标申请日作为时间基准。本案中，被异议商标为文字图形组合商标，且指定了颜色，其中文字"CARTELO"为无含义臆造词，具有较强的显著性和独创性，是商标识别的主要要素，图形部分为一夹杂在文字中的写实鳄鱼图形。引证商标一、引证商标二为单纯图形商标，亦为一写实鳄鱼图形。被异议商标与引证商标一、引证商标二相比较，二者图形部分近似，但主要部分及各要素组合后的整体结构并不相同或近似。以相关公众的一般注意力在隔离状态下观察，并考虑引证商标一、引证商标二的显著性和知名度，二者之间可能会产生某种联想，但不会产生混淆和误认。故引证商标一、引证商标二与被异议商标不构成近似商标，二者同时使用在相同或类似商品上，不会造成消费者的混淆误认。由于客观原因，本案历经驳回、驳回复审、异议、异议复审及诉讼若干程序，自被异议商标申请之日至商标评审委员会作出第1916号裁定已历时12年之久，但应当注意到商标评审委员会实际上早在1998年3月10日即作出了（1997）第2103号驳回复审终局决定，准予本案被异议商标核准注册，在其后的异议复审程序中商标评审委员会仍然坚持了这一态度。从客观情况看，通过12年来的宣传使用，本案被异议商标确已产生了一定的显著性和知名度，与引证商标一、引证商标二并存，不会导致消费者对于商品来源产生混淆误认。引证商标三为单纯文字商标，由手写汉字"鳄鱼"构成。引证商标四为文字图形组合商标，由一鳄鱼图形及文字"lacoste"构成，其中文字"lacoste"为拉科斯特公司企业名称的显著部分。引证商标三、引证商标四与被异议商标在商标构成、呼叫、整体外观上存在明显区别，不构成近似商标。

综上，各引证商标与本案被异议商标不构成近似商标。商标评审委员会第1916号裁定认定事实清楚，适用法律正确、审理程序合法，应予维持。一审判决认定事实、适用法律均有不当，应予纠正。上诉人商标评审委员会及鳄鱼国际公司的上诉理由成立，其上诉请求应予支持。据此，二审法院判决：

一、撤销北京市第一中级人民法院（2005）一中行初字第827号行政判决；

二、维持商标评审委员会第1916号裁定。

一、二审案件受理费各1 000元，均由拉科斯特股份有限公司负担。

著 作 权

36. "WebClass" 软件侵犯计算机软件著作权纠纷案
——北京神州网迅科技有限公司诉北京西地曼斯
数字管理系统有限责任公司

原告（被上诉人）： 北京神州网迅科技有限公司
被告（上诉人）： 北京西地曼斯数字管理系统有限责任公司
案由： 侵犯计算机软件著作权纠纷

原审案号： 北京市海淀区人民法院（2006）海民初字第 13841 号
原审合议庭成员： 靳学军、杨德嘉、闫学杉
原审结案日期： 2006 年 12 月 20 日
二审案号： 北京市第一中级人民法院（2007）一中民终字第 2864 号
二审合议庭成员： 任进、邢军、董晓敏
二审结案日期： 2007 年 4 月 23 日

判决要旨

在合同履行过程中，出现物的交付与价金的交付不同时的现象实为常态，只要这样的时间差不足以影响合同整体的完全履行，一般不构成对合同之债实现的根本妨碍。一般而言，物的交付已经完成或是基本完成则认为标的物所有权发生转移，若属于物权法规定的不动产物权则另需经过登记公示程序，对于特殊动产则经过登记即可对抗第三人。对于价金给付迟延则另可形成金钱之债，通过强制执行程序解决。

软件登记管理机构发放的登记证明文件，是软件著作权有效或者登记申请文件中所述事实确实的初步证明，具有登记对抗效力，未经登记不得对抗第三人。

起诉与答辩

原告北京神州网迅科技有限公司（以下简称神州网迅公司）诉称：我公司系 WebClass 多媒体实时课堂系统软件（以下简称 WebClass 软件）的著作权人，北京西地曼斯数字管理系统有限责任公司（以下简称西地曼斯公司）未经我方同意，擅自许可上海太平洋保险网络大学、中央电视大学、同济大学、四川大学、重庆邮电大学、北京师范大学、中国计算机软件与技术服务总公司、中国电信、解放军后勤指挥学院、河南思达高科公司等多家单位有偿使用 WebClass 软件，获取巨额经济利益。西地曼斯公司的上述行为侵犯了我公司对该软件享有的著作权，给我公司造成重大经济损失。故诉至法院，请求判令西地曼斯公司：停止侵权；向我公司书面致歉；赔偿我公司经济损失及为本案支出的调查取证费用、诉讼代理费等合理费用共计 80 万元。

被告西地曼斯公司辩称：神州网迅公司主张我公司侵权销售的软件实际上均为 WebEx 或 WebEdu 软件，而并非该公司所称的 WebClass 软件；我公司销售给四川大学的 WebClass 软件与神州网迅公司所主张的"WebClass 多媒体实时课堂系统 V1.0"并非同一版本，是不同的软件；神州网迅公司无法提供其所主张的 WebClass 软件的内容，不能证明我方侵犯了其何种权利；神州网迅公司称我公司未向其交付 WebClass 软件，说明其并未获得该软件的著作权，该权利的状态有待在合同之诉中解决，其主张侵权缺乏依据。综上，请求法院驳回神州网迅公司的诉讼请求。

原审查明事实

原审法院查明：

1. 关于软件著作权权属。WebClass 多媒体实时课堂系统（简称 WebClass）V1.0 由西地曼斯公司经美国网讯通讯有限公司授权，在"WEBEX 实时多媒体网络会议"的基础上开发而成，并由西地曼斯公司享有著作权。

2002 年 11 月 7 日、11 月 10 日和 12 月 10 日，神州网迅公司与西地曼斯公司分别订立《公司合并协议》、《关于 WebClass 多媒体实时课堂系统的著作权转让协议》（以下简称《著作权转让协议》）和《补充协议》。其中，《著作权转让协议》约定西地曼斯公司将 WebClass 软件的著作权转让给神州网迅公司，双方在协议生效后一个月内共同向有关管理部门办理著作权转让登记手续。《补充协议》约定神州网迅公司向西地曼斯公司支付第一笔著作权转让费 338 200 元；自该协议生效起一年内，西地曼斯公司将从《公司合并协议》附件三所列的已开发和正在开发的项目中获得神州网迅公司销售利润的70%，作为第二笔著作权转让费；如果西地曼斯公司从这些项目中所获得的收入未达到413 500元，则由神州网迅公司补齐差额；双方同意重新签署《关于WebClass多媒体实时课堂系统的著作权转让协议》并将其作为《补充协议》的一部分，新协议生效后，双方于2002年11月7日订立的《著作权转让协议》自动作废。后双方未重新订立《关于WebClass多媒体实时课堂系统的著作权转让协议》。

2003年5月20日，国家版权局对WebClass软件进行了著作权登记：软件名称为WebClass多媒体实时课堂系统［简称WebClass］V1.0；著作权人是北京神州网迅科技有限公司；权利取得方式为受让取得；权利范围为全部权利；首次发表日期为2002年4月1日。

2003年7月，神州网迅公司以218 800元的价格向北京邮电大学网络教育学院销售一套WebClass系统，后依《补充协议》将其所获利润的70%即82 000元支付给西地曼斯公司。此前，神州网迅公司已向西地曼斯公司支付第一笔著作权转让费300 000元。

2004年11月5日，西地曼斯公司以违约为由，将神州网迅公司诉至我院。2005年11月19日，我院作出（2005）海民初字第3196号民事判决，认定双方之间的法律关系为著作权转让合同关系，并判令神州网迅公司向西地曼斯公司支付著作权转让费余款331 500元。宣判后，双方均未提起上诉。该案现已进入执行阶段。

本案中，神州网迅公司主张西地曼斯公司未向该公司交付WebClass软件源程序。西地曼斯公司虽称其已履行交付义务，但未能提交相关交接手续等证据予以证明。

2. 关于软件的销售。2003年5月6日，西地曼斯公司与四川大学网络教育学院订立《购销合同》，约定：西地曼斯公司向四川大学网络教育学院销售WebClass多媒体实时课堂系统；软件配置包括WebEx企业级软件数据包一套（Redhat Linux 7.2，MySQL，Apache，WebEx MeetingCenter for Linux）；硬件配置包括2U机架式服务器一台：PIII1.13G×2，36G SCSI硬盘，1G内存；合同总成交金额130 000元。同日，双方就WebClass系统的服务和技术支持订立《技术服务合同》，约定系统功能包括6项课程议程管理功能（课程列表、创建课程、我的课程、课程日程、录制和重播、通讯录）和15项课堂功能（我的文件夹、讲义共享、文件共享、应用程序共享、文件加注、白板、交谈、应用程序共享控制、网页共同浏览、文件传送、征集意见、桌面共享、桌面共享控制、语音共享、可视画面）。

根据（2005）海证民字第 4508 号公证书记载，登录四川大学网络教育学院网站（http://www.scude.cc），首页显示有"课件展示 WEBCLASS"；在首页"学院通知"栏目下点击"05-19 实时答疑学生使用手册"链接，进入"实时答疑学生使用手册"页面，点击"实时答疑学生使用手册"链接，进入"附件 2：学生使用手册"页面，该使用手册中"为新用户安装"界面显示"欢迎您，在你使用 WebClass 实时课堂之前，你必须在机器上安装课程管理器……"。

2003 年 7 月 8 日，上海太平洋保险职业学院（筹）与北京通铭派瑞科技有限公司（以下简称通铭派瑞公司）订立《购销合同》，约定：通铭派瑞公司向上海太平洋保险职业学院（筹）销售 WebEx-100（100 个并发用户）；合同总金额为 343 500 元；软件为 WebEx 软件系统，包括进程管理模块、会议管理模块、安全服务模块、VOIP 会议模块、视频会议模块、数据会议模块和专用 WEB 模块各 1 套；硬件为专用服务器 1 台，包括 WEBEX 定制专用服务器、操作系统 RH Linux 7.2、集成一块 ATI 8M 显卡、双 CPU/P4 2.4G、1G RAM、36G SCSI 热插拔、网络接口集成 1 块英特尔 10/100 网卡、52X CD-ROM、外部设备接口标准鼠标键盘和 MySQL 数据库。

该合同附件四中载明的"系统功能"与四川大学网络教育学院使用的 WebClass 系统相比，前者"课程管理"中所包含的创建课堂、我的课程与课程日历 3 项功能与后者的"课程议程管理功能"中的创建课程、我的课程、课程日程 3 项功能对应一致；前者"共享功能"的 11 项功能中，讲义共享、白板共享、页面导航、应用程序共享、讨论功能、文件传送、桌面共享及控制和可视画面 8 项功能分别与后者"课堂功能"中的讲义共享、白板、网页共同浏览、应用程序共享、交谈、文件传送、桌面共享、桌面共享控制和可视画面功能对应一致。此外，在该合同附件四"系统功能"的"课堂角色描述"部分，载明"为了充分体现远程教育较之传统教育中学生学习的主观能动性更强的特点，WebClass 的角色，不完全像传统教育中截然划分成教师和学生两种。WebClass 课堂可分为课堂主持人、讲课人和听课人三种角色"……"WebClass 的视频共享首先是讲课人的影像的广播式共享"。

2003 年 7 月 14 日，通铭派瑞公司与西地曼斯公司订立《购销合同》，约定：西地曼斯公司向通铭派瑞公司销售 WebEx 实时交互多媒体会议系统；该系统的最终使用权归通铭派瑞公司的客户；合同总金额为 155 000 元；系统配置包括 WebEx Meeting Server 1 台（2U 机架式 Red Hat 7.2、PIV 2.4G×2 CPU、1G RAM 内存、36G SCSI 热插拔硬盘、50X CD-ROM 光驱、1.44M 软驱、外部设备接口 标准鼠标键盘、网络接口集成 1 块英特尔 10/100MB 网卡）、WebEx 企业级软件数据包 1 套（Redhat Linux 7.2、MySQL、Apache、

WebEx MeetingCenter for Linux)、支持并发用户数 100 人、服务器最大带宽 10M；系统软件模块配置包括了上海太平洋保险职业学院（筹）与通铭派瑞订立的《购销合同》中所列出的全部 7 个模块，另有电话语音会议模块和系统热备份模块。

2003 年 8 月 22 日，重庆邮电学院成人教育学院与西地曼斯公司订立《WebClass 多媒体实时交互远程教学系统购销合同》，约定：西地曼斯公司向重庆邮电学院成人教育学院销售 WebClass 多媒体实时交互远程教学系统；合同总金额为 220 000 元；系统配置包括实时课堂专网服务器 1 台（联志超越 8220：CPU 双 PIV 2.4G，内存 1G，硬盘 36G SCSI 热插拔）、实时课堂企业级软件数据包 1 套（Redhat Linux 7.2，MySQL，Apache，WebClass 实时课堂 Linux 版）和服务器带宽 10M。

2004 年 5 月，同济大学网络教育学院委托上海思创网络有限公司（以下简称上海思创公司）承建该院网络教育平台。为此，上海思创公司与西地曼斯公司于 2004 年 5 月 12 日订立《购销合同》，约定：西地曼斯公司向上海思创公司销售 WebEdu 远程教学系统；硬件配置包括联志 2U 机架式服务器 1 台（CPU 双 Xeon 2.8G，内存 1G，硬盘 36G SCSI 热插拔）；软件配置包括远程教学软件数据包（Redhat Linux 7.2，MySQL，Apache，WebEdu for Linux）；合同总金额为 200 000 元；系统说明中课堂功能共 12 项，与四川大学网络教育学院使用的 WebClass 系统的课堂功能相比，除无"我的文件夹"、"文件共享"和"征集意见" 3 项功能外，其余功能均相同（其中前者的"文字交流"与后者的"交谈"功能描述一致，属同一功能）。

根据（2004）海证民字第 6570 号公证书的记载，登录同济大学现代远程教育网（http：//www.tjae.cn），点击右侧"答疑使用说明下载"，解压缩后，直接打开，出现"WebEdu 学生端操作手册"，该手册"十、进入课程"中"2、第一次进入课程安装 WebEx 课程管理程序"所显示的安装界面上显示有"安装 WebClass 课程管理程序"、"为了加入完全交互式课程，你必须首先在机器上安装 WebClass 课程管理器……"

3. 关于 WebEdu。2004 年 11 月 18 日，北京链通互动信息技术有限公司向国家版权局提出计算机软件著作权登记申请，并在申请表中注明：软件全称为 WebEdu 实时交互多媒体教学平台系统，简称 WebEdu，版本号 3.2；开发完成日期 2004 年 11 月 11 日；首次发表日期 2004 年 11 月 15 日。2004 年 12 月 13 日，国家版权局对该软件进行了著作权登记。

4. 关于诉讼支出。神州网迅公司为本案支出诉讼代理费 1 万元。此外，该公司还向本院提交了往返于北京、上海、重庆等地的交通、食宿费等共计

8 870.2元的票据，但部分票据未注明出具日期，另有部分票据的支出人并非神州网讯公司的委托代理人，神州网讯公司对其身份也未作进一步说明。

原审审理结果

原审法院认为：

1. 神州网讯公司是 WebClass 软件的著作权人。

首先，在已生效的（2005）海民初字第 3196 号民事判决中，我院已对神州网讯公司与西地曼斯公司之间著作权转让法律关系的性质和效力予以确认，并判令神州网讯公司依约支付著作权转让费余款，因此神州网讯公司作为受让方在承担付费义务的同时，也应对 WebClass 软件享有著作权。其次，双方已通过在国家版权局将 WebClass 软件的著作权人以登记方式变更为神州网讯公司；神州网讯公司亦向西地曼斯公司支付了 382 000 元著作权转让费；对于转让费余款，西地曼斯公司也通过诉讼要求神州网讯公司继续支付并申请强制执行，故双方对《著作权转让协议》和《补充协议》均进行了实际履行，神州网讯公司已成为 WebClass 软件的著作权人。此外，西地曼斯公司在说明其提交的证据《补充协议》时，亦作出过认可已将 WebClass 软件的著作权转让给神州网讯公司的表示。现西地曼斯公司在没有相反证据的情况下，否认神州网讯公司对 WebClass 软件享有著作权，本院对此不予支持。

著作权的取得并不以实际控制作品载体为要件，西地曼斯公司是否已将 WebClass 软件的源程序等材料交付给神州网讯公司，仅涉及神州网讯公司对著作权的具体行使，但并不改变该公司享有著作权的性质。

因双方未能重新订立《关于 WebClass 多媒体实时课堂系统的著作权转让协议》以取代原《著作权转让协议》，故原《著作权转让协议》仍然有效。又鉴于该协议未对著作权转让的时间另行作出约定，故神州网讯公司应于《著作权转让协议》成立生效之日即 2002 年 11 月 10 日起享有 WebClass 软件的著作权，且其对该权利的取得因 2003 年 5 月 20 日的软件著作权登记而发生公示效力。

2. 西地曼斯公司在著作权转让后实施的复制、发行 WebClass 软件的行为，侵犯了神州网讯公司对该软件享有的著作权。

（1）关于销售给四川大学网络教育学院的系统。

西地曼斯公司与四川大学网络教育学院订立《购销合同》中已明确约定销售的系统为 WebClass 多媒体实时课堂系统；该学院网站亦多处显示出有关 WebClass 软件的课件展示和安装使用内容，故本院认定西地曼斯公司向该学院销售的系统中含有神州网讯公司享有著作权的 WebClass 软件。对于西地曼斯公司有关 WebClass 软件存在其他版本，其销售给四川大学网络教育学院的 WebClass 与神州网迅公司主张的 1.0 版本属于不同软件的陈述，因无任何证据可以证明，本院不予采信。

（2）关于销售给上海太平洋保险职业学院（筹）的系统。

虽然上海太平洋保险职业学院（筹）与通铭派瑞公司订立的《购销合同》早于通铭派瑞公司与西地曼斯公司订立的《购销合同》，但两份合同中所销售系统名称均为 WebEx；硬件配置与软件模块配置并无实质性差别；通铭派瑞公司并非该系统的最终用户；且此两份合同均由通铭派瑞公司提供给神州网迅公司作为证据提交，上述内容足以说明两份合同之间的关联性，故本院认定上海太平洋保险职业学院（筹）所使用的系统是由通铭派瑞公司从西地曼斯公司购得。

上海太平洋保险职业学院（筹）向通铭派瑞公司购买上述系统的合同附件四中的"系统功能"部分，多次在"课堂角色描述"中出现介绍 WebClass 软件的内容，对此西地曼斯公司亦未能作出合理解释或提出相反证据。结合该系统的硬件配置、软件配置以及系统功能均与四川大学网络教育学院的 WebClass 系统基本相同等情节，本院认定西地曼斯公司销售给通铭派瑞公司的上述系统中含有神州网迅享有著作权的 WebClass 软件。

（3）关于销售给重庆邮电学院成人教育学院的系统。

西地曼斯公司与重庆邮电学院成人教育学院订立的合同约定所销售系统的名称为"WebClass 多媒体实时交互远程教学系统"，系统的软件数据包中亦明确注明包含"WebClass 实时课堂 Linux 版"，在西地曼斯公司不能证明存在其他版本的 WebClass 软件的情况下，本院认定该公司销售给重庆邮电学院成人教育学院的系统中含有神州网迅公司享有著作权的 WebClass 软件。

（4）关于销售给同济大学网络教育学院的系统。

上海思创公司与西地曼斯公司订立在《购销合同》约定销售的系统虽然名称为"WebEdu 远程教学系统"，但从该系统最终用户同济大学网络教育学院网站所显示的情况看，该系统的操作手册中却显示出安装 WebClass 软件的界面。在已有证据显示该系统与 WebClass 软件具有关联性的情况下，西地曼斯公司虽辩称其所销售的"WebEdu 远程教学系统"与 WebClass 软件无关，但未能对该系统操作手册中出现 WebClass 软件的安装界面作出合理解释，亦未能提供证据予以反驳。此外，西地曼斯公司提交的证据表明，WebEdu 软件的开发完成日期为 2004 年 11 月 11 日，首次发表日期为 2004 年 11 月 15 日，均晚于其向上海思创公司销售"WebEdu 远程教学系统"的时间。结合该系统的硬件配置、软件配置以及系统功能中的课堂功能均与四川大学网络教育学院的 WebClass 系统基本相同等情节，本院认定西地曼斯公司销售给上海思创公司的上述系统中含有神州网迅享有著作权的 WebClass 软件。

西地曼斯公司在神州网迅公司取得 WebClass 软件的著作权之后，以营利为目的销售上述系统，其行为已侵犯了神州网迅公司对该软件享有的复制权和发行权。

神州网迅公司关于西地曼斯公司向中央电视大学、北京师范大学、解放军后勤指挥学院等单位侵权销售 WebClass 软件的主张，因其未提交证据证明上述交易实际存在且发生在其获得 WebClass 软件的著作权之后，故本院不予支持。

3. 关于侵权责任的承担。

对于未经授权复制、发行 WebClass 软件的侵权行为，西地曼斯公司首先应当予以停止，并对神州网迅公司作出赔偿。关于赔偿数额，因神州网迅公司曾将其向北京邮电大学网络教育学院销售 WebClass 软件所获利润的 70% 支付给西地曼斯公司，由此可以估算相关交易的利润在合同款项中所占的比例，本院将以此为基础，结合各个合同具体情况，以及该软件的著作权转让费用和支付情况等因素，酌情予以确定。

神州网迅公司所付诉讼代理费属于为制止侵权支出的合理费用；但部分交通、食宿等票据未注明开具时间，另有部分载明由案外人支出，难以确认与本案的关联性，对此本院将根据案件具体情况，在合理范围之内酌情确定相应数额。对于上述费用，西地曼斯公司应当予以承担。

因赔礼道歉属于针对侵犯著作权人身权的救济方式，而神州网迅公司从著作权转让中仅能依法获得与 WebClass 软件相关的财产权利，故其要求西地曼斯公司赔礼道歉的诉讼请求缺乏事实和法律依据，本院不予支持。

综上，依据《中华人民共和国合同法》第四十四条第一款，《中华人民共和国著作权法》第十条第二款、第四十七条第（一）项、第四十八条之规定，判决如下：

一、本判决生效之日起，被告北京西地曼斯数字管理系统有限责任公司停止复制、发行 WebClass 多媒体实时课堂系统［简称 WebClass］V1.0；

二、本判决生效之日起 15 日内，被告北京西地曼斯数字管理系统有限责任公司赔偿原告北京神州网迅科技有限公司经济损失及因本案支出的合理费用共计 40 万元；

三、驳回原告北京神州网迅科技有限公司的其他诉讼请求。

西地曼斯公司不服原审判决，提起上诉，请求撤销一审判决，发回重审或依法改判。其上诉主要理由为：1. 一审判决认定事实错误。（1）根据上诉人与被上诉人签订的《公司合并协议》、《关于 WebClass 多媒体实时课堂系统的著作权转让协议》、《补充协议》的内容，神州网迅公司在履行上述协议的过程中出现违约行为，经审理原审法院判决神州网迅公司支付西地曼斯公司著作权转让费 331 500 元。判决后，神州网迅公司起诉西地曼斯公司（即本案诉讼）系恶意诉讼。原审法院支持其主张，违背了公正司法的原则。（2）一审判决认定事实不清。第一，根据《关于 WebClass 多媒体实时课堂系统的著作权转让协议》约定，双方签订的实为著作权专有许可使用合同。而且神州网迅公司声明未获得 WebClass 软件的计算机程序及其相关文档，也未获得源代码。原审法院认定神州网迅公司已经获得软件著作权，显然不能让人信服。第二，原审法院混淆了 WebClass、WebEx、WebEdu 软件及其不同版本的区别，对不同的软件内容一概认定为侵权，属于认定事实错误。2. 一审判决违反法定程序，适用法律错误。关于举证责任，神州网迅公司提起本案的侵权之诉，其应当提交权属及侵权的相应证据，在其举证不力的情况下，原审法院的判决结果没有事实和法律依据。3. 神州网迅公司恶意诉讼依法应受到法律的严惩，其非法主张不应得到法院的支持。

　　神州网迅公司辩称：1. 根据已经生效的（2005）海民初字第 3196 号民事判决的认定和双方已经通过国家版权局将 WebClass 软件的著作权人以登记方式变更为神州网迅公司的事实，可以认定神州网迅公司是 WebClass 软件的著作权人。2.（2005）海民初字第 3196 号民事判决认定双方已实际履行《关于 WebClass 多媒体实时课堂系统的著作权转让协议》。西地曼斯公司没有实际交付源程序等只是履行中的瑕疵。3. 原审法院并未将 WebClass、WebEx、WebEdu 软件混淆，侵犯著作权不一定要完全相同，主要内容相同即可构成侵权。4. 本案中的举证责任应当由西地曼斯公司承担。综上，西地曼斯公司的上诉理由不能成立，请求法院予以驳回。

二审查明事实

　　二审本院查明的事实与原审相同。

二审审理结果

　　二审法院认为：

　　1. 关于 WebClass 软件著作权权属。根据已经生效的（2005）海民初字第 3196 号民事判决书的认定，本案双方签订的关于 WebClass 软件著作权转让的协议为有效协议，且已经部分实际履行，协议余款的支付和软件源程序等材料的交付可以通过申请强制执行程序得到履行，因此，神州网迅公司已经成为WebClass软件的著作权人。西地曼斯公司关于双方签订的合同实为著作权专有许可使用合同的上诉理由，没有事实依据，本院不予采信。

2. 关于西地曼斯公司销售软件的行为是否侵权。在神州网迅公司成为WebClass软件的著作权人之后，西地曼斯公司先后与四川大学网络教育学院、上海太平洋保险职业学院（筹）、重庆邮电学院成人教育学院、同济大学网络教育学院签订购销合同，销售名称为"WebClass"软件或者包含有WebClass软件内容的WebEx、WebEdu软件。西地曼斯公司上诉称神州网迅公司取得著作权的WebClass软件与这些软件中包含的WebClass软件版本不同。对此本院认为，该主张属于西地曼斯公司单方的主张，西地曼斯公司对此负有举证证明义务。因现有证据无法证明WebClass软件存在其他版本，而西地曼斯公司对此仅有口头表述，并未提供相应证据证明其主张，故在其举证不力的情况下，本院对其主张不予支持。西地曼斯公司上诉称原审法院混淆了WebClass、WebEx、WebEdu软件的区别，对不同的软件内容一概认定为侵权，对此本院认为，原审法院根据双方提供的证据，认定西地曼斯公司销售的WebEx、WebEdu软件中含有神州网迅公司取得著作权的WebClass软件，并未混淆WebClass、WebEx、WebEdu软件的区别。故本院对其上述主张不予支持。

综上所述，原审法院认定事实清楚，适用法律正确，审理程序合法，判决结果正确，应予维持。依照《中华人民共和国民事诉讼法》第一百五十三条第一款第（一）项之规定，判决如下：

驳回上诉，维持原判。

一审案件审理费13 110元，由北京西地曼斯数字管理系统有限责任公司负担；二审案件受理费13 110，由北京西地曼斯数字管理系统有限责任公司负担。

37. "手机彩铃"侵犯著作权纠纷案
——北京麒麟童文化传播有限责任公司诉
北京龙腾阳光科技发展有限公司

原告：北京麒麟童文化传播有限责任公司
被告：北京龙腾阳光科技发展有限公司
案由：侵犯著作权纠纷

一审案号：北京市朝阳区人民法院（2006）朝民初字第28354号
一审合议庭成员：谢甄珂、刘花钗、李德良
一审结案日期：2007年5月17日

判决要旨

未经许可，将他人享有录音制作者权的歌曲以彩铃方式通过网络向公众传播的，侵犯他人对该歌曲享有的录音制作者权。酌定赔偿数额时，应参考各省移动通信公司网站显示的数据并综合考虑侵权人的侵权情节、主观过错程度等因素确定。

起诉与答辩

原告北京麒麟童文化传播有限责任公司（以下简称麒麟童文化公司）起诉称：2006年2月，我公司发现北京龙腾阳光科技发展有限公司（以下简称龙腾阳光科技公司）通过全国多个省市的中国移动通信公司网站，以彩铃方式向公众传播我公司享有录音制作者权的歌曲《北京的金山上》。随后，2006年6月14日，我公司又发现龙腾阳光科技公司在其经营的网站（网址为：www.5130.cm）上以彩铃方式向公众传播该歌曲。龙腾阳光科技公司未经我公司许可通过互联网将该歌曲作为彩铃向公众传播，侵犯了我公司对该歌曲享有的录音制作者权。因此，我公司起诉要求龙腾阳光科技公司立即停止侵权行为，停止将涉案歌曲以彩铃方式通过网络向公众传播，在其经营的网站主页及《法制日报》上发表声明向我公司公开赔礼道歉，赔偿我公司经济损失1 443元。

被告龙腾阳光科技公司答辩称：我公司在彩铃业务中使用的《北京的金

山上》一歌是通过广州盛唐网络科技有限公司（以下简称盛唐网络公司）从北京京文唱片传播有限公司（以下简称京文传播公司）取得的合法授权，使用的不是麒麟童文化公司的录音音源。另外，麒麟童文化公司主张的经济损失数额没有合法依据，网站上显示的点击次数并非实际的成功定购次数。综上，我公司并未侵犯麒麟童文化公司的权利，不同意其诉讼请求。

一审查明事实

一审法院查明：1998年，麒麟童文化公司录制了韩红演唱的专辑《雪域光芒》CD光盘，其中包括《北京的金山上》一歌，并委托北京京文音像公司发行。

2006年2月，龙腾阳光科技公司在黑龙江、浙江、甘肃、西藏、安徽5个省的移动通信公司网站上以彩铃方式向公众提供了《北京的金山上》一歌，相应网站上显示的点击次数共计481次。另外，四川移动通信公司网站上也有《北京的金山上》一歌，但未显示是龙腾阳光科技公司提供。北京市国信公证处对上述内容进行了公证。

龙腾阳光科技公司称其用于彩铃的《北京的金山上》与麒麟童文化公司录制的《北京的金山上》不是同一录音版本，而是盛唐网络公司提供的京文传播公司享有录音制作者权的其他录音版本，并为此提交了含有《北京的金山上》歌曲的光盘，但未提交盛唐网络公司或京文传播公司录制过《北京的金山上》的证据，也未提交京文传播公司享有《北京的金山上》录音制作者权的证据。

经当庭播放《雪域光芒》CD光盘和龙腾阳光科技公司提交的含有《北京的金山上》歌曲的光盘，麒麟童文化公司认为二者音源同一，龙腾阳光科技公司也未能说明二者的区别，但认为是由于设备所限而不能听出二者的区别。就此，麒麟童文化公司提出播放设备不会影响对于二者差异的分辨，因为播放设备可能改变歌曲整体的频响，但不会影响到配器中各个乐器所占时间的比例以及演唱、演奏者的感觉。同时，麒麟童文化公司认可涉案彩铃使用的是龙腾阳光科技公司提交的光盘中的《北京的金山上》。

经法庭询问，麒麟童文化公司和龙腾阳光科技公司均表示不就音源同一性申请鉴定。

龙腾阳光科技公司称已删除了涉案彩铃，麒麟童文化公司对此不予认可。

一审审理结果

一审法院认为：麒麟童文化公司作为《雪域光芒》CD光盘的录制者，对其中收录的歌曲享有录音制作者权。就其中收录的《北京的金山上》一歌，麒麟童文化公司享有许可他人复制，并通过信息网络向公众传播以获得报酬的权利。

龙腾阳光科技公司虽提出其用于彩铃的《北京的金山上》一歌是通过盛唐网络公司从京文传播公司处取得的授权，但由于其不能提供盛唐网络公司或京文传播公司录制过《北京的金山上》的证据，也未提交其他证据证明盛唐网络公司或京文传播公司有权许可他人将该歌用于彩铃，故对其该答辩主张本院不予支持。

通过当庭播放，龙腾阳光科技公司不能说明其彩铃中使用的《北京的金山上》与麒麟童文化公司录制的《北京的金山上》之间存在差异。就此，龙腾阳光科技公司提出是因为播放设备所限使其无法分辨二者的区别，但麒麟童文化公司对此不予认可，并作出了合理解释。因此，对于龙腾阳光科技公司提出其无法说明二者区别是因为播放设备的原因之辩称，本院不予支持。

综合上述两点，龙腾阳光科技公司不能说明其用于彩铃的《北京的金山上》与麒麟童文化公司录制的《北京的金山上》之间的差异，也不能证明在麒麟童文化公司以外另有录制者。因此，龙腾阳光科技公司要否认二者音源的同一性，应承担举证责任。现龙腾阳光科技公司明确表示不就二者的音源同一性申请鉴定，故其应就此承担不举证的法律责任，即本院不采信其提出的二者音源不同一的答辩，而认定其彩铃中使用的是麒麟童文化公司录制的《北京的金山上》。

龙腾阳光科技公司未经麒麟童文化公司许可，将麒麟童文化公司享有录音制作者权的歌曲以彩铃方式通过网络向公众传播，侵犯了麒麟童文化公司对该歌曲享有的录音制作者权，理应承担停止侵权、赔偿损失的法律责任。具体的赔偿数额，本院参考各省移动通信公司网站显示的数据，并综合考虑龙腾阳光科技公司侵权情节、主观过错程度等因素，认为麒麟童文化公司提出的数额尚属合理，应予支持。由于录音制作者权属财产权，而不包括人身权益，故对于麒麟童文化公司要求龙腾阳光科技公司赔礼道歉的主张，本院不予支持。

另，由于四川移动通信公司网站上的《北京的金山上》一歌未显示是龙腾阳光科技公司提供，麒麟童文化公司也未举证证明该网站上的涉案歌曲是龙腾阳光科技公司提供，故龙腾阳光科技公司无须对该网站上出现的《北京的金山上》彩铃承担法律责任。

综上，依据《中华人民共和国著作权法》第四十一条第一款、第四十七条第（四）项、第四十八条的规定，判决如下：

一、龙腾阳光科技公司于本判决生效之日起立即停止使用麒麟童文化公司享有录音制作者权的歌曲《北京的金山上》开展"彩铃"业务。

二、龙腾阳光科技公司于本判决生效之日起 10 日内赔偿麒麟童文化公司经济损失 1 443 元。

三、驳回麒麟童文化公司的其他诉讼请求。

一审案件受理费 50 元,由龙腾阳光科技公司负担。

各方当事人均服从一审判决。

38.《等咱有了钱》等 7 首歌曲侵犯著作权纠纷案
——北京龙乐文化艺术有限责任公司诉北京网络秀数字传媒文化有限公司

原告（上诉人）： 北京龙乐文化艺术有限责任公司
被告（被上诉人）： 北京网络秀数字传媒文化有限公司
案由： 侵犯著作权纠纷

原审案号： 北京市朝阳区人民法院（2006）朝民初字第 24729 号
原审合议庭成员： 普翔、李自柱、苏志甫
原审结案日期： 2006 年 12 月 18 日
二审案号： 北京市第二中级人民法院（2007）二中民终字第 5328 号
二审合议庭成员： 张晓津、何暄、葛红
二审结案日期： 2007 年 6 月 19 日

判决要旨

网络服务提供者向用户提供的网络空间中，在功能上仅能实现对内容绝对地址的复制，而该地址指向的位置是上传用户的个人空间，并不能实现对内容本身的下载，注册用户上传的内容最终也来源于上传用户的个人空间，该网络服务提供者不属于网络内容服务提供者。

起诉与答辩

原告北京龙乐文化艺术有限责任公司（以下简称龙乐公司）诉称：周志友（艺名粥稀稀）是《等咱有了钱》、《我们村里我最帅》、《结婚的条件》、《网络辣妹》、《小的们加班》5 首歌曲的词曲作者、表演者和录音制作者，经其本人确认，已将上述 5 首歌曲的著作权、表演者权和录音制作者权转让给了龙乐公司。严波系《当你说爱我的时候》、《陪你看海》2 首歌曲的表演者，也已将著作权及邻接权转让给龙乐公司。北京网络秀数字传媒文化有限公司（以下简称网络秀公司）在其开办的 M149 网站空间中向公众推荐了上述歌曲，现原告起诉，要求判令网络秀公司停止侵权行为，公开赔礼道歉，并赔偿损失 50 万元。

被告网络秀公司辩称：上述歌曲是网友提供的，网络秀公司只是提供信息存储空间，在得知侵权事实后，及时删除了侵权歌曲，因此，不应承担赔偿责任。

原审查明事实

原审法院查明：周志友（艺名粥稀稀）是《等咱有了钱》、《我们村里我最帅》、《结婚的条件》、《网络辣妹》、《小的们加班》5首歌曲的词曲作者、表演者和录音制作者，经其本人确认，已将上述5首歌曲的著作权、表演者权和录音制作者权转让给了龙乐公司。严波系《当你说爱我的时候》、《陪你看海》2首歌曲的表演者，龙乐公司未就严波对上述两首歌曲享有著作权和录音制作者权提供证据。在M149网站首页"好歌聆听"栏目中，经搜索显示有歌曲《当你说爱我的时候》（严波），所属空间：大勇；歌曲《陪你看海》（严波），所属空间：灵魂漫步。分别点击上述两首歌曲的链接，进入歌曲播放页面。继续回到音乐搜索页面，搜索显示包括《等咱有了钱》、《我们村里我最帅》、《结婚的条件》、《网络辣妹》、《小的们加班》5首歌，每首歌都注明了"粥稀稀"的署名和所属的空间，并可以进入对应歌曲的播放界面。涉案7首歌曲并未出现在M149网站的带有"人气"、"爬行榜"等推荐文字的栏目中。在M149网站注册M149空间时需要同意网络秀公司提供的服务条款，该条款提到网络秀公司网络服务的具体内容主要包括M149空间、爬行榜、贴贴、论坛以及网站内的信息搜索；用户对于其创作并通过网络秀服务（M149空间、爬行榜、贴贴、论坛）上传到网络秀网站上的内容依法享有版权及其他合法权利；对于用户通过上述服务上传到网络秀网站上可公开获取区域的任何内容，侵犯作者版权及相关权利的，由用户本人承担法律责任；注册者注册成功后，可以进入一个控制面板页面，该页面具有修改资料、模版设置、积分收益、我的唱片店、日志管理等11个选项；点击进入"我的唱片店"进入的网页包括"我的专辑"、"我的单曲"、"我的视频"和"推荐歌曲"四个选项；通过"我的专辑"和"我的单曲"可以上传歌曲到注册的个人空间。诉讼中，M149网站中已经停止了M149空间服务并在该网站上删除了涉案7首歌曲。

原审审理结果

原审法院认为：龙乐公司通过受让取得了粥稀稀演唱的涉案5首歌曲的著作权和邻接权以及严波演唱的涉案2首歌曲的表演部分的邻接权，从而也就享有相应的信息网络传播权。但由于龙乐公司未就严波演唱的2首歌曲享有著作权和录音制作者权提供证据，故对其主张保护的相应权利不予支持。网络秀公司在 M149 网站的"M149 空间"栏目中提供的服务均具有信息存储的功能，属于一种提供信息存储空间网络的服务。龙乐公司虽不认可网络秀公司的信息存储空间网络服务提供商的身份，但其对涉案歌曲来自于"M149 空间"注册者上传的事实并无异议，且其未提供相反的证据来证明 M149 网站的"M149 空间"栏目不是提供信息存储服务的栏目，因此对该意见不予采纳。网络秀公司对歌曲存储的区域安排并未改变其提供储存空间的性质，而对存储信息的推荐并不属于网络传播的范畴，也未出现涉案的 7 首歌曲，故龙乐公司称网络秀公司并非提供信息存储空间，而是提供内容服务的意见，同样不能成立。对于网络秀公司是否可以不承担赔偿责任的问题，网络秀公司已经明示 M149 网站的"M149 空间"栏目是为空间注册者提供存储空间，网络秀公司在该网站的首页也公开了网络秀公司的名称、联系方式和网络地址；网络秀公司并未对空间注册者上传的歌曲作内容的改变，只是对上传内容存储位置的管理和为了解上传歌曲内容提供便利；在龙乐公司及其他权利人没有向网络秀公司出示权利证明时，没有证据表明网络秀公司知道或者应当知道空间注册者的上传歌曲侵权；龙乐公司认可并未发现网络秀公司直接从上传的歌曲收费的行为，只是陈述网页上有广告；由于龙乐公司并未向网络秀公司发出通知，要求其删除涉案歌曲，目前也没有证据表明其他权利人也发出了要求删除的通知，而网络秀公司在本案诉讼发生后已经停止了 M149 网站的"M149 空间"服务，删除了涉案歌曲，故网络秀公司作为提供信息存储空间的网络服务者，符合不承担赔偿责任的条件，对龙乐公司要求网络秀公司赔偿损失的诉讼请求，不予支持。网络秀公司在网络上传播涉案歌曲未得到龙乐公司的许可，故其应当依照相关规定从 M149 网站上删除涉案 7 首歌曲。综上，北京市朝阳区人民法院依据《中华人民共和国著作权法》第十条第（十二）项、第三十七条第（六）项，《信息网络传播权保护条例》第十四条、第十五条、第二十二条，判决如下：

一、网络秀公司从 M149 网站（网址：www.m149.com）删除涉案七首歌曲。

二、驳回龙乐公司其他诉讼请求。

龙乐公司不服原审判决，提起上诉，请求撤销原审判决，判令网络秀公司立即停止对涉案 7 首歌曲的网络传播权的侵害，停止提供在线试听及下载服务并赔偿经济损失 14 万元及合理费用 5 万元。其上诉理由为：1. 原审判决根据被上诉人网络秀公司的网站所传播的内容来自于注册用户和该网站名称中带有"空间"二字即将其认定为信息存储空间提供者理由不足，被上诉人网络秀公司具有 ICP 证书，而且对涉案歌曲进行了分类、编辑与推荐，并为他人的侵权行为提供了在线播放插件，这都说明被上诉人网络秀公司的行为属于侵权内容的提供者；2. 原审判决认定被上诉人网络秀公司是信息网络服务提供者而适用《信息网络传播权保护条例》系适用法律错误。

网络秀公司服从原审判决。

二审查明事实

二审法院查明：周志友（艺名粥稀稀）是《等咱有了钱》、《我们村里我最帅》、《结婚的条件》、《网络辣妹》、《小的们加班》5 首歌曲的词曲作者、表演者和录音制作者。2005 年，黑龙江文化音像出版社出版了周志友的个人 CD 专辑《等咱有钱了》，该专辑中包括上述 5 首歌曲，该专辑封套上署名制作人为"粥稀稀"。经周志友确认，已将上述 5 首歌曲的全部著作权和邻接权转让给了龙乐公司。

严波系《当你说爱我的时候》、《陪你看海》2 首歌曲的表演者。2005 年 12 月 22 日，严波签署了一份转让证明，称：凡本人创作或演唱的歌曲，其涉及信息网络传播权部分的著作权和邻接权均已转让给龙乐公司，有关权利均由龙乐公司行使。诉讼中，龙乐公司称严波对上述歌曲还享有著作权和录音制作者权，但未能就此提供相应证据。

网络秀公司是"网络秀"网站的经营者，并于 2006 年 1 月 23 日取得了《中华人民共和国电信与信息服务业务经营许可证》，该网站的网址为"www.m149.com"。网络秀公司于 2006 年初开始实际经营该网站。该网站的功能是向注册的用户提供信息储存空间，由用户在被分配的空间内存放音乐文件等信息，并通过网站上传该信息，实现与其他用户的交流，同时，登录的其他未注册用户也可以浏览该信息。在用户注册 M149 空间时，需要同意网络秀公司的服务条款，它包括用户对于其创作并通过网络秀服务（M149 空间、爬行榜、贴贴、论坛）上传到网络秀网站上的内容依法享有版权及其他合法权利；对于用户通过上述服务上传到网络秀网站上可公开获取区域的任何内容，侵犯作者版权及相关权利的，由用户本人承担法律责任。网络秀公司网络服务的具体内容主要包括 M149 空间、爬行榜、贴贴、论坛以及网站内的信息搜索，并设置了相关栏目。用户注册成功后，可以进入一个控制面板页面，该页面具有修改资料、模版设置、积分收益、我的唱片店、日志管理等 11 个选项；点击进入"我的唱片店"进入的网页包括"我的专辑"、"我的单曲"、"我的视频"和"推荐歌曲"四个选项；通过"我的专辑"和"我的单曲"可以上传歌曲到注册的个人空间。

2006 年 7 月 11 日，龙乐公司的代理人以公证形式登录 M149 网站，在该网站首页上点击"好歌聆听"栏目中"更多"处进入音乐搜索页面。在该页面搜索处输入"严波",搜索结果页面显示有以下内容:歌曲《当你说爱我的时候》(严波),所属空间:大勇;歌曲《陪你看海》(严波),所属空间:灵魂漫步。在分别点击上述两首歌曲的链接后,进入歌曲播放页面。继续回到音乐搜索页面,输入"粥稀稀",搜索结果页面显示26个最符合"粥稀稀"的查询结果,该结果中包括《等咱有了钱》、《我们村里我最帅》、《结婚的条件》、《网络辣妹》、《小的们加班》5首歌,每首歌都注明了"粥稀稀"的署名和所属的空间。在分别点击了上述署名"粥稀稀"的26个查询结果后,可以进入对应歌曲的播放界面。经查,涉案7首歌曲并未出现在"人气"、"爬行榜"等推荐栏目中。2006年10月,网络秀公司已经停止了M149空间服务,并在原审诉讼期间将涉案7首歌曲予以删除。

在本案诉讼中,龙乐公司向法庭进一步明确,网络秀公司在提供网络服务时,对服务对象上传的信息实施了干预行为,其应被视为网络内容提供者,并应就此承担网络内容提供者的法律责任。龙乐公司所称网络秀公司实施的干预行为包括:1. 向注册用户以外的访问者提供涉案歌曲的在线试听和下载,属于内容传播行为;2. 将涉案歌曲排除在"好歌聆听"栏目之外,是使用排除的方式对涉案歌曲实施了选择编排;3. 向用户提供了试听播放插件;4. 注册用户上传的歌曲应当被放置在注册用户空间内,但是却被网络秀公司放在注册用户空间以外的网站自管空间内;5. 网络秀公司在每一首歌曲的播放控件下设置了"推荐"按钮,可以实现对播放地址的复制,从而鼓励他人试听;6. 网络秀公司在每一首歌曲的播放控件下设置了"收藏"按钮,可以实现对歌曲绝对地址的复制以及对歌曲的下载;7. 从网络秀公司的网站上可以搜索出多达28个涉案歌曲的地址。

网络秀公司对龙乐公司的上述观点不予认可,其认为:1. 作为网站一项服务功能的"空间",是为广大音乐爱好者提供交流的平台。而上传的信息被包括非注册用户在内的人听到、看到正是上传这些文件的注册用户最基本的意愿,是为了满足"交流"这个基本目的而必备的,也是网站为注册用户提供一个最基本的网络服务,否则网站就没有存在的意义。2. "好歌聆听"是网站的一个服务栏目,网络秀公司有权按照自己的意愿筛选歌曲,将其安排在特定的栏目里,这确属网站内部编辑行为,但编辑的对象并非服务对象所上传的作品内容本身。网站从未改变或者编辑网友空间内的任何内容。3. 网站不可能就网友上传的所有内容进行实质审查,这就意味着网站对网友上传的内容侵权与否不可能获知,网站提供播放软件,就是为了实现网站内容沟通的功能,也是为了满足注册用户"交流"的目的而为用户提供的基本服务。4. 由于网站内部存储不同内容的物理划分,音频文件要求存储的机器容量很大,需要在容量大的机器中存储，这就导致存在多个 IP 地址，根据公证书的原始代码，证实注册用户上传的音频文件就是在用户空间内，即最终来源还是用户个人空间。5. 上诉人所述的复制地址并不是歌曲存放的绝对地址，而是歌曲试听页面的网页地址。把这个地址进行复制与直接在 IE 浏览器中对网页地址进行复制所达到的效果是一样的。通过这个网页地址，只能看到歌曲试听页面，但是不能实现歌曲的下载。6. 通过点击"收藏"按钮出现了"该页无法显示"的页面，并没有出现歌曲已经被下载的页面。7. 在一个作品中，除了文字，还有图片和音频、视频文件，网站根据机器存储容量的大小，按照类别及相关内部标准将其分别分配到不同的机器中存储，然后再在一台机器中显示，才导致原始代码中显示多个 IP 地址，但无论是几个 IP 地址，原始代码显示的第一个都是最终显示的那台机器的 IP 地址，作品最终存储的来源指向的都是用户的个人空间，因此，也不存在侵权的问题。

另外，在本案审理中，龙乐公司对原审判决认定其对涉案的《当你说爱我的时候》、《陪你看海》两首歌曲只享有表演者权一节表示认可。

二审审理结果

二审法院认为：上诉人龙乐公司依据其与周志友、严波达成的协议，依法受让取得的对《等咱有了钱》、《我们村里我最帅》、《结婚的条件》、《网络辣妹》、《小的们加班》5 首歌曲享有的著作权、表演者权、录音制作者权，以及对《当你说爱我的时候》、《陪你看海》2 首歌曲享有的表演者权受著作权法保护。

本案双方争议的焦点在于被上诉人网络秀公司的涉案行为是否系网络内容服务提供者的行为以及是否应承担相应的法律责任。

首先，关于被上诉人网络秀公司的涉案行为是否系网络内容服务提供者的行为问题。根据本案查明的事实，被上诉人网络秀公司系向用户提供网络空间的注册服务，其应为提供网络空间服务的网络服务提供者。本案中，上诉人龙乐公司提出被上诉人网络秀公司对涉案歌曲实施了干预，属于侵权内容的提供者，而非网络服务提供者，并为此提出了相关理由。本院认为，被上诉人网络秀公司作为网络服务提供者利用所提供的交流平台向包括非注册用户在内的人提供涉案信息和试听播放插件属于其最基本的网络服务事项，在其主观上对涉案歌曲属于侵权信息不具有明知或应知的前提下，并不能以扩大了在线收听的人群范围和提供相应播放插件来认定网络秀公司系网络内容服务提供者。虽然被上诉人网络秀公司通过在播放控件下设置"推荐"、"收藏"按钮功能，并在网络上设置有"好歌聆听"栏目，但是在功能上仅能实现对歌曲绝对地址的复制，而该地址指向的位置是上传用户的个人空间，并不能实现对涉案侵权歌曲文件本身的下载，且"好歌聆听"栏目中并不包括涉案歌曲，注册用户上传的音频文件最终也来源于用户的个人空间，故据此并不能证明被上诉人网络秀公司系网络内容服务提供者。因此，上诉人龙乐公司要求被上诉人网络秀公司承担侵权内容提供者的法律责任的主张缺乏依据，本院不予支持。

其次，关于被上诉人网络秀公司作为网络空间服务提供者，其应承担的法律责任问题。

根据《信息网络传播权保护条例》的有关规定，网络服务提供者为服务对象提供信息存储空间，供服务对象通过信息网络向公众提供作品、表演、录音录像制品，并具备下列条件的，不承担赔偿责任：1. 明确标示该信息存储空间是为服务对象所提供，并公开网络服务提供者的名称、联系人、网络地址；2. 未改变服务对象所提供的作品、表演、录音录像制品；3. 不知道也没有合理的理由应当知道服务对象提供的作品、表演、录音录像制品侵权；4. 未从服务对象提供作品、表演、录音录像制品中直接获得经济利益；5. 在接到权利人的通知书后，根据本条例规定删除权利人认为侵权的作品、表演、录音录像制品。

本案中，第一，依据上诉人龙乐公司的公证书和被上诉人网络秀公司的公证书，可以表明被上诉人网络秀公司已经明示其开办的"M149空间"栏目是为空间注册者提供存储空间，被上诉人网络秀公司在该网站的首页也公开了被上诉人网络秀公司的名称、联系方式和网络地址。第二，被上诉人网络秀公司并未对空间注册者上传歌曲的内容作出改动，所做的只是对上传内容储存位置的管理以及为在线试听提供便利，如试听插件。第三，在上诉人龙乐公司及其他权利人没有向被上诉人网络秀公司出示权利证明时，没有证据表明被上诉人网络秀公司知道或者应当知道空间注册者上传的歌曲侵犯了他人的著作权、邻接权。第四，被上诉人网络秀公司未向用户收取费用。第五，上诉人龙乐公司未向被上诉人网络秀公司发出告知侵权的通知书，且在本案诉讼发生后，被上诉人网络秀公司已经删除了涉案歌曲。据此，被上诉人网络秀公司不承担赔偿责任，但是应当从M149网站上删除涉案7首歌曲。上诉人龙乐公司要求被上诉人网络秀公司赔偿其经济损失的主张依据，本院不予支持。

综上所述，上诉人龙乐公司提出的上诉理由不能成立。原审判决认定事实清楚，适用法律正确，应予维持。依照《中华人民共和国民事诉讼法》第一百五十三条第一款第（一）项之规定，判决如下：

驳回上诉，维持原判。

一、二审案件诉讼费各5 500元，均由龙乐公司负担。

39. "历史照片"侵犯著作权纠纷案
——吴筑清诉《炎黄春秋》杂志社

原告：吴筑清
被告：《炎黄春秋》杂志社
案由：侵犯著作权纠纷

一审案号：北京市西城区人民法院（2007）西民初字第 7058 号
一审合议庭成员：赵庆丽、李岳鹏、田燕
一审结案日期：2007 年 8 月 17 日

判决要旨

如无相反证明，在作品上署名的公民为作者；摄影作品的发表权及著作权中的财产权利的保护期为 50 年，截止于作品首次发表后第 50 年的 12 月 31 日，但作品自创作完成后 50 年内未发表的，不再保护。作者死亡后，其著作权中的署名权、修改权和保护作品完整权由作者的继承人保护，著作权中的财产权利由作者的继承人享有。

起诉与答辩

原告吴筑清诉称：被告未经原告同意，在公开出版发行的多期《炎黄春秋》杂志中擅自使用原告的父亲——中国著名摄影家吴印咸处于法律保护期内的 14 幅摄影作品，分别是"毛泽东与徐特立"、"中共七大"、"毛泽东与马海德"、"张闻天"、"延安文艺座谈会"、"在七大主席台上"、"赴重庆谈判（归来）"、"与民主党派人士"、"艰苦创业"、"胡耀邦"、"王稼祥"、"和战友"。被告使用上述摄影作品既未署名也未支付报酬，侵害了原告及作者吴印咸享有的署名权、修改权、获得报酬权、复制权等相关权利。原告为此诉至法院，请求判令被告：（1）承担侵权赔偿 26 000 元及原告为制止侵权所支付的合理开支 1 756 元；（2）停止侵权行为；（3）在《中国摄影报》上刊登侵权事实经过；（4）承担本案诉讼费用。

被告炎黄春秋杂志社辩称：原告应就各个独立的"侵权行为"分别起诉，本次起诉应予驳回。原告不具有诉讼主体资格，没有证据证明其与涉案作品的

作者之间存在权利继承关系。除"延安文艺座谈会"一幅作品外,原告未能证明涉案其他作品作者系吴印咸。原告起诉已经超过诉讼时效,被告对涉案作品的使用时间分别为1992年9月、1995年2月、1998年5月、1998年7月、1999年6月……2006年5月、2007年4月,原告对权利的主张多数已超过两年的诉讼时效。涉案作品均创作于20世纪三四十年代,并在同期已经公开发表,至今已有60余年,已经超出法定保护期限,被告的使用行为不构成侵权。被告的使用方式是在对特定历史事件或人物进行文字描述时适当配以涉案作品,故该使用行为属于合理使用,不构成侵权。综合以上意见,不同意原告的诉讼请求,请求法院予以驳回。

一审查明事实

一审法院查明:原告吴筑清的父亲吴印咸拍摄了涉案12幅摄影作品,分别为:"毛泽东与徐特立"、"中共七大"、"毛泽东与马海德"、"张闻天"、"延安文艺座谈会"、"在七大主席台上"、"赴重庆谈判(归来)"、"与民主党派人士"、"艰苦创业"、"胡耀邦"、"王稼祥"、"和战友"。

黑龙江人民出版社于1981年1月出版了《吴印咸摄影集(上)》一书,该书中收录了"毛泽东与徐特立"、"在七大主席台上"、"赴重庆谈判(归来)"、"张闻天"、"艰苦创业"、"胡耀邦"6幅摄影作品。

陕西旅游出版社1993年10月出版了《毛泽东在延安》一书,该书收录了摄影作品"毛泽东与马海德"、"与民主党派人士"、"王稼祥"、"和战友"4幅作品,其中作品"毛泽东与马海德"的创作时间为1939年。

中国文化报1987年5月13日第三版上载有吴印咸作品"延安文艺座谈会"。

"中共七大"拍摄于1945年,在中国摄影出版社出版的《百年吴印咸》中发表。

作品"王稼祥"首次发表于人民出版社1985年出版的《回忆王稼祥》一书中。

炎黄春秋杂志社分别在1992年9月(总8期)、1995年2月(总35期)、1998年5月(总74期)、1998年7月(总76期)、1999年6月(总87期)、1999年8月(总89期)、2000年4月(总97期)、2002年3月(总120期)、2002年4月(总121期)、2002年5月(总122期)、2004年11月(总152期)、2006年5月(总170期)、2007年4月(总181期)中使用了上述12幅作品,未署作者姓名。北京市公证处对国家图书馆收藏的《炎黄春秋》杂志中使用涉案作品的情况进行了公证。

吴印咸于1994年9月8日去世，其配偶亦去世，吴印咸有一子一女，其子为吴恒，其女为吴筑清，即本案原告。吴印咸之子吴恒于2005年8月去世，吴恒的配偶张凤环及其子女吴含光、吴新新、吴新莉均出具声明，表示在吴筑清依法维护吴印咸著作权的所有案件中，放弃所涉及的被侵权作品的继承权。

原告为进行本案诉讼，支付了公证费1 500元、复印费103.40元、交通费103元。

另，在本案诉讼中，原告自动放弃对作品"中共七大"著作权中财产权利部分的主张。

一审审理结果

一审法院认为：依据我国著作权法的规定，如无相反证明，在作品上署名的公民为作者；摄影作品的发表权及著作权中的财产权利的保护期为50年，截止于作品首次发表后第50年的12月31日，但作品自创作完成后50年内未发表的，不再保护。依据本案现有证据所查明的事实，在无相反证据的情况下，本院确认吴印咸是涉案12幅摄影作品的作者。涉案作品中"毛泽东与马海德"创作于1939年，原告提供的现有证据表明其首次发表于1993年，可以认定自该作品创作完成后50年内没有发表，法律不再保护。

作者死亡后，其著作权中的署名权、修改权和保护作品完整权由作者的继承人保护，著作权中的财产权利由作者的继承人享有。依据原告提供的证据材料，吴印咸去世后，除吴筑清外其他继承人均明确表示在维护吴印咸著作权的案件中放弃所涉及作品的继承权。因此，吴筑清作为涉案摄影作品著作权的继承人有权提起本案诉讼。

炎黄春秋杂志社未征得权利人的许可，在其出版的多期《炎黄春秋》杂志中使用了涉案摄影作品，未署作者姓名，亦未向权利人支付报酬，侵犯了原告吴筑清对除"毛泽东与马海德"、"中共七大"以外的10幅作品所享有的复制权及获得报酬权，炎黄春秋杂志社对此应承担停止侵权、赔偿原告经济损失的法律责任。

因被告炎黄春秋杂志社的多次侵权行为发生在1992年至2007年期间，根据相关规定，2001年10月27日以后人民法院受理的著作权民事纠纷案件，涉及2001年10月27日前发生的民事行为的，适用修改前著作权法的规定。

对于原告要求被告停止侵权、赔偿损失及合理支出，刊登侵权事实的诉讼请求，本院予以支持，但对于具体赔偿数额，本院将参照国家版权局规定的稿酬标准，综合考虑涉案摄影作品的创作时间及历史价值、被告侵权行为的性质及其主观过错程度，酌情确定。

综上所述，依据 2001 年 10 月 27 日修改前的《中华人民共和国著作权法》第十一条第一款、第二款、第四款，第十九条第一款，第二十一条第三款，第四十五条第（六）项，第四十六条第（二）项，《中华人民共和国继承法》第三条第（六）项，《中华人民共和国著作权法》第十一条第一款、第四款，第十九条第一款，第二十一条第一款、第三款，第四十六条第（七）项，第四十七条第（一）项，第四十八条第一款判决如下：

一、被告炎黄春秋杂志社于本判决生效之日起停止使用涉案摄影作品"毛泽东与徐特立"、"中共七大"、"张闻天"、"延安文艺座谈会"、"在七大主席台上"、"赴重庆谈判（归来）"、"与民主党派人士"、"艰苦创业"、"胡耀邦"、"王稼祥"、"和战友"。

二、被告炎黄春秋杂志社于本判决生效后 30 日内在《中国摄影报》就吴印咸是涉案 12 幅摄影作品的拍摄者及被告炎黄春秋杂志社侵权一事刊登声明。

三、被告炎黄春秋杂志社于本判决生效后 10 日内赔偿原告吴筑清经济损失 14 400 元及合理诉讼支出 1 706.4 元。

四、驳回原告吴筑清的其他诉讼请求。

案件受理费 494 元，由原告吴筑清负担 94 元，由被告炎黄春秋杂志社负担 400 元。

各方当事人均服从一审判决。

40. 小品《鸭蛋》侵犯著作权纠纷案
——刘汉雷诉中央电视台、上海市群众艺术馆、徐英

原告： 刘汉雷（笔名喊雷）
被告： 中央电视台
被告： 上海市群众艺术馆
被告： 徐英
案由： 侵犯著作权纠纷

一审案号： 北京市海淀区人民法院（2007）海民初字第12320号
一审合议庭成员： 宋鱼水、石必胜、陈玉娥
一审结案日期： 2007年8月20日

判决要旨

不同作者对同一题材的创作可能出现巧合，但这种巧合应当体现在合理的限度之内，并且在相互隔离的状态下独立创作产生。

修改是对局部内容的改动或文字、用语上的改动，修改不产生新的作品；改编不是改动作品的基本内容，而是改动作品的表达形式和用途，改编产生新的作品。

起诉与答辩

原告刘汉雷诉称：原告系名作家，1997年第七期的《城市人》发表了原告创作的微型小说《鸭趣》，后该文转载于《中国当代幽默微型小说选》等十多家书报刊，多次获奖，并于2004年9月入选《感动大学生的100篇微型小说》。2005年5月，中央电视台（以下简称中央台）在"今麦郎杯第五届CCTV小品大赛"中将该作品改编成小品《鸭蛋》演出，没有得到原告的许可，也没有给原告署名，编剧为徐英，送选单位为上海市群众艺术馆（以下简称群艺馆）。该剧获得大赛优秀奖，群艺馆获得大赛组织奖，该节目的播出获得了很高的收视率。节目播出以后，众多读者误以为喊雷不是《鸭趣》的原作者，是剽窃他人的作品，降低了原告的声誉和社会评价。中央台于2005年5月12日起将该作品存放于www.cctv.com网站上，在全球范围内广泛传播

至今。另经原告了解，小品大赛给中央台带来了以下经济利益：1. 收取今麦郎企业商标的冠名广告费；2. 展演时每天获取上百万观众的短信收入（每条1元）；3. 小品在网站长期供网民点击，所获取的广告费收入；4. 发行该小品的光盘收入；5. 地方电视台转播该节目所获得的收入；6. 群艺馆、徐英因此获得的物质利益和精神奖励。同时，由于该小品获得了广泛的好评，中央台演出该小品和在网上长期存放该小品的行为，也给三被告带来了较高的社会评价。为制止被告中央台的长期侵权行为，原告于2005年夏曾向该小品大赛组委会负责人写信并附有小说《鸭趣》全文，要求中央台及网站停止侵权。中央台"明知故犯"地作出了侵权行为，群艺馆在向中央台送选作品时应当查明真正的著作权人，徐英则是实施了剽窃行为。故请求判令三被告：（1）立即停止侵权、消除影响、公开赔礼道歉；（2）连带赔偿原告经济损失及其他合理开支共计50万元；（3）连带赔偿原告精神损害抚慰金5万元；（4）承担本案诉讼费用。

被告中央台辩称：参赛小品都是由各选送单位选送的，我台没有参与前期创作，且在大赛初期已再三告知选送单位认真审核著作权；小品《鸭蛋》的字幕署名完全是根据第二、第三被告的选送打上去的，我台对小品只有播出权，没有著作权，也没有进行任何的创作和改编；小品《鸭蛋》获得的优秀奖是最末等奖，第二、第三被告没有获得任何的物质奖励；我台是事业单位，实行收支两条线，广告并非针对涉案小品，广告收入和盈利没有关系，和小品《鸭蛋》也没有关系，短信收入是公司行为，与我台及本案无关，我台也无权支配；小品《鸭蛋》没有发行光盘，也没有地方台转播；我台确实把小品放在 www.cctv.com 网站上，接到诉状后已经责令网站屏蔽；原告没有提供其知名度和受到损失的证据，小说《鸭趣》大概800至900字，原告提出巨额赔偿无事实和法律依据，请求法院依法判决。

被告群艺馆辩称：我馆不是小品大赛的承办方或主办方，只是收到中央台的邀请函后向基层单位转达，把各基层单位报送的作品转到中央台，我馆只起到协调、辅助的作用，我馆只有一个工作人员负责这项工作，没有能力一一审核著作权；我馆没有参与创作或者评选，不存在侵权的过错；著作权侵权要么为名要么为利，我馆在这件事中没有得到名或利，获得优秀组织奖是因为我们报送了18个小品。不同意原告的诉讼请求。

被告徐英辩称：1. 我的作品并没有对原告的作品构成侵权。无论从体裁、立意、落脚点还是作品的名称、篇幅、讽刺的对象来看，我都没有实施侵权行为。作为戏剧作品，原告和我的作品都是来源于百姓的日常生活，作品的思路、取材都难免会有雷同。2. 我主观上没有侵权的故意和动机。我作为上海市浦东新区文化艺术指导中心的工作人员，我的工作都是非营利性的纯公益行为。此次涉案作品完全是属于职务工作的一部分，是职务作品，素材的收集也仅仅源于朋友的一个小笑话。而在《鸭蛋》的写作过程中，我自始至终都没有看过原告的作品《鸭趣》。原告作品的发表时间、册数和地区都使我难以获得。3. 即使我的行为侵权，侵权后果也极其微小。我的作品在中央台举办的"第五届CCTV小品大赛"上只是获得了优秀奖，且此次大赛不设任何奖金和经济补贴。原告的作品发表时间是1997年，而我的小品参赛时间是2005年，不可能出现"众多读者误以为喊雷不是《鸭趣》的原作者，是剽窃他人的作品，降低原告的声誉和社会评价"。4. 我家庭经济十分困难，客观上无力承担原告提出的赔偿要求。5. 如果我的行为对原告构成了侵权，虽然出于无意，我仍愿意就此表示道歉，我也愿意在法庭的主持下和原告达成协商，共同商讨出一个调解方案。恳请法院在查明事实、分清是非的基础上作出公正的判决。

一审查明事实

一审法院查明：2003年12月，新疆青少年出版社、克孜勒苏柯尔克孜文出版社出版发行了《魔袋》一书，封面注明"喊雷 著"，封面折页注明"喊雷，原名刘汉雷，中国作家协会会员，工艺美术师……"，书中第77页至第79页为小说《鸭趣》一文，全文约800余字，文末注明该文曾载于《城市人》1997年第7期等10本图书、杂志并获首届中国小小说金麻雀奖提名奖。2006年4月19日，中国作家协会创作联络部出具证明，称"中国作家协会会员原名刘汉雷，笔名喊雷"。庭审过程中，三被告对此均无异议，本院予以确认。

2005年1月20日，中央台以第五届CCTV小品大赛组委会办公室名义向群艺馆发出邀请函，邀请群艺馆选送作品参加第五届CCTV小品大赛。邀请函注明：大赛分职业组和非职业组两个组别进行，由中央、地方及部队系统所属文艺团体、艺术院校和文化单位直接向组委会报名，也可以个人名义报名……凡是2000年以来未在中央台春节联欢晚会上播出过的小品均可参赛，大赛鼓励原创作品参赛……大赛设参赛作品奖、编剧奖、导演奖、表演奖、优秀组织奖等奖项……外地参赛队参赛往返差旅费及在京期间的食宿由大赛组委会负责。邀请函中未见与著作权审查相关的内容。庭审过程中，中央台称曾口头要求选送方明确版权责任，但未提交相应证据，故本院对其相应辩称不予采信。

中央台提交了关于第五届CCTV小品大赛参赛选手报名的说明和"第五届CCTV小品大赛"参赛选手报名表，该说明称：小品大赛在筹备阶段，在中国电视报及央视网站上刊发了通知并于网站上设置了下载报名表的链接，在评选出进入决赛的作品进行决赛直播过程中，剧组工作人员根据报名表上所填写的作品名称、作者、导演、表演内容制作电视字幕。报名表中列有姓名、参赛用名、参赛作品名称、时长、作者、导演、创作日期、参赛组别、作品类型、作品简介等栏目。群艺馆、徐英对此不持异议，刘汉雷称说明和报名表都是诉讼期间形成的，对其证明力表示异议，但未提交相反证据，本院对刘汉雷的相应主张不予采信。

2005年3月4日，群艺馆向第五届CCTV小品大赛组委会办公室回函，称该馆选送包括《鸭蛋》在内的18个小品参赛。经组委会评选，小品《鸭蛋》与另一小品《金色池塘》被选入参加决赛。后，中央台举办了第五届今麦郎杯CCTV小品大赛。2005年5月，中央台向徐英颁发了获奖证书，证书内容为："徐英，你创作的《鸭蛋》小品，在中央电视台举办的第五届CCTV小品大赛的决赛中荣获优秀作品奖（非职业组）。"庭审过程中，群艺馆自认其因选送18个小品参赛而荣获优秀组织奖。刘汉雷称徐英、群艺馆因此获得经济利益，未提交相应证据，徐英、群艺馆均称未获得任何经济利益，故本院对徐英、群艺馆获得直接经济利益的事实不予认定。

2006年6月5日，经刘汉雷申请，陕西省西安市汉唐公证处对www.cctv.com网站内容进行了证据保全，依次点击"娱乐"、"小品驿站"、"更多内容"，进入"CCTV.COM综艺"页面，在页面中的小品板块点击"正剧讽刺小品《鸭蛋》"，正文页面显示"正剧讽刺小品《鸭蛋》送选单位：上海市群众艺术馆 编剧：徐英 导演：王梦九 表演：李琳琳、陈志超、张佩麟、林桓"等字样，网页右侧列有广告链接，点击网页上的下载链接，可下载该小品的视频文件。庭审过程中，经本院组织勘验，当庭播放了载有小品《鸭蛋》的光盘。三被告对播放的光盘不持异议，也认可视频文件与刘汉雷提供的文字表内容一致，中央台认可公证获取的光盘与www.cctv.com网站上的视频文件内容一致，同意承担www.cctv.com网站在本案中的责任，但否认网页上列有广告，因其未提交相反证据予以证明，故本院对其相应辩称不予采信。

刘汉雷称，其在小品播出后即向中央台导演刘铁民打电话交涉，要求中央台停止在央视国际网站传播小品，并写信提供了权属证明，刘铁民不否认侵权但称管不了太多。中央台提交了中央台文艺节目中心文艺部的情况说明，称"该作品播出后，刘汉雷曾与我部导演通过电话，我部导演已经将情况及群艺馆联系方法告知对方"。庭审过程中，中央台对刘铁民称"不否认侵权、管不了许多"不予认可，对其他内容未提出异议。因此，本院确认刘汉雷曾向中央台提出异议、提交权属证明要求停止在网站上传播小品的事实。中央台称收到诉状后要求网站屏蔽了涉案小品，刘汉雷称央视国际网站于2007年5月12日撤掉了涉案视频文件。

2006年10月17日，经刘汉雷申请，陕西省西安市汉唐公证处对福视广告网网页内容进行了证据保全，在"福视广告网－2005年4月25日－5月1日各类型节目收视排行TOP10"页面显示有今麦郎杯第五届CCTV小品大赛收视率的相关内容，根据该网页页面显示的内容，小品大赛的收视率、占有率、最高收视分别为：3.1、10、6.3，同页显示的天气预报和焦点访谈节目的相应数值分别为：3.3、11、4.6和2.9、9、4.8，三被告对网页上曾经存在上述内容无异议，但对网页内容的客观性和对待证事实的证明力持有异议。

刘汉雷曾申请证人杨本平出庭作证，以证明杨本平曾登录国际互联网，在GOOGLE搜索引擎中输入"'今麦郎杯'第五届CCTV小品大赛"进行搜索，搜索页面显示有如下内容："CCTV.com继2005年第一季度实现'开门红'，同比净增超过3亿元之后，2005年4月，央视的广告收入再创新高，突破了7个亿……此外，'今麦郎杯'小品大赛的广告创新以及传播效果也都非常的好。"三被告对互联网上曾经存在上述内容不持异议，但对网页内容反映事实的客观性和待证事实的证明力持有异议，且辩称广告收入与小品大赛及小品《鸭蛋》无直接关联。

另查明，徐英是上海市浦东新区文化艺术指导中心职员，其向本院提交居民户口簿证明胡承奋与其系夫妻关系，胡仪佳与其系母女关系。胡承奋的劳动手册载明胡承奋调换该手册前在上海金陵船用仪表厂工作，劳动合同期限为1979年7月至2005年10月。南京理工大学紫金学院录取通知书载明该院于2006年8月录取胡仪佳为英语专业学生。徐英试图以此证明其丈夫失业在家及家庭负担沉重，中央台及群艺馆对此不持异议，刘汉雷对户口簿、劳动手册、录取通知书的真实性不持异议，但认为与本案无关。

徐英向本院提交了《鸭蛋》作品选送稿和《鸭蛋》作品原稿，以证明其自行创作《鸭蛋》作品的过程，但两份稿件均为打印稿，刘汉雷对其真实性表示异议。徐英辩称小品《鸭蛋》为职务作品，未提交相应证据，且其当庭陈述亦未说明小品《鸭蛋》构成职务作品的充分理由，在徐英的领导给刘汉雷写的信中也未有小品《鸭蛋》属于职务作品任何体现，故本院对其相应辩称不予采信。

关于小说《鸭趣》的创作过程，刘汉雷称：创作素材源于发生在江西吉安的一件事，有个养猪场的工人，上级领导让他养一只母鸡，母鸡下蛋后他给领导去送，别人说你拣的鸡蛋会不会偷吃呢，他说咱还敢吃啊，咱都想去多买几个鸡蛋给领导送去。我从中有所感悟，开始考虑创作。我把人际关系的微妙因素融入小说，把鸡变成鸭，增加了小丁多给蛋证明老赵不老实等情节，并加以创作，形成了我的作品。

关于小品《鸭蛋》的创作过程，徐英在答辩状中称：我听一个老师讲了一个小笑话，即有人送了食堂领导一只鸭子，食堂里三个工作人员先后为那个领导饲养这只鸭子，第一个人一月后送交30只鸭蛋，第二个人一月后送交了60只鸭蛋，第三个人不会弄虚作假，告诉那个领导这是一只公鸭，根本不会下蛋，朋友建议我写出小品，并将主题立在诚信上。我以这个小笑话为素材写作了戏剧小品，并着重设计"审鸭"的情节作为小品重点和点题的高潮。不久，作品参加了"作品加工班"，几经修改，写过两稿。导演要将道具鸭蛋作为剧名，我同意了，改《审鸭》为《鸭蛋》。

刘汉雷主张小品《鸭蛋》与小说《鸭趣》场景相同（一个是食堂、一个是伙房）、人物相同（个别人物姓名不同，但人数相同）、道具相同（一个是一只公鸭、一个是两只公鸭）、送蛋情节完全相同、关键对话以及结尾对话相同。庭审过程中，刘汉雷提供了小品《鸭蛋》与小说《鸭趣》的文字对比稿，三被告认可文字对比稿与视频小品《鸭蛋》内容一致，也认可小品《鸭蛋》与小说《鸭趣》在人物设置、场景背景、公鸭下蛋的情节上构成相似，本院对此予以确认。三被告辩称二者在作品立意、体裁、名称、篇幅以及其他情节上均不构成相似，本院现就刘汉雷主张范围内被告否认的部分即关键对话和结尾对话的内容进行比对。

小说《鸭趣》全文约800余字，小品《鸭蛋》戏剧作品全文约3 000余字，根据刘汉雷提交的小品《鸭蛋》与小说《鸭趣》比较对照表，刘汉雷主张4处关键对话和1处结尾对话构成相似，这5处对话分别涉及"把乡下父亲（亲戚）带来的鸭子杀了吃"、"毛多肉少、杀了可惜、养起来"、"老赵老实人（人不错），一个月送来几个蛋（每月送来10个或20来个），谁也不说他少，他不，全都送来，让老赵当食堂（伙房）采购员"、"同样是一只鸭子（同样那两只鸭），老赵收了30个蛋（有时下蛋30个），阿全收了60个蛋（有时下蛋60个），小许，在你那养了一个月就真的一个鸭蛋都没有？（有时一个蛋也不下，这到底是咋回事？）"、"它要是会下蛋呀，那你们啊也都会生小娃娃啦！（两只公鸭……怎么会下蛋呢）"。以上5处对话表述的是相同或者相似的内容，故本院认定此部分内容构成相似。

一审审理结果

一审法院认为：

1. 刘汉雷是小说《鸭趣》的著作权人。我国著作权法规定，如无相反证明，在作品上署名的公民、法人或者其他组织为作者。《魔袋》一书第77页至第79页为小说《鸭趣》一文，关于该文的署名，书中封面注明"喊雷著",折页注明"喊雷原名刘汉雷",中国作家协会创作联络部也证明"刘汉雷笔名喊雷",三被告对此均无异议,故本院认定刘汉雷为小说《鸭趣》的作者,对小说《鸭趣》享有著作权。

2. 小品《鸭蛋》与小说《鸭趣》主要内容基本相似,前者系对后者的改编。根据著作权法及著作权法实施条例的规定,作品可以分为文字作品、戏剧作品等不同的种类。其中,文字作品是指小说等以文字形式表现的作品,戏剧作品是指以话剧、歌剧、地方戏等供舞台演出的作品。小品《鸭蛋》属于戏剧作品,小说《鸭趣》属于文字作品。

从作品角度讲,二者在作品体裁、题目、篇幅及部分情节上确有不同,但在人物设置、场景背景、主要情节、关键对话等方面构成相似。虽然不同作者对同一题材的创作可能出现巧合,但这种巧合应当体现在合理的限度之内,并且在相互隔离的状态下独立创作产生。小说《鸭趣》早在1997年就已发表,而小品《鸭蛋》发表于2005年,明显晚于小说《鸭趣》的发表时间,故小品《鸭蛋》的作者存在接触小说《鸭趣》的可能。小品《鸭蛋》与小说《鸭趣》主要内容基本相似,且大量内容高度相似,甚至部分内容完全相同,这种相似或相同已经超出巧合的合理限度,在存在接触可能性的情况下,本院认定这种相似并非源于独创,小品《鸭蛋》使用了小说《鸭趣》的主要内容。

但是,修改权是修改或者授权他人修改作品的权利,改编权是改变作品、创作出具有独创性的新作品的权利。修改与改编的区别在于:修改是对局部内容的改动或文字、用语上的改动,修改并不产生新的作品;改编不是改动作品的基本内容,而是改动作品的表达形式和用途,改编产生新的作品。小说《鸭趣》是文字作品,小品《鸭蛋》是戏剧作品,二者表达形式不同,属于两部作品,因而小品《鸭蛋》是对小说《鸭趣》的改编而非修改,小品《鸭蛋》并未侵犯小说《鸭趣》的修改权。保护作品完整权是保护作品不受歪曲、篡改的权利,此项权利旨在制止有损作者声誉的歪曲、篡改和割裂行为,小品《鸭蛋》并不构成对小说《鸭趣》的歪曲、篡改和割裂,因而并未侵犯其保护作品完整权。

3. 徐英的行为构成侵权,应依法承担侵权责任。徐英辩称小品《鸭蛋》为职务作品,但未提交相应证据也未说明充分理由,故本院对其辩称不予采信。小品《鸭蛋》署名为"编剧 徐英",在无相反证据的情况下,本院认定徐英是小品《鸭蛋》戏剧作品的作者。徐英将小说《鸭趣》改编为小品《鸭蛋》,未经刘汉雷许可,未为刘汉雷署名,未向刘汉雷支付报酬,侵犯了刘汉雷的署名权、改编权和获得报酬的权利,应当承担停止侵权、赔礼道歉、赔偿损失的民事责任。

4. 中央台构成间接侵权。刘汉雷主张，中央台是小品大赛的组织者和主办者，未对小品的著作权进行严格审查，未尽合理注意义务，应承担侵权责任。本院认为，中央台确实应当对参赛小品的著作权尽到合理审查义务。但就本案而言，小品《鸭蛋》署名编剧为徐英，在无他人提出异议且无相反证据的情况下，中央台确实难以知晓小品《鸭蛋》系根据刘汉雷的《鸭趣》改编。因此，刘汉雷主张中央台未注意到小品《鸭蛋》系根据刘汉雷的《鸭趣》改编因此具有过错，本院不予支持。

刘汉雷还主张，中央台在其已经提出异议的情况下，仍然未尽合理注意义务，拒不停止在央视国际网站上传播侵权作品的表演录像，具有过错，应承担侵权责任。对此本院认为，在刘汉雷向中央台提出异议并提交权属证明的情况下，中央台只要表面进行审查，就很容易发现小品《鸭蛋》确实有根据刘汉雷的《鸭趣》改编的可能，因此应当采取合理措施制止侵权行为的延续和侵权范围的扩大。但中央台在权利人发出通知后，未采取合理措施制止侵权，扩大了侵权范围和损失，产生了不良影响，具有过错，间接侵犯了刘汉雷的著作权，应依法承担停止侵权、消除影响、赔偿损失的法律责任。

5. 群艺馆的行为并无过错，不应承担民事责任。群艺馆在收到中央台的邀请函后转发给各基层单位，并将各基层单位上报的小品汇总后上报中央台，只是小品大赛上传下达的一个中转环节。群艺馆不是小品的创作者，不是小品大赛的组织者或承办者，也未从涉案小品中获取经济利益，故本院认定其对侵权事实的发生没有过错，不应承担民事责任。

刘汉雷主张中央台就小品大赛获取高额广告收入、发行光盘并许可地方台转播获利，未提交相应证据，但申请本院向中央台调取广告收入、发行光盘、许可转播的相应证据，中央台辩称广告收入与本案无关，对发行光盘和许可转播的事实予以否认，并以其并非经营主体、不掌握财务账册为由拒绝向本院提供相应证据。本院认为，通常情况下，中央台因小品大赛冠名及插播广告应能获取一定经济利益，央视国际网站传播涉案小品也应获取一定经济利益，但该利益的取得与中央台的声誉、小品大赛的整体运营情况有紧密的联系，而本案赔偿数额则与涉案作品在小品大赛中的地位及获利的情况、剧本的许可使用费用等因素存在紧密的联系，故本院将综合考虑上述因素酌情予以判定。刘汉雷主张被告赔偿其诉讼合理支出，因律师费、公证费发票均属通常可以取得的证据，刘汉雷既未提交任何票据亦未说明合理理由，故本院对其此项诉讼请求不予支持。徐英的侵权行为给刘汉雷造成了一定的精神损害，依据《最高人民法院关于确定民事侵权精神损害赔偿责任若干问题的解释》，只有在精神损害造成严重后果的情况下才可以判令侵权人承担精神损害抚慰金。徐英的侵权行为给刘汉雷造成了一定的精神损害，但其精神损害还不足以达到支付精神损害抚慰金的程度，适用消除影响、赔礼道歉的救济方式符合法律确认的标准，故本院对刘汉雷主张精神损害抚慰金 5 万元的诉讼请求也不予支持。

徐英和中央台对侵权的发生均有过错，但二者的过错并不相同，徐英和中央台应当分别依法承担相应的法律责任。关于损害赔偿，本院认为，虽然徐英并未从侵权中直接获得经济利益，但小品《鸭蛋》提高了徐英的知名度，且损害赔偿旨在填平刘汉雷的损失，而不以徐英获利为必要条件；中央台通过在央视国际网站上传播侵权作品的表演也获得了经济利益。因此，徐英和中央台均应赔偿刘汉雷经济损失。本院综合考虑侵权人的主观过错、获利情况、此类侵权作品的赔偿标准等因素酌定徐英和中央台应承担的赔偿数额。刘汉雷主张的赔偿数额中过高部分，本院不再全额支持。

综上所述，法院依据《中华人民共和国著作权法》第四十六条第（六）项、第四十七条第（一）项、第四十八条之规定，判决如下：

一、本判决生效之日起，被告徐英、被告中央电视台未经原告刘汉雷许可不得使用根据小说《鸭趣》改编的小品《鸭蛋》。

二、本判决生效之日起 10 日内，被告徐英在央视国际网站（www.cctv.com，连续 24 小时）或者在一家全国发行的报刊上刊登声明，向原告刘汉雷赔礼道歉（声明内容须经本院审核，逾期不履行，本院将公布本判决主要内容，费用由被告徐英负担）。

三、本判决生效之日起 10 日内，被告中央电视台在央视国际网站（www.cctv.com，连续 24 小时）或者在一家全国发行的报刊上刊登声明，更正说明小品《鸭蛋》改编自小说《鸭趣》，以消除影响（声明内容须经本院审核，逾期不履行，本院将公布本判决主要内容，费用由被告中央电视台负担）。

四、本判决生效之日起 10 日内，被告徐英赔偿原告刘汉雷经济损失 2 万元。

五、本判决生效之日起 10 日内，被告中央电视台赔偿原告刘汉雷经济损失 2 万元；

六、驳回原告刘汉雷的其他诉讼请求。

案件受理费 9 300 元，由原告刘汉雷负担 3 300 元，由被告徐英和被告中央电视台各负担 3 000 元。

各方当事人均服从一审判决。

41. 《地下、地上》侵犯著作权纠纷案
——李鹏诉石钟山、作家出版社

原告： 李鹏（笔名龙一）
被告： 石钟山
被告： 作家出版社
案由： 著作权侵权纠纷

一审案号： 北京市丰台区人民法院（2007）丰民初字第 8791 号
一审合议庭成员： 李丕赋、谢晓梅、高英
一审结案日期： 2007 年 10 月 12 日

判决要旨

文学作品中的故事背景、人物设置和描写、故事结构及情节是最重要的因素，也是体现作者独创性思维的主要方面。判断被告是否构成对原告作品的抄袭，应分析两部文学作品上述方面是否构成相同或实质性相似。

起诉与答辩

原告李鹏诉称：2005 年 12 月，我创作完成小说《潜伏》，2006 年在第 7 期《人民文学》上公开发表，并被 2006 年第 9 期《小说月报》等三家刊物转载。该作品主要描述了潜伏在国民党军统天津站中的男主人公，在上级组织安排下，将一名女游击队员充做自己早年滞留在沦陷区的妻子一起进行情报工作。女主人公的鲁莽、勇敢与男主人公的沉稳、机智形成鲜明对比，同时因为女主人公对男主人公的潜伏工作不理解，从而不能很好地配合男主人公工作，还制造了很多险情，使双方生活出现众多不和谐，整个故事便是在这种不和谐中展开并完成的。2007 年，我发现，由作家出版社出版发行的署名作者为石钟山的小说《地下，地上》于 2007 年 1 月发行销售。经对比，我发现《地下，地上》中"地下"部分无论是在故事结构、主要背景、人物关系设置上，还是在人物性格塑造上，均与《潜伏》存在相同或实质性相似，实际上是抄袭了《潜伏》中具有独创性的内容，侵犯了我的著作权。为维护自身合法权益，现诉至法院，请求依法判令被告石钟山、作家出版社：（1）立即停止侵

权,即停止《地下,地上》一书的出版发行;(2)在《法制日报》上向我赔礼道歉;(3)赔偿经济损失20万元、精神损害抚慰金1万元;(4)赔偿我因维权而支付的费用2万元;(5)承担本案诉讼费用。

被告石钟山辩称:《地下,地上》这部长篇小说创作构思于2005年上半年。我想创作一部关于打入敌人军统内部,为我军窃取情报,后又浮出水面的敌特题材小说。在构思中,本人搜集了大量关于地下工作者的资料,最后,将小说主人公定为一对假扮夫妻的革命者,在共同打入敌人内部后,同生共死的关于革命事业和爱情的故事。我在2005年底开始进行创作,2006年5月初完成了长篇小说《地下,地上》。同年5月,我与某文化公司就出版该小说进行商洽,同时与北京市在扬文化传播有限公司签订该长篇小说话剧版权转让合同。作为一位部队作家,20年来,我一直坚持创作反映我军历史的文学作品。至于天津作家李鹏的小说《潜伏》,我从未读过。在原告小说《潜伏》发表之前,我就已经创作完成了长篇小说《地下,地上》。《地下,地上》是以解放战争时期真实背景作为创作依据,而以假夫妻名义打入敌人内部、为我党获取情报的真实事例在当时可说是不胜枚举。综上,我认为本人创作的长篇小说《地下,地上》与原告短篇小说《潜伏》毫无关系,请法院依法驳回原告的诉讼请求。

被告作家出版社辩称:我社编辑王婷婷在2006年5月中旬收到石钟山长篇小说《地下,地上》的稿件。在编辑审稿完毕并有出版计划后,与石钟山进行一系列具体事宜的商洽。2006年11月双方签订出版合同,并于2007年1月出版。我社认为,原告说我社未尽到注意义务的主张不能成立。编辑每天都在处理稿件,并会积极关注最新文学动态,包括对文学刊物的关注。但任何编辑不可能也没有义务去阅读每期文学杂志的每篇文章。同时,编辑在决定出版某作家的作品时,已经对作者擅长的题材、语言风格等有一定了解。我社认为石钟山的长篇小说《地下,地上》延续了他擅长的题材,其语言、叙事与作者其他小说风格一致。而且,在作者十几年的创作中,同类故事背景和相关题材已经在其作品中出现过多次。《地下,地上》这类题材,在作者作品中并不是第一次出现。另外,同类题材在这几十年的文学作品中并不少见。文学作品作者有权利选择自己感兴趣乃至很多人写作过的题材进行独特创作。我社认为石钟山这部作品在表现此类题材时有他自己的风格和优势,在尽职审查中,并未发现有剽窃抄袭之处。我社已经尽到认真审读稿件、慎重决定出版的义务,故我们对原告的诉讼请求不予认可。

一审查明事实

　　一审法院查明：2006 年 7 月，李鹏以"龙一"为笔名，将小说《潜伏》发表在 2006 年第 7 期《人民文学》。该杂志目录页印有"龙一，潜伏（短篇小说）"字样。其后被 2006 年第 9 期《小说月报》转载。《潜伏》主要描述成功潜伏在国民党军统天津站中的男主人公余则成，为党提供了大量重要情报。后经上级组织安排，将一名女游击队员冒充做自己早年滞留在沦陷区的妻子接到了身边。女主人公勇敢、鲁莽、固执、朴实，与男主人公的稳重、机敏的性格形成鲜明的对比。女主人公因对男主人公的潜伏工作不甚理解，非但不能很好地配合男主人公工作，还制造了很多险情，使双方生活出现众多不和谐，最后女主人公在完成任务过程中光荣牺牲的革命故事。

　　2007 年 1 月，作家出版社出版了石钟山《地下，地上》一书，该书版权页有"作者石钟山，作家出版社出版发行，2007 年 1 月第 1 版，第 1 次印刷"等字样。《地下，地上》描述了新中国成立前夕，八路军侦察连长刘克豪假扮成被俘虏的国民党军统参谋乔天朝，在沈阳军统东北站取得了站长徐寅初的信任，获取很多机密情报，立下了卓著功勋。女游击队员王迎香俘获乔天朝的妻子王晓凤，后组织为避免国民党怀疑，让其假扮王晓凤与刘克豪共同开展地下工作。两个热血革命青年，有着同样的理想和目标，却有不一样的性格和作风，他们在战斗中共担风险，在生活中磕磕碰碰。新中国成立后，他们几经波折，结成夫妻。后朝鲜战争爆发期间，王迎香参战不幸牺牲，留给丈夫和儿子无限怀念的爱情故事。

　　庭审过程中，原告李鹏为支持其主张向法院提交了以下 7 份证据：证据 1：2006 年第 7 期《人民文学》封面目录及《潜伏》小说，证明该小说发表于 2006 年 7 月，李鹏系小说《潜伏》的作者及著作权人；证据 2：2006 年第 9 期《小说月报》封面目录及《潜伏》小说，证明小说《潜伏》的作者及著作权人为李鹏及小说被转载的情况；证据 3：小说《地下，地上》，证明该书作者为石钟山，出版者为作家出版社，最初发表于 2007 年 1 月 1 日；证据 4：北京市新华书店丰台分店销售发票，证明北京市新华书店丰台分店对《地下，地上》一书进行了销售；证据 5：原告制作的对比文件及对比表，证明《地下，地上》与小说《潜伏》相同或有实质性相似，侵犯原告小说《潜伏》的著作权；证据 6：文史书籍《军统内幕》、《毛人凤密传》、《我的特务生涯》、《军统兴衰》，证明《潜伏》和《地下，地上》两书都以军统作为历史背景，历史性错误相一致；证据 7：委托合同及发票原件，证明原告支付律师费 2 万元。

对原告李鹏提交的证据中的1、2、3、4、7，被告石钟山及作家出版社均不持异议。

对证据5，被告石钟山认为：1. 故事背景不一样。一个是军统天津站，一个是军统东北站；2. 故事结构不一样。《潜伏》描写的是男主人公余则成打入军统内部与女主人公翠平一起进行地下工作，《地下，地上》不仅反映了男女主人公的地下工作，还描写了两人的爱情故事；3. 主人公不一样。《潜伏》男主人公是知识分子，《地下，地上》男主人公是八路军的侦察连长；《潜伏》女主人公是农村妇女，《地下，地上》女主人公是游击队长，这个女主人公设置是有来源和事实历史依据的，是我长篇小说《玫瑰绽放的年代》女主人公柳秋莎的一种延续；4. 人物设置不一样。《潜伏》是6个人，长篇小说《地下，地上》人物达到近30人；5. 人物关系和情节不一样。《潜伏》没有情节描述男主人公如何打入敌人内部，《地下，地上》则描述了主人公如何打入敌人内部。此外，王迎香还有一个恋人是李志，这在故事中一直贯穿，而《潜伏》没有；6. 在两个小说的历史错误问题上，《地下，地上》创作不存在历史错误，这是以军统东北站为背景、以爱情为线索产生的一个故事，军统本身与本案无关。

对证据5，被告作家出版社认为，对比不具有真实性。首先，在篇幅上，《潜伏》只有2万多字，《地下，地上》小说字数比《潜伏》多，内容也比《潜伏》多。其次，在人物设置上，男、女主人公对比意见和石钟山的一致。再次，在人物关系、情节上，《地下，地上》中男女主人公的生活中是有小磕碰，但在新中国成立后他们几经波折，终成姻缘，而《潜伏》里男主人公余则成对翠平生活习惯极不满意，并未结合。

对证据6，被告石钟山、作家出版社对其真实性、合法性无异议，但认为这四本书都是个人对历史的回忆，与本案无关。

庭审过程中，被告石钟山为支持其主张向法院提交了以下证据：证据1：时代文艺出版社北京发行部出具的证明，证明长篇小说《地下，地上》在2006年5月已经创作完成；证据2：2006年5月24日我和北京市在扬文化传播有限公司签订的《地下，地上》一书话剧改编权转让合同，证明《地下，地上》在2006年5月已经创作完成，将话剧改编权有偿转让；证据3：我于2003年出版的小说《玫瑰绽放的年代》，证明《地下，地上》女主人公是《玫瑰绽放的年代》女主人公的延续，即我在2003年就已经写过这样的人物；证据4：《中国共产党隐蔽战线研究》一书，证明女主人公王迎香的设置是有历史依据的，是根据历史进行的创作；证据5：网站上下载的文件，说明中共特科假扮夫妻打入敌人内部有真实的历史事实也有相应的作品。

对被告石钟山提交的证据，原告李鹏认为：对证据1的真实性有异议，其上所盖公章是北京发行部，这个部门应只负责发行工作，不负责编辑工作，不知其是以什么身份收到被告石钟山的作品，这个证明没有其他相关证据配合，所以不能证明被告石钟山想要证明的问题；对证据2的真实性有异议，公章所盖的位置和乙方的位置不对，公章和文字的形成时间是有差异的，不能证明小说《地下，地上》2006年5月就已经创作完成，从合同书内容看还应有一个35万元转让费用的收据，对方没有提供；对证据3的真实性无异议，但认为此书与本案没有任何关联性。不能因为《玫瑰绽放的年代》女主人公柳秋莎与《地下，地上》的主角王迎香同为女性，就简单认为王迎香是柳秋莎的延续；对证据4的真实性无异议，但认为此书与本案没有关联性，人物性格是由故事情节来反映的，但该书没有任何故事情节，反映不出人物的鲜活性格；证据5没有提交公证机关进行公证，且与本案也没有关系。原告所说的是两本书表达形式一致，并不是说思想一致。

被告作家出版社对被告石钟山提交的证据均不持异议，亦未向法庭提交证据。

此外，在庭审过程中，时代文艺出版社北京发行部负责人陈琛作为被告的证人出庭作证，说明了时代文艺出版社北京发行部的职责，并证明被告石钟山曾于2006年5月与其协商出书事宜。

对各方当事人提交的证据，本院认定如下：首先，关于原告李鹏提交的证据，因被告石钟山及作家出版社对原告提交的证据1、2、3、4、7均不持异议，本院对原告提交的证据1、2、3、4、7的证据效力予以确认。证据5是当事人自己制作的对比表，对比表从故事背景、故事结构、男女主人公、人物设置、人物关系及历史错误等方面对两部作品进行了对比，是其一方的主观认定，此证据仅对分析两部作品起参考作用；本院对证据6的真实性予以认可，原告欲证明两部小说在军统局的存在时间上犯了同样的错误，本院认为，以"军统局"作为国民党特务机构的称呼，在文学作品中是普遍的表达方式，并且已被普通读者所认可，故对此证据的效力本院不予认定。其次，对于被告石钟山提交的证据，对证据1、2，原告在庭审中认为被告所提话剧改编权转让合同是虚假的，提出鉴定申请，并要求被告提供35万元转让费的发票，本院认为本案待查的核心事实是小说《地下，地上》是否抄袭、剽窃了小说《潜伏》，该两份证据的真实性应在确定被告有抄袭可能性的情况下再予认定；证据3是被告的其他代表作品，证据4《中国共产党隐蔽战线研究》讲述的是中国共产党在白色恐怖、抗日战争及解放战争时期的隐蔽战线工作，其中主要涉及地下工作的情况，证据5下载的文件中，所描述的故事均是男女主人公通力合作，共结连理的故事，以上证据与本案待查核心事实无关，故本院对其证据效力不予认可。

一审审理结果

一审法院认为：根据已查明的事实，原告李鹏与被告石钟山虽然都以"假扮夫妻开展敌特工作"作为其小说创作题材，但是其分别创作的成果均受著作权法保护。依据我国著作权法的规定，只有在被告作品与原告作品在表达形式上存在相同或实质性相似之处，且这种相同或实质性相似达到一定程度，才构成对权利人所享有著作权的侵犯。就文学作品来看，其故事背景、人物设置和描写、故事结构及情节是最重要的因素，也是体现作者独创性思维的主要方面。就此，要判断被告作品《地下，地上》是否构成对原告作品《潜伏》的抄袭，应分析两部小说上述方面是否构成相同或实质性相似。

1. 关于"故事背景"部分。小说的背景是故事得以展开的主要线索，故事的情节和人物的思想无不受到当时背景的影响，故背景是十分重要的小说因素。就本案来说，《潜伏》（2006年第9期《小说月报》版，下同）的故事背景是"日本人被打败了"（《潜伏》56页右栏1行）至"一九四八年十月十四日深夜"（《潜伏》62页右栏倒数第1段）的军统天津站。《地下，地上》则是解放战争中"四平被一举攻克，长春被围困几个月后"、"东北就剩下沈阳和锦州两个重镇了"（《地下，地上》第1页第2段）时期的军统局东北站，至"朝鲜战争已经接近了尾声"（《地下，地上》第253页倒数第1段）这段时间。就此，我院认为，《地下，地上》的小说起始背景远于《潜伏》，发生的地点也不相同，一个为天津，一个为东北。故本院对原告李鹏认为石钟山抄袭其故事背景的主张，不予支持。

2. 关于"人物设置及描写"部分。在小说创作中，人物需要通过叙事来刻画，叙事又要以人物为中心。无论是人物的特征，还是人物关系，都是通过相关联的故事情节塑造和体现的。单纯的人物特征，如人物的相貌、个性、品质等，或者单纯的人物关系，如恋人关系、母女关系等，都属于公有领域的素材，不属于著作权法保护的对象。著作权法上的作品，应以其相应的故事情节及语句，赋予这些"人物"以独特内涵，则这些人物与故事情节和语句一起构成著作权法的保护对象。因此，所谓的人物特征、人物关系，以及与之相应的故事情节都不能简单割裂开来，人物和叙事应为有机融合的整体，在判断是否抄袭时应综合进行考虑。就本案来说，两部小说的人物关系虽然都包括有男女地下工作者、站长及站长夫人等人物，但是经过比对，可以发现两部小说所塑造的人物性格差别很大。

（1）男主人公。

《潜伏》中男主人公余则成，"是个老实的知识青年"，"因为老实、年轻，而且有知识，上司便喜欢他"（《潜伏》第56页左栏第1、2行），"六年前他在重庆投考国民政府军事委员会调查统计局干部培训班的时候，中共党组织曾为他准备了一份详细的自传材料"（《潜伏》第56页左栏第3段）。余则成的身份是"少校副官兼机要室主任"（《潜伏》第56页右栏第2行）。《地下，地上》中男主人公刘克豪，"三年前的乔天朝还是八路军的一名侦察连长，确切地说乔天朝并不是他的真名，他的真名叫刘克豪。乔天朝是那个奉命去东北军统站报道的上尉参谋。那个名叫乔天朝的上尉参谋是在八路军挺进东北的路上俘获的。俘虏乔天朝的正是刘克豪的侦察连"（《地下，地上》第7页第1段）。刘克豪给人的印象是"眼前这个人让他有一种威慑感，同时也有一种亲近感"（《地下，地上》第12页第4行），"延安总部的命令，让侦察连长刘克豪摇身一变，成了军统上尉乔天朝"（《地下，地上》第11页第3段第1行）。刘克豪冒充乔天朝后的身份是"三年下来，乔天朝由最初的上尉已经变成了中校了。他由新军统变成了资深的老军统了"（《地下，地上》第14页第4段第1行）。

（2）女主人公。

《潜伏》中女主人公翠平是"年轻女人怀里抱着包袱，粗眉大眼，比照片上要难看一些"（《潜伏》第57页左栏第4段第3行），"余则成在她的手掌中摸到了一大片粗硬的老茧，也发现她的头发虽然仔细洗过，而且抹了刨花水，但并不洁净；脸上的皮肤很黑，是那种被阳光反复烧灼过后的痕迹；新衣服也不合身，窝窝囊囊的不像是量体裁衣。除此之外，她身上还有一股味道，火烧火燎的焦臭，但绝不是烧柴做饭的味道。汽车开出去二十里以后，他才弄明白，这是烟袋油子的味道。于是，他便热切地盼望着这股味道仅只是他那位'岳母大人'给熏染上的而已"（《潜伏》第57页左栏倒数第2段）。她是个"单纯、不会变通、甚至有些鲁莽的女人"（《潜伏》第58页右栏第4段第2－3行）。《地下，地上》中的女主人公王迎香"经过几次战斗的洗礼之后，王迎香被老魏任命为第九小队队长。那时的王迎香已经出落得风姿绰约，年满十七的她，齐耳短发，腰扎皮带，浓眉大眼的王迎香已经是标准的游击队员了。最惹人眼目的还是她手里的双枪，枪是她带领第九小队端掉日本人的炮楼缴获的，腰间的皮带上左边插着短枪，右边也插着短枪，短枪的枪柄上还系了两块红绸，在腰上一飘一飘的"（《地下，地上》第30页倒数第1段），王迎香的性格"喜欢冒险"（《地下，地上》第37页倒数第2段第2行）。

(3) 其他人物设置及人物关系。

《潜伏》中还塑造了军统天津站的少将站长及其督军女儿的夫人和特勤队队长老马。余则成的上司少将站长很喜欢和信任余则成,"将许多机密的公事和机密的私事都交给他办,他也确实能够办得妥妥当当,于是上司越发的喜欢他,便把一些更机密的公事和私事也交给了他,他还是能够办得妥妥当当。一来二去,上司便将他当做子侄一般看待"(《潜伏》第56页左栏第2-6行),少将站长"自己则一心一意地去深挖潜藏在市内的共产党人,而且不分良莠,手段冷酷无情"(《潜伏》第58页右栏第1段第1-2行)。余则成对他的上司态度是"曾几次提请组织上,要求让他对站长执行清除任务"(《潜伏》第58页右栏第1段第3行);少将站长对翠平的态度是"不知道动了哪股心肠,居然如此维护翠平"(《潜伏》第58页左栏第3段第7-9行),"原来站长并非真心喜欢翠平的鲁莽,而是他正在给太太物色一个能绊住她的女友,却恰好被翠平撞上了"(《潜伏》第60页右栏第5段第1-3行)。站长夫人"是位身材高大,性格粗豪的老太太,五十多岁,据说是北洋时期一位督军的女儿,那位督军是行伍出身,于是女儿便继承了家风,双手能打盒子炮"(《潜伏》第59页右栏倒数第1段-60页左栏第1行)。站长太太与翠平的关系是"跟翠平形影不离的站长太太"(《潜伏》第62页左栏倒数第3段倒数第1行)。特勤队队长老马与余则成的关系是"既有可能是杀他的刽子手,也会是他在军统局里的竞争对头"、"他与老马的关系便不得不势如水火"(《潜伏》第60页左栏第2段),并且老马是"设局害人的高手"(《潜伏》第62页左栏第3段最后1行)。

《地下,地上》则塑造了军统东北站站长徐寅初及其舞女夫人沈丽娜,执行队队长马天成及其夫人"刘半脚",机要室主任尚品及其夫人。其中徐寅初是一个忠于国民党,忠于蒋介石,又疑心很重的人,刘克豪对徐寅初的态度是"他看见徐寅初的眼里有泪光一闪,他的心沉了沉,徐寅初作为一名军人是称职的,只是他错投了主人。作为职业军人,他在心里是尊重徐寅初的"(《地下,地上》第104页倒数第2段)。徐寅初对王迎香的态度是"不知为何,那天晚上的徐寅初一下子对王晓凤有了兴趣,不停地问这问那"、"弄得徐寅初仿佛找到了知音,毕竟都算是江苏人嘛"(《地下,地上》第36页倒数第1段)。徐寅初的夫人沈丽娜"当时的沈丽娜正是豆蔻年华,二八少女,虽说不上倾国倾城,也算得上是美貌女子"(《地下,地上》第17页第2段第6-7行)。沈丽娜对王迎香的态度是"那天晚上的接风宴,徐寅初很是高兴,一直在赞美着王晓凤,弄得夫人沈丽娜的脸色一会儿青、一会儿白的"(《地下,地上》第37页第2-3行)、"在王晓凤没来之前,她别无选择地和刘半脚及尚品的夫人凑在一起,尽管骨子里是很瞧不上她们的,这些女人在她眼里一律是乡下女人，因为无聊，也因为寂寞，就是看不上眼，也免不了和这些女人打交道"、"自从乔天朝的夫人王晓凤来到沈阳，她就莫名其妙地喜欢上了王晓凤"（《地下，地上》第43页第3段、第5段）。机要室主任尚品"一双眼睛溜圆，不知是职业养成的习惯，还是生性多疑，他似乎对谁都充满了戒意，眼睛盯了人骨碌碌乱转，让人很不舒服"（《地下，地上》第4页第2段）。执行队队长马天成"和徐站长是创建军统东北站的元老，年龄并不大，只有三十五六岁的样子。但在东北站，除了徐站长，他是资格最老的人了，也是徐站长最信得过的人之一。据说他还曾救过徐站长的命。马天成和徐站长感情不一般，众人在日常生活中已有领教"（《地下，地上》第4页第3段）。另，《地下，地上》还描写了地下交通员阿廖沙、李露，王迎香的初恋情人李志等人物。

此外，人物关系也明显不同，《潜伏》中男女主人公之间从初次见面就相互没有留下好的印象，直到最后余则成仍然觉得不可能给翠平以幸福。《地下，地上》中男女主人公的感情有一个发展过程，直至最后喜结连理。站长对于女主人公的喜爱一个是有缘由的，为给夫人找个伴，一个是没缘由的。综上，对李鹏认为石钟山的《地下，地上》在人物设置及描写上与《潜伏》相同的主张，本院不予支持。

3. 关于"故事结构及情节"部分。

故事结构及情节是一部小说的框架，一部小说想要获得成功，结构的巧妙安排和展开是基石，也是最能反映作者独创性思维的地方。就本案来说，两部作品的主要故事结构均是一对假扮夫妇的革命青年如何在国民党军统局内开展敌特工作的故事，即题材相同。但是，我院经审查认定，原告对两部作品的相应内容进行的概括比对不完全准确。例如原告认为《潜伏》中的余则成"不过，在他的档案里，他却是个有太太的男人"与《地下，地上》中的刘克豪"他在乔天朝的档案里了解到，乔天朝是有妻子的"情节相同，但实际上，就这两个情节的根本前提——男主人公自身身份来说，两部作品的设置就不一样。《潜伏》中的余则成是以组织虚构的人物身份进入国民党内部的，而在《地下，地上》中，国民党内部确有乔天朝这个人物，只不过被刘克豪所冒充，所以这两个"档案"所说的并不是同一个问题；又如，原告认为两部小说中均有接家眷、女主人公得到站长夫人喜爱、女主人公不服领导制造险情等情节，但在比对中，我院认为，两部小说中所提接家眷、女主人公得到站长及站长夫人的喜爱、制造险情等情节大不相同。这些情节均是日常生活中的场景和矛盾，本身并无独创之处，但经作者设计原因与小说故事环境密切相关，才反映出作者写作的独创性。

(1) 接家眷的原因。《潜伏》中是"光复之后的财源广进和对美好生活的憧憬,让站长一连娶了三个女人,建了三处外宅,并且联想到他的心腹余则成已经离家六年,便动了恻隐之心,这才有了这次接家眷的事"(《潜伏》第 56 页右栏第 1 段)。《地下,地上》中是"徐寅初为了表示自己的忠诚,已派人去徐州老家接家眷去了","他命令自己的手下,要克服所有困难,半月之内务必使家眷们赶到沈阳。命令就是命令,大家即刻行动起来"(《地下,地上》第 4 页最后一段)。

(2) 组织为男主人公选中女主人公作为其搭档的理由。《潜伏》中是"一来是因为女学生们都到延安去了,一时找不到合适的人;二来是因为我不识字"(《潜伏》第 58 页右栏第 2 段第 7-8 行)。《地下,地上》中是因为"乔天朝的档案资料显示,他的夫人王晓凤是徐州人,如果不会说徐州话,就很容易暴露,在队伍里选择一个合适的徐州人并不是一件容易的事。王迎香的老家刚好是邳州的,离徐州不远,口音也接近,于是就选择了王迎香"(《地下,地上》第 29 页第 1 段第 4-7 行)。

(3) 男主人公对女主人公的第一印象。《潜伏》中"虽说领导可能不了解他的生活习惯,但还不至于不了解他的其他情况。翠平很明显没有文化,只是一名可敬的农村劳动妇女,这样的同志应该有许多适合她的工作,而送她到大城市里给一个特务头子当太太就很不适宜了"(《潜伏》第 57 页右栏第 2 段)。《地下,地上》中"当天王晓凤的表现应该说是合格的,甚至可以用优秀来评价"(《地下,地上》第 38 页第 6 行)。

(4) 男主人公给女主人公安排工作的缘由。《潜伏》中是"由于他的工作量极大,胃也不好,身体在不知不觉间便越来越差,翠平看着他一天比一天瘦,便提出来由她去送情报"(《潜伏》第 58 页右栏第 2 段)。《地下,地上》中"王晓凤来到沈阳后,乔天朝就带她与交通站的人见了面,打算以后就把接送情报的任务交给王晓凤去做,毕竟女人走街串巷的,不易引人注意"(《地下,地上》第 53 页第 4 段)。

(5) 女主人公为男主人公制造危机事件。《潜伏》中是"突然,他发现翠平趁着众人不注意,朝他使了个得意的眼色","他一见之下,立时被惊得险些坐到地上"(《潜伏》第 60 页左栏第 5 段第 3-7 行)。《地下,地上》中是因王迎香"生活中突然没有了枪,这让她无论如何也难以适应"(《地下,地上》第 57 页最后 1 行)才有了之后的偷枪行为。

(6) 男女主人公之间的感情。《潜伏》中"翠平突然说:跟你在一起住了两年,我已经没法再回去嫁人了,你一定要回来!"、"他知道这些话过于决绝,但是他更知道不应该给翠平留下太多的期望,即使他此去九死一生活着回来，他也给不了翠平幸福，而他自己则会更不幸福"(《潜伏》第63页右栏第4、6段)。《地下，地上》中"等你伤好后，我也不走了。她抓着他的手，低头抛下一句话"、"乔天朝虽然躺病床上，却感受到了前所未有的温暖和安慰"、"一次，两个人正在亲热地说着话时，李露来了。看到她们的样子，她开玩笑地说：我打扰你们了吧?"(《地下，地上》第110页第1、2、6段)。根据以上情节对比，我院对原告认为两部作品"故事结构及情节"相同或有实质性相似的主张，不予支持。

综上，一审法院认为，《潜伏》和《地下，地上》是由不同作者就同一题材创作的作品，作品的表达系独立完成并且有创造性，作者各自享有独立的著作权。故原告李鹏诉石钟山和作家出版社侵犯其著作权的诉讼请求理由不足，本院不予支持。依据《中华人民共和国著作权法》第十条第一款第（一）项，《最高人民法院关于审理著作权民事纠纷案件适用法律若干问题的解释》第十五条，判决如下：

驳回李鹏的诉讼请求。

案件受理费5 554元，由李鹏负担。

各方当事人均服从一审判决。

42.《购房维权法律通》侵犯著作权纠纷案
——张永魁诉法律出版社、北京中关村图书大厦有限公司

原告：张永魁
被告：法律出版社
被告：北京中关村图书大厦有限公司
案由：侵犯著作权纠纷

一审案号：北京市海淀区人民法院（2007）海民初字第16479号
一审合议庭成员：王宏丞、韩玉魁、刘良喜
一审结案日期：2007年11月20日

判决要旨

出版行业所称修订图书，应为在原书内容的基础上进行修正增补。将同一作者两部作品合而为一的情形，并非一般意义下所称修订版，应征求作者的意见。

决定是否将两部作品合为一部出版，是作者而不是出版社的权利。

合辑出版的作品仍署以原作者姓名，并不构成对原作者署名权的侵害，但这种行为侵害了作者的复制权、发行权。

出版社未经作者同意擅自修改作品声明等重要信息，并且强行附加免费咨询义务，构成对消费者权益的损害和对作者著作权的侵犯，应该承担法律责任。

起诉与答辩

原告张永魁诉称：2004年初，我根据多年的从业经验撰写了《律师教你买房》（以下简称《买房》）一书，由法律出版社出版发行。因房地产法规的地方性特色和频繁变动，为避免读者误解，我在书中特别声明该书的法律依据是2004年2月29日前颁布实施的法律、法规、规章和北京市地方法规，不涉及北京市以外其他地区的地方性法规。2005年2月22日，北京市建设委员会和北京市工商行政管理局联合发布了《北京市商品房预购合同》和《北京市商品房认购书》示范文本，我据此撰写了《北京市商品房预售合同与认购书实

用手册》（以下简称《手册》），2005年3月由法律出版社出版发行。2006年7月，法律出版社未经许可，将上述两书内容汇编出版了《购房维权法律通》（以下简称《法律通》），署名由我编著，并在该书封面和书中擅自允诺购买该书即可获得知名法律专家、律师的一次免费法律咨询，并告知读者将回执卡和需咨询的问题邮寄至我工作的北京市展达律师事务所，导致大量购书者要求我提供免费法律咨询，给我造成经济损失。此外，法律出版社在汇编两书时改动作者声明，将参照法律法规的截止时间改为2006年7月15日，删除了我对于涉及法规仅限于北京市范围的声明内容，表述为全国适用，并将前言时间改为2006年7月12日，使读者误解该书是作者的最新作品。上述行为给我的声誉造成影响。法律出版社擅自出版《法律通》一书的行为侵犯了我的汇编权、署名权、保护作品完整权、财产权和名誉权。北京市中关村图书大厦（以下简称图书大厦）对《法律通》一书进行销售。现诉至法院，请求判令法律出版社停止出版发行《法律通》一书，并就其侵权行为在《法制日报》上公开致歉，赔偿经济损失272 636元（包括稿酬2.21万元，法律咨询费25万元，公证费500元，调查取证费36元），赔偿精神损失费5万元。同时要求图书大厦停止销售《法律通》一书。

被告法律出版社辩称：此案应属于著作权许可使用合同纠纷，不涉及侵权问题。我社在与张永魁签订的两书出版合同中，均约定可以修订再版。《法律通》并非汇编作品，而是在《买房》修订稿的基础上增加《手册》的全部内容而形成的修订版，附录也有所增加，目录中所有二级、三级标题与第一本书相同，是对《买房》一书的修订再版，不构成侵权。我社曾把《法律通》样书快递给张永魁，其一直没有提出异议。在再版过程中我社改动作者声明系为了将其纳入"大众维权实用指南"丛书系列，该行为未给张永魁造成精神损害，其主张此项赔偿没有依据。发生诉讼后我方封存了尚未售出的《法律通》一书。张永魁作为律师，曾通过网络公开其联系方式及邮箱地址，以获取更多客户。我社在读者回执卡上注明免费咨询一事，张永魁可以拒绝提供咨询，但其没有拒绝，证明其对此默认，其据此主张25万元咨询费用的赔偿没有事实依据。

被告图书大厦辩称：我公司销售的《法律通》一书从北京新华书店首都发行所有限公司物流中心进货，来源合法，不存在违法销售，作为图书产品、音像制品的零售商，我公司已经尽到了合理的审查义务，不应承担侵权责任。我公司进货5本，销售3本，剩余2本现已下架，不再销售。

一审查明事实

一审法院查明，2004年4月，法律出版社出版《律师教你买房》，书号为ISBN 7-5036-4800-7，作者张永魁，144千字，定价10元。该书第一章为购买新建房屋，分项有法律审查、签订购房合同、商业贷款、公积金贷款、应纳税费、房屋接收、纠纷处理；第二章为购买二手房，分项有法律审查、购买流程、应纳税费、贷款。该书正文共计228页，自第130页之后为2页律师警示录、3页合同范本、6页参照法律法规目录、2页购房关联单位名录，其余均为常用法规汇编。该书前言后附作者声明，明确该版本内容的法律依据是2004年2月29日前颁布实施的法律、行政法规、规章、北京市地方法规，未涉及北京市以外地区的地方性法规。

2005年3月，该社出版《北京市商品房预售合同与认购书实用手册》，书号为ISBN 7-5036-5429-5，56千字，定价6元，未注明作者，但出版说明的结尾有如下字样：对书中解读内容有不同见解或者有心研究的读者，可按下面方式与张永魁律师联系，同时附有展达律师事务所的电话及其电子邮箱地址。该书在预售合同与认购书的条款后附阴影标注的"说明"和用黑框标注特别注意的"律师提醒"文字内容，对条款和相关注意事项予以说明和强调。

2006年7月，法律出版社出版《购房维权法律通》（修订版）一书，书号为ISBN 7-5036-6110-0，署名张永魁编著，221千字，定价18元。该书属"大众维权使用指南"系列丛书第13本，封面下方注明：购书即可获得一次法律专家的免费法律咨询，并在最后一页的读者回执卡上将展达律师事务所的地址、邮编公布，说明可将回执卡和需咨询的问题邮寄至该所。该书把作者声明中的法律法规依据截止时间更改为2006年7月15日，并在署名张永魁的前言最后注明其电子邮箱和律师事务所的电话号码。

2006年12月26日，张永魁申请由北京市东城区公证处人员与其一起到图书大厦购买两本《法律通》，总价36元，并对上述过程进行了公证。公证费为500元。

张永魁强调，《买房》和《法律通》两书声明的法律法规截止时间相差两年多，其间发生6项法律法规的变动，包括普通住宅的认定、税务总局营业税的征收、预售房屋的备案制度、建筑物阳台面积的计算、个人首付款的比例、住房公积金的贷款比例等规定均发生变化，但实际内容并未调整。法律出版社把书中所用法律法规的截止时间延后，使适用范围扩大。法律出版社虽没有在书中明确将咨询卡寄给其本人，但最终由其提供了咨询服务。《买房》一书前言的时间是2004年1月12日，《法律通》改为2006年7月12日。另外，《法律通》的书号与已经出版的两本书的书号不同。

法律出版社表示,《法律通》一书将作者声明中使用法律法规的截止日期延后,并不表示涵盖此前的所有法律法规。书中虽称该书适用于全国范围,但也强调读者可查看新的法律法规,不会给作者造成误解,该书在全国范围内使用也是没有问题的。回执卡上的收件人是展达律师事务所,没有指明张永魁本人。对此张永魁表示,北京市房地产地方法规与其他省市的规定有较大差别,不在书中说明是对读者的误导。而因该书引起的法律咨询,展达律师事务所均指定其进行答复。

张永魁还提交了其与读者的往来的 4 封信件及回函和 2 份电话咨询记录。4 封来函均为读者手写,信函中附有《法律通》中的读者回执卡,其对读者提出的问题均进行了书面回复,并说明《法律通》一书未经其同意出版的情况。其表示立案后仍有读者向其进行咨询。

法律出版社仍认为信件的收件人是展达律师事务所,张永魁过去曾通过网络和图书等方式公布该所的电话,因此电话咨询不一定与《法律通》有关。

张永魁提交了展达律师事务所于 2007 年 5 月 30 日出具的证明,证实从 2006 年下半年开始,不断有读者依据《法律通》一书要求该所提供免费法律咨询,由于该书的作者为张永魁,该所将所有咨询电话和信函全部交给张永魁负责解答和处理。

法律出版社认为,展达律师事务所是张永魁的工作单位,与张永魁有利害关系,故该证据不应采信。

对出版社的此项意见,本院认为,张永魁所在单位为其出具与工作分配情况相关的证明应属正常,也没有其他单位和个人可以出具相关形式的证明,不能在未提出任何疑点的情况下,仅以两者的关联关系即否定证据的真实性。本院认定该证据可以作为本案证据使用,并将参照其他证据,酌情对事实予以认定。

张永魁提交了对比表,证实《法律通》一书系由其前述两本书汇编而成,没有新的原创内容,结构没有变化,只增加了 10 个社会公知信息的附录,包括相关企业信息查询方法,各地房地产相关部门网站,各地建设部门、银行、保险公司网站和联系方式,房屋验收检验项目表、购房税费表等,列在附录的第 5-14 项,此外在附录 4 的关联单位名录中增加了民生银行的信息,在购房常用法规汇编中增加了房屋建筑工程质量保修办法(2000 年),删除了各种贷款的计算表格。

法律出版社提交了(2007)长证内经字第 4939 号公证书,证实 2004 年 6 月 11 日,张永魁通过电子邮件向该社编辑戴伟发送了《买房》一书的第二稿稿件，准备出该书的修订版。张永魁对此没有异议，表示该稿件是其根据相关法律的变化，对该书进行的正常修订。

法律出版社提交了该社与张永魁就《买房》和《手册》两书签订的出版合同，用以证明出版社享有两书的专有出版权，可以出修订版。张永魁对两合同的真实性无异议，但强调两合同均约定出版社若对作品的名称、体例、内容、前言、后记有所改动，需征得作者许可；《手册》一书约定作者应在再版时修订或增加必要的材料，使作品内容更新，出版社在作者拒绝修订或由于其他原因不能履行此项义务时，才可以另行安排修订更新。出版社表示曾电话联系张永魁，明确出版《法律通》一书的相关事宜，但张永魁表示双方没有为此沟通。《手册》一书的合同约定稿酬为每千字 80 元，重印不再支付基本稿酬，再版时付同等标准的再版稿酬。《买房》一书的合同约定按照 9% 的比例支付版税。

法律出版社提交了《法律通》一书的发稿单及审读报告，证实该社审读、发稿该修订版的情况。张永魁认为两本书书号不同，不能认为是以修订版的方式出书。

法律出版社提交（2007）长证内经字第 4940 号公证书，证实张永魁曾在网上公布其联系方式，免费解答法律咨询的事实，并强调《手册》一书中也标有其联系方式。张永魁承认曾用不同方式公示过自己的联系方式，但没有声明给读者提供免费的咨询服务，出版社不能以此为由为其设定义务。出版社则认为张永魁作为律师，可以以这种方式获得客户，得到潜在的利益。

法律出版社提交了《工伤维权法律通》等 5 本"大众维权实用指南"丛书中的其他图书，证实与该系列丛书均承诺为读者提供免费法律咨询服务，其他作者均没有异议。该社同时提交的还有律师黄乐平的证言，证实其在法律出版社出版了该丛书中的部分图书，无论是第一版还是修订版，每次付印前，编辑均将校样快递给其审阅；书中注明其联系方式，可以吸引读者，并扩大律师的知名度，给律师带来案源。

张永魁表示，黄乐平曾与法律出版社共同作为被告承担侵权责任，其证言有不实之处，黄乐平本人愿意提供免费咨询，并不能代表每一个作者的态度，其没有为读者提供免费法律咨询的义务。

法律出版社还提交了其发给中国法律图书有限公司的通知及该发行公司出具的证明，证实该社已在 2007 年 1 月 12 日通知发行公司停止发行《法律通》一书，该公司共收到法律出版社交其销售的《法律通》4 950 册，向各地经销书店发货 3 741 册，截至 2007 年 7 月 5 日，实际销售 1 969 册，回款 21 546.13 元。该公司接到通知后封存了剩余 1 209 册图书。

张永魁表示对此情况不了解。

法律出版社提交快运单，证实该社于 2006 年 8 月 9 日给张永魁快递了修订版的《法律通》一书，但张永魁直到 2007 年 1 月才向该社发出律师函。张永魁承认收到快递图书，但没有及时打开邮包查阅，后陆续有电话向其咨询，才发现书中的问题。

图书大厦提交了该公司的收货查询表，发货单和月销售查询报表，证实该公司从北京新华书店首都发行所有限公司物流中心订购《法律通》一书，进货渠道合法；该公司共进货 5 册，销售 3 册，剩余 2 册已下架。张永魁认为销售统计不完整，其购买的 2 册即没有在统计表中显示。图书大厦表示销售记录可能存在疏漏，但该书确已下架。

一审审理结果

一审法院认为，原告张永魁是《买房》和《手册》两书的作者，享有两书著作权项下的各项权利。其与法律出版社签订协议，授予该社两书的专有出版权，该社也按照约定完成了出版工作。

本案争议的《购房维权法律通》，署名为张永魁编著，系合并上述两书的内容，另外增加了部分相关单位的联系方式和房地产数据计算表格等公知信息而成，原两书内容是《法律通》一书的主要内容。

出版社称《法律通》是将《买房》一书加入《手册》一书的内容形成的修订版。从实际情况看，在《买房》一书中加入专门针对商品房预售合同与认购书进行阐释的《手册》的内容并无不当，但双方在出版合同中约定，重印和再版需通知作者，作者无理拒绝时出版社可另行安排修订工作。法律出版社未提交证据证明曾为此通知作者，且出版行业所称修订图书，应为在原书内容的基础上进行修正增补，而将同一作者两部作品合而为一的情形，并非一般意义下所称修订版，更应征求作者的意见。决定是否将两部作品合为一部出版，是作者而不是出版社的权利，如作者不同意将两书合一出版，出版社应尊重作者意见。因此，出版社的上述行为超越了双方合同约定的范围。

张永魁认为出版社出版《法律通》一书的行为侵犯了其汇编权，署名权、保护作品完整权、财产权和名誉权。汇编作品的性质是汇编若干作品、作品的片断或者不构成作品的数据或者其他材料，对其内容的选择或者编排体现独创性的作品。出版社未经作者同意，仅将该作者两部作品合为一部出版，并仍为该作者署名，此种情况并非传统意义上的汇编，应属于未经作者同意对其作品的复制发行行为。因该书仍署名为张永魁编著，并未侵犯作者的署名权，其要求确认出版社侵犯署名权的请求不能成立，本院不予支持。

作者前言是文字作品出版的重要组成部分。出版社未经作者同意，在《法律通》一书中将原书中作者前言明确所参照法律法规的时间向后更改，并删除了作者强调地方性法规仅限于北京市范围这一说明内容的做法，违背了作者原意，也对读者产生误导，并使读者可能在发现问题后将此结果产生的原因归咎于作者。上述行为使两书内容的完整性受到不利影响，侵犯了作者享有的保护作品完整权。法律出版社应对其上述行为给张永魁造成的不利影响公开赔礼道歉，对张永魁的此项诉讼请求，本院予以支持。但针对张永魁的诉请中要求对此确认侵犯其名誉权并要求赔偿精神损失一节，本院认为，虽然出版社的上述行为方式不当，但其目的是促销图书，并非对作者进行侮辱、诽谤，故意降低对作者的社会评价。现没有证据证明该行为使张永魁的名誉受到实际影响，公开致歉已足以消除出版社的上述行为给张永魁造成的精神上的不利影响，故本院对张永魁的上述诉讼请求不予支持。

法律出版社在案发后已经通知发行公司停止发行《法律通》一书，并封存了剩余的图书，张永魁表示对统计的发行数量不了解，但未提出异议。法律出版社应停止侵权，不再印制发行该书。图书大厦作为销售单位，从正规渠道购进图书，对该书的侵权状况并不了解，其注意义务较低，张永魁现仅要求其停止销售的诉讼请求本院予以支持。

法律出版社未经张永魁同意，将其两书合为一部出版发行，上述复制发行的行为构成对张永魁享有的两书著作财产权的侵犯，应对其损失予以赔偿。张永魁按照每千字100元的标准要求赔偿属合理范围，因《法律通》一书共计221千字，其请求赔偿22 100元，但该书中使用《买房》和《手册》两书的字数共计200千字，其余为出版社所加公知信息，此部分应予扣除，以200千字为基础计算赔偿金额。张永魁为此支付的公证费和购书费，出版社应一并赔偿。

法律出版社在书中设定免费法律咨询义务，并注明展达律师事务所的地址和邮编，该所将由此引发的咨询事宜均交给张永魁处理应属正常方式，该设定所造成影响的实际承受者为张永魁。现出版社以其他作者同意被设定上述义务，且张永魁的律师身份使其希望以此方式吸引客户等原因，认为该设定合理。本院认为，出版社的上述设定行为未经展达律师事务所和张永魁同意，不能仅以他人同意或对张永魁意思的推定即给其设定免费法律咨询义务。出版社应当在其公开致歉的声明中对此项设定未经同意予以说明，消除影响，避免给展达律师事务所和张永魁带来进一步的不利后果，并为其自行给读者作出的免费咨询的承诺提供其他实现方式。关于张永魁以此要求出版社赔偿经济损失25万元的诉讼请求，本院认为，因该设定方式不当，造成读者将回执卡寄给律师事务所后转到张永魁处，张永魁也提交了4份答复信函和2份电话记录，证实其被此打扰，并为此进行了相应的工作，付出了劳务。虽然该设定并非必须完成，张永魁给予答复系其自行选择的应对方式，但考虑张永魁的答复行为系因《法律通》一书中未经同意即设定义务的过错引起，且系出于善意和对于不知情的读者的尊重，并为此付出了劳务，法律出版社应对此承担责任，给予一定的经济补偿。张永魁要求的赔偿金额过高，本院予以酌减。同时，张永魁应承担部分因上述诉讼请求过高所支付的诉讼费用。

据此，本院依照《中华人民共和国著作权法》第十条第一款第（四）项、第（五）项、第（六）项，第四十七条第（一）项，第四十八条第一款之规定，判决如下：

一、自本判决生效之日起，被告法律出版社停止出版发行《购房维权法律通》一书；被告北京中关村图书大厦有限公司停止销售该书。

二、自本判决生效之日起20日内，被告法律出版社在《法制日报》刊登致歉声明，对在《购房维权法律通》一书中修改作者前言，违背作者原意的情况进行说明，并向原告张永魁致歉，同时对在书中给北京市展达律师事务所及张永魁设定免费法律咨询义务一节予以说明，消除影响。如不能履行此项判决内容，本院将在同等媒体公开判决书主要内容，费用由法律出版社负担。

三、被告法律出版社赔偿原告张永魁经济损失25 536元。

四、驳回原告张永魁其他诉讼请求。

案件受理费6 140元，由张永魁负担2 000元，由法律出版社负担4 140元。

各方当事人均服从一审判决。

43. 高考语文试题侵犯著作权纠纷案
——胡浩波诉教育部考试中心

原告：胡浩波
被告：教育部考试中心
案由：著作权纠纷

一审案号：北京市海淀区人民法院（2007）海民初字第16761号
一审合议庭成员：宋鱼水、李颖、刘毅
一审结案日期：2007年11月20日

判决要旨

著作权合理使用制度是在著作权人利益原则上受保护的基础上，对作者的一种例外限制，其目的在于平衡著作权人、作品传播者以及社会公众利益之间的关系。考虑特定情况，司法实践中对于著作权人修改权、署名权的保护亦受制于以上原则。考试中心在组织高考试卷出题过程中使用原告作品的行为，无论从高考出题的行为性质，还是从使用作品的目的以及范围考虑，都应属于国家机关为执行公务在合理范围内使用已经发表的作品的范畴。

起诉与答辩

原告胡浩波诉称：2007年5月原告在互联网上发现2003年高考全国卷语文考卷的第二大题现代文阅读选用了原告于1996年应《中国科技画报》创刊号约稿的文章，即《全球变暖——目前和未来的灾难》一文。被告在2003年的试卷考题中对该文作了增删和调整后加以使用。原告认为被告的该行为侵犯了原告的著作财产权，故诉至法院，请求判令被告赔偿原告经济损失人民币2 000元。庭审中，原告当庭提出增加诉讼请求的申请，要求法院判令被告在媒体上公开向原告赔礼道歉，注明《全球变暖——目前和未来的灾难》一文作者为胡浩波。因被告考试中心对原告胡浩波在举证期届满之后当庭增加诉讼请求提出异议，认为本院给双方的举证通知书和最高人民法院的司法解释均有"增加诉讼请求应在举证期限届满之前提出"的规定，合议庭经合议未准许原告当庭增加诉讼请求。

被告考试中心辩称：原告的证据无法证明试卷上的文章来自其享有著作权的文章，此胡浩波未必是彼胡浩波。2003年出的高考试卷传播很广，原告2007年5月才提起诉讼，其诉讼请求已过诉讼时效。我方是受国家教委委托命题的，组织高考试卷出题属于公务行为，不是社会性工作和商业活动，根据法律规定可以不支付报酬。请求法院依法驳回原告的诉讼请求。

一审查明事实

一审法院查明：

2003年普通高等学校招生全国统一考试语文（全国卷）第二大题是现代文阅读，使用了一篇主题为"全球变暖"的文章，并以此为基础设计考题。在该考卷的试题解析中提到："阅读材料选自《希望月报》杂志1997年第8期（原刊于《中国科技画报》，原文的题目：《全球变暖——目前的和未来的灾难》，作者胡浩波。命题时对原文作了增删和调整，改定后全文约840字。"因被告考试中心对原告提交的试卷和试题解析打印件真实性有异议，本院当庭组织了现场勘验，用百度搜索在互联网上搜索"2003年高考试题语文全国卷解析"，可找到相应的试题和试题解析，其内容与原告胡浩波提交的高考试题和试题解析的内容完全相同。

另查，1987年经国务院审核，同意设立国家教育考试管理中心，作为国家教委的直属事业单位。1991年，经人事部批准，原国家教委考试管理中心改称国家教委考试中心，是国家教委实施、管理、指导国家教育考试的直属事业单位。其主要职责包括实施、管理、指导国家教委决定实行的教育考试等，近期任务包括实施、管理全国普通高校招生统一考试的考试大纲或说明的编制、命题、考试实施、评卷、成绩统计分析及报告、评价等。1994年，全国高等教育自学考试指导委员会办公室与国家教委考试中心合并，合并后的机构定名为国家教育委员会考试中心，是国家教委指定承担高校入学考试和高教自学考试等专项任务并有部分行政管理职能的直属事业单位。其职能任务包括：受国家教委委托，负责全国普通高校、成人高校的本、专科招生中全国统考的命题、试卷、成绩统计分析与评价工作等。现该中心在国家事业单位登记管理局登记的名称为教育部考试中心，宗旨和业务范围包括高等学校招生全国统一考试命题组织及考务监督检查等，经费来源：事业、经营、附属单位上缴、捐赠收入。

一审审理结果

一审法院认为：本案涉及原告著作权权属是否成立、被告行为是否属于国家机关为执行公务在合理范围内使用已发表的作品，以及执行公务状态下如何考量著作权人的权利等问题。

原告胡浩波提供的证据表明，其是2003年高考全国卷语文试卷第二大题现代文阅读所涉文章的作者，该题是将其文章《全球变暖——目前的和未来的灾难》进行增删和调整，再设计相关的考题而形成的。考试中心对此虽提出异议，但经本院现场勘验，其对网络上存在的2003年全国高考试卷语文卷第二大题和答案解析的内容真实性没有异议，只是认为该胡浩波并非本案的原告。本院认为，根据原告证据及被告确认的事实，举证责任已发生转移，考试中心作为高考试题的组织出题者，有义务进行文章来源和作者的核实，并提供相反的证据反驳原告的主张，而诉讼期间，其未提供相应证据证明文章的作者胡浩波另有其人，故本院对其辩称不予支持，并由此确认本案原告胡浩波是该高考试卷第二大题现代文阅读所涉相关文章的作者。

我国《著作权法》第二十二条第（七）项规定，国家机关为执行公务在合理范围内使用已经发表的作品，可以不经著作权人许可，不向其支付报酬。对此，原告胡浩波主张，参与高考的考生均要交纳报名费，而纯粹的行政行为应是行政全额拨款而不收取费用的，因此高考出题行为并非单纯的政府公务行为，具有商业行为的性质。被告考试中心则辩称，其在高考试题中使用涉案文章的行为属于国家机关执行公务的行为，构成合理使用。本院认为，高考不收取报名费固然是相关国家机关执行公务、组织高考活动的一种理想状况，但执行公务活动并不必然会不收取任何费用。因财政拨款的不足等原因使得高考中需要缴纳报名费以应对高考需要的各项开支，与以营利为目的的商业行为有本质的区别，故不能因为高考收取报名费就将高考以及高考出题行为等同于一般的商业行为。在我国，国家机关执行公务存在两种形式，一种是国家机关自行执行公务，另一种是国家机关授权或委托其他单位执行公务。考试中心不属于国家机关，其组织高考出题的行为属于后一种情形。《中华人民共和国教育法》第二十条规定，"国家实行国家教育考试制度。国家教育考试由国务院教育行政部门确定种类，并由国家批准的实施教育考试的机构承办。"依据该条规定，考试中心接受国家教委指定承担高校入学考试和高教自学考试等专项任务，执行高考试卷命题等相应公务。同时，高考是政府为了国家的未来发展，以在全国范围内选拔优秀人才为目的而进行。我国政府历来将高考作为一项全国瞩目的大事，人民群众亦将高考命题、组织及保密工作等视为由政府严密组织的、关乎社会公平、民众命运和国家兴衰的大事。考试中心在组织高考试卷出题过程中使用原告作品的行为，无论从考试中心高考出题的行为性质来讲，还是从高考出题使用作品的目的以及范围考虑，都应属于国家机关为执行公务在合理范围内使用已经发表的作品的范畴,应适用我国《著作权法》第二十二条第(七)项有关的规定,可以不经许可,不支付报酬。

根据我国《著作权法》第二十二条第(七)项的规定,国家机关在执行公务时,如在合理范围内使用著作权人的作品,可不经许可、不支付报酬,但仍负有指明作者姓名、作品名称,并不得侵犯著作权人其他权利的义务,否则不符合合理使用的构成要件。当事人双方对这一条的理解有分歧,原告胡浩波当庭要求增加赔礼道歉、注明作者姓名的诉讼请求,被告考试中心则对其增加诉讼请求表示反对。本院认为,我国著作权法是一部旨在保护著作权人利益的法律,但同时亦有其他立法目的存在。我国《著作权法》第一条规定,著作权法的立法宗旨是"保护文学、艺术和科学作品作者的著作权,以及与著作权有关的权益,鼓励有益于社会主义精神文明、物质文明建设的作品的创作和传播,促进社会主义文化和科学事业的发展与繁荣",第四条规定,"著作权人行使著作权,不得违反宪法和法律,不得损害公共利益",可见,我国著作权法虽以保护作者利益为立法目的之一,但亦将公共利益作为非常重要的考量因素,从而在公共利益较著作权人利益明显重要时,有条件地限制著作权人的相关权利,以取得公共利益与私人利益之间的平衡。合理使用制度即是在著作权人利益原则上受保护的基础上,对作者的一种例外限制,其目的在于平衡著作权人、作品传播者以及社会公众利益之间的关系。另外,考虑特定情况,司法实践中对于著作权人修改权、署名权的保护亦受制于以上原则。如就著作权人的修改权而言,虽然修改作品的权利理所当然地属于作者,但在某些情况下,出于社会利益的实际需要,修改权有时也可由他人行使。本案中,因高考保密的严格要求,事先征询相关作者的修改意见变得不具有可行性,为确保通过高考可以选拔出高素质人才的公共利益的需要,高考出题者考虑高考试题的难度要求、篇幅要求和背景要求等特点,可对文章进行一定的修改增删,以适应出题角度和技巧的要求。故本院认为,考试中心的行为并不构成对原告修改权的侵害。就著作权人的署名权而言,虽然《著作权法》第二十二条规定应指明作者姓名和作品名称,但为作者署名仅作为一般的原则性规定,实践中在某些情况下,基于条件限制、现实需要或者行业惯例,亦容许特殊情况下的例外存在。如《中华人民共和国著作权法实施条例》第十九条规定,"使用他人作品的,应当指明作者姓名、作品名称,但是,当事人另有约定或者由于作品使用方式的特性无法指明的除外"。本院认为,考试中心在本案中未给胡浩波署名即属于特殊的例外情况。《中华人民共和国教育法》第四条规定,"教育是社会主义现代化建设的基础,国家保障教育事业优先发展。全社会应当关心和支持教育事业的发展"。高考命题者在考虑高考所涉文章是否署名时,必然要充分考虑考生的利益。考试中心在选择署名的问题上目前习惯的做法是：对于文学鉴赏类文章署名，而对于语用性文章则不署名。涉案文章因属于语用性文章，在考题中没有署名。本院认为，考试中心的以上区别对待有其合理性，理由如下：1. 高考过程中，考试时间对考生而言是非常紧张和宝贵的，考生的注意力亦极为有限，如对试题的来源均进行署名会增加考生对信息量的阅读，浪费考生的宝贵时间。2. 文学鉴赏类文章署名或注明出处会给考生提供一些有用信息，这些信息有助于考生在综合分析的基础上作出对诸如文章作者的思想感情、历史背景等试题的正确判断，作者的署名属于有用信息，而语用性文章署名给考生提供的多是无用信息，出题者出于避免考生浪费不必要的时间注意无用信息等考虑，采取不署名的方式亦是适当的。3. 在国内及国外的相关语言考试中，亦有语用性文章不署名的惯例。可见，考试中心在高考试题中对文学鉴赏类文章署名，对语用性文章如科技文、说明文等不署名的做法，是考虑了高考的特性、署名对考生的价值及考试中语用性文章署名的惯例后选择的一种操作方式，有其合理性，考试中心未在高考试题中为原告署名，不构成侵权。当然，出于对著作权人的尊重和感谢，考试中心今后可考虑能否在高考结束后，以发函或致电形式对作者进行相应的告知和感谢。

被告考试中心有关超过诉讼时效的辩称，因其并未提供原告胡浩波早就知道或应当知道2003年高考试卷使用其文章却不主张权利的相关证据，且原告胡浩波所言2007年上网时偶然发现的说法亦存在可能性，故本院对考试中心的该辩称不予支持。

综上，依照《中华人民共和国著作权法》第二十二条第（七）项、《中华人民共和国著作权法实施条例》第十九条之规定，判决如下：

驳回原告胡浩波的诉讼请求。

案件受理费50元，由原告胡浩波负担。

各方当事人均服从一审判决。

44. 读秀网图书搜索服务侵犯著作权纠纷案
——吴锐诉北京世纪读秀技术有限公司

原告： 吴锐
被告： 北京世纪读秀技术有限公司
案由： 侵犯著作权纠纷

一审案号： 北京市海淀区人民法院（2007）海民初字第 8079 号
一审合议庭成员： 王宏丞、李都、孙焕云
一审结案日期： 2007 年 12 月 11 日

判决要旨

为网络用户提供图书搜索，用户能够搜索到的内容只有图书的版权页、前言、目录和正文 8~10 页的内容，并未大篇幅引用原告的作品，其主要目的在于给读者介绍图书的主要内容，简单介绍作者的基本思路和表达方式方面的特点，并非着眼于从对引用作品的直接使用中获得经济收益，未超过不当限度，不会损害作者基于著作权享有的人身权利和可以据此获得的经济利益。

起诉与答辩

原告吴锐诉称：我是《杏坛春秋：书院兴衰》（专著）、《中国思想的起源》三卷（专著）、《文史英华·诸子卷》（合著）、《古史考》九卷（汇编作品）的著作权人。被告以图书搜索为名，未经我许可，将上述图书的封面、总序、目录、前言（或引言），以及部分正文共计 133.4 千字上载到读秀网（网址为 www.duxiu.com），供公众阅读、下载。此行为侵犯了我享有的涉案作品的著作权。故诉至法院，请求判令被告：（1）停止侵权，停止在独秀网使用涉案图书。（2）在《光明日报》、《中国文化报》、《中国新闻出版报》上刊登致歉声明。（3）在读秀网首页刊登致歉声明，保持一年。（4）赔偿经济损失 10 200 元（原创作品按每千字 200 元计算，汇编作品按每千字 50 元计算）。（5）赔偿精神损失 5 000 元。（6）支付合理支出费用 9 127 元，包括公证保全费 1 810 元，律师费 4 000 元，调查取证费 3 000 元，交通费 317 元。

被告北京世纪读秀技术有限公司（以下简称读秀公司）辩称：我公司经

营读秀网，并与关联企业北京世纪超星信息技术发展有限公司（以下简称超星公司）合作，由超星公司提供版权支持，我公司提供技术支持。原告与超星公司签订授权协议，将其作品的信息网络传播权授予超星公司，我公司对其作品的使用合法。我公司为读者介绍图书，仅提供图书搜索服务，对搜索到的图书，只提供版权页、前言页、目录和正文10页的内容，属于合理使用，没有侵犯原告的著作权，不应赔偿。即便认定构成侵权，原告主张赔偿标准也过高，不应得到支持。原告主张的调查费、交通费与本案无关，请求驳回原告的诉讼请求。

一审查明事实

一审法院查明，《杏坛春秋：书院兴衰》由辽宁人民出版社于1997年8月出版，署名吴锐著，全书92千字。《中国思想的起源》（共三卷）由山东教育出版社于2003年9月出版，署名吴锐著，全书990千字。《文史英华·诸子卷》由湖南出版社于1993年12月出版，署名为刘宝才、吴锐选注，全书392千字。《古史考》（共九卷）由海南出版社于2003年12月出版，署名吴锐等编，每册均在六、七百千字。

2006年12月29日，原告委托长安公证处进行公证，进入被告经营的读秀网（网址为www.duxiu.com），分别输入上述四种图书题目进行搜索，可以看到涉案图书的封面、版权页、目录页、前言和正文的前8-10页。

庭审前，本院组织原被告双方对网站使用原告作品的字数进行核对，确认读秀网使用《杏坛春秋：书院兴衰》前缀（包括目录、前言等）11页，正文8页，正文4 232字；《中国思想的起源》前缀20页，正文8页，正文5 400字；《文史英华·诸子卷》前缀12页，正文10页，正文3 120字；《古史考》使用1-8卷前缀71页，正文78页，正文95 500字。庭审中，原告按照双方认可的统计方式，前缀部分均按每页220字计算，明确读秀网共使用《杏坛春秋：书院兴衰》6 652字，《中国思想的起源》9 800字，《文史英华·诸子卷》5 760字，《古史考》112千字。原告最初在起诉书中请求赔偿经济损失48 400元，后根据上述字数，变更赔偿直接经济损失的诉讼请求为10 200元。

庭审中，被告表示《文史英华·诸子卷》是原告与刘宝才合作完成的汇编作品，属于不可分割的合作作品，吴锐一人无权提起诉讼。原告表示曾与刘宝才进行协商，没有达成一致，在此情况下原告可以单独起诉。被告表示，刘宝才在另案中认可了将作品授权给超星公司使用的事实。庭审后，原告撤销了本案中针对《文史英华·诸子卷》提出的诉讼请求，涉及字数5 760字，涉及诉讼金额1 150元。原告最后关于侵权造成直接经济损失的赔偿请求变更为

9 050元。

被告同时认为《古史考》是汇编作品，原告只是作者之一。原告认可该书属于汇编作品，但表示该书注明吴锐是执行编辑或者编者，可以对该书行使汇编权利。

原告提交了包括律师费4 000元、公证费1 810元、调查取证费3 000元和交通费317元的相关发票，委托调查协议及相关的调查材料，证实其因诉讼所支付的相关费用。其表示因超星公司的关联公司有十几家，无法确定以哪家公司作为被告，其曾委托北京新潮社文化交流有限公司对主体问题进行调查。被告认为，原告聘请了律师，调查工作可以由律师完成，没有必要找调查单位，调查费和车费与本案无关。

被告提交超星数字图书馆个人作品收藏授权书，证实原告于2003年1月14日将其个人作品的信息网络传播权以专有许可的方式授予超星公司，超星公司将超星数字图书馆的十年期读书卡赠送给原告，到期后原告可继续要求赠送读书卡。同时提交的还有超星公司所作情况说明，证实该公司与被告合作运营读秀网站，超星公司提供内容信息和数据库中图书的版权支持，被告负责网站的维护、升级和技术支持。被告认为依据上述证据证明的情况，可以认定读秀网合法使用原告的文字作品。

原告否认与被告签署此协议，称并非其本人所签。本院在（2007）海民初字第12319号原告刘宝才、吴锐诉北京理工大学和超星公司一案中，应超星公司的申请委托北京华夏物证鉴定中心对上述授权书中的"吴锐"签名是否系吴锐本人所签进行司法鉴定。该中心出具的司法鉴定书所载检验、分析过程为：检材字迹为蓝色笔油圆珠笔书写，经在体视显微镜下观察，发现字迹书写过程中，开始颜色较淡，越写颜色越趋于正常，其字迹书写流利、自然；将检材与样本上"吴锐"签名字迹进行比对检验，发现两者既有大量特征符合点，又存在一定差异点；由于提供诉讼前的签名样本量少，因此不能充分解释上述现象。该份司法鉴定书所载鉴定结论为：因诉讼前签名样本量少，鉴定条件不充分。此后吴锐未向本院提交其他诉讼前签名样本，各方均未申请对该签名进行补充鉴定或者重新鉴定。

原告认为超星公司的情况说明不能作为本案定案的依据，因该公司与被告均为独立的公司，法人是同一人，两公司之间存有利害关系。

上述原告的授权书明确授权使用范围为超星数字图书馆，法庭据此询问被告读秀网与超星数字图书馆的关系，被告表示读秀网系基于超星数字图书馆而存在，但认可在读秀网中没有明示两者关系，网站中没有超星公司的字样，也没有超星公司提供权利的说明。

被告提交关于读秀网首页及搜索过程的公证书，证实读秀网的性质是图书搜索系统，且在搜索过程中只提供图书的版权页、前言、目录和正文10页内容，主要目的是提供图书检索，对图书进行简单分类和介绍，没有广告。原告认可上述情况，但表示读秀网与百度等搜索网站的性质不同。

一审审理结果

一审法院认为，原告吴锐为原创作品《杏坛春秋：书院兴衰》、《中国思想的起源》的作者和汇编作品《古史考》的编者，对上述三种图书享有著作权。

被告提交了原告的授权书，以证实超星公司享有对吴锐作品信息网络传播权的专有使用权。原告对该授权书的真实性不予认可。经鉴定，鉴定中心认为检材字迹"书写流利、自然"，检材与样本比对之时"两者既有大量特征符合点，又存在一定差异点"，且"因诉讼前签名样本量少，鉴定条件不充分"而不能得出确定的鉴定结论。上述情况在样本不足的情况下应属正常。鉴于原告作为该被鉴定文本签名文字的书写人，其未能提供更多样本，也未要求补充鉴定，本院综合考虑上述内容以及双方当事人的举证情况和举证能力，根据公平原则和诚实信用原则，依据现有证据，确认2003年1月14日授权书中的"吴锐"签名系原告本人所签，该授权书内容真实合法。超星公司据此取得对原告作品的信息网络传播权的专有使用权。

上述授权书明确原告将其作品授权超星数字图书馆收藏使用，而本案中涉案作品所在的读秀网为被告所有，与超星数字图书馆没有直接联系，读秀网网页没有明示与超星数字图书馆相关的内容。超星公司提交了情况说明，证明超星公司与被告合作，提供图书内容，但超星公司与原告的授权书中没有该公司可以转授权或直接提供给第三方使用的条款，原告亦对此不予认可，故超星公司向被告授权的行为，超出其依据超星数字图书馆使用原告作品所取得的授权书的授权范围，不能以此说明读秀网的使用行为经过授权。

通过原告与被告分别对读秀网所作的公证可以看出，读秀网为网络用户提供图书搜索，用户能够搜索到的内容只有图书的版权页、前言、目录和正文8-10页的内容。上述使用方式的主要目的是给读者介绍图书，使读者了解图书的主要内容，并根据极少量的正文阅览，了解作者的基本思路和表达方式。涉案三种图书除《杏坛春秋：书院兴衰》正文为167页外，另外两种图书每册的正文页数均在500页左右，8-10页的用量与全书正文内容相比所占比例轻微，仅能使读者对该书有初步的了解，未超过不当限度，不会导致损害作者基于著作权享有的人身权利和可以据此获得的经济利益的结果。著作权法既鼓励作者创作，保护其创作成果，同时也鼓励在不损害作者权益前提下的正常的传播行为，以促进社会文化事业的发展和繁荣。虽然作者可以坚持称其不愿意他人以此种方式使用其作品，但因其作品已公开出版，应允许他人在正常的范围内进行介绍和传播，不能仅因作者个人意志而被阻止。比如书店将待售图书放在店中任由顾客翻阅，目的在于使读者了解图书内容并进一步购买，顾客看后不买的情况不可避免，不能以此即认为书店的行为构成侵权。

因此，本院认为读秀网的使用行为目的正当，未超过合理范围，未给原告造成不利后果，未侵犯原告的著作权。原告据此提出的对被告的全部诉讼请求，本院不予支持。

据此，本院依照《中华人民共和国著作权法》第十条第一款第（十二）项之规定，判决如下：

驳回原告吴锐的全部诉讼请求。

案件受理费380元，由吴锐负担。

各方当事人均服从一审判决。

45.《蒙氏数学》系列教材侵犯著作权及不正当竞争纠纷案
——武汉现代亿童教育文化服务有限公司诉
北京儿童之家教育咨询中心、中国档案出版社

原告：武汉现代亿童教育文化服务有限公司
被告：北京儿童之家教育咨询中心
被告：中国档案出版社
案由：侵犯著作权及不正当竞争纠纷

一审案号：北京市第一中级人民法院（2007）一中民初字第4957号
一审合议庭成员：任进、邢军、唐晓君
一审结案日期：2007年12月19日

判决要旨

《潜能开发》的学具与《蒙氏数学》的学具，在图案形状、色彩、游戏种类组合、关系、排列方式等方面各有不同，两者属于各自选编。因双方选材存在同源性，出现一些色彩选择、图形元素略有近似，以及部分教具种类选定的巧合情况，符合一般常理，不存在抄袭事实。

起诉与答辩

原告武汉现代亿童教育文化服务有限公司（以下简称现代亿童公司）诉称：我公司自2001年起组织编辑开发了《蒙氏数学》系列教材（以下简称《蒙氏数学》），于2005年5月经湖北美术出版社出版发行。而2006年7月市场出现的由北京儿童之家教育咨询中心（以下简称儿童之家中心）编辑开发，中国档案出版社出版发行的《儿童之家数学潜能开发课程》系列教材（以下简称《潜能开发》），无论是形式还是内容都与我公司《蒙氏数学》极为雷同，雷同之处如下：1.教学活动案例安排、内容与表达；2.分类名称；3.编排体例与教学计划；4.学具、幼儿操作册、亲子活动卡的编排体例及活动设计。两被告的行为既是侵犯我公司著作权的行为，也是不正当竞争行为，为此起诉请求法院判令两被告：（1）停止上述侵权行为；（2）在《学前教育》或《幼

儿教育》杂志上向我公司赔礼道歉，消除影响；（3）赔偿我公司经济损失20万元；（4）支付我公司为制止侵权支出的调查费等1 084元。

被告儿童之家中心辩称：我中心的《潜能开发》没有侵犯现代亿童公司的《蒙氏数学》，现代亿童公司所称的四个方面的独创性不成立：1. 在《蒙氏数学》和《潜能开发》出版之前，其他教材早已在分类名称、编排体例、教学计划、活动设计等方面使用了相同或近似的文字表达，我中心在早于《蒙氏数学》之前的其他出版物中也已使用上述编辑方式。2. 教材的目录、标题不具有独创性，不能禁止他人使用。3. 在教材的实质内容上，《潜能开发》与《蒙氏数学》没有重合之处，属于不同作者对于同一题材创作的作品，但都借鉴了蒙台梭利数学教学模式、皮亚杰的数理论等先进的儿童教育思想，而用不同的文笔形式表达出来。4. 教具仅为作品的附属品，都是借鉴蒙台梭利数学教学的木制教具改成的纸制教具，谁也没有著作权。而我中心对教具进行了自我创新，使纸制教具在图案与表现形式上与现代亿童公司的教具不同，不存在侵权问题，同时，我中心也不同意现代亿童公司所诉的不正当竞争主张。故请求法院驳回现代亿童公司的全部诉讼请求。

被告中国档案出版社辩称：现代亿童公司所诉与事实不符，我社已经尽到了出版者应有的审查注意义务：1. 我社与儿童之家中心签订了出版合同。2. 核实了儿童之家中心的营业执照、法人身份。3. 对出版物进行了审查，未发现存在侵犯他人著作权问题。故请求法院驳回现代亿童公司的诉讼请求。

一审查明事实

一审法院查明：

1. 关于《蒙氏数学》版权以及被控侵权作品《潜能开发》的所属情况。现代亿童公司为证明其享有《蒙氏数学》著作权，向本院提交了如下证据：（1）《蒙氏数学》出版物（实物证据）；（2）原著作权人湖北亿童教育科技有限公司（以下简称湖北亿童公司）出具的关于《蒙氏数学》版权转让《证明》；（3）《著作权转让合同》；（4）若干编写人员与湖北亿童公司签署的《关于〈蒙氏数学课程〉的编写协议》；（5）《湖北美术出版社图书出版合同书》。

其中，《蒙氏数学》实物证据版权页载明：2005年5月该书由湖北美术出版社出版，版权署名：廖丽英、范佩芬主编，亿童早期教育研究中心开发。包括教师用书小、中、大班上下共6册，每册18元，印数2 000册；操作册小、中、大班上下共6册，每册18元，印数5 001－15 000册；作业纸小、中、大班上下共6册，每册18元，印数5 001－15 000册，学具（绘图卡）小、中、大班上下共6套，上述书籍中操作册、作业纸及学具全部成套售价为每套288元。

湖北亿童公司出具的《证明》载明："我公司的亿童早期教育研究中心于2004年至2005年组织研发人员开发了《蒙氏数学》教师用书与幼儿用书系列教材。该系列教材版权由我公司享有，我公司已与主编及其他作者签订了有关著作权归属的合同。亿童早期教育研究中心只是我公司的一个工作部门，并非是独立的机构。该著作权已于2006年4月28日转让给武汉现代亿童教育文化服务有限公司。"《著作权转让合同》载明，2006年4月28日，现代亿童公司与湖北亿童公司签订著作权转让合同，约定：第一条，经充分协商，湖北亿童公司将以下产品的著作权全部转让给现代亿童公司。……5.《蒙氏数学》操作册全套、作业纸全套及学具全套（廖丽英、范佩芬主编，湖北美术出版社出版，2005年5月版）。6.《蒙氏数学》教师用书全套（廖丽英、范佩芬主编，湖北美术出版社出版，2005年5月版）。第四条，双方的权利和义务。……3.现代亿童公司可以对以上著作进行出版、修改后出版或再次转让著作权。4.湖北亿童公司在本合同生效后，不能以任何方式销售或再次出版上述产品，也不能向第三者转让该产品的著作权。《关于〈蒙氏数学课程〉的编写协议》载明：编写人员享有署名权，湖北亿童公司享有作品的著作权。

《潜能开发》出版物（实物证据）版权页载明，2006年7月该书由中国档案出版社出版，署名：儿童之家主编。包括教师指导用书小小、小、中、大班上下共8册，每册17.5元；幼儿操作册小小、小、中、大班上下共8册；亲子活动卡小小、小、中、大班上下共8册；学具（绘图卡）小小、小、中、大班上下共8套，均未标明印数。上述书籍中操作册、亲子活动卡及学具全部成套售价为每套238.4元。

2007年10月17日，儿童之家中心与中国档案出版社在本院陈述称，对本案涉及的"版权归属没有异议，版权各自归各自的"。

2. 关于《蒙氏数学》的独创性及其与《潜能开发》比较情况。现代亿童公司认为《蒙氏数学》在编排方面的独创性体现在以下方面。

（1）教材组合独创，即由教师用书、教具、操作册、作业纸和学具组成系列教材，其组合本身具有独创性。

（2）根据蒙台梭利个别教化的教学方式，将蒙台梭利的立体教具转化为纸教具、纸学具，以适应我国幼儿教学人手一份的情况。

（3）体例独创。引证《蒙氏数学》教师用书的目录，第二部分教学活动案例的编排依次分为四个方面："集合概念、量的概念、数的概念、图形与空间"，现代亿童公司称，这是借鉴了皮亚杰将儿童从出生到15岁智力发展分为感知运动（无逻辑、无思维）、前运算（半逻辑思维）、具体运算、形式运算四个阶段的研究成果，这样编排的意义在于：集合的概念和量的概念是孩子的经验基础，孩子通过感官可直接获得经验，相当于蒙台梭利教育里的感官教育，它是数学教育的基础；数概念是一种抽象的逻辑训练，它必须有一定的经验基础，幼儿再通过操作材料主动构建，就能发展其抽象的逻辑思维；图形与空间更多的是发展孩子运用数学的能力，这类目标是与幼儿生活最贴近的目标，能将孩子所学到的知识运用到生活中，这种分类方式能很好地体现数学学习的系统性。四个方面展开后的具体内容按学期的递进加以变化。四个方面下设多种不同的活动案例，每种活动案例依次由如下流程步骤组成，构成具体教学活动案例模式，即：活动目标（从态度情感价值观、能力发展、知识技能三个方面设定）、活动准备（告诉教师应准备的教具、学具、操作册等材料）、活动过程（分为常规活动、集体活动、分组活动、游戏活动、交流小结5个步骤）、活动延伸（分为园内延伸、家庭延伸）、活动提示（对教学活动的重点、难点，对教师的发展性评价以及教学注意事项等作出说明）、教学资源：附图、儿歌、故事等。在活动之后，建立有教师评价表，对教学情况作出评价，后附教学目标及教学进度建议表等。

（4）编排进度高于同领域普通教材一学期，如与《幼儿园数学教育》比较，5以内的点数，前者只用一学期（半年）学完，后者要用一学年学完。又如，大班学习10以内的加减法，前者用一学期学完，后者用一学年学完。

现代亿童公司表示儿童之家中心大量抄袭了上述四个方面的编排结构及其内容。

儿童之家中心不认可现代亿童公司的上述主张，并提出反证予以反驳：

1. 不认可教材组合的独创性，并表示类似组合在《蒙氏数学》出版之前即已存在。证据有2004年7月南京师范大学出版社出版的幼儿课程指导丛书《艺术》、2005年4月南京师范大学出版社出版的幼儿园渗透式领域课程《科学．艺术．》教师用书、2004年9月第二军医大学出版社出版的《蒙台梭利幼儿数学教育》、2003年7月北京红缨教育研究所等出品的《帮我学数学》（教参），上述证据中《艺术》一书出版说明载明，与该书籍相配"还编印有7种配套挂图"；《科学．艺术．》一书出版说明载明，与该书籍相配"还编制了配套挂图"；在《蒙台梭利幼儿数学教育》一书第7页介绍了"教育内容及相关教具"，书中照片显示教具为木制类立体实物；《帮我学数学》封底配套书标明"幼儿用书共6本，每本另配一本练习册"。

2. 学具是否纸面化问题不属于著作权法保护的范畴，且《潜能开发》的学具与《蒙氏数学》的学具在绘图、案例选编上不同，不构成抄袭。

3.《蒙氏数学》"体例"没有独创性。其将教学活动案例分为集合概念、量的概念、数的概念、图形与空间四部分，并非其首创，在此《潜能开发》编排也与其不同，不构成抄袭。引证如下：1994年5月，北京师范大学出版社出版的《学前儿童数学教育》一书第25页内容是："第二节学前儿童数学教育的内容，一、项目及范围，幼儿数学教育内容包括：感知集合、数、形、量、时间和空间等几个方面，主要项目及范围是：（一）感知集合1. 物体的分类；2. 认识'1'和'许多'及其关系；3. 比较两个物体组数量的相等和不相等。（二）10以内的数1. 10以内基数（包括数的实际含义、数的守恒、相邻数和10以内自然数列的等差关系等）；2. 10以内的序数；3. 10以内数的组成；4. 认读和书写10以内阿拉伯数字。（三）10以内的加减法。（四）简单的几何形体知识1. 平面图形：圆形、正方形、三角形、长方形、半圆形、椭圆形、梯形；2. 立体图形（几何体）：球体、正方体、圆柱体、长方体；3. 图形之间的简单关系。（五）量的初步知识1. 比较大小、长短、高矮、粗细、厚薄、宽窄、轻重、容积等；2. 量的正、逆排序；3. 量的守恒；4. 量的相对性和传递性；5. 自然测量。（六）空间方位初步知识1. 空间方位：上、下、前、后、左、右、远、近等；2. 空间运动方向：向前、向后、向左、向右、向上、向下。（七）时间初步知识1. 区分早晨、晚上、白天、黑夜，昨天、今天、明天，一星期七天的名称及其顺序；2. 认识时钟：时钟的长针和短针及其功用，认识整点和半点。"继续使用《帮我学数学》一证，其中第22~23页的内容是："第四章《帮我学数学》教育内容，一、包括感知集合、数、形、量、时间和空间等几个方面。具体是：（一）感知集合1. 物体的分类；2. 认识'1'和'许多'及其关系；3. 比较两个物体组数量的相等和不相等。（二）10以内的数1. 10以内基数（包括数的实际含义、数的守恒、相邻数和10以内自然数列的等差关系等）；2. 10以内的序数；3. 10以内数的分解组成；4. 认读和书写10以内阿拉伯数字。（三）简单的几何形体知识1. 平面图形：圆形、正方形、三角形、长方形、半圆形、椭圆形、梯形；2. 立体图形（几何体）：球体、立方体、圆柱体、长方体；3. 图形之间的简单关系。（四）量的初步知识1. 比较大小、长短、高矮、粗细、厚薄、宽窄、轻重、容积等；2. 量的正、逆排序；3. 量的守恒；4. 量的相对性和传递性；5. 自然测量。（五）空间方位初步知识1. 空间方位：上、下、前、后、左、右、远、近等；2. 空间运动方向：向前、向后、向左、向右、向上、向下。（六）时间初步知识1. 区分早晨、晚上、白天、黑夜，昨天、今天、明天，一星期七天的名称及其顺序；2. 认识时钟：时钟的长针和短针及其功用，认识整点和半点。"现代亿童公司表示该证据中的几何形体知识要求，只有"椭圆形"，并无"椭圆体",我公司的《蒙氏数学》大班上册有"椭圆体"内容,而儿童之家中心的《潜能开发》大班上册也有,证明其存在抄袭。

关于教学活动案例流程步骤,儿童之家中心认为也没有独创性,在先很多出版物已有类似内容发表,在此的证据为,继续使用《艺术》一证,随意选取该书第44~45页内容为:"4 苹果(歌唱),活动目的、活动准备、活动过程、活动建议、活动延伸。"继续使用《科学.艺术.》一证,随意选取该书第30~32页内容为:"3 玩具送娃娃,活动目的、活动准备、活动过程、活动建议。4 宝贝罐,活动目的、活动准备、活动过程、活动建议。"继续使用《蒙台梭利幼儿数学教育》一证,随意选取该书第19-20页内容为:"第一节 分类,按颜色分类,适应年龄、准备材料、直接目的、间接目的、活动提示、错误订正、颜色变化。"2003年4月,南京师范大学出版社出版的《幼儿园活动整合课程指导.大班(上)》一书随意选取第45页:"活动18,时光隧道,活动目的、活动准备、活动过程、活动评价、延伸活动。"2004年12月,中国华侨出版社出版,儿童之家中心编著的《儿童之家亲子丛书Ⅱ-蒙台梭利亲子教育活动(1-3岁)》一书随意选取第10-11页:"三、谁会飞,1. 一同成长,活动名称、活动目标、活动准备、活动方法。2. 线上精灵,活动名称、活动目标、活动准备、活动方法。"

关于《蒙氏数学》的教学目标及教学进度建议表,本身也无独创性。继续引证《幼儿园活动整合课程指导大班(上)》与《学前儿童数学教育》两书,前者第16页横向列项为:"课程设计重点、活动目标、重点领域、活动方式、幼儿用书搭配、活动准备。"纵向列项为:"我、我很特别。"后者第335页内容是:"附件三,各年龄班数学教学计划实例,小班数学教学计划,第二学期周进度表。"表内设有"周、内容"两项。

4. 编排进度高于同领域普通教材一学期问题并非现代亿童公司所独有,可予证明的证据是2004年4月,上海世纪出版集团、少年儿童出版社出版的《数学训练计算(5-6岁)》一书,书中显示为20以内的加减法运算。与《蒙氏数学》大班进度一样。

在庭审中,当事人双方对如下事实均不持异议:1.《蒙氏数学》与被控《潜能开发》均属于汇编作品。2. 均系由单位组织人员编写而成。3. 用途方面,均分为教师用书与幼儿用书两部分,《蒙氏数学》的教师用书除用书外还包括教具,即学具的等比例扩大物,《蒙氏数学》的幼儿用书由操作册、作业纸及学具组成;《潜能开发》的幼儿用书由幼儿操作册、亲子活动卡及学具组成。4. 双方教材均涉及的是蒙台梭利、皮亚杰等幼儿数学教育题材,主题是"把数学教育建立在感觉教育的基础之上",从幼儿感觉认知出发,开展数学教育。5."活动案例"流程总体步骤相同,但每步骤展开后的具体内容各不相同,属于各自所编。

现代亿童公司确定其主张的作品范围是,《潜能开发》教师指导用书小、中、大班上册;幼儿操作册小、中、大班上册;亲子活动卡小、中、大班上册;学具小、中、大班上册对应抄袭了《蒙氏数学》教师用书小、中、大班上册;操作册小、中、大班上册;作业纸小、中、大班上册;学具小、中、大班上册。

结合现代亿童公司上述主张,将《蒙氏数学》教师用书3本上册与《潜能开发》教师指导用书3本上册编排体例总体比较情况如下:

《蒙氏数学》3册均由三个部分组成:第一部分课程理论概述、第二部分教学活动案例、第三部分教学评价表。每学期的具体内容变化集中在第二、三部分,在第二部分排列了全部具体活动案例,第三部分下列附录一关于本课程与其他活动的结合、附录二教学目标及进度建议表、附录三教具(学具)的构成与功能表、后记;《潜能开发》3册均由导言和若干类活动案例组成,导言下列9个题目分别为"蒙台梭利的数学教育模式"、"皮亚杰的数理论"、"蒙台梭利与皮亚杰数学教育的比较"、"当前幼儿数学教育研究的发现"、"《儿童之家数学潜能开发课程》模式"、"幼儿数学教育的评价"、"《儿童之家数学潜能开发课程》与主题活动的结合"、"活动区、角及日常生活的数学活动"、"本学期进度安排建议表"。若干类活动案例下分若干个具体活动案例,每学期的具体内容变化体现在若干类活动案例部分和"本学期进度安排建议表"方面。

双方争议部分主要在于《蒙氏数学》的第二部分教学活动案例与《潜能开发》若干类活动案例的分类名称与活动流程步骤,以及《蒙氏数学》第三部分附录二"教学目标及教学进度建议表"与《潜能开发》导言中的"本学期进度安排建议表"的设计。

以小班上册为例,《蒙氏数学》中,第二部分教学活动案例,下含32个案例,按现代亿童公司所称,这些案例依次归结为集合概念、量的概念、数的概念、图形与空间四个方面,但该目录中并不体现这些文字表述,该文字表达体现在第三部分的"教师评价表"中。将该表对应目录可见,集合概念的案例组成为:找相同、配对、分类[一]、分类[二]、求异(1)。量的概念的案例组成为:按规律排序[一]、按规律排序[二]、对应、认识大小(2)、区别最大和最小(3)、按大小排序(4)、认识长短(5)、区别最长和最短(6)、按长短排序(7)、认识白天和黑夜(8)。数的概念的案例组成为:认识1和许多(9)、区别1和许多(10)、比多少、3以内点数(11)、4以内点数（12）、5以内点数（13）。图形与空间的案例组成为：圆形（14）、三角形（15）、正方形（16）、复习几何图形（17）、图形分类（18）、图形应用（图形联想）（19）、图形拼搭、图形分割、区别上下（20）、扩大范围认识上下（21）、认识高矮。上述案例每案活动程序均由活动目标、活动准备、活动过程、活动延伸、活动提示组成，其中活动过程分为常规活动、集体活动、分组活动、游戏活动、交流活动小结5步骤，结尾（不全是）附教育资源，包括或讲故事或唱儿歌等。

《潜能开发》中，3册活动案例分类略有不同，名称如下，小小班上册为1分类、2比较、3一一对应、4"2"以内的数、5几何形体、6时间与空间。小班上册为1分类、2比较、3排序、4一一对应、5"5"以内的数、6相等化、7几何形体、8时间与空间。中班上册为1分类、2比较、3排序、4一一对应、5"10"以内的数、6相等化、7几何形体、8时间与空间。大班上册为1分类、2比较、3排序、4等分、5"50"以内的数、6几何形体、7相等化、8测量、9时间与空间、10货币。各类活动案例下分若干个具体活动案例，并依学期的递进而变化。书中各类案例在开首部都分述了"概念和意义"、"本阶段分类能力发展概况"、"本阶段分类教育的内容和方法"三个标题，该标题隐于书中，没有标注在目录中，其后开始进入若干具体活动案例介绍。

以小班上册为例，1分类，类似《蒙氏数学》集合概念部分（为现代亿童公司所称，下同），下分6种活动：按物体某一属性分类、看标记分类、分类后插标记、求同（找出相同特征的物品）、求异、求同（找出相同类物品）；2比较，类似《蒙氏数学》量的概念部分，下分6种活动：认识大小、区别最大和最小、认识长短、区别最长和最短、认识粗细、区别最粗和最细；3排序，类似《蒙氏数学》集合概念部分，下分5种活动：简单循环排序、按大小排序、按长短排序、按事务发展顺序排序（一）、按事务发展顺序排序（二）；4一一对应，类似《蒙氏数学》集合概念部分，下分5种活动：相同物体配对、相似物体配对、互补物体配对、三个物体对应、一一对应比多少；5"5"以内的数，类似《蒙氏数学》数的概念部分，下分7种活动：认识1和许多、区别1和许多、2以内点数实物、3以内点数实物、4以内点数实物、5以内点数实物、学习5以内的计数；6相等化，类似《蒙氏数学》量的概念部分，下分2种活动：长度相等、数量相等；7几何形体，类似《蒙氏数学》图形与空间部分，下分9种活动：认识圆形、认识三角形、认识正方形、复习几何图形、图形分类、图形排序、图形分割、图形组合、图形的联想与应用；8时间与空间，类似《蒙氏数学》量的概念部分，下分3种活动：认识白天、黑夜、辨别上、下（一）、辨别上、下（二）。上述案例每案活动程序均由活动目标、活动准备、活动过程、活动延伸、活动提示组成，其中活动过程分为导入活动、集体活动、分组活动3步骤，结尾（不全是）附或讲故事或唱儿歌等。

上述小班上册活动案例名称《蒙氏数学》共32个，《潜能开发》共43个，现代亿童公司表示，相同名称有21个，儿童之家中心只认可有11个。另外中班上册《蒙氏数学》共32个，《潜能开发》共48个，现代亿童公司表示，相同名称有23个，儿童之家中心只认可有15个。大班上册《蒙氏数学》共32个，《潜能开发》共36个，现代亿童公司表示，相同名称有24个，儿童之家中心只认可有16个。

《蒙氏数学》第三部分附录二"教学目标及教学进度建议表"与《潜能开发》导言中的"本学期进度安排建议表"的设计比较：前者横向列项依次为："周次、教学活动内容、教学目标、学具、《操作册》内容、《作业纸》内容"，纵向列有16个周次；后者横向列项依次为："周次、活动内容、活动目标、活动材料、幼儿操作册、亲子活动卡"，纵向列有16个周次。

经将《蒙氏数学》操作册、作业纸与《潜能开发》幼儿操作册、亲子活动卡比较，二者对应的用途相当，作为巩固练习，在园内使用操作册，在家中使用作业纸或亲子活动卡，因与教师用书配合，活动案例的编排体例与教师用书相一致，但双方在绘图设计、游戏内容的选择上不相同。

经将《蒙氏数学》与《潜能开发》的学具比较，双方均表示学具种类的调选来自《蒙台梭利幼儿数学教育》等在先已有的教材中的立体教具，二者绘图卡设计在图案形状、色彩、游戏种类组合、关系、排列方式等方面各有不同，色彩选择上略有近似，一些图形元素，如方、圆形状各有大小，在教具种类的选择上，《蒙氏数学》小、中、大班上册均为16个；《潜能开发》小、中、大班上册分别为8、13、18个。二者小、中、大班上册相同量分别为2、5、8个。

另，两图书除名称不同外，封面、版式完全不同。

中国档案出版社为证明其已尽到出版者的合理审查注意义务，提交了其与儿童之家中心签订的《中国档案出版社图书出版合同》及发稿单，合同中第三条为双方约定的侵权免责条款。

现代亿童公司为证明其损失，提交了在各地购买《潜能开发》书籍的发票，用以证明儿童之家中心实施的广泛销售行为，价格共计1 084元。儿童之家中心只承认发票所列的部分地方的销售行为。

一审审理结果

一审法院认为：根据前述相关证据，现代亿童公司通过受让方式合法取得了《蒙氏数学》著作权中的独家出版、再版、销售等权利，本院对此予以确认。同时证据显示《蒙氏数学》的署名系廖丽英、范佩芬主编，亿童早期教育研究中心开发，湖北亿童公司与编写者的编写协议也载明：编写人员享有署名权，由此可见，现代亿童公司从湖北亿童公司处受让取得的权利只能是著作权中的财产权，不包括人身权，人身权无从受让取得，其以儿童之家中心侵权为由主张向其公开赔礼道歉，缺乏事实和法律依据，本院不予认可。

1. 关于《蒙氏数学》在选择或编排上的独创性。

（1）关于组合形式的独创性问题，在组合形式上《蒙氏数学》以教师用书、教具、操作册、作业纸和学具等为表现形式组合其教材系列，因上述形式均属于公有领域表现形式范畴，任何人均可以加以选用和组用，是教学领域常用形式，儿童之家中心的相关证据也证明了这一点，据此，组合形式不是汇编独创性所在，现代亿童公司主张《蒙氏数学》在此具有汇编上的独创性，本院不予支持。（2）关于将立体教具纸面化的独创性问题，将立体实物的表达形式转化为平面作品的表达形式，离不开应有的一些创作过程，因此具有独创性，就本案而言，将立体教具纸面化，其整体上属于著作权法意义上的作品范畴。（3）关于编排体例的独创性问题，就《蒙氏数学》整体体例而言，没有证据显示有与之相同的体例存在于某一作品中，《蒙氏数学》作品总体体例体现了其自有的编排特性，包括将其所选定的全部案例依照集合概念、量的概念、数的概念、图形与空间四个方面的顺序加以整理排序，将活动案例的程序步骤依序确定为"活动目标、活动准备、活动过程、活动延伸、活动提示，其中活动过程基本分为常规活动、集体活动、分组活动、游戏活动、交流活动小结 5 步骤，结尾附教育资源，包括或讲故事或唱儿歌等"，整体体现为《蒙氏数学》的编排风格，属于汇编作品。（4）关于进度问题的独创性，该问题属于对儿童教育方法的改变，其本身不能直接体现在两作品编排雷同，则不能作为判断编排是否具有独创性的事实依据。对此本院不予支持。

2. 《潜能开发》是否侵犯了《蒙氏数学》汇编作品著作权。

（1）关于《潜能开发》的学具与《蒙氏数学》的学具，经比对，双方在图案形状、色彩、游戏种类组合、关系、排列方式等方面各有不同，即选编内容无实质相同，属于各自选编。因双方选材存在同源性，出现一些色彩选择、图形元素略有近似，以及部分教具种类选定的巧合情况，符合一般常理。将立体实物转化为平面作品的创作方式本身属于公共领域，任何人均可为之。据此，现代亿童公司主张儿童之家中心的学具抄袭其学具，事实不成立，本院不予支持。

（2）将《潜能开发》的体例与《蒙氏数学》的体例总体比较可见，整体体例不相同，表现在以下方面：首先，排序格局不同，前者分为导言和若干类活动案例，及若干类活动案例项下的若干个具体活动案例；后者分为第一、二、三部分，在第二部分项下排列了全书具体活动案例；其次，活动案例的分类名称及排序均不同，前者分为"分类、比较、排序、一一对应……"等；后者隐含地分为"集合概念、量的概念、数的概念、图形与空间"四个方面（简称集合、量、数、形），按现代亿童公司主张将前者"种类分类"对应到后者之后（见小班上册），可见前者排序变成"集合、量、集合、集合、数、量、形、量"，即分类名称及排序均不同；最后，最终的具体案例内容，即全书的实质内容为各自所编。虽然一些活动案例的具体名称相同或相似，如都叫"认识大小"、"区别最大和最小"、前者叫"认识圆形"；后者叫"圆形"，但根据前述相关证据，儿童之家中心说明了其作此编写的合理出处，也表明因所编述内容属于幼儿认知基本知识，对此表述方式有限，部分名称相同、相近合乎常理，现代亿童公司据此指控儿童之家中心实施抄袭，本院不予支持。

关于《潜能开发》与《蒙氏数学》的活动案例程序步骤编排基本相同问题，二者都由"活动目标、活动准备、活动过程、活动延伸、活动提示"后附讲故事、唱儿歌等内容组成，但就活动案例的步骤名称及排序而言，由于涉及儿童教学活动的程序步骤安排，基本是要遵循为什么目的、做什么事情、怎么做事情、总结所做事情的逻辑，上述名称及排序的可表达方式比较狭窄，结合儿童之家中心前述5个反证比较后，可见这些活动案例的"步骤名称"和"若干组合"在《蒙氏数学》出版之前业已存在，《潜能开发》是在自有的"活动名称、活动目标、活动准备、活动方法"上作的改动，变成了"活动目标、活动准备、活动过程、活动延伸、活动提示"，尽管与《蒙氏数学》相同，但具体内容以及项下步骤的展开均不相同，故上述相同仍属从事相同领域编写工作的合理相同范围，现代亿童公司据此主张儿童之家中心实施抄袭行为，与事实不符。

关于《蒙氏数学》第三部分附录二"教学目标及教学进度建议表"与《潜能开发》导言中的"本学期进度安排建议表"的设计比较，二者均利用的是通用表格形式，结合各自列项加以编排，属各自所编，现代亿童公司称儿童之家中心实施抄袭行为，本院不予认可。

3. 由于两者操作册、作业纸在绘图设计、游戏内容的选择上不相同，为各自所编，不存在抄袭事实，本院对此予以认定。

综上所述，现代亿童公司与儿童之家中心都是儿童数学教育方面出版物的经营者,相互间均应恪守诚实信用的经营原则。本案中现代亿童公司所诉儿童之家中心、中国档案出版社侵犯著作权及不正当竞争,尚缺乏事实依据,本院不予支持。

依照《中华人民共和国著作权法》第十四条、第四十七条第(一)项;《中华人民共和国反不正当竞争法》第二条之规定,判决如下:

驳回原告现代亿童公司诉讼请求。

案件受理费6 260元,由现代亿童公司负担。

各方当事人均服从一审判决。

46.《中外藏书集锦》侵犯著作权纠纷案

——中华书局诉北京天方金码科技发展有限公司、
北京银冠电子出版有限公司

原告：中华书局

被告：北京天方金码科技发展有限公司

被告：北京银冠电子出版有限公司

案由：侵犯著作权纠纷

一审案号：北京市海淀区人民法院（2007）海民初字第10239号

一审合议庭成员：王宏丞、高运隆、施广强

一审结案日期：2007年12月20日

判决要旨

点校本系对相关古籍进行整理而完成的法人作品，凝聚了古籍整理人员的创造性劳动，并非简单的技巧性劳动，构成著作权法意义上的作品，应受著作权法保护。

对于一般读者而言，古籍点校本区别于一般的古籍作品，具有单独的著作权。被告作为专业的图书出版单位，承担比一般的读者更为严格的注意义务和审查责任，判决被告承担责任实属合理应当。

起诉与答辩

原告中华书局诉称：1959年到1978年间，我书局组织百余名文史专家，投入巨大成本，主持对从《史记》到《明史》的二十四史及《清史稿》进行了全面系统的整理并陆续出版，总计约5万千字，我书局对上述点校本二十四史和《清史稿》享有著作权，该版本被誉为新中国最大的古籍整理工程，成为权威范本。2005年8月，北京市高级人民法院的相关判决对上述法人作品的著作权予以确认。2007年，我书局发现被告北京天方金码科技发展有限公司（以下简称天方金码公司）制作、北京银冠电子出版有限公司（以下简称银冠公司）出版的电子图书《中外藏书集锦》收录了上述作品。二被告上述行为侵犯了我书局对点校本二十四史和《清史稿》享有的署名权、复制权、

出版权和发行权。故起诉要求判令二被告：（1）停止复制、出版、发行《中外藏书集锦》。（2）在《中国新闻出版报》公开赔礼道歉。（3）共同赔偿我书局经济损失及合理支出 360 680 元（计算标准为千字 6 元，购买侵权出版物费用 2 680 元、律师费 3 万元）。

被告天方金码公司辩称：二十四史和《清史稿》是古籍，出版古籍享有著作权不是常识。中华书局没有公示其点校作品的著作权，我公司使用时亦不知晓，并非故意侵权，对此没有过错。我公司重视版权问题，制作的电子图书中包含了多个作品，二十四史和《清史稿》只占其中总内容的 0.72%，其他作品的使用均取得了授权。中华书局本可以通过有效的途径告知公众其享有著作权，在发现我公司制作的产品中含有涉案作品时提示我公司避免使用，但其在诉讼中有权利滥用的行为，其代理人以虚拟的单位和虚假的高价购买产品，目的不在保护作品权利，而是利用诉讼获得不当利益，其主张的赔偿数额没有依据。如按照纸质印刷品的稿酬计算标准，电子图书不能生存。

被告银冠公司辩称：我公司同意天方金码公司的上述意见。我公司只负责审查出版，其他工作均由天方金码公司完成。我公司尽到了合理的审查义务。

一审查明事实

一审法院查明，二十四史为中国古代纪传体通史，其系统完整地记录了清代以前各朝代的历史，共计 3 249 卷。《清史稿》由民国初年设立的清史馆编写，按照历代正史的体例，分纪、志、表、传四部分共 536 卷，完稿时间为 1927 年。旧版二十四史和《清史稿》，如"百衲本"二十四史文字不划分段落，没有现代汉语所使用的标点符号，且因各种原因在文字上有错讹疏漏。

1958 年 4 月，文化部决定以中华书局为主要出版我国古籍的出版社，中华书局组织全国百余位文史专家集中到中华书局工作，对二十四史和《清史稿》展开全面系统的整理，改正错字、填补遗字、修改注释、加注标点、划分段落并撰写校勘记，直到 1978 年整理工作全部完成并陆续出版。之后中华书局又对其进行了修订、再版，对发现的点校失误进行更正。中华书局为上述工作提供资料、场地和住宿，支付参与古籍整理工作人员的工资，并主持制定了关于新式标点、分段、校勘的方法和体例，参与整理的人员均统一依照执行。点校本二十四史成书分为繁体版和简体版两种，前者自 1959 年开始陆续出版，后者于 2000 年 1 月出版，共计 63 册，两种版本均采用了每卷正文后附校勘记的编排方式；《清史稿》为繁体版，1977 年 8 月出版，共 48 册。二十四史和《清史稿》的字数共计 55 799 千字。

2005 年 8 月 9 日，北京市高级人民法院审理（2005）高民终字第 422 号天津市索易数据技术有限公司上诉一案时，确认中华书局主张权利的点校本二十四史和《清史稿》系对相关古籍进行整理而完成，凝聚了古籍整理人员的创造性劳动，构成著作权法意义上的法人作品，应受著作权法保护。

《中外藏书集锦》系由天方金码公司制作、银冠公司出版的电子图书，ISBN 7-89499-301-8/I.032，每套标价2 680元，共有光盘21张，其中第19张《中国古典名著》收录了二十四史和《清史稿》的内容，且包含《后汉书》的校勘记。

《中外藏书集锦》在案佐证中包含的二十四史和《清史稿》内容共计30 739 508字，占该电子图书总内容的0.72%。中华书局对此予以认可。

关于购买上述电子图书的费用及过程，中华书局提交了2007年2月9日天方金码公司开具的0853774号收据，购买单位为中国文化研究院，证实天方金码公司销售涉案电子书价值2 680元。天方金码公司针对该收据提交如下证据：

1. 天方金码公司的4张连续号码的收据存根，0853773号时间为同年3月15日；0853774号和0853775号（中华书局购买（2007）海民初字第11898号案《有声数字图书馆》）时间为2月9日，金额分别为2 680元和3 980元，付款单位均为中国文化研究院；0853776号注明时间为同年3月19日。

2. 天方金码公司2007年2月9日开具给中国文化研究院的销售《中外藏书集锦》的增值税发票，价格为398元。

3. 天方金码公司于2007年2月9日开具的销售单和收款单，注明收取上述两种电子图书价款各398元。

4. 天方金码公司的经手人销售人员童玲和出纳唐兰分别到庭作证，说明2月9日一客户到公司购买电子图书，出纳开出两张增值税发票，收取每套398元货款。过了一段时间，客户拿回发票，称无法入账，要求换成收据，并按照包装上的标价开具，于是她们重新开具收据更换了发票。因此，两张收据的时间写为购买时间2月9日，但其前后两张收据的时间均为3月中旬。两证人均指称书局的委托代理人于利即为购买电子图书和更换收据的客户。

对天方金码公司的上述证据及证人证言，中华书局称两位证人均为天方金码公司的员工，与公司有利害关系，收据和发票可以相互独立，应以其提交的收据为准。在庭审中，中华书局认可以398元的价格购买了涉案光盘。

关于天方金码公司的实际销售数量和销售价格，该公司提交了如下证据：

1. 该公司2005年至2006年度及2007年1季度的纳税申报表、企业所得税纳税申报表，公司账目中的利润表、损益表、销售统计表以及部分销售发票，上述账目和纳税表规范详尽，统计数额均能相互对应，证实该公司2003

年至 2007 年销售《中外藏书集锦》共计 2155 套，单价在 100 多元至 398 元之间，总利润为 406 961.5 元。

2. 该公司在涉案电子图书出版后在报纸刊登的广告，证实促销价基本为原价的十分之一以下。

3. 中华书局起诉后天方金码公司从北京图书大厦有限责任公司购买涉案电子书的发票，证实市场正常购买价格为 398 元。

天方金码公司表示上述证据比较全面完整，在向税务、工商报送的材料中均有针对当年的销售情况显示，与公司报表的数额相对应，证明了公司相关产品的销售量、销售额和利润。涉案作品占整个产品的比例极小，利润不高，高额的损失赔偿没有依据。中华书局认为上述证据系天方金码公司自己的账目，没有经过财务审计，对真实性不好确认，同时表示有些销售情况不一定入账。天方金码公司表示愿意就其账目问题接受审计。

天方金码公司还提交了其与北京版权代理有限责任公司、中国版权保护中心版权集体管理部于 2003 年至 2006 年期间签订的多份转付稿酬委托书和补充协议，以及附后的书目清单，证实其在制作电子图书前均委托版权公司向权利人转付稿酬，购买版权。该公司表示其作为制作单位，对版权问题比较重视，并主动支付费用取得授权，而对二十四史及《清史稿》这样的古籍作品，其并不清楚需要授权。

中华书局认为上述证据与本案无关。

关于上述天方金码公司提交的相关账目、购书凭证、报纸广告、转付稿酬委托书等证据，中华书局均以系二被告单方提供，与本案无关等理由不予认可，但经法庭询问，其不能提出上述证据存在疑点。本院认为天方金码公司作为制作和销售单位，出具公司账目系正常的出证方式，中华书局仅以上述理由即否认上述证据，且在质证时不能对证据提出任何疑点，本院认定上述证据虽为单方提供，但比较详尽规范，可以与其他证据相互佐证，作为认定本案事实的参考依据。

中华书局提交发票，证实其为本案诉讼支付律师费 3 万元。

通过中华书局提交的繁体版和简体版图书还可以看出，中华书局在其各史的点校本出版前言中均以中华书局编辑部的名义，注明该史各种版本的产生、发展过程和特点，以及点校时主要选择参照的版本和思路，最后明确该史的点校者和担任编辑整理工作的人员姓名。点校者多为个人，也有单位参与，如《史记》由顾颉刚分段标点；《魏书》的点校者为唐长孺；《汉书》是由西北大学历史系的同志们分段标点，并经傅东华整理加工，作了校勘记；《新唐书》在"文革"前由董家尊初点，1971 年由上海人民出版社古籍编辑室组织力量在上海进行包含该史在内的五史的点校工作,该史主要由华东师范大学完成,复旦大学中国历史地理研究所也承担了部分工作,具体点校者列有石淑仪等二十多位专家;《清史稿》的点校者为启功等六位专家。

一审审理结果

  一审法院认为,中华书局主张权利的二十四史和《清史稿》点校本系对相关古籍进行整理而完成的法人作品,凝聚了古籍整理人员的创造性劳动,并非简单的技巧性劳动,构成著作权法意义上的作品,应受著作权法保护。

  二十四史和《清史稿》是对中国古代历朝正史的记载,未经点校前的版本最晚完成于1927年,均已超过著作权法规定的权利保护期限。中华书局在建国后主持点校整理工作,形成了点校本二十四史和《清史稿》,其对整理后的点校本享有著作权。但对于一般读者,如果仅凭对二十四史和《清史稿》古籍的基本了解和认知,没有对古籍点校和著作权归属有进一步了解,很难判断上述作品的点校本权利另有所属,该情况并非常识。即便对因点校能够形成权利有一定了解,作品前言中的表述又可能使读者认为点校的权利归属点校者个人及参与点校工作的出版社或者大学等研究单位。北京市高级人民法院对于中华书局点校本权利的确认亦在涉案作品出版发行之后。且通过天方金码公司提交的证据,其对于涉案电子图书中的其他现代、当代作品均委托版权代理公司向权利人转付稿酬。因此,二被告并不存在明知中华书局享有权利而不予考虑的情形,而是确实未加注意。二被告作为制作单位和出版单位,其对版权的注意义务应高于一般读者,故本院认定二被告均未尽合理的注意义务,存在一定过错。天方金码公司未经许可使用中华书局点校本内容,银冠公司出版发行涉案电子图书,其行为共同侵犯了中华书局二十四史和《清史稿》点校本的著作权,应当共同承担停止侵权的民事责任,将其制作出版的《中外藏书集锦》中含有涉案作品的光盘撤出后方可继续销售。考虑本节所述认识程度等因素,二被告的行为虽构成侵权,但过错程度低,侵权情节一般。

  二被告在使用时未为中华书局的点校本署名,侵犯了中华书局的署名权,其提出要求二被告赔礼道歉的诉讼请求,本院予以支持。

  关于侵权赔偿数额的认定,本院认为,侵权赔偿首先应当依权利人的实际损失或侵权人的违法所得给予确定。本案中中华书局未举证证实其实际损失,天方金码公司提交的相关账目虽未经过正式审计,但各种账目记载和相关报表比较规范,所有项目均能相互对应,证实上述涉案电子图书的总利润为406 961.5元。考虑涉案作品仅占该电子图书总内容的0.72%,依该数额和比例计算赔偿金额亦对中华书局不公,本院综合考虑涉案作品的类型,使用程度，市场价值，以及二被告的主观过错程度和侵权后果等多种因素，确定赔偿数额，不再全额支持中华书局的请求数额。

关于中华书局诉讼请求中关于为维权合理支出的费用，其中律师费高于正常标准，本院对上述费用亦酌予降低；购买电子图书的费用以中华书局认可的398元计算。对于中华书局提出的诉讼请求超出本院支持的部分，该书局亦应承担部分诉讼费用。

据此，依据《中华人民共和国著作权法》第十条第一款第（二）、（五）、（六）项，第十一条第三款，第十二条，第四十七条第（一）项，第四十八条之规定，判决如下：

一、自本判决生效之日起，被告北京天方金码科技发展有限公司和北京银冠电子出版有限公司停止出版、发行《中外藏书集锦》电子图书中包含原告中华书局点校本二十四史和《清史稿》内容的光盘。

二、自本判决生效之日起30日内，被告北京天方金码科技发展有限公司和北京银冠电子出版有限公司在《中国新闻出版报》，就使用二十四史和《清史稿》点校本内容未给原告中华书局署名的行为刊登致歉声明，内容需经本院审核；逾期不履行，本院将在该报刊登判决书主要内容，相关费用由二被告负担。

三、被告北京天方金码科技发展有限公司和北京银冠电子出版有限公司赔偿原告中华书局经济损失及诉讼合理支出10万元。

案件受理费7 920元，诉讼保全费2 324元，共计10 244元，由原告负担6 244元，由二被告各担2 000元。

各方当事人均服从一审判决。

47. 歌曲《香水有毒》侵犯著作权纠纷案

——北京太格印象网络技术有限公司诉广州高金技术产业
集团有限公司、深圳市维科通信科技有限公司、
北京九大洲通讯设备有限责任公司、北京九大洲
通讯设备有限责任公司王府井分公司

原告：北京太格印象网络技术有限公司
被告：广州高金技术产业集团有限公司
被告：深圳市维科通信科技有限公司
被告：北京九大洲通讯设备有限责任公司
被告：北京九大洲通讯设备有限责任公司王府井分公司
案由：侵犯著作权纠纷

一审案号：北京市东城区人民法院（2007）东民初字第 06702 号
一审合议庭成员：才雪冬、裴桂华、樊静馨
一审结案日期：2007 年 12 月 20 日

判决要旨

根据民事诉讼"谁主张谁举证"的原则，原告应对其享有的权利受到侵犯以及被谁侵犯的事实承担举证责任。

手机内存歌曲侵权的，综合手机功能、举证责任、市场监控能力、利润受益主体等方面因素确认手机制造商为侵权行为实施者。

起诉与答辩

原告北京太格印象网络技术有限公司（以下简称太格印象公司）诉称：我公司是歌曲《香水有毒》（以下简称涉案歌曲）的著作权人，同时对该歌曲享有录音制作者权。2007 年 6 月 15 日，我公司购买了存有涉案歌曲的维科牌 V929 型手机（以下简称涉案手机）一部。此款手机系被告广州高金技术产业集团有限公司（以下简称广州高金公司）和深圳市维科通信科技有限公司（以下简称深圳维科公司）生产，被告北京九大洲通讯设备有限责任公司（以

下简称九大洲公司）下属王府井分公司销售。该手机内储存涉案歌曲未经原告授权，亦未支付报酬，侵犯了我公司的著作权及录音制作者权，故诉至法院，请求判令四被告：（1）立即停止生产、销售存储有涉案歌曲的维科牌V929型手机。（2）在全国公开发行的报刊上刊登声明，向原告赔礼道歉。（3）共同赔偿原告经济损失375 000元以及为制止侵权行为支出的合理费用25 000元。（4）承担诉讼费用。

被告广州高金公司和深圳维科公司共同答辩称：广州高金公司系深圳维科公司的母公司，涉案手机系深圳维科公司生产。我们生产的维科牌所有型号手机机体均内置TF存储卡一张，该存储卡在出厂时是空白的，主要是为手机用户提供一个存储空间。我们生产的手机产品均是通过各地区总经销商对外销售，北京地区的总经销商是北京龙脉天地通信设备技术有限公司（以下简称龙脉天地公司）。总经销商付款提货后，手机产品的所有权已经转归其所有，在涉案手机中存储歌曲的行为系总经销商所为，与我们无关。原告要求赔偿数额也没有依据。综上，不同意原告诉讼请求。

被告九大洲公司和王府井分公司辩称：我们属于维科牌手机的零售商，从龙脉天地公司付款提货后通过门店销售。涉案手机在龙脉天地公司交货时已存有涉案歌曲。我公司进货渠道合法，仅对消费者承担手机质量责任，无侵犯原告权利的行为。综上，不同意原告诉讼请求。

一审查明事实

一审法院查明：2004年11月，涉案歌曲词曲作者陈超以协议方式将词曲著作权转让给王虎，王虎于2005年12月又将相关权利全部转让给原告。2006年6月，原告在中国版权保护中心对该歌曲进行著作权登记。同年，原告制作由歌手胡杨林演唱的涉案歌曲，收入同名专辑并制作成CD光盘出版发行。2007年6月，原告通过公证程序，在被告王府井分公司购买维科牌V929型手机一部，该手机中存有上述歌曲，原告在公证员监督下将其刻录至光盘保存。此外，原告还分别于2007年7月、9月在北京市和河北省廊坊市经公证程序购买维科牌V959型手机各一部，并将手机内存储歌曲刻录至光盘保存，两部手机内存歌曲的顺序、内容均一致。

被告深圳维科公司系被告广州高金公司所设子公司。维科牌系列手机，维科V929型手机及V959型手机均系二被告产品。维科V929型手机于2006年12月获准生产销售，其在出厂时内置存储卡（即TF卡）一张，存储量为256M。该卡能够随意插拔，可以通过数据线存储歌曲等音、视频文件，可以通过手机播放存储的歌曲，亦可通过彩信等方式发送音、视频文件。

IMEI码为国际移动设备身份码的缩写,由国家信息产业部电信设备认证中心管理并发放。该码是与每台手机一一对应的电子串号,前六位数字是"型号核准号码",代表机型;接着的两位数字是"最后装配号",代表产地;之后的六位数字是"串号",代表生产顺序号,最后一位是检验码。截至2007年9月26日,国家信息产业部电信设备认证中心相关网站显示维科牌V929型手机串号为354139011250003。

龙脉天地公司系维科牌系列手机北京地区独家代理商,根据其陈述及与深圳维科公司签订的《产品区域销售合同》,龙脉天地公司销售区域为北京,同时应"无条件接受乙方给予的销售任务指标",包括首提台数、月最低销售量及某款手机在本区域内的总销售目标等。签订合同后,双方未再就具体交易签订其他合同。深圳维科公司依据合同依一定折扣以送货方式向龙脉天地公司批发手机产品,交验货时手机包装不密封。龙脉天地公司购入手机后,再以一定折扣批发给北京地区各零售商(包括被告九大洲公司及王府井分公司),零售商持深圳维科公司出具的授权书再行销售。

本案审理过程中,龙脉天地公司出具书面证言,认可从被告深圳维科公司购进的维科牌V929型手机内置的存储卡均系空卡,卡内没有存储任何文件,涉案歌曲系其公司根据消费者需求自行存入。经本院调查,龙脉天地公司认可该事实。

另查,原告为本案诉讼支出律师费20 000元、公证费2 000元。

一审审理结果

一审法院认为:根据我国著作权法的相关规定,著作权人享有许可他人使用其作品并获得报酬的权利。录音制作者对其制作的录音制品享有录音制作者权,有权许可他人通过复制、发行等方式向公众传播并获得报酬。除有约定或法定情形外,使用他人作品或录音制品应当得到权利人的许可并支付报酬,否则要承担相应的民事责任。

本案原告通过受让方式取得涉案歌曲词曲著作权,并制作了同名音乐制品,依法享有涉案歌曲的著作权及录音制作者权,有权对未经许可使用该作品及制品的行为提出主张。原告购买的涉案手机内存储有涉案歌曲,未经原告许可亦未支付报酬,造成对原告权利的侵犯。在此前提之下,本案争议焦点有二:第一,谁是实施该侵权行为的主体;第二,谁应对侵权后果承担责任。

关于侵权行为的实施主体问题。从民事诉讼"谁主张谁举证"的原则出发,原告所负举证责任应包括其享有的权利受到侵犯以及被谁侵犯两方面的事实。本案中原告仅证明其权利受到侵犯,至于谁侵犯其权利,其并未有直接证据证明系被告广州高金公司和深圳维科公司所为。从客观角度分析，在涉案侵权手机的生产、销售环节中，生产商广州高金公司和深圳维科公司，地区代理商龙脉天地公司，零售商九大洲公司及王府井分公司均有实施存储涉案歌曲行为的可能。从消费者角度出发，原告对涉案手机在上述各环节的原始存储状态以及变化情况无法获知，要求其直接证明侵权主体势必会导致举证责任分配不公。而被告广州高金公司及深圳维科公司作为涉案手机的生产商，从其与代理商签订的合同，以及对零售商出具授权书等方面分析，其有能力对其产品在生产、销售等各环节的状态进行控制。基于此，本院认为被告广州高金公司及深圳维科公司有义务对其产品发生侵权行为向作为消费者的权利主体予以澄清，反映到诉讼之中即需要提供足以推翻原告的证据，以证明其未实施侵权行为并尽到合理注意义务。本案审理过程中，虽然龙脉天地公司认可存储涉案歌曲系其所为，但作为与生产商深圳维科公司具有长期业务关系和有经济利害关系的主体，当其陈述意见明显有利于生产商时，该意见的可信度当然减弱，而且就该事实生产商没有其他证据佐证。同时，维科手机销售实行的是地区代理制，这是品牌商品销售的通常模式。此种销售模式下，生产商为促进产品销售和保障销售秩序，都会确定某一区域由某家公司享有独家代理权，并对跨区域销售作出严格限制。河北省廊坊市与北京市分属不同销售区域，但原告在两地购买的维科牌 V959 型手机内置存储卡中存储歌曲的顺序和内容一致，虽然据此并不能直接得出侵权行为实施主体系生产商的结论，但该事实显然否定了作为维科牌手机北京地区独家代理商——龙脉天地公司之陈述内容。故在现有证据条件下排除广州高金公司和深圳维科公司实施侵权行为的可能，理由并不充分。

关于谁应对侵权行为后果承担责任的问题。从现代通信设备技术发展趋势来看，手机已经从单纯的通信终端产品，逐渐演变为以通信为主，兼有移动存储、多媒体播放等非通信功能的集合体。这种非传统功能强大与否对手机消费的导向作用日益明显。这既是技术发展的结果，也是消费者需求多样化的必然趋势。本案中，被告广州高金公司和深圳维科公司在其生产的涉案手机中附带存储卡，目的也是从顺应消费需求出发，吸引消费者，从而努力提高市场占有率，实现更大的收益。这种增加产品附属价值的经营方式虽与法不悖，但生产商在据此获利的前提下，相应控制义务亦应随之加重。虽然深圳维科公司与龙脉天地公司之间约定款到后发货，九大洲公司也要从龙脉天地公司付款提货，手机产品所有权也会随之相应转移，但生产商与代理商、零售商之间并非简单的供销关系，还存在生产商的控制和授权等关系，如代理商需要完成最低月销售量、保证总销售量目标等，零售商的销售授权要由生产商出具等，因此生产商对产品在销售环节发生侵权行为，仍负有警示和监督的责任。现原告主张被告广州高金公司和深圳维科公司生产的手机侵权,而被告广州高金公司和深圳维科公司并未举证证明其已经对存在权利瑕疵的产品履行了前述义务,故被告应对此侵权行为承担责任。

综合以上两点,原告要求被告广州高金公司和深圳维科公司承担停止侵权、赔偿损失的责任,理由充分,本院应予支持。原告主张按照网络下载歌曲收费标准以及手机生产数量计算赔偿数额,本院认为手机主要功能仍是通信,存储、播放歌曲仅是其附属功能。该存储、播放歌曲行为与网络公司与运营商通过收费下载歌曲获利情形显然不同,故原告主张赔偿标准不当。本院参照具有相同存储、播放功能电子产品使用歌曲付费标准,结合国家信息产业部电信设备认证中心相关网站显示涉案型号手机生产数量,并考虑被告的主观过错程度等因素,酌情确定赔偿数额。原告因本案诉讼支出的合理费用,本院亦酌情确定。

被告九大洲公司和王府井分公司作为侵权商品的销售者,有义务证明涉案商品来源的合法性。根据现有证据,龙脉天地公司作为维科牌 V929 型手机在北京地区的销售代理商,授权被告九大洲公司销售该款手机,被告九大洲公司及其分支机构王府井分公司在审查相应无线电发射设备型号核准证及电信设备进网许可证后,依该授权对外销售涉案手机,不存在过错。至于原告以被告九大洲公司未提供购货合同及发票等否认进货渠道合法的主张,本院认为购货合同和发票是证明进货渠道合法的一种方式,但不是唯一方式。被告九大洲公司和王府井分公司通过其他方式证明其货物来源合法,原告没有提供足以否认上述证据的反驳证据,本院对其上述主张不予采信。原告基于上述原因要求被告九大洲公司及王府井分公司承担赔偿责任的主张,本院不予支持,其仅应承担停止销售侵权产品的责任。

至于原告要求四被告承担赔礼道歉的侵权责任一节,本院认为涉案手机内存储涉案歌曲的行为并未对作为权利人的原告以及原告享有权利的歌曲造成任何不良影响,故对该项诉讼请求,本院不予支持。

综上所述,依据《中华人民共和国著作权法》第十条第二款、第四十一条第一款、第四十七条第(一)、(四)项之规定,判决如下:

一、被告广州高金技术产业集团有限公司、深圳市维科通信科技有限公司、北京九大洲通讯设备有限责任公司、北京九大洲通讯设备有限责任公司王府井分公司于本判决生效之日起,停止生产、销售含有涉案歌曲《香水有毒》的维科牌 V929 型手机产品。

二、被告广州高金技术产业集团有限公司、深圳市维科通信科技有限公司于本判决生效后 10 日内赔偿原告北京太格印象网络技术有限公司 12 500 元以及合理支出 7 000 元。

三、驳回原告北京太格印象网络技术有限公司其他诉讼请求。

案件受理费 6 175 元，由原告北京太格印象网络技术有限公司负担 1 000 元，被告广州高金技术产业集团有限公司、深圳市维科通信科技有限公司各负担 2 587.5 元。

各方当事人均服从一审判决。

48.《Beautiful Day》等九首歌曲侵犯著作权纠纷案
——环球国际唱片股份有限公司诉北京阿里巴巴信息技术有限公司

原告（上诉人）：环球国际唱片股份有限公司（Universal International Music B. V.）

被告（上诉人）：北京阿里巴巴信息技术有限公司

案由：侵犯著作权纠纷

原审案号：北京市第二中级人民法院（2007）二中民初字第02626号
原审合议庭成员：张晓津、葛红、何暄
原审结案日期：2007年4月24日
二审案号：北京市高级人民法院（2007）高民终字第1190号
二审合议庭成员：刘辉、岑宏宇、张冬梅
二审结案日期：2007年12月20日

判决要旨

搜索引擎服务提供商提供音乐搜索链接服务的行为不属于直接侵犯权利人录音制作者权的行为，直接侵权者为非法上传音乐作品的第三方网站，搜索引擎服务提供商是否承担共同侵权责任，应当判断其是否具有主观过错，即是否"明知或者应知所链接的作品或者录音录像制品侵权"。

起诉与答辩

原告环球国际唱片股份有限公司（以下简称环球公司）诉称：该公司对U2演唱的专辑《ALL THAT YOU CAN'T LEAVE BEHIND》享有录音制作者权，并未授权被告或任何第三方通过被告经营的雅虎中文网站等相关网站传播、或者通过链接方式传播上述录音制品，对其进行在线播放和下载。被告阿里巴巴公司自2006年4月10日开始，通过其经营的雅虎中文网站，向公众提供上述专辑中《Beautiful Day》等9首歌曲的试听及下载服务，同时，通过对涉案歌曲《Peace On Earth》等歌曲信息进行人为的搜集、整理、分类和编排，按照歌曲风格、流行程度、歌手性别等标准制作诸如"歌曲排行榜"、"最佳男歌手"、"最佳女歌手"等不同的分类链接，便于网络用户搜索；提供涉案

歌曲《Elevation》和《Walk On》的音乐盒服务，存储用户的歌曲链接，并可以实现共享等功能，方便其他网络用户通过"音乐盒"直接试听和下载。原告认为被告的上述行为使网络用户无须离开被告网站网页即可实现歌曲的试听及下载，已经超出了普通搜索引擎的服务范围。被告把第三方网站的资源变成自己的资源加以控制和利用，属于直接复制并通过网络传播原告享有录音制作者权的涉案歌曲的侵权行为；即使不构成上述侵权行为，被告亦未尽到合理注意义务，构成诱使、参与、帮助他人实施侵权的行为，侵犯了其对涉案歌曲所享有的录音制作者权中的复制权、信息网络传播权以及相应的获得报酬权。国际唱片业协会曾经代表原告与被告就涉案事宜进行过协商，原告也曾于2006年7月4日向被告发出于7日内断开相关链接的通知，但是被告直到7月底仍未删除相关链接。故诉至法院，请求判令被告停止侵权；在雅虎网站、《人民日报》、《北京晚报》、《中国日报》、《中国青年报》上向原告公开赔礼道歉；赔偿原告经济损失及为诉讼支出的律师费、公证费、差旅费等合理费用共计50万元并承担本案诉讼费用。

被告北京阿里巴巴信息技术有限公司（以下简称阿里巴巴公司）辩称：第一，其作为搜索引擎服务商所提供的搜索服务的工作原理是：由蜘蛛程序从互联网自动搜索到各种音频文件的统一资源定位符（Uniform Resource Locator，"URL"），并收录到索引数据库；当互联网用户在客户端输入关键字查询后，搜索引擎自动在索引数据库中进行检索及逻辑运算，以链接列表的方式给出搜索结果。用户点击搜索结果进行试听和下载时，客户端直接被链接到目标文件所在的第三方网页。涉案试听和下载的歌曲均来源于第三方网站，被告提供的仅是涉案歌曲的搜索和链接服务，并非歌曲的试听和下载服务。第二，通过分类信息，即关键字搜索推荐的方式查询，是搜索引擎服务商普遍采用的服务方式；相关分类信息系由搜索引擎系统通过对用户提交的搜索关键字进行自然计算后得出，被告未对任何搜索结果进行非技术性的选择、编辑或控制；被告通过关键字搜索推荐的方式提供的仍然是搜索链接服务，而非下载服务。第三，音乐盒服务只是为网络用户提供存储空间，用来存储相关的链接地址，而非存储歌曲本身，其功能等同于 Internet Explorer 浏览器中的"收藏夹"，所以也不构成侵权。第四，被告已经严格履行了法律义务，在接到原告合乎法律要求的相关通知后，于8月初完全断开了原告提供了 URL 地址的相关链接，并在雅虎网站公告栏中进行了公告。原告要求断开所有侵权链接的要求于法无据。故请求法院驳回原告的诉讼请求。

原审查明事实

原审法院查明：U2 演唱的专辑《ALL THAT YOU CAN'T LEAVE BEHIND》于 2000 年出版，该专辑标注："2000 Universal International Music B. V."，其中包括歌曲《Beautiful Day》、《Stuck In A Moment You Can't Get Out Of》、《Elevation》、《Walk On》、《Peace On Earth》、《In A Little While》、《Wild Honey》、《When I Look At The World》和《Grace》。环球公司系国际唱片业协会会员。2006 年 8 月 2 日，国际唱片业协会亚洲区办事处总裁梁美丝签发版权认证报告，证明《Beautiful Day》等 9 首涉案歌曲的录音制作者权人为环球公司。

2006 年 4 月 26 日和 5 月 26 日，国际唱片业协会北京代表处的代理人北京市路盛律师事务所职员张旭、蒋南顿分别作为申请人，分别使用张旭提供的计算机和公证处的计算机，在雅虎中文网站（网址为："http：//www.yahoo.com.cn；http：//cn.www.yahoo.com"）对涉案 9 首歌曲提供音乐搜索、歌曲试听、下载服务等过程进行公证证据保全。其主要操作过程如下：进入雅虎中文网站音乐搜索页面，在搜索框中输入特定歌曲名称后，点击后面的"搜歌曲"栏，出现歌曲名称均为该歌曲的歌曲列表，表中显示"歌曲名称、歌手、所属专辑、歌词、试听、铃声、音乐盒、格式、大小、连通速度"等项目，点击其中的"试听"栏，出现对话框形式的试听页面，点击该试听页面上的"下载歌曲"栏，出现对话框形式的下载页面，完成下载。搜索涉案歌曲通过点击"雅虎音乐搜索"页面上的"全部男歌手"、"全部女歌手"等栏目亦可实现。经比对，该公证下载的涉案歌曲均与环球公司主张权利的涉案歌曲相同，阿里巴巴公司对此予以认可。

点击涉案歌曲进行试听时，试听页面最上方地址栏分别显示"http：//61.182.161.124 - 音乐试听 - Microsoft internet explorer；http：//61.182.160.205 - 音乐试听 - Microsoft internet explorer 和 http：//61.182.160.206 - 音乐试听 - Microsoft internet explorer"。地址栏下方是一个长方形的广告栏，显示相关网站的广告类信息，其下显示："歌曲试听：歌曲名 歌手名下载歌曲"、播放器及歌词。下载页面中显示歌曲来源，如"u22k108.mp3 from sjweb.hhit.edu.cn"。试听页面地址栏中出现的上述三个地址均属于中国网通集团河北省网络。阿里巴巴公司主张，其租用上述服务器，用于设置试听页面上的广告栏、歌词等相关信息；设置试听页面的目的在于明确试听歌曲的来源网址，便于相关权利人主张权利，与歌曲的链接无关；歌曲的链接仍然直接发生在客户端与第三方网页之间，设置试听页面没有对歌曲的链接实施控制；试听页面广告栏中确有部分内容是广告信息，但系河北省网络所设置，雅虎中文网站仅在广告栏部分采取了"重新定向"技术。环球国际唱片股份有限公司对此不予认可，认为通常的搜索引擎服务方式是：用户在搜索网站输入关键词后，在搜索网站的页面会把搜索结果逐条排列显示；当用户点击特定搜索结果后，将自动弹出独立的第三方网站的页面，提供搜索引擎服务的网站不介入用户从第三方网站获取信息的过程；而阿里巴巴公司提供的搜索引擎服务通过设置试听页面，对相关歌曲的试听和下载实施控制，使网络用户无须离开其网络环境，即可实现相关歌曲的试听和下载，从而谋取经济利益。

2006年4月28日，国际唱片业协会北京代表处的代理人北京市路盛律师事务所职员杜云作为申请人，使用杜云提供的计算机，在雅虎中文网站对涉案歌曲《Elevation》和《Walk On》提供音乐盒服务的相关情况进行了公证证据保全。其主要操作过程如下：进入相关歌曲列表，点击其中的"音乐盒"栏，通过输入"yahoo ID"及"密码"登录后，"歌手、歌名、专辑、网址"等相关音乐信息即可存入音乐盒。在"雅虎音乐搜索－音乐盒"页面，有由"序号、歌曲名称、歌手、专辑、试听顺序、收藏时间"等项目组成的歌曲列表，选中其中的歌曲名称，可以进行试听和下载；该列表左侧有纵向排列的菜单，含有"我的音乐盒"、"音乐排行榜"、"我的音乐专辑"、"邀请好友"、"雅虎音乐搜索"、"控制面板"、"意见反馈"等栏目，点击"我的音乐专辑"栏，可以在其中创建新专辑；点击"控制面板"栏，可以将"音乐盒"设置为"公开"，以便其他用户也能看到音乐盒中的信息。经比对，该次公证下载的涉案歌曲均与环球公司主张权利的涉案歌曲相同，阿里巴巴公司对此予以认可。

2006年4月30日，国际唱片业协会北京代表处的代理人北京市路盛律师事务所职员蒋南颀作为申请人，使用蒋南颀提供的计算机，对雅虎中文网站对歌曲音乐信息进行搜集、整理、分类，按歌曲风格、流行程度、歌手性别等标准制作了不同的分类信息的情况进行了公证证据保全。其主要操作过程如下：进入雅虎音乐搜索页面，该页面显示"搜歌曲"、"搜歌词"搜索框、"全部男歌手"、"全部女歌手"、"新歌飙升"、"影视金典"、"欧美经典"等18个分类栏目以及"新歌飙升榜"、"热搜歌曲排行榜"等具体板块，点击上述栏目和板块中的相关歌曲，进行试听和下载，其中包括涉案歌曲《Peace On Earth》。经比对，该次公证下载的涉案歌曲与环球公司主张权利的涉案歌曲相同，阿里巴巴公司对此予以认可。

2006年4月10日，国际唱片业协会代表环球公司致函北京雅虎网咨询服务有限公司，要求收到该函后7日内删除与其会员录音制品有关的全部侵权链接,并提供了该协会会员名单以及可以查询会员录音制品信息的官方网站地址。阿里巴巴公司的前身北京三七二一科技有限公司(以下简称三七二一公司)于2006年4月28日复函,表示有望在同年5月中旬左右设置技术措施以阻止中国大陆以外拥有可检测IP地址的用户使用其MP3搜索服务、在5月底前从MP3搜索结果中过滤非汉语歌曲。

2006年7月4日,环球公司再次以律师函的形式向雅虎中文网站经营者发出通知,其中列举了34名演唱者(包括涉案演唱者)以及48张专辑(包括涉案专辑)的名单,提供了136首歌曲的具体侵权URL地址各一个作为示例(其中包括《Beautiful Day》等7首涉案歌曲),以及相关被控侵权链接的屏幕截图,要求于收到该函之日起7日内,删除与上述演唱者和专辑有关的所有侵权链接。2006年7月13日,三七二一公司致函环公司的代理律师索要授权委托书。翌日,环球公司的代理律师提供了授权委托手续。7月18日,三七二一公司收到授权委托书复印件,并分别于7月20日、28日致电、致函环球公司的代理律师希望提供相关URL地址的电子版,同时开始手工删除。

2006年7月26日,国际唱片业协会北京代表处的代理人北京市路盛律师事务所职员蒋南顿作为申请人,使用蒋南顿提供的计算机,对雅虎中文网站并未删除与涉案9首歌曲有关的所有侵权链接的相关情况进行了公证证据保全,其中与前述2006年7月4日函中URL地址相同的包括《Beautiful Day》等6首歌曲,并公证下载了《Peace On Earth》等4首歌曲。经比对,该次公证下载的歌曲与原告主张权利的相应歌曲相同,阿里巴巴公司对此予以认可。

2006年8月2日,三七二一公司致函环球公司代理律师,表明只能删除律师函中提供了具体URL地址的相关链接。8月3日、8月10日,环球公司代理律师两次致函三七二一公司,强调雅虎中文网站上与涉案歌曲有关的所有链接均为侵权链接,其要求不仅删除律师函中提供的URL地址,而是删除与该律师函中所提及的全部作品有关的所有搜索结果。阿里巴巴公司主张,其自2006年7月28日开始,通过手工录入的方式,陆续删除律师函中提供了具体URL地址的链接,8月3日,完成全部删除工作。原告认可现在被告网站上已经没有上述地址的链接,但是对被告完成删除链接的时间不予认可。

另查,环球公司仅授权爱国者数码音乐网、九天音乐网等8家网站许可中华人民共和国国内的第三方通过信息网络"上下载、同步或/和下载并播放"涉案歌曲。环球公司主张经授权的网站提供歌曲的在线试听和下载服务均需注册或者付费。阿里巴巴公司主张如果上述合法授权网站在线试听和下载确需注册或者付费,则雅虎音乐搜索系统中的蜘蛛程序无法抓取来自上述合法授权网站的音乐信息,也无法设置相关链接,环球公司对此予以认可。

"北京三七二一科技有限公司"为雅虎中文网站的所有者；2006年8月，三七二一公司更名为阿里巴巴公司。环球公司为诉讼支出代理费人民币341 878.39元、公证费人民币34 890元、加章转递费港币22 000元，本案共主张为诉讼支出的合理费用人民币36 304.1元。

原审审理结果

原审法院认为：本案的争议焦点是原告环球公司是否对涉案歌曲享有录音制作者权；被告阿里巴巴公司的涉案行为是否构成对原告所享有的录音制作者权的侵犯，是否应当承担相应法律责任的问题。

第一，关于原告环球公司是否对涉案歌曲享有录音制作者权的问题。

根据我国著作权法的有关规定，外国人、无国籍人的作品根据其作者所属国或者经常居住地国同我国签订的协议或者共同参加的国际条约享有的著作权，受我国著作权法保护。我国和荷兰王国同为《伯尔尼公约》的成员国，根据该公约及我国相关法律规定，环球公司可以依据其制作完成的录音制品向我国有管辖权的法院提出相关诉讼主张。本案中根据原告环球公司提供的正版录音制品中关于涉案歌曲录音制作者权人的署名及国际唱片业协会相关版权认证，可以认定原告对涉案歌曲享有录音制作者权。原告作为涉案歌曲的录音制作者权人，其所享有的录音制作者权依法应当受到我国著作权法的保护。被告虽然对涉案版权认证报告的有效性提出质疑，并对原告是否享有涉案所主张的权利提出异议，但其未提供相反证据予以证明，故其相关抗辩主张缺乏依据，本院不予采纳。

第二，关于被告阿里巴巴公司的涉案行为是否构成对原告所享有的录音制作者权的侵犯，是否应当承担相应法律责任的问题。

网络传播是以数字化形式复制作品并在互联网上向不特定公众提供作品的行为。在雅虎中文网站音乐搜索网页上，无论通过在搜索框中输入关键字的方式或者通过该网页提供的分类信息的方式对涉案歌曲进行搜索，得到的搜索结果均仅为涉案歌曲不同URL地址的链接，且音乐盒服务中所存储的亦为涉案歌曲的链接，而非涉案歌曲本身。用户点击相关链接进行试听和下载，是通过将客户端链接到第三方网站，在第三方网站实现的。涉案歌曲能够实现试听和下载的基础是被链接的第三方网站上载了涉案歌曲，通过试听和下载向互联网用户提供歌曲本身的是第三方网站，而非被告网站。

被告网站通过其音乐搜索服务，只是提供了试听和下载过程的便利，相关音乐盒服务，亦仅为存储相关网络链接地址提供了便利，并不能推导出其提供了涉案歌曲的内容本身；而且涉案歌曲的下载页面中显示了涉案歌曲的来源，不会使网络用户产生涉案歌曲来源于雅虎中文网站的误认。因此，被告的涉案行为不构成复制或者通过网络传播涉案歌曲的行为。原告主张被告经营的雅虎中文网站对涉案歌曲的试听和下载实施了控制，把其他网站的资源作为自己的资源控制和使用，属于复制或者网络传播原告享有录音制作者权的涉案歌曲，依据不足，本院不予支持。

依据相关法律规定，网络服务提供者为服务对象提供搜索或者链接服务，在接到权利人的通知书后，断开与侵权的作品、表演、录音录像制品的链接的，不承担赔偿责任；但是，明知或者应知所链接的作品、表演、录音录像制品侵权的，应当承担共同侵权责任。

经比对，经公证下载的被告网站链接的涉案歌曲均与原告主张权利的涉案歌曲相同。涉案相关第三方网站上载并传播涉案歌曲并未经原告许可，亦未支付相关报酬，其行为构成了对原告对涉案歌曲所享有的信息网络传播权和相应的获得报酬权的侵犯。

本案中，被告阿里巴巴公司作为搜索引擎服务提供商，设置专门的音乐网页提供"雅虎音乐搜索"服务，通过在搜索框输入关键字等方式提供涉案歌曲的搜索链接；并根据歌手性别、歌曲流行程度等，制作了不同种类的分类信息；被告还提供"音乐盒"服务，为网络用户提供存储相关链接地址的网络空间。原告曾于2006年4月10日和7月4日分别向被告发函，告知其侵权事实的存在，提供了有关权利人录音制品信息的网址、含有涉案9首歌曲的音乐专辑及演唱者的名称，同时提供了《Beautiful Day》等7首涉案歌曲的具体URL地址各一个作为示例，要求被告删除与涉案专辑有关的所有侵权链接。被告收到上述函件后，即可以获取原告享有录音制作者权的相关信息及被控侵权的相关歌曲的信息，应知其网站音乐搜索服务产生的搜索链接结果含有侵犯原告录音制作者权的内容。但被告仅删除了原告提供了具体URL地址的7个侵权搜索链接，怠于行使删除与涉案歌曲有关的其他侵权搜索链接的义务，放任涉案侵权结果的发生，其主观上具有过错，属于通过网络帮助他人实施侵权的行为，应当承担相应的侵权责任。

综上，被告阿里巴巴公司的涉案行为属于通过网络帮助他人实施侵权的行为，侵犯了原告环球公司对涉案歌曲所享有的录音制作者权中的信息网络传播权和获得报酬权，应当承担共同侵权的法律责任。因此，本案原告要求被告停止侵权、赔偿损失，理由正当，本院予以支持。在停止侵权的具体方式方面，本院将根据本案的具体情况予以确定；在具体的赔偿数额方面，本院将根据被告涉案侵权行为的性质、持续时间、被告主观恶意程度、权利人因此遭受的损失等因素酌情判定。鉴于原告主张的录音制作者权属于财产性质的权利，不适用赔礼道歉的侵权责任形式，故原告关于被告公开赔礼道歉的诉讼请求缺乏法律依据，本院不予支持。

依照《中华人民共和国著作权法》第四十一条第一款、第四十七条第（一）项、第四十八条、《信息网络传播权保护条例》第十四条、第十五条、第二十三条、《最高人民法院关于审理涉及计算机网络著作权纠纷案件适用法律若干问题的解释》第三条之规定，判决如下：

一、自本判决生效之日起，北京阿里巴巴信息技术有限公司删除雅虎中文网站"雅虎音乐搜索"中与《Beautiful Day》等9首涉案歌曲有关的搜索链接。

二、自本判决生效之日起10日内，北京阿里巴巴信息技术有限公司赔偿环球国际唱片股份有限公司经济损失人民币3 600元及为诉讼支出的合理费用人民币11 000元。

三、驳回环球国际唱片股份有限公司的其他诉讼请求。

环球公司和阿里巴巴公司均不服原审法院判决，提起上诉。

环球公司请求改判原审判决第二项，增加经济损失赔偿数额；纠正原审判决关于阿里巴巴公司涉案行为不构成复制或通过网络传播涉案歌曲的认定；就涉案其余2首歌曲对环球公司提供救济，禁止阿里巴巴公司就此2首歌曲提供试听、下载和/或链接服务；判决阿里巴巴公司承担本案全部诉讼费用，包括一审及上诉费用。其主要上诉理由是：1. 原审判决正确认定阿里巴巴公司因侵权行为应当赔偿环球国际唱片公司的经济损失，但判决的赔偿数额过低。阿里巴巴公司持续侵权时间之长、覆盖面之广，足以给环球公司造成不可估量的损失。阿里巴巴公司的主观恶意明显。环球公司为制止阿里巴巴公司的侵权行为花费了大量的人力及财力，环球公司合法权利无法得到充分有效的保障。2. 阿里巴巴公司网站的涉案行为构成复制及通过网络传播涉案歌曲，构成对环球公司录音制作者权的侵犯。阿里巴巴公司一直以来致力于提供专业音乐服务，而绝非仅仅是搜索引擎。3. 原审判决正确认定阿里巴巴公司就涉案9首歌曲构成对环球公司所享有的录音制作者权的侵犯，但忽视了环球公司享有录音制作者权且已通知阿里巴巴公司删除的其余2首歌曲，原审判决应当就此2首歌曲对环球公司提供救济，禁止阿里巴巴公司就此2首歌曲提供试听、下载和/或链接服务。

阿里巴巴公司请求判令撤销原审判决，改判驳回环球公司的全部诉讼请求。其主要上诉理由是：阿里巴巴公司所收日期为2006年4月10日及2006年7月4日的函件的大部分内容不符合法定通知书的要求，对于这部分内容，应视为环球国际唱片公司未发出通知。阿里巴巴公司已经及时删除了律师函中提供了具体网络地址的链接，履行了应尽的义务。环球国际唱片公司提出在其不指出具体的侵权歌曲的网络地址的情况下，对歌手姓名和专辑名称的全部搜索结果进行移除的要求，根本不具有合理性，既可能侵犯未侵权的第三人的合法权益，也是不符合法律规定的。而环球国际唱片公司的上述两封函件并不能成为阿里巴巴公司因"明知或者应知"而承担共同侵权责任的理由。原审判决对法定意义上的"明知或者应知"的理解是错误的。法定意义上的"明知或者应知"应当是使网络服务提供者完全可以据此采取相应的措施。仅从技术角度出发，原审判决的逻辑也是行不通的。按照一审判决的逻辑，整个搜索引擎行业将遭受灭顶之灾。

二审查明事实

二审法院查明认定的事实与原审相同。

二审审理结果

二审法院认为：雅虎中国网站提供的音乐搜索、歌曲试听、下载服务的结果均是通过该网站得到涉案歌曲不同 URL 地址的链接。在用户点击这些链接后，将用户所使用的计算机客户端链接到使用该 URL 地址的第三方网站，点击下载或通过试听页面点击下载涉案歌曲时，涉案歌曲的下载页面显示的是涉案歌曲的来源。因此，尽管雅虎中国网站上显示的音乐搜索结果是经过阿里巴巴公司进行整理、分类后形成的显示形式，但阿里巴巴公司并不能对所链接的第三方网站上的涉案 9 首歌曲录音制品进行控制，用户试听或下载的涉案歌曲均是由第三方网站上载并由该第三方网站提供试听和下载的。雅虎中国网站上提供的音乐盒服务，是一种将雅虎中国网站搜索到的相关 URL 地址进行存储的服务，而不是将涉案歌曲存储到雅虎中国网站本身。据此，阿里巴巴公司提供的音乐搜索服务，是为用户试听和下载第三方网站上载的歌曲提供设施和便利，而音乐盒服务，亦仅为存储相关网络链接地址提供便利。故阿里巴巴公司的上述服务本质上仍然属于搜索、链接服务，在其服务器上没有复制、向公众传播被控侵权的录音制品，其服务方式也不会使网络用户产生涉案录音制品来源于雅虎中文网站的误认。阿里巴巴公司的行为不构成对环球国际唱片公司所享有的涉案 9 首歌曲录音制品的录音制作者权的侵犯。

环球公司除授权网址"cn.aigomusic.com"等 8 家网站许可我国国内的第三方通过信息网络"上下载、同步或/和下载并播放"涉案歌曲外，并未授权其他网站。用户均需注册或付费才能享受上述经环球公司授权的 8 家网站提供的服务。涉案第三方网站均不属于上述被授权的网站，故第三方网站上存在的录音制品均属未经许可使用的录音制品。阿里巴巴公司为上述侵权录音制品提供搜索链接，为侵权录音制品的传播提供了渠道和便利，客观上参与、帮助第三方网站传播侵权录音制品。

《信息网络传播权保护条例》第二十三条规定："网络服务提供者为服务对象提供搜索或者链接服务，在接到权利人的通知书后，根据本条例规定断开与侵权的作品、表演、录音录像制品的链接的，不承担赔偿责任；但是，明知或者应知所链接的作品、表演、录音录像制品侵权的，应当承担共同侵权责任。"据此，即使在权利人没有向网络服务提供者提交《信息网络传播权保护条例》第十四条所规定的通知的情况下，提供搜索、链接服务的网络服务提供者明知或者应知所链接的录音制品侵权而仍然提供搜索、链接的，应当承担侵权责任。因此，具有过错是网络服务提供者承担侵权责任的条件。判断行为人有无过错，要看行为人对其行为的不良后果是否能够和应当预见，要以行为人的预见能力和预见范围为基础，又要区别通常预见水平和专业预见水平等情况。上述判断有无过错的标准同样适用于提供搜索、链接服务的网络服务提供者。

在雅虎中国网站搜索录音制品，是按照"歌曲名称、歌手、所属专辑、歌词、试听、铃声、音乐盒、格式、大小、连通速度"等内容显示出来的。此外，阿里巴巴公司对搜集的歌曲、音乐信息进行整理、分类，按歌曲风格、流行程度、歌手性别等标准制作不同的分类信息并将这些分类信息以"搜歌曲"、"搜歌词"搜索框、"全部男歌手"、"全部女歌手"、"新歌飙升"、"影视金典"、"欧美经典"等18个分类栏目以及"新歌飙升榜"、"热搜歌曲排行榜"等具体板块提供给用户，显然，阿里巴巴公司是按照自己的意志，在搜集、整理、分类的基础上，对相关的音乐信息按不同标准制作了相应的分类信息。阿里巴巴公司作为搜索引擎服务商，经营包括音乐搜索服务在内的业务，向用户提供专业的音乐搜索服务并从中营利，属于专业性音乐网站。综合上述因素，依照过错的判断标准，阿里巴巴公司应当知道也能够知道其搜索、链接的录音制品的合法性。尤其是在环球公司几次书面告知阿里巴巴公司，其雅虎中国网站上提供的各种形式音乐搜索服务得到的涉案歌曲录音制品均为侵权，并要求阿里巴巴公司予以删除后，阿里巴巴公司更应注意到涉案9首歌曲录音制品的合法性并采取相应的措施，但阿里巴巴公司仅将环球公司提供了具体URL地址的7个搜索链接予以删除，而未删除与涉案歌曲录音制品有关的其他搜索链接，阿里巴巴公司怠于尽到注意义务、放任涉案侵权结果的发生的状态是显而易见的，应当认定阿里巴巴公司主观上具有过错。

综上，阿里巴巴公司客观上参与、帮助了被链接的第三方网站实施侵权行为，主观过错明显，构成对环球国际唱片公司录音制作者权中的信息网络传播权和获得报酬权的侵犯，应当承担侵权的法律责任。

一审法院根据本案具体情况确定阿里巴巴公司应承担的民事责任的形式及根据阿里巴巴公司涉案侵权行为的性质、持续时间、主观恶意程度、环球国际唱片公司因此遭受的损失等因素酌情确定的赔偿数额并无不当。

环球公司在一审法院审理期间并未对其所称的U2演唱专辑《ALL THAT YOU CAN'T LEAVE BEHIND》另外2首歌曲主张权利，故一审法院未对该2首歌曲进行审理并无不妥。

一审法院并没有认定环球公司向阿里巴巴公司的书面告知为《信息网络传播权保护条例》第十四条规定的"通知"；阿里巴巴公司关于"按照一审判决的逻辑，整个搜索引擎行业将遭受灭顶之灾"的主张亦无任何事实依据，阿里巴巴公司的相关上诉理由不能成立。

一审判决认定事实清楚，适用法律正确。环球公司、阿里巴巴公司的上诉理由均不能成立，对环球公司、阿里巴巴公司的上诉请求，本院不予支持。依据《中华人民共和国民事诉讼法》第一百五十三条第一款第（一）项的规定，判决：

驳回上诉，维持原判。

一审案件受理费10 010元，由环球公司负担4 010元，阿里巴巴公司负担6 000元；二审案件受理费8 581元，由阿里巴巴公司负担。

49. 电视连续剧《贞观长歌》侵犯著作权纠纷案

——广东梦通文化发展有限公司诉北京百度网讯科技有限公司

原告（被上诉人）： 广东梦通文化发展有限公司
被告（上诉人）： 北京百度网讯科技有限公司
案由： 侵犯著作权纠纷

原审案号： 北京市海淀区人民法院（2007）海民初字第17776号
原审合议庭成员： 陈坚、李都、孙焕云
原审结案日期： 2007年8月22日
二审案号： 北京市第一中级人民法院（2007）一中民终字第13165号
二审合议庭成员： 仪军、侯占恒、王晔
二审结案日期： 2007年12月27日

判决要旨

著作权法不排除权利人通过提交"相反证明"来否认作品上署名人为著作权人的做法。但是对于"相反证明"的采信需采取审慎的方式。

起诉与答辩

原告广东梦通文化发展有限公司（以下简称广东梦通）诉称：我公司对82集电视连续剧《贞观长歌》（以下简称《贞》剧）享有复制权、发行权和信息网络传播权。北京百度网讯科技有限公司（以下简称百度网讯）经营的网址为 hi.baidu.com。百度网讯的百度空间栏目存在大量在线播放或下载《贞》剧的网络链接，上述网络链接均系网络用户未经我公司许可而上传至百度空间栏目，故上述网络链接均已侵犯我公司对《贞》剧享有的发行权和信息网络传播权。我公司曾于2007年4月20日向百度网讯发送律师函及相关权属证明，要求百度网讯移除百度空间栏目内的51个空间所存在的在线播放或下载《贞》剧的网络链接，但百度网讯并未全部移除上述网络链接以消除侵权后果。且百度网讯在明知我公司对《贞》剧享有发行权和信息网络传播权情况下，其应主动查找并移除百度空间栏目内的所有在线播放或下载《贞》剧的网络链接，而我公司于2007年6月8日进行证据保全公证之时百度空间

栏目仍存在在线播放或下载《贞》剧的网络链接。故我公司诉至法院，要求百度网讯立即移除百度空间栏目内的所有在线播放或下载《贞》剧的网络链接，百度网讯在百度空间栏目首页连续 48 小时登载声明向我公司公开致歉，并向我公司赔偿经济损失 41 万元以及诉讼合理支出费用 3 万元。

被告百度网讯辩称：广东梦通并未提交充分证据以证明其对《贞》剧享有信息网络传播权。我公司经营的百度网的百度空间栏目为网络用户提供免费信息存储空间，故我公司无从审查网络用户上传至百度空间栏目的在线播放或下载《贞》剧的网络链接是否涉嫌侵权。广东梦通并未提交充分证据以证明百度空间栏目存在的在线播放或下载《贞》剧的网络链接能够正常在线播放或下载《贞》剧。我公司收到广东梦通于 2007 年 4 月 20 日发送的律师函及相关权属证明之后，已及时移除该律师函所提及的百度空间栏目内的 51 个空间所存在的在线播放或下载《贞》剧的网络链接。我公司作为信息存储空间提供者，并无主动查找并移除百度空间栏目内的所有在线播放或下载《贞》剧的网络链接之义务，我公司仅负有在著作权人提出确有证据的警告情况下移除涉嫌侵权的网络链接之义务。我公司并无任何侵权行为，不同意广东梦通的全部诉讼请求。

原审查明事实

原审法院查明：2003 年 4 月 1 日，国家广播电影电视总局向峨眉电影制片厂颁发《贞》剧制作许可证。2006 年 2 月 7 日，国家广播电影电视总局颁发《贞》剧发行许可证，其中载明《贞》剧共 82 集，每集长度为 46 分钟，《贞》剧制作单位为峨眉电影制片厂，合作单位为北京锦绣江山影视文化传播有限公司（以下简称锦绣江山）等。2007 年 1 月 27 日，《贞》剧在中央电视台第一套节目首次公映，该剧的出品单位署名为峨眉电影制片厂、中央电视台文艺中心影视部、中外名人文化产业集团和锦绣江山。后《贞》剧音像制品亦开始出版发行，该剧音像制品与该剧首次公映之时的署名方式相同。

2006 年 1 月 1 日，峨眉电影制片厂向锦绣江山出具授权书，主要内容为：峨眉电影制片厂将其与锦绣江山联合摄制的《贞》剧的电视节目播映、销售权及音像制品出版、销售权授予锦绣江山；锦绣江山负责《贞》剧及其衍生产品的所有发行、销售相关事宜；授权期限为自 2006 年 1 月 1 日起至 2015 年 12 月 31 日止。2007 年 6 月 14 日，峨眉电影制片厂出具证明，称其于 2006 年 1 月 1 日向其合作方锦绣江山出具的关于《贞》剧的授权书中的授权内容包括信息网络传播权。2007 年 7 月 4 日，峨眉电影制片厂和锦绣江山出具说明，主要内容为：《贞》剧制片者为该剧发行许可证所载的峨眉电影制片厂和锦绣江山；该剧片头片尾字幕及碟片包装所载出品人、责任制片人、制片人、总制片人等均为该剧剧组中的具体职务，仅负责剧目的制作和协调等事宜，故上述人员仅享有署名权而不享有发行权、复制权、信息网络传播权等著作权；出品单位及联合、荣誉出品单位中所载中外名人文化产业集团、中央电视台文艺中心影视部、北京舜元坤文化等企业名称均系为宣传之用，其中有的企业名称还可能与工商登记不一致，故上述企业亦不享有该剧的发行权、复制权、信息网络传播权等著作权，除非另行获得书面授权；该剧的发行权、复制权、信息网络传播权等著作权的原始权利人系峨眉电影制片厂和锦绣江山，峨眉电影制片厂已将其所享有的上述权利全部授予锦绣江山行使，锦绣江山有权以自己的名义完整地对外行使该剧相关著作权的转授权等。2007年8月17日，国家版权局向峨眉电影制片厂、锦绣江山颁发著作权登记证书，其中载明峨眉电影制片厂、锦绣江山对《贞》剧以制片者身份依法享有著作权等。另查，在国家工商行政管理总局信息中心不能查询到包含"中外名人文化产业集团"的企业名称。

广东梦通向本院提交的《贞》剧制作许可证、《贞》剧发行许可证、峨眉电影制片厂2006年1月1日授权书、峨眉电影制片厂2007年6月14日证明均系加盖锦绣江山公章的复印件，广东梦通对此的解释为上述证据原件均保存于锦绣江山处，故锦绣江山在与上述证据原件核对无异的复印件上加盖公章并交予广东梦通。本院认为上述证据复印件与峨眉电影制片厂和锦绣江山2007年7月4日说明、国家版权局著作权登记证书等证据可以相互印证，且广东梦通上述解释具有合理性，故本院对上述证据复印件之真实性均予以确认。

2006年12月15日，锦绣江山与广东梦通签订音像制品版权转让合同书，主要内容为：锦绣江山将《贞》剧音像制品之版权独家转让广东梦通，在授权期限内包括锦绣江山在内的任何第三方未经广东梦通同意不得行使上述权利；转让费用为每集8万元；授权地区为中国（不包括港澳台），授权年限为5年；载体形式包括但不限于VCD、DVD等一切音像制品等。2007年1月17日，锦绣江山向广东梦通出具授权书，主要内容为：锦绣江山将《贞》剧音像制品的复制权、发行权、网络传播权授予广东梦通；广东梦通可据此授权以自身名义向侵权第三人主张权利；此授权为独家授权，有效期为自2007年1月17日起至2012年1月17日止。另查，广东梦通持有广东省文化厅颁发的音像制品经营许可证。

百度网讯系网址为hi.baidu.com的百度网的百度空间栏目之经营者，百度网讯在百度空间栏目为网络用户提供免费信息存储空间。

2007年4月11日，广东梦通委托北京市恒德律师事务所薛起堂律师以特快专递形式向百度网讯发送律师函及《贞》剧发行许可证、锦绣江山2007年

1月17日授权书等权属证明，律师函之主要内容为：广东梦通对《贞》剧享有信息网络传播权，百度空间栏目内网址为 hi. baidu. com/my2007123 和 hi. baidu. com/dsfsaedf 的2个空间存在在线播放《贞》剧的网络链接，上述网络链接均已侵犯广东梦通对《贞》剧享有的信息网络传播权，故广东梦通要求百度网讯在收到律师函之后24小时内移除百度空间栏目存在的在线播放或下载《贞》剧的网络链接等。2007年4月12日上午11时，百度网讯收到此份律师函。后百度网讯已将此份律师函所提及的2个空间内的在线播放《贞》剧的网络链接移除。

2007年4月20日，广东梦通委托北京市恒德律师事务所吴朝华律师以特快专递形式向百度网讯发送律师函及《贞》剧发行许可证、峨眉电影制片厂2006年1月1日授权书、锦绣江山2007年1月17日授权书等权属证明，律师函主要内容为：广东梦通对《贞》剧享有信息网络传播权，百度空间栏目内网址为 hi. baidu. com/yingshi8、hi. baidu. com/pacerpacer、hi. baidu. com/cellwall、hi. baidu. com/bwxc、hi. baidu. com/lixinsheng1980、hi. baidu. com/chuntianyumi、hi. baidu. com /frombp、hi. baidu. com/4121409 等51个空间存在的在线播放或下载《贞》剧的网络链接，上述网络链接均已侵犯广东梦通对《贞》剧享有的信息网络传播权，故广东梦通要求百度网讯在收到律师函之后24小时内移除百度空间栏目存在的在线播放或下载《贞》剧的网络链接等。2007年4月23日下午近6时，百度网讯收到此份律师函。

2007年4月24日，广东梦通之委托代理人唐勇在北京市海淀第二公证处公证人员监督下对百度空间栏目存在在线播放或下载《贞》剧的网络链接之情况进行证据保全，具体内容为：网址为 hi. baidu. com/yingshi8……的空间存在在线播放和下载《贞》剧的网络链接；网址为 hi. baidu. com /pacerpacer……的空间存在下载《贞》剧的网络链接；网址为 hi. baidu. com/cellwall……的空间存在在线播放和下载《贞》剧的网络链接，链接地址为 www. bwxc. com/show/2666/，进入该链接地址对应网页可以在线播放《贞》剧；网址为 hi. baidu. com/bwxc……的空间存在在线播放《贞》剧的网络链接；网址为 hi. baidu. com/lixinsheng1980……的空间存在在线播放《贞》剧的网络链接；网址为 hi. baidu. com/ chuntianyumi 的空间存在在线播放《贞》剧的网络链接，点击此链接进入网址为 www. 67. la/bbs……的网页，此网页可以在线播放《贞》剧。此次证据保全公证所涉及的6个空间均在北京市恒德律师事务所2007年4月20日律师函中有所提及。

2007年5月21日，广东梦通之委托代理人唐勇在北京市海淀第二公证处公证人员监督下对百度空间栏目存在在线播放或下载《贞》剧的网络链接之情况进行证据保全,具体内容为:网址为 hi. baidu. com/frombp……的空间存在在线播放和下载《贞》剧的网络链接,上载日期为 2007 年 3 月 16 日,点击此下载链接进入网址为 movieso. xunlei. com/……的网页,点击此网页中的《贞》剧下载链接可以进入网址为 60. 28. 178. 205/……的网页并进而下载《贞》剧;网址为 hi. baidu. com/pacerpacer……的空间存在下载《贞》剧的网络链接,上载日期为 2007 年 3 月 29 日;网址为 hi. baidu. com/ 4121409……的空间存在在线播放《贞》剧的网络链接,上载日期为 2007 年 2 月 23 日,链接地址为 blog. sina. com. cn/u/ 46e6c0650100080u,进入该链接地址对应网页可以在线播放《贞》剧;网址为 hi. baidu. com/wangchunji……的空间存在在线播放和下载《贞》剧的网络链接,链接地址为 www. 178dy. cn/……。此次证据保全公证所涉及的 4 个空间除网址为 hi. baidu. com/wangchunji……的空间之外均在北京市恒德律师事务所 2007 年 4 月 20 日律师函中有所提及。

2007 年 6 月 8 日,广东梦通之委托代理人唐勇在北京市海淀第二公证处公证人员监督下对百度空间栏目存在在线播放或下载《贞》剧的网络链接之情况进行证据保全,内容涉及网址为 hi. baidu. com/tingkaodei 等 23 个空间存在的在线播放或下载《贞》剧的网络链接。此次证据保全公证所涉及的 23 个空间均未在北京市恒德律师事务所 2007 年 4 月 20 日律师函中有所提及。

2007 年 7 月 12 日,百度空间栏目内网址为 hi. baidu. com/ bwxc……的空间仍存在在线播放《贞》剧的网络链接,上载日期为 2007 年 3 月 24 日。

2007 年 6 月 5 日,百度网讯之委托代理人胡长涓在北京市国信公证处公证人员监督下对百度网所载百度空间用户使用协议等内容进行证据保全。2007 年 5 月 25 日和 6 月 4 日,百度网讯之委托代理人胡长涓在北京市公证处公证人员监督下对百度空间栏目部分空间之内容分别进行 2 次证据保全,以证明百度网讯已移除北京市恒德律师事务所 2007 年 4 月 20 日律师函所提及的百度空间栏目内的 51 个空间所存在的在线播放或下载《贞》剧的网络链接。2007 年 6 月 4 日,百度网讯之委托代理人胡长涓、侯震宇在北京市海淀第二公证处公证人员监督下对百度网服务器部分内容进行证据保全,以证明百度网讯移除上述网络链接之时间。

2007 年 7 月 13 日,广东梦通在庭审中认可除网址为 hi. baidu. com/ bwxc……的空间之外,百度网讯已将北京市恒德律师事务所 2007 年 4 月 20 日律师函所涉空间、广东梦通 2007 年 5 月 21 日和 6 月 8 日证据保全公证所涉空间内存在的在线播放或下载《贞》剧的网络链接全部移除。

广东梦通曾与北京市恒德律师事务所签订委托代理协议,并于 2007 年 4 月 6 日向北京市恒德律师事务所支付律师费 2 万元。广东梦通另向本院提交金额为 5 000 元的公证费发票以及金额为 110 元的复印费发票，并称上述费用均系为本案所支出。

原审审理结果

原审法院认为：如无相反证明，在作品上署名的公民、法人或者其他组织为作者。《贞》剧首次公映之时以及该剧音像制品中的出品单位署名均为峨眉电影制片厂、中央电视台文艺中心影视部、中外名人文化产业集团和锦绣江山，但《贞》剧制作许可证、发行许可证、峨眉电影制片厂和锦绣江山 2007 年 7 月 4 日说明、国家版权局著作权登记证书、国家工商行政管理总局信息中心查询信息等大量相反证明已致使本院不能仅依据《贞》剧首次公映之时以及该剧音像制品中的出品单位署名确定其作者。《贞》剧制作许可证、发行许可证、峨眉电影制片厂和锦绣江山 2007 年 7 月 4 日说明、国家版权局著作权登记证书、国家工商行政管理总局信息中心查询信息等证据可以相互印证，且均证明《贞》剧作者系峨眉电影制片厂和锦绣江山之事实，本院对此予以确认，并进而确认峨眉电影制片厂和锦绣江山对《贞》剧享有著作权，而《贞》剧首次公映之时以及该剧音像制品中的出品单位署名则仅为峨眉电影制片厂和锦绣江山所确定的一种署名方式。峨眉电影制片厂已将《贞》剧之信息网络传播权授予锦绣江山，锦绣江山由此享有《贞》剧全部信息网络传播权，而此后锦绣江山已将《贞》剧之信息网络传播权独家授予广东梦通，本院据此确认广东梦通对《贞》剧享有信息网络传播权。

广东梦通分别于 2007 年 4 月 24 日、5 月 21 日和 6 月 8 日对百度空间栏目存在的在线播放或下载《贞》剧的网络链接情况进行证据保全之时，并未实际点击全部网络链接以查看链接所指向的网页是否能够正常在线播放或下载《贞》剧。在此种情况下本院根据公平原则和诚实信用原则，综合当事人举证能力等因素确定应由百度网讯承担证明上述网络链接不能正常在线播放或下载《贞》剧之举证责任，而百度网讯并未对此进行举证，本院依据现有证据确认上述 3 次证据保全所涉及的网络链接所指向的网页均能够正常在线播放或下载《贞》剧。

百度网讯作为向网络用户提供免费信息存储空间的网络服务提供者，经著作权人提出确有证据的警告后，其应及时采取移除侵权内容等措施以消除侵权后果，否则百度网讯应与侵权网络用户共同承担侵权责任。广东梦通于 2007 年 4 月 24 日进行的证据保全公证涉及北京市恒德律师事务所 2007 年 4 月 20 日律师函所涉 6 个空间存在的在线播放或下载《贞》剧的网络链接，但百度网讯于 2007 年 4 月 23 日下午近 6 时方收到此份律师函，因 2007 年 4 月 23 日下午近6时与2007年4月24日时间相近，故本院认为广东梦通于2007年4月24日进行的证据保全公证尚不能证明百度网讯经著作权人提出确有证据的警告后未及时采取移除侵权内容等措施以消除侵权后果。及至广东梦通于2007年5月21日进行证据保全公证之时，距百度网讯收到北京市恒德律师事务所2007年4月20日律师函已近1个月之久，而此时百度空间栏目内网址为hi. baidu. com/frombp……、hi. baidu. com/pacerpacer……、hi. baidu. com/4121409……的3个空间仍存在在线播放或下载《贞》剧的网络链接，上载日期均为2007年2月至3月间，且此3个空间均曾在北京市恒德律师事务所2007年4月20日律师函中有所提及，故本院认为百度网讯经著作权人提出确有证据的警告后未及时采取移除侵权内容等措施以消除侵权后果。且2007年7月12日百度空间栏目内网址为hi. baidu. com/bwxc……的空间仍存在在线播放《贞》剧的网络链接，上载日期为2007年3月24日，此空间亦曾在北京市恒德律师事务所2007年4月20日律师函中有所提及，此节亦可证明百度网讯经著作权人提出确有证据的警告后未及时采取移除侵权内容等措施以消除侵权后果。百度网讯应与向百度空间栏目内的网址为 hi. baidu. com/frombp……、hi. baidu. com/ pacerpacer……、hi. baidu. com/4121409……、hi. baidu. com/bwxc……的4个空间上传在线播放或下载《贞》剧的网络链接的网络用户共同承担侵犯广东梦通对《贞》剧享有的信息网络传播权之责。百度网讯辩称北京市恒德律师事务所2007年4月20日律师函列举的存在在线播放或下载《贞》剧的网络链接的空间网址为 hi. baidu. com/frombp 、hi. baidu. com/ pacer-pacer、hi. baidu. com/4121409、hi. baidu. com/bwxc 等，上述网址仅系百度空间栏目内的某空间首页网址，但在线播放或下载《贞》剧的网络链接均存在于某空间首页之下的分页面，而北京市恒德律师事务所2007年4月20日律师函并未明确列举存在在线播放或下载《贞》剧的网络链接的某空间分页面网址，以至于百度网讯未移除上述空间存在的在线播放或下载《贞》剧的网络链接。对此本院认为，百度空间栏目内的每一空间均设置有搜索功能，百度网讯以至普通网络用户均能简易方便地对每一空间是否存在在线播放或下载《贞》剧的网络链接进行搜索，百度网讯收到北京市恒德律师事务所2007年4月20日律师函后亦应本着诚实信用原则对该律师函提及首页网址的空间是否存在在线播放或下载《贞》剧的网络链接进行搜索，并及时移除该空间存在的所有在线播放或下载《贞》剧的网络链接，故本院对百度网讯此项辩称不予采信。

百度网讯作为向网络用户提供免费信息存储空间的网络服务提供者，其对网络用户上传至百度空间栏目的信息是否涉嫌侵犯他人著作权难以进行事前审查，本院认为百度网讯在经著作权人提出确有证据的警告后及时采取移除侵权内容等措施以消除侵权后果即可，其并不负有主动查找并移除百度空间栏目内的所有在线播放或下载《贞》剧的网络链接之义务，否则有违公平原则且可能损害今后《贞》剧相关权利人之合法权益。广东梦通于2007年5月21日进行证据保全公证所涉网址为 hi.baidu.com/wangchunji……的空间以及其于2007年6月8日进行证据保全公证所涉网址为 hi.baidu.com/ tingkaodei 等的23个空间存在的在线播放或下载《贞》剧的网络链接，均在北京市恒德律师事务所2007年4月20日律师函中未曾提及，而广东梦通认可百度网讯已将上述24个空间存在的在线播放或下载《贞》剧的网络链接移除，且现并无任何证据证明百度网讯之移除行为存在不合理迟延，故本院认为百度网讯此部分行为并未侵犯广东梦通对《贞》剧享有的信息网络传播权。

百度网讯应立即停止侵权，鉴于广东梦通认可除网址为 hi.baidu.com/bwxc……的空间之外，百度网讯已将北京市恒德律师事务所2007年4月20日律师函所涉空间、广东梦通2007年5月21日和6月8日证据保全公证所涉空间内存在的在线播放或下载《贞》剧的网络链接全部移除，故百度网讯仅需承担将网址为 hi.baidu.com/bwxc……的空间存在的在线播放或下载《贞》剧的网络链接立即移除之责任。广东梦通对《贞》剧并不享有著作人身权，而百度网讯之行为仅侵犯广东梦通对《贞》剧享有的信息网络传播权，故本院对广东梦通要求百度网讯公开致歉的诉讼请求不予支持。百度网讯应向广东梦通赔偿经济损失，本院综合考虑《贞》剧的知名度、制作成本、锦绣江山向广东梦通转让《贞》剧信息网络传播权费用以及百度网讯的主观过错和侵权情节等因素依法确定该经济损失数额，不再全额支持广东梦通的诉讼请求。百度网讯对于广东梦通合理的诉讼支出亦应一并予以赔偿。

综上，依据《中华人民共和国民法通则》第一百三十条，《中华人民共和国著作权法》第四十七条第（一）项，最高人民法院《关于审理涉及计算机网络著作权纠纷案件适用法律若干问题的解释》第四条之规定，判决如下：

一、被告北京百度网讯科技有限公司立即将网址为 hi.baidu.com 的百度网的百度空间栏目内网址为 hi.baidu.com/bwxc……的空间存在的电视连续剧《贞观长歌》的在线播放链接移除。

二、本判决生效之日起10日内，被告北京百度网讯科技有限公司赔偿原告广东梦通文化发展有限公司经济损失及诉讼合理支出共计11万元。

三、驳回原告广东梦通文化发展有限公司其他诉讼请求。

百度公司不服原审判决，提起上诉，请求撤销（2007）海民初字第17776号民事判决，驳回广东梦通的诉讼请求。其上诉主要理由为：1.《贞》剧首次公映时以及该剧音像制品中的出品单位署名均为峨眉电影制片厂、中央电视台文艺中心影视部、中外名人文化产业集团和锦绣江山，广东梦通在未得到《贞》剧著作权人共同授权的情况下，不应享有《贞》剧的信息网络传播权，不是合法的权利主体。2. 广东梦通提交的律师函和公证书中对于百度网的百度空间栏目内涉案空间中存在的网络链接均未打开，因此，广东梦通未提交证据证明上述网络链接能够提供《贞》剧的在线播放或下载。在此情况下，原审法院认为"应由百度网讯承担证明上述网络链接不能正常在线播放或下载《贞》剧之举证责任"没有法律依据。3. 广东梦通未提交证据证明其享有《贞》剧的信息网络传播权，也没有进行《贞》剧的在线播放或下载演示，因此，其向百度网讯发出的权利通知不符合《信息网络传播权保护条例》的规定。4. 原审法院认为"百度网讯收到4·20律师函后亦应本着诚实信用原则对提及首页网址的空间是否存在在线播放或下载《贞》剧的网络链接进行搜索，并及时移除该空间存在的所有在线播放或下载《贞》剧的网络链接"超越了《信息网络传播权保护条例》中规定的信息网络服务提供者的义务范围。5. 原审法院在未查明相关事实的情况下确定赔偿数额缺乏法律依据。综上，原审法院认定事实不清，适用法律错误。

梦通公司服从原审判决。

二审查明事实

二审法院查明的事实与原审相同。

二审审理结果

二审法院认为：《著作权法》第十一条规定，如无相反证明，在作品上署名的公民、法人或者其他组织为作者。著作权属于作者。根据《著作权法》第十条的规定，信息网络传播权属于著作权中的财产权利，是指以有线或者无线方式向公众提供作品，使公众可以在其个人选定的时间和地点获得作品的权利。

根据上述法律规定并结合本案事实，《贞》剧的信息网络传播权由《贞》剧的作者享有，而广东梦通在本案中主张对《贞》剧享有信息网络传播权系依据锦绣江山的授权，因此，确认广东梦通是否享有《贞》剧的信息网络传播权的关键在于锦绣江山在授权时，是否有权处分该权利。

根据本院查明的事实，《贞》剧在中央电视台第一套节目首次公映以及出版发行的《贞》剧音像制品上，出品单位署名为峨眉电影制片厂、中央电视台文艺中心影视部、中外名人文化产业集团和锦绣江山。因此，如没有相反证明，在《贞》剧中署名的上述四家法人或者其他组织应为《贞》剧的作者，并享有《贞》剧的包括信息网络传播权在内的人身权利和财产权利。

分析广东梦通提交的否定上述署名的相反证据。首先，由于没有证据证明有关中外名人文化产业集团的有关信息，故仅在国家工商行政管理总局信息中心不能查询到包含中外名人文化产业集团的企业名称并不能否认该企业的存在。而且，在《贞》剧中已有中外名人文化产业集团的署名，但在本案中在《贞》剧中署名的其他作者均未提出合理的理由以及相关证据予以否认，故该证据不能否定《贞》剧的原有署名。其次，制作许可证、发行许可证的性质在于体现国家有关行政机关对影视作品的制作、发行进行的管理。实践中，影响影视作品制作、发行的因素很多，因此，在制作、发行的过程中由参与者对各自的权利、义务进行约定，形成新的权利、义务关系是普遍存在的，且不违反《著作权法》的规定。故仅依据制作许可证、发行许可证不足以否定《贞》剧的原有署名。再次，国家版权局颁发的著作权登记证书是在《贞》剧首映后根据当事人的申请制作，且国家版权局颁发著作权登记证书时并不需要进行实质性审查，故仅依据该登记证书不能否定《贞》剧的原有署名。最后，峨眉电影制片厂和锦绣江山2007年7月4日说明仅为《贞》剧的原有署名中的两个企业给自己出具的说明，相对于另两个企业或其他组织没有证明效力。综合上述分析，上述广东梦通提交的相反证据无论单独或结合既不能证明在《贞》剧中署名的四个企业或其他组织中，中央电视台文艺中心影视部和中外名人文化产业集团的主体已不存在，也不能证明他们已经放弃或转让了《贞》剧的著作权，故这些证据的证明效力相对较弱，不能推翻《贞》剧的原有署名。因此，原审法院根据现有证据认定《贞》剧作者系峨眉电影制片厂和锦绣江山是错误的，本院在此予以纠正。

鉴于《贞》剧的包括信息网络传播权在内的著作权应由峨眉电影制片厂、中央电视台文艺中心影视部、中外名人文化产业集团和锦绣江山共同享有，广东梦通通过锦绣江山授权获得的《贞》剧的信息网络传播权自始至终未得到中央电视台文艺中心影视部、中外名人文化产业集团的认可，故其无权在本案中就《贞》剧的信息网络传播权主张权利。

综上所述，依据《中华人民共和国民事诉讼法》第一百五十三条第一款第（二）项、第（三）项之规定，裁定如下：

一、撤销北京市海淀区人民法院作出的（2007）海民初字第17776号民事判决；

二、驳回被上诉人（原审原告）广东梦通文化发展有限公司的起诉。

一审案件受理费7 900元，由广东梦通文化发展有限公司负担；二审案件受理费50元，由广东梦通文化发展有限公司负担。

反不正当竞争

50. "国际旅游小姐"大赛不正当竞争纠纷案
——浙江唐风汉格形象设计有限公司诉环球趋势
国际文化传播(北京)有限公司

原告(被上诉人):浙江唐风汉格形象设计有限公司
被告(上诉人):环球趋势国际文化传播(北京)有限公司
案由:不正当竞争纠纷

原审案号:北京市海淀区人民法院(2006)海民初字第22740号
原审合议庭成员:石必胜、王宏丞、刘卫星
原审结案日期:2007年1月31日
二审案号:北京市第一中级人民法院(2007)一中民终字第4443号
二审合议庭成员:刘海旗、佟姝、周云川
二审结案日期:2007年6月20日

判决要旨

对于已经在国内相关行业具有一定的市场知名度,成为已经为相关公众所知悉的知名服务的特有名称,可以基于为该知名服务作出商业运营和资本投入的事实而作为一种无形资产,从而依据《反不正当竞争法》进行保护,这种保护不受地域保护原则的制约。

起诉与答辩

原告浙江唐风汉格形象设计有限公司(以下简称唐风汉格公司)诉称:我公司根据"国际旅游小姐"商标持有人 Charlie See 的授权,在中国承办2004至2009年的"国际旅游小姐冠军总决赛"。2004年起,我公司每年都成功举办了"国际旅游小姐"比赛。为准备该赛事,我公司投入了大量的人力、财力，通过全国各地媒体以及网络进行了大规模的宣传推广，使"国际旅游小姐"选美赛事在国内成为一流的赛事，"国际旅游小姐"赛事已经成为知名服务。2006年5月10日，环球趋势国际文化传播（北京）有限公司（以下简称环球趋势公司）在没有经过我公司授权的情况下，在北京召开新闻发布会，擅自使用"国际旅游小姐"名称组织比赛。环球趋势公司的行为使公众误认为环球趋势公司组织赛事是我公司的行为，使我公司2006年的比赛推广活动受到阻碍。我公司认为，"国际旅游小姐"赛事已经成为知名服务，是我公司大量投入进行宣传推广的结果，环球趋势公司擅自使用"国际旅游小姐"的名称组织选美赛事，违反了《反不正当竞争法》第五条第（二）项之规定，构成不正当竞争。为维护我公司合法权益，诉请法院判令：（1）环球趋势公司停止使用与我公司的知名服务"国际旅游小姐"赛事的名称相同或相近的名称进行赛事活动；（2）环球趋势公司向我公司赔礼道歉。

被告环球趋势公司辩称：唐风汉格公司是持有"国际旅游小姐"商标的美国人Charlie See的授权使用人，并不是商标权所有权人，商标所有权人没有授权唐风汉格公司通过诉讼维权，唐风汉格公司提起侵犯商标权的诉讼，主体不适格。我国反不正当竞争法所指的"知名商品"的名称不应当是注册商标，对"国际旅游小姐"的商标侵权行为，不适用反不正当竞争法调整。"国际旅游小姐"并不构成知名服务。虽然唐风汉格公司提交了大量的推广合同和媒体宣传合同证明"国际旅游小姐"的知名度，但是并没有证明这些合同的具体实施情况。我公司经过在马来西亚成功举办了10届"国际旅游小姐大赛"活动的黄罕荣的授权，在2005年就在国内举办了完整的"国际旅游小姐"比赛，并不侵犯唐风汉格公司的合法权益。案外人张丰于2006年1月向商标局申请将"国际旅游小姐"注册为商标，黄罕荣于2006年8月向商标局申请将"MISS TOURISM INTERNATIONAL（国际旅游小姐大赛）"注册为商标，两个商标注册申请均涉及"国际旅游小姐"，在商标注册的行政决定未确定前，本案不宜判决。综上，不同意唐风汉格公司的诉讼请求。

原审查明事实

原审法院查明：

1."国际旅游小姐"相关的商标注册情况。

1971年1月26日，"MISS TOURISM"被美国商业部专利和商标局注册为商标，注册号为0906923，注册人为CHARLIE SEE。该商标的有效期被续展至2011年1月26日。

2006年1月16日，张丰向国家工商行政管理总局商标局申请注册"旅游小姐"、"国际旅游小姐"商标,申请号分别为5121047、5121046,类别均为第41类(第41类为教育,提供培训,娱乐,文体活动)。2006年5月17日,商标局出具《注册申请受理通知书》,通知张丰上述两项申请已经受理。

2006年8月4日,黄罕荣委托北京老派农商标代理有限公司向商标局递交了商标注册申请,申请将"MISS TOURISM INTERNATIONAL(国际旅游小姐大赛)"注册为商标。

环球趋势公司称,在马来西亚申请注册商标,以使用10年为前提,黄罕荣在诉讼时尚未在马来西亚将"MISS TOURISM INTERNATIONAL"注册为商标。

2. 唐风汉格公司参与的"国际旅游小姐"赛事的情况。

(1) 2004年举办情况。

2003年9月12日,杭州世界休闲博览会执委会办公室向唐风汉格公司出具通知,表示同意唐风汉格公司申报的"2004国际旅游小姐冠军总决赛"为2006年杭州世界休闲博览会培育项目,并告知经费自筹解决。

2003年11月3日,CHARLIE SEE在浙江省嘉善县西塘镇出具授权书,授权唐风汉格公司的经理张丰代表他组织筹办2004年在杭州市举办的"国际旅游小姐冠军总决赛"。

2003年11月10日,中华全国工商联纺织服务商会向"2004国际旅游小姐冠军总决赛组委会"发函,表示同意联合主办"2004国际旅游小姐冠军总决赛"。

2004年1月20日,唐风汉格公司与上海时尚文化传媒公司(以下简称时尚公司)签订合同,约定双方合作开发"2004国际旅游小姐冠军总决赛"商业资源,时尚公司作为"2004国际旅游小姐冠军总决赛"唯一的主播媒体,负责大赛的全程电视推广、电视报道和电视转播;在大赛所有的传播资料上,时尚公司与唐风汉格公司并列为承办单位;时尚公司向唐风汉格公司支付70万元承办基金。张丰代表唐风汉格公司在合同上签字。

2004年1月20日,标注甲方为北京新浪互联信息服务有限公司、乙方为唐风汉格公司的《合作协议》在北京市海淀区签订,约定甲方为"2004国际旅游小姐冠军总决赛"的独家网络合作伙伴,乙方在比赛相关宣传载体上标注新浪网的LOGO。该《合作协议》的乙方的签字代表为张丰,乙方加盖"2004国际旅游小姐冠军总决赛组委会"的印章。

2004年5月20日,中国贸易促进委员会杭州市分会在"2004年国际旅游小姐冠军总决赛组委会"向其发出的《邀请函》中盖章并表示,同意作为"2004国际旅游小姐冠军总决赛"特别支持单位。

2004年6月15日至6月30日，"2004年国际旅游小姐冠军总决赛"在杭州市举行。该赛事的主办单位为国际游游小姐组织，承办单位为新加坡 ERM 公司、唐风汉格公司、上海电视台生活时尚频道。"2004年国际旅游小姐冠军总决赛"组委会名誉主席为李陈香梅，执行主席为张丰。上海电视台生活时尚频道对总决赛进行了直播。

（2）2004年宣传情况。

2003年9月至11月，《杭州日报》、《重庆商报》、《北京现代商报》、《齐鲁晚报》等30余家报纸对"2004年国际旅游小姐冠军总决赛"将在杭州举办进行了相关报道。

2004年2月至3月，《中国纺织报》、《沈阳日报》、《安徽商报》等20余家报纸，以及新华网、腾讯网等20余家网站对"2005年国际旅游小姐冠军总决赛"的进展情况进行了相关报道。

2004年3月，《中国日报》、《中国青年报》、《北京晨报》等30余家报纸，中央电视台、旅游卫视、广州电视台等电视台，以及多家网站对"2004年国际旅游小姐冠军总决赛"进行了相关报道。

2004年6月至7月，新浪网、YAHOO、新华网等100余家网站对"2004年国际旅游小姐冠军总决赛"进行了相关报道。

（3）2005年举办情况。

2004年8月17日，Charlie See 签署《授权委托书》，授权唐风汉格公司的张丰2005年在中国组织"国际旅游小姐皇后大赛"。

2004年9月，唐风汉格公司与山东省、天津市、江苏省等12个省市的广告公司、文化传播公司等签订了《2005年国际旅游小姐冠军总决赛选拔赛各省市赛区承办协议》，授权上述公司为其所在省市的唯一承办单位，承办2005国际旅游小姐冠军总决赛在该省市分赛区的比赛，在分赛区的比赛中选拔出前三名参加2005年4月在浙江省西塘镇举行的总决赛。合同还约定承办单位向唐风汉格公司支付5万元授权费。上述部分合同中，还加盖了"中国2004—2008国际旅游小姐冠军总决赛筹备委员会"或"中国2004—2008国际旅游小姐冠军总决赛执行委员会"的印章。

2004年9月，中华全国工商业联合会旅游业商会向"中国2004—2008国际旅游小姐冠军总决赛筹备委员会"发函，表示同意作为2005—2008国际旅游小姐冠军总决赛联合主办单位之一。

2005年3月25日，杭州市西湖博览会组织委员会办公室向唐风汉格公司出具西博办［2005］8号文件，表示同意唐风汉格公司申报的"2005国际旅游小姐冠军总决赛"为2005年度中国杭州西湖博览会支持项目，经费自筹解决。

2005年4月16日，唐风汉格公司与时尚公司签订《合作协议书》，约定时尚公司负责"2005国际旅游小姐冠军总决赛"颁奖晚会电视节目的录制、监制，唐风汉格公司向时尚公司支付电视播出费用15万元。

2005年7月2日，"2005国际旅游小姐冠军总决赛"在杭州大剧院举行。该赛事的主办单位为国际旅游小姐组织，承办单位为新加坡ERM公司、唐风汉格公司、中国国际贸易促进委员会杭州分会、杭州世界休闲博览会有限公司、浙江省中国旅行社。"2005年国际旅游小姐冠军总决赛"组委会名誉主席为李陈香梅，执行主席为张丰。浙江卫视对总决赛进行了直播。

（4）2005年宣传情况。

2004年10月29日至11月15日，《人民日报》、《中国旅游报》、《中国纺织报》等16家报纸对"2005国际旅游小姐冠军总决赛"启动情况进行了相关报道。

2004年11月1日，BTV—2"每日文化播报"、BTV—7"魅力前线"、旅游卫视、凤凰卫视、台湾东森卫视对"2005国际旅游小姐冠军总决赛"新闻发布会进行了报道。

2005年4月15日至6月，《人民日报》海外版、《中国妇女报》、新华网、新浪网等100余家媒体对"2005国际旅游小姐冠军总决赛"进行了相关报道。

2005年6月6日至6月17日，新华社、《中国青年报》、人民网、新华网、新浪网等约23家媒体对"2005年国际旅游小姐冠军总决赛"北京巡游活动进行了相关报道。

2005年6月7日至7月9日，新华社、中新社、《人民日报》、《中国旅游报》、《华西都市报》等16家媒体对"2005年国际旅游小姐冠军总决赛"四川巡游活动进行了相关报道。

2005年6月11日至6月15日，新华社、中国新闻社、《人民日报》、《河南日报》等14家媒体对"2005年国际旅游小姐冠军总决赛"河南巡游活动进行了相关报道。

2005年6月20日至7月8日，《人民日报》海外版、《中国体育报》、新华网、搜狐网等100余家媒体对"2005年国际旅游小姐冠军总决赛"周庄巡游活动进行了相关报道。

2005年6月23日至7月24日，新华社、《人民日报》海外版、新浪网等约43家媒体对"2005年国际旅游小姐冠军总决赛"杭州巡游及总决赛进行了相关报道。2005年8月，《山东画报》、《今日民航》等8家杂志对"2005年国际旅游小姐冠军总决赛"进行了相关报道。

2006年1月，唐风汉格公司与时尚公司签订《电视节目播映权购买合同（协议）》，约定唐风汉格公司向时尚公司提供《2005国际旅游小姐冠军总决赛晚会》电视节目录像带，授权时尚公司在2006年在上海电视台生活时尚频道首次播放该节目；时尚公司向唐风汉格公司支付1万元。

（5）2006年举办情况。

2005年5月至2006年1月，唐风汉格公司与河南省、安徽省、重庆市等11个省市的文化传播公司、策划公司、模特经纪有限公司等签订了《2006年国际旅游小姐冠军总决赛选拔赛各省市赛区承办协议》，授权上述公司为其所在省市的唯一承办单位，承办2005国际旅游小姐冠军总决赛在该省市分赛区的比赛，在分赛区的比赛中选拔出前三名参加2006年"国际旅游小姐中国区总决赛"。合同还约定承办单位向唐风汉格公司支付6万元授权费。上述部分合同中，张丰代表唐风汉格公司签字；部分合同还加盖了"中国2004—2008国际旅游小姐冠军总决赛筹备委员会"或"中国2004—2008国际旅游小姐冠军总决赛执行委员会"的印章。

2005年9月22日，张丰代表"中国2004—2008国际旅游小姐冠军总决赛筹备委员会"与浙江西塘旅游文化发展有限公司（以下简称西塘旅游公司）签订《2006年国际旅游小姐冠军总决赛中国区总决赛主办协议》，约定西塘旅游公司于2006年3月18日至4月7日举办"2006国际旅游小姐冠军总决赛"中国区总决赛，选出中国区冠军参加2006年6月在杭州举行的"2006国际旅游小姐冠军总决赛"；西塘旅游公司支付150万元的咨询执行费用。

2005年10月15日至11月10日，新华社、中新社、《经济日报》、《人民日报》海外版、搜狐网、新华网等39家媒体对"2005年国际旅游小姐西塘论坛及2006国际旅游小姐大赛启动仪式"进行了相关报道。

2006年3月18日，"2006国际旅游小姐冠军总决赛"中国区总决赛在西塘举行。

2006年3月30日，张丰代表2004—2008国际旅游小姐冠军总决赛执行委员会与杭州海龙广告传媒有限公司签订《制作合同》，约定杭州海龙广告传媒有限公司在3月30日前制作3分钟的2006国际旅游小姐大赛宣传片。

2006年3月31日，2004—2008国际旅游小姐冠军总决赛执行委员会与北京头版文化发展有限公司签订《合作合约》，约定北京头版文化发展有限公司邀请不少于50家国内媒体于4月1日至4月7日到达西塘对"2006国际旅游小姐冠军总决赛"相关活动进行报道；合同约定报道版面不少于75个版面，不少于100家媒体发稿。

2006年7月7日，重庆广播电视集团（总台）与唐风汉格公司签订《合作协议书》，约定重庆广播电视集团负责"2006国际旅游小姐冠军总决赛"在7月8日总决赛颁奖晚会进行电视节目的录制、监制、全程直播。

3. 环球趋势公司举办"国际旅游小姐"赛事相关事实。

1994年、1995年、1998至2005年，马来西亚人黄罕荣和荣达国际有限公司在马来西亚举办了10届"MISS TOURISM INTERNATIONAL（国际旅游小姐）"世界总决赛。1996年和1997年，因经济危机，该项比赛未能举办。黄罕荣出具《"国际旅游小姐"选美连锁经营许可证》，授权环球趋势公司总经理李哲在中国境内举行2006年度第11届"国际旅游小姐"世界总决赛。

2003年10月13日，黄罕荣向Charlie See传真了一封信，主要内容为：（1）由于马来西亚与美国的关系比较紧张，故黄罕荣没有邀请Charlie See参加2003年12月的"国际旅游小姐大赛"世界总决赛；（2）黄罕荣多年前就尝试过将"国际旅游小姐大赛"推广到中国，但未能成功。

2003年10月14日，Charlie See签署声明，主要内容为：（1）Charlie See曾向黄罕荣签署授权协议，授权黄罕荣在马来西亚举办"国际旅游小姐大赛"，该授权协议应逐年续签，黄罕荣应向Charlie See支付相应版税；（2）黄罕荣在过去三年举行的大赛，并未获得Charlie See的授权，亦未邀请他出席；（3）未经Charlie See授权，他人不得在中国或其他国家组织其在美国注册了商标的"国际旅游小姐大赛"等赛事。

2006年5月10日，杭州市上城区公证处对环球趋势公司网站（http://www.misstourism.net.cn）上的部分网页进行了证据保全。环球趋势公司在网站首页上标注了"第十一届国际旅游小姐大赛"，并宣称：（1）2005年12月，黄罕荣已经授权环球趋势公司举办2006年至2010年"国际旅游小姐大赛"中国区预选赛和世界总决赛；（2）"国际旅游小姐大赛"世界总决赛由中国电视艺术家协会旅游电视委员会主办，由环球趋势公司承办；（3）环球趋势公司计划在2006年5月10日进行"国际旅游小姐大赛"世界总决赛新闻发布会，在2006年5月10日至9月10日进行中国赛区报名海选、预赛、决赛；（4）环球趋势公司策划实施了"2005第十二届世界旅游小姐年度皇后大赛"。

2006年5月30日，中国电视艺术家协会出具《郑重声明》，声称其从未举办或参与举办"国际旅游小姐大赛"及相关活动，将依法追究冒用其名义进行宣传的法律责任。

诉讼中，环球趋势公司称其在2005年举办了"国际旅游小姐大赛"中国区的比赛，国际总决赛在马来西亚举行，但与环球趋势公司宣称其2006年才开始举办"国际旅游小姐"比赛相互矛盾，而且，环球趋势公司未提供证据证明其2005年在中国实际举办过"国际旅游小姐大赛"。

诉讼中，环球趋势公司称其举办了2006年的"国际旅游小姐"比赛，但表示没有相关证据。

原审审理结果

原审法院认为：

1. 唐风汉格公司作为原告是否适格。

就本案查明的事实可知，唐风汉格公司虽然并非2004至2006年"国际旅游小姐总决赛"的唯一举办单位，但却是该赛事的主要举办单位。作为"国际旅游小姐总决赛"的主要经营者之一，他人非法使用"国际旅游小姐"名称，将可能对其构成不正当竞争，损害其合法权益，因此，唐风汉格公司有权就"国际旅游小姐"名称被不正当使用作为原告提起诉讼。

2. "国际旅游小姐"商标注册情况对本案的影响。

虽然 Charlie See 在美国将"MISS TOURISM"注册了商标，但因其并未在我国注册商标，故在我国并不享有对"MISS TOURISM"的商标专用权。唐风汉格公司并不因 Charlie See 的授权，而取得"MISS TOURISM"或"国际旅游小姐"的专用权。同样，环球趋势公司取得黄罕荣的授权，并不能成为其对"MISS TOURISM INTERNATIONAL"享有专用权的理由。无论 Charlie See 和黄罕荣是否授权，在"国际旅游小姐"尚未在我国注册为商标的情况下，除非有其他法律依据，唐风汉格公司和环球趋势公司均无权禁止他人在赛事服务活动中使用该名称。

环球趋势公司称，在张丰和黄罕荣均已经申请将"国际旅游小姐"注册为商标的情况下，本案应中止审理。对此本院认为，本案仅需确认"国际旅游小姐"相关赛事是否构成知名服务，以及环球趋势公司使用"国际旅游小姐"这一名称是否构成不正当竞争，而无须确认"国际旅游小姐"这一名称的专用权归属。反不正当竞争并非授予经营者专有权，而是让利益相关经营者制止他人不正当竞争行为。即使本案能够认定"国际旅游小姐"比赛构成知名服务，也只能给予该特有名称的相关利益人（包括唐风汉格公司）要求他人停止不正当使用该名称的权利，而并未授予唐风汉格公司对该名称的专用权。至于"国际旅游小姐"的专用权归属，应当由依照商标法等法律予以确认，本案对此不必予以处理。因此，本院对环球趋势公司要求中止诉讼的主张不予支持。

3. "国际旅游小姐"赛事是否构成知名服务。

从本院查明的事实可知，2003年9月至2006年，新华社、《人民日报》、中央电视台、新华网、新浪网等多家全国性及地方性媒体对唐风汉格公司参与举办的"国际旅游小姐"相关赛事（各省市初赛、中国区决赛、世界总决赛）进行了报道。宣传报道持续时间长、影响范围大。而且，"国际旅游小姐"相关赛事的举办有组织、有计划，规模大，参与广泛。因此，本院认为"国际旅游小姐"赛事已经在中国的赛事服务市场具有了一定知名度，为相关公众所知悉，能够较为显著的区别于其他赛事服务，构成了知名赛事服务。

4. 环球趋势公司使用"国际旅游小姐"是否构成不正当竞争。

当某些经营者提供的服务具有一定知名度，成为了知名服务，在该项服务特有名称上就凝聚了无形价值，应具有知识产权。如果对知名服务特有名称进行适当保护，防止对知名服务的搭便车，将有利于相关经营者维护、保持、增加该特有名称的无形价值，有利于激励经营者创造更多无形价值以增加社会财富。如果不给予有关利益人适当权利制止他人擅自使用该特有名称，将不能制止搭便车的行为，且不利于激励经营者创造和维护其提供的服务的特有名称，不利于社会财富的增长。因此，本院认为，经营者不得擅自使用他人知名服务特有的名称，或者使用与知名服务近似的名称，造成和他人的知名服务相混淆，使相关公众误认为是该知名服务。

虽然环球趋势公司自2006年起在网站上对其拟举办的"国际旅游小姐大赛"进行了宣传，但却未证明实际举办过该赛事，更未证明"国际旅游小姐大赛"已经具有一定知名度。环球趋势公司在2006年唐风汉格公司参与的"国际旅游小姐"赛事已经成为知名赛事服务，且从未参与该赛事的情况下，使用"国际旅游小姐"这一名称举办比赛，构成对他人知名服务的特有名称的擅自使用。环球趋势公司虽辩称其举办"国际旅游小姐大赛"有黄罕荣的授权，但黄罕荣在中国对"国际旅游小姐"的名称并不享有专用权或其他知识产权，其授权并不能成为环球趋势公司使用"国际旅游小姐"的合法依据。故环球趋势公司的该项辩称无法律依据，本院不予支持。

唐风汉格公司参与的"国际旅游小姐"在全国范围具有了一定知名度，已成为知名赛事服务的情况下，环球趋势公司在全国举办相同名称的赛事，可能导致相关公众混淆。环球趋势公司擅自使用"国际旅游小姐"这一知名服务特有名称的行为，损害了唐风汉格公司的合法权益，扰乱了市场经济秩序，构成不正当竞争，应依法承担停止不正当竞争行为的法律责任。唐风汉格公司要求环球趋势公司停止使用"国际旅游小姐"或相似名称的诉讼请求，有事实和法律依据，本院予以支持。唐风汉格公司的其他诉讼请求，无法律依据，本院不予支持。

综上，本院依照《中华人民共和国反不正当竞争法》第二条、第五条第（二）项之规定，判决如下：

一、被告环球趋势国际文化传播（北京）有限公司于本判决生效之日立即停止使用与"国际旅游小姐"相同或者相近的名称进行赛事活动；

二、驳回原告浙江唐风汉格形象设计有限公司的其他诉讼请求。

环球趋势公司不服原审判决，提起上诉：1. 被上诉人并非本案适格原告。被上诉人提起本案诉争的基础是经过美国人 Charlie See 先生的授权在中国使用的"国际旅游小姐"商标，被上诉人仅是该商标的使用权人而非所有权人，无权直接就该商标提起诉讼，原审法院认为"国际旅游小姐"已经成为被上诉人的"知名服务"，故具有使用的排他性的认识错误；2. 本案属于商标专用权纠纷故不适用反不正当竞争法调整，在商标专用权没有定论之前不能先行裁判。由于案外人张丰和马来西亚华人黄罕荣都向商标局提出了在中国注册"国际旅游小姐"商标的申请，原审法院在该行政审查尚未作出决定之前作出司法判决，势必直接导致司法裁判与行政决定的冲突。原审法院在判决中确认被上诉人拥有"国际旅游小姐"名称使用的排他权是错误的，这使得在后获得的商标权可能变得毫无意义。3. 本案诉争的"国际旅游小姐"并不是法律意义上的知名商品。原告虽然使用了大量的合同作为证据用以证明"国际旅游小姐"已经是知名商品，但原告并没有进一步证明这些活动得以实施和具体实施的情况。而且，被上诉人通过大量的发包行为将具体的承办工作交给不具有资质的单位完成，显然"国际旅游小姐"最终也就不会形成被上诉人自己的名牌或知名商品。4. 上诉人早于 2005 年就在中国境内进行了"国际旅游小姐"的相关活动并向马来西亚举办的世界总决赛现场输送了中国片区总冠军，上诉人在 2006 年也一直在中国境内开展"国际旅游小姐"活动，原审法院对于上诉人的这些行为予以否定的做法是错误的。综上所述，被上诉人非商标专用权人，其提起涉及商标纠纷的诉讼没有法律依据。原审法院将属于商标权利纠纷的案件错误地按照不正当竞争审理是不当的，在商标权属尚无定论之前先行进行知名商品的司法认定并赋予非商标专用权人排他性权利亦不合法。请求二审人民法院依法撤销原审判决，驳回被上诉人的诉讼请求。

被上诉人唐风汉格公司未提交书面答辩意见，其当庭口头答辩称：1. 被上诉人是具有经营资质的市场经营者，是符合《反不正当竞争法》第二条规定的本案的适格主体；2. 被上诉人在本案中所主张的权利是反不正当竞争法当中的知名商品的特有名称权而非商标专用权，目前"国际旅游小姐"尚未成为注册商标也没有人就此享有注册商标专用权，案外人申请该商标的行为也不会对本案中被上诉人主张的权利构成任何的影响。即使今后出现了权利冲突，也可以通过相关的商标程序予以解决，对本案的审理也不构成影响；3. 被上诉人所举办的"国际旅游小姐"大赛已经具备了知名服务的法律构成要件，被上诉人对该赛事进行的大量工作使被上诉人获得了对"国际旅游小姐"名称的排他性使用权。综上，请求二审法院维持原审判决，驳回上诉人的上诉请求。

二审查明事实

对于原审判决查明的事实双方当事人均无异议，予以确认。

二审法院补充查明如下事实：

唐风汉格公司于2006年9月13日提交给原审法院的起诉状中写明："……被告（环球趋势公司）的行为违反了《反不正当竞争法》第五条第二款之规定，擅自使用知名商品特有的名称、包装、装潢，或者使用与知名商品近似的名称、包装、装潢和他人知名商品相混淆，使购买者误认为是该知名商品。被告的行为属于不正当竞争行为。"在本院审理过程中，唐风汉格公司向本院明确：本案不是侵犯注册商标专用权纠纷，唐风汉格公司提出诉讼请求的依据是环球趋势公司的行为违反反不正当竞争法的规定。唐风汉格公司同时提出，其在本案中主张作为知名服务特有名称的是"国际旅游小姐"。

环球趋势公司于2007年5月8日即本院已经对双方当事人进行询问后，向本院提交了包括长沙市旅游局文件、部分网页资料和报纸宣传资料及"世界旅游小姐年度皇后大赛总决赛"在中国境内举办的VCD资料在内的五份新证据，但环球趋势公司未对上述证据未在原审法院审理过程中提交的原因向本院作出解释。

二审审理结果

二审法院认为：

1. 关于上诉人在本院审理过程中所提交的新证据是否应予采信的问题。

对于上诉人在本院审理过程中所提交的五份新证据，本院注意到，首先，这些新证据的内容均是关于"世界旅游小姐大赛"的活动情况，与本案被上诉人所主张作为知名服务特有名称的"国际旅游小姐"无关，故与本案缺乏必要的关联性；其次，上述证据系上诉人在二审程序中、本院对双方当事人询问后提交的新证据，但上诉人并未就这些证据未在原审程序中提交的原因向本院作出合理的解释，故上述证据亦不符合可被二审法院予以采信的新证据的条件。因此，本院对于本案进行审理的基础是双方当事人在原审程序中已经提交的证据，对于上诉人提交的新证据本院不予采纳。

2. 关于本案诉争的焦点问题及审理范围。

根据本院已经查明的事实,被上诉人在向原审法院提起本案的诉讼时、原审法院审理过程中及本院审理过程中均已明确表示其提起本案诉讼的法律依据是我国反不正当竞争法,即上诉人的行为侵犯了"国际旅游小姐"作为知名服务特有名称的权利。因此本院认为,人民法院对民事纠纷的处理和裁决以提起诉讼的一方当事人的请求为基础,在被上诉人已经向原审法院明确指出本案的诉争焦点及法律依据的情况下,原审法院及本院的审理范围即仅限于此。而且,在本案中被上诉人主张权利的知名服务的特有名称的保护亦不以注册商标专用权的存在为基础,故本案的诉争焦点问题是"国际旅游小姐"是否已经成为知名服务的特有名称及上诉人的行为是否构成对该特有名称权利的侵犯。因此,上诉人关于本案属于商标专用权纠纷而不能适用反不正当竞争法进行调整的观点属于对于现行法律法规的错误理解,本院对此不予支持。

关于上诉人提出的案外人已经就与本案被上诉人主张作为知名服务特有名称的"国际旅游小姐"相同或者近似的名称申请商标的行为可能会与本案处理的结果产生矛盾,故本案纠纷不宜先行裁决的问题,本院认为,本案仅解决"国际旅游小姐"是否能够作为知名服务的特有名称受到法律保护的问题,至于案外人在后能否将与该名称相同或者近似的名称注册为商标与本案并无直接的关联性,且即使该注册商标专用权人的确定与本案的处理结果产生矛盾,当事人也可以通过相关的行政和司法程序予以解决,亦不会对相关当事人的权利产生损害。因此,上诉人关于本案不能在注册商标专用权权利确定之前先行裁决的主张错误,本院不予支持。

3. 关于被上诉人的主体资格问题。

根据本院已经查明的事实,被上诉人在2004年至2006年三届"国际旅游小姐总决赛"的举办过程中完成了主要的承办工作,虽然其并不是该项赛事的唯一举办单位,但作为主要的承办单位,其有权就本案所涉及的"国际旅游小姐"是否构成我国反不正当竞争法所规定的知名服务的特有名称和该特有名称的权利是否被他人侵犯的问题提起本案的诉讼,上诉人关于被上诉人不具备作为本案适格原告的主体资格的主张不能成立,本院不予支持。

4. 关于"国际旅游小姐"能否作为知名服务的特有名称受到保护及上诉人的行为是否构成侵权的问题。

我国《反不正当竞争法》第五条第(二)项规定,经营者不得采用下列不正当手段从事市场交易,损害竞争对手:擅自使用知名商品特有的名称、包装、装潢,或者使用与知名商品近似的名称、包装、装潢,造成和他人的知名商品相混淆,使购买者误认为是该知名商品。

根据已经查明的事实，2003年9月杭州世界休闲博览会执委会即已向被上诉人发出了同意其申报的"2004国际旅游小姐冠军总决赛"为2006年杭州世界休闲博览会培育项目的通知，也就是说，由被上诉人作为承办方之一的大赛最早于2003年9月已经开始使用"国际旅游小姐"这一名称，而被上诉人提供的证据未能证明在此之前被上诉人自己或他人在中国大陆境内使用过相同的名称举办过类似的赛事。因此根据现有证据可以确认，被上诉人作为参与方在中国大陆境内最早使用了"国际旅游小姐"这一名称。

根据被上诉人在原审程序中提交的证据可知，被上诉人作为主要承办方所举办的"国际旅游小姐"的相关赛事（包括各省市初赛、中国区决赛、世界总决赛）在2003年至2006年近三年的时间里，在中国大陆境内开展了规模较大的各项活动，得到了相关公众的一定关注，并被包括新华社、中央电视台等在内的媒体进行了宣传报道并在较广泛的地域内产生了较大的社会影响。因此，可以认定由被上诉人参与举办的"国际旅游小姐"大赛已经在国内相关行业产生了一定的市场知名度，成为了已经为相关公众所知悉的知名服务的特有名称。上诉人虽然从被上诉人举办该项赛事的具体操作方式（包括分包）和具体赛事活动的承办人资质方面对被上诉人举办的该项赛事提出质疑，但本院认为，被上诉人虽然向原审法院及本院提供了一些其与该项赛事的具体承办单位所签订的分包或其他形式的合同，但其同样提供了相关的证据证明该项赛事已经实际举办且有关新闻媒体已经给予了广泛的报道。所以，被上诉人对于该项赛事的具体经营方式或者操作过程并不能否定该赛事所产生的实际社会影响这一客观结果，亦不影响本院对于"国际旅游小姐"作为知名服务特有名称的认定。

在被上诉人作为主要承办方在中国大陆境内所举办的"国际旅游小姐"相关赛事已经成为知名赛事服务且"国际旅游小姐"已经成为该赛事服务的特有名称的情况下，上诉人使用相同的名称在国内举办类似的赛事，会使相关公众对该赛事服务的实际提供者产生混淆，损害被上诉人及社会公众的利益，其行为已经构成不正当竞争行为，应当承担停止相关不正当竞争行为的法律责任。鉴于上诉人在原审及本院审理过程中均未能提供证据证明其在先或者已经实际使用"国际旅游小姐"这一名称举办了相关赛事，其与此相关的抗辩主张本院亦不能予以支持。作为赛事的主要承办单位的被上诉人对于上诉人所提出的停止使用与"国际旅游小姐"相同或者相似名称的主张，具有事实和法律依据，本院予以支持。

综上所述，原审判决程序合法，认定事实清楚，适用法律正确，本院予以维持。上诉人的上诉理由不具备事实与法律依据，本院不予支持。依照《中华人民共和国民事诉讼法》第一百五十二条第一款、第一百五十三条第一款第（一）项之规定，本院判决如下：

驳回上诉，维持原判。

一审案件受理费 50 元，由环球趋势国际文化传播（北京）有限公司负担；二审案件受理费 50 元，由环球趋势国际文化传播（北京）有限公司负担。

51. "摩圣"系列产品不正当竞争纠纷案
——北京金科立杰科技发展有限公司诉吴敏、
广州市南易科技有限公司北京分公司

原告（被上诉人）：北京金科立杰科技发展有限公司
被告（上诉人）：吴敏
被告（上诉人）：广州市南易科技有限公司北京分公司
案由：不正当竞争纠纷

原审案号：北京市海淀区人民法院（2006）海民初字第14254号
原审合议庭成员：靳学军、石必胜、谢天训
原审结案日期：2006年12月30日
二审案号：北京市第一中级人民法院（2007）一中民终字第04442号
二审合议庭成员：仪军、侯占恒、赵明
二审结案日期：2007年6月20日

判决要旨

根据公司章程掌握公司经营秘密的其他高级管理人员也属于同业禁止的适用人员范围，离职后仍应当遵守保密规定及同业禁止的规定。如离职后违反竞业禁止规定，利用所掌握的公司商业秘密获取经济利益的，构成不正当竞争。

起诉与答辩

原告北京金科立杰科技发展有限公司（以下简称金科立杰公司）诉称：2001年6月26日，我公司与北京埃勒维斯科技发展有限公司（以下简称埃勒维斯公司）签订了《"摩圣"系列产品代理认证协议》，该协议约定我公司在五年内独家在中国铁路系统代理"摩圣"系列产品的销售。2002年3月，我公司聘任吴敏为副总经理，并于同年4月22日明确由其负责铁路系统的"摩圣"销售工作。同年7月，吴敏出资成为我公司的股东。在我公司工作期间，吴敏全面掌握了有关"摩圣"的客户关系、经营计划、价格体系等经营信息秘密以及"摩圣"的技术实验方案、添加方法等技术信息秘密，并代表我公司与柳州铁路局柳州机务段、金城江机务段、南宁机务段等多家单位签订

"摩圣"销售合同。2003年7月,吴敏从我公司辞职。2004年年底,我公司得知吴敏在我公司工作期间即2003年2月27日发起设立北京三锦基业科技有限公司(以下简称三锦基业公司),并于2003年7月10日、7月11日、10月28日以三锦基业公司为载体与柳州铁路局签订了三份"摩圣"销售合同。2004年1月,吴敏又注册了广州市南易科技有限公司北京分公司(以下简称南易分公司),并于2005年5月9日以南易分公司为载体与柳州铁路局订立一份"摩圣"销售合同。吴敏通过四份"摩圣"销售合同获得了纯利润826 642元。

我公司认为,吴敏在辞职后销售"摩圣"的行为违反了竞业禁止义务,理由如下:1. 吴敏违反了法定竞业禁止义务。(1) 吴敏在我公司期间,既是公司的股东,又担任副总经理主管"摩圣"在铁路系统的销售,为我公司的高级管理人员。按照公司法的规定,吴敏作为高级管理人员,不能实施同类营业行为。但吴敏在我公司任职期间就出资设立了与我公司同行业的三锦基业公司并出任总经理,与我公司产生了竞争关系,动摇了我公司的独家代理地位。(2) 吴敏在辞职前知晓我公司在柳州铁路局进行了"摩圣"的应用试验,在辞职后的2003年7月立即以三锦基业公司为载体与柳州铁路局签订了"摩圣"销售合同,抢占我公司的经营机会。因此,吴敏的行为违反了公司法规定的法定竞业禁止义务。2. 吴敏也违反了约定的竞业禁止义务。(1) 我公司与吴敏存在竞业禁止协议。2002年3月,我公司制定了《安全保密制度》,规定公司职员离职后三年内不得从事与公司有竞争关系的同类业务。吴敏在我公司工作期间从未对该制度提出异议。2002年4月22日,吴敏在总经理办公会议中明确表示"同意公司目前制定的各项制度"。因此,吴敏与我公司存在竞业禁止协议,吴敏应当遵守《安全保密制度》的规定。(2) 我公司给予了吴敏充分的补偿。吴敏在我公司任职期享有高收入和优厚待遇,除领取与总经理相同的薪金外,还可以获得高达订单10%的提成,我公司还给其租房并配专车。而且,吴敏作为公职退休人员,有固定的收入,我公司对其竞业禁止限制不会对其生存甚至生活水平有任何负面影响。因此,吴敏在辞职后三年内从事与我公司有竞争关系的"摩圣"销售行为,违反了约定的竞业禁止义务。

除此之外,我公司还认为,吴敏也侵犯了我公司的商业秘密。1. 吴敏侵犯了我公司的技术信息秘密。我公司作为该产品在铁路系统的独家代理商,对"摩圣"这种金属表面改性修复剂应用于中国铁路系统进行了大量机车试验,形成了"摩圣"应用于中国铁路机车的技术文件,包括中国铁路机车应用"摩圣"的试验方案、添加工艺和方法、操作方法以及相关技术数据等。这些技术信息秘密都是我公司在技术创新和研究活动中获得的,均以文件的书面版和电子版方式存在，其内容具体、确定，可付诸实践并具有商业价值。为保护商业秘密，我公司制定了《安全保密制度》和《员工守则》，规定员工应当保守公司的秘密，表明我公司采取了合理的、具体的和有效的保密措施。吴敏应当保守相应的秘密，却在离职后利用我公司的技术信息秘密销售"摩圣"，侵犯了我公司的技术信息秘密。2. 吴敏在担任我公司副总经理期间，一直负责在铁路系统销售"摩圣"，全面掌握了关于"摩圣"的客户关系（柳州铁路局及其相关机务段）、货源渠道（总代理埃勒维斯公司）、经营计划（"摩圣"在柳州局机车实验成功后，准备继续向其相关路段销售）、价格体系（我公司与埃勒维斯公司签订的销售价格互相保密的合同条款）及合同文本（试用合同和使用合同的内容）等重要经营信息秘密。吴敏在辞职后，利用我公司在此前与柳州铁路局进行的"摩圣"应用试验铺垫工作和技术成果，以三锦基业公司为载体在柳州铁路局销售"摩圣"，并在设立南易分公司后，继续向我公司的客户销售"摩圣"。因此，吴敏侵犯了我公司的经营信息秘密。

综上，吴敏销售"摩圣"的行为既违反了竞业禁止义务，又侵犯了我公司的商业秘密。鉴于商业秘密是竞业禁止的基础，吴敏两种侵权行为的法律后果和赔偿责任竞合，根据我国《反不正当竞争法》第二十条的规定，吴敏通过四份"摩圣"销售合同获得的利润 826 642 元即为我公司的直接经济损失。由于南易分公司系吴敏为前述侵权行为的载体，并在直接实施侵权行为中获取利润，因此，南易分公司为共同侵权人，应在其获利数额即 305 636.50 元的范围内与吴敏共同承担连带赔偿责任。为维护我公司合法权益，我公司诉请法院判决如下：（1）吴敏立即停止不正当竞争行为，并履行竞业禁止义务；（2）吴敏赔偿经济损失 826 642 元；（3）确认南易分公司为吴敏的共同侵权人，对吴敏的赔偿中的 305 636.50 元承担连带赔偿责任。

被告吴敏辩称：不同意金科立杰公司的诉讼请求，理由如下：1. 吴敏并未违反竞业禁止义务。（1）吴敏并不违反法定竞业禁止义务。承担法定竞业禁止义务的主体必须是公司董事或经理。既非董事亦非经理的吴敏并不是法定竞业禁止义务的承担主体。吴敏在 2003 年 5 月 30 日就离开了金科立杰公司，吴敏在为金科立杰公司工作期间的工作是为金科立杰公司销售"摩圣"，并未为他人销售"摩圣"，因此，吴敏并未在金科立杰公司任职期间从事与金科立杰公司有竞争关系的经营业务。吴敏作为金科立杰公司的股东及员工，在金科立杰公司任职期间出资设立三锦基业公司并担任经理，并不违反任何法律规定。（2）吴敏与金科立杰公司之间并没有达成任何竞业禁止协议。金科立杰公司提交的《员工守则》和《安全保密制度》是伪造的，《安全保密制度》上"李文辉"的签名并不真实。而且，2002 年 3 月，金科立杰公司的董事有五人，而当时的公司章程规定，董事会决议须经2/3即四名以上董事表决通过并签字方为有效，而金科立杰公司提交的《员工守则》和《安全保密制度》上均没有四名或以上董事的签字。另外，吴敏从不知晓《员工守则》和《安全保密制度》的内容，《员工守则》和《安全保密制度》对吴敏没有约束力。（3）合法有效的竞业禁止协议应当是双方真实意思表示，应当是书面的，而且还应当明确规定竞业禁止的范围、期限以及补偿条款。金科立杰公司提交的《员工守则》和《安全保密制度》并没有吴敏的签字，且不具备竞业禁止协议的内容，因此，吴敏与金科立杰公司并未就竞业禁止条款达成合意。另外，《员工守则》和《安全保密制度》缺乏补偿条款，即使成立，也应当是无效的竞业禁止协议。

2. 吴敏并未侵犯金科立杰公司的商业秘密。（1）金科立杰公司所称的经营信息不构成商业秘密。金科立杰公司没有证明经营计划、销售策略的存在；"摩圣"的价格是总代理商提供的，可以合法获得；货源渠道是公开的，在互联网上就可以知晓"摩圣"总代理商及其信息。所以，金科立杰公司所称的经营信息并不是秘密。（2）金科立杰公司所称的技术信息并不构成商业秘密。"摩圣"制造商对使用方法有严格规定，试用、使用过程中的各种方案的目的都是为了验证产品效果，都不超出使用说明书的范围，不构成任何技术秘密。试用、应用结果报告并不产生任何技术秘密，只是用户购买的依据。金科立杰公司提交的试验方案、试验技术小结、机车延长公里中修拆检情况分析报告都是金科立杰公司自行研究得到的，而且金科立杰公司没有对这些资料采取任何保密措施，这些资料都是公开的。（3）三锦基业公司和南易分公司销售"摩圣"所需要的技术支持和技术资料都是由总代理商提供的，不需要其他任何技术信息。吴敏并没有利用金科立杰公司的任何经营信息和技术信息。

3. 吴敏并没有侵犯商业秘密，也没有违反竞业禁止义务，因此不需承担赔偿责任。金科立杰公司主张的利润数额没有事实依据，其提交的计算表中的数据不真实，不能作为金科立杰公司主张的赔偿依据。

4. 吴敏从金科立杰公司处辞职后，于2003年7月11日、2003年10月28日代表三锦基业公司与柳州铁路局签订过"摩圣"销售合同，并于2004年5月9日代表南易分公司与柳州铁路局签订过合同。金科立杰公司既然主张2003年7月准备在柳州局试验成功后签订合同，就应当在2003年7月知道吴敏签订合同的事实。因此，金科立杰公司的部分诉讼请求已经超过诉讼时效。金科立杰公司提交的用以证明其2004年12月才知道吴敏签订合同的证人证言形式不合法，内容不真实。

综上，吴敏没有违反竞业禁止义务，也未侵犯金科立杰公司商业秘密，而且金科立杰公司的诉讼请求已经超过诉讼时效，请求法院驳回金科立杰公司的诉讼请求。

原审查明事实

原审法院查明：

1. 吴敏任职经历。

2001年8月30日，吴敏从南昌铁路局退休，退休前担任企业管理处处长。2001年12月至2002年2月，吴敏在南昌市鲲鹏科技有限公司担任副总经理。

2001年11月9日，王耕野、齐芳、李文辉、董岩、郭福臣作为股东出资设立金科立杰公司，上述五人签订《北京金科立杰科技发展有限公司章程》。

2002年3月，吴敏到金科立杰公司工作，与吴刚、张世元共同从事"摩圣"在铁路系统的销售工作。

2002年7月23日，金科立杰公司的股东变更为齐芳、王耕野、李文辉、金晓东、吴敏，股东会同意修改公司章程。

2003年2月27日，吴敏与钱业革、秦洁颖共同出资成立三锦基业公司，吴敏担任经理。

2003年5月30日，金科立杰公司召开董事会，并制作了《北京金科立杰科技发展有限公司董事会决议》，该决议注明的"会议方式"为"电话沟通"，决议的主要内容为：董事会同意副总经理吴敏提出的辞职要求；吴敏的工资及补贴发至2003年6月。李文辉、齐芳、王耕野在该决议上签字。

2003年6月18日，吴敏从金科立杰公司领取了退回的入股资金5万元。

2004年1月29日，广州市南易科技有限公司申请设立南易分公司，吴敏担任南易分公司的负责人至今。

2004年5月27日，吴敏与钱业发签订《出资转让协议》，约定吴敏将三锦基业公司的20万元股份转让给钱业发。同日，三锦基业公司召开第一届第三次股东会，决议同意吴敏退出股东会，其20万元股份转让给钱业发。

2004年11月1日，北京市工商行政管理局核准三锦基业公司名称变更为北京凯亚法拉科技有限公司。2006年7月6日，北京凯亚法拉科技有限公司办理了注销登记，丧失法人主体资格。

2. 金科立杰公司代理"摩圣"相关事实。

2001年6月26日，埃勒维斯公司与金科立杰公司签订《北京埃勒维斯科技发展有限公司"摩圣"系列产品代理认证协议》（以下简称《代理协议》）及《补充合同》，主要内容为：埃勒维斯公司授权金科立杰公司为中国铁路系统的"摩圣"产品销售总代理商；埃勒维斯公司必须向金科立杰公司提供介绍产品的性能、特点及技术方面的培训；"摩圣"产品的价格制定权、发布权在埃勒维斯公司，埃勒维斯公司不得泄露金科立杰公司的代理价格；金科立杰公司应当对埃勒维斯公司的供货价格予以保密，遵守埃勒维斯公司制定的价格政策，对销售价格进行调整必须经埃勒维斯公司同意；合同有效期为五年（含一年试代理期），双方均有权提前一个月以书面方式通知对方终止协议。

2001年12月20日金科立杰公司与南昌铁路局南昌机务段签订的《"摩圣"产品购销合同》，约定南昌机务段向金科立杰公司购买5升"摩圣"凝胶，总价22.5万元。王耕野代表金科立杰公司在合同上签字。

2002年8月10日，金科立杰公司与柳州铁路局柳州机务段签订《内燃机车使用摩圣金属改性修复剂使用合同》，约定双方共同组织机车使用"摩圣"产品节能对比试验，柳州机务段支付"摩圣"产品使用费每升2.5万元，共计37.5万元。吴敏代表金科立杰公司在合同上签字。

2002年11月6日，金科立杰公司与柳州铁路局金城江机务段签订《内燃机车使用"摩圣"摩擦表面再生技术试用合同》，约定双方共同组织机车试用"摩圣"产品，金城江机务段支付"摩圣"产品使用费每升2.5万元，共计37.5万元。吴敏代表金科立杰公司在合同上签字。

2004年6月29日，铁道部运输局出具运装机检［2004］229号《关于内燃机车选用金属减磨剂技术的通知》，主要内容为：2001年起，由乌克兰哈多（XADO）投资有限责任公司（以下简称哈多公司）研制的金属减磨剂技术先后移植到我国内燃机车试用，试用情况表明金属减磨剂具有一定的减磨效果，因此请各铁路局根据本单位情况有针对性选用金属减磨剂技术。该通知注明抄送金科立杰公司、北京东泽达科技有限公司、铁道部机车车辆大修规程管理研究室。

3. 三锦基业公司和南易分公司代理"摩圣"的事实。

2003年7月6日，埃勒维斯公司出具《授权书》，授权三锦基业公司为"摩圣"产品在柳州铁路局的特别销售代理，并向其提供了《"摩圣"摩擦表面再生技术系列产品代理及销售价目表》，并要求三锦基业公司严格执行该价目表。

2003年7月10日，三锦基业公司与柳州铁路局柳州机务段生产技术科签订《内燃机车使用"摩圣"金属表面再生剂试用合同》，约定双方共同组织机车使用"摩圣"的试验，生产技术科向三锦基业公司支付试验所用"摩圣"产品的费用总计502 800元。吴敏代表三锦基业公司在合同上签字。2003年7月11日，三锦基业公司与柳州铁路局柳州机务段签订《"摩圣"产品购销合同》，约定柳州机务段购买20升"摩圣"产品，总价50万元。吴敏代表三锦基业公司在合同上签字。2006年8月3日，柳州铁路局柳州机务段出具证明，证明2003年7月11日签订的《"摩圣"产品购销合同》代替了《内燃机车使用"摩圣"金属表面再生剂试用合同》。

2003年10月28日，三锦基业公司与柳州铁路局南宁机务段签订《"摩圣"购销合同》，约定南宁机务段从三锦基业公司购买总价值30万元的"摩圣"产品。吴敏代表三锦基业公司在合同上签字。

2004年5月8日，埃勒维斯公司与南易分公司签订《北京埃勒维斯科技发展有限公司"摩圣"摩擦表面再生技术系列产品代理认证协议》，授权南易公司在柳州、上海、呼和浩特铁路局所属系统代理"摩圣"产品。同日，埃勒维斯公司向南易分公司出具《授权书》，授权南易分公司在柳州铁路局独家代理"摩圣"产品。

2004年5月9日，南易分公司与柳州铁路局柳州机务段签订合同，约定向柳州机务段销售总价值75万元的"摩圣"产品。

2005年12月，张世元出具书面《证明》，主要内容为："2004年12月，金科立杰公司金晓东总经理到我所在的公司（北京一海物业公司）找我问吴敏是否做'摩圣'，我知道吴敏在03年7月至12月做过'摩圣'。"针对该《证明》，吴敏提交了长安公证处出具的（2006）长证内经字第2965号公证书，证明张世元出具《证明》时在金科立杰公司工作。

2006年9月4日，北京市第二公证处出具（2006）京二证字第30232号公证书，证明杨旭在《证明》上签字，《证明》的主要内容为：杨旭在2004年11月遇到王耕野时，告诉王耕野他在2003年7至8月期间在柳州遇到过吴敏，吴敏跟他说她在销售"摩圣"。

4. 金科立杰公司主张的技术信息相关事实。

诉讼中，金科立杰公司称其主张的商业秘密记载在证据35至37、证据41上。上述证据的具体情况分别如下：

证据35分别是2001年11月23日青岛铁路分局淄博机务段出具的"摩圣"使用情况、2002年6月26日淄博机务段出具的《淄博机务段"摩圣"技术实验小结》、2001年9月2日淄博机务段范跃光给金科立杰公司员工董岩的电子邮件。使用情况的主要内容是：2001年8月8日，在金科立杰公司指导下，淄博机务段在东风8B5187机车有划迹的第4轮对抱轴颈上试用了"摩圣"产品，试用45天后，发现轴颈的光洁度恢复得很好，没有发生抱轴颈过热现象。《淄博机务段"摩圣"技术实验小结》的主要内容是：2002年9月26日，在铁道部领导的组织下，金科立杰公司、清华大学及有关科研部门的专家学者在济南铁路局淄博机务首次在铁路内燃机车上试验应用"摩圣"产品，其目的是验证"摩圣"的修复作用和在摩擦表面是否能形成金属陶瓷层；通过实验，统计了"摩圣"应用相关数据，发现"摩圣"修复剂对于非正常金属摩擦表面的修复效果明显,"摩圣"凝胶对于柴油机的磨损有一定的减缓作用。电子邮件的主要内容是:实验机车已经运行200小时以上,车轴情况比以前有所改进,实验已经成功了一大半。

证据36分别是2001年12月20日金科立杰公司与南昌铁路局南昌机务段签订的《"摩圣"产品购销合同》、2002年1月4日南昌铁路局南铁机字[2002]22号《关于"摩圣"摩擦表面改性剂——修复剂应用试验的通知》、2003年11月南昌机务段出具的《DF11-0329机车延长公里中修拆检情况分析报告》。《关于"摩圣"摩擦表面改性剂——修复剂应用试验的通知》的主要内容是,南昌铁路局决定在南昌、向塘机务段DF4DT和DF11机车上进行"摩圣"产品应用试验,并对试验领导小组、试验方案及试验工作要求作了具体部署。《DF11-0329机车延长公里中修拆检情况分析报告》的主要内容为:2002年1月15日起,在DF11-0329机车上进行了"摩圣"产品应用试验,试验目的主要有两个:一是检验"摩圣"产品的实际作用;二是延长中修检修公里为50至60公里。2003年11月3日至7日,对DF11-0329机车进行了中修拆检调研,发现该机车使用"摩圣"产品后虽然没有达到原先预期效果,但确实具有一定改性修复的功能,达到了中修走行50至60公里的目的。

证据37为2002年8月6日金科立杰公司署名并盖章的《摩圣摩擦表面改性剂—修复剂(PBC)对柳州铁路局内燃机车柴油机部分进行技术处理的试验方案(草案)》,内容分为四个部分,分别是概述、试验车选择原则、柴油机应用方案、试验目的。其中,柴油机应用方案包括七个部分,较为详细地叙述了柴油机应用"摩圣"的具体条件、数量、方法、步骤等。

证据41包括《对DF4型、DF11型内燃机车进行"摩圣"处理的技术依据(草案)》(以下简称《技术依据(草案)》)和署名为金科立杰公司的《摩圣摩擦表面改性剂—修复剂(PBC)对东风型机车进行处理的工艺标准和操作方法》(以下简称《工艺标准和操作方法》)。《技术依据(草案)》的主要内容为:"摩圣"在内燃机车试用的两种方法;"摩圣"在机车使用的主要部位;使用"摩圣"技术的工艺标准、操作方法和"摩圣"品种、用量;每台机车使用"摩圣"的总价。《工艺标准和操作方法》的主要内容为:参加"摩圣"技术处理试验的人员结构;操作工具和材料;操作前的准备;各部位的工艺流程和操作方法。

5. 吴敏主张的技术信息相关事实。

吴敏提交了2006年8月12日鲲鹏公司出具的《证明》,《证明》的主要内容为:吴敏在鲲鹏公司工作期间,依据从埃勒维斯公司取得的哈多公司的《在乌克兰铁路交通系统试用"摩圣(XADO)"技术计划书》和黑龙江摩圣科技有限公司在内燃机上应用"摩圣"产品的《实验报告》,结合自己多年铁路工作经验,起草了《对 DF4 型、DF11 型内燃机车进行"摩圣"处理的技术依据(草案)》和《DF4 型及 DF11 型内燃机车主要部位"摩圣"技术的工艺标准和操作方法》。

经查,《对 DF4 型、DF11 型内燃机车进行"摩圣"处理的技术依据(草案)》与金科立杰公司提交的《技术依据(草案)》相同;《DF4 型及 DF11 型内燃机车主要部位"摩圣"技术的工艺标准和操作方法》与金科立杰公司提交的《工艺标准和操作方法》相比,除署名和排版不同外,内容全部相同。《在乌克兰铁路交通系统试用"摩圣(XADO)"技术计划书》的主要内容为:"摩圣"技术概述;铁路系统试用"摩圣"技术的计划、目的及任务、日历计划、资金计划、效益分析;铁路系统试用"摩圣"的使用说明书;使用"摩圣"技术处理机械设备的记录。《实验报告》为 2001 年 7 月 6 日由哈尔滨铁路局哈局机务段、机务段服务公司、黑龙江摩圣科技发展有限公司共同出具,主要记载了"摩圣"产品中的润滑凝胶体应用于内燃机上 552732 型轴箱轴承的改性修复动态实验的试验依据、目的、对象、内容、条件、过程、数据及结果,以及经济效益分析。

诉讼中,吴敏提交了长安公证处出具的(2006)长证内经字第 6787 号公证书。公证书表明,2006 年 8 月 28 日下午,埃勒维斯公司法定代表人郭风炜到长安公证处,在公证员面前,在书面《证言》及附件上签名、盖章。郭风炜的《证言》的主要内容为:1. 2001 年,埃勒维斯公司从乌克兰引进了"摩圣"产品,并担任"摩圣"产品在中国的独家总代理;2. "摩圣"产品在中国的销售,遵循产品制造商(哈多公司)——中国总代理(埃勒维斯公司)——一级代理商的销售模式;3. 产品制造商提供详细的产品使用说明书,对"摩圣"产品的使用对象、剂量及可能的调整规则、使用方法、检测参数及其指标范围、操作流程等均作出了严格的规定;4. 埃勒维斯公司根据不同种类设备,把使用说明书有关内容编制成"试验方案"等,作为技术培训或者技术指导内容提供给代理商或者直接用户;5. "摩圣"的各级代理商只是销售产品的商业机构,只负责开拓销售市场,不涉及对"摩圣"产品进行技术研发;中国铁路系统中,由于机车新旧情况、运行里程、维修周期不同,机车在正式使用"摩圣"产品前一般要进行试用,试用是用户为了验证了解"摩圣"产品的使用效果,为是否购买提供决策依据,而不是为改进"摩圣"产品性能或使用方法而进行的研究性试验;试用报告在各级代理商之间都可以免费获取,也可以在网上下载。6. 2002 年,埃勒维斯公司与清华大学联合成立了"摩擦表面再生技术研究所",专门研究"摩圣"产品的作用机理和效果检测方法，配合现场应用实践完善充实使用说明书；7. 金科立杰公司提供的证据 37 即《摩圣摩擦表面改性剂—修复剂（PBC）对柳州铁路局内燃机车柴油机部分进行技术处理的试验方案（草案）》是金科立杰公司在埃勒维斯公司向其提供了济南铁路局和南昌铁路局的"试验（用）方案"后，在埃勒维斯公司指导下完成的，其中的所有内容均未超出使用说明书的范围；8. 金科立杰公司证据 35 中的青岛铁路分局淄博机务段出具的"摩圣"使用情况和《淄博机务段"摩圣"技术实验小结》涉及的试验都是埃勒维斯公司直接服务下进行的，埃勒维斯公司还免费提供了试用"摩圣"产品。

（2006）长证内经字第 6787 号公证书中《证言》的附件二为《合作协议书》，由埃勒维斯公司与清华大学材料科学与工程系于 2002 年 7 月 29 日签订，双方约定联合成立"摩擦表面再生技术研究所"。

吴敏还提交了长安公证处出具的（2006）长证内经字第 6786 号公证书。公证书表明，2006 年 8 月 28 日下午，清华大学汽车工程系教授孔宪清到长安公证处，在公证员的面前，在书面《证言》上签字。《证言》的主要内容是：孔宪清在清华大学"摩擦表面再生技术研究所"成立后，进入该所负责模拟实验室的研究工作，同时还承担了大量现场技术指导和技术服务工作；由于"摩圣"产品应用领域广泛，用户往往希望对设备进行针对性效果验证试验，试验主要是检验应用效果是否达到预期目标；2001 年 8 月 8 日，孔宪清受埃勒维斯公司委托，与该公司的郭风炜和王武科副总经理一起赴济南铁路局淄博机务段，对 DF8B5187 机车第 4 轮对抱轴进行了"摩圣"产品应用处理。8 月 20 日至 22 日，还专程赴淄博进行效果跟踪检查，9 月 24 日至 27 日，又赴淄博机务段进行了解体检查。

6. 金科立杰公司主张的与保密措施、竞业禁止协议相关事实。

金科立杰公司为证明采取了保密措施，并与吴敏存在竞业禁止协议，提交了 2002 年 3 月 17 日的《董事会会议纪要》、2002 年 3 月 19 日的《员工守则》和《安全保密制度》。《董事会会议纪要》第二条的内容为，经董事会讨论同意，聘任吴敏为副总经理；《员工守则》第一条第六款规定，员工应当"忠职保守公司的机密"；《安全保密制度》第八条规定："公司人员离职，三年内不得从事与公司有竞争的同类业务。"《董事会会议纪要》、《员工守则》和《安全保密制度》上均有齐芳、王耕野、李文辉的签字。

金科立杰公司还提交了 2002 年 4 月 22 日的《总经理办公会议》，其中"会议议题决议情况"第二条规定，"进一步明确吴敏同志负责铁路系统市场的管理、销售工作"；其中"吴敏发言"第二条为"同意公司目前制定的各项制度"。该《总经理办公会议》为打印件，无签字。

7. 吴敏主张的与保密措施、竞业禁止相关事实。

2001年11月9日，王耕野、齐芳、李文辉、董岩、郭福臣作为股东出资设立金科立杰公司，上述五人签订《北京金科立杰科技发展有限公司章程》。章程第十八条规定，副总经理的聘任由总经理提名，由董事会决定；章程第二十条规定，董事会实行一人一票表决制，董事会所议事项作出的决定应由2/3以上董事表决通过方为有效；章程规定的董事即为五名股东。

2002年7月23日，金科立杰公司的股东变更为齐芳、王耕野、李文辉、金晓东、吴敏，股东会同意修改公司章程。

吴敏依据上述事实主张，根据2001年11月9日的《北京金科立杰科技发展有限公司章程》，2002年3月17日的《董事会会议纪要》、2002年3月19日的《员工守则》和《安全保密制度》上均无董事会2/3以上即四名以上董事的签名，故《董事会会议纪要》、《员工守则》、《安全保密制度》应属无效。吴敏还主张，《总经理办公会议》并不属实，吴敏并不知晓《董事会会议纪要》、《员工守则》、《安全保密制度》，以及《总经理办公会议》的内容。

原审审理结果

原审法院认为，尽管吴敏否认2002年3月17日的《董事会会议纪要》的真实性，但是，吴敏以股东的身份与另外两名普通员工共同从事铁路系统"摩圣"产品销售的事实，以及吴敏多次代表金科立杰公司与柳州铁路局签订"摩圣"销售合同的事实，能够证明金科立杰公司所主张的吴敏为金科立杰公司在铁路系统销售"摩圣"产品的负责人的事实。吴敏担当的工作的重要性和影响力表明其实际知晓并掌控了公司的部分经营信息。

金科立杰公司在柳州铁路局试验"摩圣"并应用后，与柳州铁路局建立了买卖关系，柳州铁路局作为"摩圣"产品现实客户的信息能够给金科立杰公司带来潜在经济利益和竞争优势，故此信息具备价值性；金科立杰公司制定了《安全保密制度》和《员工守则》来促进公司员工保守商业秘密，吴敏也应当知晓《安全保密制度》和《员工守则》的内容，应认定金科立杰公司采取了保密措施，足以使承担保密义务的相对人吴敏能够意识到相应的信息为需要保密的信息，故该信息具有保密性；柳州铁路局作为金科立杰公司客户的信息，并不为公众所知悉，因此该信息具有秘密性；吴敏代表金科立杰公司与柳州铁路局进行了交易，知晓了柳州铁路局作为现实和潜在客户的信息，在任职期间出资设立了三锦基业公司，并在离职后立即代表三锦基业公司分别于2003年7月和10月两次与柳州铁路局交易，并在2004年5月代表南易分公司与柳州铁路局交易，明显利用了金科立杰公司作为商业秘密的经营信息。吴敏、三锦基业公司和南易分公司利用金科立杰公司的客户信息与柳州铁路局交易，抢夺了原本属于金科立杰公司的商业机会，违反了诚实信用原则，扰乱了市场经济秩序，构成不正当竞争，应依法承担相应的法律责任。因三锦基业公司已经注销，金科立杰公司亦未向其提出主张，故本院考虑三锦基业公司和南易分公司与柳州铁路局签订的合同的价款、获利情况和经营成本，并结合吴敏的过错程度，分别酌情确定吴敏和南易分公司应当承担的赔偿数额。

吴敏主张金科立杰公司的诉讼请求超过诉讼时效，但金科立杰公司以杨旭和张世元的证言证明其2005年12月才知晓吴敏在柳州铁路局销售"摩圣"产品，而吴敏并未证明金科立杰公司在2005年12月前即知晓相关事实，故吴敏的主张无事实依据，本院不予支持。

金科立杰公司还主张货源渠道（总代理埃勒维斯公司）、价格体系（金科立杰公司与埃勒维斯公司签订的销售价格互相保密的合同条款）及合同文本（试用合同和使用合同的内容）等经营信息构成商业秘密，但是：1.合同文本本身并不能给金科立杰公司带来潜在经济利益和竞争优势，故此信息不具备价值性；2.至于金科立杰公司与埃勒维斯公司之间互相保密的进货价格，以及金科立杰公司的货源渠道，因2003年7月6日埃勒维斯公司向三锦基业公司出具《授权书》并提供《"摩圣"摩擦表面再生技术系列产品代理及销售价目表》而公开，不再具有秘密性。因此，金科立杰公司主张的其他经营信息不构成商业秘密。

至于吴敏是否侵犯金科立杰公司的技术信息秘密。本院认为，金科立杰公司主张其技术信息体现在证据35至37、证据41，但是：1.证据35分别是青岛铁路分局淄博机务段出具的"摩圣"使用情况、《淄博机务段"摩圣"技术实验小结》、电子邮件，证据36分别是《"摩圣"产品购销合同》、《关于"摩圣"摩擦表面改性剂——复剂应用试验的通知》、《DF11-0329机车延长公里中修拆检情况分析报告》，上述证据中记载的信息均非金科立杰公司持有，并非金科立杰公司的技术信息；而且其中的内容并未采取保密措施，金科立杰公司之外的相关人员均可知晓，并不具备秘密性，因此，证据35和36中的内容并不构成商业秘密。2.证据37为《摩圣摩擦表面改性剂—修复剂（PBC）对柳州铁路局内燃机车柴油机部分进行技术处理的试验方案（草案）》，但埃勒维斯公司法定代表人的证言及《在乌克兰铁路交通系统试用"摩圣（XADO）"技术计划书》表明，该证据是金科立杰公司在埃勒维斯公司指导下完成的，且其中的内容均未超出使用说明书的范围，因此并不具备秘密性，不能认定为商业秘密。3.证据41包括《技术依据（草案）》和《工艺标准和操作方法》，但上述两份材料的内容均为"摩圣"的具体使用方法，由于南昌铁路局、济南铁路局和柳州铁路局均已经实际应用了"摩圣"产品，上述单位已经掌握了"摩圣"的具体使用方法；而且，从内容上看，金科立杰公司并未指出《技术依据（草案）》和《工艺标准和操作方法》存在超出《在乌克兰铁路交通系统试用"摩圣（XADO)"技术计划书》范围的技术信息，所以，证据41记载的内容也不具备秘密性。因此，金科立杰公司主张的证据35至37、证据41中的内容，并不符合商业秘密的条件。再者，金科立杰公司诉指的侵权行为是吴敏与柳州铁路局签订"摩圣"销售合同的行为，而金科立杰公司并未证明吴敏在销售"摩圣"时使用了金科立杰公司所主张的技术信息，因此，吴敏并未侵犯金科立杰公司技术信息秘密。

金科立杰公司主张吴敏违反法定竞业禁止义务，但是，2004年《公司法》已经规定了法定竞业禁止的义务主体为任职时的董事、经理，而金科立杰公司并未证明吴敏担任董事或经理职务，且吴敏代表三锦基业公司和南易分公司与柳州铁路局签订合同时，已经从金科立杰公司离职，不再负有法定竞业禁止义务，故金科立杰公司的该项主张，本院不予支持。

金科立杰公司还主张吴敏违反约定竞业禁止义务，但竞业禁止协议应当约定竞业禁止范围、期限及补偿条款，而《安全保密制度》和《员工守则》并不具备上述内容，不具备竞业禁止协议的实质要件，故金科立杰公司未能证明双方存在竞业禁止的合意，其主张《安全保密制度》和《员工守则》确立了吴敏的竞业禁止义务的主张，本院不予以支持。

综上，吴敏和南易分公司利用吴敏在金科立杰公司获得的商业秘密与柳州铁路局从事交易，损害了金科立杰公司的合法权益，应承担赔偿损失等法律责任。本院依照《中华人民共和国民法通则》第一百三十七条、《中华人民共和国反不正当竞争法》第二条、第十条、第二十条第一款之规定，判决如下：

一、被告吴敏赔偿原告北京金科立杰科技发展有限公司经济损失10万元，于本判决生效之日起10日内付清；

二、被告广州市南易科技有限公司北京分公司对被告吴敏上述债务中的3万元承担连带给付责任，于本判决生效之日起10日内付清；

三、驳回原告北京金科立杰科技发展有限公司的其他诉讼请求。

吴敏、南易分公司均不服原审判决，提起上诉。

吴敏上诉称：1. 金科立杰公司起诉已超过了诉讼时效，在二审法院审理过程中提交的埃勒维斯公司《证明》也进一步验证了这一点。2. 原审判决程序违法，采纳了金科立杰公司超过举证期限提交的证据41和42，严重违反法定程序，导致判决结果错误。3. 原审判决认定事实有误。（1）原审法院关于吴敏于2002年3月到金科立杰公司工作，与相关人员从事"摩圣"产品销售的认定是错误的,缺乏相关证据支持。(2) 金科立杰公司提交的证据 4 和证据 5 属无效证据。(3) 吴敏在法定期限内提交了对金科立杰公司提交证据中董事"齐芳"和"李文辉"签字真实性进行笔迹鉴定的申请,并提出该签字有明显伪造痕迹。原审法院在未说明任何理由的情况下,驳回了吴敏的申请,并采纳了载有上述伪造签字的证据作为重要事实的认定依据。(4) 2003 年 6 月,吴敏从金科立杰公司领取的 5 万元性质为转让款而并非退股资金。(5) 2001 年 6 月,金科立杰公司与埃勒维斯公司签订的《代理协议》及《补充合同》的时间早于金科立杰公司成立的时间,上述协议是虚假的。(6) 2002 年金科立杰公司与柳州金城江机务段签订的《试用合同》中仅有吴敏的签字,没有公司盖章,应视为吴敏的个人行为。(7) 在铁道部运输局出具的[2004] 229 号通知中,公开了柳州铁路局是摩圣产品的使用客户。(8) 张世元曾是金科立杰公司的工作人员,其于 2005 年 12 月出具的《证明》由金科立杰公司撤回,该证据不具有证明效力。(9) 第 30232 号公证书内容自相矛盾,其补正公证书也存在形式瑕疵。(10) 原审法院在认定吴敏能否意识到金科立杰公司经营信息的保密性以及金科立杰公司经营信息是否具有价值性等事实上缺乏证据支持。(11) 原审法院损害赔偿数额的认定缺少事实或法律上的依据。4. 原审法院适用法律错误,将普通的经营信息认定为商业秘密。综上所述,请求贵院撤销北京市海淀区人民法院(2006)海民初字第 14254 号民事判决,依法驳回被上诉人金科立杰公司的全部诉讼请求,并判令被上诉人金科立杰公司承担本案的全部诉讼费用。

南易分公司上诉称:我公司同意吴敏的上诉事实和理由,并增加一点,即上诉人南易分公司与柳州铁路局进行交易时,诉争的经营信息已经完全被公开,且对金科立杰公司不再具有价值性。诉争的经营信息本身就是可以随意获取的,且在南易分公司与柳州铁路局进行交易之前便已经通过各种形式公开;金科立杰公司在南易分公司与柳州铁路局进行交易时已丧失向柳州铁路局销售"摩圣"产品的资格,因此诉争的信息对其根本无价值。因此,金科立杰公司无可保护的商业秘密,认定南易分公司的经营行为侵犯金科立杰公司商业秘密权的结论是错误的。请求贵院撤销北京市海淀区人民法院(2006)海民初字第 14254 号民事判决,依法驳回被上诉人金科立杰公司的全部诉讼请求,并判令被上诉人金科立杰公司承担本案的全部诉讼费用。

金科立杰公司同意原审判决结果,其辩称:1. 吴敏和南易分公司关于本案超过诉讼时效的主张缺乏事实依据。我公司提交的证据 16 及其公证书已经证明了我公司从知道侵权行为的时间起算并未超过诉讼时效。2. 原审判决并未违反法定程序。吴敏、南易分公司在原审举证期限届满后提交了证据,原审法院接受了相关证据并要求我公司质证,我公司提交的证据 40 和 41 是针对上诉人上述证据的反证,符合法律规定。3. 原审判决认定事实正确。(1) 对于吴敏到我公司任职并销售"摩圣"产品的事实有我公司提交的证据 5 及相关证据为证。(2) 李文辉和齐芳作为我公司的股东和董事,按照公司章程履行职责签署的规章制度和董事会决议等文件均合法、有效,上述文件形成的证据 4 和 5 是真实的,具有关联性和证明力。吴敏和南易分公司在原审期间提出笔迹鉴定的申请,缺乏相关事实依据,原审法院未予支持是正确的。(3) 关于吴敏领取的 5 万元性质,原审判决是根据证据 11 的原文进行的表述。(4) 我公司与埃勒维斯公司签订的合同时间是倒签的,双方对合同效力并无异议。(5) 我公司与柳州金城江机务段签订的合同中有我公司的公章,只是复印件的印记不清晰。(6) 铁道部运输局出具的 [2004] 229 号通知是内部文件,其收到的主体以及通知内容是不公开的。(7) 相关公证书内容是否采信由原审法院决定,而补正公证书的内容是对第 30232 号公证书内容的纠正。(8) 我公司主张的经营信息符合商业秘密的构成要件,吴敏作为我公司高级管理人员,在明知相关保守商业秘密规定的情况下,实施侵权行为具有主观故意。请求二审法院驳回两上诉人的诉讼请求,维持原审判决。

二审查明事实

二审法院进一步查明以下事实:

1. 关于本案诉讼时效的相关事实。

(1) 金科立杰公司向原审法院起诉的时间是 2006 年 4 月 26 日。其主张的侵权行为包括吴敏于 2003 年 7 月至 10 月间,先后三次与柳州铁路局订立三份"摩圣"销售合同,以及 2005 年 5 月其以南易分公司为载体与柳州铁路局订立一份"摩圣"销售合同。双方当事人争议的问题在于 2003 年订立三份合同的行为是否超过诉讼时效。

(2) 金科立杰公司提交了杨旭和张世元的证言,即证据 16 和 17。用以证明该公司于 2005 年 12 月才从杨旭、张世元处得知吴敏从 2003 年 7 月开始与柳州铁路局签订"摩圣"销售合同的事实。在本院审理中,吴敏否认见过杨旭,两上诉人亦均对证据 16 及所附公证书及补正公证书的证明力提出异议,但未提交相应的证据,亦未向司法行政机关提出撤销公证书的申请。

2. 关于双方当事人在原审诉讼程序中补充提交证据的相关事实。

原审法院确定的第一次举证期限截止于 2006 年 7 月 24 日。而此后原审法院接受了两上诉人提交的新证据,金科立杰公司针对该新证据进一步提交了证据 41 和 42,原审法院亦接受并组织双方当事人对各自提交的新证据进行了质证。

3. 关于本案实体审理的相关事实。

（1）在二审期间，金科立杰公司提交了一份案外人北京埃勒维斯科教发展有限公司于 2003 年 11 月 27 日出具的《证明》，其主要内容为任命吴敏为该公司铁路市场开发部经理。用以证明埃勒维斯公司与本案有利害关系，其在原审期间出具的证明不具有证明效力，不应采信。两上诉人对该证据的真实性无异议，但认为该证据的形成时间在本案起诉之前，不符合《最高人民法院关于民事诉讼证据的若干规定》（以下简称《证据规则》）中关于新证据的要求。金科立杰公司承认，该证据于 2003 年 11 月就已经取得，但未向原审法院提交。

（2）关于吴敏曾任职于金科立杰公司，并负责销售"摩圣"产品一节，两上诉人对金科立杰公司提交的证据 3 的真实性无异议，但认为该证据不具有证据效力，吴敏并非该公司副总经理，仅为该公司负责销售"摩圣"产品的业务骨干。

（3）关于金科立杰提交的证据 4 和 5 一节，两上诉人在原审中曾对证据中齐芳和李文辉的签字真实性提出异议，并申请进行笔迹鉴定。但金科立杰公司提交的证据 3 中也有齐芳和李文辉的签字，与证据 4 和 5 中的签字对比，并无差别。两上诉人对证据 3 的真实性并无异议，对于笔迹鉴定申请亦未提交其他证据作为支持。

（4）2003 年 6 月 18 日，吴敏从金科立杰公司领取退股资金 5 万元，并在支出凭单（原审证据 11）上签字。

（5）关于金科立杰公司与埃勒维斯公司签订《代理协议》及补充合同（原审证据 1、2）一节。金科立杰公司表示该协议签订时间是倒签，协议已经实际履行。两上诉人并未提交埃勒维斯公司对上述协议效力提出异议的相关证据。

（6）2002 年金科立杰公司与柳州铁路局签订的《试用合同》（原审证据 9）中有该公司的印章，但所盖印章印记较浅。

（7）铁道部运输局［2004］229 号通知（原审证据 38）的对象是各铁路局机务处，披露了金属减磨技术曾在包括柳州铁路局在内的多个铁路局进行试验的内容。

二审审理结果

二审法院认为：双方当事人争议的焦点问题在于：

1. 金科立杰公司起诉是否超过诉讼时效。

我国民法通则规定，权利人向人民法院请求保护民事权利的诉讼时效期间为两年，从知道或者应当知道权利被侵害时起计算。在本案中，金科立杰公司提交的杨旭证言证明，该公司于 2005 年 12 月才得知两上诉人销售"摩圣"

产品的事实，因此其向人民法院提起民事侵权诉讼并未超过诉讼时效的规定。虽然，吴敏否认见过杨旭，两上诉人对该证言所附公证书亦提出异议，但杨旭证言的证明目的在于金科立杰公司的法定代表人与杨旭见面的情况和时间，两上诉人未向司法行政管理机关就公证书的效力提出撤销申请，也未提交相关证据证明金科立杰公司在2005年7月前即已知晓相关侵权事实，因此两上诉人关于杨旭证言的抗辩理由均缺乏事实和法律依据，本院不予支持。

2. 金科立杰公司在原审期间提交的补充证据性质。

根据《证据规则》第四十条和第四十五条的有关规定，当事人收到对方交换的证据后有权提出反驳和证据，如一方提出新的证据，人民法院应当通知对方当事人在合理期限内提出意见或者举证。在本案中，两上诉人在原审举证期限届满后提交了新的证据，根据证据规则的规定，金科立杰公司有权针对对方提交的新证据进一步提交相应证据。因此，两上诉人关于金科立杰公司补充证据不符合法律规定的主张，缺乏事实和法律依据，本院不予支持。

3. 金科立杰公司在二审期间提交的证据。

《证据规则》第四十一条规定，二审中的新证据应当是一审庭审结束后新发现的证据；当事人在一审举证期限届满前申请人民法院调查取证未获准许；二审法院经审查认为应当准许并依当事人申请调取的证据。在本案中，金科立杰公司取得埃勒维斯科教发展有限公司于2003年11月27日出具的《证明》并非一审结束后新形成的证据，亦不属于其他两种获取证据的情形。因此，该证据不属于证据规则的新证据，本院不予采纳。

4. 两上诉人是否实施了侵犯商业秘密的行为。

《中华人民共和国反不正当竞争法》第二条规定，经营者在市场交易中，应当遵循自愿、平等、公平、诚实信用的原则，遵守公认的商业道德。本法所称的不正当竞争，是指经营者违反本法规定，损害其他经营者的合法权益，扰乱社会经济秩序的行为。第十条第一款第（三）项规定，违反约定或者违反权利人有关保守商业秘密的要求，披露、使用或者允许他人使用其所掌握的商业秘密是侵犯商业秘密的行为。第二款规定，第三人明知或者应知前款所列违法行为，获取、使用或者披露他人的商业秘密，视为侵犯商业秘密。第三款规定，本条所称的商业秘密，是指不为公众所知悉、能为权利人带来经济利益、具有实用性并经权利人采取保密措施的技术信息和经营信息。

在本案中，基于查明的事实，吴敏原系金科立杰公司的股东以及"摩圣"产品销售主要负责人，曾多次代表金科立杰公司与柳州铁路局签订"摩圣"销售合同，因此，根据吴敏担当的职务以及工作内容表明其实际知晓并掌控了金科立杰公司销售"摩圣"产品的部分经营信息。金科立杰公司在柳州铁路局试验"摩圣"并应用后,与柳州铁路局建立了买卖关系,柳州铁路局作为"摩圣"产品现实客户以及与金科立杰公司交易的模式、底价等信息能够给金科立杰公司带来潜在经济利益和竞争优势,故此信息具备价值性;金科立杰公司制定了《安全保密制度》和《员工守则》来促进公司员工保守商业秘密,吴敏作为金科立杰公司的职工也应当知晓《安全保密制度》和《员工守则》的内容,应认定金科立杰公司采取了保密措施,足以使承担保密义务的相对人吴敏能够意识到相应的信息为需要保密的信息,故该信息具有保密性。虽然铁道部运输局〔2004〕229号通知中披露了柳州铁路局的名称,但其内容并未涉及金科立杰公司在本案中所主张的"摩圣"产品以及就该产品与其他单位进行交易的事实,根据该通知不能确定柳州铁路局系金科立杰公司的客户,且该通知系铁路系统内部传达,并不能证明为系统外的相关人员普遍知悉和容易获得,因此柳州铁路局作为金科立杰公司客户的信息,并不为公众所知悉,该信息具有秘密性。而吴敏代表金科立杰公司与柳州铁路局进行了交易,知晓了柳州铁路局作为现实和潜在客户的信息,吴敏在任职期间出资设立了三锦基业公司,并在离职后立即代表三锦基业公司分别于2003年7月和10月两次与柳州铁路局交易,并在2004年5月代表南易分公司与柳州铁路局交易,明显利用了金科立杰公司作为商业秘密的经营信息。吴敏、三锦基业公司和南易分公司利用金科立杰公司的客户信息与柳州铁路局交易,抢夺了原本属于金科立杰公司的商业机会,违反了诚实信用原则,扰乱了市场经济秩序,构成不正当竞争,应依法承担相应的法律责任。两上诉人关于金科立杰公司主张的经营信息不属于商业秘密,两上诉人的行为不构成侵犯商业秘密的主张,缺乏事实和法律依据,本院不予支持。此外,原审法院考虑到三锦基业公司已经注销,金科立杰公司亦未向其提出主张的情形,基于三锦基业公司和南易分公司分别与柳州铁路局签订的合同的价款、获利情况和经营成本,并结合吴敏的过错程度,酌情确定吴敏和南易分公司承担的赔偿数额亦并无不当。

综上所述,吴敏和南易分公司的上诉理由均不能成立,原审法院认定事实清楚,适用法律正确,应予维持。吴敏和南易分公司请求撤销原审判决的理由不能成立,本院对其上诉请求均不予支持。依照《中华人民共和国民事诉讼法》第一百五十二条第一款、第一百五十三条第一款第(一)项之规定,法院判决如下:

驳回上诉,维持原判。

一审案件受理费13 276元,由北京金科立杰科技发展有限公司负担8 276元,由吴敏、广州市南易科技有限公司北京分公司负担5 000元;二审案件受理费13 276元,由吴敏、广州市南易科技有限公司北京分公司负担。

52. 客户名单不正当竞争纠纷案
——北京市新丽厨房设备有限公司、北京新能高科机电设备有限公司诉赵晓娟、北京市警盾京西厨房设备有限公司

原告：北京市新丽厨房设备有限公司
原告：北京新能高科机电设备有限公司
被告：赵晓娟
被告：北京市警盾京西厨房设备有限公司
案由：侵犯商业秘密纠纷

一审案号：北京市朝阳区人民法院（2007）朝民初字第 6502 号
一审合议庭成员：普翔、王胜太、吴琼
一审结案日期：2007 年 6 月 20 日

判决要旨

作为商业秘密的"客户名单"，应当是区别于相关公知信息的特殊客户信息。对于该客户的联系人、联系方式和交易习惯，并非可以通过公知信息免费获得的信息，从而该客户名单可以成为商业秘密的保护对象。

起诉与答辩

原告北京市新丽厨房设备有限公司（以下简称新丽厨房公司）和北京新能高科机电设备有限公司（以下简称新能机电公司）共同诉称：新丽厨房公司负责产品制造和售后服务，新能机电公司负责产品的销售、宣传和推广。赵晓娟原来是新丽厨房公司的销售人员，新丽厨房公司与其签订劳动合同后指派其到新能机电公司任销售职务。2006 年 11 月 16 日，新丽厨房公司与赵晓娟协议解除了劳动合同。赵晓娟离职后，到北京市警盾京西厨房设备有限公司（以下简称京西厨房公司）担任国际部销售经理，并将在新丽厨房公司和新能机电公司获得的客户信息一并带走，并与该客户联系业务，捏造、散布虚伪事实，损害我两公司的商誉。新丽厨房公司与赵晓娟的劳动合同中有保密条款，由于赵晓娟泄露我公司的商业秘密，京西厨房公司实际获益，由此给我两公司造成经济损失。为此诉至法院，请求判令赵晓娟和京西厨房公司：停止侵权；

消除影响，在《中国日报》、《人民日报》上刊登赔礼道歉声明；共同赔偿360 447.55 元；支付为本案诉讼支出的合理费用 50 000 元。

被告赵晓娟辩称：第一，新丽厨房公司不应成为本案的原告；第二，并不存在新丽厨房公司和新能机电公司诉称侵犯商业秘密的事实；第三，我签订劳动合同时并没有保密条款，且劳动合同已经解除了，即使有保密条款也对我没有约束力。总之，我不同意新丽厨房公司与新能机电公司的诉讼请求。

被告京西厨房公司辩称：赵晓娟从未在我公司任职，也没有新丽厨房公司和新能机电公司诉称的我公司受益的事实存在。故我公司不同意新丽厨房公司与新能机电公司的诉讼请求。

一审查明事实

一审法院查明：2005 年 3 月 17 日，新丽厨房公司与新能机电公司签订一份合作协议，约定：新丽厨房公司与新能机电公司就共同推广新丽厨房公司的产品进行合作；新丽厨房公司负责产品的研发、生产和售后服务，新能机电公司负责以自己的名义宣传、推广和销售新丽厨房公司生产的产品。

2005 年 10 月 26 日，赵晓娟进入了新丽厨房公司工作。2005 年 11 月 1 日，赵晓娟受新丽厨房公司指派到新能机电公司工作。新能机电公司对其客户的合同用专门的柜子加锁保管，该公司只有三个人可以接触该柜子的钥匙，赵晓娟是其中之一。

2006 年 1 月 1 日，新丽厨房公司与赵晓娟签订了一份劳动合同书，该合同约定：合同有效期为 2006 年 1 月 1 日到 2006 年 12 月 31 日；赵晓娟不得泄露公司的技术和商业秘密，如有泄露，经发现解除劳动合同，并承担经济责任，支付违约金。

2006 年 4 月，赵晓娟以新能机电公司名义作为参会人员之一赴新加坡参加展会，在该展会上获得了黎巴嫩的 MARKET LINE S. A. R. L 公司（以下简称 MARKET 公司）的联系信息。2006 年 6 月，新能机电公司与 MARKET 公司签订有一份买卖合同，新能机电公司销售给了 MARKET 公司价值 4 585 美元的厨房设备。

2006 年 11 月 16 日，新丽厨房公司与赵晓娟协商解除了上述劳动合同。2006 年 11 月 17 日，赵晓娟领取了 2006 年 11 月和 12 月的工资。

2006 年 12 月 12 日，赵晓娟从其注册电子邮箱（邮箱地址 carol8888888@hotmail.com）向 MARKET 公司的电子邮箱（邮箱地址 mls@cyberia.net.lb）发出一封电子邮件。在邮件中赵晓娟向 MARKET LINE 公司提出，关于 XNGK - 06112401 业务的货款变更为汇入其在中国银行的个人账号中。

2006年12月19日，新能机电公司与MARKET公司签订一份编号为XNGK-0611240的货物买卖合同，约定新能机电公司向MARKET公司出售总货款32 325美元的厨房电器，包括台式电磁炒菜灶、台式电磁平头炉等货物。2006年12月14日，中国银行北京通州滨河支行向新能机电公司发出特种转账贷方传票，通知该公司有9 960美元的外汇收入。2006年12月18日，新能机电公司向国家外汇管理局进行了涉外收入申报。

2006年12月22日，赵晓娟向MARKET公司发了一封邮件，在邮件中，赵晓娟以京西厨房公司职员的名义向MARKET公司表述了如下内容：据我们所知，新丽厨房公司以低廉的价格从另一家小型工厂购买相关产品。请多加注意。电磁炉是一种高科技产品，在中国，仅有数家工厂可以生产高质量的电磁炉。我们工厂是中国最好的一家，并且可以生产多种电磁炉。对于新丽厨房公司与京西厨房公司的关系，赵晓娟解释称：两公司只是商业合作关系，在我们的第一次交易中，我公司使用了新丽厨房公司的其中一个名称"新能机电公司"以出口我们的产品，因为按照合同，我们必须使用他们的公司名称和商标等；但是我们两家公司的商业关系已经破裂。我们不再与这家公司进行合作。现在这家公司怀着不良意图与我们竞争，并干扰我们的业务。对于第一封邮件提供其中国银行私人账号的问题，赵晓娟在邮件中解释称：与MARKET公司的第一次交易中，新丽厨房公司帮助我们收到了付款，并收取了高额操作费；为了保证我们公司的利益，我的老板决定使用我们自己的个人账号来接受付款。

2007年2月25日，中国银行北京通州滨河支行对上述通知新能机电公司的9 960美元外汇收入，告知该公司应汇款行的要求，该笔费用需要退回。新能机电公司退回了该笔定金。

另查一，2006年12月19日，新能机电公司与MARKET公司签订的货物买卖合同因MARKET公司退回定金，合同已无法履行。

另查二，新能机电公司为本案诉讼支付公证费用1 000元。

一审审理结果

一审法院认为：本案新丽厨房公司和新能机电公司主张赵晓娟和京西厨房公司实施的不正当竞争行为是不正当地获取和使用其商业秘密"客户名单"以及对其进行商业诋毁。

本案新丽厨房公司和新能机电公司作为进出口货物的生产商和销售商，具有合作关系，共同享有签订合同客户的获益，故此双方可以共同作为享有客户名单的权利人来主张权利。对于作为商业秘密的"客户名单"，应当是区别于相关公知信息的特殊客户信息。本案涉及的客户MARKET公司，系新能机电公司花费费用指派赵晓娟赴新加坡参加展会时获得，此后还与该公司发生过交易。因此，对于该客户的联系人、联系方式和交易习惯，并非可以通过公知信息免费获得的信息，从而该客户名单可以成为商业秘密的保护对象。赵晓娟在与新丽厨房签有保密条款以及知晓新能机电公司对客户名单采取保密措施的情况下，在其离开新丽厨房公司后应当对其工作期间获得的客户名单不得透露或使用。但赵晓娟在离职后，却以其他公司销售人员的身份与MARKET公司进行联系，系侵犯了新丽厨房公司和新能机电公司商业秘密的行为，其应当承担相应法律责任。而对于新丽厨房公司和新能机电公司认为京西厨房公司也系共同侵权人的主张，从目前的证据看来，仅是赵晓娟在自己的邮件中称其是京西厨房公司的职员，而无直接证据证明京西厨房公司参与了共同侵犯商业秘密的行为。故对新丽厨房公司和新能机电公司的该项主张，本院不予支持。

对于新丽厨房公司和新能机电公司还主张赵晓娟实施了商业诋毁行为的主张。从赵晓娟2006年12月22日发的电子邮件内容来看，赵晓娟对新丽厨房公司的进货来源和产品质量进行了否定性的评价，在没有证据表明该评价有客观事实基础的前提下，赵晓娟的该项陈述构成了对新丽厨房公司商业信誉的诋毁，构成侵权，其应当承担相应法律责任。

新丽厨房公司和新能机电公司主张的因为侵权行为遭受的损失共计410 447.55元，包括因与MARKET公司买卖合同获益落空的252 135.55元、赴新加坡参加展会的费用108 312元和为本案支出的合理费用50 000元。参会费用系新丽厨房公司和新能机电公司经营费用，不应成为侵犯商业秘密受损失的部分，此部分本院不予支持。为本案支出的合理费用，新丽厨房公司和新能机电公司仅举证证明了公证费1 000元，其余部分未举证，故本院仅对公证费予以支持。对于合同获益落空的252 135.55元，因为赵晓娟的涉案行为确对新能机电公司与MARKET公司合同的履行造成影响，故因该合同未履行造成的损失属于本案的商业秘密受侵犯以及商誉受诋毁遭受的损失，但此损失应为合同获利，故对此赔偿额本院将依据合同获利情况酌定。

对于新丽厨房公司和新能机电公司主张的在《中国日报》和《人民日报》公开赔礼道歉的请求，因无相应依据本院不予支持。

综上，依据《中华人民共和国反不正当竞争法》第十条第一款第（三）项，第十四条，第二十条之规定，判决如下：

一、赵晓娟于本判决生效之日起立即停止对北京市新丽厨房设备有限公司、北京新能高科机电设备有限公司涉案客户信息的侵犯行为；

二、赵晓娟于本判决生效之日起10日内赔偿北京市新丽厨房设备有限公司、北京新能高科机电设备有限公司经济损失及合理费用76 000元；

三、驳回北京市新丽厨房设备有限公司、北京新能高科机电设备有限公司的其他诉讼请求。

一审案件受理费8 667元，由北京市新丽厨房设备有限公司和北京新能高科机电设备有限公司负担1 667元，赵晓娟负担7 000元。

各方当事人均服从一审判决。

53. "恶意软件"不正当竞争纠纷案

——北京阿里巴巴信息技术有限公司诉
北京三际无限网络科技有限公司

原告（上诉人）：北京阿里巴巴信息技术有限公司
被告（上诉人）：北京三际无限网络科技有限公司
案由：不正当竞争纠纷

原审案号：北京市第二中级人民法院（2006）二中初字第16174号
原审合议庭成员：张晓津、冯刚、何暄
原审结案日期：2006年12月20日
二审案号：北京市高级人民法院（2007）高民终字第469号
二审合议庭成员：张雪松、潘伟、刘晓军
二审结案日期：2007年7月10日

判决要旨

将同业竞争者的产品称为"恶意"应当具有充分的事实和法律依据，否则将损害他人商誉，构成不正当竞争。

起诉与答辩

原告北京阿里巴巴信息技术有限公司（以下简称阿里巴巴公司）起诉称：阿里巴巴公司是一家在国内互联网行业享有良好声誉和很高知名度的互联网软件开发商和增值服务提供商。2005年9月15日，阿里巴巴公司正式推出了雅虎助手软件，该软件是一款工具条，可以实现搜索、修复IE浏览器、拦截广告、清理地址栏等功能，用户可以根据自己的需要自主选择决定全部或部分开启上述功能，并可以进行多种功能的自主设定。2006年8月，阿里巴巴公司推出了雅虎Widget软件，该软件主要为用户提供基于互联网的个性化桌面服务。阿里巴巴公司通过雅虎助手和雅虎Widget软件，获得了用户的广泛认可和大量使用，树立了在上网辅助功能服务和搜索服务中的良好形象和广泛知名度。北京三际无限网络科技有限公司（以下简称三际无限公司）也是主要从事互联网搜索服务和上网辅助功能服务的企业。三际无限公司通过

"www.qihoo.com"和"www.360safe.com"网站向公众提供"奇虎安全卫士"（又名"360安全卫士"）软件，同时通过其他网站和免费工具软件进行捆绑传播。"奇虎安全卫士"软件将雅虎助手和雅虎Widget软件列为所谓恶意软件，并将其描述为"强制安装、浏览器劫持、干扰其他软件运行、无法彻底卸载"，用户按照"奇虎安全卫士"软件的提示操作时，雅虎助手和雅虎Widget软件在默认的情况下被删除，导致用户无法正常使用雅虎助手和雅虎Widget软件。雅虎助手和雅虎Widget软件并非三际无限公司所称的恶意软件，而是由用户自主选择、可以彻底卸载、不损害用户任何权益的正常软件。三际无限公司的上述行为侵犯了阿里巴巴公司对雅虎助手和雅虎Widget软件享有的著作权，损害了阿里巴巴公司的商誉，构成不正当竞争。故请求法院依法判令被告：（1）立即停止将雅虎助手和雅虎Widget软件列为恶意软件、阻碍其正常传播和运行的行为；（2）立即停止对雅虎助手和雅虎Widget软件的贬损性不实描述的行为；（3）在"www.3721.com"、"www.qihoo.com"、"www.360safe.com"、"www.sina.com.cn"、"www.yahoo.com.cn"网站以及《北京青年报》上刊登声明，以消除影响；（4）赔偿原告经济损失260万元；（5）承担本案诉讼费用。

被告三际无限公司答辩称：阿里巴巴公司并非雅虎助手软件的著作权人，不是本案适格的原告。"奇虎安全卫士"软件适应信息社会的迫切需要，具有良好的社会声誉。三际无限公司对于恶意软件的评定标准是客观公正的，符合行业通行做法。雅虎助手软件存在强制安装、难以卸载、干扰其他软件运行和劫持浏览器的情况，符合恶意软件的定义。"奇虎安全卫士"软件并未将雅虎Widget软件列为恶意软件，仅将相关系统进程提示为"危险"，该提示具有事实根据，客观合法。在"奇虎安全卫士"软件提出前，雅虎助手软件的社会评价就很低，这是由于其长期和连续的恶意行为造成的。因此，请求法院判决驳回原告的诉讼请求。

原审查明事实

原审法院查明：阿里巴巴公司的经营范围是：第二类增值电信业务中的信息服务业务（不含固定网电话信息服务）；技术开发、转让、咨询、服务、培训；零售开发后的产品、计算机及外围设备、机械电器设备、电子元器件、五金交电、化工、文化体育用品；互联网信息服务（不含新闻、出版、教育、医疗保健、药品和医疗器械等内容）；设计、制作网络广告；利用www.3721.com、www.3721.net.cn、www.3721.com.cn、www.yahoo.com.cn发布网络广告。

三际无限公司的经营范围是：英特网信息服务业务（除新闻、出版、教育、医疗保健、药品、医疗器械以外的内容）；法律、法规禁止的，不得经营；应经审批的，未获审批前，不得经营；利用 www.qihoo.com 发布网络广告；法律、法规未规定审批的，自主选择经营项目，开展经营活动。

2005 年 9 月 20 日，国风因特公司与北京三七二一科技有限公司（以下简称三七二一公司）签订了《雅虎助手软件合作协议》。该协议约定：雅虎助手软件是双方共同研发而完成的一款互联网上网辅助软件，著作权由双方共同享有，由国风因特公司署名；双方可以共同或其中一方可以单独作为享有完全著作权及其他相关权利的权利人向侵犯雅虎助手软件著作权及其他相关权利的侵权人主张权利；在其中一方单独向侵权人主张权利后，另一方对同一侵权人的同一侵权事实不重复主张权利，且该单独主张权利的一方有权获得其主张权利的全部所得。

三际无限公司主张，阿里巴巴公司不是雅虎助手软件的著作权人，不具备适格的原告身份。其依据是：2006 年 7 月，国风因特公司就雅虎助手软件在北京市海淀区人民法院提起诉讼。

2006 年 1 月 16 日，三七二一公司与北京精音致信公关顾问有限公司（以下简称精音致信公司）签订了《公关传播代理服务合同》。该合同约定：精音致信公司为三七二一公司推广和传播雅虎助手软件。三七二一公司向精音致信公司支付了 1 762 419.6 元。

阿里巴巴公司主张三际无限公司侵犯其对于雅虎助手软件和雅虎 Widget 享有的著作权中的信息网络传播权和修改权，并构成不正当竞争，其依据是相关公证书的记载："www.qihoo.com" 和 "www.360safe.com" 网站的所有者均为三际无限公司。"www.360safe.com" 网站上记载：恶意软件是对破坏系统正常运行的软件的统称，一般来说有如下表现形式：1. 强行安装，无法卸载；2. 安装以后修改主页且锁定；3. 安装以后随时自动弹出广告；4. 自我复制代码，类似病毒一样，拖慢系统速度。"360 安全卫士" 软件可以全面清除 109 个恶意软件、1 694 个恶意条目，并且在专业运营人员的维护中，每周将对此进行更新，保证最全最新的恶意软件不漏网。

"cn.yahoo.com" 网站的所有者是三七二一公司。登录 "cn.zs.yahoo.com" 网站后，可以自主选择安装雅虎助手软件。雅虎助手软件使用许可协议中记载：本软件知识产权归国风因特公司所有。通过 "控制面板" 上的 "添加/删除程序" 可以卸载雅虎助手软件。安装 "奇虎安全卫士" 软件，运行 "查杀恶意软件"，显示结果为："雅虎助手 & 上网助手；软件类别：有潜在风险的；恶意表现：强制安装、干扰其他软件运行、浏览器劫持；危险级别：中"，雅虎助手＆上网助手被默认选中。"奇虎安全卫士"软件提示："共扫描 1 款恶意软件，请勾选您想清除的恶意软件，点击'立即清除'。"点击"立即清除"按钮后，显示："共查杀 1 款恶意软件，其中需重启后清除 1 项，完全清除 0 项。名称为：雅虎助手＆上网助手；清除结果为：该恶意软件需要重启电脑才能被彻底清除。在重启之前该恶意软件仍会被检测到"。此时雅虎助手软件被删除。

运行"奇虎安全卫士"软件中的"诊断及修复"，显示结果中多次出现被标注"危险"符号的"雅虎助手"，"雅虎助手"被默认选中，"奇虎安全卫士"软件提示："共诊断 141 项，其中 12 项危险，请选择想要修复的项，点击'修复选中项'。"点击"修复选中项"后，雅虎助手软件不能通过"控制面板"上的"添加/删除程序"卸载。

下载并运行"奇虎安全卫士"软件时，出现"警告"窗口，显示："我们在您的计算机中检测到恶意软件［网络实名/雅虎助手］，该恶意软件的恶意攻击将会导致 360 安全卫士无法正常执行。点击'确定'按钮立即清除该软件，点击'取消'退出安装！"点击"确定"按钮并重启计算机后，雅虎助手软件被删除。

登录"widget.yahoo.com"网站后，可以自主选择安装雅虎 Widget 软件。雅虎 Widget 软件的最终用户协议中记载：版权所有 2006 雅虎公司；雅虎中国网站 www.yahoo.com.cn，www.yahoo.com（阿里巴巴公司拥有、管理及运营）。下载并运行"奇虎安全卫士"软件，运行"诊断及修复"，显示结果中出现被标注"危险"符号的雅虎 Widget 软件，雅虎 Widget 软件被默认选中，"奇虎安全卫士"软件提示："全面诊断本次共扫描 138 个可疑位置，其中有 15 项危险，请选择您想要修复的项，点击'修复选中项'。"

在"www.360safe.com"网站中刊登有《雅虎助手恶意干扰 360 安全卫士正常运行！》的文章。"奇虎安全卫士"软件提供雅虎助手＆3721 中文上网专杀工具清除 3721 中文上网和雅虎助手。三际无限公司在网络上发布声明，称"奇虎安全卫士"软件发布以来，网民主动清除雅虎助手软件累计达到 450 万次；雅虎助手软件使用间谍软件技术。三际无限公司总经理齐向东接受媒体采访时表示，雅虎助手软件是恶意软件。

新华网 2006 年 10 月 17 日报道，已有超过 600 万网民下载使用"奇虎安全卫士"软件，每天卸载的雅虎助手软件达 60 万次以上。三际无限公司称，"奇虎安全卫士"软件被下载安装达 800 万人次。

2006 年 9 月 27 日，阿里巴巴公司致函三际无限公司，要求三际无限公司立即停止将网络实名、雅虎助手等软件列为恶意软件以及进行贬损性不实描述的行为。

2006年7月31日,北京三七二一科技有限公司名称变更为阿里巴巴公司。阿里巴巴公司是"雅虎中国"网站(域名为:yahoo.com.cn)的所有者。

三际无限公司主张,雅虎助手软件存在强制安装、难以卸载、干扰其他软件运行和劫持浏览器的情况,其依据是相关公证书的记载:

从"3721.com"网站下载"assist4.exe"软件,安装该软件,点击"上网助手"项下的"在线升级"按钮,重启计算机后发现计算机中安装了雅虎助手软件。

从"www.360safe.com"网站下载"奇虎安全卫士"软件,安装该软件,"奇虎安全卫士"软件可以正常运行,从"cn.zs.yahoo.com"网站下载雅虎助手软件,安装该软件并重启计算机后,"奇虎安全卫士"软件无法启动运行。"D:\Program Files\Yahoo!\Assistant"目录下的"yhelper.dll"和"ypatch.dll"文件中多处存在"360safe"字符串。卸载雅虎助手软件并重启计算机后,"奇虎安全卫士"软件可以启动运行。

安装"奇虎安全卫士"软件,该软件可以正常运行。安装并运行雅虎助手软件,弹出"警告"窗口,显示:"发现您的电脑中安装有[360safe],其驱动程序可能导致Yahoo助手及系统工作不正常,某些情况可能出现电脑蓝屏,请删除卸载[360safe]。"无论点击按钮"是"还是"否",重启计算机后均发现"奇虎安全卫士"软件被删除。

先安装"奇虎安全卫士"软件,后安装雅虎助手软件并重启计算机后,运行"奇虎安全卫士"软件弹出"警告"窗口,显示:"发现您的电脑中安装有[360safe],其驱动程序可能导致Yahoo助手及系统工作不正常,某些情况可能出现电脑蓝屏,不运行[360safe]。"运行IE,弹出"警告"窗口,显示:"发现您的电脑中安装有或者正在运行[360safe],其程序可能导致Yahoo助手及系统工作不正常,某些情况可能出现电脑蓝屏,请删除卸载[360safe]。"卸载雅虎助手软件并重启计算机后,"奇虎安全卫士"软件可以正常运行。

从"www.enet.com.cn"网站下载"简易短信快车"软件,安装该软件后发现雅虎助手软件被安装。计算机在不联网的情况下,通过"控制面板"的"添加/删除程序"卸载雅虎助手软件,显示"找不到服务器",出现"RUNDLL"窗口,出现报错信息。计算机在联网的情况下,通过"控制面板"的"添加/删除程序"卸载雅虎助手软件,出现的"马上卸载"按钮是无效的。

"天网防火墙"软件多次检测到雅虎助手软件连接网络。安装雅虎助手软件后,在 IE 菜单、鼠标右键菜单、IE 工具条等处添加了雅虎助手软件的内容。

从"www.3721.com"网站下载雅虎 Widget 软件,安装该软件后,在 IE 工具条中增加了"雅虎 Widget"按钮。从"cn.yahoo.com"网站下载雅虎 Widget 软件,安装该软件,通过"控制面板"的"添加/删除程序"卸载该软件时出现报错信息。

"瑞星卡卡上网安全助手"软件将雅虎助手软件列为"恶意及流氓软件"。"熊猫钛金版 2006"软件提示雅虎助手软件试图修改浏览器注册表选项。网民投票认为雅虎助手软件是"流氓软件"。

2006 年 11 月 22 日,中国互联网协会正式公布了恶意软件的定义:1. 强制安装:指未明确提示用户或未经用户许可,在用户计算机或其他终端上安装软件的行为;2. 难以卸载:指未提供通用的卸载方式,或在不受其他软件影响、人为破坏的情况下,卸载后仍然有活动程序的行为;3. 浏览器劫持:指未经用户许可,修改用户浏览器或其他相关设备,迫使用户访问特定网站或导致用户无法正常上网的行为;4. 广告弹出:指未明确提示用户或未经用户许可,利用安装在用户计算机或其他终端上的软件弹出广告的行为;5. 恶意手机用户信息:指未明确提示用户或未经用户许可,恶意收集用户信息的行为;6. 恶意卸载:指未明确提示用户、未经用户许可,或误导、欺骗用户卸载其他软件的行为;7. 恶意捆绑:指在软件中捆绑已被认定为恶意软件的行为;8. 其他侵害用户软件安装、使用和卸载知情权、选择权的恶意行为。

另查,阿里巴巴公司为本案诉讼支出公证费 40 279 元。

原审审理结果

原审法院认为:

第一,原告阿里巴巴公司是否有权就雅虎助手软件和雅虎 Widget 软件主张权利的问题。

根据相关法律规定,如无相反证明,在作品上署名的公民、法人或者其他组织为作者。在本案中,雅虎助手软件的署名为国风因特公司,雅虎 Widget 软件的署名为原告阿里巴巴公司。因此,本院认定国风因特公司是雅虎助手软件的作者,原告阿里巴巴公司是雅虎 Widget 软件的作者。

根据国风因特公司与三七二一公司(后更名为原告阿里巴巴公司)签订的协议,原告阿里巴巴公司有权在本案中就雅虎助手软件单独主张权利,被告三际无限公司关于原告阿里巴巴公司无权就雅虎助手软件主张权利的主张不能成立,本院不予支持。

第二，被告三际无限公司的行为是否构成不正当竞争的问题。

根据相关法律规定，经营者在市场交易中，应当遵循自愿、平等、公平、诚实信用的原则，遵守公认的商业道德。在本案中，原告阿里巴巴公司与被告三际无限均为网络服务公司，是同业竞争者。鉴于恶意系贬义词，因此，将同业竞争者的产品称为"恶意"应当具有充分的事实和法律依据。在本案中，被告三际无限公司在"奇虎安全卫士"软件中将雅虎助手软件列为恶意软件，将雅虎助手软件描述为："软件类别：有潜在风险的；恶意表现：强制安装、干扰其他软件运行、浏览器劫持；危险级别：中"，并将雅虎助手软件默认选中被清除。而且，还在媒体上宣传雅虎助手软件是恶意软件。被告三际无限公司的上述行为缺乏法律依据，故本院认定，被告三际无限公司的上述行为损害了原告阿里巴巴公司的商誉，构成不正当竞争，依法应当承担停止侵害、消除影响和赔偿损失的法律责任。

所谓危险，是指有遭到损害或失败的可能。将同业竞争者的产品称为"危险"亦应当具有充分的事实和法律依据。在本案中，被告三际无限公司在"奇虎安全卫士"软件中将雅虎Widget软件标注为"危险"，并将雅虎Widget软件默认选中被清除。被告三际无限公司的上述行为缺乏法律依据，故本院认定，被告三际无限公司的上述行为构成不正当竞争，依法应当承担停止侵害、赔偿损失的法律责任。

第三，被告三际无限公司的行为是否侵犯了原告对于雅虎助手软件和雅虎Widget软件享有的著作权的问题。

原告阿里巴巴公司关于被告三际无限公司侵犯雅虎助手软件和雅虎Widget软件的著作权的主张的依据是：被告三际无限公司在"奇虎安全卫士"软件中将雅虎助手软件列为恶意软件，将雅虎助手软件描述为："软件类别：有潜在风险的；恶意表现：强制安装、干扰其他软件运行、浏览器劫持；危险级别：中"，并将雅虎助手软件默认选中被清除；被告三际无限公司在"奇虎安全卫士"软件中将雅虎Widget软件标注为"危险"，并将雅虎Widget软件默认选中被清除。而被告三际无限公司的上述行为并非我国著作权法所规定的著作权侵权行为，故原告阿里巴巴公司的上述主张不能成立，本院不予支持。

原告阿里巴巴公司请求被告三际无限公司在"www.3721.com"、"www.qihoo.com"、"www.360safe.com"、"www.sina.com.cn"、"www.yahoo.com.cn"网站以及《北京青年报》上发布消除影响的声明，但未能提交充分的证据证明其商誉受到损害的范围，本院对其上述主张不予全部支持，本院将依据涉案侵权行为的持续时间和影响范围、被告的经营规模及其主观过错程度等情况确定消除影响的具体方式。

鉴于原告阿里巴巴公司所提赔偿请求数额过高，且未能提交充分的证据予以证明，本院对其上述主张不予全额支持。本院将依据涉案侵权行为的持续时间和影响范围、被告的主观过错程度等情况以及原告为本案诉讼支出的合理费用等因素酌情确定本案具体赔偿数额。

综上，本院依据《中华人民共和国著作权法》第十条第一款第（三）项、第（十二）项、第十一条第四款，《中华人民共和国反不正当竞争法》第二条、第二十条，《中华人民共和国民法通则》第一百三十四条第一款第（一）项、第（七）项、第（九）项的规定，判决如下：

一、北京三际无限网络科技有限公司于本判决生效之日起，停止涉案不正当竞争行为；

二、北京三际无限网络科技有限公司于本判决生效之日起10日内，赔偿北京阿里巴巴信息技术有限公司经济损失3万元及诉讼合理支出40 279元；

三、北京三际无限网络科技有限公司于本判决生效之日起10日内，在其网站（域名为："360safe.com"）的首页上就涉案不正当竞争行为连续二十四小时刊登声明以消除影响（声明内容需经本院审核，逾期不执行，本院将在一家全国发行的报纸上公布本判决的主要内容，相关费用由北京三际无限网络科技有限公司负担）；

四、驳回北京阿里巴巴信息技术有限公司的其他诉讼请求。

阿里巴巴公司、三际无限公司不服一审判决，提出上诉。

阿里巴巴公司上诉的理由是：涉案"雅虎助手"软件系上诉人的主营产品，由于三际无限公司的涉案行为导致用户对该产品产生误解并丧失信心，且一审判决后，三际无限公司并未修正其行为，继续利用媒体误导公众。一审判决赔偿数额过低，不足以弥补上诉人因此所遭受的损失。因此，请求判决撤销一审判决第二项，改判三际无限公司赔偿阿里巴巴公司经济损失260万元并承担案件的诉讼费。

三际无限公司的上诉理由是：1. 一审法院对其住所地认定有误，导致管辖错误；2. 一审判决确认阿里巴巴公司支出的公证费数额中，部分费用系由国风因特公司所支付，且涉案部分公证书中存在伪造痕迹，不应当作为定案证据，更不应当由三际无限公司承担相关诉讼费用，因此一审认定事实有误；3. 一审法院曲解"恶意软件"含义，其认定阿里巴巴公司的商誉遭受侵犯缺乏事实和法律依据，适用法律不当。因此，请求判决撤销一审判决、驳回阿里巴巴公司的诉讼请求并判令其承担案件诉讼费。

二审查明事实

二审法院查明的事实与原审相同，另查明：二审期间，阿里巴巴公司主张，三际无限公司于一审宣判后针对"雅虎助手"软件的不正当竞争行为仍在继续，其依据是相关公证书的记载：先安装"奇虎安全卫士"软件，再安装"雅虎助手"软件时，"奇虎安全卫士"软件弹出窗口，显示"恶意软件［雅虎助手上网助手］正在安装到系统中；行为描述：强制安装、干扰其他软件运行、浏览器劫持"，并默认选中"卸载该软件"。安装"奇虎安全卫士"软件和"雅虎助手"软件后，"雅虎助手"软件运行过程中出现警告窗口，显示"您的电脑中安装有［360safe］，运行其程序有可能会导致yahoo助手软件功能不能正常使用，点击［是］系统将自动卸载［360safe］，点击［否］继续"；"奇虎安全卫士"软件则出现提示窗口，显示"检测到您的机器中装有3721中文上网/雅虎助手，该恶意软件的恶意攻击将会导致360安全卫士无法正常运行，您是否要立即清除该恶意软件以保证360安全卫士能够正常运行？"。

二审审理结果

二审法院认为：三际无限公司住所地为北京市昌平区科技园区永安路47号A218室，一审判决中的相关表述有误，应予纠正。鉴于一审期间三际无限公司未提出管辖权异议，因此，其提出的因住所地认定有误导致管辖错误的主张，本院不予支持。

根据国风因特公司与阿里巴巴公司的约定，"雅虎助手"软件由双方共同研发完成，署名为国风因特公司，著作权由双方共享，任何一方可以单独针对侵权行为提起诉讼并享受相关利益。因此，虽然阿里巴巴公司未在该软件上署名，但是根据双方合同约定的内容以及共同研发完成的事实，软件作者应为国风因特公司和阿里巴巴公司，双方共享著作权，阿里巴巴公司有权针对三际无限公司的涉案行为单独主张权利并享受利益。一审判决根据署名认定该软件的作者仅为国风因特公司有误，本院予以纠正。

在本案中，双方当事人之间存在同业竞争关系，应当遵循自愿、平等、公平、诚实信用的原则，遵守公认的商业道德。三际无限公司根据市场需求向市场提供"奇虎安全卫士"软件产品，且完全由相关消费者自行决定是否删除阿里巴巴公司涉案软件，并未参与消费者的具体决策过程，因此，三际无限公司提供涉案产品本身的行为并不违反法律或商业道德。

双方当事人作为中国互联网协会的成员参与制定了有关"恶意软件"的定义，由此可见，双方均认可中国互联网协会已经公布的有关恶意软件的定义以及相关的表现形式。然而，三际无限公司在本案中并未提供充分的证据证明"雅虎助手"软件的表现形式符合行业公认的"恶意软件"特征，亦未提供充分的证据证明"雅虎Widget"软件具有"危险"，因此，其自行将"雅虎助手"软件标注为"恶意软件"、将"雅虎Widget"软件标注为"危险"的行为依据不足，侵犯了阿里巴巴公司的商誉，构成不正当竞争，应当承担停止侵权、消除影响、赔偿损失的民事责任。上诉人三际无限公司提出的其涉案行为具有事实依据，不构成不正当竞争的上诉主张，本院不予支持，对其相应的上诉请求应予驳回。

虽然本案中部分公证费系由国风因特公司支付，但鉴于其亦作为涉案"雅虎助手"软件的著作权人与阿里巴巴公司约定可由阿里巴巴公司单独主张完全的著作权，因此阿里巴巴公司有权主张为维护其与国风因特公司共有的相关权益支付的公证费用。三际无限公司关于其不应承担国风因特公司支付的公证费的上诉主张不能成立，本院不予支持。

虽然阿里巴巴公司主张其由于三际无限公司的涉案行为遭受了巨大的经济损失，但是其并未提交充分的证据予以证明，一审法院根据涉案侵权行为的持续时间、影响范围、被告的主观过错程度等情况确定的具体赔偿数额并无不当，本院予以维持。

本案中，三际无限公司的涉案行为尚不构成《反不正当竞争法》第十四条规定的捏造散布虚假事实的行为，但其行为降低了阿里巴巴公司商品的声誉。一审判决认定三际无限公司的行为损害了阿里巴巴公司的商誉是正确的，三际无限公司关于一审判决认定其侵犯阿里巴巴公司商誉是不适当的上诉主张，本院不予支持。

综上，一审判决认定事实清楚，适用法律基本正确，应予维持。依据《中华人民共和国民事诉讼法》第一百五十三条第一款第（一）项之规定，判决如下：

驳回上诉，维持原判。

一审案件受理费23 010元，由北京阿里巴巴信息技术有限公司负担10 000元，北京三际无限网络科技有限公司负担13 010元；二审案件受理费23 010元，由北京阿里巴巴信息技术有限公司负担10 000元，北京三际无限网络科技有限公司负担13 010元。

54. 话剧《满城全是金字塔》不正当竞争纠纷案

——戏逍堂（北京）娱乐文化发展有限公司诉陈威、北京世纪光年广告有限公司、北京红色江山文化传媒有限公司

原告： 戏逍堂（北京）娱乐文化发展有限公司
被告： 陈威
被告： 北京世纪光年广告有限公司
被告： 北京红色江山文化传媒有限公司
案由： 不正当竞争纠纷

一审案号： 北京市朝阳区人民法院（2007）朝民初字第15270号
一审合议庭成员： 普翔、陈闯、李京华
一审结案日期： 2007年9月20日

判决要旨

《满城全是金字塔》的影响力已经形成了原告的经营利益，作为《满》剧的名称权人，原告有权禁止他人不正当地借用《满》剧名称影响力的行为。被告不当借用《满城全是金字塔》的影响力，构成不正当竞争。

起诉与答辩

原告戏逍堂（北京）娱乐文化发展有限公司（以下简称戏逍堂文化公司）诉称：我公司和陈威签订有《满城全是金字塔》（以下简称《满》剧）的编剧合作协议，该协议约定我公司拥有《满》剧的全国组织话剧演出专有使用权、名称权等相关权利。此后，《满》剧的演出在市场上取得巨大影响，收入突破百万。然而，陈威就话剧《盗版DVD》之《疯人院飞了》（以下简称《疯》剧）在网站上宣传时，擅自使用了原《满》剧的照片和说明，而北京世纪光年广告有限公司（以下简称世纪广告公司）和北京红色江山文化传媒有限公司（以下简称红色文化公司）则未经我公司授权，在《疯》剧的书面宣传材料以及演出门票上使用"《满城全是金字塔》第二部"的字样。上述被告的行为，严重影响了我公司《满》剧的销售，并导致我公司无法以"《满城全是金字塔》第二部"的名义进行演出，使得我公司遭受严重损失。为此诉至

法院，请求判令陈威、世纪广告公司和红色文化公司：立即停止以《满城全是金字塔》第二部的名义开展的话剧活动的展演；在其网站主页以及《北京青年报》、《信报》上登载声明，公开赔礼道歉、消除影响；赔偿我公司经济损失28万元。

　　陈威辩称：第一，我从未与戏逍堂文化公司签订过编剧合作协议，也从未以"《满城全是金字塔》第二部"的名义宣传过《疯》剧。我在网络上使用《满》剧剧照只是介绍我自己的作品；第二，戏逍堂文化公司不是其主张权利的权利人，不具有适格的诉讼主体资格。综上，我不同意戏逍堂文化公司的诉讼请求，请求法院驳回。

　　世纪广告公司辩称：第一，戏逍堂文化公司不是其主张权利的权利人，不具有适格的诉讼主体资格；第二，我公司从未参与过《疯》剧的宣传活动。综上，我公司不同意戏逍堂文化公司的诉讼请求，请求法院驳回。

　　红色文化公司辩称：第一，戏逍堂文化公司不是其主张权利的权利人，不具有适格的诉讼主体资格；第二，我公司使用宣传的文字是"大鬼创作兵团《满城全是金字塔》第二部"，我公司使用前述文字是基于《疯》剧系陈威在创作第一部作品《满》剧之后创作的第二部作品，我公司并没有将"满城全是金字塔"突出使用。我公司的介绍行为是善意的，并没有借用《满》剧进行宣传和销售。

一审查明事实

　　一审法院查明：2006年陈威从北京世纪轩昂文化艺术传播有限公司（以下简称轩昂文化公司）处收到了《满城全是金字塔》一剧的导演费5 000元，编剧费8 000元。

　　2006年11月30日，轩昂文化公司和陈威（艺名大鬼）签订了一份《编剧合作协议》，该协议约定：陈威接受轩昂文化公司委托参与创作编写话剧原名《粉红色的金字塔?》，现话剧用名《满城全是金字塔》（伊靓法拉莉）；轩昂文化公司享有2006年12月6日到2011年12月6日在全国组织话剧演出的专有使用表演权；轩昂文化公司支付编剧费8 000元；剧本《满城全是金字塔》（伊靓法拉莉）的名字所有权归轩昂文化公司所有，陈威不得擅自使用。

　　2006年12月到2007年5月，《满》剧共进行了3轮共88场的演出。演出的票价分为280元、100元和60元等几个档次。

　　2007年4月19日，世纪广告公司与北京市朝阳区文化馆签订一份场租协议，约定世纪广告公司租用北京市朝阳区文化馆剧场演出《疯》剧，场租为95 500元。此后双方又签订补充协议另加场租6 000元。上述费用世纪广告公司均已经支付。

2007年5月18日，轩昂文化公司和戏逍堂文化公司签订一份《剧本转让协议》约定：就轩昂文化公司和陈威于2006年11月30日签订的关于《满城全是金字塔》剧本的编剧合作协议的权利和义务一并无偿转让给戏逍堂文化公司；转让的权利和义务包括但不限于轩昂文化公司拥有的《满城全是金字塔》的全国组织话剧演出的专有使用表演权，名称所有权等相关权利；在2006年12月6日到2011年12月6日期间对于《满城全是金字塔》剧本的违约、侵权，戏逍堂文化公司独自享有法律诉讼主体资格。

2007年8月20日，戏逍堂文化公司的代理人登录网址为www. 962000. com. cn的网站，该网站内容为订票信息，首页有一幅《疯》剧的宣传照片。该照片左上部分有两行文字，第一行文字是"大鬼创作兵团《满城全是金字塔》第二部"，第二行文字是"《盗版DVD》之《疯人院飞了》"。同日，戏逍堂文化公司的代理人还登录了陈威的个人网站（网址为www.dgcz2004.com），在该网站上有对《疯》剧的介绍，并说明了《疯》剧是"大鬼创作兵团继《满城全是金字塔》在人艺实验剧场及海淀剧院小剧场连演88场大获成功之后推出的又一部反映都市人内心挣扎与矛盾的逆向思维戏剧"，在文字介绍外还使用了《满》剧的剧照。对上述登录过程和内容，北京市公证处以（2007）京证经字17858号公证书予以记载。

2007年6月，《疯》剧开始首轮上演。在《疯》剧的宣传单上的顶部标有三行文字，第一行是"大鬼创作兵团《满城全是金字塔》第二部"，第二行是"《盗版DVD》之"，第三行是"《疯人院飞了》"。同时该宣传单上还注明"票价：280元、180元、120元、80元"、"详情查询：www.962000.com.cn"、"主办方：北京市朝阳区文化馆、北京红色江山文化传播有限公司、北京世纪光年广告有限公司"。

诉讼中，戏逍堂文化公司还主张《疯》剧的门票票封上有"《满城全是金字塔》第二部"的字样，但其未提交证据证明。对此事实，本案陈威、世纪广告公司和红色文化公司不认可。

庭审中，红色文化公司和世纪广告公司共同陈述在《疯》剧的演出过程中双方达成口头协议，内容是：世纪广告公司只是负责租赁场地，租赁费用从演出收入中由红色文化公司返还给世纪广告公司。对于能否有盈利，并没有预期。如果有盈利，双方再协商。宣传单的内容系由红色文化公司单独拟定。

另查一，红色文化公司、陈威和戏逍堂文化公司在庭审中均认可《疯》剧和《满》剧在剧情上无任何联系。

另查二，红色文化公司已经停止在对《疯》剧的宣传中使用"《满城全是金字塔》第二部"字样，戏逍堂文化公司表示认可。

一审审理结果

一审法院认为：按照 2006 年 11 月 30 日轩昂文化公司和陈威签订的《编剧合作协议》，陈威将《满》剧的名称权转让给轩昂文化公司所有。而此后轩昂文化公司又依据 2007 年 5 月 18 日与戏逍堂文化公司签订的《剧本转让协议》，将其从《编剧合作协议》获得的权利转让给了戏逍堂文化公司。现《编剧合作协议》和《剧本转让协议》均系合同各方的真实意思表示，系合法有效的合同，故戏逍堂文化公司享有对《满》剧的相应名称权。现《满》剧多轮次和 88 场的演出场次，已经使得《满》剧的名称在相关公众中形成了较大影响力。这种影响力已经形成了戏逍堂文化公司的经营利益。作为《满》剧的名称权人，戏逍堂文化公司有权禁止他人不正当地借用《满》剧名称影响力的行为。

本案中，戏逍堂文化公司主张三被告在《疯》剧宣传时，使用"大鬼创作兵团《满城全是金字塔》第二部"的字样系虚假宣传的不正当竞争行为，不正当地借用了《满》剧知名度。

分析《疯》剧的涉案宣传行为，在于对"大鬼创作兵团《满城全是金字塔》第二部"这句宣传语的理解。这句宣传话，按照语法规则，是三个名词的叠加，中心词是"第二部"。前面的"大鬼创作兵团"和"《满城全是金字塔》"均是作为对"第二部"范围的限定。该宣传语强调的意思是：大鬼创作兵团创作的话剧《满城全是金字塔》的第二部。红色文化公司辩称其使用该宣传语，想表达的意思是：大鬼创作兵团继话剧《满城全是金字塔》之后创作的第二部话剧。红色文化公司对该宣传语的解释显然不符合汉语用法，该意见不能成立。

现本案中红色文化公司、陈威和戏逍堂文化公司均认可《疯》剧和《满》剧在剧情上无任何联系。因此，就红色文化公司将《疯》剧宣传为《满》剧第二部系作出了与事实不符的虚假陈述，使得相关公众误认为《疯》剧就是《满》剧的第二部，从而将《满》剧享有的影响力，不正当地借用到了对《疯》剧的宣传中来，这属于"搭便车"的行为。因此，红色文化公司对涉案的侵权行为，应当承担相应侵权责任。对于戏逍堂文化公司停止侵权的诉讼请求，鉴于红色文化公司已经实际停止了涉案侵权行为，对此请求本院不再处理。就赔偿损失部分，戏逍堂文化公司主张的数额是 28 万元，该请求并无充分依据。本院将考虑《疯》剧宣传的持续时间、范围和收入等因素，酌定赔偿数额。对于戏逍堂文化公司赔礼道歉和消除影响的请求，本院认为红色文化公司的侵权行为已经造成了混淆，其公开发表声明消除影响已经可以消除侵权后果。故对戏逍堂文化公司赔礼道歉的诉讼请求，本院不予支持。

对于戏逍堂文化公司主张陈威共同参与了涉案虚假宣传的行为，对此其并未提交充分证据，该意见不能成立。而对于戏逍堂文化公司还主张世纪广告公司也共同参与了涉案虚假宣传行为，其依据是《疯》剧宣传单上的"主办方"署名有世纪广告公司。本院就此认为，"主办方"本身并不代表其就是宣传行为的实施人，主办方会有各种分工。现当庭，红色文化公司和世纪广告公司共同陈述世纪广告公司只是负责场地租赁，因此就《疯》剧宣传行为的责任应当由红色文化公司承担。因此，对戏逍堂文化公司对陈威和世纪广告公司的诉讼请求，本院均不予支持。

综上，依据《中华人民共和国反不正当竞争法》第九条第一款、第二十条第一款之规定，判决如下：

一、北京红色江山文化传媒有限公司于本判决生效之日起30日内在《北京青年报》上刊登声明消除影响（内容须经本院审核，逾期不执行，本院将依法公开本判决书的主要内容，相关费用由北京红色江山文化传媒有限公司负担）；

二、北京红色江山文化传媒有限公司于本判决生效之日起10日内赔偿戏逍堂（北京）娱乐文化发展有限公司经济损失3万元；

三、驳回戏逍堂（北京）娱乐文化发展有限公司的其他诉讼请求。

一审案件受理费250元，由北京红色江山文化传媒有限公司负担。

各方当事人均服从一审判决。

55. "益心阳口服液"不正当竞争纠纷案

——云南白药集团股份有限公司诉黄石飞云制药有限公司、
北京金碧国全中医药研究所、广西南宁朝阳大药房
连锁有限责任公司

原告（被上诉人）：云南白药集团股份有限公司
被告（上诉人）：北京金碧国全中医药研究所
被告：黄石飞云制药有限公司
被告：广西南宁朝阳大药房连锁有限责任公司
案由：不正当竞争纠纷

原审案号：北京市海淀区人民法院（2007）海民初字第5889号
原审合议庭成员：石必胜、程保荣、段福奎
原审结案日期：2007年4月20日
二审案号：北京市第一中级人民法院（2007）一中民终字第7732号
二审合议庭成员：姜颖、苏杭、芮松艳
二审结案日期：2007年9月25日

判决要旨

"云南白药"和"白药"是云南白药系列药品的特有商品名称，其他经营者不得擅自使用。通过"云南白药家族"、"云南白药的姐妹药"等言辞使用"云南白药"进行虚假宣传，使药品购买者误认为是云南白药或云南白药相关药品，损害了云南白药公司和消费者的合法权益，扰乱了市场经济秩序，构成不正当竞争。

起诉与答辩

原告云南白药集团股份有限公司（以下简称云南白药公司）诉称：云南白药的前身是曲焕章先生研制的"万应百宝丹"。1955年，曲焕章的妻子向人民政府献出"万应百宝丹"秘方及制法。1956年，"万应百宝丹"改名为云南白药。云南白药系列产品已经成为我公司的知名商品，"云南白药"是我公

司的企业字号,"云南白药"已经被注册为商标,且被认定为驰名商标。未经我公司许可,他人不得擅自使用"云南白药"字样。2006年,广西南宁朝阳大药房连锁有限责任公司(以下简称朝阳大药房)销售的"益心阳口服液"的附送宣传册中,突出使用了"云南白药"、"云南白药家族"的字样,宣称其为"云南白药家族首次公开活心秘方"、"益心阳口服液是云南白药的姐妹药",与"世界文明的云南白药一脉相承"。朝阳大药房在《南宁晚报》上为"益心阳口服液"所作的广告中,宣称其为"云南白药家族百年秘方"。该药品在网站上也被宣称为"云南白药家族心脏病百年秘方"。我公司认为,北京金碧国全中医药研究所(以下简称金碧国全研究所)作为该药品的研制者,黄石飞云制药有限公司(以下简称黄石飞云公司)作为生产者,朝阳大药房作为销售者,捏造"云南白药"与"益心阳口服液"两者之间莫须有的关系,使用"云南白药"进行虚假宣传,构成擅自使用我公司的知名商品名称和我公司的企业名称的"搭便车"行为。为维护我公司合法权益,制止被告的不正当竞争行为,故诉请法院判令三被告立即停止不正当竞争,停止使用"云南白药"字样进行宣传,销毁宣传册、删除网站上不实宣传、停止刊登虚假广告,判令三被告在全国媒体上公开赔礼道歉、消除影响,并判令三被告共同赔偿经济损失 220 000 元。

被告黄石飞云公司辩称:我公司受金碧国全研究所委托生产"益心阳口服液"。"益心阳口服液"是国家批准生产的药品,质量符合国家规定。"益心阳口服液"的说明书和包装上并没有使用"云南白药"的字样。"益心阳口服液"的销售全部由金碧国全研究所负责,我公司对销售过程中的具体宣传情况并不知情。2005年,我公司得知"益心阳口服液"的宣传有违法情况,还向金碧国全研究所发函要求其停止做违法广告。我公司对使用"云南白药"进行"益心阳口服液"的宣传没有过错,不应承担责任。不同意云南白药公司的诉讼请求。

被告金碧国全研究所辩称:"益心阳口服液"的研发人是李金碧,曲焕章是李金碧的姑父,因此李金碧是云南白药家族的重要成员。李金碧出技术,我所出资金,双方合作推广"益心阳口服液",因此我所在宣传"益心阳口服液"时使用"云南白药"字样,完全是出于善意,真实地表示李金碧的家族身份,并不构成虚假宣传和搭便车。"益心阳口服液"由黄石飞云公司生产,而我所则授权中成智晟生物科技有限公司(以下简称中成智晟公司)独家负责该药品的市场推广和营销。"益心阳口服液"的宣传册由中成智晟公司制作,宣传册应由中成智晟公司负责,与我所无关。《南宁晚报》的广告宣传也与我所无关。综上,不同意云南白药公司的诉讼请求。

被告朝阳大药房辩称:"益心阳口服液"是经过国家审批的合法药品,销售该药品并不违法。他人在我药房租赁了柜台,专门销售该药品,我药房并没有直接销售该药品,所以我药房并不侵权。在《南宁晚报》上做广告的也不是我药房,而是药品的经销商。我药房没有侵权,不同意云南白药公司的诉讼请求。

原审查明事实

原审法院查明:

1. "云南白药"名称相关事实。

1902 年,曲焕章研制了"曲焕章万应百宝丹"。1938 年,曲焕章病逝,其妻缪兰英成为"曲焕章万应百宝丹"的继承人。1955 年,缪兰英将该"曲焕章万应百宝丹"的处方、配制工艺献给了国家,国家将其列为国家机密保密至今。

1956 年,经昆明市卫生局(56)医字 159 号文件批准,"曲焕章万应百定丹"改名为"云南白药"。

1988 年 6 月 22 日,国家卫生部出具(88)卫药字第 34 号《关于"云南白药"有关问题的通知》,主要内容为:1956 年国务院保密委员会将"云南白药"的处方、工艺列为国家保密范围;严禁泄露"云南白药"处方及工艺;未经卫生部批准,其他任何药品均不得冠以"白药"名称。

1995 年 8 月 12 日,"云南白药"被卫生部列为国家一级中药保护品种。

2000 年 8 月 21 日,"云南白药"被云南白药公司注册为商标,商标注册证为第 1434498 号,核定使用商品的范围为第 5 类。

2002 年 3 月 12 日,"云南白药"被国家工商行政管理总局商标局认定为驰名商标。

2. "益心阳口服液"的生产销售情况。

2003 年 10 月 29 日,河北省药品监督管理局出具鄂药批 03040 号批准文件,批准国药准字 B20020911 号"益心阳口服液"由黄石飞云公司生产。

2004 年 5 月 18 日,黄石飞云公司与金碧国全研究所签订合同,约定金碧国全研究所提供"益心阳口服液"的生产原料、辅料和包装材料,黄石飞云公司负责生产加工;金碧国全研究所负责"益心阳口服液"的全国总经销,第一年基本销售量为 50 万盒,以后每年逐年增加,第三年应达到 100 万盒;金碧国全研究所向黄石飞云支付加工费每盒 1.20 元。

2004 年 5 月 18 日,黄石飞云公司与武汉金碧中医药研究所签订合同,约定李金碧向黄石飞云公司提供"益心阳口服液"的生产工艺、配方,武汉金碧中医药研究所负责"益心阳口服液"的全国总经销，第一年基本销售量为50万盒，以后每年逐年增加，第三年应达到100万盒；金碧国全研究所向黄石飞云支付加工费每盒1.20元。

诉讼中，黄石飞云公司与金碧国全研究所均表示，金碧国全研究所与李金碧是合作关系，共同委托黄石飞云公司生产"益心阳口服液"，而药品由金碧国全研究所和李金碧负责销售。由于金碧国全研究所没有药品经营许可证（GSP），金碧国全研究所利用黄石飞云公司关联公司黄石飞云药品销售有限责任公司的GSP经营质资对外销售。

2004年9月1日，河北省药品检验所出具20042923号药品检验报告书，认定"益心阳口服液"符合WS-5890（B-0890）-2002号国家药品监督管理局标准（试行）的规定。

2005年1月31日，金碧国全研究所与中成智晟公司签订合同，约定中成智晟公司于2005年1月至2008年1月为"益心阳口服液"的总代理商，金碧国全研究所以每盒12元向中成智晟公司供货，中成智晟公司在2005年应当向金碧国全研究所购进1 200万元的药品。

2006年4月20日，金碧国全研究所与中成智晟公司签订补充合同，约定中成智晟公司于2006年4月至2008年4月为"益心阳口服液"的总代理商，金碧国全研究所以每盒12.80元向中成智晟公司供货，中成智晟公司应当在2006年向金碧国全研究所购买384万元的药品。

2006年5月25日，齐明、齐新以黄石飞云药品销售有限责任公司的名义与朝阳大药房签订《经销合同》，约定齐明、齐新于2006年5月25日至12月31日在朝阳大药房设柜台销售"益心阳口服液"，合同还约定药品销售的所有广告须经朝阳大药房审核。

2006年11月7日，金碧国全研究所与中成智晟公司签订终止总代理合同的协议，约定中成智晟公司不再销售"益心阳口服液"，中成智晟公司将网站http://www.bjzyzy.cn转让给金碧国全研究所使用。

2006年12月，云南白药公司员工杨迎在北京市西城区第二公证处，在公证员的监督下，通过114查询到金碧国全研究所的电话88850554，拨打该电话与接听者进行了交谈，谈话内容表明：(1)"益心阳口服液"由李金碧研制，李金碧与金碧国全研究所合作，金碧国全研究所委托黄石飞云公司生产；(2)金碧国全研究所知晓《益心阳与心脏病》宣传册中关于"云南白药"的宣传内容；(3)金碧国全研究所在销售"益心阳口服液"，该药品在东北进行了销售。

3. "益心阳口服液"使用"云南白药"进行宣传的事实。

2006年7月25日，名为心脏病康复联盟的网站（京ICP备05057781号，http：//www.bjzyzy.cn）上有"益心阳口服液"的宣传资料，其中有"云南白药心脏病百年秘方"、"益心阳源自于云南白药家族"等文字内容。

2006年9月6日，云南白药公司委托代理人王嘉雄在朝阳大药房购买一盒"益心阳口服液"，销售者随药品附送一本《益心阳与心脏病》宣传册，朝阳大药房开具138元的发票。

《益心阳与心脏病》宣传册封面下方注明"北京金碧国全中医药研究所"，该宣传册第5页有以下内容："国人都知道鼎鼎大名的云南白药，云南白药研制人家族的李金碧先生，不惜违背祖训，宣布要公开云南白药姊妹药益心阳秘方，益心阳口服液对心脏病的疗效，相当于云南白药治愈创伤。"

2006年7月19日，《南宁晚报》第七版刊登了题为"云南白药家族百年秘方震撼现身"的广告，其中有以下内容：益心阳口服液与赫赫有名的云南白药同出一宗，它的原型为白药家族祖传秘方"还阳丸"。广告下方标明"特约经销商：南宁朝阳大药房（五金大楼3楼）"。

2006年9月29日，《沂蒙晚报》第七版刊登了题为"云南白药家族首次公开活心秘方，免费救治500名心脏病人"的广告。

2006年11月20日，北京市工商行政管理局特殊交易监督管理处出具《关于对北京中成智晟生物科技有限公司涉嫌侵犯云南白药集团商标所有权一事查办结果的函》，表示在接到中国技术监督情况协会品牌保护部的投诉后，责成平谷工商分局对中成智晟公司在网站上侵犯云南白药公司商标权的事实进行了调查，调查后发现情况属实，并发现中成智晟公司有其他严重违法行为，平谷工商分局作出了吊销营业执照的处罚决定，并将关闭中成智晟公司的网站。

另查，"益心阳口服液"的包装及说明书中，并无任何关于"云南白药"的字样。

4. 其他事实。

2006年11月22日，云南白药公司向北京市西城区第二公证处支付1 000元公证费。

2006年9月6日，云南白药公司向南宁市公证处支付公证费1 020元。

2006年10月31日，云南白药公司向北京市五环律师事务所支付2万元律师费。

原审审理结果

原审法院认为，经营者不得擅自在广告宣传中使用他人知名商品特有的名称，使购买者误认为是该知名商品，并不得擅自使用他人企业名称，引人误以为是他人的商品。云南白药系列药品被列为国家一级中药保护品种，具有较高的市场知名度，为相关公众所知悉，是我国的知名商品。"云南白药"和"白药"是云南白药系列药品的特有商品名称，其他经营者不得擅自使用。"益心阳口服液"的销售者在该药与"云南白药"并无任何联系的情况下，在网站和报刊广告以及宣传册中通过"云南白药家族"、"云南白药的姐妹药"等言词使用"云南白药"进行虚假宣传，使药品购买者误认为是云南白药或云南白药相关药品，损害了云南白药公司和消费者的合法权益，扰乱了市场经济秩序，构成不正当竞争，应依法承担停止不正当竞争行为、消除影响、赔偿损失等法律责任。

黄石飞云公司是"益心阳口服液"名义上的销售者，其许可金碧国全研究所利用其药品经营资质销售"益心阳口服液"，放任销售过程中使用"云南白药"名称的不正当竞争行为，应对此承担连带责任。金碧国全研究所作为事实上的总经销商，放任中成智晟公司的违法行为，亦应对该不正当竞争行为承担连带责任。朝阳大药房明知云南白药为知名商品，但对《南宁晚报》上刊登的广告及宣传册中使用"云南白药"的宣传内容未尽合理审查义务，亦应承担相应的法律责任。由于云南白药公司的损失和被告的利润均难以计算，本院参考主观过错、不正当竞争行为的影响范围等因素酌定赔偿数额。云南白药公司为制止侵权所支出的费用，合理部分，本院亦予以支持。

金碧国全研究所称，李金碧与曲焕章是亲戚关系，所以李金碧是"云南白药家族"的成员，李金碧研发的"益心阳口服液"可以称之为"云南白药家族"的秘方。但云南白药公司并不认可该亲戚关系，金碧国全研究所也未提交证据证明该亲戚关系，故本院对该事实主张不予采信。而且本院认为，即使李金碧与曲焕章存在亲戚关系，由于"云南白药"的名称自1956年该药的全部权利归属国家之后才正式使用，"云南白药"的无形价值主要源于云南白药系列产品的实际功效和云南白药公司的宣传，与李金碧并无关系。为了维护社会公共利益，防止消费者误解，他人擅自利用"云南白药"为其他药品进行宣传的行为应依法予以制止。因此，金碧国全研究所的该项辩称，无事实依据，本院不予支持。

综上，本院依据《中华人民共和国反不正当竞争法》第五条第（二）项、第（三）项、第九条、第二十条之规定，判决如下：

一、被告黄石飞云制药有限公司、北京金碧国全中医药研究所、广西南宁朝阳大药房连锁有限责任公司在本判决生效之日立即停止在"益心阳口服液"的宣传中使用"云南白药"，并销毁《益心阳与心脏病》宣传册；

二、本判决生效之日起20日内，被告黄石飞云制药有限公司、北京金碧国全中医药研究所分别在全国发行的报刊上刊登声明，消除影响，被告广西南宁朝阳大药房连锁有限责任公司在《南宁晚报》上刊登声明，消除影响，内容均应经本院审核；逾期不履行，本院将在有关媒体上公布本判决主要内容，费用由不履行者承担；

三、被告黄石飞云制药有限公司、北京金碧国全中医药研究所共同赔偿原告云南白药集团股份有限公司经济损失及合理开支9万元，于本判决生效之日起10日内付清；

四、被告广西南宁朝阳大药房连锁有限责任公司赔偿原告云南白药集团股份有限公司经济损失及合理开支3 000元，于本判决生效之日起10日内付清。

金碧国全研究所不服，提起上诉。

金碧国全研究所上诉称：1."云南白药家族"等的提法是有渊源的。曲焕章是李金碧的姑父，二者是亲戚关系。李金碧于1913年出生于云南省江川县"云南白药"之乡，于1931年在昆明金碧路开设诊所，独立制药、行医，1942年开办"金碧大药房"带诊所，1948年开办"云南金碧白药股份有限公司"，生产"云南金碧白药"。1973年开办中医诊所和中医药研究所，经多年努力制成"益心阳口服液"新药。在"益心阳口服液"的包装及说明书中，并无"云南白药"字样，在广告宣传中使用"云南白药家族""百年秘方"、"姊妹药"的提法有历史渊源，并无不当。2. 一审法院认定事实不清。(1)上诉人向一审法院提供的"中华民国经济部"颁发的"营业执照"、"云南金碧白药说明书"等证据可以证明李金碧于中华民国时期就成立了"云南白药股份有限公司"，且李金碧研制的该药品早于被上诉人的"云南白药"，一审法院不予采信是错误的。(2)一审法院判决黄石飞云公司与上诉人金碧国全研究所连带赔偿被上诉人9万元是错误的。首先，《反不正当竞争法》第二十条规定的"被侵害的经营者因调查该经营者侵害其合法权益的不正当竞争行为所支付的合理费用"中指的是当事人进行"调查"的费用，不应包括律师代理费；其次，由于上诉人使用"云南白药"有历史渊源，没有不正当竞争的主观故意，因此一审法院考虑"主观过错"而定的赔偿数额欠妥。3. 一审判决法律适用错误。一审法院援引《反不正当竞争法》第五条第（二）项、第（三）项，第九条和第二十条是错误的。综上，一审判决认定事实不清，导致适用法律不当，上诉人不构成不正当竞争行为，亦不应承担民事责任，请求二审法院查明事实后依法改判。

被上诉人云南白药公司辩称：一审法院对于事实认定和法律适用都是正确的。首先，上诉人称其使用"云南白药家族"的提法具有渊源是不能成立的。

"云南白药"的前身是曲焕章研制的"万应百宝丹",1956年才改名为"云南白药"。其次,根据最高人民法院的司法解释,上诉人的行为完全符合《反不正当竞争法》第五条第(二)项、第(三)项,以及该法第九条的规定,构成不正当竞争。再次,一审法院判决的赔偿数额是法官酌定后确定的数额,并没有完全支持被上诉人的诉讼请求。据此,请求维持一审判决。

云南白药公司、黄石飞云公司、朝阳大药房公司均服从一审判决。

二审查明事实

二审法院查明:

1. 各方当事人对一审法院认定的以下事实无异议。

(1)"云南白药"名称相关事实。

1902年,曲焕章研制了"曲焕章万应百宝丹"。1938年,曲焕章病逝,其妻缪兰英成为"曲焕章万应百宝丹"的继承人。1955年,缪兰英将该"曲焕章万应百宝丹"的处方、配制工艺献给了国家,国家将其列为国家机密保密至今。

1956年,经昆明市卫生局(56)医字159号文件批准,"曲焕章万应百宝丹"改名为"云南白药"。

1988年6月22日,国家卫生部出具(88)卫药字第34号《关于"云南白药"有关问题的通知》,主要内容为:1956年国务院保密委员会将"云南白药"的处方、工艺列为国家保密范围;严禁泄露"云南白药"处方及工艺;未经卫生部批准,其他任何药品均不得冠以"白药"名称。

1995年8月12日,"云南白药"被卫生部列为国家一级中药保护品种。

2000年8月21日,"云南白药"被云南白药公司注册为商标,商标注册证为第1434498号,核定使用商品的范围为第5类。

2002年3月12日,"云南白药"被国家工商行政管理总局商标局认定为驰名商标。

(2)"益心阳口服液"的生产销售情况。

2003年10月29日,河北省药品监督管理局出具鄂药批03040号批准文件,批准国药准字B20020911号"益心阳口服液"由黄石飞云公司生产。

2004年5月18日,黄石飞云公司与金碧国全研究所签订合同,约定金碧国全研究所提供"益心阳口服液"的生产原料、辅料和包装材料,黄石飞云公司负责生产加工;金碧国全研究所负责"益心阳口服液"的全国总经销,第一年基本销售量为50万盒,以后每年逐年增加,第三年应达到100万盒;金碧国全研究所向黄石飞云支付加工费每盒1.20元。

2004年5月18日，黄石飞云公司与武汉金碧中医药研究所签订合同，约定李金碧向黄石飞云公司提供"益心阳口服液"的生产工艺、配方，武汉金碧中医药研究所负责"益心阳口服液"的全国总经销，第一年基本销售量为50万盒，以后每年逐年增加，第三年应达到100万盒；金碧国全研究所向黄石飞云支付加工费每盒1.20元。

诉讼中，黄石飞云公司与金碧国全研究所均表示，金碧国全研究所与李金碧是合作关系，共同委托黄石飞云公司生产"益心阳口服液"，而药品由金碧国全研究所和李金碧负责销售。由于金碧国全研究所没有药品经营许可证（GSP），金碧国全研究所利用黄石飞云公司关联公司黄石飞云药品销售有限责任公司的GSP经营资质对外销售。

2004年9月1日，河北省药品检验所出具20042923号药品检验报告书，认定"益心阳口服液"符合WS-5890（B-0890）-2002号国家药品监督管理局标准（试行）的规定。

2005年1月31日，金碧国全研究所与中成智晟公司签订合同，约定中成智晟公司于2005年1月至2008年1月为"益心阳口服液"的总代理商，金碧国全研究所以每盒12元向中成智晟公司供货，中成智晟公司在2005年应当向金碧国全研究所购进1 200万元的药品。

2006年4月20日，金碧国全研究所与中成智晟公司签订补充合同，约定中成智晟公司于2006年4月至2008年4月为"益心阳口服液"的总代理商，金碧国全研究所以每盒12.80元向中成智晟公司供货，中成智晟公司应当在2006年向金碧国全研究所购买384万元的药品。

2006年5月25日，齐明、齐新以黄石飞云药品销售有限责任公司的名义与朝阳大药房签订《经销合同》，约定齐明、齐新于2006年5月25日至12月31日在朝阳大药房设柜台销售"益心阳口服液"，合同还约定药品销售的所有广告须经朝阳大药房审核。

2006年11月7日，金碧国全研究所与中成智晟公司签订终止总代理合同的协议，约定中成智晟公司不再销售"益心阳口服液"，中成智晟公司将网站http://www.bjzyzy.cn转让给金碧国全研究所使用。

（3）"益心阳口服液"使用"云南白药"进行宣传的事实。

2006年9月6日，云南白药公司委托代理人王嘉雄在朝阳大药房公司购买一盒"益心阳口服液"，销售者随药品附送一本《益心阳与心脏病》宣传册，朝阳大药房公司开具138元的发票。该宣传册封面下方注明"北京金碧国全中医药研究所"，该宣传册第5页有以下内容："国人都知道鼎鼎大名的云南白药，云南白药研制人家族的李金碧先生，不惜违背祖训，宣布要公开云南白药姊妹药益心阳秘方,益心阳口服液对心脏病的疗效,相当于云南白药治愈创伤。"

2006年7月19日,《南宁晚报》第七版刊登了题为"云南白药家族百年秘方震撼现身"的广告,其中有以下内容:益心阳口服液与赫赫有名的云南白药同出一宗,它的原型为白药家族祖传秘方"还阳丸"。广告下方标明"特约经销商:南宁朝阳大药房(五金大楼3楼)"。

2006年9月29日,《沂蒙晚报》第七版刊登了题为"云南白药家族首次公开活心秘方,免费救治500名心脏病人"的广告。

2006年11月20日,北京市工商行政管理局特殊交易监督管理处出具《关于对北京中成智晟生物科技有限公司涉嫌侵犯云南白药集团商标所有权一事查办结果的函》,表示在接到中国技术监督情报协会品牌保护部的投诉后,责成平谷工商分局对中成智晟公司在网站上侵犯云南白药公司商标权的事实进行了调查,调查后发现情况属实,并发现中成智晟公司有其他严重违法行为,平谷工商分局作出了吊销营业执照的处罚决定,并将关闭中成智晟公司的网站。

另查,"益心阳口服液"的包装及说明书中,并无任何关于"云南白药"的字样。

(4)其他事实。

2006年11月22日,云南白药公司向北京市西城区第二公证处支付1 000元公证费。2006年9月6日,云南白药公司向南宁市公证处支付公证费1 020元。2006年10月31日,云南白药公司向北京市五环律师事务所支付2万元律师费。

2. 金碧国全研究所对一审法院认定的以下事实存有异议。

(1)2006年12月,云南白药公司员工杨迎在北京市西城区第二公证处,在公证员的监督下,通过114查询到金碧国全研究所的电话88850554,拨打该电话与接听者进行了交谈,谈话内容表明:①"益心阳口服液"由李金碧研制,李金碧与金碧国全研究所合作,金碧国全研究所委托黄石飞云公司生产;②金碧国全研究所知晓《益心阳与心脏病》宣传册中关于"云南白药"的宣传内容;③金碧国全研究所在销售"益心阳口服液",该药品在东北进行了销售。

金碧国全研究所提出88850554并非该研究所的电话,所以不能证明待证事实。对于金碧国全研究所提出的异议,本院认为,根据(2006)西二证字第06329号公证书的记载,该电话系在公证员的监督下通过114查询得到,且电话接听人在与电话拨打人的对话中亦承认该电话系金碧国全研究所所有,在金碧国全研究所没有提供相反证据的情况下，其异议不能成立。本院对一审法院认定的上述事实予以确认。

（2）2006年7月25日，名为心脏病康复联盟的网站（京ICP备05057781号，http：//www.bjzyzy.cn）上有"益心阳口服液"的宣传资料，其中有"云南白药心脏病百年秘方"、"益心阳源自于云南白药家族"等文字内容。

金碧国全研究所提出，名为心脏病康复联盟的网站并非金碧国全研究所网站，故从事宣传的主体并非金碧国全研究所。对于该异议，本院认为，云南白药公司在一审程序中提交的ICP备案登记查询结果显示，地址为http：//www.bjzyzy.cn的ICP备案单位为金碧国全研究所，在金碧国全研究所没有提供相反证据的情况下，应认为该网站内容的提供者为金碧国全研究所，因此，金碧国全研究所的异议不能成立，本院对一审法院认定的这一事实予以确认。

3. 金碧国全研究所对一审法院未对其提供的如下证据予以采信提出异议：

（1）1947年"中华民国经济部"颁发的《执照》复印件。其内容主要为："兹因李金碧等设立云南白药股份有限公司呈请登记本部查核相符合行发给执照以资凭证。"该证据的证明目的是李金碧于1947年即成立了"云南白药股份有限公司"，此云南白药并非被上诉人的"云南白药"，李金碧使用"云南白药"的称谓有历史依据。

（2）"云南金碧白药说明书"复印件。该"说明书"中将"云南金碧白药"字样突出显示。该证据的证明目的是李金碧设立云南白药股份有限公司所生产的药品名称使用了"云南白药"的称谓，该时间早于云南白药公司的使用时间。

（3）"云南金碧白药"药品的照片，证明目的同上述证据2。

云南白药公司对上述证据的质证意见为：这些证据均无原件，且产生于国民党政权时期，对其真实性、效力和证明目的皆不认可。

金碧国全研究所称湖北省武汉市档案馆存有上述证据1的原件，并申请本院进行调查。

对于上述证据1，本院认为，该证据并非来源于湖北省武汉市档案馆，如果该档案馆确实保存有该"执照"的原件，金碧国全研究所可以通过复印，并由该档案馆提供证明或者通过公证等方式以证明该证据的来源，该证据并非其无法自行取得而需要法院进行调查取证的范畴，故本院对于其申请本院进行调查的请求不予支持。

由于金碧国全研究所提供的上述证据均无原件，不能证明证据的真实性，且云南白药公司提出了异议，故本院对上述证据不予采信。

4. 对于金碧国全研究所在二审程序中提交的证据的认定。

金碧国全研究所为证明其诉讼主张，在二审中提交了如下证据：

（1）"李金碧老中医及其创制的医药简介"复印件；

（2）国家中医药管理局《对为防治非典型肺炎献方献策者的回函》复印件；

（3）国家信访局的回函复印件。

云南白药公司认为上述证据不属于民事诉讼法所规定的新证据，不能作为证据被采信；而且该证据是复印件，真实性无法确认；上述证据的内容与本案也不具有关联性。

对于上述证据，本院认为，由于上诉人未给出在一审程序中未能提供这些证据的合理理由，因此不属于民事诉讼法规定的新证据，不应在二审程序中予以采信。此外，上述证据均为复印件，在没有其他证据予以佐证的情况下，不能确认证据的真实性。并且证据1系李金碧自行撰写，没有证据佐证简介内容的真实性，两份回函的内容亦未涉及"云南白药"，不能证明李金碧为"云南白药家族"或对"云南白药"享有在先权利的事实，故本院对上述证据亦不予采信。

二审审理结果

二审法院认为：

1. 上诉人金碧国全研究所在广告宣传中使用含有"云南白药"的用语是否具有正当理由。

根据查明的事实可知，曲焕章研制的"万应百宝丹"于1956年改名为"云南白药"，被上诉人将该药品名称使用至今，并通过长期的经营和宣传使"云南白药"成为其知名商品的特有名称。同时，"云南白药"亦为被上诉人企业名称中具有显著特征的字号。根据我国反不正当竞争法的规定，他人未经许可，不得在广告中擅自使用"云南白药"字样。

上诉人虽主张李金碧与曲焕章存在亲属关系以及李金碧在先使用"云南白药"作为企业名称和药品名称，但并未提供相应证据予以证明，被上诉人对此亦不予认可，并且其主张的这一事实并不属于《最高人民法院关于民事诉讼证据的若干规定》第九条规定的无须举证证明的事实，因此上诉人的这一主张不能成立，其在广告宣传中使用"云南白药家族"、"云南白药姊妹药"、"云南白药心脏病百年秘方"、"益心阳口服液对心脏病的疗效，相当于云南白药治愈创伤"的用语并无正当理由。此外，即使李金碧与曲焕章存在亲属关系，其亦应基于该事实采用"曲焕章家族"或者"李金碧家族"的惯常称谓进行宣传。"云南白药家族"并不是一个在通常情况下被使用的惯常用法，在"云南白药"经过被上诉人的多年经营和宣传，已经积累了一定的声誉并为消费者所广泛知晓的情况下，上诉人使用"云南白药家族"的宣传系为达到攀附的目的而刻意采用的称谓。并且，"益心阳口服液"系由李金碧研制完成，与曲焕章、"云南白药"、云南白药公司并无关系，即"益心阳口服液"与"云南白药"从商品、研制者乃至生产者之间并无任何联系。因此，上诉人在宣传中使用"云南白药姊妹药"、"云南白药心脏病百年秘方"等广告用语并无正当合理的理由。

综上，上诉人有关其使用含有"云南白药"的宣传用语具有渊源的上诉理由不能成立。

2. 一审法院适用法律是否正确。

我国《反不正当竞争法》第五条规定了四种以不正当手段从事不正当竞争的行为，其中：第（二）项为擅自使用知名商品特有的名称、包装、装潢，或者使用与知名商品近似的名称、包装、装潢，造成和他人的知名商品相混淆，使购买者误认为是该知名商品；第（三）项为擅自使用他人的企业名称或者姓名，引人误以为是他人的商品。同时，《反不正当竞争法》第九条第一款规定，经营者不得利用广告或者其他方法，对商品的质量、制作成分、性能、用途、生产者、有效期限、产地等作引人误解的虚假宣传。

《最高人民法院关于审理不正当竞争民事案件应用法律若干问题的解释》第二条规定，具有区别商品来源的显著特征的商品的名称，应当认定为反不正当竞争法第五条第（二）项规定的"特有的名称"；第七条规定，在中国境内进行商业使用，包括将知名商品特有的名称或者企业名称用于广告宣传中，应当认定为反不正当竞争法第五条第（二）项、第（三）项规定的"使用"。"云南白药"作为被上诉人特有的商品名称，同时也是被上诉人企业名称中具有显著性特征的字号，上诉人在广告宣传中使用的行为，属于《反不正当竞争法》第五条第（二）项、第（三）项规定的规范范畴。此外，上诉人利用广告方法对商品进行了引人误解的宣传，应适用《反不正当竞争法》第九条的规定。因此，一审法院适用《反不正当竞争法》第五条第（二）项、第（三）项以及第九条的规定是正确的。

《反不正当竞争法》第二十条对于经营者因不正当竞争给被侵害的经营者造成损害所应承担的民事责任进行了规定，因上诉人的不正当竞争行为给被上诉人造成了损害，故一审法院适用该法第二十条判令上诉人承担法律责任并无不当。因此，上诉人有关一审法院适用法律错误的主张并无事实和法律依据，本院不予支持。

3. 一审法院判决上诉人应承担的损害赔偿数额是否符合法律规定。

《最高人民法院关于审理不正当竞争民事案件应用法律若干问题的解释》第十七条规定，确定《反不正当竞争法》第五条、第九条规定的不正当竞争行为的损害赔偿额，可以参照确定侵犯注册商标专用权的损害赔偿额的方法进行。《商标法》第五十六条第一款规定，侵犯商标专用权的赔偿数额，为侵权人在侵权期间因侵权所获得的利益，或者被侵权人在被侵权期间因被侵权所受到的损失，包括被侵权人为制止侵权行为所支付的合理开支；该条第二款规定，前款所称侵权人因侵权所得利益，或者被侵权人因被侵权所受损失难以确定的，由人民法院根据侵权行为的情节判决给予五十万元以下的赔偿。《最高人民法院关于审理商标民事纠纷案件适用法律若干问题的解释》第十七条第一款的规定，《商标法》第五十六条第一款规定的制止侵权行为所支付的合理开支，包括权利人或者委托代理人对侵权行为进行调查、取证的合理费用；该条第二款规定，人民法院根据当事人的诉讼请求和案件具体情况，可以将符合国家有关部门规定的律师费用计算在赔偿范围内。综合以上条文的内容，一审法院在认定上诉人的行为构成《反不正当竞争法》第五条第（二）项、第（三）项、第九条规定的不正当竞争行为的情况下，基于被上诉人的损失和上诉人的利润均难以计算，综合考虑上诉人的主观过错、不正当竞争行为的影响范围等因素，在五十万元以内酌定赔偿数额，并无不当。被上诉人为制止侵权所支出的费用，包括律师费支出中的合理部分，一审法院予以支持，符合法律和相关司法解释的规定，并无不当。

综上，一审判决认定事实清楚，适用法律正确，本院予以维持。上诉人的上诉请求，因无事实和法律依据，本院不予支持。依照《中华人民共和国反不正当竞争法》第五条第（二）项、第（三）项、第九条、第二十条、《中华人民共和国商标法》第五十六条、《最高人民法院关于审理不正当竞争民事案件应用法律若干问题的解释》第二条、第七条、第十七条、《最高人民法院关于审理商标民事纠纷案件适用法律若干问题的解释》第十七条、《中华人民共和国民事诉讼法》第一百五十三条第一款第（一）项之规定，本院判决如下：

驳回上诉，维持原判。

一审案件受理费5 810元，由上诉人北京金碧国全中医药研究所、原审被告黄石飞云制药有限公司共同负担；二审案件受理费2 050元，由上诉人北京金碧国全中医药研究所负担。

56. "雅虎助手"不正当竞争纠纷案

——北京三际无限网络科技有限公司诉北京阿里巴巴信息技术
有限公司、国风因特软件（北京）有限公司

原告（上诉人）：北京三际无限网络科技有限公司
被告（上诉人）：北京阿里巴巴信息技术有限公司
被告（上诉人）：国风因特软件（北京）有限公司
案由：不正当竞争纠纷

原审案号：北京市海淀区人民法院（2007）海民初字第1873号
原审合议庭成员：石必胜、闫学杉、陈玉娥
原审结案日期：2007年7月23日
二审案号：北京市第一中级人民法院（2007）一中民终字第13142号
二审合议庭成员：任进、邢军、董晓敏
二审结案日期：2007年11月20日

判决要旨

作为同行业竞争者，因阿里巴巴、国风因特在雅虎软件中设置的不当程序代码导致360度软件无法正常使用，并不当提示消费者360度软件的安全风险，甚至违背消费者意志删除360度软件，构成不正当竞争，依法应该承担赔偿责任。

起诉与答辩

原告北京三际无限网络科技有限公司（以下简称三际公司）诉称：原告2006年7月推出"360安全卫士"软件（以下简称360软件），为网民免费提供恶意软件查杀、系统诊断及修复。原告的软件给用户提供了便利，也为原告带来巨大商业利益。北京阿里巴巴信息技术有限公司（以下简称阿里巴巴公司）经营的雅虎中国网站（www.yahoo.com.cn），向公众提供署名为国风因特软件（北京）有限公司（以下简称国风因特公司）的"雅虎助手"软件（以下简称雅虎软件），二被告是此软件的著作权人。该软件长期利用技术手段，干扰360软件的安装和运行。具体表现为：1. 在用户安装360软件时，雅虎软件弹出诋毁 360 软件声誉的对话框，诱导用户删除 360 软件；2. 即使在用户选择不删除 360 软件时，雅虎软件亦违背用户意志删除用户电脑中的 360 软件；3. 当用户点击桌面快捷方式启动 360 软件时，雅虎软件在不进行任何提示的情况下屏蔽 360 软件的正常运行，使用户误以为 360 软件存在瑕疵。原告认为，二被告为了不正当竞争目的，采取不正当的技术措施，影响原告软件的正常下载、安装和运行，被告的行为减少了 360 软件的用户量，给原告造成商业信誉损失。为维护原告的合法权益，诉请法院判令：（1）二被告立即停止干扰原告软件运行、诋毁原告软件产品声誉的不正当竞争行为；（2）二被告在原告和被告经营的网站、新浪网及《北京青年报》公开澄清事实，并向原告道歉；（3）二被告赔偿原告经济损失 100 万元。

被告阿里巴巴公司和国风因特公司辩称：1. 按照原告的产品功能定位，360 软件具有查杀病毒的功能。据《计算机信息系统安全专用产品检测和销售许可证管理办法》的规定，此类计算机信息系统安全专用产品在我国实行销售许可制度。原告并未取得《计算机信息系统安全专用产品销售许可证》。因此，被答辩人经营 360 软件的行为本身就属于非法经营，不应得到法律的保护。2. 原告经营的 360 软件将包括二被告经营的雅虎软件认定为恶意软件，并诱导用户删除竞争对手的软件，侵权故意十分明显。在此情况下，被侵权人采取相应的技术手段也是防止继续受到侵害、避免损害进一步扩大而实施的合理措施。3. "信息产业部 ICP/IP 地址信息备案管理系统"的查询结果反映出原告是 2006 年 10 月 10 日在信息产业部门就经营网站（www.360safe.com）办理了备案手续。原告作为证据 3、4 提交的两份公证书的公证时间均在 2006 年 10 月 10 日前，因此原告无法证明在此前是有权对该公证书内容主张权利的权利主体。4. 原告无法证明 360 软件所出现的无法正常运行和被强制删除的情形是由雅虎软件造成的。（1）不能排除原告自己在 360 软件的安装文件中设定指令，使 360 软件在检测到雅虎软件存在时自行停止运行，以达到诬陷雅虎软件的目的。原告若主张雅虎软件造成 360 软件无法正常运行，必须证明雅虎软件的安装文件中包含干扰、屏蔽 360 软件运行的代码，且运行过此代码后 360 软件才出现无法正常运行的情形。（2）不能排除被原告自己在 360 软件的安装文件中设定指令，致使 360 软件在检测到雅虎软件存在后自行删除，以达到诬陷雅虎软件的目的。原告若主张 360 软件被强行删除是由雅虎软件造成的，必须证明雅虎软件的安装文件中包含指示雅虎软件无论用户如何选择均强行删除 360 软件的代码，且正是在运行过这段代码后 360 软件才被强行删除。（3）退一步讲，即使雅虎软件存在所谓的导致 360 软件无法正常运行和被强制删除的情形，也是被告为防止受到侵害、避免损害进一步扩大而采取的合理措施。5. 雅虎软件在检测到 360 软件时所显示的提示，并未使用任何贬损性语言，反映的情况也完全是真实的。雅虎软件与 360 软件之间所存在的冲突完全是事实，一旦 360 软件与雅虎软件共存于同一台计算机，360 软件即攻击雅虎软件为恶意软件并提示和诱导用户加以删除。6. 原告的诉讼请求本身不具备合理性。原告要求被告赔偿经济损失 100 万元，但未就经济损失提供任何证据，因此其诉讼请求缺乏事实依据。综上所述，被告在经营雅虎软件的过程中，不存在任何不正当竞争行为，恳请驳回原告的全部诉讼请求。

原审查明事实

原审法院查明：

1. 诉讼主体相关事实。

2005 年 9 月 20 日，国风因特公司与北京三七二一科技有限公司签订《雅虎助手软件合作协议》，约定双方共同研发雅虎软件，软件著作权由双方共同享有，并约定北京三七二一科技有限公司在网站（www.3721.com、www.yahoo.com.cn、cn.yahoo.com）上对雅虎软件进行推广。

2006 年 7 月 31 日，北京三七二一科技有限公司名称变更为阿里巴巴公司。

2006 年 11 月 4 日，国风因特公司出具《声明》，确认原名为北京三七二一科技有限公司的阿里巴巴公司于 2005 年 9 月与其签订了协议，约定雅虎软件由双方共同享有。

2006 年 11 月 3 日，北京市国信公证处出具（2006）京国证民字第 14329 号公证书。该公证书表明，网站（域名为 www.360safe.com）由原告经营，ICP 备案时间为 2006 年 10 月 10 日；网站（域名为 www.yahoo.com.cn 和 cn.yahoo.com）所有者为北京三七二一科技有限公司。

另查，在 360 软件的初始界面上显示了"病毒查杀"选项，右下角显示："病毒查杀：360 安全卫士与卡巴斯基携手打造病毒查杀功能模块，让您免费体验卡巴斯基反病毒带来的强大防护。"

另查，360 软件可以从原告经营的 www.360safe.com 网站下载，360 软件署名为"Copyright© 2006Qihoo.Com All Rights Reserved 版权所有·奇虎网"，www.360safe.com 网站注明"Copyright© 2008Qihoo.Com All Rights Reserved 版权所有·奇虎网"。原告的京 ICP 证 040951 号《电信与信息服务业务经营许可证》中注明的经营网站名称包括"奇虎网"。

2. 原告主张的被告不正当竞争相关事实。

2006 年 9 月 15 日，北京市国信公证处出具（2006）京国证民字第 13200

号公证书,该公证书对原告委托代理人杨银辉于 2006 年 9 月 5 日使用公证处的计算机上网进行操作的过程进行了记载。公证书记载的操作过程为:(1) 第 1 至 10 页,查看电脑软件环境,下载 360 软件和雅虎软件的安装文件;(2) 第 11 至 17 页,在安装雅虎软件前,360 软件可以正常安装和运行;(3) 第 18 至 27 页,在安装雅虎软件后,360 软件在被双击后不能正常运行;(4) 第 28 页至 40 页,雅虎软件的安装目录中的"yhelper.dll"文件中存在"360safe"字符串;(5) 第 41 页至 54 页,雅虎软件的安装目录中的"ypatch.dll"文件中存在"360safe"字符串;第 55 页至 67 页显示,卸载雅虎软件后,360 软件恢复正常运行。

原告据 13200 号公证书主张,雅虎软件干扰 360 软件的运行,在安装雅虎软件后,在没有任何提示的情况下,雅虎软件非法屏蔽 360 软件,使其无法正常启动运行。

2006 年 9 月 15 日,北京市国信公证处出具(2006)京国证民字第 13201 号公证书,该公证书对原告委托代理人杨银辉于 2006 年 9 月 7 日使用公证处的计算机上网进行操作的过程进行了记载。公证书记载的操作过程为:(1) 第 1 至 10 页,查看电脑软件环境,下载 360 软件和雅虎软件的安装文件。(2) 第 11 至 21 页,在安装雅虎软件前,360 软件可以正常安装和运行。(3) 第 22 至 40 页,在安装雅虎软件后重新启动计算机,弹出对话框,内容为"发现您的电脑中安装有[360safe],其驱动程序可能导致 Yahoo 助手及系统工作不正常,某些情况下可能出现电脑蓝屏,请删除卸载[360safe]"。对话框下方出现"是"或"否"的选择项。在点击"否"选项后,重新启动计算机。重启计算机后卸载雅虎软件,再重启计算机,不再出现对话框。(4) 第 41 页至 51 页,安装 360 软件。(5) 第 52 页至 62 页,安装雅虎软件。重启计算机后,弹出与第 4 步相同的对话框,点"是"选项后,雅虎软件将 360 软件删除。

原告据 13201 号公证书主张,雅虎软件诋毁 360 软件,恐吓 360 软件用户,并违背用户意志删除 360 软件。

2006 年 10 月 19 日,北京市国信公证处出具(2006)京国证民字第 13309 号公证书,该公证书对原告委托代理人杨银辉于 2006 年 10 月 11 使用公证处的计算机上网进行操作的过程进行了记载。公证书记载的操作过程为:(1) 第 1 至 16 页,在安装 360 软件前,360 软件可以正常下载、安装、运行;(2) 第 18 至 32 页,安装雅虎软件;(3) 第 33 页至 37 页,在安装雅虎软件后,双击桌面快捷方式运行 360 软件,弹出对话框,内容为"您的电脑中安装有[360safe],其驱动程序可能导致 Yahoo 助手及系统工作不正常,某些情况下可能出现电脑蓝屏,不运行[360safe]"。在打开 IE 浏览器时,弹出对话框,内容为"发现您的电脑中安装有或者正在运行［360safe］，其程序可能导致Yahoo助手及系统工作不正常，某些情况可能出现电脑蓝屏，请删除卸载［360safe］"。(4) 第38至45页，卸载雅虎软件后，360软件正常运行。

原告据13309号公证书主张，雅虎软件诋毁360软件。

3. 被告主张的相关事实。

2006年12月13日，北京市公证处出具（2006）京证经字第27852号公证书，该公证书对阿里巴巴公司委托代理人杨万春于2006年12月12日使用公证处的计算机上网进行操作的过程进行了记载。公证书记载的操作过程为：第1至10页，自www.360safe.com下载、安装360软件；第11至19页，通过查看安装路径、注册表项和控制面板，确认360软件已成功安装；第20至25页，自cn.yahoo.com下载、安装雅虎软件；第26至27页，在完成上述先安装360软件、后安装雅虎软件的步骤后，打开IE浏览器时弹出提示窗口（提示用户360软件与雅虎软件存在冲突，由用户选择是否卸载360软件），选择不卸载360软件；第28至41页，通过查看计算机确认360软件并未被卸载，而是仍然和雅虎软件同时安装于该计算机上；第42至45页，卸载雅虎软件；第46至55页，通过查看计算机确认360软件仍然正常安装于该计算机上；第56至63页，自cn.yahoo.com下载、安装雅虎软件软件，并在IE浏览器弹出提示窗口时选择卸载360软件；第64至74页，通过查看计算机确认360软件已被卸载。

被告据27852号公证书主张，雅虎软件将其与360软件之间可能存在着冲突及因此可能产生的后果如实告知计算机用户，并未使用任何不利于360软件的言辞，也未诱导用户作出某种选择。雅虎软件尊重用户的选择权，其向用户提供了选择项，并完全尊重用户的选择。

2006年12月26日，北京市公证处出具（2006）京证经字第27853号公证书，该公证书对阿里巴巴公司委托代理人杨万春于2006年12月22日使用公证处的计算机上网进行操作的过程进行了记载。公证书记载的操作过程为：第1至9页，自www.360safe.com下载、安装360软件；第10至16页，自cn.yahoo.com下载、安装雅虎软件；第17页，在完成上述先安装360软件、后安装雅虎软件的步骤后，打开IE浏览器时弹出提示窗口（提示用户360软件与雅虎软件存在冲突，由用户选择是否卸载360软件），选择不卸载360软件；第18至20页，通过查询控制面板内的"添加或删除程序"项，确认360软件、雅虎软件同时安装于该计算机上；第21至22页，运行360安全卫士软件，弹出提示雅虎软件为恶意软件的对话框。

2006年12月30日，北京市公证处出具（2006）京证经字第29034号公证书，该公证书对阿里巴巴公司委托代理人杨万春于 2006 年 12 月 29 日使用公证处的计算机上网进行操作的过程进行了记载。公证书记载的操作过程为：（1）第 1 至 10 页显示，自 www.360safe.com 下载、安装 360 软件；（2）第 11 至 16 页显示，自 cn.yahoo.com 下载、安装雅虎软件。在雅虎软件安装过程中，360 软件弹出提示框，显示"恶意软件［雅虎助手上网助手］正在安装到系统中！请选择处理策略：卸载该软件/允许其安装"；（3）第 17 至 19 页显示，通过查询控制面板内的"添加或删除程序"项，确认 360 软件、雅虎软件同时安装于该计算机上，在此过程中，360 软件持续弹出前述提示框；（4）第 19 至 23 页显示，在 360 软件弹出的提示框内选择卸载雅虎软件，通过查询控制面板内的"添加或删除程序"项，确认雅虎软件已被卸载；（5）第 24 至 29 页显示，自 cn.yahoo.com 下载、安装雅虎软件，在雅虎软件安装过程中，360 软件持续弹出提示用户卸载雅虎软件的提示框；（6）第 30 至 32 页显示，打开 IE 浏览器时弹出提示窗口（提示用户 360 软件与雅虎软件存在冲突，由用户选择是否卸载 360 软件），选择不卸载 360 软件；（7）第 33 至 37 页显示，重启计算机后，运行 360 软件，弹出提示雅虎软件为恶意软件的对话框。

被告据 27853 号、29034 号公证书主张，雅虎软件尊重用户的选择权，由用户自行决定是否保留 360 软件，并完全尊重用户的选择。当 360 软件与雅虎软件共同安装于计算机时，360 软件会提示雅虎软件是"恶意软件"并诱导用户删除雅虎软件。

原审审理结果

原审法院认为：

原告经营的 www.360safe.com 网站注明版权所有为"奇虎网"，该网站提供 360 软件的下载，360 软件也署名版权所有为"奇虎网"，原告的京 ICP 证 040951 号《电信与信息服务业务经营许可证》中注明的经营网站名称包括"奇虎网"。上述事实相互佐证原告为 360 软件著作权人主张，被告虽不予认可，但未提交相反证据，故本院依证据规则对原告为 360 软件著作权人的主张予以采信。

被告以原告于 2006 年 10 月 10 日前并未进行网站经营性备案，并非 www.360safe.com 网站的合法经营者为由，否认原告主体资格，但原告在 2006 年 10 月 10 日前是否合法经营网站，仅可能涉及依法承担相应的行政责任，与原告在 2006 年 10 月 10 日前是否为 360 软件的著作权人无关，被告据此主张原告并非适格原告，无法律依据，本院不予支持。作为著作权人，原告有权依法利用 360 软件进行经营，因此有权就 360 软件的经营过程中受到不正当竞争提起诉讼。

被告还主张，360 软件具有查杀病毒的功能，应取得《计算机信息系统安全专用产品销售许可证》，否则属于非法经营，不应得到法律保护。原告则称，360 软件本身不具有杀毒功能，360 软件标示的杀毒功能是合作伙伴卡巴斯基软件的功能，卡巴斯基具有杀毒软件应具备的相关资质。对此本院认为，从 360 软件的界面显示的信息看，360 软件在初始界面上虽然标注了"病毒查杀"功能，但在右下角同时显示"360 安全卫士与卡巴斯基携手打造病毒查杀功能模块"，因此原告的主张更具证据优势，应予以采信。被告主张 360 软件属杀毒软件，无事实依据，本院不予支持。

原告提交的三份公证书表明，在公证书记载的日期，雅虎软件确实干扰了 360 软件的正常安装和运行，并且在用户不选择删除的情况下违背用户指令删除 360 软件。被告利用雅虎软件作出的上述行为，违反自愿、平等、公平原则，损害了原告的合法权益，扰乱了市场经营秩序，构成不正当竞争，应依法承担停止侵权、消除影响、赔偿损失等法律责任。二被告系雅虎软件的共同著作权人，对该软件妨碍 360 软件正常运行应属明知，应依法共同承担法律责任。

被告辩称，被告并未违背用户意志妨碍 360 软件的安装运行，是原告在 360 软件中设置了技术措施，才导致在雅虎软件存在时 360 软件不能正常运行。但原告的公证书表明正常安装情况下，雅虎软件干扰 360 软件的安装、运行，而且雅虎软件的安装程序中包含有"360safe"字符串，被告未对此作出合理解释，故依证据规则，被告应对此项主张承担举证责任，被告并未提交充分证据证明该项主张，故被告的此项主张证据不足，本院不予采信。

被告辩称，被告的公证书表明雅虎软件尊重用户选择，在用户不选择删除 360 软件的情况下，不会删除 360 软件，但是，被告的公证时间在原告公证时间之后，而被告也认可雅虎软件处在不断更新过程中，因此被告的公证只能证明公证时的事实状态，并不能否认原告公证时雅虎软件对 360 软件有妨碍的事实。

被告辩称，原告的 360 软件将雅虎软件列为"恶意软件"并对雅虎软件的正常运行进行干扰，所以雅虎软件有权对 360 软件采取相应技术手段防止其继续受到侵害。但本院认为，对于被告所称的 360 软件对雅虎软件的干扰，被告可依法通过诉讼等方式予以救济，其采取非法妨碍 360 软件的正常安装、运行并违背用户意志删除 360 软件的措施，无法律依据，构成不正当竞争，应依法承担相应的法律责任。

由于原告未证明其主张的赔偿数额有事实依据，本院依据涉案不正当竞争行为的性质、被告过错程度等因素酌情确定赔偿数额，对原告主张的过高赔偿数额不再全额支持。雅虎软件的不当提示信息会误导360软件用户，因此原告要求被告消除影响的诉讼请求应予以支持。消除影响的范围应与不良影响的范围相适应，鉴于雅虎软件在www.3721.com、www.yahoo.com.cn、cn.yahoo.com网站上推广，本院对原告要求被告在上述网站上作出声明以消除影响的诉讼请求予以支持，对原告要求在《北京青年报》上消除影响的诉讼请求不予支持。

综上，本院依照《中华人民共和国反不正当竞争法》第二条、第二十条第一款之规定，判决如下：

一、被告北京阿里巴巴信息技术有限公司、被告国风因特软件（北京）有限公司于本判决生效之日停止涉案不正当竞争行为；

二、被告北京阿里巴巴信息技术有限公司、被告国风因特软件（北京）有限公司于本判决生效之日起10日内，在网站（www.3721.com、www.yahoo.com.cn、cn.yahoo.com）首页上连续7日就涉案不正当竞争行为刊登声明以消除影响（声明内容须经本院审核，逾期不履行，被告将依法承担拒不履行生效判决的相应法律责任，本院将在全国性的平面媒体上公布本判决主要内容，费用由二被告负担）；

三、被告北京阿里巴巴信息技术有限公司、被告国风因特软件（北京）有限公司共同赔偿原告北京三际无限网络科技有限公司经济损失共计8万元，于本判决生效之日起10日内付清；

四、驳回原告北京三际无限网络科技有限公司的其他诉讼请求。

三际公司、阿里巴巴公司、国风公司均不服原审判决，分别提起上诉。

三际公司上诉称，我公司同意原判第一、二、四项，不同意原判第三项，因阿里巴巴公司、国风公司实施不正当技术手段，阻止用户正常使用我公司的360软件，同时采取扩大事实及恐吓性语言进行不当警示，已经对我公司该软件的潜在用户造成影响，使我公司用户数量减少，考虑到阿里巴巴公司、国风公司的侵权行为持续时间长，主观恶意明显，给我公司造成了巨大的损失，应当支持我公司的全部索赔请求。故上诉请求，（1）撤销原判；（2）由阿里巴巴公司、国风公司赔偿我公司经济损失100万元。

阿里巴巴公司和国风公司共同上诉称：1. 一审判决错误地认定360软件合法，而事实上该软件属于未取得经营许可资格不得上市的软件。因该软件具有查杀计算机病毒和网络安全管理功能，按照《计算机信息系统安全专用品销售许可证》的规定，必须在取得了该许可证的前提下方可从事经营，反之其经营是非法的，不应受到法律的保护。2. 就我方公司而言，雅虎软件也受到不正当竞争的侵害，且通过诉讼未能得到实际的救济，在此情况下，我方公司采取减少我方损失的合理技术措施是无可指责的。2006年12月,在我方诉三际公司360软件侵害雅虎软件的案件一审法院判决后,二审上诉期间,三际公司不仅在平面媒体、电视媒体和网络媒体上损害我方商誉,而且还在360软件中采取恶劣手段侵害雅虎软件合法权益,当两软件共同安装于用户计算机时,360软件就提示用户雅虎软件是"恶意软件",并诱导用户删除。2007年7月,法院终审判决三际公司的这些行为构成对我方公司的侵权,判决其承担民事侵权责任,虽其履行了判决,但同时依然在继续其侵权行为。在此情况下,我方公司采取相应的技术手段以减少损害后果、维护自身合法权益完全合乎情理。综上请求:(1)撤销原判;(2)驳回三际公司的全部诉讼请求。

二审查明事实

二审法院查明:

阿里巴巴公司和国风公司承认三际公司是360软件的著作权人,也承认根据三际公司于2006年10月10日办理的备案手续,三际公司是www.360safe.com的经营者,但提出在2006年10月10日之前三际公司没有证据证明他是www.360safe.com的经营者,无权主张我方不正当竞争,其用于证明我方公司行为的(2006)京国证民字第13200、13201号两份公证书取证时间早于2006年10月10日,因此也不能作为判定事实的依据。三际公司提出我公司是360软件的著作权人,从事该软件的经营,www.360safe.com网站也是我公司开办的,目的是为了在网上推销自己的360软件产品,虽2006年10月10日取得备案,但申办备案手续早已提交给相关部门,我公司是该网站当然的经营者。

三际公司在一审期间提交的(2006)京国证民字第13200、13201、13309号三份公证书分别证明,2006年9月5日,安装雅虎软件前,360软件可以正常运行,安装雅虎软件后,双击360软件图标后,360软件不能正常运行,雅虎软件安装目录中的"yhelper.dll"文件内存在'360safe'字符串,卸载雅虎软件后,360软件恢复正常运行。2006年9月7日,在安装雅虎软件前,360软件可以正常安装和运行,在安装雅虎软件后,重启计算机,弹出对话框"发现您的电脑中安装有[360safe],其驱动程序可能导致雅虎助手及系统工作不正常,某些情况下可能出现电脑蓝屏,请删除卸载[360safe]"。选择"否"不删除。重启计算机,显示360软件已不存在。2006年10月11日,在安装有360软件的电脑中安装雅虎软件,此后,双击电脑桌面上的360软件快捷键,运行该软件,弹出对话框内容为:"发现您的电脑中安装有[360safe],其驱动程序可能导致雅虎助手及系统工作不正常,某些情况下可能出现电脑蓝屏,不运行[360safe]"。在打开IE浏览器时弹出对话框,内容为:"发现您的电脑中安装有或者正在运行［360safe］，其程序可能导致 Yahoo 助手及系统工作不正常，某些情况下可能出现电脑蓝屏，请删除卸载［360safe］"。卸载雅虎软件后，360 软件恢复正常运行。三际公司认为上述证据证明 360 软件受到雅虎软件人为拦截的事实以及雅虎软件发出的违背客观事实的恐吓性警示，构成对其诋毁伤害。阿里巴巴公司和国风公司反驳称，雅虎软件文件内存在'360safe'字符串，正是雅虎软件为了防范和抵御 360 软件既往发生的对我方软件的侵害而设计的查验程序，出现不能运行和被删除情况也可以系 360 软件自己含有自毁设计所致。另外，三际公司所诉我方实施诋毁产品的事实不成立，360 软件干扰雅虎软件系统工作和导致蓝屏现象客观上即存在这种可能。但对于上述陈述，阿里巴巴公司和国风公司同时表示并未提供证据。

二审审理结果

二审法院认为：三际公司作为 360 软件著作权人，自作品完成时起有权经营自己的作品，并依法维护自己的作品不受侵害，三际公司 2006 年 10 月 10 日之前虽未取得 www.360safe.com 网站备案手续，也不能成为阿里巴巴公司和国风公司没有侵权的抗辩理由。对其抗辩主张，本院不予支持。

三际公司与阿里巴巴公司和国风公司属于同行业竞争者，理应本着自愿、平等、公平原则开展经营活动，从产品质量和服务质量上公平竞争，争取自己的用户，而根据三份公证证据证明，阿里巴巴公司和国风公司的雅虎软件存在有意抵制 360 软件的行为，客观上造成用户在使用了 360 软件后，只要安装雅虎软件，则无法继续使用 360 软件的后果，而这种情况确系雅虎软件人为设置阻碍所致，并导致三际公司对 360 软件的正常经营受到妨碍。阿里巴巴公司和国风公司虽声称 360 软件存在自毁程序设置，但作为主张的提出者，没有提供证据完成证明责任，本院不予采信。雅虎软件中的"发现您的电脑中安装有［360safe］，其驱动程序可能导致雅虎助手及系统工作不正常，某些情况下可能出现电脑蓝屏，不运行［360safe］"、"发现您的电脑中安装有或者正在运行［360safe］，其程序可能导致 Yahoo 助手及系统工作不正常，某些情况下可能出现电脑蓝屏，请删除卸载［360safe］"的警示语易使用户产生不安心理，导致 360 软件产品信誉受到不良影响。阿里巴巴公司和国风公司的上述行为扰乱了软件同行业竞争者正常竞争秩序，损害了同行业竞争对手的正当经营权益，为《中华人民共和国反不正当竞争法》所不允许，理应依法承担停止侵权、消除影响、赔偿损失的民事责任。

从软件作品角度而言，本案尚无证据显示 360 软件属于《中华人民共和国著作权法》第四条规定不应受到该法及其相关法律保护的作品，应否取得

《计算机信息系统安全专用品销售许可证》，属于公共领域管理和调整范畴，不是阿里巴巴公司和国风公司由此可以妨碍他人在正当民事权益上从事正常经营的理由依据，据此，原审法院没有支持阿里巴巴公司和国风公司的这一抗辩主张，本院予以认可。阿里巴巴公司和国风公司以三际公司曾被其指控侵权，并获支持为由，称本案中的涉讼行为属于自我防卫，其理由显与事实不符，本院不予支持。对于既往人民法院已生效的裁判，双方当事人均有履行之义务。

一审法院根据三际公司就索赔主张的证据状况，结合本案事实，酌情确认赔偿额八万元，所作裁量无不当，本院予以认可。三际公司上诉称赔偿过低，没有依据，本院不予支持。

综上所述，一审所判并无不当。依照《中华人民共和国民事诉讼法》第一百五十三条第一款第（一）项之规定，法院判决如下：

驳回上诉，维持原判。

一审案件受理费 15 010 元，由北京三际无限网络科技有限公司负担 7 000 元；由北京阿里巴巴信息技术有限公司和国风因特软件（北京）有限公司负担 8 010 元；二审案件受理费 13 800 元，由北京三际无限网络科技有限公司负担 3 800 元；由北京阿里巴巴信息技术有限公司和国风因特软件（北京）有限公司负担 10 000 元。

57. 员工离职引发不正当竞争纠纷案

——北京海达百汇科技发展有限公司诉孙鹏

原告：北京海达百汇科技发展有限公司
被告：孙鹏
案由：不正当竞争纠纷

一审案号：北京市西城区人民法院（2007）西民初字第11099号
一审合议庭成员：田燕、祁淑平、刘志远
一审结案日期：2007年12月3日

判决要旨

以发帖的形式发布宣传广告，足以造成相关公众误认为提供服务者与原告有某种联系，影响用户、消费者及社会公众的消费决策，属于"作引人误解的虚假宣传"，目的在于以不当手段增加自己的经营机会，构成不正当竞争。

起诉与答辩

原告北京海达百汇科技发展有限公司（以下简称海达百汇公司）诉称：被告孙鹏原为我公司市场部员工，2006年10月因做私活被公司开除。孙鹏离开公司后，多次在中国公关门户网（www.17pr.com）发布的广告中使用我公司的网站域名www.2046hd.com。我公司成立于1998年，在电视行业有着良好的信誉和客户群。我公司的网站域名www.2046hd.com申请于2005年，日浏览量超过百人，至今总浏览量超过20万，在业内有着良好的评价。自2007年初至今，孙鹏擅自使用我公司的网站www.2046hd.com进行商业宣传，并不听从我公司警告，其不正当竞争行为侵犯了我公司的合法权益，给我公司带来严重的经济、名誉损失。故起诉至法院，请求判令被告孙鹏：（1）立即停止使用"北京海达百汇科技发展有限公司"、"海达影视"、"www.2046hd.com"进行商业宣传的侵权行为；（2）在http://www.17pr.com网站首页显著位置公开道歉，注明对我公司侵权；（3）赔偿因侵权造成的经济损失8万元及为制止其侵权行为而产生的维权支出2万元，上述共计10万元。

被告孙鹏辩称：1.海达百汇公司所述与事实不符，公证书上的帖子是原

来我在公司任职期间所写，存放于电脑中，发帖时忘记将原公司网站名称删除，是误发而非故意侵权；2. 公关门户网是个人网站，可以免费发布信息。海达百汇公司所提供的公证书上显示该帖子的浏览量是 31 次，其中包括我公司查看和做公证查看的次数，说明浏览的人很少，没有起到宣传作用；3. 海达百汇公司没有通过电话或跟帖的方式通知我；4. 我同意删除在中国公关门户网（www.2046hd.com）上所发的帖子，我可以在该网站上公共位置发表声明说明该帖子是误发的，但不同意海达百汇公司的其他诉讼请求。

一审查明事实

一审法院查明：被告孙鹏于 2005 年 11 月至 2006 年 10 月初在原告海达百汇公司任职，任职期间从事摄影、摄像以及广告、专题片的制作工作，2006 年 10 月离职。

海达百汇公司的委托代理人王秀燕分别于 2007 年 7 月 26 日、2007 年 8 月 16 日向北京市西城区公证处申请对于 www.17pr.com 网站有关孙鹏发帖的页面以及 MSN 上有关孙鹏的内容进行证据保全公证。公证书记载：王秀燕在公证处的监督下，通过 ADSL 登录互联网，打开 IE 浏览器。在 IE 浏览器地址栏中输入 www.17pr.com/后回车，中国公关门户网主页显示后，点击"用户登录"，屏幕显示后，在用户名栏目中输入"hgh913"，在密码名栏目中输入本公司密码，点击"登录"。页面显示后点击"交流论坛"，页面显示后点击"供应商资源、发稿资源小广告"打印，页面显示后点击 21 页，页面显示后打印，打印结果中显示"为北京房地产公司制作宣传片！修彬，0/31，2007-1-24 15:09"。点击其中"为北京房地产公司制作宣传片"，页面显示后打印，打印结果显示"为北京房地产公司制作宣传片！1. 会议、活动、论坛、年会的摄影摄像；2. 后期磁带的剪辑、复制和光盘的刻录、复制等；3. 企业宣传片的拍摄、制作……北京浩辉影视工作室，联系人孙鹏，手机号码 13811975022，网站 www.2046hd.com，QQ17304543，MSN：sunp723@hotmail.com"。该帖的浏览量为 31 次。

网站 www.2046hd.com 的主办单位为海达百汇公司。

海达百汇公司为本案取证支出公证费 2 000 元。

一审审理结果

一审法院认为：在互联网上发布自己的相关商业信息进行宣传，应当遵循公平、诚实信用的原则，遵守公认的商业道德。任何从事商业经营或者营利性服务的公民、法人及其他组织在市场交易中，对其商品或服务进行任何形式的宣传时，必须保证其宣传内容真实、清晰、明白，不得以任何形式弄虚作假，蒙蔽、误导用户、消费者及其他社会公众。

孙鹏曾在海达百汇公司任职，对于www.2046hd.com的网站系海达百汇公司开办是明知的。孙鹏在离职后为个人经营需要，通过互联网上传，在中国公关门户网（www.17pr.com）"供应商资源"栏目"发稿资源小广告区"上以发帖的形式发布了宣传广告，在该广告内容的落款联系人处使用海达百汇公司的网站域名www.2046hd.com，这一行为足以造成相关公众误认为提供服务者与海达百汇公司有某种联系，影响用户、消费者及社会公众的消费决策。因此，孙鹏上述网络广告信息宣传的行为属于"作引人误解的虚假宣传"，目的在于以不当手段增加自己的经营机会，违背了网站www.2046hd.com的所有者海达百汇公司的意愿，对海达百汇公司的同类业务经营构成不正当竞争。被告的行为不仅违反了《反不正当竞争法》第二条第一款关于"经营者在市场交易中，应当遵循自愿、平等、公平、诚实信用的原则，遵守公认的商业道德"的规定，而且构成了《反不正当竞争法》第九条第一款所规定的利用广告或者其他方法，对商品的质量、制作成分、性能、用途、生产者、有效期限、产地等作引人误解的虚假宣传。应当承担停止侵权、消除影响、赔偿经济损失的民事责任。

关于具体的赔偿数额，海达百汇公司仅提交了诉讼合理支出部分的证据，未提供因孙鹏侵权行为给其造成的实际损失以及孙鹏因此获利情况的相关证据，因此法院酌定赔偿数额。海达百汇公司的企业知名度并没有达到原告所称的知名程度、孙鹏侵权行为具体表现为在论坛上发布广告，情节并不严重，该广告被浏览31次，其中包括原告调查取证，因此影响范围较小。综合各方面因素，酌情判定赔偿数额3 000元。对于维权支出，对于公证费2 000元，是证明被告侵权的必要支出，予以支持，对于雇工在互联网调查被告所花费用，在原告自我陈述"接到顾客反映有人冒用网站名称"的情况下，并非完全必要，且该笔支出并无合法有效证据证明，因此不予支持。

综上，依据《中华人民共和国反不正当竞争法》第二条第一款、第九条第一款、第二十条第一款，判决如下：

一、被告孙鹏于本判决生效之日起，停止使用原告北京海达百汇科技发展有限公司的网站名称www.2046hd.com进行商业宣传，并将其已经发布在中国公关论坛www.17pr.com上的含有北京海达百汇科技发展有限公司网站www.2046hd.com的内容删除；

二、被告孙鹏于本判决生效后30日内，在中国公关论坛www.17pr.com

论坛栏目中就侵权一事发布消除影响的声明；

三、被告孙鹏于本判决生效后 10 日内，赔偿原告经济损失及诉讼合理支出 5 000 元；

四、驳回原告北京海达百汇科技发展有限公司的其他诉讼请求。

案件受理费 2 300 元，由原告北京海达百汇科技发展有限公司负担 800 元，由被告孙鹏负担 1 500 元。

各方当事人均服从一审判决。

58. "避风塘"茶楼不正当竞争纠纷案
—— 上海避风塘茶楼有限公司诉北京东新思晟餐饮管理有限责任公司

原告（被上诉人）：上海避风塘茶楼有限公司
被告（上诉人）：北京东新思晟餐饮管理有限责任公司
案由：不正当竞争纠纷

原审案号：北京市海淀区人民法院（2006）海民初字第 28607 号
原审合议庭成员：宋鱼水、杨德嘉、田海平
原审结案日期：2007 年 8 月 29 日
二审案号：北京市第一中级人民法院（2007）一中民终字第 12188 号
二审合议庭成员：仪军、王晫、侯占恒
二审结案日期：2007 年 12 月 13 日

判决要旨

在服务内容基本相同的情况下，消费者区分不同服务来源的主要依据是服务名称和装潢。原告通过多年的经营和宣传使其"避风塘"茶楼服务在市场获得了一定的知名度并为消费者所知悉，构成了知名服务。被告作为从事相同服务的竞争者，使用与原告相同的特有服务名称和近似的特色装潢，足以造成消费者的误认，构成不正当竞争。

起诉与答辩

原告上海避风塘茶楼有限公司（以下简称上海避风塘公司）诉称：我公司于 1998 年开设了第一家"避风塘茶楼"，首创了"欢乐无限时，畅饮无限量"的经营模式，18 元/位的欢乐畅饮平时价格和 24 小时消费的特征已被大多数消费者所接受。我公司在全国开设的加盟店遍布 16 个省市地区，已逾 200 家，包括北京地区的 18 家加盟店在内，各门店均按照总店要求进行装潢，使用统一的设备、器具、物料，并在店门口显著位置悬挂有"避风塘"商标、"平时畅饮价 18 元"、"24 小时营业"宣传文字组成的牌匾。避风塘已然成为中国茶楼行业的知名品牌服务。北京东新思晟餐饮管理有限责任公司（以下

简称东新思晟公司）未经我公司许可，擅自在其经营的茶楼显著位置及订餐卡、菜单等上使用我公司知名服务的特有名称"避风塘"，装潢也与我公司的装潢特色相同，且其经营也采用了我公司首创的"18元自助不限时"模式，足以使消费者对其服务来源产生混淆，侵害了我公司知名服务的特有名称权，构成不正当竞争。请求判令东新思晟公司：（1）停止侵权，在《北京晚报》上刊登致歉声明，消除影响；（2）赔偿我公司经济损失20万元；（3）承担我公司因调查侵权行为支出的合理费用51 000元。

被告东新思晟公司辩称：我公司经营的"避风塘茶楼"是经沈阳避风塘茶楼有限公司（以下简称沈阳避风塘公司）合法授权开设的，所用名称和提供的服务以及经营方式均是依据沈阳避风塘公司的合法授权，未侵犯上海避风塘公司的合法权益；沈阳避风塘公司具有极高的社会认知度，在全国各地拥有大量加盟商，其经营的"避风塘茶楼"所使用的标识等均系合法取得；国家工商局商标评审委员会曾于1999年作出裁定，认为"避风塘"是餐饮行业内约定俗成并广泛使用的一种特色风味菜肴名称，非独创性字词，将其注册为商标形成独占将妨碍其他经营者的正常经营活动，故上海避风塘公司不拥有"避风塘"文字的专有权，我公司使用"避风塘"标识不违反法律法规，也不构成不正当竞争；避风塘茶楼提供的是服务，而不是商品，不适用我国《反不正当竞争法》第五条的规定；上海避风塘公司称其为知名服务没有法律和事实依据，也没有证据证明其首创了"18元每位、24小时不限时、自助畅饮"的经营模式，这些经营方式在餐饮行业内是一种通行的营销手段，这些宣传语应视为餐饮行业的通行语，没有独创性，且我公司"无限欢乐 自由畅饮"的主要宣传用语与上海避风塘公司的完全不同。综上，请求驳回其诉讼请求。

原审查明事实

原审法院查明：

1. 关于上海避风塘公司及其"避风塘"茶楼。

上海避风塘公司成立于1998年6月，经营范围为现制现售非碳酸饮料、小吃店（不含熟食卤味）、酒、烟、棋牌室服务、餐饮管理等。

1998年至2006年5月，上海避风塘公司与各地加盟商订立加盟或特许合同，期间在全国各地先后开设了"避风塘"茶楼共计123家，范围遍及各直辖市及10余个省的30余个主要城市。其中北京市19家、上海市46家、天津市6家、重庆市2家、东北地区18家、西北地区8家、华东地区22家、西南地区2家。

上海避风塘公司及其加盟商在各地"避风塘"茶楼的经营中，向消费者提供统一的服务：采用24小时营业方式；在一般情况下，向每位消费者收取18元费用后，不限时、不限量地提供冷饮、热饮、果汁、零食等，仅对便餐另行收费；免费提供棋牌服务。

各地"避风塘"茶楼均采用外观、风格一致的店面装潢：在店面醒目位置使用统一样式的招牌（以下简称避风塘招牌）：左侧为上下两片绿叶在一白色圆内的图形（以下简称双叶图形）加注册标记®，中间为手写体"避风塘"三字加注册标记®，右侧为纵向排列的"茶楼"二字，"避风塘"与"茶楼"下方有英文"Be For Time Tea House"字样；招牌底色为深绿色，除"茶楼"二字为黄色外，其余文字均为白色。少数"避风塘"茶楼在保持该招牌内容、布局不变的情况下，对其颜色加以变化（将底色改为白色，双叶图形和"茶楼"二字改为深绿色，手写体"避风塘"和英文"Be For Time Tea House"改为黑色），但通常均与前述深绿底色的避风塘招牌配合使用。此外，各地"避风塘"茶楼通常还会在上述招牌周围，以绿色为底色，配以"欢乐无限时，畅饮无限量"文字、"24小时营业"文字配太阳状钟表图形和"平时价18元/位"文字，并以橘红色突出"18"。虽然不同茶楼根据各自店面的实际情况，在装潢细节上会略有不同（如避风塘招牌与其他文字、图形的组合方式有所区别，以及将横向的招牌改为纵向等），但整体风格和视觉效果并无较大差异。

根据上海避风塘公司提交的证据，2000年至2006年期间，针对各地加盟商的具体情况，该公司收取的加盟费从10万元到20万元不等。其中，该公司向2006年3月的一位加盟商收取的加盟费为20万元。该加盟商开设的"避风塘"茶楼位于北京市朝阳区团结湖路，营业面积600多平方米。

2005年11月，上海避风塘公司的珍珠奶茶获"2005上海国际餐饮博览会"特金奖。

上海避风塘公司在宣传过程中曾先后支出广告费、参展费10万余元。

2. 关于沈阳避风塘公司与"避风塘"茶楼。

沈阳避风塘公司成立于2000年8月，经营范围为餐饮服务；烟、酒零售；茶叶、饮料、茶具批发、零售。

2001年7月23日，上海避风塘公司（甲方）与沈阳避风塘公司（乙方）订立《上海避风塘茶楼有限公司区域特许经营合同》（以下简称《区域特许合同》），主要内容为：甲方授予乙方使用由甲方开发和完善成型的茶楼连锁经营模式和公司形象方案；甲方所倡导的"欢乐无限时，畅饮无限量"营销宗旨及相应的管理服务水平已被消费社会广泛认知和接受，并由此确立了良好的社会信誉；乙方同意按照甲方规定的经营模式、公司形象设计方案和公司经营理念，按照以下各条规定在授权区域自行或特许他人开设、经营茶楼；甲方经营技术资产的定义为，由甲方开发、完善成型，用于茶楼经营，具有统一性和独特性的经营管理模式及相应的制度，由甲方的服务商标标识、经营模式、门店样式、管理制度、店堂布局方案、会计系统、员工培训及营运相关的其他制度构成；服务标志的定义为，体现甲方服务宗旨和营销宗旨的商标和服务标志、标识、记号、标牌、标签样式及其他一切营业象征；甲方形象的定义为，因使用甲方经营技术资产和服务标志，被公众广泛认识的公司形象……合同有效期内，甲方将辽宁省、吉林省、黑龙江省、内蒙古自治区的独家特许经营权授予乙方，乙方在该区域内使用甲方的经营技术资产开设茶楼，或许可他人加盟经营茶楼；乙方许可他人加盟时，还须与加盟方另签以追加建店事项为对象的特许经营合同，并同时征得甲方的认可并进行备案；乙方承认其所授权许可使用的经营技术资产属于甲方所有，具有特定的经济价值，受法律保护……甲方的服务商标尚在注册审查阶段，乙方对此表示知悉；甲方一伺商标注册成功，即与乙方签订《商标使用许可合同》，许可乙方使用及其加盟店使用甲方的注册商标，并且不再另行收取费用；在本合同有效期内，乙方可以在茶楼中使用甲方的服务标志及表示这些标志、记号、标签和招牌；乙方不得在茶楼经营以外使用本合同中甲方同意乙方使用的商标；本合同终止或解除后，乙方不得以任何理由再使用甲方的服务商标……为维护甲方的形象的统一性，乙方同意采用甲方制定的茶楼新建、增建、改建和内外装修装饰等设计标准和方案；乙方可根据自身情况提出方案或对甲方的方案作相应的改动，但方案必须交由甲方最终审定方能实施，乙方根据自身情况，在当地寻找茶楼新建、增建、改建和内外装修装饰等设计方案设计合作人员，由甲方提供相关的标准，但方案必须交由甲方最终审定方能实施；为维护甲方形象的统一性，乙方同意茶楼的设备、装置、用具、招牌等规格采用甲方规定的标准……不论合同期满还是终止，本合同一旦终止，乙方就失去甲方商标和经营技术资产的使用权；在前项的场合，乙方必须自行撤除甲方招牌，从建筑物和其他设备、用品上消除甲方商标、服务标志和特定名称等一切营业象征。

2004年4月5日，黑龙江省哈尔滨市中级人民法院对（2003）哈民五初字第79号原告上海避风塘公司与被告阎福安、第三人沈阳避风塘公司侵犯商标权纠纷一案（以下简称阎福安案）作出一审判决，认定阎福安未经许可，在其开设的茶楼招牌上使用了上海避风塘公司享有商标专用权的"避风塘"文字及图形商标，构成侵权；阎福安虽然取得了沈阳避风塘公司的许可，但根据沈阳避风塘公司与上海避风塘公司的《区域特许合同》，该公司许可他人加盟须征得上海避风塘公司的认可并进行备案，而沈阳避风塘公司违反约定，未经上海避风塘公司认可即许可阎福安加盟；阎福安对此未尽谨慎注意义务，主观具有过错，故判决其停止使用"避风塘"文字商标、图形商标并赔偿上海避风塘公司30万元。

2004年7月29日，上海避风塘公司与沈阳避风塘公司订立《避风塘茶楼东北区加盟店清理协议书》（以下简称《清理协议》），主要内容为：由于在合作过程中双方因经营理念等方面的分歧产生了一些问题与争议，考虑到双方各自事业的发展前景，双方经友好协商，一致同意按照本协议的有关规定处理《区域特许合同》提前终止后的避风塘茶楼东北区加盟店相关善后事宜；乙方不再享有《区域特许合同》项下授予的任何权利，亦不得再以甲方名义或以甲方东北区总代理的名义许可他人加盟经营甲方所有的避风塘品牌茶楼；为尊重双方间的长期友好合作关系，乙方保证今后不再使用甲方的商标与企业服务标识；自本协议签订之日起，东北加盟店中的沈阳文化路店、沈阳龙江店及沈阳铁西店即退出甲方避风塘品牌茶楼的加盟体系；乙方应负责在本协议签订后60日内完成该三家店的门面与招牌变更，最终达到的变更效果应是不侵犯甲方避风塘茶楼的注册商标专用权；甲方同意按照本协议的规定接管除上述三家店之外其余东北加盟店，乙方同意按照本协议的规定配合甲方的接管工作；本协议签订后，对于甲方与哈尔滨大成店店主阎福安之间的诉讼纠纷，将按照下述规定予以解决：乙方同意就甲方与阎福安之间的诉讼纠纷给予甲方适当的诉讼费用补偿，该笔补偿款为人民币10 000元，另外阎福安本人同意给予甲方诉讼费用补偿人民币40 000元；甲方同意在如期收到乙方与阎福安共同支付的补偿款后，即放弃要求阎福安实际履行哈尔滨中级人民法院一审判决的权利；甲方在与阎福安协商时，如阎福安同意接受甲方提出的整改补偿方案，并同意与甲方签署《特许加盟合同》，则甲方将正式认可哈尔滨大成店的加盟店资格，并与阎福安签署一揽子和解协议；甲方在与阎福安协商时，如阎福安不同意接受甲方提出的整改补偿方案，则甲方仍将与阎福安就诉讼纠纷签署和解协议，阎福安今后可自行经营，哈尔滨大成店不再纳入甲方避风塘茶楼经营体系；乙方同意，本协议签署后，乙方即撤回与哈尔滨学府店店主徐宁的诉讼，对于任何甲方在原合同终止前未经乙方认可而开设的东北区加盟店，乙方今后亦不再提起任何诉讼或权利主张。对此《清理协议》的后果，东新思晟公司表示应理解为只是约定了沈阳避风塘公司此后不得使用上海避风塘公司的商标。

另，沈阳避风塘公司的法定代表人李一宁作为注册人曾分别在第29类、30类、32类、41类和43类商品上，将一圆内有一叶片浮于水面，其上仰卧一戴斗笠披蓑衣的小人的图形注册为商标（以下简称单叶商标），有效期限依次为 2004 年 10 月 21 日至 2014 年 10 月 20 日、2004 年 9 月 14 日至 2014 年 9 月 13 日、2004 年 7 月 28 日至 2014 年 7 月 27 日、2004 年 9 月 7 日至 2014 年 9 月 6 日和 2005 年 1 月 14 日至 2015 年 1 月 13 日。其还曾将手写体的"避风塘"在第 31 类商品上注册为商标，有效期为 2004 年 3 月 14 日至 2014 年 3 月 13 日。此外，李一宁还于 2004 年向国家工商行政管理总局商标局申请在第 43 类商品上将英文"Before Town"注册为商标，并于 2005 年 1 月 26 日获得受理。

3. 关于东新思晟公司及其"避风塘"茶楼。

东新思晟公司成立于 2006 年 2 月，经营范围为：制售盖浇饭；销售饮料、酒等。

2006 年 2 月 22 日，沈阳避风塘公司（甲方）与东新思晟公司订立《避风塘茶楼特许合同》（以下简称《东新思晟合同》），主要内容为：甲方已将"避风塘"作为字号依法登记从而取得企业名称专用权，并以相关的生产技术、管理方式为基础创设特许经营制度，乙方认同甲方创设的特许经营制度，愿意在本合同约定条件下作为被特许人接受甲方授予的特许经营权，并承担相应义务；甲方同意，特许企业的茶楼门店对外可使用"避风塘茶楼连锁企业"的称号，并可将该称号制作为标志在门店内外挂牌，根据甲方图纸、样稿由乙方制作；甲方享有上述标志的所有权和著作权；乙方有权获得甲方的全套管理体系（包括：经营管理模式及相应制度，由甲方登记的企业名称，服务标志，经营模式，门店样式，管理制度，店堂布局方案，产品标准和管理手册等）；乙方应负责保证茶楼门店按甲方茶点单规定的价格和品种专营系列产品，并积极参与甲方所举办的宣传及推广活动；乙方的门店招牌、店堂设置、内外装饰方案均由甲方负责提供，乙方负责具体实施，实际完工效果应与甲方的方案一致。

庭审中，东新思晟公司称，其知道市场上存在上海避风塘公司和沈阳避风塘公司两个避风塘体系，也知道双方间曾有的纠纷，其是在经过考察后决定加盟沈阳避风塘公司的。

合同订立后，东新思晟公司于北京市海淀区万泉河路 68 号紫金庄园 9 号楼开设了一家"避风塘"茶楼，服务内容为：采用 24 小时营业的方式；向每位消费者收取 18 元费用后，不限时、不限量地提供冷饮、热饮、果汁、零食等，仅对便餐另行收费；免费提供棋牌服务；代售烟酒。

东新思晟公司在该茶楼所在建筑物上方醒目位置设立了店面招牌（以下简称东新思晟招牌）：最左侧为纵向排列的"北京总店"四个字；偏左侧为一

近似圆形的图案内,一叶片上仰卧一戴斗笠披蓑衣的小人图形(以下简称近圆标识)加注册标记®,标识下方为英文"Before Twon"字样,中间为手写体"避风塘"三字加注册标记®;偏右为纵向排列的"茶楼"二字;再右侧为"平时畅饮价18元/位"字样;最右侧为"24小时营业"配太阳状钟表图形;招牌底色为深绿色("24小时营业"配太阳状钟表图形处为浅绿色),除"茶楼"二字为黄色、"18"为橘红色、"小时营业"为绿色外,其余文字均为白色。在该茶楼所在建筑物一侧,东新思晟公司还设有一绿色引导条幅,上有白色单叶图形加注册标记®、英文"Before Town"字样、手写体"避风塘"加注册标记®和纵向排列的"茶楼"二字,以及黄色箭头图形和"由此进入"字样;拐弯处墙面上有纵向排列的手写体"避风塘"三字;另设有深绿色圆形引导牌一个,从上至下依次为白色单叶图形、手写体"避风塘"三字加注册标记®和纵向排列的"茶楼"二字、英文"Before Town"字样。

东新思晟公司在其宣传单、外卖卡、食单和收费细目上亦使用了单叶图形、英文"Before Town"字样、手写体"避风塘"三字和纵向排列的"茶楼"二字,并注明"苏州桥店"。宣传单上还印有"无限欢乐 自由畅饮"的宣传用语。

比较东新思晟招牌上的手写体"避风塘"与避风塘招牌上的手写体"避风塘",二者在外观上并无区别。庭审中,东新思晟公司指出该公司招牌上的手写体"避风塘"系由一沈阳书法家书写,与上海避风塘公司招牌上的"避风塘"字体不同,但未提交证据证明,亦未具体指出有何不同之处。此外,东新思晟招牌与避风塘招牌上的"24小时营业"配太阳状钟表图形相比,均是上端左侧为"24"、右侧为太阳状钟表图形,下端为"小时营业"四字,外观基本无差别。

关于东新思晟公司茶楼的店内装饰及用具的情况,上海避风塘公司指出,东新思晟公司的茶楼使用了与上海避风塘公司相同的浅咖啡色的墙面、地面和藤本色的圆形藤质餐椅。东新思晟公司对此事实表示认可,但认为这并非是上海避风塘公司所特有的。

庭审中,东新思晟公司认可其开设的避风塘茶楼面积约800平方米。但对月营业额等具体经营状况及其向沈阳避风塘公司交纳的加盟费数额等,该公司代理人以不清楚为由未向法庭进行说明。

4. 关于"避风塘"文字与注册商标。

关于"避风塘"三字,双方当事人均认可其为餐饮行业内约定俗成并被广泛使用的一种特色风味菜肴的名称,在第43类餐饮服务中不能被注册为商标。

原审审理结果

原审法院认为：

1. 上海避风塘公司的"避风塘"茶楼服务构成知名服务。

知名服务指在中国境内具有一定的市场知名度，为相关公众所知悉的服务。我国反不正当竞争法及相关司法解释对于知名商品的有关规定适用于知名服务。

对某一服务是否知名的判断，可以就该服务的持续期间、服务区域以及宣传、获奖情况等因素进行考量，综合予以判断。本案中，上海避风塘公司早在1998年便开始设立"避风塘"茶楼，以向每位消费者收取18元、不限时限量地提供饮料和零食、免费提供棋牌服务及24小时营业为其服务特色；在1998年至今10年的期间内，该公司自行或授权加盟商先后开设"避风塘"茶楼百余家，范围遍及全国各直辖市及10余个省的30余个主要城市；其珍珠奶茶曾获"2005上海国际餐饮博览会"特金奖；在广告、参展等宣传方面，亦曾有10余万元的投入。可见，上海避风塘公司所提供的"避风塘"茶楼服务是在长期经营中逐步获得了消费者的熟知和认可，进而又吸引了大量经营者不断加盟；而随着各地店面的开设，又进一步扩大了消费者的范围和数量，提升了其服务的影响力；同时，在国际餐饮博览会获奖及在广告、参展等宣传的投入，亦从其他多种渠道增加了公众对该服务的认可和知悉程度。上述因素最终促使上海避风塘公司的"避风塘"茶楼服务在全国诸多省市具有相当的知名度，并在茶楼市场中取得了一定的竞争优势。有鉴于此，本院认定该公司的此项服务为知名服务。

2. "避风塘"构成上海避风塘公司知名服务的特有名称，"避风塘"茶楼的店面装潢构成该知名服务的特有装潢。

具有区别服务来源，且有显著特征的知名服务的名称和装潢，应当被认定为知名服务的特有名称和装潢。

本案中，上海避风塘公司及其加盟商经营的"避风塘"茶楼，在服务名称上，将各地茶楼统一冠以"避风塘"名称；在店面装潢上，统一使用以绿色、白色为主色调，以双叶标识、手写体"避风塘"和"Be For Time Tea House"字样等组成的避风塘招牌为主，配以"欢乐无限时 畅饮无限量"、"平时价18元/位"、"24小时营业"和太阳状钟表等文字和图形的特色装潢。上述服务名称和店面装潢的风格鲜明、特征显著，并无证据表明于上海避风塘公司使用之前已在茶楼服务中被普遍使用或成为通用的名称、装潢，故属于具有该公司特色的服务名称和整体营业形象。且经过上海避风塘公司及其加盟商长期和广泛的使用及相应的宣传,该名称和装潢已经与该公司所提供的茶楼服务建立起了明确和稳固的联系,并在经营中为广大消费者所认知和熟悉,成为消费者区别该公司的"避风塘"茶楼服务与市场上其他茶楼服务的重要依据,具备了区分和识别服务来源的功能。据此,本院认定"避风塘"构成上海避风塘公司知名茶楼服务的特有名称,而"避风塘"茶楼的店面装潢构成该知名服务的特有装潢。

虽然双方当事人均认可"避风塘"三字为餐饮行业内约定俗成并被广泛使用的一种特色风味菜肴的名称,在第43类餐饮服务中不能被注册为商标进行使用。但是,"避风塘"作为风味菜肴的名称,其含义本身与茶楼服务并没有紧密、必然的关联。正是通过上海避风塘公司及其加盟商的使用和宣传,才使得"避风塘"与该公司的特色茶楼服务建立起了特定的联系,让消费者能够通过这三个字将该公司的茶楼服务与其他茶楼服务予以区分,使"避风塘"在茶楼服务行业中具备了区别服务来源的显著特征。况且,上海避风塘公司将"避风塘"用做茶楼服务的名称,并非是对其原意进行简单的照搬使用,而是通过将其与该公司经营活动紧密结合,使"避风塘"在茶楼服务范围内脱离了原有风味菜肴的基本的含义,并赋予了其全新的内涵,即代表了上海避风塘公司所提供的茶楼服务的方式、特色和品质。故应认定"避风塘"为知名服务的特有名称。

尽管部分"避风塘"茶楼曾出现使用白色或纵向避风塘招牌的情况,避风塘招牌与其他文字、图形的组合方式亦不尽相同,但就各地"避风塘"茶楼装潢的总体情况而言,使用白色和纵向招牌的茶楼属于少数,且仍保持了避风塘招牌的内容和布局,并通常配合统一的深绿色避风塘招牌同时使用。而其他文字和图形在内容、颜色上基本未作变动,至于与避风塘招牌的组合方式,无论怎样变化,都仍是以避风塘招牌为核心,配合该招牌进行设置。况且,各茶楼的地理位置、建筑物特点等均有所不同,在不改变整体风格的前提下,根据具体情况对装潢进行适当调整应在情理之中,要求装潢细节保持完全一致反而不切实际,缺乏可操作性。因此,尽管部分茶楼的装潢略有变化,但在整体上并未改变绿色和白色为主色调的装潢风格,亦未改变"避风塘"茶楼的整体营业形象,不足以对消费者辨别服务来源造成困难甚至造成混淆,亦不足以影响本院对"避风塘"茶楼门店装潢作为知名服务特有装潢的认定。

至于浅咖啡色的墙面、地面和藤本色的圆形藤质餐椅,虽为上海避风塘公司茶楼内部装潢的一部分,但均是餐饮等行业所普遍使用的颜色和用具,其自身不具有显著的特征,无法实现区别服务来源的功能,本案中亦无证据表明上海避风塘公司通过其使用或宣传使得这些常见的颜色和用具与其茶楼服务建立起了某种特殊的联系，足以使消费者将该公司的"避风塘"茶楼与其他茶楼服务予以区分。故上述颜色和用具，不在上海避风塘公司知名服务的特有装潢范围之内。

3. 东新思晟公司所经营的茶楼，在名称上与上海避风塘公司知名服务的特有名称相同，在装潢上与该公司知名服务的装潢近似，足以造成消费者对服务来源的混淆和误认，构成不正当竞争。

由于上海避风塘公司与东新思晟公司各自的主要营业活动均为经营茶楼，提供饮料、零食和棋牌服务，故双方属于从事相同服务的同业竞争者，具有竞争关系。

比较东新思晟公司与上海避风塘公司的茶楼：

在名称方面，东新思晟公司将上海避风塘公司知名茶楼服务的特有名称"避风塘"作为其茶楼名称进行经营，并在其茶楼的店面招牌、引导条幅、引导牌、宣传单、外卖卡、食单和收费细目等各处进行了突出使用和宣传。

在装潢方面，东新思晟公司使用了以绿、白为主色调，深绿色为底色，字、图为白色的整体风格，与上海避风塘公司保持一致；其店面招牌与上海避风塘公司的避风塘招牌在整体布局上，从左至右均依次为图形标识加®标记、手写体"避风塘"加®标记和纵向"茶楼"二字；其所用的手写体"避风塘"三字与"茶楼"二字在字形、颜色等方面均与上海避风塘公司一致，视觉效果并无差异；其所用近圆形内有一叶片上仰卧一小人的标识，与上海避风塘公司所用圆形内有上下两片绿叶的标识虽有所差别，但整体而言，视觉效果近似；其所使用的英文与上海避风塘公司的相比，Before Town 与 Be For Time 所包含的字母基本一致，整体外观相近，发音差别不大，对于普通的中国消费者而言，施以一般注意力通常难以区分；此外，其所使用的"平时畅饮价18元/位"与上海避风塘公司的"平时价18元/位"文字内容基本相同且均以橘红色突出"18"，"24小时营业"文字配太阳状钟表图形的文字、图形、布局均一致且外观上基本无差别，其宣传单上所使用的"无限欢乐 自由畅饮"的宣传用语亦与上海避风塘公司的"欢乐无限时 畅饮无限量"文字相近、含义相同。由此可见，东新思晟公司的茶楼在整体营业形象上已与上海避风塘公司极其近似，在视觉上基本无差异。

在服务内容基本相同的情况下，消费者区分不同服务来源的主要依据便是服务名称和装潢。上海避风塘公司通过多年的经营和宣传使其"避风塘"茶楼服务在市场获得了一定的知名度并为消费者所知悉，在此前提下，东新思晟公司作为从事相同服务的竞争者，使用与上海避风塘公司相同的特有服务名称和近似的特色装潢；在其店面招牌、引导牌、宣传单、外卖卡等处并未标明其公司名称及其与沈阳避风塘公司的关系，相反在几乎所有可以表明服务来源之处均突出使用"避风塘"等与上海避风塘公司相同或近似的文字和标识；加之其在手写体"避风塘"旁使用的"北京总店"、"苏州桥店"标注，足以造成消费者将东新思晟公司的"避风塘"茶楼与上海避风塘公司的茶楼服务联系起来，误认为其茶楼系上海避风塘公司开设，或与上海避风塘公司具有加盟、特许经营等特定的联系，而与上海避风塘公司知名服务发生混淆。

东新思晟公司认为其茶楼所使用的名称、装潢、商标等均有沈阳避风塘公司的授权，属合法使用。对此辩称，本院分析如下：

首先，《东新思晟合同》订立时，沈阳避风塘公司已不再享有《区域特许合同》中被授予的权利。虽然沈阳避风塘公司与上海避风塘公司在2001年7月23日的《区域特许合同》中约定，上海避风塘公司在合同有效期内，将辽宁省、吉林省、黑龙江省和内蒙古自治区的独家特许经营权授予沈阳避风塘公司，沈阳避风塘公司可在该区域内自行或许可他人使用上海避风塘公司的"避风塘"名称、装潢等开设茶楼。但在阎福安案后，双方于2004年7月29日另行订立了《清理协议》，约定提前终止《区域特许合同》，沈阳避风塘公司不再享有《区域特许合同》中被授予的任何权利。尽管东新思晟公司强调《清理协议》约定了沈阳避风塘公司负责完成三家店的门面与招牌变更，最终达到的变更效果应是不侵犯上海避风塘公司的注册商标专用权，并就此认为协议对沈阳避风塘公司的限制范围仅为不侵犯注册商标专用权。然而通读该协议后不难发现，此部分内容仅是对三家店的门面和招牌变更效果的具体约定，而对于《区域特许合同》终止后双方的权利义务范围，《清理协议》已作出了非常明确的表述，即沈阳避风塘公司不再享有《区域特许合同》中被授予的任何权利。可见，东新思晟公司虽通过《东新思晟合同》获得了沈阳避风塘公司的授权，但在该合同订立时，沈阳避风塘公司已无权自行或者授权他人使用上海避风塘公司享有的"避风塘"服务名称和店面装潢。况且，对于上海避风塘公司的知名服务的特有名称和装潢，他人未经许可不得擅自使用，即使东新思晟公司从沈阳避风塘公司处获得了使用与上海避风塘公司相同、近似的名称和装潢的授权，仅凭其二者之间的内部约定也不能对抗上海避风塘公司已依法享有的权利，故《东新思晟协议》不能成为其回避法律责任的合法依据。

其次，对沈阳避风塘公司法定代表人所注册的商标，东新思晟公司并未依法规范使用，造成消费者对服务来源的混淆和误认，侵害了上海避风塘公司的合法权益。东新思晟公司实际使用的近圆标识与单叶商标相比，缺少了水面以下的部分，二者并不一致；而手写体"避风塘"商标所注册的商品类别为第31类，核定使用范围并不包括东新思晟公司所从事的茶楼服务；至于Before

Town，仅仅是提出了注册申请，并无证据表明已获得了注册商标专用权。况且，注册商标的功能在于对不同的商品或服务来源予以识别和区分，上述商标虽经注册或提出注册申请，但在东新思晟公司进行使用时，非但没有起到表明其服务来源于沈阳避风塘公司或东新思晟公司的作用，相反却极力模仿上海避风塘公司的特有服务名称和装潢，足以导致消费者误认为其与上海避风塘公司有着特定的联系。

综上，在主观方面，东新思晟公司明知上海避风塘公司与沈阳避风塘公司之间曾发生纠纷，且《区域特许合同》已经终止，而仍然凭借与沈阳避风塘公司的协议，使用与上海避风塘公司完全一致的服务名称和近似的店面装潢，违反了诚实信用的市场交易原则，具有不正当竞争的故意；在客观方面，其所使用的茶楼名称和店面装潢足以导致消费者对服务来源的混淆和误认，利用上海避风塘公司茶楼服务的市场知名度为其获得了不正当的交易机会，损害了上海避风塘公司的合法权益，破坏了公平有序的市场竞争环境。据此，本院认定东新思晟公司的上述行为构成了不正当竞争。

至于上海避风塘公司有关东新思晟公司使用其"18元自助不限时"模式构成不正当竞争的主张，虽然18元每位不限时和24小时营业的经营模式为上海避风塘公司茶楼服务的重要部分，但是每位18元仅是该公司所制定服务收费价格，并不能因此而排除他人以相同价格提供同类服务；而不限时自助和24小时营业作为已被长期和广泛使用的经营方式，并非上海避风塘公司所独有，亦不能为其独占；且仅凭借上述经营方式并不能起到区分服务来源的作用。故东新思晟公司采用上述方式进行经营的行为，并不构成不正当竞争。

4. 东新思晟公司应承担的责任。

对于使用上海避风塘公司知名服务特有名称和装潢的不正当竞争行为，东新思晟公司首先应当予以停止，同时亦应赔偿由此给上海避风塘公司造成的经济损失。至于赔偿的具体数额，因上海避风塘公司所受损失及东新思晟公司非法获利的具体数额均难以确定，故本院将根据东新思晟公司茶楼的开设地点、时间、营业面积等因素，参照上海避风塘公司类似茶楼的相应加盟费用酌情予以确定。

上海避风塘公司就不正当竞争行为要求东新思晟公司赔礼道歉的诉讼请求缺乏法律依据，本院不予支持。但鉴于东新思晟公司的行为足以造成消费者对双方服务来源的混淆和误认，故在停止不正当竞争行为和赔偿经济损失之外，东新思晟公司仍应承担向公众澄清事实，为上海避风塘公司消除影响之责任。

上海避风塘公司虽要求东新思晟公司承担其因诉讼支出的合理费用，但对支出的数额、事项等均未提交相应证据予以证明，故本院不予支持。

综上,依据《中华人民共和国反不正当竞争法》第二条、第五条第(二)项,《中华人民共和国民事诉讼法》第六十四条第一款之规定,判决如下:

一、本判决生效之日起,被告北京东新思晟餐饮管理有限责任公司停止使用与原告上海避风塘茶楼有限公司"避风塘"茶楼服务相同名称和近似装潢的不正当竞争行为;

二、本判决生效之日起15日内,被告北京东新思晟餐饮管理有限责任公司就其不正当竞争行为在《北京晚报》上刊登声明,为原告上海避风塘茶楼有限公司消除影响(内容须经本院审核,逾期不履行,本院将在相关媒体刊登判决书有关内容,费用由被告北京东新思晟餐饮管理有限责任公司负担);

三、本判决生效之日起10日内,被告北京东新思晟餐饮管理有限责任公司赔偿原告上海避风塘茶楼有限公司经济损失20万元;

四、驳回原告上海避风塘茶楼有限公司的其他诉讼请求。

东新思晟公司不服,提起上诉。

上海避风塘限公司服从原审判决。

二审审理结果

经法院主持调解,双方自愿达成如下调解协议:

一、北京东新思晟餐饮管理有限责任公司停止使用与上海避风塘茶楼有限公司"避风塘"茶楼知名服务相同名称和近似装潢的不正当竞争行为;

二、北京东新思晟餐饮管理有限责任公司赔偿上海避风塘茶楼有限公司经济损失13万元;

三、原审案件受理费6 275元,由北京东新思晟餐饮管理有限责任公司负担;二审案件受理费3 138元,由北京东新思晟餐饮管理有限责任公司负担。

59. "三九皮炎平"商品包装装潢不正当竞争纠纷案
——三九医药股份有限公司诉北京市云芝堂大药房有限公司、天津太平洋制药有限公司

原告：三九医药股份有限公司
被告：北京市云芝堂大药房有限公司
被告：天津太平洋制药有限公司
案由：不正当竞争纠纷

一审案号：北京市丰台区人民法院（2007）丰民初字第17186号
一审合议庭成员：李丕赋、谢晓梅、马浩
一审结案日期：2007年12月17日

判决要旨

擅自使用与他人知名商品特有的包装装潢相近似的包装、装潢，造成和他人的知名商品相混淆，使购买者误认为是该知名商品的行为，属于不正当竞争行为。

起诉与答辩

原告三九医药股份有限公司诉称：三九企业集团（深圳南方制药厂）（以下简称三九集团）早在1987年便开发了名为"999皮炎平"的复方醋酸地塞米松乳膏药品。该药品因质量好、销量多、宣传力度大等原因深得消费者喜爱，使得该药品上的装潢也逐渐成为其药品的特有装潢。后我公司依法注册并上市后，三九集团将"999皮炎平"复方醋酸地塞米松乳膏药品的生产、销售交由我公司承担，"999皮炎平"复方醋酸地塞米松乳膏药品因持续大量销售并保持一贯特有的包装装潢风格行销国内外，曾取得数亿元的年销售额业绩。但2005年以来，我方发现，天津太平洋制药有限公司（以下简称天津太平洋公司）未经我方许可，在其生产、销售的"复方醋酸地塞米松乳膏"药品上使用与我方知名商品"999皮炎平"复方醋酸地塞米松乳膏药品极其近似的包装装潢，足以造成误认，侵犯了我方的公平竞争权。其生产销售的"复方醋酸地塞米松乳膏"药品已经行销全国，造成了严重的市场混乱，致使"999皮

炎平"复方醋酸地塞米松乳膏药品销售量减少、商品声誉下降并造成了其他极大的经济损失。2007年5月，我方发现，北京市云芝堂大药房有限公司（以下简称北京云芝堂公司）的平价药房内销售天津太平洋公司的"复方醋酸地塞米松乳膏"药品，故我方在北京云芝堂公司处购买了涉案药品并申请公证机关对购买过程和所购药品进行了公证，取得了相关被告侵权的证据。我公司认为，我方依法享有知名商品"999皮炎平"复方醋酸地塞米松乳膏药品特有装潢的专用权，天津太平洋公司生产与"999皮炎平"复方醋酸地塞米松乳膏药品相近似装潢的药品，依法应该承担生产侵权药品的民事责任，北京云芝堂公司销售侵权商品，应依法承担销售侵权药品的连带民事责任。故诉至法院，请求判令：（1）两被告停止在生产、销售活动中以任何方式仿冒我方知名商品"999皮炎平"复方醋酸地塞米松乳膏药品的特有装潢，销毁其侵权的库存或待销复方醋酸地塞米松乳膏药品；（2）两被告在《中国医药报》和《北京日报》上公开就其仿冒我方知名药品的特有装潢一事赔礼道歉；（3）两被告连带赔偿我方因特有装潢遭受仿冒所致的经济损失和我方为制止侵权行为所支付的合理费用50万元；（4）两被告承担本案诉讼费。

被告北京云芝堂公司辩称：我公司不同意原告诉讼请求，理由是：1. 我公司作为一家终端销售药店，货源来自医药批发公司，与厂家没有任何来往关系，更没有经济关系。2. 我单位有权经营经过国家或主管部门批准的任何一家药厂生产的药品。3. 原告在诉状中说，我们未经原告许可生产销售的"复方醋酸地塞米松乳膏"药品已经行销全国，故原告只起诉我们一家药店极不合理。

被告天津太平洋公司辩称：原告起诉缺乏事实和法律依据，我公司不同意原告的诉讼请求，理由是：1. 原告提供的证据不能证明其药品是知名商品。该商品的销售时间、销售区域、程度范围均不能证明其达到知名商品标准，其销售区域也没有覆盖全国。2. 原告所指控侵权事实不存在。首先，该装潢不是特有装潢，该药品在市场经营中已经形成了该种装潢风格，现在市场绝大部分药品都是此种装潢，故此装潢是通用装潢；其次，我们产品的包装装潢和原告产品包装装潢不存在相同或相似，也不会造成混淆，故不会造成消费者误认和购买。3. 原告提出的赔礼道歉请求没有法律依据，依据民法通则规定，对于侵权承担的民事责任不包含赔礼道歉。4. 原告要求赔偿50万元没有事实和法律依据。

一审查明事实

一审法院查明：

1988年5月，经广东省卫生厅批准，南方制药厂获得皮炎平软膏的生产资格。1993年6月30日，"深圳南方制药厂"名称变更为"三九企业集团（深圳南方制药厂）"，即三九集团。1999年4月，三九医药股份有限公司即三九公司注册成立并上市后，三九集团将"999皮炎平"复方醋酸地塞米松乳膏药品的生产、销售交给三九公司。

2002年6月起，深圳南方制药厂作为注册人，取得"999"图案和"999"数字的商标权，2005年1月起，三九集团取得"999皮炎平"的商标权，上述商标的核定使用商品为第5类，即"人用药、卫生巾、消毒剂、消毒纸巾、药酒、医用保健袋、医用草药、医用敷料、医用营养品、婴儿食品"。

自1990年初投入市场后，"999"皮炎平复方醋酸地塞米松乳膏包装装潢经历多次变动，但其主要特征一直延续，即其包装装潢由横置长条形外包装彩盒与内包装牙膏式软管药膏构成，采用红白两个主色的装潢色彩和阶梯状的图案。以三九公司2005年生产的"999皮炎平"复方醋酸地塞米松乳膏为例：其外包装彩盒是长方体纸盒包装，其中红色为总体的装潢底色；包装正反面的红色中间有小部分橘黄色，正反面偏左的部分有一个白色的平行四边形，该平行四边形的上下两边延伸至包装盒的上下两边，其左右两条腰线变形为阶梯状的灰色曲线与红色主背景相接；在白色平行四边形区域中上部偏左有"999皮炎平"字样，"平"字右斜上方是"TM"字样，均为红色字体，其下方有"复方醋酸地塞米松乳膏"的灰色药品名，其字体比"999皮炎平"字样稍瘦，在白色平行四边形区域的底部中央偏右有"抗炎、抗过敏及慢性湿疹"的黑色小字，同时，正面包装左上方的红色背景上有银色的近圆形标识，其中间是"999"字样，触摸有凹凸感。在正反面灰色阶梯状图案的右边红色间黄色背景的右上方有"OTC"的深红底、白色字、白色边的横扁椭圆形标志，右侧底部有"20克"的黑色字体，其"克"比"20"的字号小一倍，"克"字右边有"外"字的深红底、白色字、白色框的正方形标志。另外，从不同角度观察该包装盒，可见叠合于包装盒上的镭射涡旋图形底模，涡旋上还有"999"和"R"圆圈标志。同时，包装盒的各个侧面还记载了商标、药品名称、规格、生产厂家、批准文号、用法用量、成分、生产日期、条形码等文字信息。

1990年以来，"999皮炎平"复方醋酸地塞米松乳膏多次获得国家级、军队、省级等各项产品荣誉称号。

2002年以来，三九公司和三九集团对"999皮炎平"复方醋酸地塞米松乳膏进行了大量广泛宣传，包括在《宁波晚报》、《体坛周报》、《婚姻与家庭》、《知音》等报纸杂志上刊登平面媒体广告，在四川电视台、湖南卫视、福建有限电视台、安徽卫视等国内各大电视台播放宣传广告。

2007年5月10日，受三九公司委托，深圳市三九医药贸易有限公司作为申请人向长安公证处申请进行现场监督及证据保全公证。2007年5月11日下午，长安公证处公证员和申请人的代理人朱宏宇来到位于北京市丰台区丰台南路造甲南里11号宝丰大厦一层的北京市云芝堂大药房有限公司平价药房，朱宏宇以普通消费者的身份在该药房购得天津太平洋制药有限公司生产的"复方醋酸地塞米松乳膏"（规格：20克/支，国药准字H12021026）一盒，并从现场取得了编号为0074925号云芝堂大药房销售小票一张。购物结束后公证员制作并出具了（2007）长证内经字第3291号《公证书》，并将所购物品封存。

在案件审理过程中，经原、被告同意，本案合议庭当庭打开公证处封条。封存的物品为"复方醋酸地塞米松乳膏"，外包装彩盒是长方体纸盒，其包装装潢以深红色为主色；正反面的正中央有一片白色为底色的扁长平行四边形白色区域，该平行四边形的上下两边延伸至包装盒的上下两边，其左右两条腰线变形为阶梯状的灰色曲线与深红色主背景相接；在白色区域的左上方有"国药准字H12021026"的黑色小字，白色区域的右上方有"OTC"的深红底、白色字的横扁椭圆形标志，白色区域的正中间有"复方醋酸地塞米松乳膏"黑色中号字样，白色区域的底部有"天津太平洋制药有限公司"的黑色字样，字号比其上方的"复方醋酸地塞米松乳膏"稍小，"天"字左边是黑色帆船图案的注册商标，帆船的右上方还有很小的"R"圆圈的注册商标标记。同时，包装盒的各个侧面还记载了规格、成分、用法、生产日期、产品批号等文字信息，其显示生产日期为2005年9月2日。

一审审理结果

一审法院认为，诚实信用、公平竞争是经营者应当遵循的市场规则。我国反不正当竞争法规定，"擅自使用知名商品特有的名称、包装、装潢，或者使用与知名商品近似的名称、包装、装潢，造成和他人的知名商品相混淆，使购买者误认为是该知名商品"的行为属于不正当竞争行为。本案中，被告生产、销售的"复方醋酸地塞米松乳膏"是否构成擅自适用原告生产的"999皮炎平"复方醋酸地塞米松乳膏包装装潢，应当从原告产品是否知名商品、原告产品包装装潢是否特有、被告产品包装装潢能否致使购买者误认这三个方面进行分析。

第一，就"知名商品"的认定来看，《最高人民法院关于审理不正当竞争民事案件应用法律若干问题的解释》第一条第一款规定："在中国境内具有一定的市场知名度，为相关公众所知悉的商品，应当认定为反不正当竞争法第五条第（二）项规定的'知名商品'。人民法院认定知名商品，应当考虑该商品的销售时间、销售区域、销售额和销售对象，进行任何宣传的持续时间、程度和地域范围，作为知名商品受保护的情况等因素，进行综合判断。原告应当对其商品的市场知名度负举证责任。"本案中，原告针对此问题出具的一系列证据显示，自其产品投放市场以来，广告覆盖面、广告力度和广告投入较大，销售状况良好，且产品多次获奖，在国内市场上已形成较高知名度，故应认定为知名商品。

第二，就"特有包装装潢"的认定来看，《最高人民法院关于审理不正当竞争民事案件应用法律若干问题的解释》第二条第一款规定："具有区别商品来源的显著特征的商品的名称、包装、装潢，应当认定为反不正当竞争法第五条第（二）项规定的'特有的名称、包装、装潢'。"我院认为，"特有"是指经营者单独使用或授权他人单独使用，并能够与其他经营者的同类商品相区别的包装装潢。本案中，原告产品自1990年初投入市场后，其包装装潢虽然经历多次变动，但其主要特征一直延续，即其包装装潢由横置长条形外包装彩盒与内包装牙膏式软管药膏构成，采用红白两个主色的装潢色彩和阶梯状的图案。这种包装装潢独特醒目，凝结了该公司的智力投入，同时，原告的大范围、长时间的广告宣传也加深了此种药品包装装潢对购买群体的影响，使人容易将之与同类其他商品区别开来，故应认定原告产品包装装潢的"特有性"。

第三，就"被告产品包装装潢能否致使购买者误认"这一问题来看，《最高人民法院关于审理不正当竞争民事案件应用法律若干问题的解释》第四条规定："足以使相关公众对商品的来源产生误认，包括误认为与知名商品的经营者具有许可使用、关联企业关系等特定联系的，应当认定为反不正当竞争法第五条第（二）项规定的'造成和他人的知名商品相混淆，使购买者误认为是该知名商品'。在相同商品上使用相同或者视觉上基本无差别的商品名称、包装、装潢，应当视为足以造成和他人知名商品相混淆。认定与知名商品特有名称、包装、装潢相同或者近似，可以参照商标相同或者近似的判断原则和方法。"鉴于本案原、被告包装装潢均用于"复方醋酸地塞米松乳膏"这一同类商品上，且该类商品的销售、购买习惯决定了其管状内包装对一般购买者识别产品不产生影响，因此，为判定二者是否能构成混淆，本院对原、被告的涉案产品外包装装潢进行比较认定。

比较上述两种商品的包装装潢，两者存在一定的相似点，例如，两者均为长方体纸盒包装，其包装主色为红白两色，均有白色平行四边形以及红白之间的灰色阶梯形过渡图案。但同时，我院认为，判断两种包装装潢能否构成混淆，应当从一般购买者的角度出发进行认定。一般购买者对产品包装装潢的认知不仅针对图案、颜色等要素，还包括对其外形尺寸、商标、防伪标识等要素的认识。就此来看，涉案包装装潢存在不少差异点。第一，二者虽然都是长方体纸盒，但是原告包装显然比被告包装大一个型号；第二，原告产品装潢的背景颜色是红色中带有黄色的渐变色，而被告产品装潢的背景色是单纯的深红色；第三，原告装潢中的白色扁长平行四边形白色区域位于正反面偏左位置，且占正反面的比例较小，而被告装潢中的白色扁长平行四边形白色区域位于正反面正中央位置，且占正反面的比例较大；第四，原告装潢面上有明显的镭射防伪涡旋底模和"999"注册商标标志，而被告装潢为单一的纸盒滑面；第五，原告商品装潢正反面上用红色大字突出标明了"999皮炎平"的注册商标，而被告商品装潢正反面仅有"复方醋酸地塞米松乳膏"这一药品通用名称，而在正反面底部标明"帆船"图案的注册商标和企业名称。此外，原、被告产品装潢上其他文字信息的大小、位置、颜色、编排等均存在不同。通过比对，本院认为，原、被告商品的包装装潢在外形尺寸、背景颜色图案、注册商标、企业名称、防伪标识等包装装潢的主要构图要素等方面均存在较大差异，从整体印象上不会导致一般购买者对两种药品生产来源产生混淆。换言之，一般购买者不会将天津太平洋公司生产的"复方醋酸地塞米松乳膏"误认为三九公司生产的"999皮炎平"复方醋酸地塞米松乳膏而购买。因此，被告产品包装装潢不构成对原告知名商品特有包装装潢的仿冒。故原告三九公司主张两被告停止侵权、赔礼道歉、赔偿损失的诉讼请求，无事实及法律依据，本院不予支持。综上，判决如下：

驳回三九医药股份有限公司的诉讼请求。

案件受理费9 550元，由三九医药股份有限公司负担。

各方当事人均服从一审判决。

# 其他知识产权

60. "铁牛集团宣传片"委托创作合同纠纷案
——北京火之堂广告有限公司诉众泰控股集团有限公司

原告（上诉人）：北京火之堂广告有限公司
被告（被上诉人）：众泰控股集团有限公司
案由：委托创作合同纠纷

原审案号：北京市朝阳区人民法院（2007）朝民初字第 8927 号
原审合议庭成员：谢甄珂、普翔、杨从亮
原审结案日期：2007 年 6 月 20 日
二审案号：北京市第二中级人民法院（2007）二中民终字第 13061 号
二审合议庭成员：刘薇、周晓冰、梁立君
二审结案日期：2007 年 9 月 20 日

判决要旨

人民法院在进行合同解释时，应该采取主观和客观相结合的原则，以表示行为作为合同解释的基础，从合理第三人的立场探究当事人的内心意思，衡量各方当事人利益，作出能为社会所普遍接受的解释。

起诉与答辩

北京火之堂广告有限公司（以下简称火之堂公司）诉称：2006 年 7 月 19 日，我公司与众泰控股集团有限公司（以下简称众泰公司）签订了《影视制作合同书》，约定由我公司为众泰公司制作众泰控股、铁牛集团两条宣传片。该合同对总价款和付款时间均作出了约定。合同约定的违约责任条款为"一方出于单方面原因提出终止合同的，应按合同总价款的 200% 赔偿另一方，并赔偿因此造成的损失，在合同签订后五个工作日内没有支付费用将视为单方面

终止合同"。合同签订后，众泰公司未按照合同约定支付相应款项。此后，2006年8月22日我公司虽然又与火之堂公司重新签订了一份《影视制作合同书》，该合同已经履行完毕，但该合同与前一合同并无联系。现我公司根据合同约定的违约责任条款，请求法院判令解除双方的《影视制作合同书》，要求众泰公司承担违约责任542 966元。

众泰公司辩称：第一，2006年7月19日合同签订后，由于铁牛集团不同意火之堂公司制作，我公司又于2006年8月22日与火之堂公司重新签订了一份《影视制作合同书》，取代2006年7月19日的合同，后一份合同的价款远远高于第一份合同，已经对火之堂公司的利益进行补偿。2006年8月22日签订的合同已经履行完毕，双方并无争议。第二，双方于2006年7月19日签订的合同是火之堂公司拟订的格式合同，该合同并未实际履行。该合同违约责任条款中"出于单方面原因提出终止合同"与"视为单方面终止本合同"是不同的意思表示，适用赔偿合同总价款200%违约责任的是"提出终止合同"而不是"视为单方面终止本合同"，故合同对我公司未支付价款的行为并未约定具体的违约责任承担方式。另外，合同约定赔偿另一方总价款的200%违约金也明显高于实际损失。综上，我公司不同意火之堂公司的全部诉讼请求。

原审查明事实

原审法院查明：2006年6月8日，众泰公司就拍摄众泰控股集团的宣传片发布了招标文件。该招标文件中投标标的一项中写明，拍摄众泰公司和铁牛集团的两个专题片；其中对众泰公司的专题片中主要突出众泰公司在汽车及零配件方面的实力；相关附件中的内容包括众泰2008中国首款小型休闲车的介绍。

经过投标和评标，2006年7月19日，火之堂公司（作为乙方）与众泰公司（作为甲方）签订了《影视制作合同书》。该合同约定：乙方为甲方制作众泰控股、铁牛集团两条宣传片；影片时长各10分钟左右，执行规格为数字拍摄；合同总价款为271 843元；合同签订后五个工作日内甲方支付给乙方项目制作总价款的40%，即108 593.2元，乙方收到款项后同时开始做拍摄筹备工作；在乙方做好所有拍摄前的筹备工作后，甲方应支付给乙方项目制作总款的30%，即81 444.9元，乙方收到款项后开始执行拍摄；在本合同签订后，甲乙双方出于单方面原因提出终止合同，应按合同总款的200%赔偿另一方，并赔偿另一方因此而引起的全部经济损失。甲方在合同签订后五个工作日内没有支付乙方费用将视为单方面终止本合同。

众泰公司未在合同签订后五日内支付给火之堂公司合同总价款的40%，

即 108 593.2 元，火之堂公司也未作合同约定的制作内容。

2006 年 8 月 22 日，并未采取招投标的形式，火之堂公司（作为乙方）与众泰公司（作为甲方）又签订一份《影视制作合同书》，约定乙方为甲方制作众泰 2008 广告片，影片时长为 30 秒/15 秒/10 秒/5 秒，执行规格为 35 毫米胶片拍摄，合同总价款是 368 900 元。该合同约定拍摄的内容为众泰 2008 小型休闲车，该合同双方已履行完毕。

原审审理结果

原审法院认为：火之堂公司与众泰公司于 2006 年 7 月 19 日，就拍摄签订的《影视制作合同书》是双方真实的意思表示，内容亦不违反法律、行政法规的强制性规定，应属合法有效的合同。

但是，上述合同签订后，事隔一个多月，2006 年 8 月 22 日，众泰公司又与火之堂公司签订了同为广告拍摄内容的一份合同。比较两份合同：通过招标书了解到，第一份合同的目的在于制作主要突出众泰公司在汽车及零配件方面的实力，包括众泰 2008 中国首款小型休闲车的介绍；而第二份合同约定制作的内容恰是众泰 2008 小型休闲车。从而断定两份合同为众泰公司制作广告宣传片的内容是一致的，即众泰公司通过签订两份合同所要达到的目的一致，其真实意思的表示就是通过与火之堂公司签订合同，让火之堂公司为其拍摄宣传众泰 2008 小型休闲车的广告。从招标书及合同的约定不能看出众泰公司还有其他的目的。虽然双方签订了两份合同，但众泰公司就同一内容在短短的一个月零几天的时间内签订两份合同不符合常理；火之堂公司同样在上份合同履行期限没有结束的时间内又签订同样内容的合同，而没有提出异议，应视为其对两份合同实为同一内容的认可。故从两份合同签订的目的、当事人的真实意思表示，结合两份合同签订的主体、合同的标的、合同价款、合同签订方式、签订的时间、合同履行状态来看，足以认定第二份合同是对第一份合同的变更。鉴于为拍摄众泰 2008 小型休闲车的广告而签订的合同已履行完毕，不存在违约行为，故对火之堂公司提出要求众泰公司承担违约责任的诉讼请求，本院不予支持。

综上，依据《中华人民共和国合同法》第七十七条第一款、第九十一条第（一）项之规定，判决如下：

驳回北京火之堂广告有限公司的诉讼请求。

火之堂公司不服原审判决，提出上诉。其上诉理由是：上诉人与被上诉人于 2006 年 7 月 19 日签订的涉案合同与 2006 年 8 月 22 日签订的涉案合同是各自独立的，二者的合同条款内容、履行情况并不一致，原审法院认定"两份合同为众泰公司制作广告宣传片的内容是一致的,即众泰公司通过签订两份合同所要达到的目的一致,其真实意思的表示就是通过与火之堂公司签订合同,让火之堂公司为其拍摄宣传众泰2008小型休闲车的广告。从招标书及合同的约定不能看出众泰公司还有其他的目的。"该认定不符合事实;上诉人与被上诉人于2006年8月22日签订的涉案合同不能视为对双方于2006年7月19日签订的涉案合同的变更。综上,上诉人请求法院撤销原判,发回重审,或依法改判,支持上诉人原审的诉讼请求。

众泰公司服从原审判决。

二审查明事实

二审法院查明:2006年6月8日,众泰公司发布了《中国众泰控股集团企业宣传片拍摄制作招标文件》(以下简称招标文件)。该招标文件"第六章 相关附件"包括:1.众泰控股集团简介;2.众泰2008中国首款小型休闲车介绍。

众泰公司称其未履行2006年7月19日签订的《"众泰控股、铁牛集团两条宣传片"影视制作合同书》(以下简称719合同)的原因为:火之堂公司的注册地与合同书中显示的公司地址不一致,导致铁牛公司对火之堂公司产生不信任,其不同意由火之堂公司为其制作宣传片。

火之堂公司主张众泰公司未按照719合同履行付款义务的行为构成违约,该行为给其造成了以下损失:火之堂公司支付的投标费用,虽然《招标文件》中约定投标人自行承担投标费用,但由于众泰公司的违约行为而解除合同,该费用应构成火之堂公司的损失;火之堂公司为保证及时、顺利履行719合同义务,开展宣传片拍摄筹备工作支付的费用。上述损失合计约10万元。

经比对,上诉人和被上诉人于2006年8月22日签订的《"众泰2008广告片"影视制作合同书》(以下简称822合同)与719合同的主要差异为:(1)两合同的签订日期不同。(2)719合同页眉处标注有"片名:宣传片;长度:各10分钟左右";822合同页眉处标注有:"片名:新TVC片;长度:30秒套剪"。(3)719合同约定的制作内容为"众泰控股、铁牛集团两条宣传片",影片时长为"各10分钟左右",执行规格为"数字拍摄";822合同约定的制作内容为"众泰2008广告片",影片时长为"30秒/15秒/10秒/5秒",执行规格为"35毫米胶片拍摄"。(4)719合同约定火之堂公司的制作时间为45个工作日;822合同约定火之堂公司的制作时间为20个工作日。(5)719合同的总价款为271 483元;822合同的总价款为368 900元。

719合同第八条"本合同的违约责任"中约定:"在本合同签订后,甲乙双方出于单方面原因提出终止合同，应按合同总款的 200% 赔偿另一方，并赔偿另一方因此而引起的全部经济损失。甲方在合同签订后五个工作日内没有支付乙方费用将视为单方面终止本合同。"众泰公司认为，该公司在合同签订后未在五个工作日内支付火之堂公司费用，该行为导致该合同终止，且该行为不适用于双方约定的"甲乙双方出于单方面原因提出终止合同"情况下的违约责任。火之堂公司认为该行为系众泰公司的违约行为，应依据上述违约条款承担违约责任。

另，原审判决书中对"火之堂公司诉称"一节中有如下表述："此后，2006年8月22日我公司虽然又与火之堂公司重新签订了一份《影视制作合同书》，该合同已经履行完毕，但该合同与前一合同并无联系。"上述内容并非上诉人原审起诉状中表述的内容，而是针对众泰公司的抗辩主张的答辩意见，且对822合同的签订主体表述有误。

二审审理结果

二审法院认为：上诉人火之堂公司与被上诉人众泰公司签订的涉案719合同和822合同，均系双方真实意思表示，内容不违反法律规定，合同合法有效，双方当事人均应按照合同约定全面履行自己的义务。

本案中，虽然719合同和822合同的签订主体均为众泰公司和火之堂公司，且二合同性质均是广告宣传片的委托创作合同，但是二合同在制作内容、拍摄方式、制作期限、合同价款等方面存在明显差异，且上述存在差异的内容构成了合同双方的主要权利义务关系。

被上诉人主张两合同均是依据招标文件签订的合同，合同的差异显示了众泰公司对委托创作内容的调整，822合同系719合同变更后签订的合同。对此，本院认为，719合同与招标文件的内容之间存在较强的对应关系，应该认定为719合同系根据招标文件签订的，但比较822合同和招标文件的具体内容，二者在工作内容上存在明显差异，根据现有证据和法院查明的事实，虽然可以认定822合同与火之堂公司中标的事实之间存在关联，但该关联关系不能够证明822合同系为完成招标文件的任务而订立。鉴于众泰公司不能够举证证明双方具有将719合同变更为822合同的合意，或将招标文件中的工作内容变更为822合同中的工作内容，并据此签订了822合同的合意，因此，本院对众泰公司的上述主张不予采纳。

根据我国合同法的相关规定，当事人协商一致，可以变更合同。当事人对合同变更的内容约定不明确的，推定为未变更。鉴于双方当事人对于822合同是否为719合同变更后签订的合同，主张各异，没有作出明确的约定。因此，本院根据两合同的具体内容及查明的事实，认定 719 合同和 822 合同系各自独立的委托创作合同，后者与前者之间，不存在合同变更或合同补充的关系。原审法院关于 822 合同系 719 合同的变更的认定不妥，本院予以纠正。

现众泰公司在履行 719 合同过程中，未按照合同约定履行"合同签订后五个工作日内甲方（众泰公司）支付给乙方（火之堂公司）项目制作总价款的 40%"的付款义务，该行为构成了违约，应承担相应的违约责任。

本案中，合同双方当事人对于 719 合同的违约责任约定为："在本合同签订后，甲乙双方出于单方面原因提出终止合同，应按合同总款的 200% 赔偿另一方，并赔偿另一方因此而引起的全部经济损失。甲方在合同签订后五个工作日内没有支付乙方费用将视为单方面终止本合同。"对于上述合同约定，众泰公司主张："视为单方面终止合同"，应理解为双方约定的终止合同的一种方式，该方式不属于"出于单方面原因提出终止合同"的情形；鉴于合同中并没有约定"视为单方面终止合同"情形下的违约责任，故该行为仅导致该合同终止，而不是违约行为，也不产生违约后果。

对此，本院认为，根据我国合同法的相关规定，当事人对合同条款的理解发生争议的，应当按照合同所使用的词句、合同的有关条款、合同的目的、交易习惯以及诚实信用的原则，确定该条款的真实意思。人民法院在进行合同解释时，应该采取主观和客观相结合的原则，以表示行为作为合同解释的基础，从合理第三人的立场探究当事人的内心意思，衡量各方当事人利益，作出能为社会所普遍接受的解释。本案中，对于该条款的解释应该从以下几个方面进行：首先，本条款中使用了"视为……"的表述方式，其含义必然是将原本不符合或不完全符合某种条件的情形与符合该条件的情形同样对待。因此，虽然"众泰公司未履行付款义务"与"出于单方面原因提出终止合同"并非同一情形，但可以通过上述表述的方式使两种情形适用同一违约条款。其次，支付合同款项是众泰公司在该委托创作合同关系中的最主要的合同义务，依据一般的交易习惯，火之堂公司不可能在明确约定了合同违约责任的情况下，仅将众泰公司未按期履行付款义务约定为合同自动终止且不产生违约责任的一种情形。再次，从"甲方在合同签订后五个工作日内没有支付乙方费用将视为单方面终止本合同"的表述在合同条文中的位置看，其位于"合同违约条款"一条内，且与"出于单方面原因提出终止合同"的违约责任在同一款中约定。根据一般的表述习惯，该内容应为对于违约责任相关内容的一种表述，且与"出于单方面原因提出终止合同"的违约责任的约定具有一定的关联。综上，本院确认众泰公司未履行付款义务的行为导致双方签订的 719 合同终止，且根据约定，众泰公司的上述行为系"视为单方面终止合同"的情形，即应视为合同违约条款中约定的"出于单方面原因提出终止合同"的情形，应适用合同约定的该情形下的违约责任条款。众泰公司关于其上述行为并未构成违约，不应承担违约责任的主张，缺乏依据，本院不予采纳。

根据我国合同法的相关规定：当事人可以约定一方违约时应当根据违约情况向对方支付一定数额的违约金，也可以约定因违约产生的损失赔偿额的计算方法。约定的违约金过分高于造成的损失的，当事人可以请求人民法院予以适当减少。本案中，火之堂公司主张的损失为投标费用和开展宣传片拍摄筹备工作的费用。鉴于招投标程序的特殊性，火之堂公司投标的费用可以通过中标后签订合同的预期利益折抵。我国合同法规定，当事人一方违约后，对方应当采取适当措施防止损失的扩大；没有采取适当措施致使损失扩大的，不得就扩大的损失要求赔偿。鉴于719合同中明确约定"乙方（火之堂公司）收到款项后同时开始作拍摄筹备工作"，故在众泰公司未履行付款义务的情况下，火之堂公司因拍摄筹备工作所遭受的损失属于未采取适当措施，造成损失扩大的范围，火之堂公司不能够就此向众泰公司主张赔偿。综上，本院认定719合同中约定的违约金过分高于众泰公司的违约行为给火之堂公司造成的实际损失，本院将综合考虑火之堂公司并未投入719合同约定的宣传片摄制工作，在后822合同的签订履行与火之堂公司的中标行为之间存在的关联等因素，酌情确定众泰公司因违约行为应赔偿火之堂公司的具体数额。

综上，上诉人火之堂公司所提上诉理由部分成立，原审判决认定部分事实不清、适用法律有误，本院应予纠正。依照《中华人民共和国民事诉讼法》第一百五十三条第一款第（三）项，《中华人民共和国合同法》第七十七条第一款、第七十八条、第一百一十四条、第一百一十九条第一款、第一百二十五条第一款之规定，判决如下：

一、撤销北京市朝阳区人民法院（2007）朝民初字第8927号民事判决；

二、众泰控股集团有限公司于本判决生效之日起10日内赔偿北京火之堂广告有限公司3万元；

三、驳回北京火之堂广告有限公司的其他诉讼请求。

一审案件受理费10 440元，由北京火之堂广告有限公司负担8 000元，众泰控股集团有限公司负担2 440元；二审案件受理费9 229元，由北京火之堂广告有限公司负担7 500元，众泰控股集团有限公司负担1 729元。

61. "图文设计"域名注册技术服务合同纠纷案
——北京日光清美艺术有限责任公司诉
北京东方瑞普文化交流中心有限公司

原告： 北京日光清美艺术有限责任公司
被告： 北京东方瑞普文化交流中心有限公司
案由： 技术服务合同纠纷

一审案号： 北京市东城区人民法院（2007）东民初字第 07405 号
一审合议庭成员： 才雪冬、裴桂华、樊静馨
一审结案日期： 2007 年 12 月 7 日

判决要旨

在域名注册委托合同订立、履行过程中，作为专业代理的受托公司，即技术服务提供方，应当在合同订立前就该服务内容履行相应的告知义务。由于技术服务知识的专业性，受托方应当履行相比于一般合同主体更加严格的附随义务。在技术服务合同的订立、履行过程中，技术服务受托方若未能履行告知义务或履行不当的，应当承担相应的合同责任。

起诉与答辩

原告北京日光清美艺术有限责任公司（以下简称日光清美公司）诉称：2007 年 5 月，被告业务人员与原告联系，称有通用网址"图文设计"刚掉线，购买后可通过 IE 地址直接进入原告公司网站。原告遂派人前往被告公司洽谈相关事宜。当天，在被告公司处，被告业务人员向原告进行其他公司申请的通用网址相关演示，并告知通用网址需交费注册后才能跳转。原告遂与被告签订协议，通过被告申请并注册"图文设计"通用网址，期限一年，单价 5 000 元。合同签订后，原告支付上述款项，注册成功。但此后原告输入上述通用网址后并不能直接进入公司网站，而是遇到第三方插件拦截，无法实现被告所述的跳转功能。经与被告交涉，被告称需安装通用网址插件才可实现。原告认为，被告的经营行为带有欺骗性，合同签订后不能实现合同目的，故要求解除与被告之间的《互联网域名订单》，被告返还已付合同款项 5 000 元，并承担

诉讼费用。

被告北京东方瑞普文化交流中心有限公司（以下简称东方瑞普公司）辩称：原告所购买的通用网址属于中国互联网络信息中心，我公司仅是代理商。原告购买的通用网址已经注册成功，相关费用已上交中国互联网络信息中心。我公司在向原告介绍产品时已经告知需安装通用网址插件才能实现跳转功能。故不同意原告的诉讼请求。

一审查明事实

一审法院查明：中国互联网络信息中心作为国家互联网络地址资源注册管理机构，行使国家互联网络信息中心职能，向公众提供域名、通用网址等注册服务。被告作为企业法人，其经营范围包括从事互联网信息服务。被告的业务包括向公众进行域名或通用网址注册的代理事宜。通用网址是互联网地址资源的一种，具有唯一性，客户电脑在安装中文上网官方版之后，即可在IE浏览器地址栏中输入想要访问的通用网址进行访问，在此前提下通用网址可以直达注册网站首页或深层页面，可以对产品或宣传页进行直接宣传。通用网址注册用户通过该功能实现其各自宣传目的。

2007年5月12日，被告业务人员与原告工作人员电话联系通用网址"图文设计"一词的注册事宜。当日，原告工作人员到被告处进行洽商。之后，双方签订《互联网域名订单》一份（编号为101290）。订单内容为：原告委托被告注册通用网址"图文设计"，对应的域名为www.sunshine-art.cn，注册期限1年，单价5 000元。订单附件为"互联网域名有关条款"，相关内容为：被告提供域名注册服务，域名注册成功后由域名管理机构负责运营和维护；原告在域名注册成功后，拥有域名的所有权和使用权；任何一方违反其在合同中所作声明或有其他违约行为，致使不能实现合同目的，另一方有权单方解除合同。合同签订后，原告向被告支付了上述款项，被告亦成功为原告注册通用网址"图文设计"。被告另赠送原告价值500元的通用网址"北京平面设计"。

庭审中，关于用户欲通过通用网址实现直达注册网站或深层页面功能，需先行在客户计算机上进行安装中文上网官方版即所谓"插件"的程序，原告称在合同签订之前被告并未告知。被告认可其所提交的证据材料在签订合同之前并未向原告送达，但称其工作人员已经按照业务流程告知原告上述程序。

另，被告称通用网址普通词一年的注册使用费全国统一市场价为5 000元。被告代理中国互联网络信息中心相关产品的折扣率为5-7折。经询，原告对被告上述陈述无异议，仅认为被告工作程序不当。

一审审理结果

一审法院认为：履行合同应当符合约定。合同没有对履行方式和内容作出具体约定的，当事人应当依据诚实信用原则，从实现合同目的出发，全面、适当、积极地履行。一方当事人履行合同不符合约定的，对方当事人可以要求继续履行、采取补救措施或赔偿损失。符合约定解除条件、法定解除条件或经当事人协商一致的，可以解除合同。

根据双方提供的证据及陈述，原、被告签订合同系双方真实意思表示，且不违背有关法律规定，应属合法有效。该合同主要内容是由被告代理原告付费申请注册通用网址，以达到通过网络宣传原告及其产品的目的。因此，原告主要义务是支付通用网址注册费用及被告的代理费，被告主要义务是代理原告申请并注册通用网址。原告支付价款后，该网址已注册成功并能够正常使用，用户也可以通过网络浏览原告网站，应视为双方主要义务履行完毕，合同目的基本实现。据此，被告无根本性违约行为，原告以被告提供的相应服务无法实现为由要求解除合同，理由不足，本院不予支持。

根据原告陈述，其申请通用网址的目的，是想通过占有业务范围内关键词的方式，使用户在键入相关词语后能够直接进入其网站，从而使己方获得更多的商业机会，促进相关业务的发展。但是，从目前网络技术的发展情况看，除在浏览器地址栏内键入完整路径和域名可以直接进入相关网站外，其他通过关键词、缩略词等方式实现搜索或直接链接的，都需要附带安装搜索软件或插件等辅助程序，这是网络搜索、链接的基本常识，原告理应知晓。因此，原告认为申请通用网址后，即可以不通过任何辅助程序实现直接链接属于认识性错误，对由此产生的后果负有相应责任。但应指出，原告并非从事相关网络技术的专业单位，对通用网址等网络知识的掌握程度有限。被告作为专业代理公司，在介绍相关产品时，理应对通用网址的功能、使用等作出全面、准确、清楚的解释，以使原告对产品性能、价值和功效作出合理的判断、评估和预期。根据已查明的事实，要实现通用网址的功能，安装中文上网插件是必经的程序，原告虽应对网络搜索、链接需要辅助程序有一定了解，但被告对此也应当作出明确的解释。现被告无证据证明其在介绍产品过程中做了相关工作，对导致双方产生纠争亦应承担一定责任。鉴于该域名已申请成功并能够正常使用，原告所交费用大部分系注册域名费用而非被告收取，故被告应以返还部分代理费的方式承担上述责任，具体数额由本院酌定。

综上，依据《中华人民共和国合同法》第六条、第八条第一款、第六十条、第一百零七条之规定，判决如下：

一、被告北京东方瑞普文化交流中心有限公司自本判决生效后 10 日内,返还原告北京日光清美艺术有限责任公司 1 500 元;

二、驳回原告北京日光清美艺术有限责任公司其他诉讼请求。

案件受理费 50 元,由原告北京日光清美艺术有限责任公司负担 25 元,被告北京东方瑞普文化交流中心有限公司负担 25 元。

各方当事人均服从一审判决。